Flugmodellbau und Modellflug in Theorie und Praxis

DIETER KÖNIG

ALLES ÜBER MODELLFLUG-SPORT

MOTORBUCH VERLAG STUTTGART

Einbandgestaltung: Siegfried Horn
Unter Verwendung eines Dias des Autors

Für Stefanie

ISBN 3-87943-767-X

1. Auflage 1983.
Copyright © by Motorbuch Verlag, Postfach 1370, 7000 Stuttgart 1.
Eine Abteilung des Buch- und Verlagshauses Paul Pietsch GmbH & Co. KG.
Satz und Druck: H. Mühlberger, 8900 Augsburg.
Bindung: Großbuchbinderei J. Spinner, 7583 Ottersweier.
Printed in Germany

INHALT

VORWORT

Es gibt schon einige Literatur über den Flugmodellbau und den Modellflug. Warum also noch ein Buch zum Thema?

Nun, ein Teil der Bücher ist nicht mehr auf dem neuesten Stand, andere behandeln mehr oder minder spezielle, enge Teilbereiche. Es fehlt ein Buch, das den Modellflug in seiner ganzen Breite darstellt. Darum also noch ein Buch zum Thema!

In diesem Buch wird die ganze Breite des Modellfluges – vom Wurfgleiter bis zum ferngesteuerten Hubschraubermodell – beschrieben. Technik und Technologie des Flugmodellbaus sind – von der Auswahl der Materialien bis zum Entwurf und Bau von Flugmodellen – eben so dargestellt wie die physikalischen Grundlagen, Aerodynamik, Flugmechanik und Wetterkunde.

Aber auch Wettbewerbsbestimmungen und Flugprogramme für den Modellflugsport, Aufbau, Struktur und Funktion nationaler und internationaler Luftsport- und Sportorganisationen werden erläutert. Modellflieger müssen heute Gesetze, Verordnungen und Versicherungsbedingungen kennen und beachten; sie sind in ihren wichtigsten Abschnitten wiedergegeben.

In Modellflugclubs und in Arbeitsgemeinschaften an Schulen werden Theorie und Praxis des Flugmodellbaus, der Flugtechnik vermittelt. Das Buch gibt Anregungen für den Unterricht.

Die Kapitel sind jeweils in sich abgeschlossen. Wo immer es nötig ist, finden sich Hinweise auf andere Kapitel und Abschnitte. So kann sich der Leser nach Interesse und Neigung mit einem speziellen Abschnitt oder Kapitel befassen.

Das Buch ist ein wichtiges Nachschlagewerk für den, der in den Modellflug einsteigen will, und auch für den fortgeschrittenen Modellflieger, der sein Wissen abrunden und erweitern möchte.

Auch als Grundlage und Unterlage für den Unterricht in Modellflugclubs und Schülerfluggemeinschaften, in Arbeitsgemeinschaften an Schulen und in Kursen und für alle Freunde des Modellfluges wird es von großem Nutzen sein.

Der Verfasser

1.0 FLUGMODELLBAU UND MODELLFLUG

Flugmodellbau ist Technik, Modellflug ist Sport.

Der Modellflieger baut einerseits sein Sportgerät, das Flugmodell, selbst und bedient sich dazu verschiedener Technologien. Zum anderen setzt er das Flugmodell in der Freizeit, im Training und im Wettbewerb ein und treibt damit Sport vom Freizeitsport bis zum Leistungssport.

Flugmodellbau und Modellflug befinden sich, wie die Grafik (Abb. 1) zeigt, zwischen den Polen DAeC, Industrie und Schule.

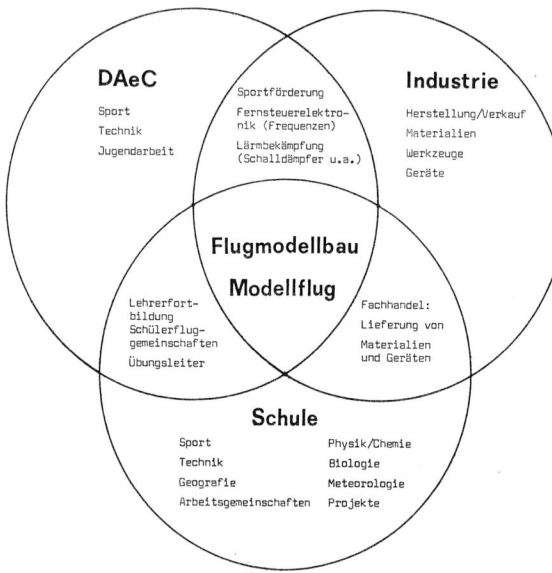

Abb. 1: Flugmodellbau und Modellflug befinden sich zwischen den Polen DAeC, Industrie und Schule.

Der *DAeC* (siehe 11.1) bemüht sich um die Bereiche Sport, Technik und Jugendarbeit. Er stellt Regeln für die verschiedenen Modellflugklassen auf; er fördert und fordert die technische Entwicklung durch die Anpassung der Regeln an neue technische Möglichkeiten und ggf. durch Schaffung neuer Modellflugklassen; er führt im Rahmen seiner jugendpflegerischen Maßnahmen zusammen mit seinen Vereinen und Ein-

richtungen u. a. Jugendmeisterschaften, Jugendtreffen und Jugendlager durch und sorgt für die Ausbildung geeigneter Jugendleiter und Modellfluglehrer (Übungsleiter/siehe 11.3) für die Vereine.

Die *Modellbau-Industrie* stellt Materialien, Werkzeuge und Geräte für den Flugmodellbau und Modellflug her und vertreibt diese über den Fachhandel.

Die *Schule* nutzt (leider noch nicht überall) die vielfältigen Möglichkeiten der Motivation ihrer Schüler durch Flugmodellbau und Modellflug. Durch ihre fächerübergreifenden Aspekte ist die Flugtechnik vor allem für Arbeitsgemeinschaften und Projekte geeignet (siehe 2.0 bis 2.6).

Berührungspunkte zwischen DAeC und Modellbau-Industrie ergeben sich aus gleichgerichteten Interessen und aus der intensiven Zusammenarbeit. Diese Zusammenarbeit umfaßt die Sportförderung durch die Firmen ebenso wie die Bildung gemeinsamer Arbeitskreise, die sich mit Fernsteuerfrequenzen, mit der Entwicklung von Schalldämpfern für Verbrennungsmotoren und mit der Entwicklung umweltfreundlicher Antriebe (Elektromotoren für den Elektroflug, Viertaktmotoren mit größerem Hubraum und niedriger Drehzahl u. a.) für ferngesteuerte Flugmodelle befassen.

Berührungspunkte zwischen Industrie und Schule ergeben sich aus der Notwendigkeit, Materialien, Werkzeuge und Geräte für den Unterricht vor allem im naturwissenschaftlichen und technischen Bereich anzuschaffen. Der Fachhandel übernimmt hier – unterstützt durch Prospekte und Kataloge der Modellbau-Industrie – die Berater- und Verteilerrolle.

Der DAeC hat die Verbindung zur Schule gesucht, er kann ihr aus der Fülle der im DAeC betriebenen Sportarten besonders den Flugmodellbau und Modellflug als integratives Unterrichtsmodell anbieten (siehe 2.0).

Dezentrale Kurse in der Lehrerfortbildung, Kurse an Einrichtungen des DAeC, u. a. an der Jugendausbildungsstelle Hirzenhain (»Haus der Luftsportjugend«) bieten die Möglichkeit, sich in den Flugmodellbau einzuarbeiten und Modellflug zu betreiben.

Eine fahrbare Lehrwerkstatt der Jugendbildungsstätte für Luftfahrt und Technik in Oerlinghausen stand Schulen und Vereinen in Nordrhein-Westfalen zur Verfügung.

Durch Erlaß des Kultusministers von Nordrhein-Westfalen (siehe 2.3) wurden hier die Schülerfluggemeinschaften (siehe 2.4) als Bindeglieder zwischen Schule und DAeC-Fachverein rechtlich und institutionell abgesichert und eingerichtet.

In Niedersachsen läuft derzeit ein breit angelegter Schulversuch unter dem Motto »Neue Motivation in der Schule – Funktionsmodellbau«, wobei hier mit dem Beispiel Flugmodell gearbeitet wird.

Die Bereiche Flugmodellbau und Modellflug lassen sich einerseits klar gegeneinander abgrenzen (Technik – Sport), bilden aber andrerseits im Modellflugsport eine Einheit, weil sie sich gegenseitig bedingen.

1.1 Flugmodellbau: Technik

Ein Lexikon (dtv) definiert Technik als »Hilfsmittel und Maßnahmen, mit denen der Mensch aufgrund genauer Kenntnis der Naturgesetzlichkeit die Natur umgestaltet und in seinen Dienst stellt. Technik ist mit Naturwissenschaft so eng verbunden, daß man den Begriff nicht ohne den anderen betrachten kann.«

Das Flugmodell ist ein technisches System wie das Flugzeug, dem es in der Funktion ähnelt, obwohl sich aufgrund der Größenunterschiede auch Unterschiede im physikalischen Bereich ergeben (siehe 7.1)

Das Flugmodell spielte auch in der technischen Entwicklung der Luftfahrt eine große Rolle (siehe 3.1).

Abb. 2: Eine technische Meisterleistung ist die »Vario-Wing« von Karl Binder, eine Tragfläche mit veränderbarer Geometrie. An der Hinterkante der Tragfläche werden Klappen ausgefahren, die die Fläche um ca. 25% vergrößern. Die »Vario-Wing« wurde für ein Elektroflug-Modell entwickelt.

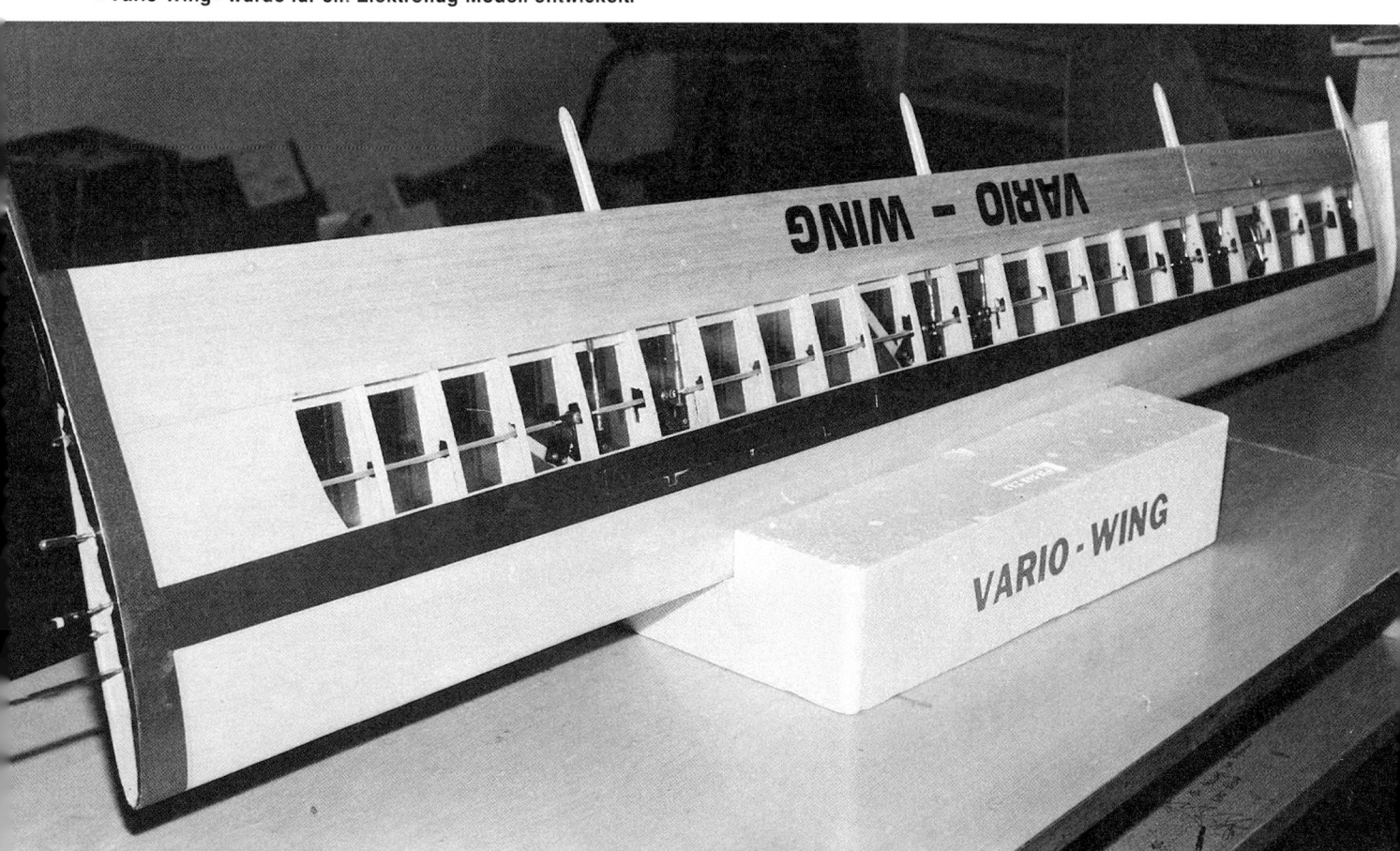

Das technische System Flugmodell setzt sich aus verschiedenen Untersystemen (Subsystemen) zusammen, die Energieformen speichern, umwandeln oder weiterleiten, Informationen weiterleiten oder umsetzen. Diese Subsysteme enthalten jedes für sich eine Fülle technischer Probleme, die der Modellflugsportler lösen und beherrschen muß, wenn er das Sportgerät Flugmodell zu optimaler Leistung bringen und selbst zu sportlichem Erfolg kommen will.

Als Beispiele seien der Motor und die Steuerung genannt:

Der Verbrennungsmotor wandelt die chemische Energie des Treibstoffs in Wärme- und Bewegungsenergie um, die zum Antrieb des Modells genutzt wird (siehe 6.6.1). Der Elektromotor wandelt die im Akku chemisch gespeicherte elektrische Energie in Wärme- und Bewegungsenergie um (siehe 6.6.2).

Bei der Steuerung des Modells per Funk werden Informationen (Steuerbefehle des Piloten) im Sender elektronisch verschlüsselt, per Funk transportiert, im Empfänger entschlüsselt und an die Servos weitergeleitet, die sie in entsprechende Ruderausschläge umsetzen (siehe 6.7).

Beim freifliegenden Segelflugmodell ist der Befehl zum Kurven nach dem Ausklinken mechanisch gespeichert und wird durch Lösen der Hochstartleine vom Modell abgerufen (siehe 9.3.1 und 9.3.2).

Die verschiedenen Modellflugklassen (siehe 5.1) bieten dem technisch Interessierten zahlreiche Möglichkeiten der Differenzierung und Spezialisierung. Sie führen direkt zu Lernsituationen und Lernprozessen und steigern die Fähigkeit, Probleme zu erkennen, zu analysieren und zu lösen.

Flugmodellbau erfordert aber auch Kenntnisse über die verschiedensten Materialien vom Balsaholz über Metalle bis zu modernen Kunststoffen. Der Modellbauer muß Werkzeuge und Technologien zur Bearbeitung der Materialien kennen und anwenden. Er muß die technische Zeichnung Bauplan (siehe 6.4) entschlüsseln und die zweidimensionalen Ansichten, Detailzeichnungen und Schnitte in unterschiedlichen Maßstäben in ein dreidimensionales Modell umsetzen; er muß die Daten aus der Stückliste entnehmen, danach das geeignete Material auswählen und ggf. beschaffen. Schließlich muß er auch in der Lage sein, seine eigenen konstruktiven Ideen zeichnerisch darzustellen (technisches Zeichnen) und anderen mitzuteilen.

Flugmodellbau entwickelt und fördert technische und praktische Fähigkeiten, er vermittelt übertragbares, zeitgemäßes Wissen aus Naturwissenschaft und Technik, er bereitet auf den Modellflugsport vor.

Das macht ihn einerseits zu einer höchst modernen und aktuellen Freizeitbetätigung für Kinder, Jugendli-

Abb. 3: Gelegentlich nehmen Flugmodelle unter der Hand ihrer Konstrukteure auch skurrile Formen an. Dennoch steckt einiges an physikalisch-technischem Know-how dahinter: Dieses Geschwindigkeits-Fesselflugmodell muß auf geringstmöglichen Luftwiderstand hin konstruiert werden. Der Widerstand der Außenfläche entfällt, der Auftrieb der Restfläche reicht aus, das Modell zu tragen, die Unsymmetrie der Auftriebsverteilung wird durch die mit der Fesselung erzielte Stabilisierung um die Längsachse ausgeglichen. Die erzielten Geschwindigkeiten liegen bei rund 240 km/h.

Abb. 4: Ein Höchstmaß an Technik bieten die ferngesteuerten Hubschraubermodelle (hier das Modell der »BO 105« von WIK mit dem originalgetreuen Vierblattrotor). Die Übertragung der Steuerbefehle auf die vier Blätter des Hauptrotors ist ein hochentwickeltes technisches Subsystem, das zu beherrschen nicht einfach ist. Die Bewegungsenergie des im Rumpf laufenden Motors muß über Getriebe auf den Hauptrotor und den Heckrotor übertragen werden. Ein weiteres technisches Problem ist die Kühlung des Motors.

che und Erwachsene, betrieben mit Zielrichtung auf die sportliche Betätigung Modellflug als Freizeit-, Breiten- und Leistungssport. Der Flugmodellbau eignet sich andrerseits aber auch besonders für den naturwissenschaftlichen und technischen Unterricht an Schulen aller Art (siehe 2.1).

1.2 Modellflug: Sport

Sport ist (laut dtv-Lexikon) »eine körperliche Tätigkeit, die um ihrer selbst willen ausgeübt wird, aus Freude an der Überwindung von Schwierigkeiten und meist unter Anerkennung bestimmter Regeln . . .«

Abb. 5: Dieses Bild macht deutlich, daß das Steuern eines RC-Modells höchste Konzentration erfordert. Im Flugprogramm der Klasse F 3 B kommt es auf Sekundenbruchteile und exaktes Steuern an. Der Pilot (Rolf Noss) wird im Wettbewerb von einem Helfer (Willi Neuhaus sen.) unterstützt, der ihm u. a. die Zeit ansagt.

Der Brockhaus definiert Sport als »Sammelbezeichnung für die an spielerischer Selbstentfaltung und am Leistungsstreben orientierten Formen menschlicher Betätigung, die der körperlichen und geistigen Beweglichkeit dienen . . . Diese Tätigkeiten, die in den meisten Fällen um ihrer selbst willen und aus der Freude an der Überwindung von Schwierigkeiten ausgeübt werden, sind gewöhnlich regelgebunden und werden in freiwilligem Wettkampf und in eigens dafür bestimmten Organisationsformen gepflegt. Die sportliche Betätigung soll in der bewegungsarmen technisierten Welt

zur Gesunderhaltung des Körpers beitragen, in allen Lebensbereichen zu fairem und ritterlichem Verhalten anspornen, die Menschen verschiedener Herkunft und Kulturbereiche zum gemeinsamen Wettkampf zusammenführen und Verständnis füreinander wecken. Sport wird heute ausgeübt als Freizeit-, Breiten- und Gesundheitssport sowie als Leistungssport.«

Sport umfaßt (laut Duden) Spiel, Leibesübungen und Liebhaberei. Das Wort »sport« kommt aus dem Englischen und bedeutet eigentlich »Zerstreuung, Vergnügen, Zeitvertreib, Spiel.«

Modellflug ist Sport mit allen Kennzeichen und Merkmalen des allgemein üblichen Sportbegriffes. Seine enge Verbindung zu moderner Technik und die Tatsache, daß der Modellflugsportler sein Sportgerät selbst konstruiert oder zumindest selbst baut, heben den Modellflugsport sogar über viele andere Sportarten hinaus.

Sport wird üblicherweise gemeinsam mit Gleichgesinnten in Vereinen betrieben; diese Vereine organisieren für ihre Mitglieder sportliche Veranstaltungen, Wettbewerbe und Meisterschaften. Die Vereine sind mit anderen Vereinen, die die gleiche Sportart betreiben, in Regional- oder Landesverbänden und durch diese schließlich in einem nationalen Dachverband zusammengeschlossen. Darüber hinaus findet auf unterschiedlichen Ebenen meist nach Qualifikationen auf regionaler und nationaler Ebene, Sportverkehr auch über die Grenzen hinaus statt (Internationalität).

Die Modellflugclubs sind über ihren jeweiligen Landesverband einerseits Mitglied im Dachverband Deutscher Aero Club (siehe 11.1), anderseits aber über den DAeC und seine Landesverbände dem Deutschen Sportbund (siehe 11.3) angeschlossen. Der internationale Sportverkehr ist durch die Mitgliedschaft des DAeC in der Fédération Aéronautique Internationale (siehe 11.4) gewährleistet.

Abb. 6: Start frei! Voller Konzentration und mit körperlichem Einsatz startet hier der Berliner Dieter Grupe sein Elektroflugmodell zu einem Rekordversuch.

Damit steht den deutschen Modellfliegern die Teilnahme am nationalen und internationalen Modellflugsportverkehr offen, auch im Bereich der Modellflug-Höchstleistungen und Weltrekorde (siehe 5.6).

Die Vereine des DAeC veranstalten jedes Jahr in allen Modellflugklassen zahlreiche Wettbewerbe, auch mit internationaler Beteiligung; die Landesverbände führen zusammen mit ihren Vereinen Landesmeisterschaften durch, der DAeC veranstaltet Deutsche Meisterschaften, setzt Kriterien für die Teilnahme an Europameisterschaften und entsendet Mannschaften dorthin.

Sport ist üblicherweise an Regeln gebunden, wird nach Regeln durchgeführt. Für Wettbewerbe und Meisterschaften sind einheitliche Bedingungen für alle Teilnehmer nötig, weil anders Leistungen von Sportlern nicht miteinander verglichen werden können.

Besondere Leistungen werden herausgestellt und anerkannt (z. B. durch Sportabzeichen), die Steigerung der Leistungen kann bis zu nationalen und Weltrekorden führen.

Für den Modellflugsport im DAeC gilt die Modellsport-Ordnung (siehe 5.0). Sie enthält die Einteilung in Klassen (Freiflug-, Fesselflug-, Fernlenkflug-Klassen) und die Wettbewerbsbestimmungen für diese Klassen. Dieses Regelwerk lehnt sich eng an das Reglement der CIAM (siehe 11.4) an, das in der Sektion 4 des Sporting Code niedergelegt ist, die der DAeC größtenteils für seinen Bereich übernommen hat. In der ModSpO finden sich auch die Bedingungen für den Erwerb von Modellflug-Leistungsabzeichen (siehe 5.5) und für die Durchführung nationaler und Weltrekorde (siehe 5.6).

Sportliche Betätigungen dienen der körperlichen Beweglichkeit und sollen zur Gesunderhaltung des

Abb. 7: Nach dem Wettbewerb und dem damit verbundenen Leistungsvergleich kommen die Bestplazierten auf das »Treppchen«. Für sie gibt es — wie in anderen Sportarten bei der Siegerehrung auch — Urkunden, Medaillen und gelegentlich auch Sachpreise.

schaffen (Schwimmbäder, Turnhallen, Sportstadien u. a.), in denen Vereinsmitglieder und Bürger Sport betreiben können. Erhebliche Mittel werden auch für die Unterhaltung der Sportanlagen aufgewendet, die den Vereinen meist kostenlos überlassen werden.

Die Modellflugsportclubs sind grundsätzlich für jedermann offen. Beschränkungen hinsichtlich der Zahl neuer Mitglieder ergeben sich hier und da aus technischen Problemen: die Zahl der zur Verfügung stehenden Fernsteuerfrequenzen und -kanäle (siehe 12.3) reicht nicht aus, um gleichzeitig viele Mitglieder zum Fliegen zu bringen; der Platz ist zu klein; vor allem sind die Auflagen bei der Zulassung von Modellflugplätzen oft so einschneidend, daß Breitensport amtlicherseits verhindert wird, selbst wenn die technischen Möglichkeiten dazu da wären.

Es muß aber auch auf einen gravierenden Unterschied zwischen Sport allgemeiner Art und Modellflugsport hingewiesen werden: Anders als »normale« Sportvereine müssen die Modellflugclubs sich aus eigener Kraft um ihre Sportgelände samt Anlagen bemühen und diese auch selbst finanzieren und unterhalten.

Anders als »normale« Sportler entwickeln und bauen Modellflieger ihre Sportgeräte selbst und tragen auch die gesamten Kosten für Anschaffung und Unterhaltung sowie den Verlust des Sportgerätes (z. B. Absturz beim Training, durch Funkstörungen u. a.).

Dennoch war und ist Politikern trotz diverser Gutachten und trotz klarer und einleuchtender Argumentation nicht einsichtig zu machen, daß Modellflugsport alle Kriterien des allgemeinen Sportbegriffes vom Spielcharakter über die körperliche Betätigung bis zur Gebundenheit an Regeln und die Einbindung in nationale und internationale Organisationsformen erfüllt und daß er für den Einzelnen und für die Gesellschaft einen besonderen Wert hat.

Körpers beitragen. Grundsätzlich steht es jedem Bürger frei, sich sportlich zu betätigen, er kann dies allein tun (Jogging u. a.) oder zusammen mit anderen (Volkslauf u. a.).

Staat und Gemeinden wendeten und wenden zum Teil erhebliche Geldmittel auf, um Einrichtungen zu

Tabelle 1

F 2 A Speed-Geschwindigkeitsflug						
St.-Nr.	Name	Land	1. Flug	2. Flug	3. Flug	Wertung/Platz
10	Miebach Rolf	NW	168	238	220	238
5	Rumpel Emil	NW	236	236	235	236
1	Fröhlich Josef	NW	184	208	219	219
3	Scheidereit Dieter	NW	149	0	209	209
6	Lenzen Jürgen	NW	0	0	209	209
40	Gerum Walter	BW	0	0	0	—
47	Mattes Peter	B	0	0	0	—

2.0 LUFTFAHRT UND SCHULE UND VEREIN

Bereits in den fünfziger Jahren hatte das Präsidium des DAeC-Landesverbandes Nordrhein-Westfalen (NRW) die Bedeutung des Komplexes Luftfahrt und Schule für die technische Bildung der Jugend erkannt. Zudem waren die positiven Erfahrungen mit dem preußischen Erlaß vom 23. 3. 1928 älteren Luftsportlern und Pädagogen noch in guter Erinnerung.

Vizepräsident Hans Thölke (selbst Studiendirektor) erkannte auch, daß Flugmodellbau und Modellflug einen idealen Einstieg in diesen Komplex bieten.

Schon 1954 stellte das Kultusministerium von NRW die ersten Mittel für den Bereich Luftfahrt und Schule zur Verfügung. An allen Schulformen wurden von 1958 an Schülerflug- und Schülermodellfluggemeinschaften gegründet.

Im Amtsblatt des Kultusministers wurden ab 1959 Lehrgänge im Modell- und Segelflug für Lehrer aller Schulformen ausgeschrieben, die stets ausgebucht waren.

Die Jugendbildungsstätte für Luftfahrt und Technik in Kirchhellen (heute in Oerlinghausen) richtete eine mobile Modellflug-Lehrwerkstatt ein, die zahlreiche Schulen (und Vereine) des Landes besuchte, um dort in den Flugmodellbau einzuführen. 1964 fand die Arbeit des Ausschusses auch Eingang in das Programm der Lehrerfortbildung. In Zusammenarbeit mit dem Landesinstitut für schulpädagogische Bildung (Landesstelle für mathematisch-naturwissenschaftlichen Unterricht in Recklinghausen) wurden mehr als 30 Studienwochen durchgeführt. Die Programme beinhalteten Funktions-(Flug-)Modellbau, Flugzeugbau, Flugphysik, Modernisierung des naturwissenschaftlichen Unterrichts, Meteorologie und Luft- und Raumfahrt. Eine lose Arbeitsgemeinschaft von Lehrern aller Schulformen (der auch der Verfasser angehörte) erarbeitete verschiedene Schriften und Empfehlungen für den Unterricht in der Schule und in den Vereinen.

Diese Arbeit fand ihre Krönung im Erlaß des Kultusministers von NRW vom 3. Juni 1970, der den Status der Schülerfluggemeinschaften festlegte. Damit wurden auch die besonderen Verdienste von Hans Thölke gewürdigt, der zäh und zielstrebig die Entwicklung vorangetrieben hatte.

Das wurde in mehr als fünfzehn Jahren zäher Kleinarbeit um 1970 in NRW erreicht:

Der Ausschuß Luftfahrt und Schule (seit Jahren auch auf Bundesebene etabliert) – wie die Sportkommissionen für Modellflug und Segelflug und der technische Ausschuß Einrichtungen des DAeC-Landesverbandes NRW (und des DAeC) – schuf und korrigierte die

Abb. 8: Hans Thölke (Mitte) hatte bereits frühzeitig die Bedeutung des Komplexes Luftfahrt und Schule für die Bildung der Jugend erkannt. Der Verfasser (links) war Mitglied der Lehrer-AG Luftfahrt und Schule. Rechts Berthold Petersen, Vorsitzender der Sportfachgruppe Modellflug des DAeC, in dessen Amtszeit die Richtlinien für die Ausbildung von Modellfluglehrern erarbeitet und verabschiedet wurden.

14

Empfehlungen und Richtlinien, die von der Lehrerarbeitsgemeinschaft Luftfahrt und Schule in die Praxis umgesetzt wurden. Hier wurden und werden die Zielsetzungen immer wieder an der Schulpraxis und ihren Erfordernissen überprüft.

Querverbindungen ergaben sich zwischen den Sportkommissionen und dem technischen Ausschuß.

Die Lehrer-AG Luftfahrt und Schule arbeitete eng mit der Jugendbildungsstätte für Luftfahrt und Technik zusammen (JUBI). Hier wurden die Modelle und Hilfsmittel entwickelt, die aus der Praxis für die Praxis nutzbar gemacht werden können. Viele dieser Modelle, die der damalige Abteilungsleiter für den Bereich Flugmodellbau, Karl-Heinz Becker, entwickelte, sind noch heute in Gebrauch.

An der JUBI konnten und können die Übungsleiter der Vereine (Modellflugausbilder und Modellfluglehrer) in Wochenendseminaren und Lehrgängen technische Kenntnisse erwerben oder erweitern.

Die Schülerfluggemeinschaften und Schülermodellfluggemeinschaften sind laut Erlaß des Kultusministers Schulveranstaltungen und werden vom Land finanziell gefördert. Die Mitglieder dieser Fluggemeinschaften sind gleichzeitig Mitglieder des jeweils betreuenden DAeC-Fachvereins, der damit zunehmende Mitgliederzahlen besonders bei den Jugendlichen zu verzeichnen hatte und selbst in den Genuß moderner Geräte und Fluggeräte kam, schließlich auch noch die Werkstätten der Schulen benutzen konnte.

Die Arbeit in der Lehrerfortbildung konnte durch die gute Zusammenarbeit des Ausschusses mit der Landesstelle MNU und darüber hinaus mit der Deutschen Forschungs- und Versuchsanstalt für Luft- und Raumfahrt (DFVLR) sowie mit der Pädagogischen Hochschule (jetzt Gesamthochschule) Essen intensiviert werden.

Wissenschaftler der DFVLR hielten Vorlesungen an der Essener Hochschule und arbeiteten als Referenten in Studienwochen der MNU mit, der Verfasser hatte einen Unterrichtsauftrag an der Essener Hochschule und bildete dort Studenten u. a. im Bau von Funktionsmodellen aus.

Im Rahmen der Studienwochen wurden auch das Wetteramt Essen/Mülheim und das Institut für Satelliten- und Weltraumforschung in Bochum in die Arbeit einbezogen.

Das »Modell NRW« hat sich bewährt. Die Arbeit in den Schülerfluggemeinschaften geht – auf der Basis des neuen Erlasses vom 22. 7. 1980 – weiter.

Nicht nur die Schulen, ihre Lehrer und Schüler, sondern auch die Vereine haben von dieser Arbeit profitiert und profitieren auch heute noch davon.

2.1.0 Begründung für den Unterrichtsinhalt Flugtechnik

Luft- und Raumfahrt haben unser heutiges Weltbild entscheidend beeinflußt. In der relativ kurzen Zeitspanne von 1891, als Otto Lilienthal seine ersten Gleitflüge durchführte, bis zu den Überschallflugzeugen und Jumbo Jets von 1980 hat sich die Luftfahrt in atemberaubendem Tempo entwickelt. In dieser Entwicklung stecken Erfindergeist und Lebenswerk zahlreicher Pioniere.

Aber auch in den vor dieser Zeit liegenden Jahrhunderten wurden Stationen der technischen Entwicklung auf dem Wege zum Flugzeug als Verkehrsmittel zurückgelegt. Und hier war es oft genug das fliegende Modell, das die Entwicklung voranbrachte (siehe 3.0).

So entwarf Sir George Cayley um 1800 Gleit- und Schwingenflugmodelle und erprobte Profile für Tragflächen an einem sich drehenden Arm zum Testen von Tragflügeln, also ein Umlaufgerät, wie es heute noch in älteren Lehrmittelsammlungen zu Auftriebs- und Widerstandsmessungen zu finden ist.

Obwohl Kinder und Erwachsene das Vorhandensein von Flugzeugen heute als selbstverständlich ansehen, ist das Fliegen für viele doch noch voller Abenteuer und Geheimnisse, oft auch noch von einer unbestimmten Angst begleitet, die aus Unkenntnis entsteht.

Flugmodellbau und Modellflug bieten einen idealen Einstieg in die Flugtechnik. Das Flugmodell ist ein

Abb. 9: Ein Großraumflugzeug vom Typ Boeing 747-30 »Jumbo Jet« der Deutschen Lufthansa. Wirtschaftsunternehmen wie die Lufthansa haben ein weltweites Netz von Luftlinien, auf denen sie eine große Flotte von Flugzeugen betreiben, und befördern Jahr für Jahr Millionen Passagiere und Tausende Tonnen Fracht. Im hierarchischen System flugtechnischer Systeme ist die Fluggesellschaft ein Beispiel für ein vernetztes Funktionssystem der Kategorie 5 (Foto: Lufthansa).

Funktionsmodell, das idealer nicht sein könnte. Wie Auto, Schiff oder Raumfahrzeug ist das Flugzeug ein technisches System, das aus zahlreichen Subsystemen besteht.

Für den Unterricht im Fach Technik kommt es darauf an, das technische Problem des Fliegens der Altersstufe (Schulstufe) gemäß zu reduzieren und so verständlich zu machen. Das Mittel dazu ist die didaktische Reduktion (Gustav Grüner: Die didaktische Reduktion als Kernstück der Didaktik in: Die Deutsche Schule 59/1967; Dietrich Hering: Zur Faßlichkeit naturwissenschaftlicher und technischer Aussagen, Ostberlin/1968; Horst Wolffgramm: Zur naturwissenschaftlichen Durchdringung des allgemeinbildenden Unterrichts in: Polytechnische Bildung und Erziehung, Heft 8/9, 10. Jahrgang/1968). Grüner vereinfacht ingenieurwissenschaftliche Aussagen in Stufen und kommt so zu Reduktionsreihen oder Reduktionsfeldern.

Hering differenziert diese Aussagen von der »Oberen Aussage« (etwa Bildungsstand des Absolventen einer Hochschule) über die »Ausgangsaussage« (mit geringerem Umfang, aber nicht vermindertem Gültigkeitsumfang) bis zu den »Aussagen I, II, III . . .« (technische Allgemeinbildung).

Wolffgramm hat für die Beschreibung technischer Systeme ein »hierarchisches System« entwickelt, das die folgenden Kategorien umfaßt:

1. Kategorie   Funktionselement
2. Kategorie   Funktionsgruppe
3. Kategorie   Funktionssystem
4. Kategorie   Verkettetes Funktionssystem
5. Kategorie   Vernetztes Funktionssystem.

Eine didaktische Reduktion muß den Weg vom Einfachen zum Schweren zunächst umkehren, um ihn dann im Unterricht gehen zu können, aber auch, um die für die Jahrgangsstufe, Klasse oder Arbeitsgruppe pas-

16

Abb. 10: Ein Sportflugzeug ist ein Beispiel für ein aus zahlreichen Funktionssystemen (Subsystemen) wie Zelle, Motoren, Tragflächen, Leit- und Steuerwerken, Fahrwerk usw. zusammengesetztes, verkettetes Funktionssystem der Kategorie 4.

sende Reduktionsstufe zu finden, von der aus in die Flugtechnik eingestiegen werden kann.

Professor Dr. Egen hat in zwei Aufsätzen (Horst Egen: Flugtechnik im technischen Unterricht, in: Werkpäd. Hefte Nr. 4/1970 und Horst Egen: Die Steuerung des Flugzeuges als Gegenstand des technischen Werkens, in: TWU Nr. 1/1975) den Bereich Flugtechnik nach Wolffgramm und Hering hierarchisch gegliedert (Tabelle).

Er bezieht auch die technikgeschichtliche Entwicklung (siehe 3.0) mit ein und eröffnet damit weitere Möglichkeiten für den Unterricht im technischen Bereich.

Professor Rübsam stellt in einem Referat anläßlich der DELA in Essen (Prof. E.-H. Rübsam: Flugtechnik im Technik-Unterricht der Grundschule und Sekundarstufe I/April 1975) die Frage: »Was aus dem Bereich ›Flugtechnik‹ sollte nun Gegenstand schulischen Lernens sein?« und fordert, »daß ein Flugtechnik-Unterricht mehr qualitativ als quantitativ sein muß. Das bedeutet, daß dieser Unterricht (im Rahmen des Technik-Unterrichts) nicht primär fragen kann: Wie fliegt man noch schneller, noch länger, noch höher, noch gezielter? Sondern er fragt: Wie geht es überhaupt?«

Er hebt dann auf den Modellflug- und Segelflugsport mit seinen Wettbewerben ab, für die Probleme wie Vergrößerung des Gleitwinkels, Verringerung der Sinkgeschwindigkeit, Erhöhung der Eigengeschwindigkeit, Vergrößerung der Flugdauer, der Flughöhe und

Flugstrecke und präzise Steuerung des Modells (oder des Segelflugzeuges) relevant sind.

Nach all dem bleibt festzustellen, daß – bei stufenweiser didaktischer Reduktion der Flugtechnik – schon Kinder in der Primarstufe (Grundschule) durch den Flugmodellbau sich mit den praktischen und theoretischen Problemen des Fliegens auseinandersetzen können.

Diese Auseinandersetzung kann und muß in höheren Schulstufen (Sekundarstufen 1 und 2) auf höheren Reduktionsstufen (siehe Tabelle 2: »Hierarchisches System flugtechnischer Systeme«) fortgesetzt werden.

Dabei dürfen fachspezifische Belange des Technikunterrichts nicht außer acht gelassen werden:

Material- und Werkzeugkunde, Technologien der Materialbearbeitung (schneiden, sägen, schleifen, zusammenfügen, verbinden, kleben . . .), das Lesen und Umsetzen technischer Zeichnungen (Bauplan), Analyse und Lösung technischer Probleme der Stabilisierung und Steuerung, Probleme der Festigkeit und der Statik sowie des Antriebes.

Aber auch fächerübergreifende Aspekte der Flugtechnik bereichern den Unterricht:

Modellflug ist Sport mit allen Kennzeichen sportlicher Betätigung, beim Starten und Verfolgen der Modelle, im Leistungsvergleich auf Wettbewerben und Meisterschaften, beim Steuern des Modells vom Boden aus.

Die Verbesserung der Flugleistungen (großer Gleit-

Abb. 11: Eine außerordentliche komplexe Funktionsgruppe ist die Tragfläche einer Boeing 737. Zahlreiche Klappen erhöhen den Auftrieb und verhindern das Abreißen der Strömung bei den relativ niedrigen Geschwindigkeiten bei Start oder Landung. Diese Funktionsgruppe ist ein Beispiel für technische Systeme der Kategorie 2 nach Wolffgramm.

Tabelle 2: Hierarchisches System flugtechnischer Systeme (Egen)

Technische Systeme		Technischer Relationsbereich	Technikgeschicht- liche Entwicklung	Reduk- tionsstufe	Schulstufe
5. Kategorie	Vernetztes Funktions- system	Relationsbereich bzw. Bezugs- feld »Gesellschaft« betreffend Luftverkehrsunternehmen Luftstreitkräfte			alle Schulstufen
4. Kategorie	Verkettetes Funktions- system	Flugzeug mit Triebwerk (Sport- flugzeug, eigenstartfähig; Verkehrsflugzeug usw.)	Henson (»Ariel«) String- fellow F. u. L de la Croix, Pénaud u. a.	o A	Berufsbildende Schule Flug- sportgruppen
3. Kategorie	Funktions- system	Flugzeug ohne Triebwerk (Segel- flugzeug) komplette Zelle (Rumpf, Tragfläche, Leitwerk, Steuerwerk, Fahrwerk)	Cayley Lilienthal	AA bis A III	Sekundar- stufe 2
2. Kategorie	Funktions- gruppe	Tragflächen mit Querrudern und Landeklappen, Leitwerk Fahrwerk Steuerwerk Triebwerk	Boulton O. u. W. Wright (Querruder)	A I bis A III	Sekundarstufe 1 und 2 (beim (Funktions- modell)
1. Kategorie	Funktions- element	Tragfläche Rumpf Höhenruder Seitenruder Querruder	Leonardo da Vinci Cayley (V-Form) Lilienthal (aus- genommen Quer- ruder)	A III bis A V	Sekundar- stufe 1 und Primarstufe

Anmerkung: Bezeichnung unter »Technische Systeme« nach Wolffgramm

18

winkel, geringe Sinkgeschwindigkeit) ist nur möglich, wenn man detaillierte Kenntnisse der physikalischen Voraussetzungen des Fliegens hat.

Das Steuern des Modells per Funk regt zur Beschäftigung mit der Elektronik an.

Aus dem Verhalten des Modells in der Luft kann auf die Luftströmungen geschlossen werden, so daß sich die Einführung in die Wetterkunde auf solide praktische Erfahrungen stützen kann.

Die Beobachtung der Flugsamen und des Fluges der Vögel und Insekten bereichern die Biologie um eine interessante Komponente.

In der Chemie können Aufbau und Wirkungen von Klebstoffen und die Eigenschaften von Kunststoffen experimentell erkundet werden.

Die Geschichte der Luftfahrt ist eine Technikgeschichte, die das Zusammenwirken von Forschung, Wissenschaft, Technik und Wirtschaft aufzeigt und noch deutlich die Faktoren erkennen läßt.

Die moderne Schule sollte diese vielfältigen Bezüge zu Luftfahrt und Luftsport für den Unterricht nutzen.

2.2.0 Richtlinien und Lehrpläne

Die Flugtechnik hat bisher leider noch nicht in allen Bundesländern Eingang in die Richtlinien und Lehrpläne des Faches Technik oder Physik gefunden.

Die mannigfachen Beziehungen zur Physik und die zahlreichen fächerübergreifenden Aspekte der Flugtechnik machen eine Abgrenzung und Einordnung in einen bestimmten Fachbereich allerdings nicht gerade leicht.

Die Entwicklung im Bereich der Didaktik des technischen Unterrichts ist nicht immer ganz kontinuierlich verlaufen. Zahlreiche Didaktiker kamen vom künstlerischen Werken her und hatten zunächst Schwierigkeiten, sich auf die von Bildungspolitikern und Ingenieurwissenschaftlern gestellten Forderungen an eine zeitgemäße technische Bildung und Ausbildung der Jugend einzustellen.

Die Entwicklung verlief, da Bildung Sache der Bundesländer ist, regional recht unterschiedlich; es entstanden verschiedene »Schulen« des Denkens und Argumentierens, die sich auf Kongressen und in Veröffentlichungen gelegentlich heftig befehdeten.

Die Entwicklung zeigt sich auch in den unterschiedlichen Bezeichnungen für Fachbereiche oder Fächer mit oft gleichen oder ähnlichen Inhalten: Künstlerisches Werken, Werken, technisches Werken, Technik, Technik-Unterricht, Arbeitslehre, Arbeitslehre/Technik usw.

Überlagert wurde diese Entwicklung auch von Strömungen, die einen »wissenschaftlichen Unterricht« forderten und die den Technik-Unterricht möglichst scharf gegen »Werken« (im Sinne von »Basteln« und »Hobby«) abgrenzen wollten.

Zudem ist der Modellflug historisch belastet. Der Nationalsozialismus hatte den Modellflug in die vormilitärische fliegerische Ausbildung eingespannt und sah in ihm »ein Sammelbecken für die deutsche Jugend, die sich freiwillig zur Luftwaffe drängt.« Nach NSFK-Auffassung fiel »dem Modellflug die wichtige Aufgabe zu, die für die weitere fliegerische Ausbildung im Segelflug und Motorflug notwendige erste Auslese zu treffen« (aus dem Geleitwort zum Buch Modellflug im NS-Fliegerkorps, Berlin, 1942).

Noch heute haben Bildungspolitiker Probleme mit der Einordnung des Flugmodellbaus, haben Sportpolitiker Probleme mit der Einordnung des Modellflugsports, wie die erst kürzlich geführten Debatten um die Gemeinnützigkeit des Modellflugsports gezeigt haben.

Inzwischen gehen die Diskussionen wieder stärker in Richtung praxisnahen, praxisbezogenen, praxisorientierten Unterricht. Und im Rahmen einer Arbeitsgemeinschaft »darf« in der Schule auch wieder praktisch gearbeitet werden, sind fächerübergreifende Themen und Sachbereiche wieder »in«.

Einige Beispiele mögen verdeutlichen, in welcher Weise in verschiedenen Bundesländern Flugtechnik oder Flugphysik in die Lehrpläne und Richtlinien einbezogen sind.

Daß Flugmodellbau und Modellflug nicht nur für den modernen Technik- und Physikunterricht besonders geeignet sind, wurde bereits in den Kapiteln 2.0 und 2.1 ausführlich dargestellt. Welche Möglichkeiten sich für die Gestaltung des Unterrichts ergeben, ist in den Kapiteln 2.5 und 2.6 aufgezeigt.

Im Jahre 1954 veröffentlichte der damalige Kultusminister von NRW »Richtlinien für die Bildungsarbeit der Realschule«. Dort sind im Fach Werken Aufgabenstellungen gefordert, die »... zur Erprobung mannigfacher Werkzeuge und vieler Werkstoffe ... zwingen, ... technisches Interesse wecken, ... technische ordentliche Arbeit verlangen und den Erwerb von Kenntnissen über Werkstoffe, Werkzeuge, Arbeitsabläufe, Arbeitsplanungen nahelegen ...«.

Die derzeit gültigen Richtlinien und Lehrpläne für das Fach Physik fordern die experimentelle Untersuchung von Sachzusammenhängen und Wirkungsabläufen und die »Einübung naturwissenschaftlicher Arbeitsweisen«, bei denen von einer »Problemsituation« auszugehen ist.

Für die Klasse 5 ist der Themenbereich »Von der Luft« vorgesehen; Einzelthemen sind:
Luft nimmt einen Raum ein,
Luft hat ein Gewicht,
Luft federt,
Luft kann Arbeit verrichten,
Der Luftdruck und
Anwendungen des Luftdrucks.

An dieser Stelle könnte der flugphysikalisch »vorbelastete« Lehrer den Bezug zur Luftfahrt und zur Flugtechnik schon herstellen und damit den Unterricht aktualisieren.

Für die Klasse 9 sind u. a. die Themen »Verbrennungsmotoren« und »Raketen« vorgesehen. Auch hier böte sich die Möglichkeit, aktuelle Bezüge zu Luft- und Raumfahrt herzustellen und auch den Modellflug mit einzubeziehen (Modellraketen mit ihren verschiedenen Rückkehrsystemen, Freiflug-, Fesselflug- oder Fernlenkflugmodelle mit Verbrennungsmotoren).

Für die Klasse 8 ist im Unterricht im Wahlpflichtbereich Physik das Thema »Flug und Fliegen« genannt. Einzelthemen sind

Abb. 12: Ein Segelflugzeug (hier ein Modell der ASW 20 L von Wanitschek) hat kein Triebwerk. Es muß zuerst per Windenstart, Flugzeugschlepp oder mit Hilfe von Aufwinden auf eine bestimmte Höhe gebracht werden und erhält dadurch eine hohe Lagenenergie, die es dann in geflogene Strecke oder Zeit umsetzen kann. Es ist ein Beispiel für ein Funktionssystem der Kategorie 3 im hierarchischen System.

1. Der Drachen steigt (der Auftrieb ist abhängig von der Flügelfläche und dem Anstellwinkel).
2. Lilienthals Entdeckung (die Flügelwölbung verstärkt den Auftrieb).
3. Sog und Druck am gewölbten Flügel (über dem Flügel entsteht in der Strömung ein starker Sog, unten ein Druck).
4. Schneller durch die Stromlinienform (hinter jedem bewegten Körper treten Wirbel auf. Geeignete Formgebung vermindert diese Wirbelbildung).
5. Die Steuerung des Flugzeuges (Wirkungsweise der Ruder. Besondere Flugzustände: Start und Landung).
6. Antrieb des Flugzeuges (Schwerpunktlage einer Spielzeugtaube. Segeln im Gleitflug und mit Aufwind. Wirkungsweise des Propellers).

Im Themenbereich »Auftrieb in Luft und Wasser« dürfte nur das letzte Einzelthema interessant sein:

6. Ballonflug in der Luft (das Auftriebsgesetz gilt nicht nur für Flüssigkeiten, sondern auch für Gase: Montgolfière, Charlière).

Seit zwei Jahren gibt es in den Hauptschulen des Landes Nordrhein-Westfalen den »projektorientierten Unterricht«.

Hier sollen »die nach Fächern getrennten Lehrstoffe wieder in alltägliche Erlebnis- und Handlungszusammenhänge zurückübersetzt werden, aus denen sie einmal gewonnen wurden«.

Diese Projekte sollen »situations- und standortbezogen (Regionalbezug), problem- und handlungsorientiert (Handlungsbezug) und interdisziplinär bzw. fächerübergreifend« gestaltet werden. Auch hier bietet sich wieder ein Ansatzpunkt für eine projektorientierte Unterrichtseinheit Flugtechnik.

Ansatzpunkte für die fächerübergreifenden Aspekte der Flugtechnik finden sich auch bei Durchsicht der Richtlinien und Lehrpläne für das Fach Technik an Hauptschulen in NRW.

Die Sachbereiche Produktionstechnik, Maschinentechnik, Informationstechnik und Bautechnik sind durch Ingenieur- und Naturwissenschaften abgesichert und werden »didaktisch reduziert zu Inhalten des Unterrichts«.

«Der Unterricht ist grundsätzlich offen für naturwissenschaftliche Sachverhalte«, sagen die Richtlinien und geben die Freiheit, auch andere Aufgaben zu stellen, denn »die den (verbindlichen) Inhalten und Zielen zugeordneten Aufgaben sind lediglich als Möglichkeiten der Auseinandersetzung zu betrachten«.

So wurde beispielsweise an einer Hauptschule im Themenbereich Produktionstechnik eine Serienproduktion von Balsa-Wurfgleitern (wie »5 aus 1 Brett«, »Penny I« oder »Penny II«) für den Bazar eines Schulfestes durchgeführt. Dabei planten die Schüler weitgehend selbständig den Ablauf von der Bedarfsanalyse (Modelltypen, Stückzahlen) über Materialbedarf (Einkaufspreise, Selbstkosten, Kalkulation des Verkaufsreises), Einrichtung des »Fließbandes« für die Fertigung (Festlegung des Weges, Bedarf an Arbeitskräften, zu fertigende Teile und Stückzahlen) bis zur Montage der Baugruppen (Flügel, Rümpfe mit Leitwerken), der Endmontage und dem Trimmen und Einfliegen der Modelle. Bleibt zu vermerken, daß die Sache Spaß gemacht hat und die Modelle auf dem Schulfest reißenden Absatz fanden.

Im Hamburger Lehrplan des Faches Technik in der Haupt- und Realschule (von 1954) ist der Arbeitsbereich Flugkörper festgeschrieben:

»Flugzeuge und technische Probleme des Flugzeugbaus interessieren Schüler in der Regel sehr. In der Beobachtungsstufe sollen sie durch den Bau, die Erprobung und Untersuchung einfacher Flugkörper erste Einsichten in Bedingungen des Fliegens und des Flugkörperbaus gewinnen. Sie sollen Kräfte und Wirkungen am Modell beobachten und untersuchen lernen.

Die Schüler sollen beim Bauen, Erproben und Untersuchen von Flugkörpern kennenlernen:

Schwerpunkt, Stabilität, Anstellwinkel, Einstellwinkel, Gleitwinkel, Tragflächenbelastung, Tragflügelformen, Lenkung.

Themenvorschläge

Gleitversuche mit der Papierfläche
Erzielen eines günstigen Gleitwinkels, Richtungsstabilität.
Stabilität von Flächen, Einstellwinkel, Schwerpunkt.
Material: Papier, Karton, Büroklammern, Schrauben u. ä.

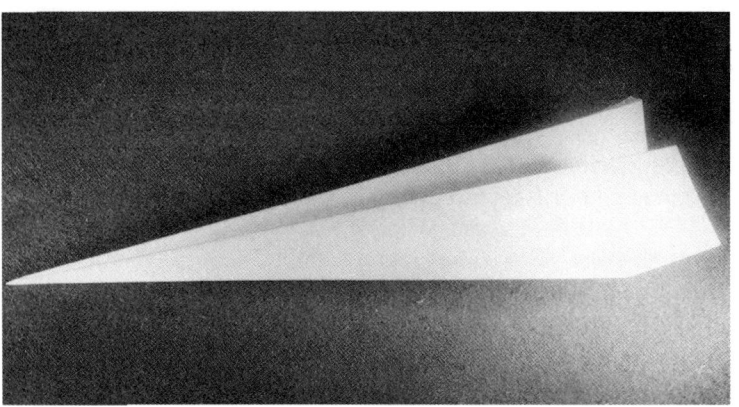

Abb. 13: Die niedrigste Stufe der Hierarchie ist das Funktionselement der Kategorie 1, hier als Beispiel ein schlichter Papiergleiter, das fliegende Stilett, das aus einem gefalteten Blatt DIN A 4 abgeleitet wird.

Literatur: Werkaufgabe 54, Werkstunde 13, WPB 5/65.

Drachen
   Eine gegen den Wind gestellte Fläche erzeugt einen Auftrieb.
   Literatur: Werkaufgabe 100, Werkstunde 15, 16, K. D. Horn: Drachenbau, Lehrmeisterbücherei.

Fallschirme
   Problemstellung: einen empfindlichen Gegenstand (Glühlampe) gebremst landen.
   Material: Seidenpapier, Transparentpapier, Stoff, Draht, Bindfaden, Dübelholz 3 mm $\varnothing$.
   Literatur: Werkaufgabe 101, Werkstunde 57.

Balsagleiter
   Modell ohne Tragflächenprofil, möglichst geringe Tragflächenbelastung, Richtungs- und Querstabilität. Finden eines günstigen Anstellwinkels.
   Material: Balsaholz (Lieferfirma über Beratungsstelle)
   Literatur: Werkaufgabe 157, Werkstunde 14, WPB 5/65.
   Starke Beachtung findet der im Jahre 1978 in das Schulversuchsprogramm des Landes Niedersachsen aufgenommene Schulversuch »Neue Motivation in der Schule – Funktionsmodellbau«. Dabei soll untersucht werden – so die Zielangabe – »ob es möglich ist, durch Einbeziehung von Flugmodellbau in den Unterricht der Schule die Motivierung der Schüler zu steigern und ob

sich diese zusätzliche Motivierung auch auf andere Fächer ausdehnt«.
   Der Kultusminister Niedersachsen geht bei diesem Versuchskonzept von folgenden Hypothesen aus:
   »Die vom Flugmodellbau ausgehende motivierende Wirkung auf den Schüler ist groß. Aufgrund der engen Verzahnung mit vielen herkömmlichen Fächern (z. B. Arbeitslehre, Techn. Werken, Physik, Mathematik, Chemie) ist mit einer allgemeinen Motivationssteigerung im Unterricht zu rechnen, wenn die Projektarbeit fächerübergreifend konzipiert und durchgeführt wird. Die Motivation der Schüler kann so stark sein, daß sie über die Schulzeit hinaus trägt und zu sinnvoller Freizeitbeschäftigung führt.
   Der Bau von Funktionsmodellen (hier Flugmodelle) eignet sich besonders gut zur Einübung von Fertigkeiten im Umgang mit Holz, Metall, div. Kunststoffen und sonstigen Materialien.
   Im Rahmen des technischen Werkens eignet sich der Funktionsmodellbau gut in bezug auf die fächerübergreifende Einführung in Konstruktionsaufgaben, Lesen von Planzeichnungen, Erarbeitung von physikalischen Erkenntnissen, Einführung in die Wetterkunde sowie allgemein im Sinne der Arbeitslehre zur Einführung in die technische Umwelt der Schüler.
   Im Funktionsmodellbau ist eine unmittelbare Erfolgskontrolle durch den Schüler möglich: Die angestrebte Funktion ist nur erreichbar, wenn theoretische Lerninhalte verstanden und praktische Arbeiten sachgerecht durchgeführt wurden.«
   Als Versuchsvarianten schlägt das KM einmal fächerübergreifenden Unterricht im Rahmen des regulären Unterrichts, zum anderen die Form der Arbeitsgemeinschaft mit Beteiligung weiterer Fächer vor. Der Schulversuch wird in der Sekundarstufe I durchgeführt. Die Teilnahme an dieser Art Unterricht wird im Zeugnis vermerkt. Die Standorte wurden so ausgewählt, daß die unterschiedlichen Lebensbereiche (Großstadt, Kleinstadt, ländlicher Bereich mit Industrie und nahegelegener Stadt, ländlicher Bereich mit überwiegend landwirtschaftlichen Betrieben) abgedeckt werden. Nach den Ergebnissen der ersten beiden Durchläufe werden die o. g. Hypothesen weitestgehend bestätigt. Das Interesse der Schüler ist sehr groß, die Arbeitsleistun-

gen der Schüler lassen auf eine besonders hohe Motivation schließen, die auch auf andere Fächer übertragen wird, das Engagement der Eltern und das Interesse der Lehrerschaft stieg, viele Schüler, die an diesen Versuchen teilnahmen, behielten Flugmodellbau als sinnvolle Freizeitgestaltung bei.

Die Versuchsergebnisse sollen zusammengestellt und den Schulen des Landes Niedersachsen zur Verfügung gestellt werden.

2.3.0 Erlasse

Schon 1928 gab es einen gemeinsamen Erlaß der Preußischen Minister für Handel und Gewerbe und für Wissenschaft, Kunst und Volksbildung (23. 3. 1928) zur Frage »Jugend und Luftfahrt«, den vor allem Gewerbelehrer angeregt hatten. Einerseits war das Interesse der Jugend für die sich stürmisch entwickelnde Luftfahrt groß, zum anderen hatte die Regierung die große wirtschaftliche Bedeutung der Luftfahrt erkannt. In den Jahren nach diesem Erlaß wurden an den preußischen Fach- und Berufsschulen freiwillige Luftfahrtlehrgänge eingerichtet. Die Schulen arbeiteten dabei mit dem Deutschen Luftfahrt Verband e. V. (DLV) zusammen, dem Vorläufer des heutigen DAeC (siehe 11.1).

Vor allem in den Jahren 1930 bis 1933, als in Deutschland die große Arbeitslosigkeit herrschte, fanden Jugendliche und Erwachsene beim Bau von Flugmodellen und Segelflugzeugen eine sinnvolle tägliche Beschäftigung und erhielten dabei eine erste oder eine zusätzliche handwerkliche Ausbildung. In den Flugsportgruppen fanden sie sich zu sportlichen Gemeinschaften zusammen, die Modellflug- und Segelflugsport betrieben. Heute haben die Schülerfluggemeinschaften an den allgemeinbildenden Schulen des Landes Nordrhein-Westfalen ähnlichen Inhalt und ähnliche Zielsetzungen (siehe 2.3.2). Die Schulen arbeiten dabei mit den Fachvereinen des DAeC-Landesverbandes NRW eng zusammen.

Leider gibt es vergleichbare Erlasse in anderen Bundesländern noch nicht. Immerhin ist Flugtechnik aber zumindest mit Teilbereichen in den Lehrplänen einzelner Bundesländer enthalten. In Niedersachsen lief 1978 der Schulversuch »Neue Motivation in der Schule – Funktionsmodellbau« an (siehe 2.2 und 2.6), bei dem Flugmodellbau als Motivation für den Unterricht genutzt wird.

Der Kultusminister von Nordrhein-Westfalen veröffentlichte am 3. 6. 1970 den ersten Erlaß über Schülerfluggemeinschaften (siehe 2.3.1), in dem der Bau und das Fliegen von Flugmodellen, der Bau von Segelflugzeugen und sonstige Werkstattarbeiten zu Schulveranstaltungen erklärt werden und die Zusammenarbeit mit einem Fachverein des DAeC manifestiert wird.

Dieser Erlaß wurde in Zusammenarbeit mit dem DAeC-Landesverband NRW überarbeitet und am 22. 7. 1980 erlassen und veröffentlicht.

In dem neuen Erlaß ist der Modellflug stärker als bislang als Sport erfaßt (»Modellflug einschließlich Flugmodellbau«), zum anderen ist ausgeführt, daß der Modellflug der Vorbereitung und Hinführung auf den Segelflug dienen soll. Die Teilnahme von Schülern an den Veranstaltungen der Schülerfluggemeinschaft und die sportlichen Leistungen können im Zeugnis als »zusätzliche Unterrichtsveranstaltungen« mit Beurteilung aufgenommen werden.

Weiter ist ausgesagt, daß »der Modellflug . . . in einem Verein des DAeC-Landesverbandes NRW e. V. unter Beachtung der luftrechtlichen Bestimmungen und in dessen Verantwortungs- und Haftungsbereich zu erfolgen (hat)«.

2.3.1 ERLASS DES KULTUSMINISTERS NRW ZUR SCHÜLERFLUGGEMEINSCHAFT (erster Erlaß vom 3. 6. 1970)

Schülerfluggemeinschaften

Mit Erlaß vom 3. 6. 1970 – IV B 2 52 - 11/9 Nr. 886/70 – teilt der Kultusminister des Landes Nordrhein-Westfalen folgendes mit:

Zum Status der Schülerfluggemeinschaften wird festgestellt:

1. Veranstaltungen der Schülerfluggemeinschaften sind Schulveranstaltungen, soweit sie von der Schule angeboten werden und es sich um
   a) den Bau und das Fliegen von Flugmodellen
   b) den Bau von Segelflugzeugen
   c) sonstige Werkstattarbeiten
   handelt.

2. Alle darüber hinausgehenden Tätigkeiten von Schülerfluggemeinschaften, wie auch das Fliegen mit Segel- oder Motorflugzeugen, sind k e i n e Schulveranstaltungen.

3. Die von Schülerfluggemeinschaften gebauten Segelflugzeuge bleiben im Eigentum der Schule. Sie sind v o r ihrer Zulassung bzw. Inbetriebnahme vertraglich einem dem Deutschen Aero-Club angeschlossenen eingetragenen Verein zu dessen Gebrauch auf eigene Rechnung und in dessen Verfügungsgewalt als Halter zu übergeben.

4. Dieser Verein hat durch eine im Vertrag aufgenommene Erklärung verbindlich anzuerkennen, daß
   4.1 er auf jeglichen Anspruch an das Land verzichtet; auch dann, wenn der Flugzeugbau fehlerhaft ausgeführt wurde,
   4.2 ihm die für Zulassung, Betrieb und Wartung erlassenen Gesetze, Verordnungen und Bestimmungen bekannt sind und von ihm als Halter in eigener Verantwortung beachtet werden,
   4.3 er das Flugzeug, Start- und Hilfsgerät der Schülerfluggemeinschaft in seiner Eigenschaft als Halter im Einvernehmen mit dem Schulträger einsetzt,
   4.4 er die fachliche Betreuung der Schülerfluggemeinschaft übernimmt und das notwendige Fachpersonal für Werkstatt- und Flugbetrieb, sein Flugzeug, Start- und Hilfsgerät, sein Fluggelände und – soweit erforderlich – seine Werkstatt zur Verfügung stellt,
   4.5 er das sich hieraus ergebende Risiko im Rahmen einer von ihm abzuschließenden Versicherung übernimmt unter der Voraussetzung, daß die Angehörigen der Schülerfluggemeinschaft pflichtgemäß Mitglieder des Vereins sind.

5. Es ist sicherzustellen, daß die beteiligten Schüler, Erziehungsberechtigten, Schulleiter und Lehrer von dieser Regelung Kenntnis nehmen und dies unterschriftlich anerkennen.

Dieser Erlaß ergeht im Einvernehmen mit dem Minister für Wirtschaft, Mittelstand und Verkehr und wird im Amtsblatt des Kultusministeriums veröffentlicht.
Ich bitte um künftige Beachtung.

Im übrigen verweise ich auf meine Rundverfügung vom 28. 2. 1968 – 45. 2 - 1 - 5 –, abgedruckt im Amtlichen Schulblatt 1968, Seite 162.

Arnsberg (Westf.), den 1. Juli 1970   45. 2 - 1 - 5
Der Regierungspräsident

2.3.2 ERLASS DES KULTUSMINISTERS NRW ZUR SCHÜLERFLUGGEMEINSCHAFT
(zweiter und derzeit gültiger Erlaß vom 22. 7. 1980)

**Förderung des Schulsports;
hier: Freiwillige Schülerfluggemeinschaften**
RdErl. d. Kultusministers v. 22. 7. 1980 –
V B 3 – 8247.3 – 1738/80
Bezug: RdErl. d. Kultusministers v. 3. 6. 1970 – IV B 2 –
52–11/9 – 886/70 (ABl. KM. NW. S. 267)

1 Status der Schülerfluggemeinschaften
1.1 Die Schülerfluggemeinschaft (SFG) ist eine freiwillige Schülersportgemeinschaft gemäß RdErl. vom 10. 4. 1979 – II C 4 – 8247.1 – 1940/79 (GABl. NW. S. 208).
1.2 Die SFG arbeitet aus luftrechtlichen Gründen jeweils mit einem Fachverein des Deutschen Aero-Clubs – Landesverband Nordrhein-Westfalen e. V. (folgend Verein genannt) – zusammen. Alle Mitglieder der Schülerfluggemeinschaft sind gleichzeitig Mitglieder dieses Vereins.

2 Veranstaltungen der Schülerfluggemeinschaften
2.1 Veranstaltungen der SFG sind Schulveranstaltungen, soweit sie von der Schule angeboten werden.
Dazu gehören:
2.11 Modellflug einschließlich Flugmodellbau,
2.12 Segelflug mit Segelflugzeugen und Motorseglern (eigenstartsfähigen Segelflugzeugen),

2.13 der Bau und die Instandhaltung von Segelflugzeugen, Motorseglern und Startgeräten,

2.14 sonstige Werkstattarbeiten,

2.15 theoretischer Unterricht,

2.16 Lehrgänge und Fortbildungsveranstaltungen.

2.2 Alle darüber hinaus gehenden Tätigkeiten sind **keine** Schulveranstaltungen.

2.3 Der Modellflug (Nr. 2.11) soll der Vorbereitung und Hinführung auf den Segelflug (Nr. 2.12) dienen.

3 Organisation der Schülerfluggemeinschaft und Zuständigkeit der Schule

3.1 Die SFG ist – in der Regel – eine schulform- bzw. schulstufenübergreifende Schülersportgemeinschaft. Die Koordinierung der Schulen (Schüler) erfolgt durch eine die SFG tragende Schule (Trägerschule).

3.2 Die Trägerschule führt die Schulveranstaltungen der SFG unter Mitwirkung von Vereins-Übungsleitern gemäß RdErl. vom 10. 4. 1979 durch, unbeschadet der fachlichen Zuständigkeit und Verantwortung des Vereins. Der Schulleiter der Trägerschule bestellt einen Lehrer zum Protektor der SFG.

Dieser hat dafür zu sorgen, daß während der Schulveranstaltung eine angemessene Aufsicht (§ 12 Abs. 3 ASchO) gewährleistet ist. Im Zuständigkeitsbereich des Vereins sind dessen Sicherheitsvorschriften maßgeblich. Die Vereins-Übungsleiter sind mit den Grundsätzen der Aufsichtspflicht (§ 12 ASchO) vertraut zu machen.

3.3 Die Teilnahme der Schüler an den Veranstaltungen der SFG und die sportlichen Leistungen ihrer Mitglieder (z. B. A-, B-, C-Prüfung etc.) können im Zeugnis etwa in die Rubrik »zusätzliche Unterrichtsveranstaltungen« mit Beurteilung aufgenommen werden.

4 Zuständigkeit des Vereins

4.1 Der Modellflug gemäß Nr. 2.11 hat in einem Verein des DAeC-Landesverband NRW e. V. unter Beachtung der luftrechtlichen Bestimmungen und in dessen Verantwortungs- und Haftungsbereich zu erfolgen.

4.2 Der Segelflug hat im Zuständigkeits-, Verantwortungs- und Haftungsbereich eines Vereins zu erfolgen, der vom DAeC, Landesverband Nordrhein-Westfalen e. V., in seinem behördlich anerkannten Ausbildungsbetrieb (Luftfahrerschule) zugelassen ist.

4.3 Das Start-, Flug- und Flughilfsgerät der Schülerfluggemeinschaft bleibt im Eigentum des Schulträgers. Es ist **vor** der Zulassung bzw. Inbetriebnahme **vertraglich** dem Verein zu seinem Gebrauch auf eigene Rechnung und in seine Verfügung als Halter zu übergeben.

5 Vertragliche Regelung

In einer vertraglichen Regelung hat der Verein verbindlich anzuerkennen, daß er

– die fachliche Ausbildung und Betreuung der SFG im Rahmen seiner Ausbildungs- und Betriebsordnung übernimmt und das notwendige Fachpersonal (Vereins-Übungsleiter) für Unterricht, Werkstatt- und Flugbetrieb, sein Flug-, Start- und Hilfsgerät, sein Fluggelände und – soweit erforderlich – seine Werkstatt zur Verfügung stellt;

– das Gerät der SFG nur im Einvernehmen mit dem Schulträger einsetzt;

– das sich hieraus ergebende Risiko im Rahmen der für ihn bestehenden und von ihm abzuschließenden Versicherungen übernimmt unter der Voraussetzung, daß die Angehörigen der SFG Mitglieder des Vereins sind;

– auf jeglichen Anspruch an das Land oder den Schulträger verzichtet.

6 Es ist sicherzustellen, daß die beteiligten Schüler, Erziehungsberechtigten, Schulleiter und Lehrer von dieser Regelung Kenntnis nehmen und dies unterschriftlich anerkennen.

Vor dem Segelflug gemäß Nr. 2.12 ist das schriftliche Einverständnis der Erziehungsberechtigten einzuholen.

Dieser Erlaß ergeht im Einvernehmen mit dem Minister für Wirtschaft, Mittelstand und Verkehr und tritt mit dem Tag der Veröffentlichung in Kraft.

Der Erlaß vom 3. 6. 1970 wird hiermit aufgehoben*.

---

* Der aufgehobene Erlaß ist in der Liste der weitergeltenden Rechts- und Verwaltungsvorschriften (Beilage zum GABl. NW. Nr. 2/1980) zu streichen.

2.4.0 Schülerfluggemeinschaften

»Aufgabe der Schülerfluggemeinschaften ist es, der Schuljugend den Luftsport als Freizeit-, Breiten- und Leistungssport anzubieten. Damit sollen die vielfältigen Bildungs- und Erziehungsmöglichkeiten, wie sie auch im Luftsport gegeben sind, von der Schule genutzt werden. . . .« (aus den Richtlinien zur Errichtung und Durchführung von freiwilligen Schülerfluggemeinschaften).

Erlasse sind eine Sache, ihre praktische Verwirklichung in Schule und Verein eine andere.

Eine Schülerfluggemeinschaft (SFG) kann nur aus einer echten Partnerschaft von Schule und Verein entstehen. Bau und Nutzung des Fluggerätes, aber auch die Nutzung von Werkstätten und ihren Einrichtungen werfen rechtliche Probleme auf, die einer vertraglichen Regelung bedürfen.

Auf der einen Seite steht die Schule (als Trägerschule), denn eine SFG kann an jeder weiterführenden Schule (Haupt-, Realschule, Gymnasium, berufsbildende Schule) gegründet werden. Liegt genügend Interesse von Seiten der Schüler vor, ist das die Basis für die Gründung einer SFG. Je nach Schulform und Interesse kann das eine SFG sein, die Flugmodellbau und Modellflug, oder eine, die Segelflugzeugbau und Segelflug betreibt. Die Schule bietet den Luftsport als Schulveranstaltung (laut Erlaß des Kultusministers) an. Es muß sich ein Lehrer der Schule bereit finden, als Protektor die SFG zu betreuen und zu fördern.

Auch der Schulträger muß sich zur Unterstützung der SFG bereit erklären, damit der Luftsport als Schulveranstaltung angeboten und ermöglicht werden kann.

Auf der anderen Seite steht der Verein. Es muß in jedem Fall ein Fachverein des DAeC sein, der zudem noch (vor allem im Segelflug) eine Ausbildungsgenehmigung nachweisen kann.

Der Verein muß im Rahmen der vertraglichen Regelung (siehe Muster-Vertrag) bereit sein, das vereinseigene Flug- und Startgerät für die SFG-Mitglieder entsprechend ihrem fliegerischen Leistungsstand zur Verfügung zu stellen; das Gerät der SFG darf aber auch für andere Vereinsmitglieder genutzt werden.

Der Protektor vertritt im Auftrage des Schulleiters die pädagogischen Erfordernisse. Er erfaßt die Schüler in einer Liste, die mit der Mitgliederliste des Vereins übereinstimmen muß. Er sorgt dafür, daß durch regelmäßige Teilnahme der Schüler an den Schulveranstaltungen (der SFG) eine zügige und kontinuierliche Ausbildung gewährleistet wird.

Die Übungsleiter des Vereins (Modellfluglehrer, Segelfluglehrer, Werkstattleiter u. a.) testieren den Schülern den Besuch des Unterrichts und die Teilnahme am Flugbetrieb. Die sportlichen Leistungen der Schüler können im Zeugnis als »zusätzliche Unterrichtsveranstaltungen« mit Beurteilung aufgenommen werden. Das kann so weit gehen, daß Segelflug als Fach beim Abitur geprüft wird.

Für die SFG und den Verein ist es von Nutzen, wenn die Trägerschule für den Unterricht Räume (Werkstatt, naturwissenschaftliche Fachräume) und Lehrmittel zur Verfügung stellt. Dadurch erfahren Segelflug und Modellflug eine pädagogische Wertung und sind als Einrichtung der Schule auch nach außen erkennbar.

»Der Modellflug soll der Vorbereitung und Hinführung auf den Segelflug dienen. Zwischen Segelflug und Modellflug ist eine enge Zusammenarbeit anzustreben. Jeder Partnerverein sollte eine Abteilung Modellflug unterhalten. Wo das nicht möglich ist, sollten Partnerschaften mit anderen Vereinen geschlossen werden« (aus den Richtlinien zur Errichtung und Durchführung von freiwilligen Schülerfluggemeinschaften).

Weitere Einzelheiten der Zusammenarbeit zwischen Trägerschule und Fachverein sind dem Muster-Vertrag zu entnehmen.

Wie munter und lebendig der Luftsport in einer SFG sein kann und mit wieviel Freude und Engagement die Mitglieder und ihre Betreuer bei der Sache sind, zeigt immer wieder die Schrift »variometer« der SFG Bottrop.

Die Trägerschaft dieser SFG haben die Berufs- und Berufsfachschulen der Stadt Bottrop. Fachverein ist der Luftfahrtverein Bottrop e. V. im DAeC mit seinen Abteilungen Modellflug und Segelflug.

Wie das Variometer im Flugzeug das Steigen und Sinken im Luftraum anzeigt, werden im »variometer« der Bottroper SFG Höhen und Tiefen, Erfolge und Mißgeschicke dargestellt und karikiert.

Zu Geburtstagen, Verlobungen, Hochzeiten und Geburten wird herzlich gratuliert.

Besondere Leistungen im Modell- und Segelflugsport werden herausgestellt.

Berichte über das Vereinsleben, über das Leben in der Schule, über Ferienlager, Seminare und Lehrgänge, über die Teilnahme an nationalen und internationalen Wettbewerben und Meisterschaften runden den bunten Inhalt ab.

2.4.1 MUSTER-VERTRAG ZWISCHEN SCHULE UND VEREIN

Zwischen der _____-Schule (folgend Trägerschule) in _____und dem _____e. V. im Deutschen Aero Club, Landesverband Nordrhein-Westfalen e. V. (folgend Verein) wird mit schriftlicher Zustimmung des Schulträgers folgender Vertrag geschlossen:

1. Grundlage und Bestandteil des Vertrages ist der Rund-Erlaß des Kultusministers . . .

2. Die Trägerschule nimmt den Luftsport mit Modellflug/Segelflug als Schulveranstaltung auf. Sie faßt die interessierten Schüler/innen in einer Schülerfluggemeinschaft (folgend SFG) zusammen. Zugang zur SFG haben auch Schüler/innen nachfolgender anderer Schulen: _____
   _____

3. Die SFG heißt Schülerfluggemeinschaft an der _____Schule im_____Verein e. V.

4. Der Schulträger stellt der SFG Klassenräume, Werkräume/Werkstätten, Lehrmittel, Werkzeug u. a. – ihren Möglichkeiten entsprechend – zur Verfügung.

5. Anträge auf Beihilfen aus Landesmitteln werden nach Abstimmung mit dem Verein von der Trägerschule über den Schulträger gestellt.

6. Die seitens des Schulträgers bzw. des Landes zur Verfügung gestellten Mittel und die für die SFG beschafften Geräte werden von der Trägerschule verwaltet. Im Inventarverzeichnis sind zu den Anschaffungskosten der Geräte die Anteile der an der Finanzierung beteiligten Parteien zu erfassen. Bei Fluggerät sind Muster/Typ mit Kennzeichen und Datum der Verkehrszulassung, bei Startgerät Muster/System und Kennzeichen-Nr. mit aufzunehmen.

7. Der Verein führt jährlich zum 31. 12. dem Leiter der Trägerschule den Nachweis über den Bestand und die einwandfreie Wartung des ihm in Halterschaft gegebenen Eigentums des Schulträgers.

8. Das Eigentum des Schulträgers ist am Gerät deutlich sichtbar (mit Inventarnummer) zu kennzeichnen: z. B. Eigentümer Stadt/Kreis _____
   _____ / Schülerfluggemeinschaft an der
   _____ Schule im_____
   _____ Verein e. V.

9. Für den von der Trägerschule dem Regierungspräsidenten jährlich vorzulegenden Bericht (Formblatt) erhält die Trägerschule jeweils bis zum 15. 12. vom Verein die erforderlichen Daten.

10. Der Vereinsmitgliedsbeitrag und/oder die Fluggebühren für die Mitglieder der SFG werden so festgesetzt, daß die materielle Leistung der SFG (in Flug- und Flughilfsgerät, ggfs. in Werkstatt, Unterrichtsraum) berücksichtigt wird. Aus wirtschaftlichen Gründen soll keinem der Schüler der Zugang zur SFG – und damit zum Luftsport – verwehrt sein.
    Im Vereinsmitgliedsbeitrag sind enthalten:
    – der an den DAeC-Landesverband abzuführende Jugendbeitrag (15–21 Jahre)
    – der Beitrag an den Landessportbund
    – der Beitrag an die Sporthilfe.

11. Trägerschule und Verein verpflichten sich, für die Dauer der Gültigkeit des Vertrages keine weitere Partnerschaft – außer für Modellflug – nach dem o. a. Runderlaß einzugehen.

12. Dieser Vertrag beginnt am _____ und hat auf unbestimmte Zeit Gültigkeit. Er kann mit einer Frist von mindestens 6 Monaten zum 31. 12. gekündigt werden. Für die Trägerschule ist die Zustimmung des Schulträgers erforderlich.

Ort, Datum
Schulträger   Trägerschule   Verein

2.5.0 Stoffplan Flugtechnik

An dieser Stelle können nicht spezielle, für alle Schulstufen oder Schulformen in allen Bundesländern gültige Stoffpläne für Flugtechnik im Rahmen des Technikunterrichts erwartet werden. Es muß (und soll) vielmehr versucht werden, die Linien Technik, Physik, Praxis (Bauen und Fliegen) und die fächerübergreifenden Aspekte, aufeinander abgestimmt, parallel zu schalten. So entsteht ein von der Logik der Sache her geprägter Plan, aus dem jeder Lehrer (oder Modellfluglehrer im Verein) die für seine Klasse oder Arbeitsgruppe passenden Elemente entnehmen kann. Meist geben die Richtlinien einen Rahmen vor, der mit Aufgaben eigener Wahl ausgefüllt werden kann, oft sind nur die Lernziele verbindlich, es bleibt aber offen, mit welchen Aufgabenstellungen und Themen man sie erreicht. Und an Argumenten für die Flugtechnik mangelt es ja nicht (siehe 2.1 und 2.2).

Im Kapitel 2.1 wurden die einzelnen Stufen didaktischer Reduktion beschrieben. Der Lehrer muß den Weg vom Einfachen zum Schweren zunächst umkehren, um dann die für seine Klasse, seine Arbeitsgruppe, seine Jahrgangsstufe die passende Reduktionsstufe zu finden, von der aus in die Flugtechnik eingestiegen werden kann.

Ein Stoffplan Flugtechnik muß also in umgekehrter Reihenfolge der fünf Reduktionsstufen verlaufen.

Auf der letzten (fünften) Reduktionsstufe (nach Grüner und Hering) finden sich einfachste Papiergleiter, Nurflügelgleiter aus Papier, Karton oder Balsaholz und der Zanoniasamen.

Hier können bereits flugphysikalische Erkenntnisse über die Abhängigkeit des Gleitens von der Lage des Schwerpunktes, die Längs- und Richtungsstabilität und über die am Modell angreifenden Kräfte gesammelt werden.

Auf der vierten Reduktionsstufe stehen kompliziertere Papiergleiter, Balsagleiter mit Rumpf und Leitwerken und einfache Modelle mit Stabrumpf.

Auch hier werden in Versuchsreihen Erkenntnisse über Schwerpunktlage, Kopf- und Schwanzlastigkeit, am Modell angreifende Kräfte, Quer-, Längs- und Richtungsstabilität, Flugbahn (Gleitwinkel, Gleitzahl) sowie über Anstellwinkel, Einstellwinkel und Einstellwinkeldifferenz gesammelt.

Dazu kommen erste Untersuchungen der verwendeten Materialien (Festigkeit, Lauf- und Dehnrichtung von Papier und Karton, Festigkeit und Faserrichtung von Holz) und Fertigkeiten im Umgang mit Material und Werkzeug sowie das Lesen technischer Zeichnungen (Bauplan).

Bereits auf der dritten Stufe der Reduktion befindet sich z. B. ein Segelflugmodell mit Kurvensteuerung und Thermikbremse, das mit einer Hochstartleine gestartet wird, oder das magnetgesteuerte Hangflugmodell, das am Hang aus der Hand gestartet wird.

Neben den bereits erwähnten tauchen hier Probleme der Kursstabilität beim Hochstart (oder beim »Stehen« des Hangflugmodells im Hangaufwind) auf. Zum anderen soll das Modell nach dem Ausklinken (möglichst im Aufwind) kurven. Und damit es sich nicht zu weit vom Startplatz entfernt (man will es ja im nächsten Durchgang des Wettbewerbs wieder einsetzen) soll es nach einer bestimmten Zeit mit der Thermikbremse (siehe 9.3) sicher zu Boden gebracht werden. Die Speicherung und das Abrufen von Steuerbefehlen, das Auslösen bestimmter Funktionen sind technische Probleme, die auf dieser Stufe gelöst werden müssen.

Auf der zweiten Reduktionsstufe steht das um alle drei Achsen steuerbare Segelflugmodell. Seiten-, Höhen- und Querruder (u. U. auch noch Bremsklappen als Landehilfen) werden per Funk ferngesteuert.

Hier ist das Verständnis für die Wirkungen der Ruder erforderlich. Zudem müssen die technischen Probleme des Einbaus und der Bedienung der Fernsteuerung und die Übertragung von Steuerbefehlen bis hin zur mechanischen Verbindung zwischen Servo und Ruder gelöst werden. Beim Bau eines Modells dieser Größenordnung muß der jetzt schon kompliziertere Bauplan mit seinen Ansichten, Detailzeichnungen und Schnittzeichnungen gelesen und umgesetzt werden können.

Auf der ersten Reduktionsstufe schließlich ist das ferngesteuerte Motorflugmodell zu finden. Das Modell ist um alle drei Achsen steuerbar. Landeklappen oder

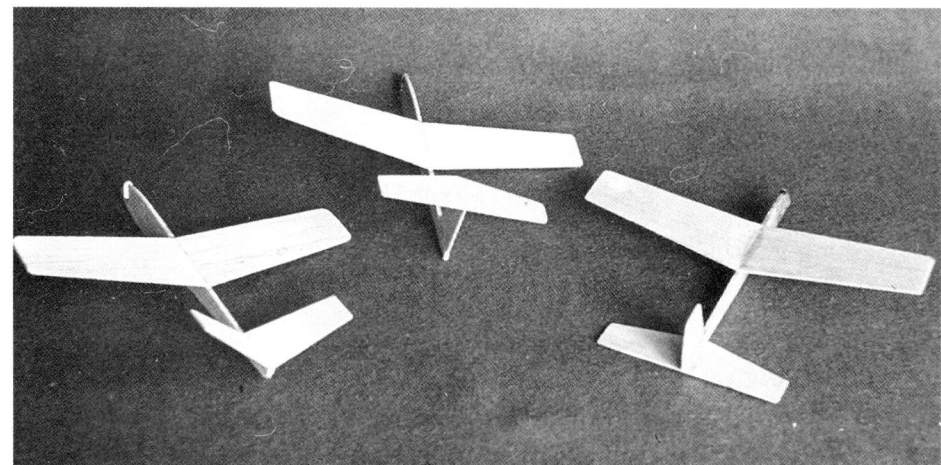

Abb. 14: Schwerpunktlage, Einstellwinkeldifferenz, Festigkeit von Balsaholz u. a. können beim Bau einfacher Balsagleiter (vierte Reduktionsstufe) im Experiment erarbeitet werden.

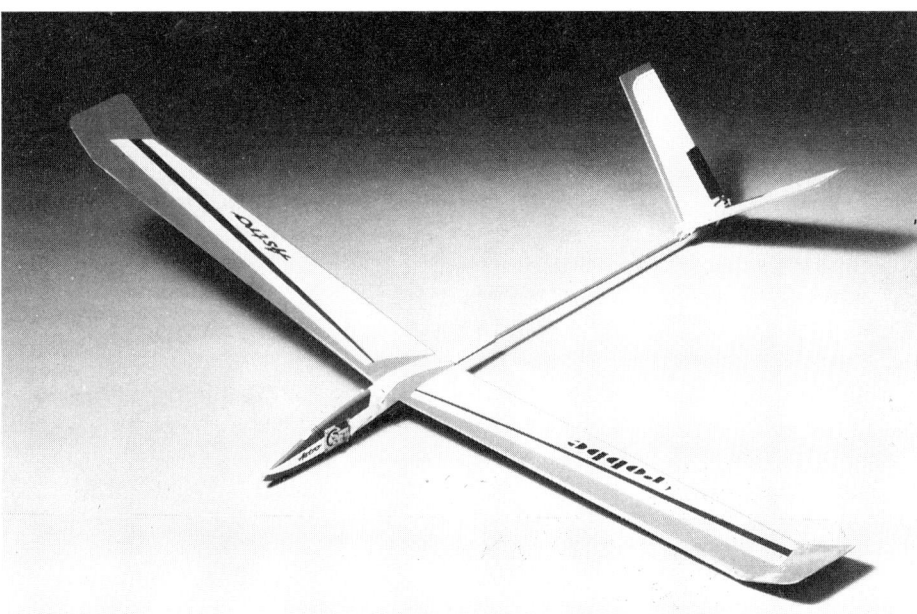

Abb. 15: Ein Freiflugmodell (hier das Modell »Astro« von Robbe) ist bereits mit Kurvensteuerung und Thermikbremse ausgerüstet und eröffnet den Zugang zum Modellflugsport (dritte Reduktionsstufe).

Abb. 16: Dieses Segelflugmodell (ein originalgetreuer Nachbau des Segelflugzeuges »Weihe 50« von Graupner) ist um alle Achsen steuerbar. Höhen-, Seiten-, Querruder und Landeklappen können mit Hilfe der Funkfernsteuerung betätigt werden (zweite Reduktionsstufe).

Abb. 17: Ein ferngesteuertes Motorflugmodell wird um alle Achsen gesteuert; zusätzlich können noch Auftriebs- oder Landehilfen und die Bremsklappen über Funk betätigt werden (erste Reduktionsstufe).

Auftriebshilfen, die Motordrossel und das Fahrwerk können über Funk bestätigt werden. Hier ergeben sich Erkenntnisse über die physikalischen und technischen Voraussetzungen der Fernsteuerung und damit Verbindung zur Elektronik und zur Elektrotechnik. Darüber hinaus wird mit dem ferngesteuerten Motormodell (eben so wie mit dem Freiflugsegler und dem ferngesteuerten Segelflugmodell) die Teilnahme am Modellflugsport, an Wettbewerben und Meisterschaften, möglich.

Ein Motorflugmodell ist eine reduzierte Ausführung großer, manntragender Flugzeuge; es fliegt selbst einwandfrei.

Und damit wäre ein nahtloser Übergang über die »allgemeine Aussage« (Sportflugzeug mit sämtlichen Steuereinrichtungen) zur »oberen Aussage« (Verkehrsflugzeug mit sämtlichen Steuereinrichtungen) möglich.

Im folgenden Stoffplan wurde auf die genaue Beschreibung technischer Einzelheiten verzichtet. Dazu sei auf die Kapitel 6.0 (Technik und Technologie des Flugmodellbaus) und 9.0 (Entwurf und Bau von Flugmodellen) verwiesen.

Auch die physikalischen Bezüge sind nur stichpunktartig aufgeführt. Unter den jeweiligen Stichpunkten können die genauen Einzelheiten den Kapiteln 7.0 (Grundlagen der Aerodynamik) und 8.0 (Grundlagen der Flugmechanik) entnommen werden. Die zu verwendenden Materialien und Werkzeuge sind in den Kapiteln 6.1 (Materialien), 6.2 (Werkstatt und Werkzeug) und 6.3 (Bearbeitung von Materialien) detailliert beschrieben.

2.5.1 WINDSPIELZEUGE AUS PAPIER

Aufgaben:
Windmühle (Windrädchen) aus Papier,
Windkugel oder Windrad,
Papierschwalben oder Papierdrachen (siehe 2.6.1).
Technik:
Falten als Übung zur Schulung der Beobachtung und der Konzentration.
Physik:
Die Kraft des Windes dreht die Windmühle, treibt das Windrad vor sich her, trägt den Drachen.

Die Luft »trägt« die Papierschwalben. Die Papierschwalben fliegen nur, wenn sie vorn beschwert werden (»Papierknubbel«, Briefklammern . . .).

Zuordnung:
Kindergarten, Grundschule

2.5.2 PAPIERGLEITER

Aufgaben:
Die fliegende Papierfläche,
gefaltete Papiergleiter (Papierschwalben),
gefaltete Papiergleiter (der »fliegende Pfeil«),
Papier- oder Kartongleiter in freier Formgebung (eigene Konstruktionen),
Flugmodelle aus Karton mit Flächen, Rumpf, Leitwerken (zusammengesetzte Flächen),
Flugmodelle aus Wellpappe in freier Formgebung (siehe 2.6.2).

Technik:
Taumelnder Fall unbeschwerter Papierflächen;
Gleiten von beschwerten Flächen (Aufbringen von Büroklammern, Pappstückchen o. ä.);
einseitiges »Beschweren« von Papierflächen durch Falten (Materialkonzentration an einer Seite);
Festigkeit durch Falten (siehe 6.1);
technische Konstruktionen (Falten verstärken): Wellblech, Sicken in Blechen;
Herstellung von Papier (Film dazu), Untersuchung von Papier (Einfluß von Feuchtigkeit, Lauf- und Dehnrichtung, Zug- und Zerreißfestigkeit, Papier, Karton, Pappe), Klebstoffe und Werkzeuge für Papier und Papierverarbeitung.

Physik:
Abhängigkeit des Gleitfluges von der Schwerpunktlage;
Anstellwinkel durch Hochbiegen der Flügelhinterkante;
Längsstabilität um die Querachse, Querstabilität um die Längsachse durch Falten (V-Form der Fläche) (siehe 7.0 und 8.0).

Biologie:
Flugsamen der Zanonia macrocarpa (Abb. 18): Photo oder Vorführung des Realobjekts;
Fallschirmsamen des Löwenzahns, andere Flugsamen.

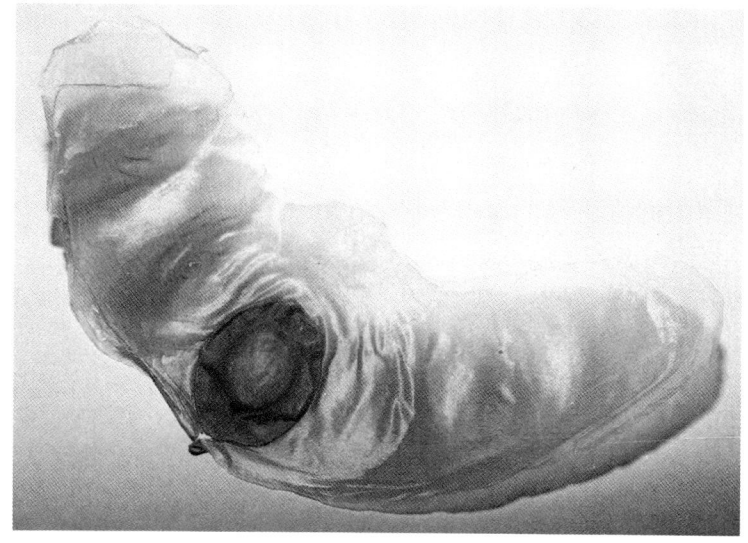

Abb. 18: Ein faszinierendes Bild bietet der fliegende Zanonia-Samen. Eine Vorführung ist immer ein Erlebnis. Der Same kann über Samenhandlungen oder die Botanischen Institute von Universitäten bezogen werden.

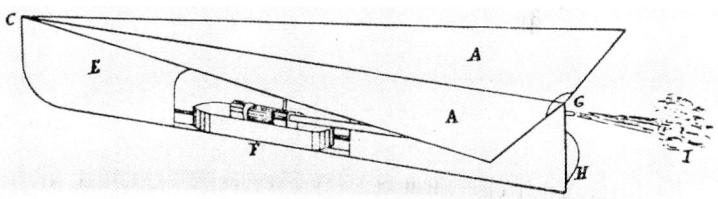

Abb. 19: Schon 1867 entwarfen die Engländer Butler und Edwards ein erstes Deltaflugzeug mit Rückstoßantrieb, das allerdings nie gebaut wurde (Quelle: A Brief History of Flying von C. H. Gibbs-Smith aus der Reihe A Science Museum Booklet, London, 1968).

Abb. 20: Die Draufsicht der Etrich-Taube zeigt deutlich die Ableitung vom Zanonia-Samen. Die »Taube« hatte eine Spannweite von 14,35 m und wurde im ersten Weltkrieg als Aufklärungsflugzeug eingesetzt.

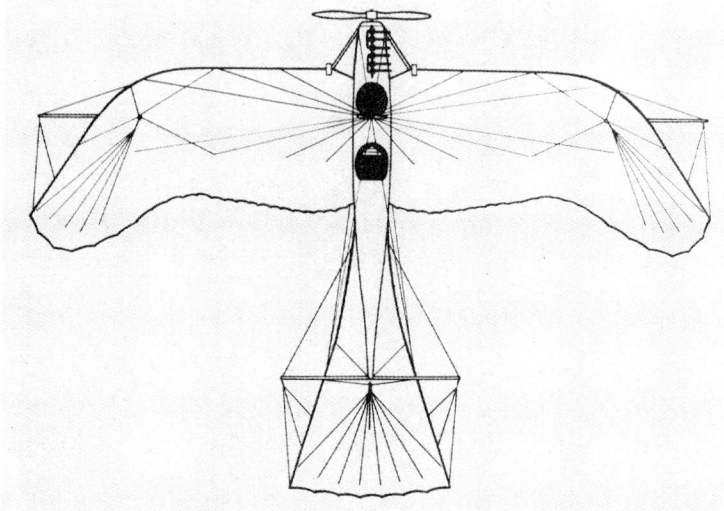

Technikgeschichte:
Entwurf des ersten Deltaflugzeuges mit Rückstoßantrieb durch die Engländer J. W. Butler und E. Edwards im Jahre 1867 (Abb. 19).

Der Hamburger Professor Ahlborn machte den Österreicher Igo Etrich auf die hervorragenden Flugeigenschaften des Zanoniasamens aufmerksam. Etrich baute nach der Form des Samens erst Modellgleiter, später bemannte Gleiter (ein Modell ist im Deutschen Museum zu besichtigen) und fügte 1909 Höhen- und Seitenleitwerk und einen Motor hinzu. So entstand die berühmte Etrich-Taube, später Rumpler-Taube (siehe 3.1).

Anmerkungen:
Die amerikanische Zeitschrift »Scientific American« veranstaltete im Winter 1966/67 den ersten Wettbewerb für Papierflugmodelle. Die eingesandten Modelle (gebaut von Schülern und Professoren, von Lehrlingen und Ingenieuren) wurden von einer fachkundigen Jury begutachtet, getestet und bewertet. Die besten Modelle wurden in »The Great International Paper Airplane Book« (published by Simon and Schuster, New York) in Bild und Plan veröffentlicht.

Einen ähnlichen Wettbewerb veranstaltete einige Jahre später die deutsche Zeitschrift »hobby«, Stuttgart.

Zuordnung:
Grundschule, Sekundarstufe I (5./6. Schuljahr)

2.5.3 BALSAGLEITER

Aufgaben:
Fliegendes Brett (verschiedene Ausführungen), Normalmodell, Tandem, Ente, Nurflügel, Fliegende Scheibe (nach Plan »5 aus 1 Brett« o. ä./siehe 2.6.3), Experimentalmodelle in der Größenordnung »5 aus 1 Brett« in freier Formgebung.

Technik:
Eigenschaften von Balsaholz (spezifisches Gewicht, Festigkeit, Faserrichtung, Herkunft);
Bearbeitung von Balsaholz (Schneiden, Schleifen, Kleben);
Gleitflüge mit veränderter Schwerpunktlage (Trimmen mit Büroklammern oder Walzblei);

Versuche zur Steuerung mit angeklebten Trimmflächen aus Papier oder Karton (Ruderwirkung);
Versuche mit V-Form und Pfeilung der Flächen sowie verschiedenen Leitwerksformen (T-Leitwerk, Kreuzleitwerk, V-Leitwerk);
Verschiedene Formen von Flugzeugen (Nurflügel, Delta, Scheibe, Ente, Tandem, Normalmodell);
Erfinden neuer Flugzeugformen (Erhöhung der Schwierigkeitsstufen in Schritten);
Lesen und Umsetzen des Bauplans (technische Zeichnung);
Skizzieren eigener konstruktiver Vorstellungen (Vorstufen technischen Zeichnens);
Nutzung von Hilfsvorrichtungen bei der Herstellung von Teilen (Schablonen) und beim Bau (Helling).

Physik:
Festigkeit von Balsaholz (Biege- und Zugfestigkeit) in Abhängigkeit von der Faserrichtung;
flugzeugfeste Achsen (Hoch-, Quer-, Längsachse) und Bewegungen im Raum;
Stabilisierung (Quer-, Längs-, Richtungsstabilität) und Steuerung (Höhen-, Quer-, Seitenruder);
Gleichgewichtszustände (stabil, labil, indifferent);
Abhängigkeit der Flugbahn (Gleitwinkel, Gleitzahl, Richtung) von der Schwerpunktlage und von der Einstellwinkeldifferenz (Versuchsreihen und Auswertung: Meßflüge nach Flugzeit und Flugstrecke);
Wirkungen von V-Form und Pfeilung der Tragflächen (Querstabilität um die Längsachse);
symmetrische Auftriebsverteilung (um die Längsachse).

Technik (andere Bereiche):
Windfahne, Wetterhahn (Stabilisierung der Windfahne in Windrichtung);
Zeitmessung (Start bis Landung), Längenmessung (Flugstrecke) und Winkelmessung (Gleitwinkel, Gleitzahl).

Technikgeschichte:
Flugzeugformen im Laufe der technischen Entwicklung der Flugzeuge:
Erster Entwurf eines Tandemflugzeuges durch den Engländer Thomas Walker (1831), der wahrscheinlich später die Flugpioniere Brown und Langley beeinflußte;
erster Entwurf eines Deltaflugzeuges von den Englän-

dern Butler und Edwards (1867);

Erfindung des Kastendrachens durch den Australier Lawrence Hargrave (1893), der das Konzept des Tandemflügels mit dem des Doppeldeckers kombinierte;

Entenflugzeuge (Höhenleitwerk vorn, Flächen hinten) der Gebrüder Wright (1902/1905) und von Santos-Dumont (1906);

Nurflügel-Segelflugzeuge der Gebrüder Reimar und Walter Horten (1930 bis 1944);

Nurflügel-Raketenjäger Messerschmitt Me 163 »Komet« (1944/45);

unsymmetrisches Flugzeug Blohm und Voss BV 141 (1937);

moderne Deltaflugzeuge wie die »Concorde« (1980).

Ferngesteuerte Flugmodelle:

Entenflugmodelle wie die »Elektra« mit Elektroantrieb (Hegi-Modellbau), Deltamodelle wie die »Delta X – 1200« mit Verbrennungsmotor (Graupner) oder Nurflügelmodelle mit Elektroantrieb wie der »Rubin« (Schlüter) oder »Galaxy« (robbe), die auch mit Verbrennungsmotoren ausgerüstet werden können.

Biologie/Geografie:

Balsaholz (Herkunft, Wachstum, Verarbeitung, Handelsbeziehungen).

Zuordnung:

Sekundarstufe I (7./8. Schuljahr).

2.5.4 WURFGLEITER

Aufgaben:

Wurfgleiter in normaler Flugzeugform mit Tragfläche, Rumpf, Leitwerk (»Heidhof«, »JUBI« o. ä. / siehe 2.6.4).

Technik:

Balsaholz, Kiefernholz, Sperrholz (Eigenschaften, Bearbeitung);

Festigkeit von Kiefernleisten verschiedener Querschnitte;

Grenzen der Verwendung von Balsaholz;

Aufbau der Tragfläche und des Leitwerks (Wölbung durch offene Rippen, Jedelsky-Bauweise, Vollbalsaflächen);

einfache V-Form, Doppel-V-Form, Ohren am Flächenende (Schleifen und Zusammenbau der Tragflächenteile);

Möglichkeiten der Flächenbefestigung (Kleben, Befestigen durch Gummiringe, Schrauben);

Aufbau des Rumpfes (einfacher Stabrumpf, verleimter Leistenrumpf);

Aufbau von Höhen- und Seitenleitwerk (ebene Brettchen, profilierte Brettchen, gewölbte Brettchen mit Stützrippen);

Hilfsvorrichtungen (Schablonen, Helling, Schleiflade).

Physik:

Biegefestigkeit von Kiefernleisten in Abhängigkeit vom Querschnitt (Versuchsreihen und Auswertung);

Druckverhältnisse und Auftrieb an ebenen, profilierten und gewölbten Platten (Meßreihen);

Messung von Auftrieb und Widerstand (Zweikomponentenwaage) bei verschiedenen Anstellwinkeln, Ordnen der Meßwerte in Tabellenform und Darstellung im Polardiagramm;

Kräftezerlegung (Kräfteparallelogramm) am Drachen und am Gleitflugmodell (siehe 8.2);

Darstellung des Strömungsverlaufs im Rauchkanal oder in der Strömungswanne (siehe 7.1 und 7.3).

Sport:

Start der Wurfgleiter von Hand, Teilnahme an Vergleichsfliegen oder Wettbewerben (siehe 5.1, 5.2 und 5.3).

Zuordnung:

Sekundarstufe I (8./9. Schuljahr).

2.5.5 FREIFLUGMODELLE (KLASSE A 1)

Aufgaben:

Freiflugmodell der Klasse A 1 (Flächeninhalt bis 25 dm^2) mit Kurvensteuerung und Thermikbremse (»Trolli« o. ä./siehe 2.6.5).

Technik:

Aufbau des Rumpfes (Kastenrumpf, Leistenrumpf, Gitterrumpf mit Balsaseitenteilen, Rumpfkopf aus Kunststoffspritzteilen, Bleikammer im Rumpfkopf . . .);

Aufbau der Tragflächen (Rippenbauweise mit Bespannung, Vollbalsaflächen, Jedelsky-Bauweise . . .);

Aufbau des Höhenleitwerks (ebene Platte, gewölbte Platte mit Stützrippen, profiliertes Vollbalsaleitwerk, Rippenbauweise mit Bespannung . . .);

Aufbau des Seitenleitwerks (ebene Platte, Dämpfungs-

fläche mit Seitenruder zur Kurvensteuerung);
Kurvensteuerung durch das Seitenruder (Auslösung
durch Perlonschnur vom Hochstarthaken aus);
Thermikbremse durch das hochgeklappte Höhenleit-
werk (Auslösung durch Zündschnur oder Zeitschalt-
uhr);
Materialien und ihre Ver- und Bearbeitung: Balsa- und
Kiefernholz, Stahl- und Eisendraht, Perlonschnur,
Bespannpapier und andere Bespannmaterialien
(Nylon, Seide, Spannvlies), Klebstoffe (Weißleim, Kon-
takt- und Hartkleber, Papierkleber, Zweikomponentenkleber), Porenfüller, Spannlack, Überzugslack, farbige
Lacke);
Verfahren: Zusammenbau der Flächen (Rippenbauweise, Balsabauweise, Herstellung der V-Form, Anlei-
men der Ohren), des Rumpfes (Holz, Kunststoff), Oberflächenbehandlung (Porenfüller, Lacke);
Montagehilfen: Schleiflade (Anschleifen der Winkel an
den Tragflächenverbindungen), Helling (symmetrischer Aufbau der Flächen);
Startverfahren: Handstart und Laufstart (Einfliegen),
Hochstart und Hochstartleine oder Hochstartwinde
(gleichmäßiger Steigflug und ruckfreies Ausklinken).

Physik:
Querstabilität (V-Form, Ohren) und Richtungsstabilität
(Hochstart und Kurvenflug, Windfahnenwirkung des
Seitenleitwerks und des Seitenruders), Luftwiderstand
in Abhängigkeit von der Formgebung, Gleit- und Sink-
geschwindigkeit;
Polardiagramm (Auswertung für verschiedene Profile);
Thermik (Versuche dazu, u. a. Verbrennen von Papier-
servietten), Luftströmung über erwärmten Körpern
(Heizung u. a.);
Strömungsabriß an Tragflächenprofilen, Randwirbel
an den Tragflächenenden.

Sport:
Teilnahme an Vergleichsfliegen und Wettbewerben
nach der Modellsportordnung des DAeC und Hinführung zum Leistungsflug in Verbindung mit einem Fachverein des DAeC (siehe 2.4, 5.0 und 11.1).

Zuordnung:
Sekundarstufe I (8./9. Schuljahr).

2.5.6 FREIFLUGMODELLE MIT ANTRIEB

Aufgaben:
Freiflugmodell mit Gummimotor,
Saalflugmodell mit Gummimotor,
Freiflugmodell mit CO_2-Motor,
Freiflugmodell mit Elektromotor
(»Schneeflocke«, »Turnhallenmodell«, »mini-S«,
»Condor« o. ä./siehe 2.6.6).

Technik:
Aufbau von Rumpf, Tragflächen und Leitwerken (siehe
2.5.5);
Herstellung einer Luftschraube aus Holz (starre Luft-
schraube aus Holz, Zweiblatt-Klappluftschraube aus
Holz);
Montagehilfen für den Bau der Luftschraube (Helling);
Herstellung eines Lagers für die Luftschraube (mit
möglichst geringer Reibung);
Zusammenstellung des Gummistranges für den Gummimotor (Pflege des Gummis: Lagern, Vorbrechen,
Einreiben mit Glyzerin und Seife);
Handhabung des CO_2-Motors (Anbringung des Motors
und des Tanks, Handhabung der CO_2-Nachfüllpatro-
nen, Wahl der passenden Luftschraube);
Einbau und Handhabung des Elektroantriebs (Anbringung des Motors und der Akkus, Auswahl des Motors
und der passenden Luftschraube, Auswahl und Pflege
der Antriebsbatterien, Laden der Antriebsbatterien).

Physik:
Meßreihen mit verschiedenen Luftschrauben (unterschiedliche Steigung und verschiedene Durchmesser,
verschiedene Blattformen, Vergleich handelsüblicher
Kunststoff- und Holzluftschrauben), Luftschraubenwirkungsgrad;
Wirkungsgrad von Elektromotoren (Meßreihen mit verschiedenen Luftschrauben, tabellarische Zusammenstellung und grafische Darstellung der Meßergebnisse);
Laden und Entladen der Akkus (Meßreihen zur Aufnahme der Lade- und Entladekurven).

Technikgeschichte:
Alphonse Pénaud baute 1870 den »Planophore«, ein
Modell mit 60 cm Spannweite und Antrieb mit Gummi-
motor und Druckpropeller (siehe 3.1).

Sport:
Teilnahme an Wettbewerben und Meisterschaften nach der Modellsportordnung des DAeC und Hinführung zum Leistungsflug in Verbindung mit einem Fachverein des DAeC (siehe 2.4, 5.0 und 11.1).
Zuordnung:
Sekundarstufe I (8./9. Schuljahr).

2.5.7 FESSELFLUGMODELLE

Aufgaben:
Fesselflugmodell mit Verbrennungsmotor,
Fesselflugmodell mit Elektromotor
(Modell »Zirkus« o. ä./siehe 2.6.7).
Technik:
Aufbau von Rumpf, Tragflächen und Leitwerken (siehe 2.5.5 und 2.5.6);
Einbau und Handhabung des Verbrennungsmotors (Diesel- oder Glühzündermotor).
Einbau und Handhabung des Elektromotors und der Antriebsakkus;
Mechanik der Steuerung des Höhenruders über Fesselleinen (Fesselfluggriff, Steuerleinen, Wirbellager, Steuersegment, Gestänge);
Übertragung der elektrischen Energie über die Steuerleinen auf den Motor (mit Möglichkeiten der Steuerung der Motordrehzahl).
Physik:
Erzwungene Querstabilisierung um die Längsachse durch Fesselflugleinen (Radius 15,92 m);
erzwungener Kurvenflug durch Fesselung und nach außen fest eingestelltes Seitenruder;
Möglichkeiten der Steuerung des Modells durch das Höhenruder: Üben von Start und Landung, Fliegen von Kunstflugfiguren (siehe 5.1.2 und 5.2.2);
Durchführung von Meßflügen: Geschwindigkeit, Treibstoffverbrauch, Motorleistung, Einfluß verschiedener Luftschrauben auf den Treibstoffverbrauch, auf Flugdauer und Geschwindigkeit).
Anmerkung:
Für Geschwindigkeitsmodelle ist ein Abstand von 15,92 m von der Griff-Achse bis zur Längsachse des Modells vorgeschrieben, das ergibt für eine Runde eine Strecke von 100 m (U = 2 r π = 2×15,92 m×3,14 ≈ 100 m).

2.5.8 FERNLENK-SEGELFLUGMODELLE

Aufgaben:
Fernlenk-Segelflugmodell mit Höhen- und Seitenruder,
Fernlenk-Segelflugmodell mit Höhen-, Seiten- und Querruder,
Fernlenk-Segelflugmodell mit Höhen-, Seiten-, Querruder und Landeklappen
(»Digifish« o. ä./siehe 2.6.8).
Technik:
Bau des Modells nach Plan (siehe 2.5.5 bis 2.5.7);
Einbau der Fernsteuerungsanlage (Empfänger, Servos, Gestänge zu den Rudern, Ruderanschlüsse);
Handhabung der kompletten Fernsteuerungsanlage (Eingabe der Steuerbefehle am Sender, Koordinierung der Ruderausschläge mit den Steuerbefehlen);
Steuerung des Modells um alle Achsen;
Trimmung durch Ballastzugabe, Veränderung der Einstellwinkeldifferenz oder Ruderausschlag;
Startverfahren (Handstart, Einfliegen, Hochstart/siehe 6.8);
Anwendung der Landeklappen (verschiedene Systeme/siehe 9.3).
Physik:
Verständnis für die Wirkung und folgerichtige Anwendung aller Ruder (Höhen-, Seiten-, Querruder) auf das Flugverhalten des Modells;
gegenseitige Beeinflussung der Ruderausschläge und Auswirkungen auf das Flugverhalten;
Fliegen im Hangaufwind oder in der Thermik (siehe 10.4);
Beeinflussung des Gleitwinkels durch Einsatz der Brems- oder Landeklappen oder der Trimmung am Höhenruder (gesteuerter Sinkflug);
Verständnis für die Funktion der Fernsteuerung (Elek-

tronik, Signalübertragung vom Sender über den Empfänger auf die Servos und Ruder);
Laden, Entladen und Pflege der Sender- und Empfängerakkus (Elektrotechnik, Elektronik);
Kräftezerlegung am Segelflugmodell (siehe 2.5.4 und 8.2).

Sport:
Teilnahme an Wettbewerben und Meisterschaften nach der Modellsportordnung des DAeC und Hinführung zum Leistungsflug in Verbindung mit einem Fachverein des DAeC (siehe 2.4, 5.0 und 11.1).

Zuordnung:
Sekundarstufe I (9./10. Schuljahr, Arbeitsgemeinschaften),
Sekundarstufe II (Arbeitsgemeinschaften, Schülerfluggemeinschaften).

2.5.9 FERNLENK-MOTORFLUGMODELLE

Aufgaben:
Fernlenk-Motorsegelflugmodell mit Verbrennungs- oder Elektromotor (als Starthilfe) und Steuerung um alle Achsen,
Fernlenk-Motorflugmodell mit Verbrennungsmotor oder Elektromotor und Steuerung um alle Achsen, Motordrossel,
Fernlenk-Motorflugmodell mit Verbrennungsmotor oder Elektromotor und Steuerung um alle Achsen, Start- und Landehilfen, Fahrwerk und Motordrossel (»Chief« o. ä./siehe 2.6.8).

Technik:
Bau des Modells (siehe 2.5.5 bis 2.5.8);
Einbau und Handhabung der Fernsteuerung (siehe 2.5.8);
Steuerung des Modells (siehe 2.5.8);
Anwendung der Start- und Landehilfen und der Motordrossel für Start, Gleitflugänderungen, Steig- und Sinkflug und Landung.

Physik:
Wirkung der Ruder, Verständnis für die Funktion der Fernsteuerung (siehe 2.5.8);
Beeinflussung des Gleitwinkels durch Motordrossel, Start- und Landehilfen und Höhenruder (Steig- und Sinkflug).

Sport:
Teilnahme an Wettbewerben und Meisterschaften (Kunstflug) nach der Modellsportordnung des DAeC und Hinführung zum Leistungsflug in Verbindung mit einem Fachverein des DAeC (siehe 2.4, 5.0 und 11.1).

Hinweis:
Starten, Landen und Flugbetrieb mit Motorflugmodellen dürfen nur auf zugelassenen Modellflugplätzen durchgeführt werden (siehe 12.0).
Für den Betrieb der Fernsteuerungsanlage ist eine Genehmigung der Bundespost erforderlich (siehe 12.3).
Durch die Mitgliedschaft in einem Fachverein des DAeC ist auch der nötige Versicherungsschutz gegeben, ohne den nicht geflogen werden darf.

Zuordnung:
Sekundarstufe II (Arbeitsgemeinschaften, Schülerfluggemeinschaften).

2.6.0 Modelle für den Unterricht

Zu dem unter 2.5.0 vorgestellten Stoffplan werden hier entsprechende Modelle vorgeschlagen und den einzelnen Abschnitten zugeordnet.

Dabei handelt es sich einmal um Modelle, die der Verfasser entwarf, zum anderen um Modelle, die in Lehrgängen von Ausbildungseinrichtungen des DAeC (vornehmlich Jugendbildungsstätte für Luftfahrt und Technik in Oerlinghausen) eingesetzt werden, und um solche, die von der Modellbauindustrie hergestellt und über den Fachhandel vertrieben werden oder für die Baupläne bei Bauplandiensten von Fachzeitschriften zu beziehen sind. Dabei kann es sich selbstverständlich nur um eine Auswahl aus dem sehr umfangreichen Angebot handeln.

Photos, Pläne, verkleinerte Pläne, Dreiseitenansichten oder Bauplanausschnitte geben einen ersten Eindruck von den vorgeschlagenen Modellen. Sie werden ergänzt (oder – wo Bildmaterial nicht vorlag – ersetzt) durch eine kurze Charakteristik jedes Modells.

Die Bezugsquellen (Hersteller) für Baupläne und Bauanleitungen, für Materialpackungen und Baukästen sind jeweils in Klammern hinter dem betreffenden Modell angegeben.

Die vorgeschlagenen Modelle eignen sich nicht nur für den Technikunterricht in Schulen und Arbeitsgemeinschaften oder Schülerfluggemeinschaften. Sie sind selbstverständlich auch besonders für die Ausbildung im Verein geeignet (siehe 2.7).

Auf eine detaillierte Beschreibung der zu verwendenden Materialien, Werkzeuge und der anzuwendenden Technologien wurde verzichtet. Dazu sei auf die Kapitel 6.1 (Materialien), 6.2 (Werkstatt und Werkzeug) und 6.3 (Bearbeitung von Materialien) verwiesen.

An dieser Stelle möchte der Verfasser allen Freunden und den Modellbaufirmen und Organisationen danken, die Materialien, Baupläne und Photos bereitwillig zur Verfügung stellten und den Abdruck der Unterlagen gestatteten.

2.6.1 WINDSPIELZEUG AUS PAPIER

Aus Karton kann ein Windrädchen gebaut werden. Die Zacken werden eingeschnitten und abwechselnd nach links- und rechtsaußen gebogen.

Kinderleicht ist auch der Bau der Windmühle aus (etwas festerem) Papier (Abb. 21). Die Spitzen werden zur Mitte hin gebogen und mit einer Stecknadel an einem Holzstab befestigt.

Weitere Möglichkeiten das zunächst spielerischen Umgangs mit Papier sind Papierschwalben und Papierdrachen (Abb. 22–24).

2.6.2 PAPIERGLEITER

Die Hinführung zum Gleitflug von gefalteten Papierflächen beginnt beim taumelnden Blatt Papier:

Hängt man unter dem Schwerpunkt des Blattes (Kreuzungspunkt der Diagonalen) ein kleines Gewicht auf, so wird der Fall schon stabiler.

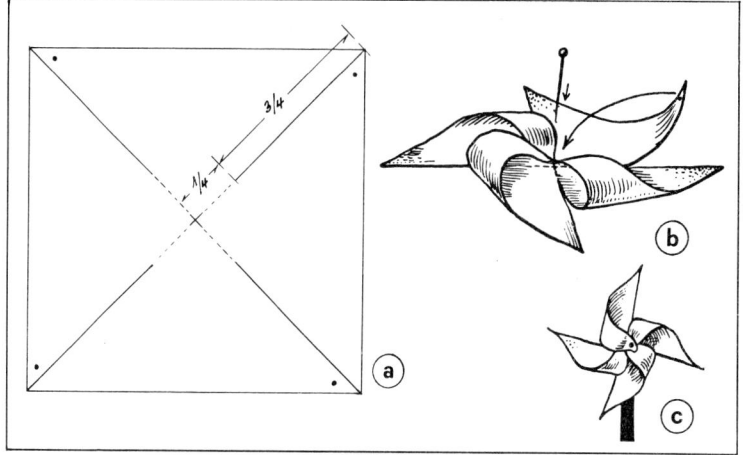

Abb. 21: Papierwindmühle.

Noch stabiler fällt das in der Mitte ein- oder mehrfach gefaltete und beschwerte Blatt.

Durch Verlagerung des Schwerpunktes (Verschiebung des Gewichts zu einer Seite) beginnt das Blatt in Pfeilrichtung zu gleiten.

Wichtige Erkenntnis: Der Schwerpunkt muß zu einer Seite (die dann die Flugrichtung ist) verlagert werden. Dies geschieht bei allen gefalteten Papiergleitern durch Materialkonzentration auf einer Seite (Abb. 22–24).

Weitere Möglichkeiten der Gestaltung von Flugmodellen aus Papier zeigt das Modell (Abb. 24), das zum Wettbewerb der Zeitschrift »Scientific American« eingereicht wurde. Das Original ist aus je einem Papierstreifen 25×165 (Fläche) und 20×130 (Leitwerk) sowie

Abb. 22: Nurflügelgleiter.

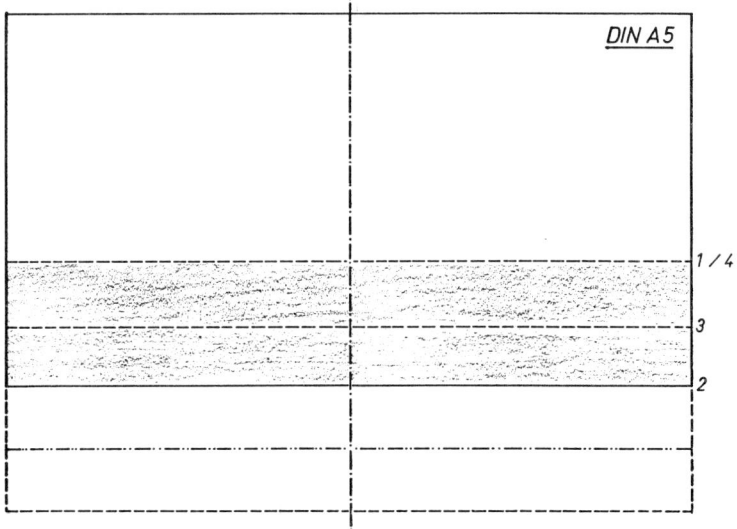

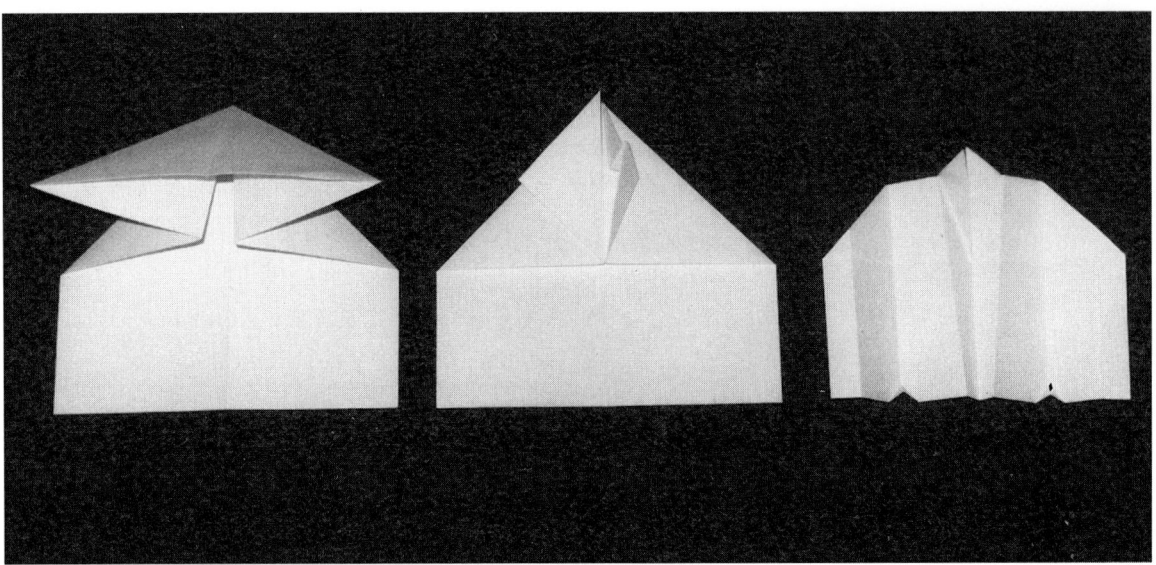

Abb. 23: Falten eines Standardgleiters.

einem aus einem Papierstreifen 20×280 erstellten Drei-
kantprofil zusammengebaut (Maße in mm).

Die Arbeit kann mit Modellen aus Karton oder Wellpappe fortgesetzt werden. Anregungen dazu finden
sich u. a. im Buch »Papierflugzeuge« von Felix Rosen-
thal (Frech-Verlag, Stuttgart) und in »Jet-Age Jambo-
ree« (Complete Collection of Paper Airplanes) von
Yasuaki Ninomiya (Japan Publications Inc., New York,
San Francisco, Tokyo). Anstelle von Karton und Wellpappe kann auch dünnes Styropor, sogenannte Ther-
mopete, verwendet werden (Tapetenfachhandel).

Abb. 24: Papiergleiter aus »Scientific American«.

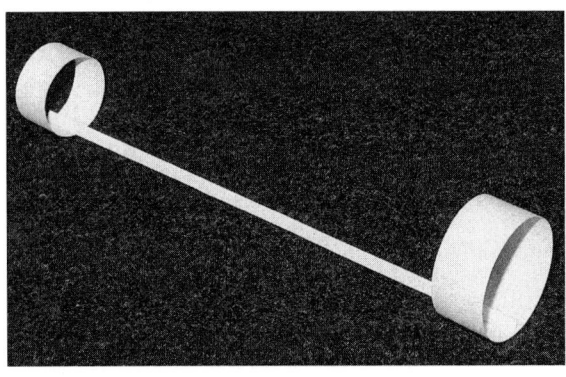

2.6.3 BALSAGLEITER

Mit dem »fliegenden Brett« (Abb. 25) läßt sich vor-
trefflich experimentieren. Die Maße 50×200 mm sind
so gewählt, daß sich aus einem Balsabrett (1 mm) zehn
Brettchen schneiden lassen.

Mit einer Leimraupe (UHU-hart) wird die Hinterkante
des Brettchens etwas hochgezogen (Klebstoff
spannt!), wodurch die Einstellwinkeldifferenz hergestellt wird (Abb. 25 a). Das Höhenleitwerk kann auch
eingeschnitten und in etwas angehobener Position
festgeklebt werden (Abb. 25 b). Um die Richtungsstabilität zu verbessern, können Leitwerke (Abb. 25 c–e)
aufgeklebt werden, ggf. auch ein Balsarumpf.

Grundformen von Flugzeugen finden sich im Bau-
plan »5 aus 1 Brett« wieder (Jugendbildungsstätte für
Luftfahrt und Technik). Diese Modellreihe entwickelte
Karl-Heinz Denzin und veröffentlichte sie 1958 in der
Zeitschrift »Modell« (Abb. 26).

Ähnliche, etwas größere Modelle lassen sich aus der
Werkstoffpackung »Arrow I« erstellen, die der Verfasser für den ALS-Verlag entwickelte.

Die Balsagleiter »Fluppie« (Entenflugmodell),
»Mücke« (Normalmodell) und »Stups« (Nurflügelmodell) haben eine Spannweite von je 300 mm. Die Holz-

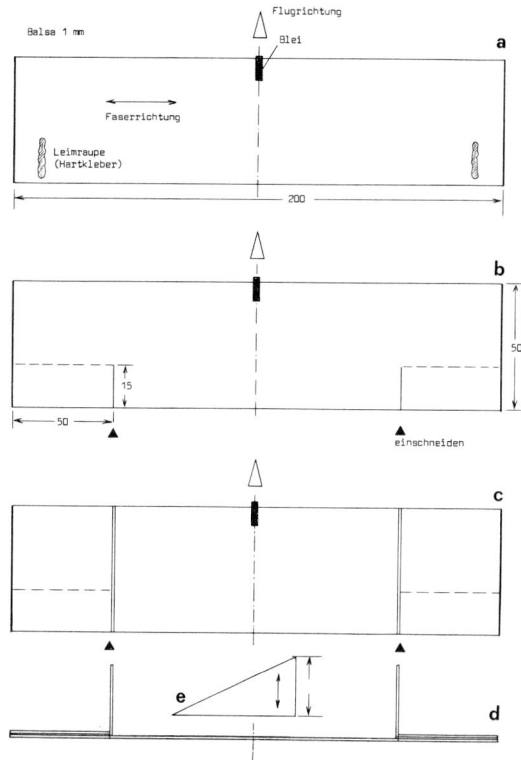

Balsa 1 mm

Flugrichtung
Blei
a

Faserrichtung

Leimraupe
(Hartkleber)

200

Abb. 25: Verschiedene Versionen des »fliegenden Brettchens«.

teile sind gestanzt und farbig bedruckt, die Baupakkung enthält die Bauanleitung mit Explosionszeichnung und eine Anleitung zum Einfliegen der Modelle
(Hegi-Modellbau).

In dieser Größenordnung lassen sich (mit steigenden
Schwierigkeitsstufen) zahlreiche und preiswerte Experimente machen:

Bau anderer (als der jeweils dargestellten) Modelle
aus den vorgegebenen Normteilen;

Bau anderer Modelle aus den vorgegebenen Normteilen, wobei ein selbst entworfenes zusätzliches Teil
verwendet werden darf;

Bau von Normalmodellen mit T- und V-Leitwerk
(wobei die Einstellwinkeldifferenz erhalten bleiben
muß);

b
50
15
50
einschneiden

c
e
d

Abb. 26: Fünf Flugzeugformen aus einem Brett.

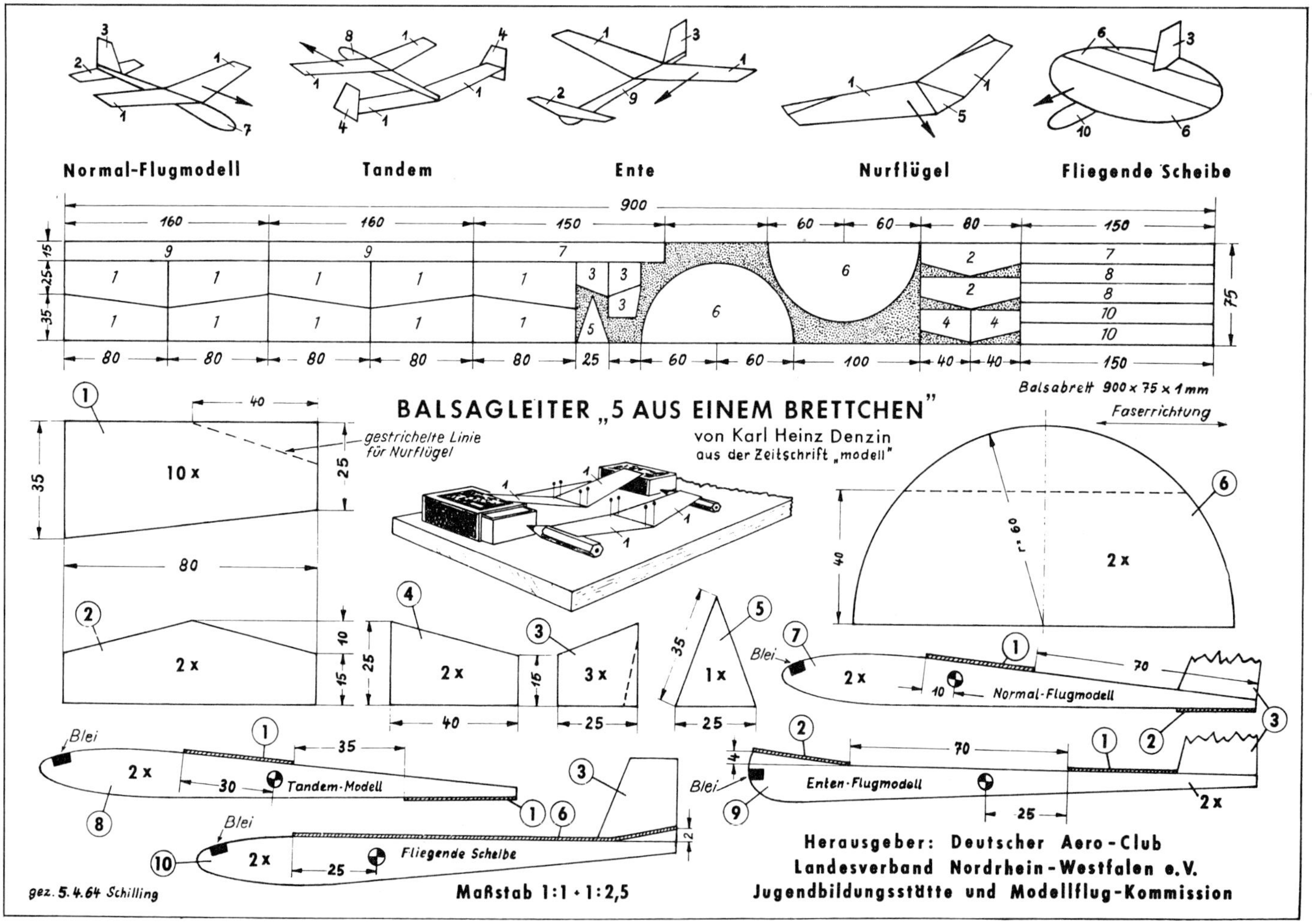

Normal-Flugmodell   Tandem   Ente   Nurflügel   Fliegende Scheibe

900
160   160   150   60   60   80   150
9   9   7   2   7
1   1   1   1   1   3   3   6   2   8
3   3   8
1   1   1   1   1   6   4   4   10
5   10
80   80   80   80   80   25   60   60   100   40   40   150

35   25   15   75

Balsabrett 900 x 75 x 1mm
Faserrichtung

BALSAGLEITER „5 AUS EINEM BRETTCHEN"
von Karl Heinz Denzin
aus der Zeitschrift „modell"

① 40 gestrichelte Linie für Nurflügel
35   25   10 x   80

② 2 x

④ 2 x   ③ 3 x
25   16   25
40   25

⑤ 1 x
35
25

r = 60   ⑥ 2 x
40

⑦ Blei   ① Normal-Flugmodell   70   ③
2 x   10   ②

① Tandem-Modell   35   30   ③
Blei   ② 2 x   ① 6
⑧

⑨ Blei   ② Enten-Flugmodell   70   ① ② ③
4   25   2 x

⑩ Blei   ② 2 x   Fliegende Scheibe   ① 6   25   2

gez. 5.4.64 Schilling   Maßstab 1:1 + 1:2,5

Herausgeber: Deutscher Aero-Club
Landesverband Nordrhein-Westfalen e.V.
Jugendbildungsstätte und Modellflug-Kommission

Modell 2
Wurfgleiter Smiley

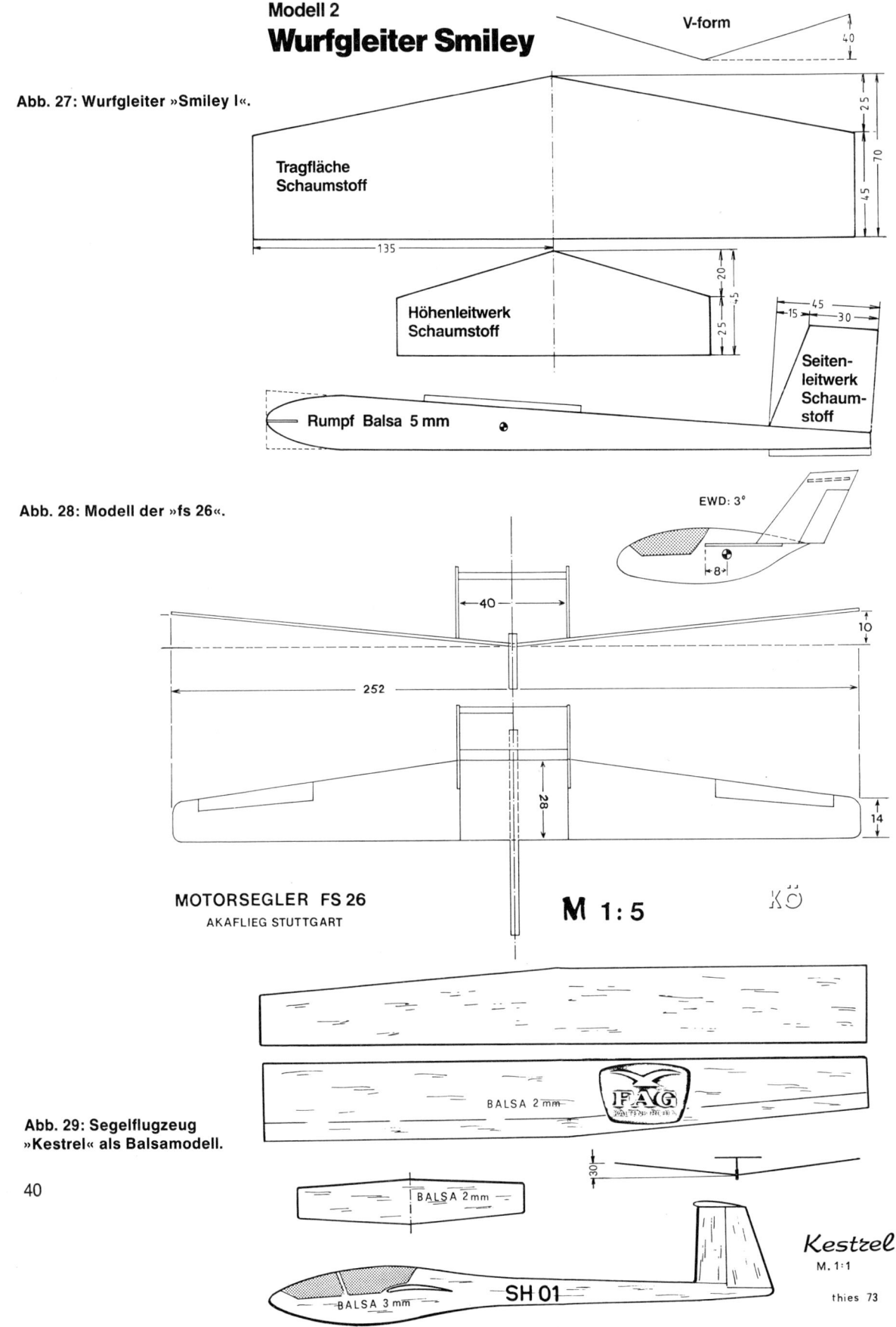

V-form

Abb. 27: Wurfgleiter »Smiley I«.

Tragfläche
Schaumstoff

Höhenleitwerk
Schaumstoff

Seiten-
leitwerk
Schaum-
stoff

Rumpf Balsa 5 mm

Abb. 28: Modell der »fs 26«.

EWD: 3°

MOTORSEGLER FS 26
AKAFLIEG STUTTGART

M 1:5   Kö

Abb. 29: Segelflugzeug
»Kestrel« als Balsamodell.

BALSA 2 mm   FAG

BALSA 2 mm

Kestrel
M. 1:1

BALSA 3 mm   SH 01

thies 73

40

Vergrößerung der Modelle auf doppelte Größe usw. Von der 4. Jahrgangsstufe ab können mit einem Werkstoffset von Rödel-Modellbau die Wurfgleiter »Rasant« (aus Karton, Spannweite 250 mm), »Smiley I« (aus Balsa und Schaumstoff, Spannweite 270 mm/Abb. 27) und »Smiley II« (aus Balsa, Spannweite der profilierten Balsafläche 450 mm) gebaut werden.

Dem Set liegen fünf Arbeitsblätter bei, die sich mit technischen Problemen des Fliegens (z. B. Teile eines Flugzeuges) sowie physikalischen Fragen (z. B. Wir erhöhen den Auftrieb) befassen.

Der Bauplan für das Modell der »FS 26« (Abb. 28), das bereits in zwei Fernsehsendungen vorgeführt wurde, mag weitere Anregungen geben.

Ein Beitrag nicht nur für die Jugendarbeit im Verein (siehe 2.8) ist das Modell der »Kestrel« von Werner Thies (Abb. 29).

2.6.4 WURFGLEITER

Ein einfacher Wurfgleiter für den Einstieg in die »höheren Weihen« des Modellflugsports (mit dem schon zünftig geflogen werden kann) ist das Modell »Heidhof« (Jugendbildungsstätte für Luftfahrt und Technik) aus Balsaholz mit einer Spannweite von 390 mm.

Der Wurfgleiter »Dixi« (aero-naut-Modellbau) hat profilierte Flächen und Leitwerk aus Balsaholz und

einen Flachrumpf aus Lindenholz. Das Modell ist einfach aufzubauen und hat eine Spannweite von 415 mm, die Teile in der Baupackung sind bereits vorgefertigt (Abb. 30).

Von der gleichen Firma gibt es den schnittigen Nurflügel-Wurf- und Katapult-Gleiter »Axi« (ohne Abb.) mit einer Spannweite von 400 mm und der Baupakkung in gleicher Ausführung wie »Dixi«.

2.6.5 FREIFLUGMODELLE (KLASSE A 1)

Nach der in 2.5.5 umrissenen Aufgabenstellung kommen für diesen Bereich nur Modelle in Frage, die mit Kurvensteuerung und Thermikbremse ausgestattet sind. Nur diese Modelle sind auch in Wettbewerben der Freiflugklasse A 1 (siehe 5.1 und 5.2) einzusetzen.

Modelle, die zwar hochstartfähig sind, aber weder Kurvensteuerung noch Thermikbremse (oder nur eine dieser Einrichtungen) haben, bleiben daher hier unberücksichtigt.

Eine grobe Einteilung wird nach dem Aufbau (Vollbalsa- oder Rippenfläche) vorgenommen, ansonsten ist versucht worden, die Modelle jeweils nach steigenden Bauschwierigkeiten zu ordnen.

Modelle mit Vollbalsaflächen:
Der »Aero-Falke« ist ein Voll-Balsamodell mit einfachem Aufbau, der dank der vorgefertigten Teile, vor allem der bereits fertig profilierten Flächen, in kurzer Zeit gebaut werden kann. Spannweite 880 mm, Gesamtflächeninhalt 10 dm^2, Flugmasse ca. 120 g (aero-naut-Modellbau/ohne Abb.).

»Astro« hat eine Fläche in Jedelsky-Bauweise (siehe 9.2.3), deren Teile formgefräst und gestanzt sind, der Rumpf wird aus Kunststoffhalbschalen aufgebaut, der Leitwerksträger besteht aus einem Duralrohr, auf dessen Ende das V-Leitwerk sitzt. Kunststoffteile erleichtern den Zusammenbau und garantieren paßgenauen Sitz der Baugruppen.

Spannweite 1450 mm, Gesamtflächeninhalt 24,1 dm^2, Flugmasse ca. 350 g (robbe Modellsport GmbH/ Abb. 15).

»Trolli«, eine Konstruktion von K. H. Becker, hat Vollbalsaflächen in abgewandelter Jedelsky-Bauweise, einen Vollbalsarumpf mit Kiefernleisten als Verstär-

Abb. 30: Ein Ausschnitt aus dem Bauplan des Wurfgleiters »Dixi«.

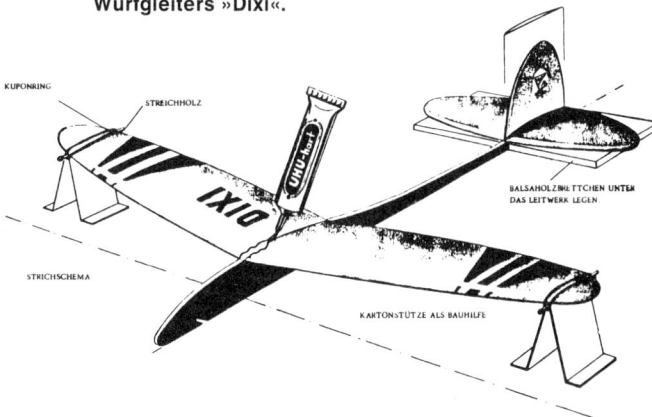

KUPONRING

STREICHHOLZ

BALSAHOLZPLÄTTCHEN UNTER DAS LEITWERK LEGEN

STRICHSCHEMA

KARTONSTÜTZE ALS BAUHILFE

kung und ein Balsaleitwerk. Spannweite 1010 mm (Bauplan: Jugendbildungsstätte für Luftfahrt und Technik/ohne Abb.).

»Scirocco« hat eine Voll-Balsafläche aus fertig profilgefrästen Teilen, die nur noch paßgenau zusammengeleimt werden müssen. Der Flachrumpf ist einfach im Aufbau und besteht aus nur wenigen vorgearbeiteten Teilen.

Spannweite 1470 mm, Gesamtflächeninhalt 16,63 dm², Flugmasse ca. 230 g (aero-naut-Modellbau/ohne Abb.).

»Junior« hat Tragflächen in modifizierter Jedelsky-Bauweise, auf der Flügelvorderkante ist ein 3-D-Turbulator angebracht (siehe 7.0), der bessere Leistungen erwarten läßt. Rumpf und Leitwerk sind aus Balsaholz. Spannweite 1350 mm, Gesamtfläche 15,8 dm², Flugmasse ca. 220 g (Graupner/ohne Abb.).

»Der kleine UHU« ist das Modell, mit dem jedes Jahr der wohl größte Nachwuchs-Modellflug-Wettbewerb ausgetragen wird (siehe 11.1). Der Rumpf besteht aus Kunststoffteilen (Rumpfkopf) und Kiefernleisten mit Balsaholzteilen (Seitenteile), die bereits gestanzt sind.

Abb. 31: Freiflugsegler »Skippy« (Explosionszeichnung).

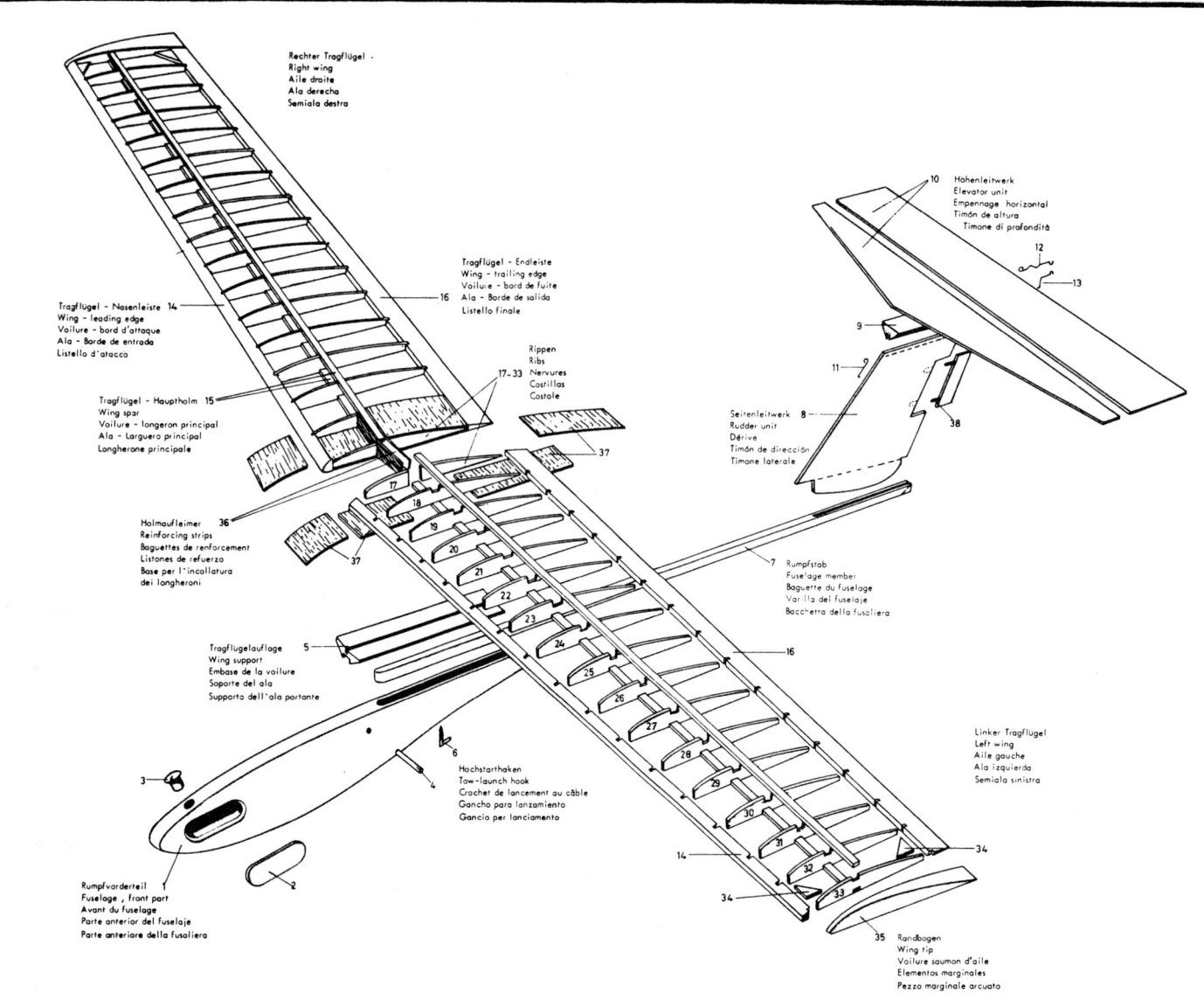

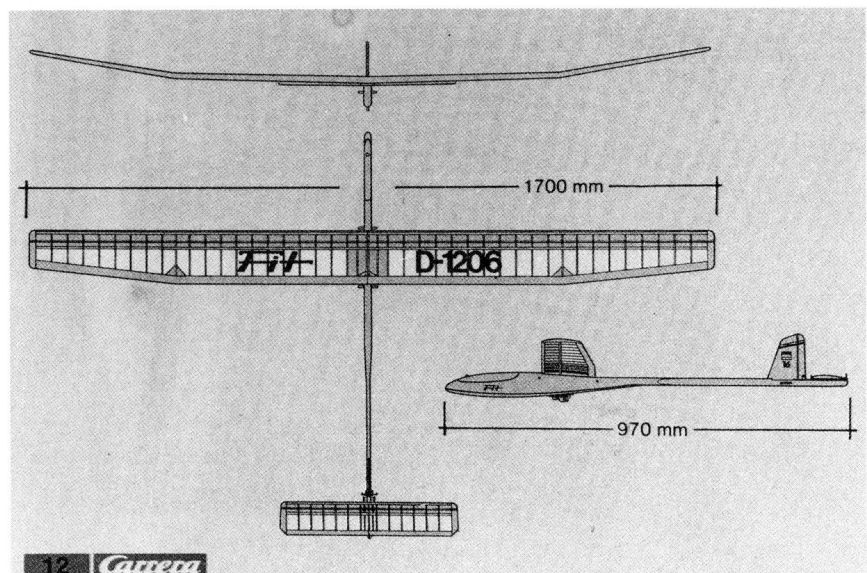

Höhen- und Seitenleitwerk sind aus Balsa und werden durch Kunststoffteile verstärkt und in paßgenauer Position gehalten. Der Tragflügel ist aus Vollbalsa (Jedelsky-Bauweise).

Spannweite 1200 mm, Gesamtflächeninhalt 15,4 dm², Flugmasse ca. 240 g (Graupner/Abb. in Kapitel 11.1/Abb. 347).

Modelle mit Flächen in Rippenbauweise:

»Skippy« hat einen Trapezflügel in Rippenbauweise, der Rumpf ist aus Abachi (Rumpfkopf) und Kiefer (Leitwerksträger), das als T-Leitwerk angeordnete Höhenleitwerk aus Balsa.

Spannweite 1300 mm, Gesamtflächeninhalt 15 dm², Flugmasse ca. 210 g (aero-naut-Modellbau/Abb. 31).

»Fit« hat eine Tragfläche in Rippenbauweise, deren Zusammenbau durch Kunststoffteile (Anschlußrippen, Tragflächenauflage) erleichtert wird. Die Kunststoffteile garantieren auch paßgenauen Sitz der Teile aufeinander. Der Rumpf ist in Holzbauweise aufgebaut, das Höhenleitwerk wie die Flächen in Rippenbauweise erstellt.

Spannweite 1700 mm, Gesamtflächeninhalt 24,4 dm², Flugmasse ca. 290 g (Carrera/Abb. 32).

2.6.6 FREIFLUGMODELLE MIT ANTRIEB

Das Modell »Schneeflocke« (ohne Abb.) hat eine Vollbalsa-Tragfläche mit geradem Mittelstück und Ohren. Der Rumpf wird als Kasten (vorderer Teil) und

Abb. 33: Turnhallenmodell von Günter Maibaum.

43

Abb. 34: Saalflugmodell der Klasse P 1 (papierbespannt).

Abb. 35: Ein leichtes Modell mit CO_2-Motor.

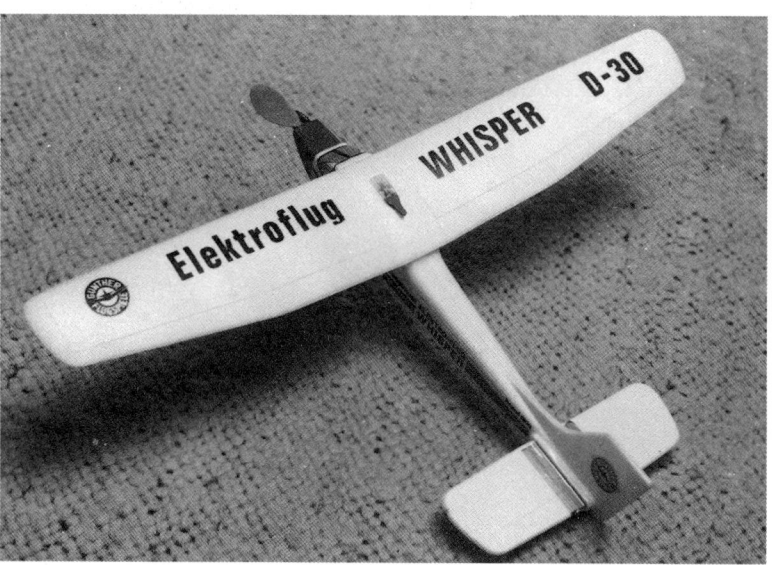

Abb. 36: Aus Styropor: Elektroflugmodell »Whisper«.

44

als Gitter (Leitwerksträger) ausgeführt, die Seitenflosse ist aus Balsa, das Höhenleitwerk wird in Rippenbauweise erstellt. Das Modell hat eine Klappluftschraube, deren Blätter an Auslegern befestigt sind. Als Gummimotor dient ein Gummistrang aus sechs Fäden (Gesamtmasse 10 g). Spannweite 920 mm (Bauplan: Jugendbildungsstätte für Luftfahrt und Technik).

Das Gummimotormodell »Toxi« (ohne Abb.) ist ein Modell in Balsabauweise. Die Teile in der Baupackung sind gestanzt, Fahrwerkteile, Luftschraube und andere Kleinteile liegen bei (aero-naut-Modellbau).

Eine Spannweite von 350 mm hat das »Turnhallenmodell« von Günter Maibaum (Abb. 33). Es wird mit Papier bespannt und wiegt ohne Gummimotor höchstens 2 g. Rumpf, Leitwerksträger und Luftschraube sind aus Vollbalsa, die Tragflächen haben nur fünf Rippen, Höhen- und Seitenleitwerk sind als bespannte Gitter ausgeführt (Bauplan: Deutscher Aero Club/Saalflugreferent).

Zwei Modelle in Rippenbauweise mit Rümpfen in Balsa-Sperrholz-Bauweise sind »Koala« und »Impala«. Beide Modelle sind bis auf die Tragflächen identisch im Aufbau und in der Form. Die Tragfläche beim »Koala« ist gerade, die beim »Impala« gepfeilt. Spannweite 1220 mm, Flugmasse ca. 230 g (Krick/ohne Abb.).

Ein Saalflugmodell der Klasse P 1 (papierbespannte Saalflugmodelle) darf eine Spannweite von höchstens 350 mm haben (Abb. 34). Der Bau solcher Modelle ist nicht so schwierig wie man allgemein annimmt. Diese Modelle können auch in Turnhallen geflogen werden.

CO_2-Motoren gibt es im Fachhandel. Sie werden – daher der Name – mit Kohlendioxid (CO_2) betrieben und zeichnen sich durch leisen Lauf aus. Für leichte Freiflugmodelle sind sie der richtige Antrieb (Abb. 35).

Das Modell »Whisper« ist ein Freiflugmodell mit Elektromotor (Abb. 36). Die elektrische Energie bezieht der Motor aus Silberbatterien, die mit Kochsalzlösung aktiviert werden. Das Modell ist seit einiger Zeit durch den »Elektrostar« ersetzt worden, dessen Bordakku von einer Ladebox aus aufgeladen werden kann und damit preiswerteren Elektrofreiflug ermöglicht. Spannweite des »Elektrostar« 475 mm (Günther-Flugspiele).

Einfach im Aufbau ist das Modell »mini S« (ohne Abb.). Die Tragflächen sind in Rippenbauweise, Höhen- und Seitenleitwerk als Gitter, der Rumpf als Balsa-Stabrumpf ausgeführt. Propeller und Gummi für den Antrieb liegen dem Bausatz bei (Hegi-Modellbau).

2.6.7 FESSELFLUGMODELLE

Das Fesselflugmodell »Zirkus« (Abb. 37) besteht aus dem einfachen Brettrumpf aus einem Sperrholz-Balsa-Sperrholz-Sandwich. Das Höhenleitwerk mit dem Höhenruder sowie das Seitenleitwerk werden aus 6 mm Balsa nach Zeichnung zugeschnitten und verschliffen. Die Fläche wird in Rippenbauweise erstellt (nur bei den beiden Sperrholz- und den beiden Balsarippen an der Flügelwurzel werden Ausschnitte 10×20 mm für den Holm angebracht!). Die Randbögen aus Balsaklötzen (oder Styropor) 30×35×215 werden angepaßt und verschliffen. Für das Höhenruder werden handelsübliche Scharniere, Ruderhorn und Gestänge verwendet. Die Gestänge werden nach Maß abgebogen und durch Auflöten von Muttern in den Löchern gesichert; es können auch handelsübliche Gabelköpfe verwendet werden. Das Steuersegment wird nach Zeichnung aus Aluminiumblech 1,5 mm (Dural) ausgeschnitten und gebohrt. Die Fesselleinen werden durch die beiden Ösen im linken Randbogen geführt und nach Zwischenschalten von Wirbellagern in das Segment eingehängt. Für den Motor werden zwei Kiefernleisten 10×10×160 in den Rumpf eingeleimt (an den vorgesehenen Motor anpassen!).

Spannweite 1070 mm, Motor 2,5 cm³.

»Roby« (ohne Abb.) ist ein Trainingsmodell für Kunstflug. Das Modell wird in Balsabauweise mit Rippenflächen aufgebaut. Die Teile sind vorgestanzt.

Spannweite 628 mm, Motoren 0,8–1,5 cm³ (aeronaut-Modellbau).

»Meteor« (ohne Abb.) ist ein ausgesprochenes Kunstflugmodell. Der Rumpf ist als Kastenrumpf, die Fläche in Rippenbauweise konzipiert, die Teile sind bereits gestanzt im Baukasten, der auch die nötigen Zubehörteile enthält.

Spannweite 1000 mm, Glühzünder- oder Dieselmotoren 2,5 cm³ (aero-naut-Modellbau).

Ein Doppeldeckermodell ist »Odin« (ohne Abb.), dessen Baukasten die gestanzten Teile und das nötige Zubehör enthält.

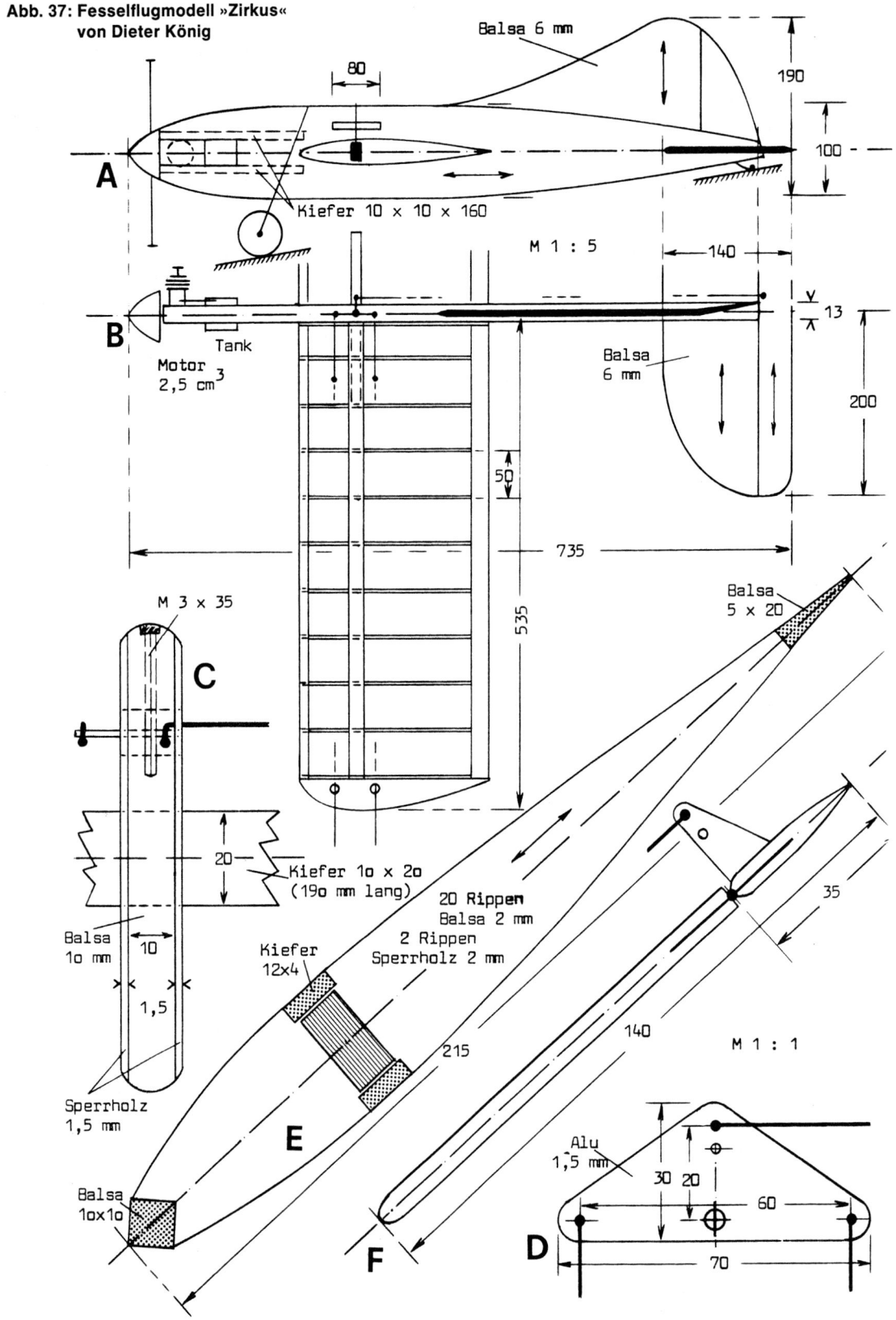

Abb. 37: Fesselflugmodell »Zirkus«
von Dieter König

Balsa 6 mm

190

80

100

A

Kiefer 10 × 10 × 160

M 1 : 5

140

B

Tank

Motor
2,5 cm³

Balsa
6 mm

V

13

200

50

735

M 3 × 35

535

C

20

Kiefer 10 × 20
(190 mm lang)

Balsa
10 mm

10

1,5

Sperrholz
1,5 mm

Balsa
5 × 20

20 Rippen
Balsa 2 mm
2 Rippen
Sperrholz 2 mm

Kiefer
12×4

215

35

140

M 1 : 1

E

Alu
1,5 mm

30 20

60

70

D

Balsa
10x10

F

46

Spannweite 400 mm, Motoren 0,3–0,8 cm³ (robbe-Modellsport).

An Zubehör werden für den Fesselflug Fesselleinen (Stahldraht oder Stahllitze), Fesselfluggriffe, Wirbellager, Umlenk- und Anlenkhebel benötigt (Graupner/Simprop-Electronic).

2.6.8 FERNLENK-SEGELFLUGMODELLE

Es ist nicht einfach, aus dem immensen Angebot an ferngesteuerten Segelflugmodellen einige wenige auszuwählen und für den Unterricht zu empfehlen.

Bei der hier vorgestellten Auswahl war entscheidend,

daß die Modelle einfach zu bauen sind,

daß sich der Preis in Grenzen hält,

daß sie bei relativer Eigenstabilität gut steuerbar sind und

daß sie gute Flugleistungen am Hang und in der Ebene (Hochstart) erwarten lassen.

Alle hier vorgestellten Modelle werden nur mit Höhen- und Seitenruder gesteuert; das reicht in den meisten Fällen auch völlig aus. Der zusätzliche Einbau von Landeklappen ist aber zu empfehlen (höhere Sicherheit).

Falls Modelle mit Querrudern gewünscht werden, sei auf die Kataloge der im Anhang zu diesem Kapitel (siehe 2.6.10) genannten Firmen verwiesen.

In mehr als 12 Versionen kann das von Reinhard Mette entwickelte RC-Segelflugmodell »Digifish« (Abb. 38) gebaut werden. Es entstand, um speziell für die Jugendarbeit im Verein und für den Technikunterricht der Schulen ein leistungsfähiges Modell zu haben, das mit geringem zeitlichen und finanziellen Aufwand zu bauen ist.

Weitere Gesichtspunkte beim Entwurf: einfache Konstruktion, geringer Materialbedarf, gute Flugleistungen, Reparaturfreundlichkeit und die Möglichkeit zum Experimentieren sowie zur Realisierung eigener konstruktiver Ideen und Vorstellungen.

Die Tragfläche ist in der bekannten Jedelsky-Bauweise aufgebaut, die sich vorgefertigter genormter Bauteile bedient, die vielseitig zu kombinieren sind. Es können vier verschiedene Tragflächen realisiert werden:

Spannweite 1840 mm mit einfacher V-Form,

Spannweite 2100 mm mit dreifacher V-Form,

Abb. 38: Fernlenksegler mit Variationen: »Digifish« von Reinhard Mette.

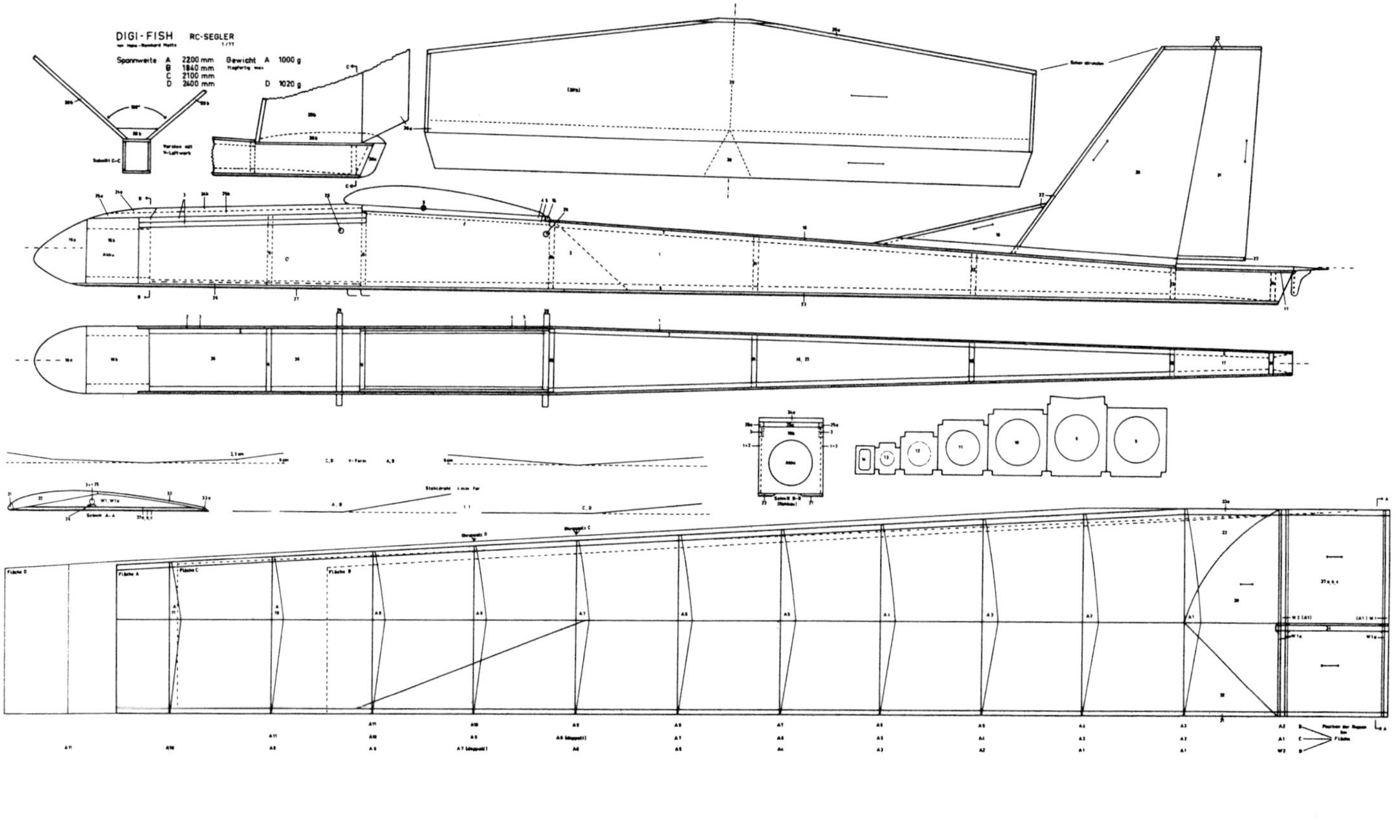

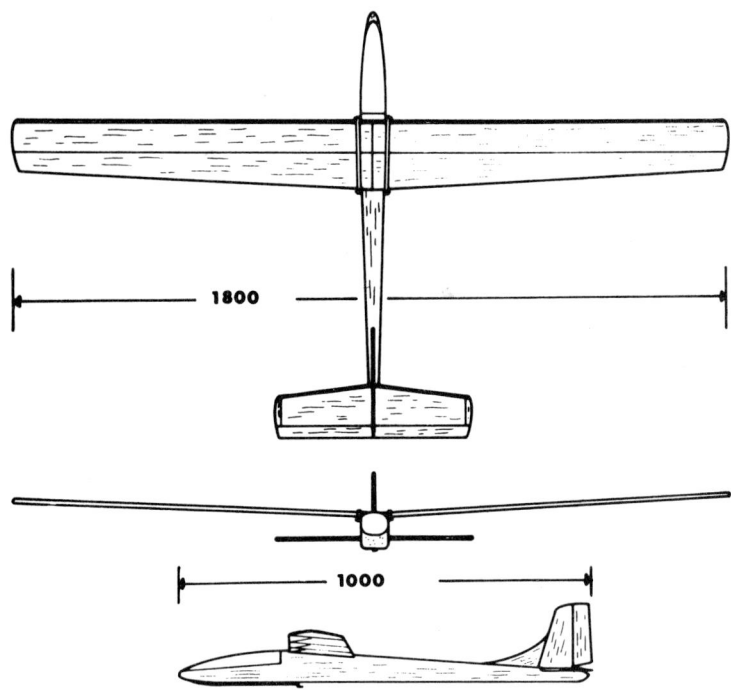

Abb. 39: Flächen in Jedelsky-Bauweise: »Filius«.

Spannweite 2200 mm mit einfacher V-Form,
Spannweite 2400 mm mit dreifacher V-Form.

Die Breite des Rumpfes kann der verwendeten Funk-fernsteuerung angepaßt werden. Wenn die Maße des Hebelarms nicht verändert werden, können eigene Ideen bei der Gestaltung des Rumpfes verwirklicht werden. Erprobt wurden drei verschiedene Rumpfver-sionen mit unterschiedlichen Abmessungen oder Leit-werken (normales Höhen- und Seitenleitwerk oder V-Leitwerk). So ergeben sich die 12 Modell-Versionen.

Der »Digifish« eignet sich also für den o. g. Zweck besonders gut (Bauplan: Verlag für Technik und Hand-werk).

Als »Modell mit dem Vogelprofil« wird das Mehr-zweck-RC-Segelflugmodell »Airfish« mit Tragflächen in Jedelsky-Bauweise und Balsarumpf angeboten. Die stabile Holzkonstruktion ist aus vorgefertigten genormten Bauteilen einfach und schnell (in ca. 8 bis 10 Stunden) aufzubauen. Das Modell kann mit ver-schiedenen Tragflächen und Leitwerken ausgestattet werden. Die Spannweite ist variabel. In dieser Ausfüh-rung (Standard) eignet sich das Modell gleichermaßen

für den Hochstart in der Ebene und für den Hangflug (es ist auch bei Wind von 2 bis 12 m/s noch segelfähig). Mit dem im Baukasten enthaltenen Motoraufsatz kann das Modell auch als Motorsegler mit Verbrennungs- und Elektromotor eingesetzt werden.

Spannweite 1840–2700 mm, Flugmasse ca. 1500 g (Modellbau-Claas/ohne Abb.).

Auch beim Modell »Filius« (Abb. 39) ist die Tragflä-che in der Standard-Bauweise nach Jedelsky aus Bal-saholz aufgebaut, die sehr gute Flugleistungen erwar-ten läßt. Der Rumpf wird als Kasten aus weitgehend vorgefertigten Balsateilen gebaut. Höhen- und Seiten-leitwerk sind ebenfalls aus Balsabrettern. Das Modell wird über Höhen- und Seitenruder gesteuert.

Spannweite 1800 mm, Flugmasse ca. 800 g (Multi-plex).

Um zwei Achsen wird der »Filou 2« gesteuert (Abb. 40). Die Tragfläche in Rippenbauweise besteht aus geradem Mittelstück und Ohren, so daß das Modell sehr stabil fliegt. Höhen- und Seitenleitwerk (Balsa-holz) sind fest mit dem Balsa-Kastenrumpf verbunden.

Spannweite 1400 mm, Flugmasse ca. 800 g (Graupner).

Handlich ist der aus dem »Habicht« abgeleitete »Habicht jr.« von Karl-Heinz Denzin (Abb. 41). Die Tragfläche ist in Rippenbauweise, der Rumpf in Kastenbauweise (vorn Sperrholz, hinten Balsaholz) aufgebaut, die Leitwerke bestehen aus einfachen Balsabrettchen.

Spannweite 1320 mm, Flugmasse ca. 700 g (Klaus Krick Modelltechnik).

Auch das Modell »Beta« (ohne Abb.) wird in leichter, aber stabiler, Holzbauweise erstellt. Der Tragflügel in Rippenbauweise ist geteilt und abnehmbar. Der Rumpf ist ein Kastenrumpf aus Balsaholz, Höhen- und Seiten-leitwerk (aus Balsabrettchen) sind fest mit dem Rumpf verbunden.

Abb. 40: Fernlenksegler »Filou 2«.

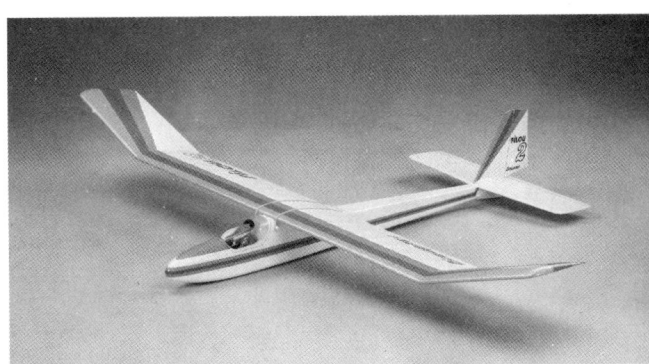

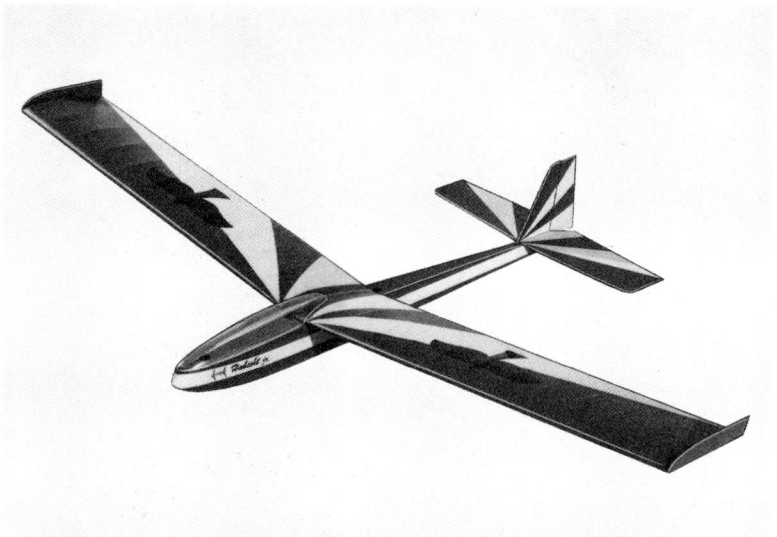

Abb. 41: Klein und handlich:
»Habicht jr.« von Karl-Heinz
Denzin.

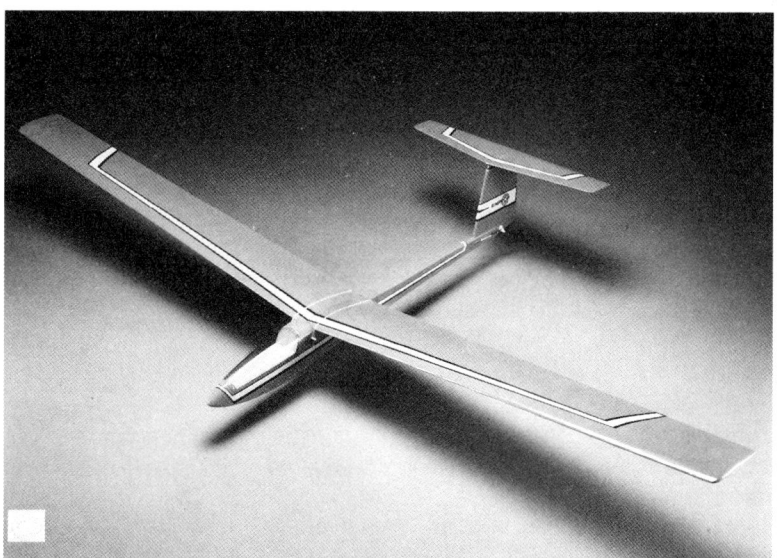

Abb. 42: Der Fernlenksegler »Dädalus« ist nach dem sagenhaften Flieger benannt.

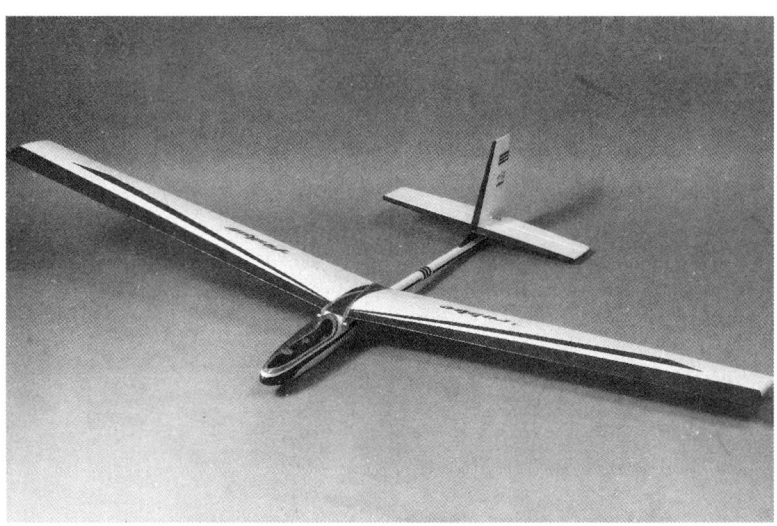

Abb. 43: Prämiiert als bestes Modell des Jahres 1981: »Finikofi«.

49

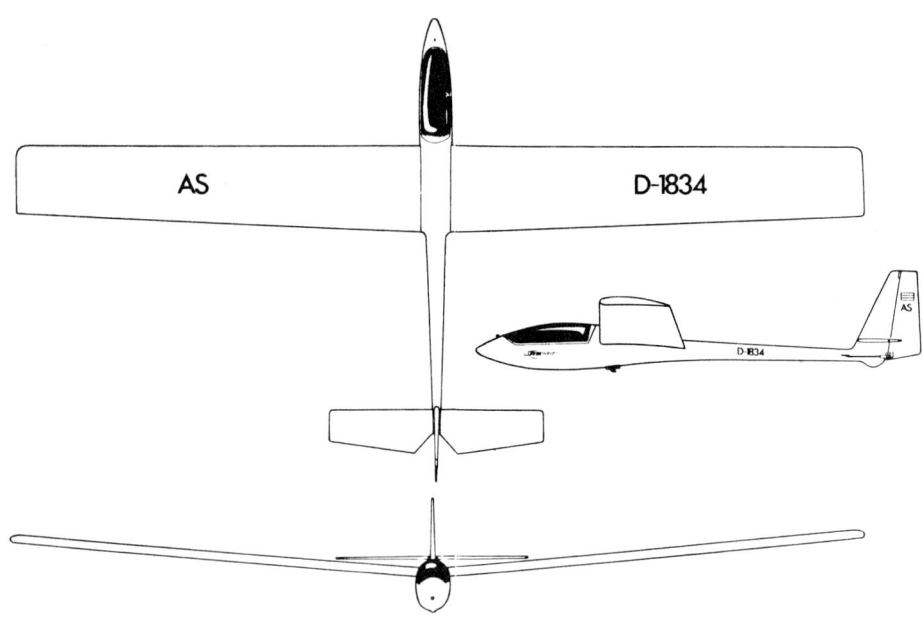

Spannweite 1970 mm, Flugmasse ca. 1000 g (Graupner).

Von einer Jury von Fachjournalisten der internationalen Modellflugfachpresse wurde 1981 zum ersten Mal der Preis »The Best Glider of the Year Award« an das Modell »Finikofi« (Abb. 43) vergeben. Die abachibeplankten Schaumstoff-Tragflächen müssen nur noch zusammengeleimt werden. Der Rumpfkopf wird aus zwei Kunststoffhalbschalen zusammengeschraubt, der Leitwerksträger als Alurohr wird in das Rumpfboot eingeschoben und mit einer Schlauchschelle befestigt. Das bereits fertige und plangeschliffene Höhenleitwerk sitzt im Seitenleitwerk, das in Stegbauweise zu erstellen ist. Das Modell ist in kürzester Zeit mit minimalem Arbeitsaufwand flugfertig zu machen und wird mit Höhen- und Seitenruder gesteuert.

Spannweite 1600 mm, Flugmasse ca. 1000 g (robbe-Modellsport).

Einfache, auch für Anfänger geeignete Bauweise, günstige Formgebung, geringe Flächenbelastung und gute Flugeigenschaften waren die Vorstellungen, die zum RC-Segler »Dädalus« (Abb. 42) führten. Der Kastenrumpf wird aus gestanzten Holzteilen aufge-baut, die Flächen in Rippenbauweise erstellt. Das hochgesetzte Höhenleitwerk (T-Leitwerk) ist bei Landungen im hohen Gras geschützt.

Spannweite 2330 mm, Flugmasse ca. 1050 g (Simprop-Electronic).

Das Modell der »ASW 17« (Abb. 44) ist mit einem Minimum an Bauzeit flugfertig zu erstellen. Die Tragflügel und das Höhenleitwerk aus abachibeplanktem Schaumstoff sind weitgehend fertig, der Ferranrumpf ist mit den nötigen Einbauhilfen für die Fernsteuerung versehen.

Spannweite 2200 mm, Flugmasse ca. 1200 g (Carrera).

2.6.9 FERNLENK-MOTORFLUGMODELLE

Was bei den Fernlenk-Segelflugmodellen gerade noch gelang, wird bei den Fernlenk-Motorflugmodellen zu einem gewagten Unterfangen. Das Angebot an Motormodellen ist zu mannigfaltig. Es gibt ferngesteuerte

Segelflugmodelle mit Hilfsmotor (Motoraufsätze für Verbrennungs- oder Elektromotoren),

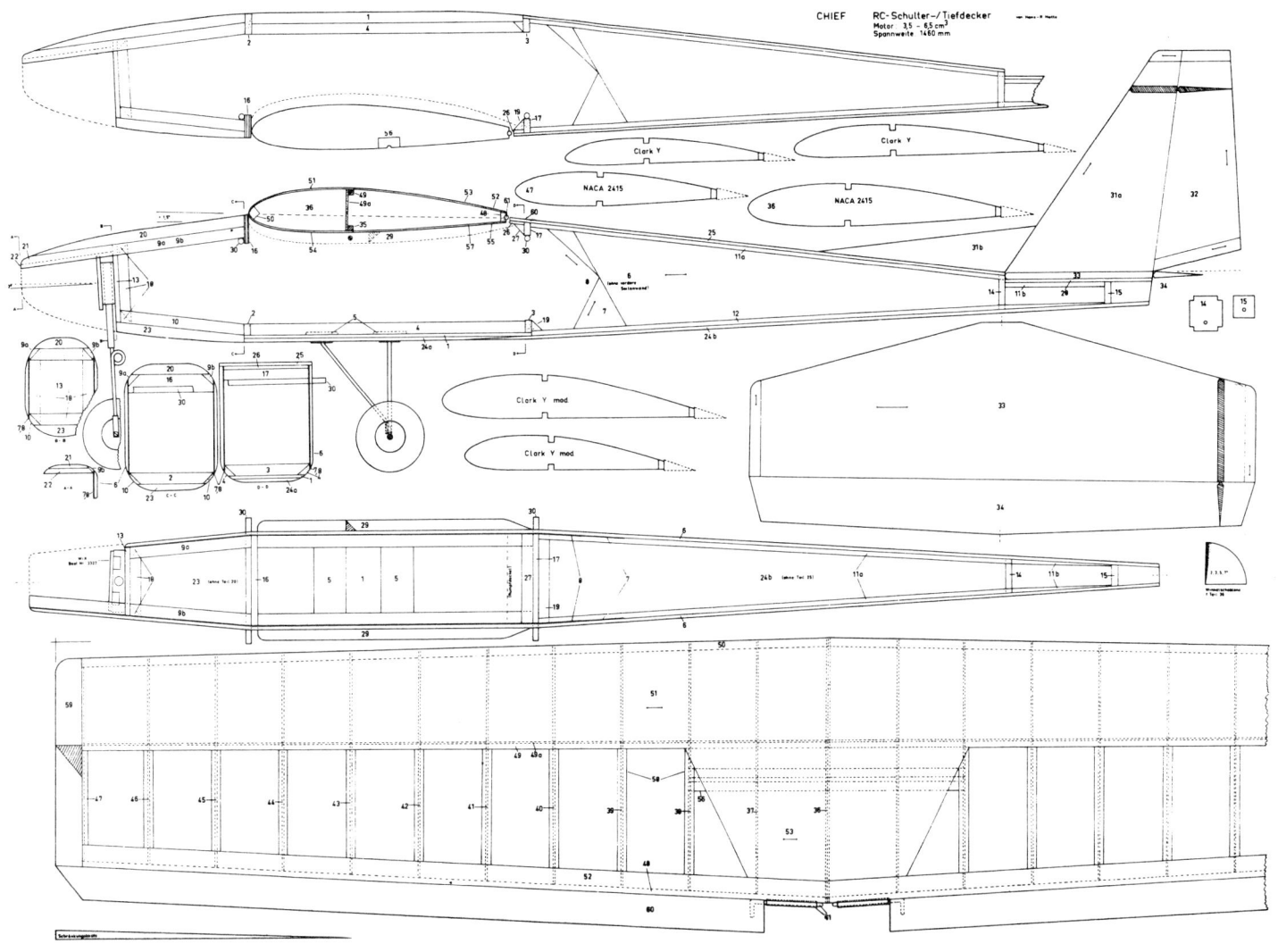

Abb. 45: RC-Schulter- und Tief-Decker »Chief« von Reinhard Mette.

Motorsegelflugmodelle mit eingebautem Verbrennungs- oder Elektromotor,
Motormodelle als Hoch-, Mittel-, Tief- und Doppeldecker mit Verbrennungs- oder Elektromotor,
Flugzeugmodelle (originalgetreue Modelle) mit Verbrennungs- oder Elektromotoren,
Motormodelle mit unterschiedlichen Steuermöglichkeiten:

nur Höhen- und Seitenruder,
nur Höhen- und Querruder,
Höhen-, Quer- und Seitenruder,
alle Ruder plus Start- und Landehilfen,
alle genannten Funktionen plus Motordrossel,
alle genannten Funktionen plus Einziehfahrwerk usw.
Sollen also ferngesteuerte Motorflugmodelle für den

Unterricht genutzt werden, hilft nur,

Kriterien aufzustellen, die bei der Auswahl helfen können,

das Angebot an Modellen nach den Katalogen der Hersteller (siehe 2.6.10) gründlich zu prüfen,

sich im Fachhandel beraten zu lassen,

aus dem Angebot nach den erarbeiteten Kriterien die passenden Modelle auszuwählen.

Vorab ist allerdings zu prüfen,

wo ggf. diese Motorflugmodelle überhaupt geflogen werden dürfen (siehe 12.1, 12.2 und 12.4),

ob entsprechender Versicherungsschutz besteht (siehe 12.6).

Die sogenannte Baukastenbeilage (siehe 12.3.1) gibt entsprechende Hinweise.

Dennoch soll hier wenigstens ein ferngesteuertes Motorflugmodell vorgestellt werden:

Beim Schulterdecker (und Tiefdecker) »Chief« (Abb. 45) hat Reinhard Mette – wie schon beim »Digifish« (siehe Abb. 38 und 2.6.8) – eine Baukonzeption verfolgt, die für den Modellbauer und -flieger die Möglichkeit zum Experimentieren und zum Anpassen an die eigene, sich steigernde, Qualifikation bietet.

Zudem sollte das Modell mit verschiedenen Motoren ausgestattet werden können und dabei auch unkritisch zu fliegen sein. Der »Chief« kann als Tiefdecker oder Schulterdecker gebaut werden, für die zweite Variante stehen zwei Profile zur Auswahl, in Verbindung mit einem 3,5 cm³-Motor ein etwas modifiziertes Clark-Y, für schnellere Versionen (auch für die Tiefdeckerversion) das NACA 2415. Für den Tiefdecker schlägt der Konstrukteur einen 6,5 cm³-Motor vor; es kann aber auch einer von 10 cm³ eingebaut werden.

Die Rumpfspanten können in der Breite der zu verwendenden Fernsteuer-Empfangsanlage angepaßt werden.

Spannweite 1460 mm, Motoren 3,5–6,5 cm³ (Bauplan: Modellsport-Verlag).

2.6.10 BEZUGSQUELLEN

aero-naut-Modellbau/Eggenweiler, Stuttgarter Straße 18, 7410 Reutlingen 1

ALS-Verlag, Justus-von-Liebig-Str. 19, 6057 Dietzenbach

Carrera (Dr. Neuhierl GmbH & Co. KG), Postfach, 8510 Fürth/Bayern

Modellbau Claas, Marktplatz und Turmstraße, 6348 Herborn

Deutscher Aero Club (Fachreferent Saalflug), Lyoner Straße 16, 6000 Frankfurt/M.-Niederrad

Günther-Flugspiele, Lauterbachstraße 28, 8330 Eggenfelden 1

Johannes Graupner, Postfach 48, Henriettenstraße, 7312 Kirchheim/Teck

Hegi-Modellbau, Postfach, 7928 Giengen/Brenz (die Firma existiert seit 1983 nicht mehr)

Jugendbildungsstätte für Luftfahrt und Technik, Am Flugplatz 2, 4811 Oerlinghausen

Klaus Krick, Postfach 24, 7134 Knittlingen

Modellsport-Verlag GmbH, Flößerweg 1, 7570 Baden-Baden

Multiplex Modelltechnik GmbH, Neuer Weg 15, 7532 Niefern

robbe Modellsport GmbH, Postfach 1108, 6424 Grebenhain

Rödel Modellbau, Wiesenstraße 1, 8939 Ettringen/Wertach

Simprop Electronic, Walter Claas GmbH & Co. KG, Ostheide 5, 4834 Harsewinkel 1

Verlag für Technik und Handwerk, Fremersbergstraße 1, 7570 Baden-Baden.

2.7 Ausbildung und Jugendarbeit im Verein

Wer seine ersten tastenden Schritte in das Reich des Fliegens machen möchte, darf mit den dabei auftretenden Problemen nicht allein gelassen werden. Der Zugang zu Bauplänen und Informationsmaterialien ist für den Neuling nicht leicht. Fertigkeiten wie das Lesen von Bauplänen, der Umgang mit Werkzeugen und verschiedenen Materialien wachsen einem nicht von selbst zu. Der am Modellflug interessierte junge Mensch lernt auch und vor allem durch Nachahmung, dazu aber braucht er hilfreiche Vorbilder. Wo sonst sollte er sie finden können als in einem Modellflug-club?

Beruflich belastete Väter und berufstätige Mütter haben oft kaum Zeit für ihre fragenden Kinder, und so ist dann ein handwerklich begabter Großvater ein wahrer Glücksfall für technisch interessierte Enkel oder Enkelinnen.

In den Vereinen wollen die »Wohlstandsflieger« sich vom harten Berufsalltag erholen und weisen die mit ihren vielen Fragen »lästigen« Jugendlichen ab.

Glücklicherweise paßt dieses pessimistische Bild nicht auf alle Eltern und nicht auf alle Modellflugclubs.

Es gibt genug Eltern, die mit ihren Kindern gemeinsam spielen, Sport treiben und Hobbys pflegen.

Es gibt genug Vereine, in denen viele (junge und ältere) Mitglieder genug Schwung, Elan und Idealismus aufbringen und sich der Förderung des Modellflug-Nachwuchses widmen.

Damit sollte man sie aber nicht allein lassen. Alle Mitglieder und vor allem der Vorstand müssen mithelfen, die Voraussetzungen für eine solide Einführung und Ausbildung im Modellbau und Modellflug zu schaffen.

Dazu gehört zuerst einmal eine Vereinswerkstatt, in der regelmäßige Bauabende stattfinden können. Oft genug haben finanzstarke Vereine solche Werkstätten in eigener Regie erstellt und unterhalten sie. In den meisten Kommunen ist es aber auch möglich, Verträge zu schließen, die den Vereinen die Möglichkeiten geben, Schulwerkstätten für die Vereinsarbeit zu nutzen. Der Sportverein benötigt Turnhallen und Sportplätze, die die Kommune kostenlos zur Verfügung stellt. Was den anderen Sportvereinen recht ist, ist für den Modellflugsportverein billig! Auch er hat ein Recht darauf, kommunale Einrichtungen (in diesem Falle eine Schulwerkstatt, die am Nachmittag und Abend ohnehin leer steht) zu nutzen.

Wichtig ist weiter, daß ein Mitglied oder mehrere Mitglieder des Vereins als Jugend- oder Werkstattleiter zur Verfügung stehen. Wenn diese ehrenamtlichen Mitarbeiter eine vom Dachverband DAeC (siehe 11.1) angebotene Ausbildung zum Modellflughelfer oder Modellfluglehrer mit Prüfung und Urkunde abgeschlossen und auch noch eine erweiterte, überfachliche Ausbildung absolviert haben, sind sie auch Übungsleiter des Deutschen Sportbundes (siehe 11.3). Und wenn der Verein auch noch die Mitgliedschaft in einem Landesverband des DAeC und über diesen die Mitgliedschaft in einem Landesverband des Deutschen Sportbundes nachweisen kann, gibt es auf Antrag Zuschüsse zur Vereinsarbeit, zur Beschaffung von Werkzeug und Material und für jugendpflegerische Maßnahmen aus Mitteln der Sportförderung und aus dem Jugendpflege-Etat oder anderen Titeln.

Schließlich müssen die Bauabende regelmäßig stattfinden, denn Ausfälle und häufige Terminverschiebungen lassen die Teilnehmerzahlen bald sinken, die anfängliche Begeisterung erlischt.

Besondere Probleme wirft die Aufstellung eines Ausbildungsplanes auf. Der Grund liegt vor allem in den unterschiedlichen Voraussetzungen der neuen Mitglieder, die zu verschiedenen Zeitpunkten und mal mit gar keiner, mal mit sehr guter Vorbildung in den Verein kommen.

Hier muß also in Anfänger- und Fortgeschrittenengruppen differenziert werden. Das kann man aber nur machen, wenn der Ausbilder über das nötige Fachwissen (Werkstattpraxis, Flugphysik, Wettbewerbsregeln, Pädagogik, Menschenführung) verfügt und in der Lage ist, das Unterrichtsangebot der unterschiedlichen Nachfrage anzupassen.

Dieses Fachwissen kann er u. a. in Lehrgängen an Einrichtungen des DAeC erwerben:

Haus der Luftsportjugend e. V.
Jugendausbildungsstelle der Luftsportjugend des DAeC e. V.
6345 Eschenburg 4 (Hirzenhain)
Tel. 0 27 70/6 25

Jugendbildungsstätte für Luftfahrt und Technik e. V.
Am Flugplatz 2
4811 Oerlinghausen
Tel. 0 52 02/34 22

Dr. Adalbert-Seifritz-Modellflugschlue
7209 Klippeneck über Spaichingen
Tel. 0 74 24/37 65.

Zudem werden von den Landesjugendleitern der Luftsportjugend des DAeC Fortbildungslehrgänge und Seminare für Jugendleiter angeboten, in denen die überfachliche Ausbildung durchgeführt wird.

Die Sportfachgruppe Modellflug des DAeC hat (und die Kommissionen seiner Landesverbände haben) eine Ausbildungs- und Prüfordnung für Modellflug/Flugmodellbau-Ausbilder erarbeitet. Gegenstände dieser Ausbildung sind u. a.

theoretische Grundlagen (Fachtheorie),
praktische Grundlagen (Werkstattpraxis),
Probestücke (Flugmodell oder hochwertige Modellteile) als Nachweis der praktischen Fertigkeiten,
Organisation sportlicher Veranstaltungen (Breitensport, Leistungssport . . .),
Gruppendynamik,
Jugendarbeit und Zuschußwesen,
Sport- und Gesellschaftspolitik,
Sportmedizin (u. a. Unfallverhütung, Erste Hilfe).

Praktische Hilfen für die Arbeit im Verein geben die Arbeitsunterlagen für die Modellflugausbildung des DAeC (Bezug: DAeC/Bundesgeschäftsstelle, Lyoner Straße 16, 6000 Frankfurt/M.-Niederrad, Tel. 06 11/ 6 66 67 31).

Je nach Ausbildungsstand der jugendlichen Vereinsmitglieder können einzelne Bereiche aus dem in Kapitel 2.5 zusammengestellten Stoffplan in den Ausbildungsplan des Vereins übernommen werden. Für die praktische Ausbildung werden in Kapitel 2.6 verschiedene Flugmodelle empfohlen, die ebenfalls dem Ausbildungs- und Leistungsstand der Jugendlichen entsprechend ausgewählt werden können.

Da Lernen zum großen Teil durch Nachahmung geschieht, ist es besonders wichtig, daß die erfahrenen Modellflieger (»Experten«) ihre Erfahrungen an die Neulinge weitergeben, auch was die Handhabung und das Fliegen der Modelle im Wettbewerb angeht.

Eine enge Zusammenarbeit des Jugendleiters (Ausbilders) mit den älteren Vereinsmitgliedern und den Eltern der jugendlichen Mitglieder ist besonders dann erforderlich, wenn es darum geht, gemeinsam zu weit entfernten Modellflugplätzen oder zu Wettbewerben und Meisterschaften zu fahren. Nicht jedem Verein steht dafür ein eigener Kleinbus zur Verfügung, Fahrgemeinschaften sind daher nötig und verringern die Kosten für alle daran Beteiligten.

Ohne diese Zusammenarbeit würde es gerade bei den Jugendlichen zu einer sehr starken Fluktuation kommen, und eine kontinuierliche Ausbildung und Jugendarbeit wird dadurch unmöglich.

Eine weitere Möglichkeit bietet sich (leider noch nicht überall) durch die Zusammenarbeit zwischen Schule und Verein im Rahmen einer Schülerfluggemeinschaft (siehe 2.3 und 2.4).

Entscheidend für einen stabilen Mitgliederstamm vor allem bei den Nachwuchsfliegern ist auch eine gute Jugendarbeit, die über den Rahmen bloßer theoretischer und praktischer Ausbildung und über den Modellflugsport hinausgeht. Die Leistung auf Wettbewerben kann nicht das einzige Ziel der Jugendarbeit sein. Denn die Mitgliedschaft in einem Verein wird ja unter anderem auch deshalb angestrebt, um sich kennenzulernen, um Erfahrungen auszutauschen und um gemeinsam die Freizeit zu verbringen.

Das erfordert gemeinsame Aktivitäten, die den Zusammenhalt in der Gruppe fördern. Sie müssen nicht unbedingt (können aber auch) etwas mit Modellflug zu tun haben.

So veranstaltet die Flugtechnische Arbeitsgemeinschaft Kaltenkirchen e. V. im DAeC (FAG) an jedem Jahresende ein Familienfliegen. Alle Mitglieder erhalten von ihrem Vorsitzenden Werner Thies eine Ausschreibung und den Plan eines einfach zu bauenden Balsagleiters (siehe auch Abb. 29 und 46) mit kurzer Beschreibung und Bauanleitung. Gestartet wird dann in den Klassen Damen, Senioren und Junioren. Und für die Sieger dieser zwanglosen gemeinsamen Aktivitä-

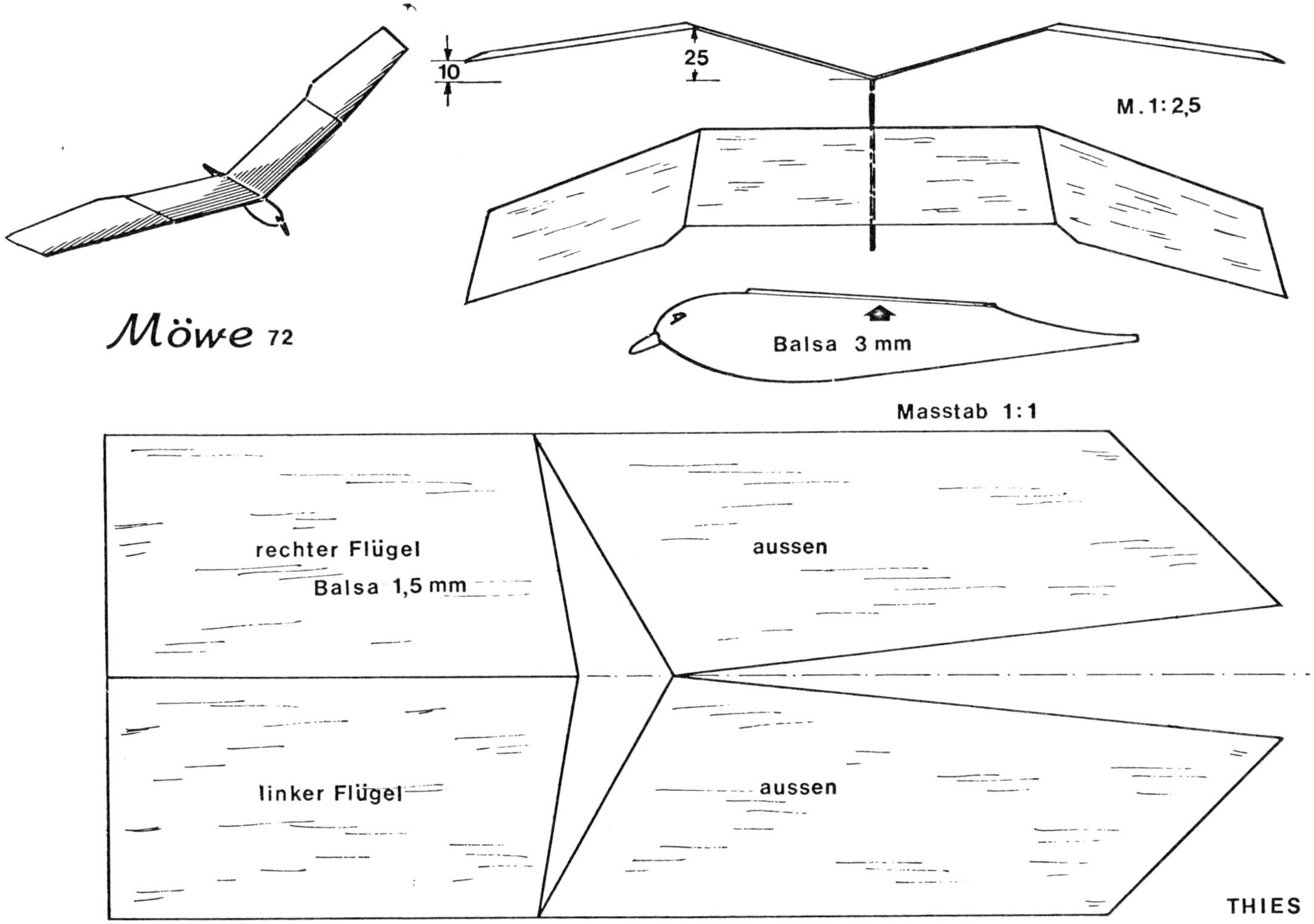

Möwe 72

10

25

M.1:2,5

Balsa 3 mm

Masstab 1:1

rechter Flügel
Balsa 1,5 mm

aussen

linker Flügel

aussen

THIES

Abb. 46: Die »Möwe« wurde beim Familienfliegen 1972 in der FAG Kaltenkirchen eingesetzt.

Abb. 47: Schnappschuß vom Bundesjugendtreffen Modellflug in Hirzenhain. Hier einer der Teilnehmer beim Geschicklichkeitsfahren auf dem Fahrradparcours.

55

ten gibt es nette Sachpreise. Da sich Thies besonders gern mit Nurflügel-Flugzeugen befaßt, sind auch die Balsagleiter oft Nurflügler wie die in Abb. 46 vorgestellte »Möwe« aus dem Familienfliegen von 1972.

Warum sollte nicht auch einmal ein Wettbewerb für Heißluftballons veranstaltet werden? Spaß macht es in jedem Fall, und das wieder stärkt den Zusammenhalt in der Jugendgruppe.

Aber auch ein Lagerfeuer, an dem sich die Gruppe trifft und gegrillte Würstchen futtert, macht wenig Arbeit, aber viel Spaß. Und wenn einer im Verein auch noch einige zünftige Fliegerlieder zum besten gibt, wird so ein Ereignis lange in der Erinnerung bleiben.

Seit Jahren treffen sich alljährlich in Hirzenhain Jugendmannschaften aus fast allen Bundesländern zum Bundesjugendtreffen Modellflug des DAeC. Die Sportfachgruppe Modellflug (vertreten durch Karl-Heinz Becker) und die Luftsportjugend des DAeC (vertreten durch Lothar Pletsch) organisieren zusammen mit zahlreichen Helfern (unter ihnen auch die Mannschaftsführer der teilnehmenden Mannschaften) ein buntes Programm, bei dem Modellflug und jugendpflegerische Aktivitäten gleichrangig nebeneinander stehen. Quiz und Sport (siehe Abb. 47) wechseln einander ab, es wird Theater gespielt, zum gemeinsamen bunten Abend trägt jede Mannschaft etwas besonderes bei, und natürlich wird auch geflogen, denn in jeder Mannschaft muß der Freiflug und der Fernlenksegelflug vertreten sein. Für die Sieger gibt es Urkunden und Pokale, für alle Teilnehmer ohne Ansehen des erreichten Platzes viele wertvolle Preise. Die Anregungen dieser Treffen (die auch in verschiedenen DAeC-Landesverbänden neben speziellen Modellflug-Jugendmeisterschaften durchgeführt werden) gehen bis in die Vereine hinein.

3.0 ENTWICKLUNG DES MODELLFLUGES UND DER FLUGTECHNIK

»Es ist erstaunlich, wie weit sich die erste Idee zurückverfolgen läßt, die des Menschen Sehnsucht nach dem lichtbeschwingten Äther zum Ausdruck brachte. Lange Zeit vor der hohen Kultur des Hellenenvolkes, in den vergilbten Papyrosblättern, die von längst entschwundenen Königreichen zeugen, finden sich die ersten Spuren davon, und ein uns zufällig erhalten gebliebenes Bronze-Relief (Anm.: aus Ägypten) zeigt einen mit zwei Riesenflügeln ausgestatteten Menschen.«

So überschwenglich leitete Viktor von Frankenberg das Kapitel über die historische Entwicklung der Flugtechnik in seinem Buch »Luftschiffahrt und Flugtechnik« (Neuer Allgemeiner Verlag, Berlin-Schöneberg, 1914) ein.

Und es finden sich in der Tat in den Sagen und Mythen fast aller Völker Götter und Heroen, die sich durch die Luft bewegen, die fliegen konnten. Der Gott Merkur z. B. (Gott der Kaufleute und pikanterweise auch der Diebe) wird auch heute noch mit geflügeltem Helm und geflügelten Füßen dargestellt. Er überbrachte eilige Botschaften seines Chefs, des Göttervaters Zeus.

Die Sage von Dädalus und seinem Sohn Ikarus ist nicht nur in Fliegerkreisen bekannt. Beide flohen, fliegend mit Flügeln aus Federn, die mit Wachs verbunden, aus der Gefangenschaft Minos' von Kreta.

Ikarus kam der Sonne zu nahe, das Wachs schmolz, die Flügel lösten sich auf, er stürzte ins Meer. Ovid (43 v. Chr. – 17 n. Chr.) beschrieb das eindringlich in seinen »Metamorphosen« (Verwandlungen).

Auch in der deutschen Sage gibt es einen Flieger: Wieland der Schmied.

Und in Sagen und Märchen kommen fliegende Leute allemal vor. Unter dem Einfluß des Christentums wurde das Fliegen dann zum »Teufelswerk« (wie so manche andere Wissenschaft auch). Und folgerichtig wurden die angeblich auf Besen zu ihrem »Fliegeberg«, dem Blocksberg, fliegenden Hexen mit großem Eifer verbrannt, denn sie trafen sich dort, so konnte es nur sein, mit dem Teufel, dem sie auch die Fähigkeit des Fliegens verdanken mußten.

Dennoch hat es immer wieder Männer gegeben, die versuchten, den Traum vom Fliegen zu realisieren. Und so finden sich in alten Dokumenten Berichte über diese Versuche, Berichte auch über fliegende Modelle, die Adlern, Tauben oder Fliegen nachgebildet waren.

Will heißen, der Bau fliegender Modelle, der Flugmodellbau also, hat in der Entwicklung der Flugtechnik offenbar eine große Rolle gespielt, am Anfang standen also Flugmodellbau und Modellflug. Professor Alexander Lippisch drückte das so aus: »Das Flugmodell ist die Keimzelle der Flugtechnik. Die Entwicklungsgeschichte des Flugmodells ist die Geschichte des Flugwesens, und die Erfindung des ersten freifliegenden Modells ist die Geburtsstunde der Fliegerei.«

3.1 Die Anfänge der Flugtechnik

Bereits um die Mitte des 4. Jahrhunderts vor Christus befaßte sich Archytas aus Tarent mit der Lösung technischer Probleme. Glaubt man den Quellen, in denen leider oft Dichtung und Wahrheit nicht zu trennen sind, so erfand er den künstlichen Drachen und die (Luft-) Schraube, und es wird von griechischen Chronisten überliefert, »daß eine hölzerne Taube von Archytas auf mechanischem Wege hergestellt wurde und sich erhob.« Dies könnte also, vor rund 2400 Jahren, das erste Schwingenflugmodell mit mechanischem Antrieb (Uhrfeder?) gewesen sein.

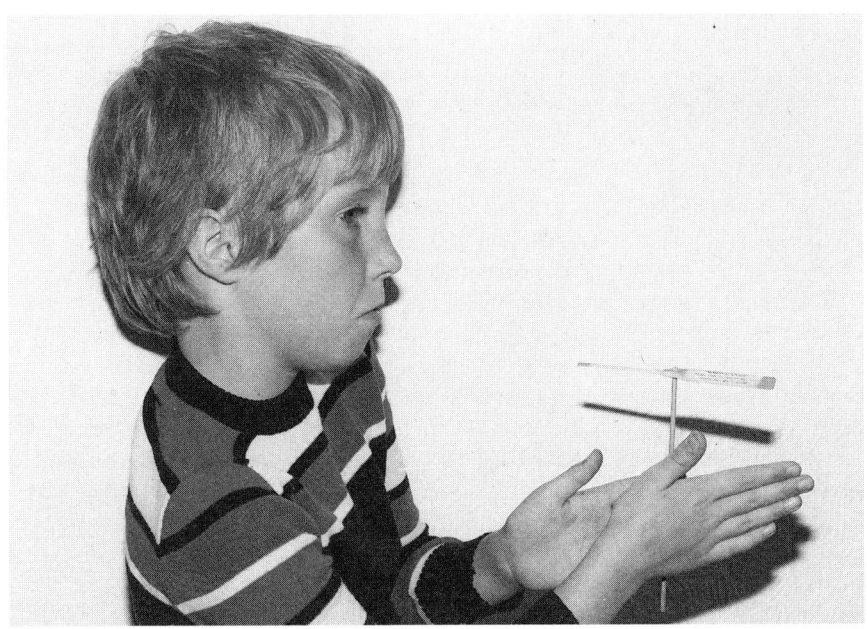

Abb. 48: Auch heute noch ein aktuelles Spielzeug: der chinesische Schraubenflieger, mit dem Stefanie, die Tochter des Verfassers, hier gerade spielt.

Aber auch aus grauer Vorzeit sind uns schon flugtechnische Erfindungen bekannt:

Niemand kennt oder nennt den Erfinder des Pfeiles mit seinen Federn (Kreuzleitwerk) zur aerodynamischen Flugstabilisierung. Keiner weiß, wer wann den Bumerang erfand.

Und der Drachen, Prototyp der Flugzeugtragfläche, war in China bereits mehr als ein Jahrtausend vor Christus in Gebrauch. Er kam allerdings erst im 15. Jahrhundert nach Europa.

Windmühlen (»passive« Luftschrauben) sind seit dem 12. Jahrhundert verbreitet.

Auch der Prototyp der »aktiven« Luftschraube war als Spielzeug (chinesischer Schraubenflieger) in China lange bekannt und in Gebrauch (Abb. 48).

Um das Jahr 1060 berichten englische Chronisten vom Mönch Olivier, der mit Flügeln nach dem Muster von Dädalus und Ikarus (er hatte Ovid beim Wort genommen) vom Turm in seiner Vaterstadt Malmesbury 40 m weit geflogen sein soll. Dann aber stürzte er ab und brach sich die Beine.

Weniger Glück hatte 100 Jahre später ein Zauberkünstler in Konstantinopel (Istanbul), der mit seinem weiten Fluggewand von der Kuppel des Hippodroms aus fliegen wollte und dabei zu Tode stürzte.

Gegen die Scholastik des 13. Jahrhunderts hatte der Mönch Roger Bacon mit seinem Bestreben, die Natur durch Experimente zu erforschen, einen schweren Stand. Vor rund 700 Jahren beschrieb er bereits eine Flugmaschine, die alle wesentlichen Merkmale eines Schwingenflugzeuges hatte: »Man kann Maschinen zum Fliegen bauen, in deren Mittelpunkt Menschen, sitzend oder schwebend, durch Drehen von irgendeinem Mechanismus künstliche Flügel in Bewegung setzen, die dazu dienen, die Flügel der Vögel zu ersetzen« (aus Bacons Schrift »De secretis operibus artis et naturae«).

Im 14. Jahrhundert hat der italienische Mathematiker Johann Dante zuerst den Segelflug der Vögel studiert. Er baute eine Tragfläche, mit der er erfolgreiche Flüge unternahm. Eine nicht ganz geglückte Vorführung in Venedig, die mit einem Beinbruch endete, brachte ihm aber immerhin den Lehrstuhl für Mathematik an der Universität Venedig ein (Quelle: Viktor von Frankenberg/Luftschiffahrt und Flugtechnik, Neuer Allgemeiner Verlag, Berlin-Schöneberg, 1914).

Nach seiner Vaterstadt Königsberg nannte sich Johann Müller im damals schicken Latein »Regiomontanus« (= Berg des Königs). Der 1436 geborene Mathematikprofessor soll in Nürnberg Modelle einer Fliege und eines Adlers aus Eisen vorgeführt haben. Angeblich konnte die mechanische Fliege einen Raum durchfliegen und wieder auf Müllers Hand landen. Und der Adler aus Eisen soll im Freien und vor den Augen von Kaiser Friedrich IV eine Flugstrecke von 500 Fuß (an anderen Stellen ist von 800 m die Rede) zurückgelegt haben. Glaubt man den Chronisten, so wären das, eben so wie die hölzerne Taube des Archytas, die ersten Funktionsmodelle gewesen.

Der Italiener Leonardo da Vinci (1452 bis 1519) hat mit seinen Forschungsarbeiten wesentlich zur Entwicklung der Flugtechnik beigetragen. Er war nicht nur ein begnadeter Künstler, sondern auch ein genialer Mathematiker und Techniker. Zehn Jahre seines Lebens (von 1495 bis 1505) hat er sich mit Problemen des Vogelfluges und der Flugmechanik befaßt, und aus diesen Jahren stammen zahlreiche Konstruktionsskizzen zu Flugapparaten (Abb. 49), die aber nie realisiert wurden.

Wer seine Kunstwerke kennt, wird wissen, daß sie so ohne detaillierte anatomische Kenntnisse nicht hätten entstehen können. Diese anatomischen Studien betrieb er auch bei der Erforschung des Vogelfluges, über den er 1505 in Spiegelschrift die Abhandlung »Codex sul Volo Degli Ucelli« (»Kodex über den Vogelflug«) schrieb. Diesen vergleichenden Studien verdankte er die Erkenntnis, daß die Armmuskulatur des Menschen für den Schwingenflug nicht ausreichen könne. Folgerichtig legte er die Konstruktionszeichnungen seiner Flugapparate dann so an, daß die Beine mit ihrer sehr viel größeren Muskelkraft als »Motor« vorgesehen wurden.

Um 1483 entwarf er einen Hubschrauber, für den er die Archimedische Schraube (die man heute noch im Fleischwolf findet) verwendete. Die Bezeichnung Helikopter enthält das griechische Wort für Schraube: Helix. Dabei schloß er aus seinen Beobachtungen und Forschungen, daß die Bewegung des Vogels in der Luft der des Fisches im Wasser entsprach, daß hier also vergleichbare Medien mit ähnlichen Strömungsverhältnissen vorliegen.

59

Etwa 1485 entwarf er einen Fallschirm, der die Form einer Pyramide hatte.

Bedauerlich ist allerdings, daß die Arbeiten Leonardo da Vincis verborgen blieben, aber die Scheiterhaufen der Inquisition mahnten nicht nur ihn zur Vorsicht.

Bis gegen Mitte des 18. Jahrhunderts stagnierte die Entwicklung der Flugtechnik, dennoch gab es eine Fülle meist phantastischer, aber nicht realisierbarer oder gar realisierter Entwürfe für Fluggeräte aller Art. Und es gab immer wieder auch Wissenschaftler von Rang, die bewiesen, daß das Fliegen ganz und gar unmöglich sei.

1783 starteten Pilâtre de Rozier und der Marquis d'Arlandes in einem Heißluftballon der Gebrüder Montgolfier zur ersten bemannten Ballonreise.

Einen Monat später startete Professor Charles mit einem Wasserstoffballon, einer »Charliere«.

»Montgolfieren« und »Charlieren« ließen den Flug mit Geräten »schwerer als Luft« etwas in den Hintergrund geraten, zumal ohnehin durch die Bestrebungen, den Vogelflug nachzuahmen, die falsche technische Richtung verfolgt worden war.

Da die Ballons aber nur mit dem Wind fahren konnten und nicht steuerbar waren, suchte man nach technischen Lösungen für einen praktikablen Vortrieb.

Schließlich gab es, in Verbindung mit strömungsgünstiger Formgebung, zahlreiche Entwürfe für Luftschiffe, so ein von Meusnier 1785 entworfenes Luftschiff mit Vortrieb durch handbetriebene Luftschrauben, das aber nie gebaut wurde.

Aber die Flugmodellbauer trugen auch weiterhin wesentlich zur Entwicklung der Flugtechnik »schwerer als Luft« bei.

Die Franzosen Launoy und Bienvenu bauten 1784 ein hubschrauberähnlich fliegendes Spielzeug mit Federantrieb. Dieses Modell baute einige Jahre später der Engländer Sir George Cayley (1773–1857) aus Federn (als Rotorblätter), die in Korken gesteckt wurden (Abb. 50). Die Antriebsenergie lieferte eine gespannte Bogensehne. Das Modell – echter Vorläufer der heutigen Hubschrauber – wurde 1809 veröffentlicht.

Ein französischer Historiker bezeichnete Cayley als »den wahren Erfinder des Flugzeugs und eines der machtvollsten Genies in der Geschichte der Luftfahrt.«

In der Tat hat Cayley sich intensiv mit der Aerodynamik und mit Konstruktion und Erprobung von Flugmodellen mit feststehenden (starren) Tragflächen befaßt.

Seine Studien des Vogelfluges führten ihn zu der Erkenntnis, daß das Schwingenflugzeug durch ein Flugzeug mit starrer Tragfläche ersetzt werden müsse.

Er betrachtete Antriebssystem und Auftriebssystem getrennt voneinander. Zum Testen von Auftrieb und Luftwiderstand von Flächen (und Profilen) bei verschiedenen Anstellwinkeln benutzte er (zum ersten Mal in der Geschichte der Flugtechnik) einen Umlaufapparat, wie er auch heute noch in älteren Physiksammlungen zu finden sein dürfte. Eine um die Achse gewickelte Schnur war mit einem Gewicht beschwert, das den Apparat in Drehung versetzte. Durch entsprechende Gegengewichte am linken Ausleger waren

Abb. 50: Hubschraubermodell von George Cayley aus dem Jahre 1796 (C. H. Gibbs-Smith/A Brief History of Flying, London, 1967).

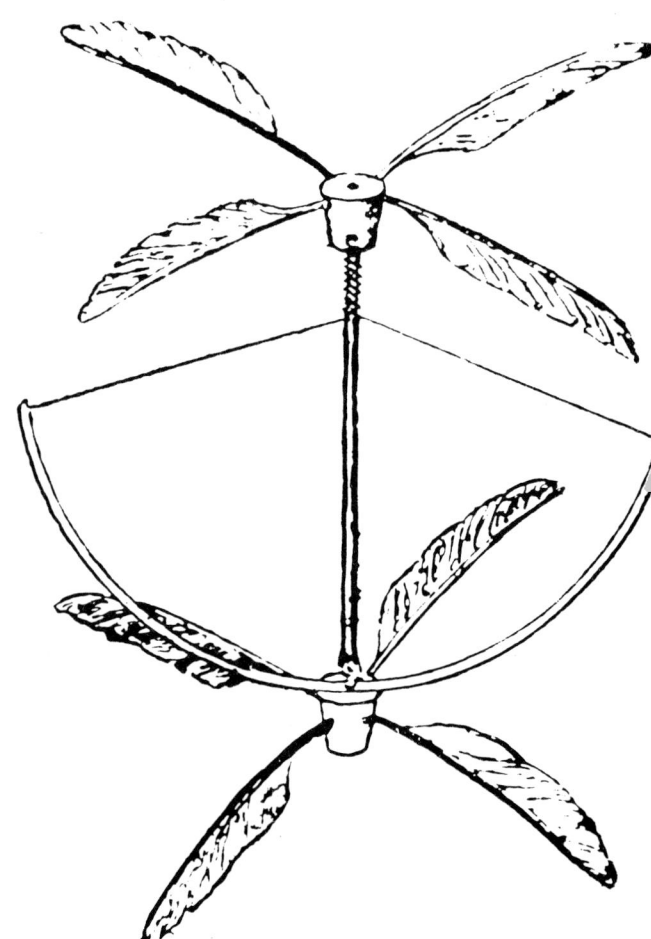

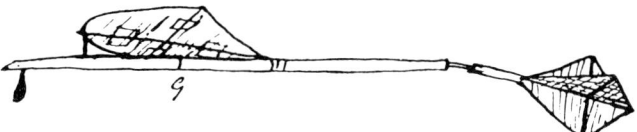

Rückschlüsse auf den Auftrieb möglich. Diesen Apparat verbesserte er laufend.

Zwei alte Erfindungen, den chinesischen Drachen und den gefiederten Pfeil, kombinierte Cayley zum ersten modernen und erfolgreichen Flugmodellentwurf (Abb. 51).

Sein Gleiter weist alle Merkmale auf, die Fliegen erst ermöglichen:
Der Drachen war auf einem Stabrumpf befestigt, und zwar mit einem Anstellwinkel von 6°.
Das Kreuzleitwerk war durch ein Gelenk am Rumpf so befestigt, daß die Einstellwinkeldifferenz verändert werden konnte.
Das Kreuzleitwerk konnte aber auch seitlich verstellt werden, so daß Kurskorrekturen möglich waren.
Durch ein verschiebbares Gewicht an der Unterseite des Stabrumpfes konnte der Schwerpunkt (G = Centre of Gravity) verschoben werden.

Später baute Cayley dann weitere kleine und große Gleiter und erprobte sie gründlich. Seine Experimente mit dem Umlaufapparat hatten unter anderem zu der Erkenntnis geführt, daß gewölbte Flächen einen höheren Auftrieb lieferten. So entstand 1819 ein weiterer Gleiter, bei dem diese Erkenntnis umgesetzt wurde. Zusätzliches Merkmal: Das Seitenleitwerk ist auf das Höhenleitwerk gesetzt.

Die Ergebnisse seiner aerodynamischen Forschungen veröffentlichte Cayley in den Jahren 1809 und 1810. Aus der Vielzahl seiner Pionierleistungen seien noch der Einbau eines Ruders in einen seiner Gleiter (1849) und Entwurf, Bau und erfolgreicher Flug eines manntragenden, aber nicht bemannten großen Gleitflugzeuges (1853). Einem Kurzbericht über Cayley im Feuilleton der WAZ vom 27. 10. 73 zufolge soll der Kutscher von Sir George 1854 als erster Mensch mit diesem Gleiter geflogen sein. »War ein unvergeßliches Erlebnis, Sir«, soll der Kutscher hinterher gesagt haben, »aber ganz geheuer war mir doch nicht dabei!«
(Quelle: C. H. Gibbs-Smith/Sir George Cayley, London, 1968).

1842 ließ sich William Samuel Henson eine Maschine als Patent schützen, die (nach seinen Worten) »zur Beförderung von Briefen, Gütern und Passagieren von Ort zu Ort durch die Luft dienen sollte.« Das Modell, das Henson zusammen mit John Stringfellow baute (Stringfellow baute einen leichten und funktionsfähigen Dampfmotor), hatte einen Flächeninhalt von 6 m² und eine Masse von 72 kg.

Dieses Modell hatte ebenfalls Merkmale, die auch moderne Flugzeuge haben:
Günstige Flügelform mit einem Seitenverhältnis von 6 : 1,
zweiflügelige, gegenläufige Luftschrauben, die als Druckschrauben mit besserem Wirkungsgrad arbeiteten,
eine ebene Höhenleitwerksfläche.
Seine Nachteile waren:
zu hohes Gewicht,
kein gewölbtes Tragflächenprofil,
keine Einstellwinkeldifferenz.

Das Modell flog daher nicht, Henson wanderte aus, aber Stringfellow arbeitete weiter. Ein von ihm 1848 gebautes Modell, mit 3 m Spannweite und von zwei Luftschrauben angetrieben, soll 40 m weit geflogen sein. Zumindest die Dampfmaschine war ein kleines technisches Meisterwerk.

1857 brachte Félix du Temple (Frankreich) ein Modell mit Antrieb durch ein Uhrwerk zum Fliegen, später benutzt auch er eine kleine Dampfmaschine.

1866/67 veröffentlichte F. H. Wenham (England) nach intensiven Versuchen zur Aerodynamik den Entwurf für ein Mehrdecker-Modell. Er kam zu der Erkenntnis, daß eine gewölbte Fläche bei kleinem Anstellwinkel ihren Auftrieb bei entsprechender Vorwärtsgeschwindigkeit entwickelt. Zudem stellte er fest, daß der Auftrieb vom Seitenverhältnis abhing, daß also eine lange, schmale Fläche (mit großer Streckung also) am günstigsten ist. Zusammen mit seinem Kollegen Brown entwickelte und benutzte er den ersten Windkanal (1871).

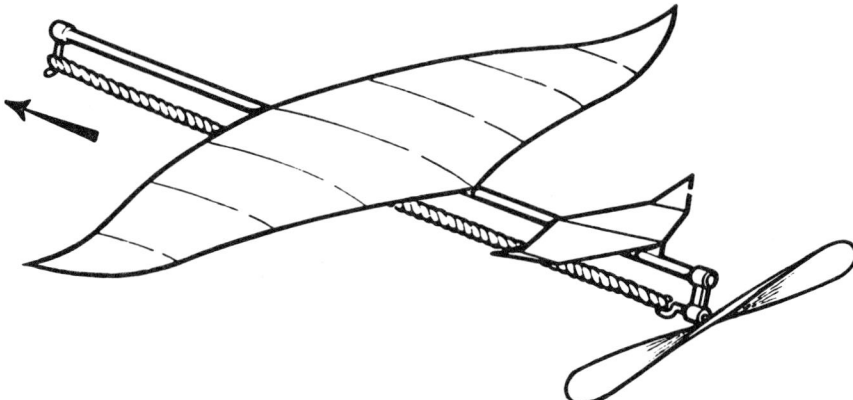

Abb. 52: Der Entwurf Pénauds aus dem Jahre 1871 für das eigenstabile Modell »Planophore« (Quelle wie Abb. 50).

Die Engländer Butler und Edwards entwarfen 1867 ein Deltaflugzeug mit Rückstoßantrieb (siehe Abb. 19), von einem Engländer namens Walker stammt der erste veröffentlichte Entwurf für ein Tandemflugzeug (1831), der über D. S. Brown's Tandem-Gleiter und Langley's Tandemmodell »Aerodrome« (1903) zu Hargraves Erfindung des Kastendrachens führte.

Einen besonderen Platz unter den Pionieren nimmt auch der Franzose Alphonse Pénaud (1850–1880) ein.

Er brachte 1870 das erste wirklich eigenstabile und daher absolut sicher fliegende Modell zum Fliegen. Bei Vorführungen vor der Académie Francaise legte das Modell Strecken von 40 bis 60 m zurück. Die hohen Herren aber fanden es allenfalls belustigend und waren sich der Tragweite dieser Vorführung offenbar gar nicht bewußt.

Die Lösung des Problems Fliegen war – nach all den phantasiereichen oder unbeholfenen Versuchen davor

Abb. 53: Ein Nachbau des »Planophore« unter Berücksichtigung der überlieferten Daten.

Abb. 54: Ein Spielzeug-Schmetterling mit Gummi-motor von Dandrieux (V. v. Frankenberg/Luftschiff-fahrt und Flugtechnik, Berlin, 1914).

– auf einmal ganz einfach.

Das Pénaud-Modell (Abb. 52 und 53) hatte eine Reihe von besonderen Merkmalen:

eine Spannweite von 600 mm,

eine im Schwerpunkt liegende Tragfläche,

der Schwerpunkt lag im ersten Drittel der Flügeltiefe,

die Tragfläche hatte ein recht günstiges Seitenverhältnis,

V-Form der Tragfläche,

ein V-Leitwerk, dessen Flächen so hoch gestellt waren, daß sie gleichzeitig die Funktionen von Höhen- und Seitenleitwerk übernahmen,

eine Einstellwinkeldifferenz (an der Flügelwurzel rund 13°), die sich bis zur Flächenspitze hin verringerte, mithin also

eine Schränkung der Tragfläche, die die Querstabilität verbesserte,

eine Druckschraube, die mit besserem Wirkungsgrad arbeitete als eine Zugschraube, und, last not least,

einen Motor aus verdrillten Gummifäden, der hier zum ersten Mal »offiziell« eingesetzt wurde (siehe dazu auch 2.6.6 und Abb. 33 und 34).

Leider starb Pénaud zu früh. Er war schwer krank,

von der Nichtbeachtung seiner Flugzeugentwürfe enttäuscht und beging 1880 Selbstmord.

Andere profitierten von Pénaud. Der Franzose Dandrieux baute und verkaufte Schmetterlingsmodelle, die sich nach Art der Schraubenflieger in die Luft erhoben und deren Antrieb ebenfalls ein Gummimotor war (Abb. 54).

Im Jahre 1878 kaufte zufällig ein Bischof der United Brethren Church in Cedar Rapids (Iowa), ein gewisser Milton Wright, seinen beiden Söhnen eines der mit Gummimotor betriebenen Spielzeugmodelle Pénauds (oder Dandrieux?). Das Spielzeug beeindruckte die Jungen sehr, und Orville und Wilbur Wright widmeten sich selbst dem faszinierenden Modellbau.

Der 1836 in St. Petersburg geborene Österreicher Wilhelm Kress griff die Ideen Pénauds auf, bei dem er eine Zeitlang gearbeitet hatte. Sein 1876 gebautes Entenmodell mit einer Spannweite von 1,5 m hatte zusätzlich zu den Merkmalen der Pénaud-Modelle noch eine (an sich überflüssige) Schwanzflosse und war mit zwei Gummimotoren und zwei Luftschrauben (Druckpropeller) ausgerüstet. Tragfläche und Leitwerk hatten eine V-Form von 6°. Unter dem Rumpf war eine Kufe angebracht. Das Modell wog 600 g.

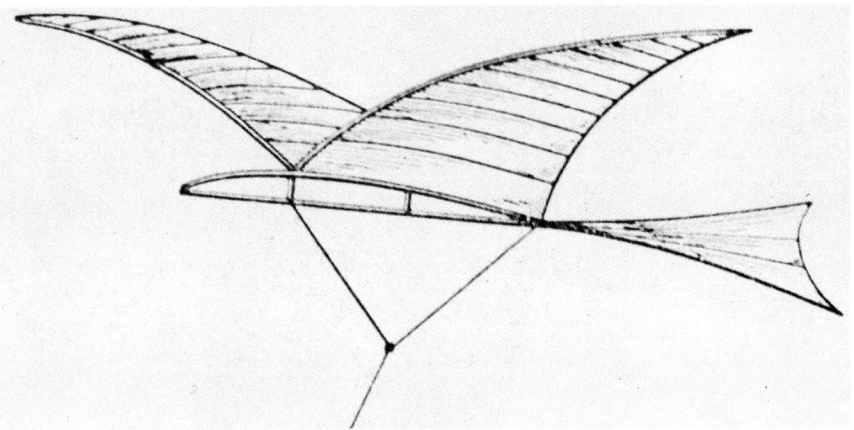

Abb. 55: Ein Drachenflug-
modell der Gebrüder Li-
lienthal aus den Jahren um
1890.

1879 flog ein Modell des Franzosen Victor Tatin, dessen zwei gegenläufige Luftschrauben (Zugschrauben) von einem Preßluftmotor angetrieben wurden (siehe dazu auch 2.6.6 und Abb. 35).

Die Gebrüder Wright bauten 1899 als ihr erstes Modell einen Doppeldecker-Drachen mit einer festen waagerechten Schwanzflosse. Er hatte eine Spannweite von ca. 1,5 m (5 ft.). Der darauf folgende erste Segler mit rund 6 m (17 ft.) Spannweite wurde erst als Drachen, später dann bemannt erprobt.

In Deutschland hatten die Brüder Otto und Gustav Lilienthal nach intensiven Studien des Vogelfluges, die Otto später in seinem Buch »Der Vogelflug als Grundlage der Fliegekunst« (Berlin, 1889) niederlegte, erste Modelle von Drachen (Abb. 55) gebaut. Mit seinem Hängegleiter stürzt Otto Lilienthal am 9. August 1896 in den Rhinower Bergen ab, bricht sich das Rückgrat und stirbt am Tage darauf.

Die Sammlung flugphysikalischer und flugtechnischer Kenntnisse und technischer Fertigkeiten ist am Ende des 19. Jahrhunderts beachtlich:
Eingehendes Studium des Vogelfluges (Leonardo da Vinci, Cayley, Lilienthal u. a.),
Vermessung von Flügelprofilen im Umlaufapparat (Cayley) und im Windkanal (Wenham und Brown),
starre Tragflächen mit Schränkung und V-Form (Cayley, Pénaud, Kress),
verstellbares Höhen- und Seitenleitwerk (Cayley u. a.) zur Kurskorrektur und Vorgabe der Einstellwinkeldifferenz (Pénaud),
Schwerpunkt im ersten Drittel der Tragflächentiefe (Pénaud),
Gummimotor als Antrieb (Pénaud, Kress),
Propeller statt Schwingen (da Vinci, Cayley, Pénaud u. a.),
Hubschrauber mit gegenläufigen Rotoren (Launoy und Bienvenu, Cayley),
Kleindampfmaschinen, Preßluftmotoren und und Gummimotoren als Antriebe (Henson, Stringfellow, Pénaud u. a.),
verschiedene Flugzeugkonfigurationen: Delta, Ente, Tandem, Eindecker, Doppeldecker, Multidecker usw.,

Zum bemannten Fliegen fehlt eigentlich nur noch ein leichtes leistungsfähiges Triebwerk. Und auch hier wurden vor der Jahrhundertwende bereits die ersten Schritte getan: 1860 erfindet Lenoir (Frankreich) den Gasmotor, um 1876 funktioniert auch der Viertaktmotor von Nikolaus August Otto (Deutschland).

Die Voraussetzungen zum bemannten Fliegen mit Flugzeugen »schwerer als Luft« sind geschaffen.

Quellen:

C. H. Gibbs-Smith/A Brief History of Flying, London, 1967;

C. H. Gibbs-Smith/Sir George Cayley, London, 1968;

V. v. Frankenberg/Luftschiffahrt und Flugtechnik, Berlin, 1914;

Petersen, Thies/25 Jahre Modellflug im DAeC e. V., Frankfurt, 1975.

3.2 Eigenständige Entwicklung des Modellfluges und des Wettbewerbssports

Am Anfang der Flugtechnik standen Flugmodellbau und Modellflug. Chroniken und Archive enthalten Informationen und Beweise dafür in so großer Zahl, daß im Kapitel 3.1 nur einige Beispiele herausgegriffen und vorgestellt werden konnten.

Die Wende vom 19. zum 20. Jahrhundert markiert etwa den Abschluß der Vorbereitungen für den bemannten Menschenflug. Hier auch trennen sich die Wege von Luftfahrtentwicklung und Modellflug. Von Lilienthal und den Gebrüdern Wright ab geht die Entwicklung der Luftfahrt mit Riesenschritten weiter.

Die Entwicklung des Modellfluges geht von hier ab zwar eigene Wege, die sich nur noch gelegentlich mit denen der Luftfahrt berühren, aber die Grenzen bleiben fließend.

Nach den ersten erfolgreichen bemannten Gleit- und Motorflügen steigerte sich die Begeisterung für diesen neuen Sport sehr schnell. Viele, vor allem junge und nicht ganz so begüterte, Flugenthusiasten widmeten sich dem Bau von Flugmodellen.

Vom Modellflug, der ausschließlich dem Ziel der Weiterentwicklung von manntragenden Flugzeugen diente, kam es zum Modellflug, der sich selbst diente, zum Modellflug als eigenständige Sportart neben dem Motor- und Segelflug.

Entwurf und Bau der damaligen Modelle waren nicht so sehr von flugphysikalischen und flugtechnischen Erwägungen bestimmt, sondern mehr vom Gefühl. Die bereits vorhandenen und längst veröffentlichten Kenntnisse in den Bereichen der Flugtechnik und der Flugphysik (siehe 3.1) schienen vergessen und wurden nicht genutzt, ein Kommunikationsproblem, das auch heute gelegentlich im Modellflug zu beobachten ist.

Die Verbindung zwischen großen und kleinen Flugzeugen stellte im Jahre 1883 Osborne Reynolds mit seiner Ähnlichkeitstheorie her. Die nach ihm benannte Reynoldssche Zahl (Re-Zahl/siehe 7.0) bestätigte auch die Beobachtungen Leonardo da Vincis über die Ähnlichkeit der Strömungsverhältnisse in Luft und Wasser (siehe 3.1).

Im Jahre 1897 baute der deutsche Regierungsbaumeister Hofmann Flugmodelle, die er zuerst als Drachen startete, um sie dann im freien Flug zu erproben. Sein von einem Kohlendioxidmotor angetriebenes Modell hatte eine Masse von fast 4000 g und war mit vier langen Stelzenbeinen ausgerüstet, die bei Erreichen einer bestimmten Propellerdrehzahl hochklappten (Vorläufer des Einziehfahrwerks). Bei den regelmäßigen Vorführungen seiner Flugmodelle erntete er Bewunderung und Beifall.

1901 baute Hans Grade in Köslin seine freifliegenden Flugmodelle. Die daran gesammelten Erfahrungen verwendete er dann bei der Konstruktion und beim Bau seines ersten Motorflugzeuges, das am 30. Oktober 1908 zum Jungfernflug startete.

Die Flugmodellentwürfe jener Zeit lehnten sich an die großen Vorbilder (Grade, Farman, Blériot, Etrich u. a.) an.

Um diese Zeit gab es schon einige Vergleichsfliegen für Flugmodelle. Den ersten Modellflugwettbewerb veranstaltete im Jahre 1905 der französische Aeroclub. Hier starteten hauptsächlich Gleitflugmodelle (aber auch zwei Gummimotormodelle), die aus einer Höhe von ca. 40 m gestartet wurden. Sieger wurde der Franzose Peyret mit einem Modell von 1,5 m^2 Gesamtfläche und einer Masse von 3500 g, das eine Strecke von mehr als 130 m und eine Flugzeit von 18,2 s erzielte.

Zwei Jahre später führte der englische Aeroclub einen Modellflugwettbewerb durch, bei dem erstmals Preise in Höhe von 1000 bis 2400 Reichsmark (RM) ausgesetzt waren.

Im Jahre 1909 fand in Frankfurt die internationale Luftfahrtausstellung statt, in deren Rahmen der erste deutsche Modellflugwettbewerb ausgetragen wurde.

Weitere Wettbewerbe und Ausstellungen warben für den Modellflugsport und machten ihn zunehmend populärer. Bei den eingesetzten Modellen handelte es sich meist um Nachbauten manntragender Flugzeuge, die inzwischen auch von einzelnen Firmen einer beginnenden Modellbauindustrie hergestellt wurden. Gummimotor, Preßluftmotor und CO_2-Motor lieferten nur die Antriebsenergie für relativ kurze Flüge. Zudem gab es noch die Kleindampfmaschinen, die Energie umwandelten und das Modell über längere Zeit in der Luft halten konnten. Die damals vorhandenen Benzinmotoren waren sehr schwer und waren für den normalen Modellflieger bei einem Preis von 150 RM kaum erschwinglich.

Bislang hatten die Erfolge des bemannten Motorfluges auch die Aktivitäten der Modellflieger in die Richtung motorgetriebener Flugmodelle gelenkt. Erst die Erfolge der Segelflieger auf der Wasserkuppe (Rhön) führten zur Entwicklung zweckmäßiger und leistungsfähiger Segelflugmodelle.

Der Modellflugsport hatte mithin schon zwei Klassen, die der Motorflugmodelle und die der Segelflugmodelle.

Aber auch Irrwege wurden – teils in Unkenntnis bereits gemachter Erfahrungen – wieder begangen. Nach wie vor wurden zahlreiche Schwingenflugmodelle mit Gummimotorantrieb gebaut. Ein sehr bekanntes Modell der Jahre um 1940 war der »Schwinguin«, ein Schwingenflugmodell für Anfänger, das Flugzeiten um 20 s erreichte, und das von einem Benzinmotor angetriebene Schwingenflugmodell von Alexander Lippisch (Abb. 56), das bei einem Rekordflug 16 min und 8 s flog.

Die Entwicklung des Modellfluges wurde durch den ersten Weltkrieg (1914–1918) kaum beeinträchtigt, die Flugtechnik entwickelte sich allerdings stürmisch weiter.

Der Österreicher Igo Etrich beispielsweise hatte um 1904 nach der Form des Zanoniasamens (siehe Abb. 18

Abb. 56: Das Schwingenflugmodell »Libelle« von Alexander Lippisch.

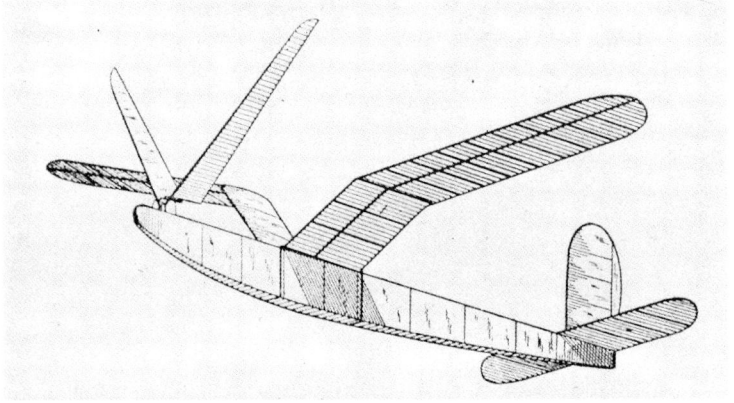

und 20) zuerst Modelle von Nurflügelgleitern gebaut, die er später zu bemannten Gleitflugzeugen weiterentwickelte (ein Modell ist im Deutschen Museum in München zu sehen). Etrich fügte 1909 Höhen- und Seitenleitwerk hinzu, motorisierte das Flugzeug mit einem wassergekühlten Austro-Daimler-6-Zylinder-Reihenmotor von 120 PS, und so war die bekannte Etrich-Taube entstanden. Das Flugzeug mit 9,85 m Länge und 14,35 m Spannweite wurde dann eines der bekanntesten Aufklärungsflugzeuge des ersten Weltkrieges, das später den Namen Rumpler-Taube trug.

Nach dem Ende des ersten Weltkrieges konnte sich der Modellflug stetig weiterentwickeln.

Im Jahre 1916 wurde der Verband Deutscher Modellflugvereine mit Sitz in Frankfurt gegründet, dem die Modellflug-Vereine Darmstadt, Dresden, Frankfurt (der das Präsidium stellte), Hamburg, Leipzig, Magdeburg, Mannheim, München und Stuttgart angehörten. Die genannten Vereine führten zahlreiche Wettbewerbe durch, vor allem widmete man der Förderung des Modell-Segelfluges besondere Aufmerksamkeit.

Am 23. Juli 1916 veranstaltete der Stuttgarter Flugmodell-Bund ein Übungsfliegen für Wasserflugmodelle auf dem Bissinger See. Ein Jahr später bot der Münchner Modellflug-Verein erstmals in einer angemieteten Werkstatt Kurse für Theorie und Praxis des Baus von Motor- und Gleitflugmodellen an.

Der Leipziger Modellflug-Verein vergab 1918 erstmals ein silbernes und goldenes Leistungsabzeichen für besondere Leistungen im Modellflug (siehe auch 5.5). Die Teilnehmer mußten Konstruktionszeichnungen ihrer Modelle einreichen, die in das Eigentum des Modellflugverbandes übergingen.

Der Berliner Flugverein veranstaltete 1918 einen Modellflug-Wettbewerb und ein Lilienthal-Erinnerungsfliegen.

1920 führte der Leipziger Flug-Verein ein Herbstwettfliegen durch.

Überall in Deutschland wurden neue Vereine gegründet, und 1920 gründete Oskar Ursinus den Deutschen Modell- und Segelflug-Verband (D. M. S. V.), der fortan in Konkurrenz zum Verband Deutscher Modellflugvereine (V. D. M.) stand. Unter anderem bestand Uneinigkeit in der Frage, ob der Modellflug als Hinführung zum Segelflug- und Motorflugsport zu gelten habe oder ob er eine eigenständige Sportart neben Segel- und Motorflug sei.

In der den Deutschen eigenen Tendenz zu Extremen wird diese Frage heute noch kontrovers diskutiert, dabei wird von beiden Ansichten etwas stimmen.

Der Nationalsozialismus schließlich bereitete den Diskussionen ein jähes Ende. Alle luftsporttreibenden Vereine und Verbände wurden im »Deutschen Luftsport-Verband« zusammengeschlossen, in dem der Modellflug die Aufgabenstellungen der handwerklichen Ausbildung durch den Flugmodellbau und der Sammlung und Begeisterung der deutschen Jugend für den Fluggedanken zugewiesen bekam. Das Nationalsozialistische Fliegerkorps (NSFK) hatte nun das Sagen und richtete die Ausbilder einheitlich aus, die fortan »nach einem wohldurchdachten Arbeitsplan die Pimpfe der MFG in den Flugmodellbauwerkstätten des NS-Fliegerkorps schulten« (Bengsch, Haas/Modellflug im NS-Fliegerkorps, Berlin, 1942).

Schon vorher hatte sich das Militär mit dem Modellflug eingelassen: 1924 schrieb die Marineartillerie-Inspektion einen Wettbewerb für Segelflugmodelle aus, der in Wilhelmshaven durchgeführt wurde. Unter anderem sollte (natürlich) herausgefunden werden, ob sich Segelflugmodelle auch als Ziele für Schießübungen nutzen ließen. Nebenbei ging es auch um die besten Flugleistungen. Sieger wurde das Modell »Horstenke-Sawatzki«. Bruno Horstenke hatte 1922 bereits eine neue Methode zum Starten von Segelflugmodellen entwickelt, die bisher von Hand aus unterschiedlichen Höhen gestartet worden waren. Mit Hilfe einer Laufkatze wurden Segelflugmodelle bis zur Höhe eines im Winde stehenden Drachens geschleppt und dort ausgeklinkt (Abb. 57).

Anläßlich eines Flugtages 1924 in Frankfurt/Main startete Curt Möbius sein Entenflugmodell mit Gummimotorantrieb. Das Modell war so konstruiert, daß sich die Einstellwinkeldifferenz je nach Spannung des Gummimotors veränderte. Der Gummistrang wurde nach dem Ablaufen automatisch abgeworfen, so daß das nun leichtere Modell mit geringerem Luftwiderstand segeln konnte. Die Möbius-Ente stieg in der Thermik über dem Frankfurter Flugplatz Rebstock immer höher und wurde fast eine Stunde lang im Fluge beobachtet, bis sie im Taunus verschwand. Curt

Abb. 57: Mit einer Laufkatze wird ein Segelflugmodell bis zur Höhe eines im Wind stehenden Drachens befördert und dort ausgeklinkt. Diese Startmethode stellte 1922 Bruno Horstenke vor.

Möbius vertrieb später das von ihm entworfene Gummimotormodell (Spannweite 60 cm) als Bausatz; später bot er ein flugfertiges Wasserflugmodell (Spannweite 60 cm) an, dessen Rumpf und Schwimmer aus dünnem Zelluloid bestanden, und entwickelte ein Gummimotormodell, das als Bausatz unter der Bezeichnung »Das Flugzeug in der Tüte« mit allen zum Bau nötigen Materialien für 2,75 RM zu haben war (1931).

Die technische Entwicklung des Modellfluges schreitet weiter fort.

Ein Benzinmotor für Flugmodelle mit einer Masse von rund 3800 g leistete 0,5 PS und kostete rund 75 RM (1926). Nur 600 bis 800 g haben luftgekühlte Motoren von Höhm (1927).

Für Gummimotormodelle gab es die Konstruktion einer Luftschraube, die sich nach Ablaufen des Gummistranges selbsttätig auskoppelt (1926), und Sir Charles (später Lord of) Wakefield stiftete einen Wanderpreis für einen internationalen Leistungswettbewerb für Gummimotormodelle, den berühmten Wakefield-Pokal; nach dem Lord ist heute noch eine der Freiflugklassen für Gummimotorflugmodelle (siehe 5.1) benannt. Bereits im gleichen Jahr wurde für die Gummimotorflugmodelle eine definierte Klasseneinteilung gefordert.

Der Deutsche Modell- und Segelflug-Verband (46 Vereine) und der mit ihm konkurrierende Deutsche Luftfahrt-Verband (45000 Mitglieder) führten 1929 in Jena einen gemeinsamen Modellflug-Wettbewerb durch (Leitung: Fritz Stamer, Alexander Lippisch, Polter).

Einen Meilenstein setzte Pfingsten 1930 der erste Rhönwettbewerb für Segelflugmodelle auf der Wasserkuppe, den der Deutsche Luftfahrt-Verband durchführte. 175 Teilnehmer absolvierten rund 1000 Starts. Erstmals war der Drachenstart erlaubt, eine Startmethode, die Horst Winkler vor allem für den Start von Segelflugmodellen in der Ebene entwickelt hatte. Winkler konstruierte die heute noch weltweit bekannten Modelle »Der große Winkler« (mit dem er den ersten Rhönwettbewerb mit 2750 m Flugstrecke gewann) und »Der kleine Winkler«.

Sieht man sich Leistungsmodelle der Jahre nach 1930 an, z. B. »Der große Winkler« oder das Modell »OS-GE-S 3« von Oskar Gentsch, so wird man erkennen, mit welchen Methoden die damals im Wettbewerb gestellte Forderung, eine möglichst weite Strecke zurückzulegen, erreicht wurde. Für den Streckenflug war also ein Modell erforderlich, das ungesteuert und ausschließlich aufgrund seiner Eigenstabilität unbeirrbar geradeaus fliegen mußte. Hier wird übrigens deutlich, wie Wettbewerbsregeln die technische Entwicklung von Modellen fordern und fördern können.

Horst Winkler beschreibt die Flächenkonstruktion seines Leistungsmodells in seinem »Handbuch des Flugmodellbaus« (Berlin, 1944) so: »Eine Verbindung von doppelter V-Form mit den sogenannten Ohren sehen wir bei dem Hochleistungs-Segelflugmodell »Der große Winkler«. Die Flügelenden sind hier in einem Winkel von 45° zur Querachse nach oben

Abb. 58: Diese Übersichtszeichnung zeigt die wesentlichen Konstruktionsmerkmale des Leistungsflugmodells »Der große Winkler« aus dem Jahre 1930: Große Seitenfläche vor der Hochachse (A) von etwa der gleichen Fläche wie dahinter, doppelte V-Form der Tragfläche (B) mit Ohren im Winkel von je 45° und einem flachen Rumpf (C).

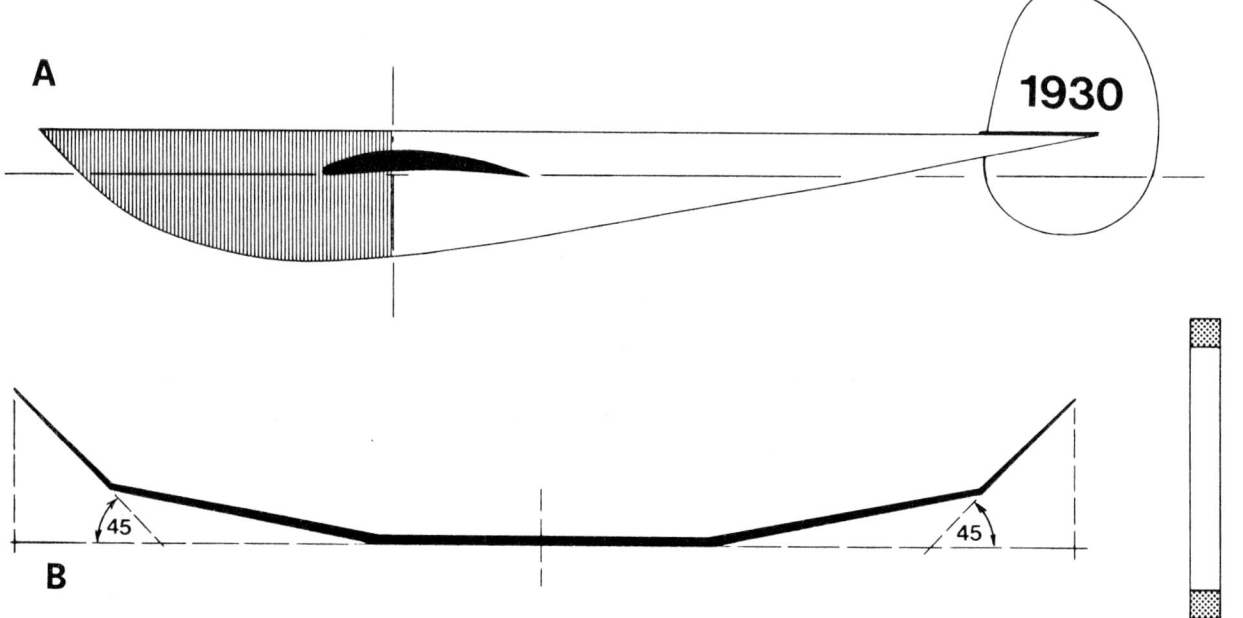

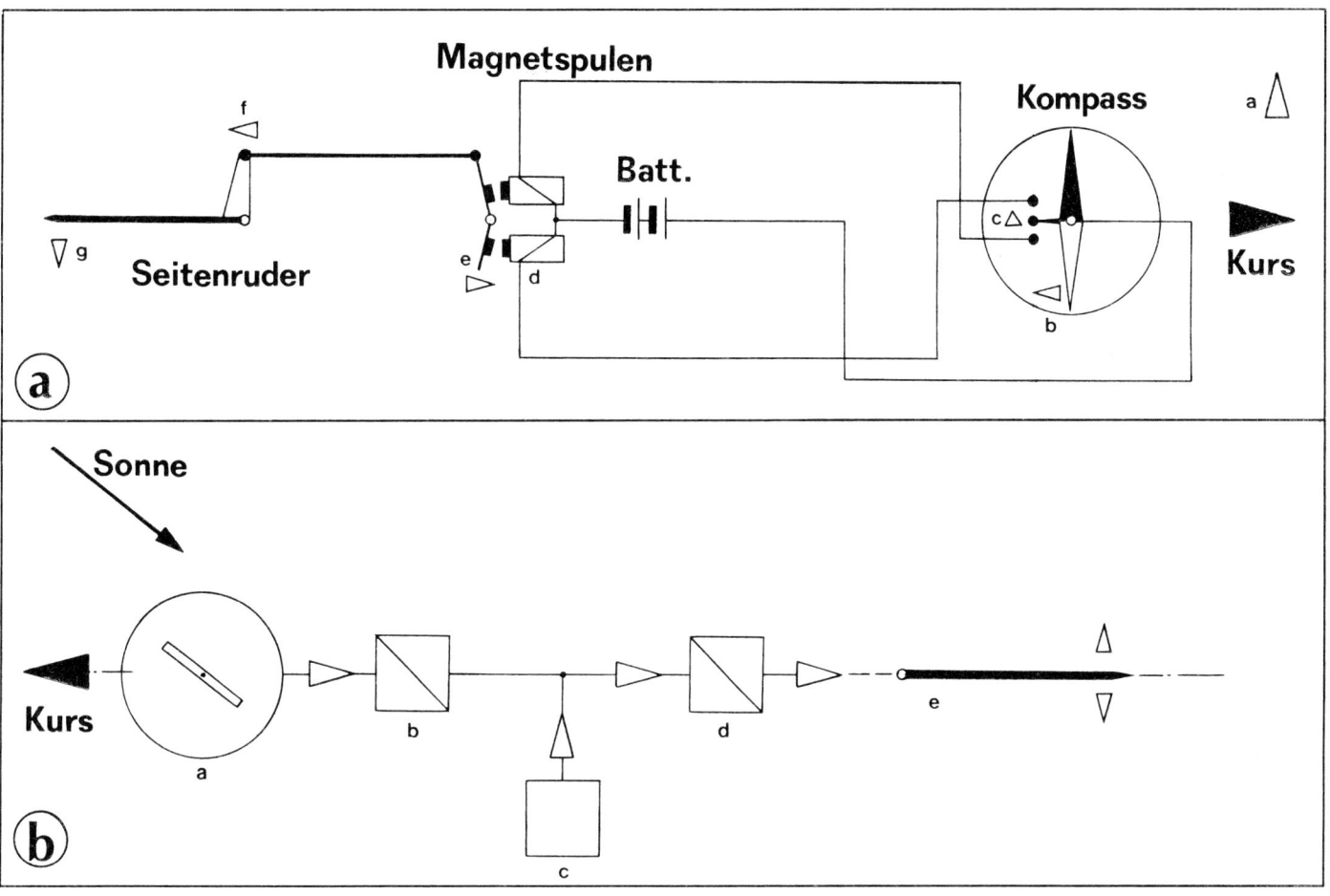

Abb. 59: Aus Magnetspulen, Batterie und Kompaß bestand die Richtungssteuerung von Lahde, Berlin (a). Die Lichtsteuerung von Helmut Sinn nutzte ein Fotoelement zur Kurskorrektur (b). Erläuterungen im Text.

geknickt. Beim seitlichen Abrutschen wird . . . der hängende Flügel nach oben gedrückt und der nach oben stehende nach unten. Wegen des großen Abstandes der Ohren von der Längsachse des Modells und der damit verbundenen Hebelarmwirkung ist die Querstabilität derart gut, daß auch bei stärkster Böigkeit der Luft kaum größere Schwankungen in der Querlage beobachtet werden.«

Bei dem erwähnten »seitlichen Abrutschen« des Modells würde die Windfahnenwirkung des Seitenleitwerks eine Richtungsänderung bewirken. Winkler und Gentsch vermieden diesen Effekt durch jeweils möglichst gleich große Rumpfseitenflächen vor und hinter der Hochachse sowie über und unter der Längsachse und bauten ihre Modelle als Mitteldecker (Abb. 58).

Andere Modellflieger versuchten mit mechanischen oder elektromechanischen Mitteln, die Kursstabilität ihrer Modelle zu verbessern:

Bei der *Steuerung durch Windklappen oder Windfahnen* mußten die Kräfte und Kraftübertragungen sorgfältig aufeinander abgestimmt sein.

Aus Magnetspulen, Batterie und Kompaß bestand die *Richtungssteuerung* von Lahde, Berlin. Kam das Modell durch eine Störung (a) vom Kurs ab, so bewegte sich die Kompaßnadel relativ zum Modell (b) und schloß einen Stromkreis über einen der beiden Kontakte (c). Dadurch wurde eine der beiden Magnetspulen (d) eingeschaltet und zog den Anker (e) an, der über Gestänge und Hebel (f) das Seitenruder in der gewünschten Weise (g) verstellte, so daß

69

das Modell wieder auf seinen ursprünglichen Kurs zurückgesteuert wurde.

1937 wurde diese *Kompaßsteuerung* (Abb. 59 A) zum ersten Mal beim Reichswettbewerb auf der Wasserkuppe von Gustav Aldinger und Heinz Emmerich benutzt. Auch heute werden Magnetsteuerungen in abgewandelter Form bei den Hang-Freiflugmodellen eingesetzt (siehe 5.1, 5.2 und 9.3).

Lichtsteuerungen (Abb. 59 B): Helmut Sinn (Göppingen) entwickelte eine Lichtsteuerung, bei der ein Photoelement (a) drehbar auf dem Rumpf des Modells angebracht wird. Vor dem Start wurde es gegenüber der Sonne so eingestellt, daß ihre Strahlen parallel zur Fläche des Photoelementes verliefen. Kam das Modell vom Kurs ab, traf Sonnenlicht auf eine der Flächen. Es floß ein Strom, der ein Relais (b) zum Anziehen brachte, das seinerseits einen Elektromagneten (d) einschaltete, der das Seitenruder zur Kurskorrektur betätigte (Prinzipschaltbild).

Auch die *Steuerung durch einen Kreisel* stammte von dem Berliner R. Lahde. Er hängte einen elektrisch betriebenen Kreisel kardanisch im Rumpf des Modells auf. Da der Kreisel bestrebt ist, seine Lage im Raum beizubehalten, bewegt sich das Modell bei Kursänderungen relativ zur Kreiselposition, und so werden wieder Kurskorrekturen durch das mit dem Kreisel verbundene Seitenruder bewirkt. Als in den siebziger Jahren Franz Kavan seinen RC-Hubschrauber auf den Markt brachte (Vertrieb Simprop), bot er auch einen Kreisel an, der über ein Servo für die Stabilisierung des Heckrotors sorgen sollte. 1980 bot die Firme robbe ebenfalls einen Kreisel für ihren RC-Hubschrauber an.

Eine *Steuerung mit einem Quecksilberschalter* baute 1933 Hans Adenaw in sein Nurflügelmodell ein. Der Schalter bestand aus einem gebogenen Glasrohr mit an den beiden Enden eingeschmolzenen Kontaktpaaren und einem frei beweglichen Quecksilbertropfen.

Drehte sich das Modell um seine Längsachse, so rollte die Kugel in Richtung auf die hängende Fläche, schloß den Kontakt auf dieser Seite und schaltete einen Elektromagneten ein, der einen Querruderausschlag bewirkte, welcher das Modell wieder aufrichtete.

1938 führte Helmut Sinn die verschiedenen Systeme von Richtungssteuerungen für Segelflugmodelle vor, zusätzlich auch eine Variometersteuerung, mit der das Modell bei Thermikeinfluß zu kurven begann.

Der Modellflug gewann in diesen Jahren ein hohes Ansehen. Die Pfingsttreffen auf der Wasserkuppe verzeichneten von Jahr zu Jahr steigende Teilnehmerzahlen (1935 mehr als 1000 Meldungen) und riesige Zuschauerzahlen (1935 rund 35 000 Zuschauer). Die gewaltige Breite des Modellflugsports führte natürlich auch zu hohen Spitzenleistungen:

Winkler flog mit seinem Modell 35 km, Schmidtberg flog 37 min 41 s.

Die Treffen auf dem »Berg der Flieger« entwickelten sich schließlich zu solchen Mammutveranstaltungen, daß der zuständige Verband die Teilnahme von Vorentscheidungen abhängig machen mußte. Die Wasserkuppe wurde aber auch zum Ort, an dem neue technische Entwicklungen vorgestellt wurden. Der Erfahrungsaustausch unter den Modellfliegern blühte und führte allenthalben zu Leistungssteigerungen und zu neuen Entwicklungsrichtungen (z. B. Leipziger Flügelform, Leipziger Nurflügel u. a.).

Inzwischen hatte sich auch in den Borkenbergen (Westfalen) ein reger Modellflugbetrieb entwickelt. Beim ersten Segelflug-Wettbewerb im Jahre 1933 erfährt Hans Adenaw für seine drei Nurflügelmodelle eine besondere Ehrung durch den ersten Preis. Geflogen wurde (wegen des starken Windes) erst zwei Wochen später.

Bei den ersten Reichswettbewerben in Borkenberge in den Jahren 1936 und 1937 war die Trennung zwischen Flugmodellen mit Antrieb und Segelflugmodellen – auch räumlich – schon erfolgt. In Borkenberge flogen Gummimotormodelle in mehreren Klassen, dazu Motormodelle mit Verbrennungsmotor. Darüber hinaus waren auch Wettbewerbe für Flugzeugmodelle, Nurflügler, Autogiros und Schwingenflugmodelle ausgeschrieben.

Auch bei den Flugmodellen mit Benzinmotoren stiegen die Flugleistungen. 1937 flog der Gladbecker Hans-Jochen Haas einen Deutschen Rekord von 1 h 8 min Flugzeit (davon 33 min Kraftflug) und 20 km Flugstrecke.

Auf den Reichswettbewerben machte die Fernsteue-

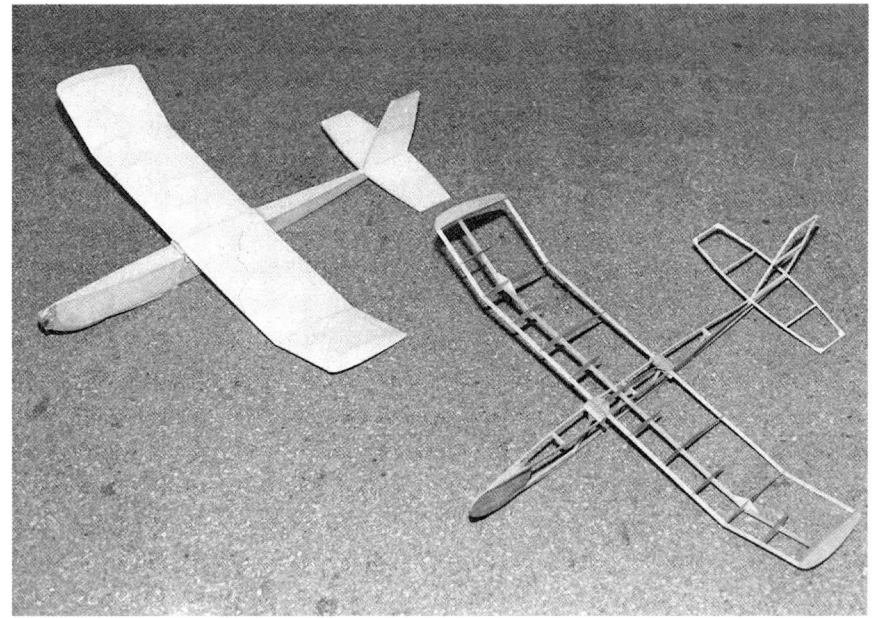

Abb. 60: Das Einheits-segelflugmodell »Jungvolk« von Hans Adenaw konnte in einer durchschnittlichen Bauzeit von 16 Stunden gebaut werden.

rung von Segelflugmodellen als technische Neuerung von sich reden:

Bereits 1935 stellte Herbert Scholl (Pforzheim) eine Funkfernsteuerung vor, deren Empfangsanlage rund 900 g wog. Vorführung und Erprobung scheiterten aber an der fehlenden Sendegenehmigung (man mußte Funkamateur mit Lizenz sein).

Ein Jahr später wurde auf der Wasserkuppe von Alfred Lippitsch, Sykora, Klose und Menzel (Dresden) das erste ferngesteuerte Segelflugmodell im Fluge vorgeführt.

Herbert Scholl und Hermann Happel (Pforzheim) führten Flugmodelle mit Dampfturbinenantrieb vor.

Und Tüftler Scholl lenkte dann 1938 Segelflugmodelle mit einer Schallsteuerung, deren Sender eine Autohupe war.

Für seine Arbeiten im Bereich der Steuerung von Flugmodellen bekam er 1940 einen Sonderpreis in Höhe von 400 Reichsmark.

1940 starb Hans Adenaw, Konstrukteur vieler Nurflügel-Segelflugmodelle, des Enten-Flugmodells »Hans Huckebein« und des deutschen Einheits-Segelflugmodells »Jungvolk« (Abb. 60).

Ein Jahr später starb (ebenfalls bei einem Flugzeugabsturz) Helmut Kirschke, Konstrukteur so bekannter Modelle wie »Baby« (Abb. 61) und »Strolch«.

Im Jahre 1939 wurden erstmals die Bedingungen für den Erwerb des internationalen Modellflug-Leistungsabzeichens (siehe auch 5.5) der FAI (siehe 11.3) veröffentlicht:

Bodenstart eines Gummimotormodells,
Flug von mindestens 3 Minuten Dauer,

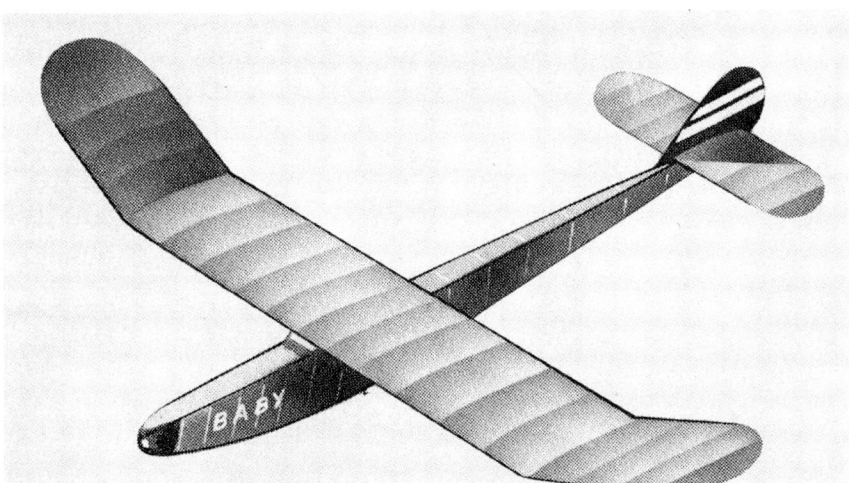

Abb. 61: Das Segelflugmodell »Baby« von Helmut Kirschke erzielte bei verhältnismäßig einfachem Bauaufwand sehr gute Flugleistungen. Neu war der Aufbau des Rumpfes aus dreieckigen Rumpfspanten mit drei kräftigen Längsgurten.

Hand- oder Hochstart eines Segelflugmodells,
Flug von mindestens 5 Minuten Dauer.

Neugefaßte Bedingungen kamen 1943 heraus:

Zwei Flüge von mindestens 3 Minuten Dauer mit
einem Segelflugmodell nach Hand- oder Hochstart,
zwei Flüge von mindestens 2 Minuten Dauer mit
einem Gummimotor-Flugmodell nach Boden- oder
Wasserstart,

zwei Flüge mit einem Verbrennungsmotor-Flugmo-
dell nach Boden- oder Wasserstart; der Kraftflug
mußte mindestens 30 s dauern, der Kraft- zum Gleitflug ein Verhältnis von 1 : 3 haben.

Das erste Leistungsabzeichen (Bronze/Nr. 1) erflog
der Münchener Helmut Kermeß im Jahre 1943.

Während des Krieges gab es Bestrebungen zur Nor-
mung (bei den Modellen ohnehin), auch im Bereich der
Materialien und ihrer Abmessungen und Stärken. Die
im Arbeitsplan des NSFK vorgesehene Metallbauweise
mit genormten Werkzeugen und Bauelementen sollte
frühzeitig die handwerklichen Voraussetzungen für
den Großflugzeugbau schaffen.

Der Lehrer F. W. Schmitz (»Aerodynamik des Flugmodells«) und der Konstrukteur Alexander Lippisch
führten Windkanalmessungen an Profilen für den
Modellflug durch und förderten durch deren Veröffentlichungen die weitere Entwicklung des Modellfluges
bis in unsere Tage.

Der Schüler Richard Eppler konstruierte drei Gum-
mimotor-Flugmodelle nach eigenen Berechnungen
und veröffentlichte die Baupläne.

Für die Förderung der während des Krieges anfangs
verbotenen Fernsteuerung von Flugmodellen durch
Funk (Kurzwelle) wurden – vermutlich um für den Krieg
nutzbare Techniken zu erhalten – Geldpreise von 3000
bis 10 000 Reichsmark ausgesetzt.

Verlangt wurden einwandfrei gesteuerte Flüge mit
Verbrennungsmotor-Flugmodellen:

2000 m Zielstrecke,
ein Dreiecksflug,
ein Kunstflugprogramm (zwei Loopings, zwei Rollen, Rückenflug und Landung in Normallage).

Welche Leistungssteigerungen in diesen Jahren
erzielt wurden, zeigt eine Gegenüberstellung der Deutschen Modellflug-Höchstleistungen von 1937 und
1942:

Tabelle 3: Deutsche Modellflug-Höchstleistungen

	Stand v. 1. 1. 1937	Stand v. 1. 7. 1942
Rumpfsegelflugmodelle		
Handstart-Strecke:	13 500 m	43 000 m
Handstart-Dauer:	20 min 13 s	38 min 26 s
Hochstart-Strecke:	91 200 m	gleichgeblieben
Hochstart-Dauer:	55 min	1 h 06 min 15 s
Nurflügel-Segelflugmodelle		
Handstart-Strecke:	2375 m	gleichgeblieben
Handstart-Dauer:	37 min 41 s	gleichgeblieben
Hochstart-Strecke:	8800 m	10 400 m
Hochstart-Dauer:	8 min 14 s	1 h 02 min 50 s
Rumpfflugmodelle mit Gummimotor:		
Bodenstart-Strecke:	795,5 m	11 125 m
Bodenstart-Dauer:	13 min 7 s	17 min 47 s
Handstart-Strecke:	22 400 m	24 000 m
Handstart-Dauer:	1 h 08 min	gleichgeblieben
Rumpfflugmodelle mit Verbrennungsmotor		
Bodenstart-Strecke:	–	112 400 m
Bodenstart-Dauer:	8 min	1 h 15 min 33 s
Rumpfwasserflugmodelle mit Gummimotor		
Wasserstart-Dauer:	53,4 s	15 min 42 s
Rumpfwasserflugmodelle mit Verbrennungsmotor		
Wasserstart-Dauer:	–	21 min 47 s
Schlagflügel-Flugmodelle mit Gummimotor		
Bodenstart-Dauer:	–	– min 50 s
Handstart-Dauer:	–	1 min 03 s
Schlagflügel-Flugmodelle mit Verbrennungsmotor		
Bodenstart-Dauer:	–	4 min 15 s
Handstart-Dauer:	–	16 min 08 s
Saalflugmodelle mit Gummimotor		
Handstart-Dauer:		12 min 53 s

Der zweite Weltkrieg hatte die Entwicklung des
Modellflugsports und des Flugmodellbaus nicht sehr
beeinträchtigt.

Nach 1945 blieben alle Luftsportarten erst einmal
absolut verboten.

Im Jahre 1945 war der zweite Weltkrieg zu Ende.
Deutschland lag in Trümmern. Die Sieger hatten
Deutschland in vier Besatzungszonen aufgeteilt. Später wurden die amerikanische und die britische Zone
zur Bi-Zone und diese dann mit der französischen
Zone zur Tri-Zone zusammengeschlossen. Immerhin
erschallte damals schon das Lied von den »Eingebore-

nen von Trizonesien«. Die sowjetische Besatzungszone blieb für sich und riegelte sich zunehmend ab.

Der von den drei Siegermächten zur Verwaltung Deutschlands eingesetzte alliierte Kontrollrat erließ ein »vollständiges Verbot der Herstellung, des Besitzes, der Unterhaltung oder des Betriebes von Flugzeugen aller Art durch Deutsche«. Dieses Verbot bezog sich auch auf Flugmodelle, die zudem noch in einer Liste verbotenen Kriegsmaterials ausdrücklich genannt wurden. Nicht einmal Drachen durften gestartet werden.

Dennoch haben die Modellflieger nicht kapituliert. Schon 1946 und 1947 trafen sie sich in (zunächst) getarnten Gruppen. In Uelzen war es die »Werkgruppe Cumulus«, in Schwäbisch-Hall der »Modellflugclub Einkornspatzen« (zu dessen Mitgliedern auch der spätere Professor Richard Eppler gehörte), in Göttingen die »Modellflugvereinigung Göttingen« (der u. a. der spätere MFK-Vorsitzende Berthold Petersen angehörte).

Abb. 62: Nach den FAI-Regeln vom 1. 1. 1948 war für Modelle ein Mindestquerschnitt des Rumpfes (A) im Verhältnis zur Tragfläche (Spannweite × Tiefe) vorgeschrieben. Nach der Formel A = S × t : 100 konstruierte der Bottroper Modellflieger Adolf Börner ein Segelflugmodell mit 1900 mm Spannweite. Mit diesem Modell erreichte er auf einem Wettbewerb am 18. 9. 1949 in Nürnberg den dritten Platz. Außerhalb des Wettbewerbs geriet das Modell nach einer Flugzeit von 19 min 39 s außer Sicht.

Die Militärregierungen waren sich offenbar nicht immer im klaren und einig über die Behandlung und die Gefährlichkeit des Modellfluges (heute sind es Politiker und Behörden ja oft genug auch nicht). Zuerst wurde er, ausdrücklich auf Segelflugmodelle beschränkt, zugelassen (was zu zahlreichen Vereinsgründungen führte), dann wieder ausdrücklich verboten (und die Vereine wurden aufgelöst), anderswo wurde er stillschweigend geduldet. Schließlich taten die Modellflieger in dieser »Grauzone« was sie für richtig hielten, sie bauten Flugmodelle und betrieben sie auch.

Auf dem Flugplatz in Dortmund-Brakel (auf dem der Verfasser 1957 seine »A« auf dem »Doppel-Raab« und die »B« auf dem »Grunau Baby II b« flog) flogen 1948 230 Flugmodelle aus 33 Gruppen aus dem Bereich der damaligen Bi-Zone um den Wanderpreis der Stadt Dortmund.

Am Vorabend eines Modellsegelflug-Wettbewerbs in Hamburg trafen sich die Vertreter von 28 Vereinen aus der Bi-Zone und beschlossen, daß ein Arbeitsausschuß (u. a. mit Gustav Sämann, Alfried Gymnich und Peter von Schalscha-Ehrenfeld) Leistungswettbewerbe vorbereiten, Sportzeugen anerkennen und eine Rekordliste führen sollte.

1950 wurde der Modellflug (endlich) wieder offiziell zugelassen. Es ging wieder aufwärts.

Zeitschriften (»Cumulus«, »Modellflugsport«, »Segelflug-Modellbau«, »Thermik«, »Das Flugmodell«, »Mechanikus« und andere) wurden herausgegeben, viele von ihnen erschienen nur kurze Zeit und stellten dann ihr Erscheinen wieder ein, namhafte Modellflieger (Richard Eppler, Alfred Schittenhelm, Heinz Waschkowitz, Alfried Gymnich, Alfred Ledertheil, Otger Schmolinske, Hans Deutsch, Curt Möbius und andere) veröffentlichten ihre Erfahrungen und scharten die Modellflieger um sich.

1950 wurde in Gersfeld der Deutsche Aero Club gegründet, der zum Dachverband der Luftsportler in der gerade geborenen Bundesrepublik Deutschland wurde (siehe 11.1).

Sein erster Präsident wurde Wolf Hirth, Vizepräsident Fritz Stamer, als Vertreter der Modellflieger war Berthold Petersen (Göttingen) dabei.

Am 13. und 14. Januar 1951 tagten im Frankfurter Restaurant »Unterschweinstiege« Modellflieger aus dem ganzen Bundesgebiet. Nach Diskussionen und Beratungen wurde die Modellflugkommission nach dem Organisationsschema der FAI gewählt:
Vorsitzender Hans-Justus Meier (Bremen)
Vertreter Hugo Leppert (Erlangen)
Fachreferenten
für Recht und Versicherungen Berthold Petersen (Göttingen)
für Finanzen und Ehrenpreise Alfred Schittenhelm (Frankfurt)
für Wettbewerbsbestimmungen und Termine Josef Altmann (Nürnberg)
für Rekordliste, Sportzeugen und Statistik Horst Jung (Osnabrück)
für Auslandsverbindung (zur FAI) Hans-Justus Meier (Bremen)
für Presseverbindung, Literatur und Bauplanangelegenheiten Alfried Gymnich (Hamburg)
für technische Angelegenheiten Richard Eppler (Stuttgart).
Dazu kamen dann noch die Vertreter der zehn Landesverbände.

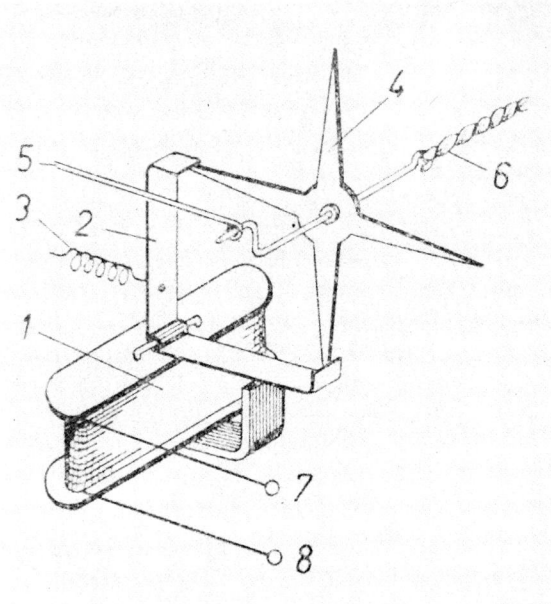

Abb. 63: Der Schaltstern ermöglichte die Abfolge der Steuerkommandos links – neutral – rechts – neutral. Durch einen verdrillten Gummistrang (6) wird der Schaltstern (4) unter Spannung gehalten. Wird der Elektromagnet (1) über die Kontakte (7/8) geschaltet, so zieht der Schaltanker (2) kurz an und gibt den Schaltstern (4) für eine 90°-Drehung frei. Die Feder (3) holt den Anker wieder zurück. Über die Steuerstange (5) wird das Ruder betätigt.

Der erste von der Modellflugkommission veröffentlichte Modellflug-Terminkalender führte bereits 14 Vergleichsfliegen, Wettbewerbe und Meisterschaften auf. Und nach der Aufnahme des DAeC in die FAI am 10. Juli 1951 ging vom 17. bis 19. August 1951 die erste Deutsche Meisterschaft im Modellflug in den Borkenbergen über die Bühne. Deutscher Modellflugmeister (Kombinationssieger) wurde Helmut Walther (Wetzlar), der in den Klassen A 4 (Nurflügelmodelle) und C 2 (Modelle mit Verbrennungsmotoren bis 5 cm^3) gesiegt hatte.

Den ersten Deutschen Wettbewerb für ferngelenkte Flugmodelle am 27. und 28. Oktober 1951 in Darmstadt gewann Karl-Heinz Stegmaier (Offenbach), von dem die später bekannte Fernsteuerung »System Stegmaier« stammte.

Die Deutsche Bundespost legte zusammen mit der Modellflugkommission Richtlinien für Bau und Betrieb von Fernlenkmodellen fest und gab die Frequenzbereiche 27,12 und 465 MHz für den Modellflug frei, 1953 dann auch 13,56 MHz.

Die Steuerung von Flugmodellen hatte in diesen Jahren noch ihre Probleme, da für Sender und Empfänger nur einfache Röhrenschaltungen zur Verfügung standen. Das Prinzip war simpel: Der Sender strahlte immer dann ein unmoduliertes Signal ab, wenn die Sendetaste gedrückt wurde. Der Empfänger empfing dieses Signal und schaltete eine (einzige) Funktion im Modell. Das funktonierte (wenn überhaupt) nur mit sehr empfindlichen Relais. Die Röhren waren ebenfalls sehr empfindlich und von kurzer Lebensdauer, so daß die Empfänger meist elastisch im Modellrumpf aufgehängt werden mußten. Dennoch gab es Ausfälle durch Motorvibrationen, durch Temperaturänderungen oder durch sinkende Batteriespannungen.

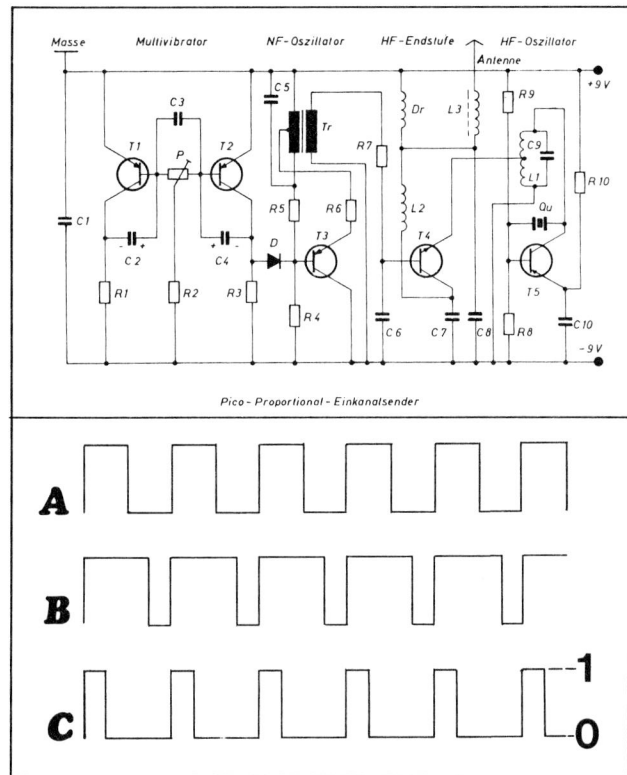

Pico - Proportional - Einkanalsender

A

B

C 1 0

Abb. 64: Schaltplan des Einkanal-Senders der Webra-pico-Anlage aus dem Jahre 1965. Das Impuls-Pause-Verhältnis des Multivibrators (links) kann durch das Potentiometer (P) verstellt werden. Impulsfolgen der Webra-pico für die Steuerkommandos neutral (A), links (B) und rechts (C).

Eine der Möglichkeiten, verschiedene Steuerfunktionen im Modell zu realisieren, war der Schaltstern (Abb. 63). Ein Schaltanker wurde (nach Art der Uhrwerkhemmung) durch einen Elektromagneten betätigt, der seinerseits durch den Empfänger geschaltet wurde. Er gab einen Schaltstern, der durch einen verdrillten Gummistrang oder durch eine Feder unter Spannung gehalten wurde, für jeweils einen Schritt (Drehung um 90°) frei. So konnte das Seitenruder jeweils schrittweise in die Positionen links – neutral – rechts – neutral gesteuert werden. Nachteilig war, daß man sich merken mußte, welchen Ruderausschlag man kurz vorher gehabt hatte, und meist vertippte man sich in entscheidenden oder kritischen Situationen.

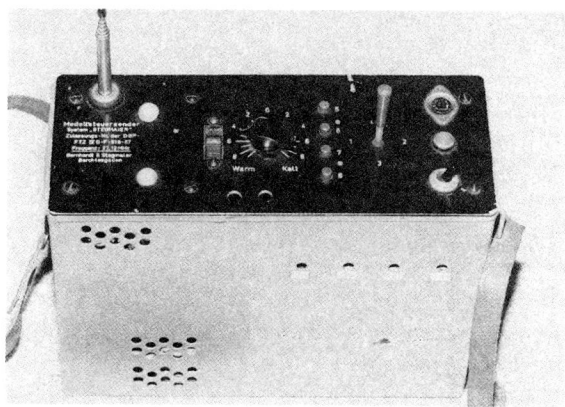

Abb. 65: Sender der Fernsteuerung »System Stegmaier«, die von Bernhardt und Stegmaier (Berchtesgaden) ab 1955 produziert wurde.

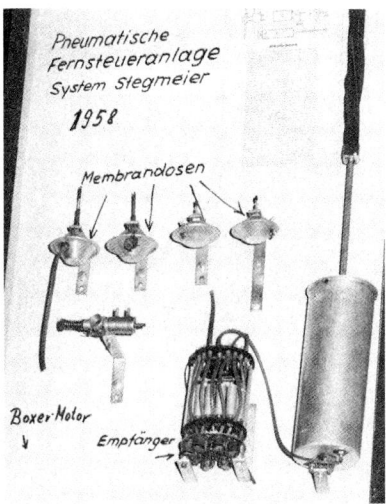

Abb. 66: Bei der Stegmaier-Anlage handelte es sich um eine pneumatische Anlage. Eine Vakuumdose (rechts) war an den Vergaser eines Verbrennungsmotors angeschlossen, der einen Unterdruck erzeugte. Der Empfänger öffnete und schloß Ventile, mit denen der Druck in den Membrandosen gesteuert wurde, und die Bewegung der Membranen betätigte die Ruder des Modells.

Abb. 67: Der Einkanal-Sender »Standard 10«, den die Firma Graupner 1955 auf den Markt brachte, hatte eine eingebaute Kontrolleuchte und ein Einbaumeßinstrument (mA). Er wog mit Akku 6,5 kg.

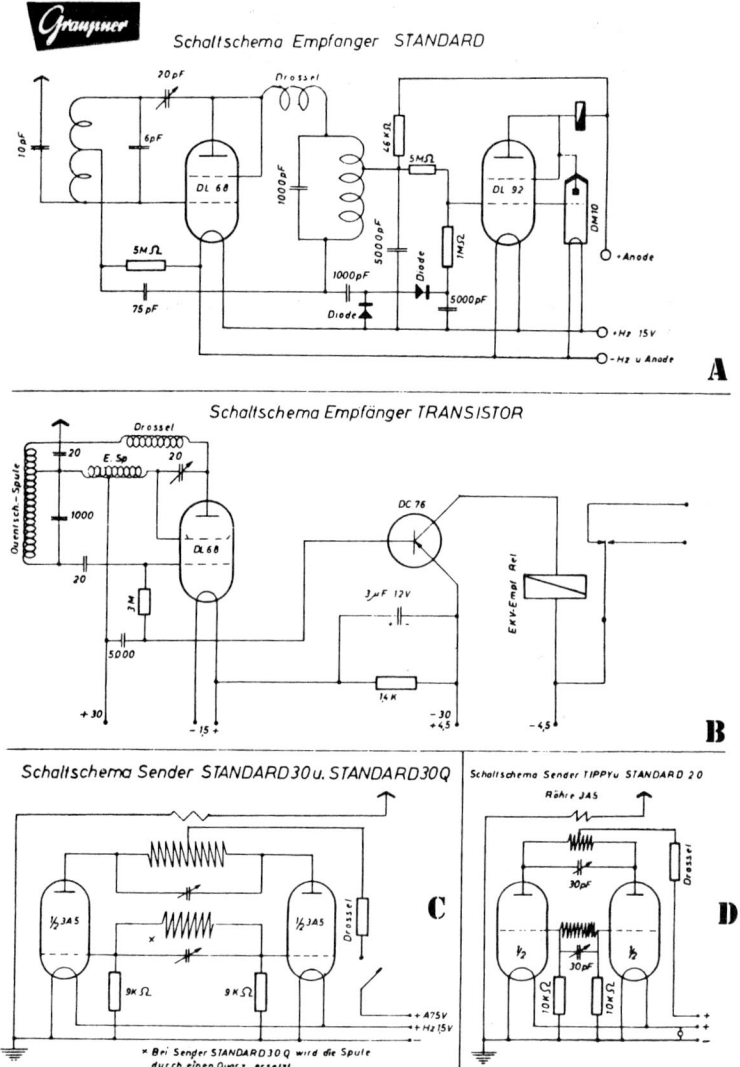

Abb. 68: Für die »Standard«-Anlage gab es einen Röhrenempfänger (A) und einen Transistorenempfänger (B). Die
Sender »Standard 30« (und 30 Q) (C) sowie »Standard 20« (D) waren handlicher als der große »Standard«-
Sender.

So bauten Modellflieger um 1954 Sender mit Tele-
fonwählscheiben, mit denen sie die Anzahl der zu
gebenden Impulse vorwählen konnten. Die Schritt-
schaltwerke (auch von der Post) hinter dem Empfänger

liefen dann nur in diese eine gewählte Position und
übersprangen die anderen mit ganz kurzen Impulsen.

Einer vergleichsweise modernen Technik bediente
sich die Webra-pico-Anlage aus den 60er Jahren, mit
der bereits proportional gesteuert werden konnte. Der
Einkanalsender (Abb. 64) gab eine Impulsfolge ab,
deren Impuls-Pausen-Verhältnis mit Hilfe eines Potentiometers verstellt werden konnte. Eine dem Empfänger nachgeschaltete Flatterrudermaschine bewegte
das Seitenruder in schneller Folge hin und her. Waren
die Sendeimpulse ebenso lang wie die Pausen (Abb.
64/A), so hoben sich die gleich großen Seitenruderausschläge auf, und das Modell flog geradeaus. Wurden
durch Verdrehen des Steuerknebels längere Impulse
(und kürzere Pausen) gegeben (Abb. 64/B), so ergaben
sich jeweils etwas längere Seitenruderausschläge
nach links, das Modell flog eine Linkskurve. Waren die
Pausen länger als die Impulse (Abb. 64/C), flog das
Modell eine Rechtskurve. Die Ausschläge des Ruders
konnten somit entsprechend (proportional) dem Steuerknüppelausschlag gegeben werden. Die »pico« gab
es als Anlage für 27,12 und 40,68 MHz.

Bemerkenswert war die pneumatische Fernsteuerung »System Stegmaier«, die ab 1955 von Bernhardt
und Stegmaier (Berchtesgaden) produziert wurde
(Abb. 65). Dabei befand sich die Pneumatik auf der
Empfängerseite. Ein Motor erzeugte einen Unterdruck,
der in einer großen Druckdose »gespeichert« wurde.
Über die verschiedenen Tonkreise konnten acht verschiedene Einzelfunktionen (1—4 auf einem Steuerknüppel, 5—8 auf Drucktasten) betätigt werden. Als
»Servos« dienten Membrandosen, deren Druckverhältnisse vom Empfänger über Ventile gesteuert wurden
(Abb. 66).

Im Jahre 1955 brachte Graupner seine Einkanal-
Funkfernsteuerung »Standard« auf den Markt. Der
Sender »Standard 10« (Abb. 67) hatte eine Ausgangsleistung von 5 Watt und eine Reichweite von über
3000 m. Er hatte eine Kontrollampe und ein eingebautes Meßgerät. Die Schaltung war eine Huth-Kühn-
Gegentakt-Schaltung mit Mehrfach-Antennentiefpaß-
filter. Der Strom für das Gerät lag bei 1,3 A, die Stromversorgung erfolgte aus einem 6 V-Akku, mit dem der
Sender 6,5 kg wog. Nur 1,2 kg wog der kleinere Sender
»Standard 20« (Abb. 68/D) mit 1,5 Watt Antennenaus-

gang, der eine Anodenspannung von 150 Volt und eine Heizspannung von 1,5 V benötigte. Als besonders preiswert wurde auch der Sender »Standard 30« (Abb. 68/C) mit 0,5 Watt Antennenausgang angeboten.

Tabelle 4: Stückliste zum Pico-Sender

Stückliste zum Pico-Sender							
			D	= OA 85	C 1	=	5 nF
			Qu	= 27,12 MHz	C 2	=	1 µF
R 1	=	3,3 KOhm	P	= 250 KOhm/lin	C 3	=	40 nF
R 2	=	10 KOhm	Tr	= NF-Oszillatorspule	C 4	=	1 µF
R 3	=	3,3 KOhm	Dr	= HF-Drossel	C 5	=	40 nF
R 4	=	10 KOhm	L 1	= HF-Oszillatorspule	C 6	=	5 nF
R 5	=	3,3 KOhm	L 2	= HF-Spule	C 7	=	47 pF
R 6	=	470 Ohm	L 3	= Antennenspule	C 8	=	100 pF
R 7	=	100 Ohm	T 1	= NF-Transistor	C 9	=	47 pF
R 8	=	10 KOhm	T 2	= NF-Transistor	C 10	=	5 nF
R 9	=	1 KOhm	T 3	= NF-Transistor			
R 10	=	160 Ohm	T 4	= HF-Transistor			
			T 5	= HF-Transistor			

Der Röhrenempfänger »Standard« (Abb. 68/A), der mit einem magischen Auge zur Abstimmung ausgerüstet war, hatte eine Empfindlichkeit von 8 Mikrovolt. Seine Betriebsspannung lag bei 30–60 Volt, der Empfänger wog 100 g.

Mit Relais, Stecker und Kabelanschlüssen brachte der Transistor Empfänger (Abb. 68/B) nur noch 65 g auf die Waage. Er wurde mit 30 Volt betrieben. Beide Empfänger brauchten außerdem noch eine Heizbatterie von 1,5 Volt.

Für den Elektroniker gab es zusätzlich noch Bausätze für die Fernsteuerung »Tippy«.

1960 brachte Graupner dann die Dreikanalanlage »Bellaphon« mit dem Empfänger »Ultraton«, später die Zehnkanalanlage »Bellaphon 10« mit dem Empfänger »Polyton 10« auf den Markt.

Eine Möglichkeit, mehrere Funktionen über einen Weg zu übertragen, bot das Zungenrelais in Verbindung mit Tonkreisen und Tongeneratoren. Der Sender produzierte verschiedene Tonfrequenzen, die jeweils einzeln dem Träger aufmoduliert und vom Empfänger an das Zungenrelais weitergegeben wurden. Dieses Relais enthielt eine Magnetspule, in deren Eisenkern

mehrere Stahlzungen verschiedener Länge zu mechanischen Eigenschwingungen angeregt werden konnten, und zwar sprach jede Zunge nur auf eine bestimmte Frequenz (ihre Resonanzfrequenz) an. Die jeweils schwingende Zunge schloß einen Kontakt, der mit einem Elektrolytkondensator 50 µF überbrückt war. Der lud sich auf und glich dadurch die Pausen zwischen den Schaltimpulsen aus, so daß ein Nachfolgerelais geschaltet werden konnte, das dann seinerseits ein Servo schaltete, mit dem das gewünschte Ruder betätigt wurde. Kritischer Punkt für die einwandfreie Funktion war die Abstimmung des Tonfrequenzgenerators (Modulators) am Sender.

Die erste Mehrkanalanlage dieser Art war 1957 die tonmodulierte OMU-8-Kanal-Anlage 1088 von Muschner, der 1954 eine Einkanalanlage mit einer Sendeleistung von 1,5 Watt (Abb. 69) angeboten hatte. 1962 verkaufte Muschner auch Bausätze für den Selbstbau-Sender und -Empfänger »Echo«.

Um 1959 machte auch die Dreikanal-Anlage Metz-Mecatron von sich reden, die von der Firma Hegi vertrieben wurde. Der handliche Sender konnte an einem Tragriemen über die Schulter gehängt werden.

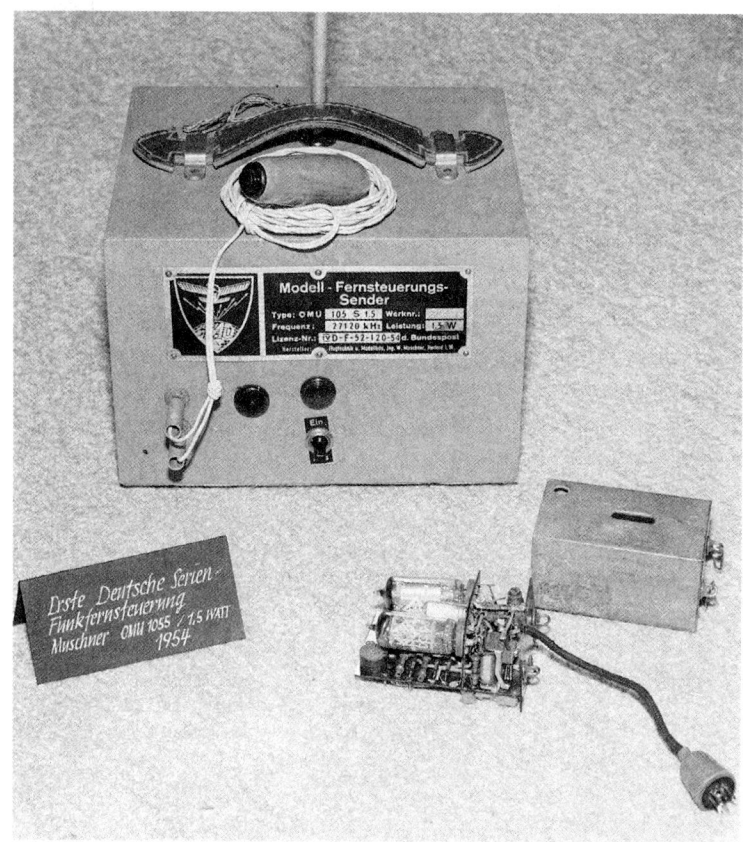

Abb. 69: Die erste deutsche Serien-Funkfernsteuerung war 1954 die »OMU 105 S« mit einer Leistung von 1,5 Watt.

Sie war später eine der am weitesten verbreitete Anlage. Der Verfasser hat diese Anlage nach einer Anleitung in der Zeitschrift »Modell« auf fünf Kanäle erweitert und war seinerzeit ziemlich stolz auf seinen Erfolg. Immerhin waren das bereits Ansätze dualer Zählweise.

Im Jahre 1964 wurde von Walter Claas in Harsewinkel die Firma Simprop (simultan & proportional) gegründet. Geschäftsführer wurde der mehrfache Deutsche Meister und Co-Weltmeister in der Fernlenkklasse RC I (F 3 A), Fritz Bosch.

Die Firma stellte die erste deutsche Proportional-Fernsteuerung her (Abb. 70, 71 und 72), bei der die Unterscheidung der verschiedenen Steuerkommandos nach dem Digitalsystem geschah, wobei alle Kommandos gleichzeitig gegeben werden konnten. die »Digi 4« war zunächst für den Anschluß von vier Servos

(= 4 Kanäle) ausgelegt und wurde später auf acht Kanäle ausgebaut. Der Sender im damals auffälligen, aber praktischen Design konnte auch auf Lehrer-Schüler-Betrieb umgerüstet werden.

Die neue Technik (Abb. 71): Der Sender strahlte Impulse ab, die unabhängig voneinander in der Breite verschiebbar waren. Sie wurden von einem Funktionsgenerator erzeugt, der einen Zähler aus drei Flip-Flops antrieb. Die vier zeitlich verschobenen Impulse wurden auf vier Zeitglieder (Zeit 1–4) gegeben, deren Einschaltzeit durch je ein RC-Glied aus Kondensator und Steuerknüppelpotentiometer verändert werden konnte. Die Impulsbreite wurde also jeweils durch die Steuerknüppelpotentiometer verstellt. Die verschiedenen Zeitimpulse wurden auf einen Schaltverstärker gegeben, der direkt den Transistor schaltete, welcher die Endstufe des Senders ein- und austastete. Der Superhet-Empfänger (Abb. 72) mit der geringen Bandbreite von 10 kHz und hoher Empfindlichkeit von 6,5 μV_{SS} (= 2,3 μV_{eff}) wertete die Signale aus und gab die Impulse an einen Zähler weiter. Sie wurden decodiert und integriert und den jeweiligen Servos zugeleitet. Bei Verschiebung der Impulsbreite stellte sich an einem Ladekondensator im Servo eine Spannung ein, die positiv oder negativ gegen 0 Volt sein konnte. Eine Eingangsspannung von 0,6 Volt ergab einen vollen Servoausschlag (45°). Bei Senderausfall oder Störungen durch Fremdsender trat eine Sicherheitsschaltung (Nulldetektor) in Aktion, die alle Ruder in die Neutrallage stellte und den Motor drosselte (fail safe).

Abb. 70: Die erste deutsche Proportional-Fernsteuerung von Simprop hatte ein außergewöhnliches, aber praxisgerechtes Design.

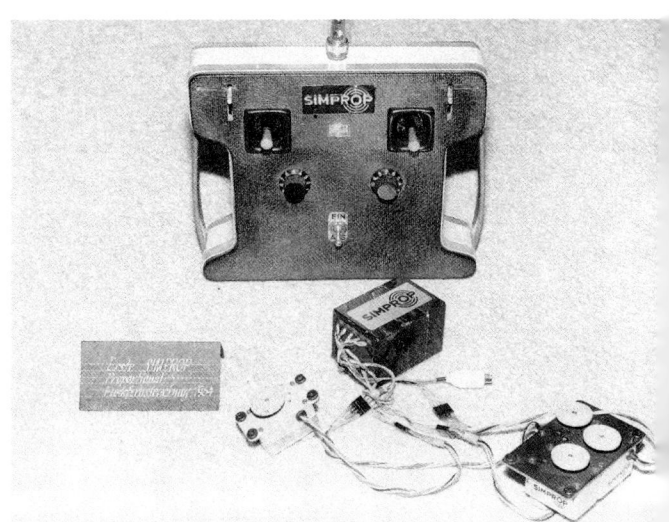

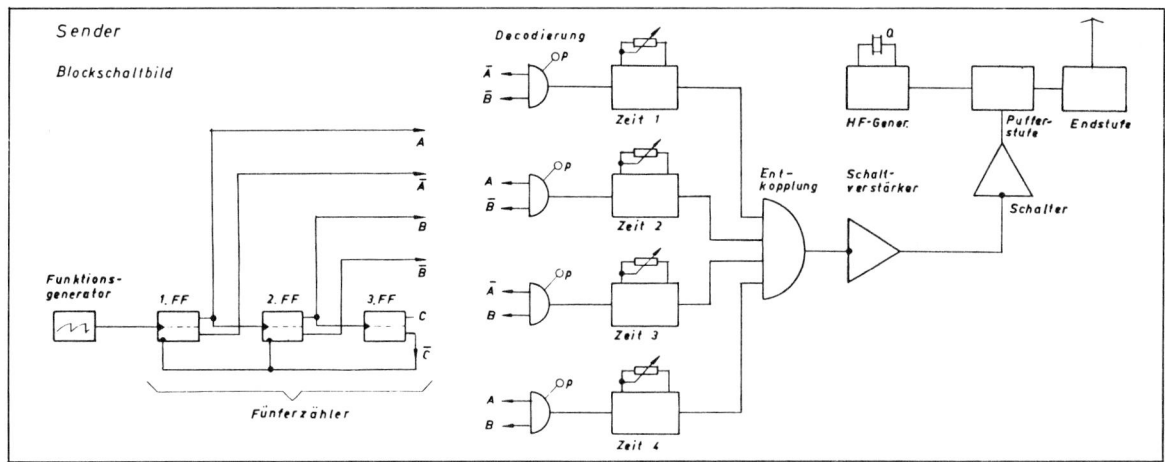

Abb. 71: Blockschaltbild des Senders der »Digi 4« von Simprop (Erläuterungen im Text).

Auf der Nürnberger Messe 1966 war vollproportional dann Trumpf. Fast alle Hersteller (die bislang noch keine solche Anlage hatten) boten nun solche Anlagen an, darunter auch die »telecont-digital« (System Schreiner) im Vertrieb von robbe.

Für eine Sensation sorgte Graupner mit der von Grundig entwickelten »Variophon« mit einem Empfänger, bei dem die Schaltstufen mit der Grundstufe zusammengesteckt wurden.

Etwa zu Beginn der 50er Jahre begann Fred Militky

mit ersten Versuchen mit Elektroflugmodellen.

Während der Fernlenk-Europameisterschaften 1959 in Hirzenhain führte er das frei fliegende Modell »FM 248« vor, das eine Spannweite von 780 mm, eine Flugmasse von 140 g und eine Flächenbelastung von 12,2 g/dm² hatte. Als Antrieb war ein »Micromax«-Elektromotor eingebaut, mit dem das Modell über 20 min lang flog. Das Modell »FM 250« (es war Militkys 250. Modell!) startete 1962 auf der internationalen Saalflugmeisterschaft in Debrecen (Ungarn). Es wog –

Abb. 72: Blockschaltbild des Empfängers der »Digi 4« (Erläuterungen im Text).

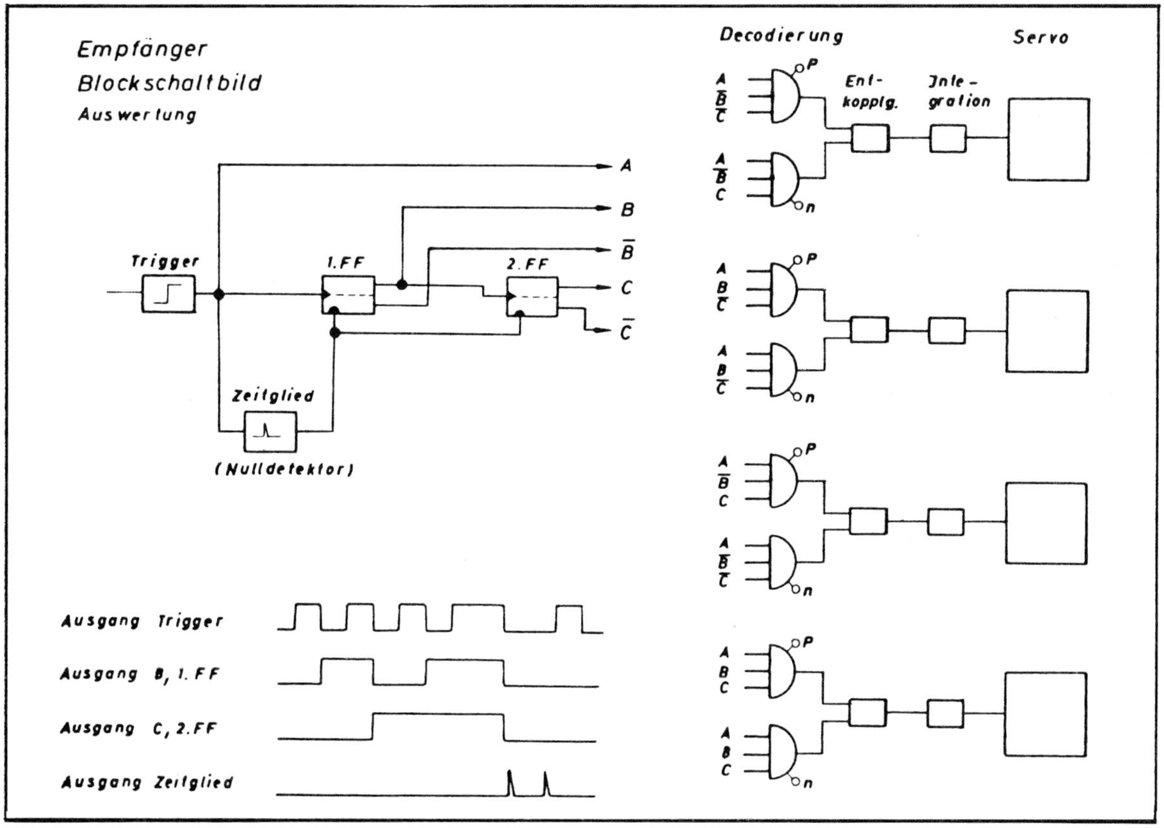

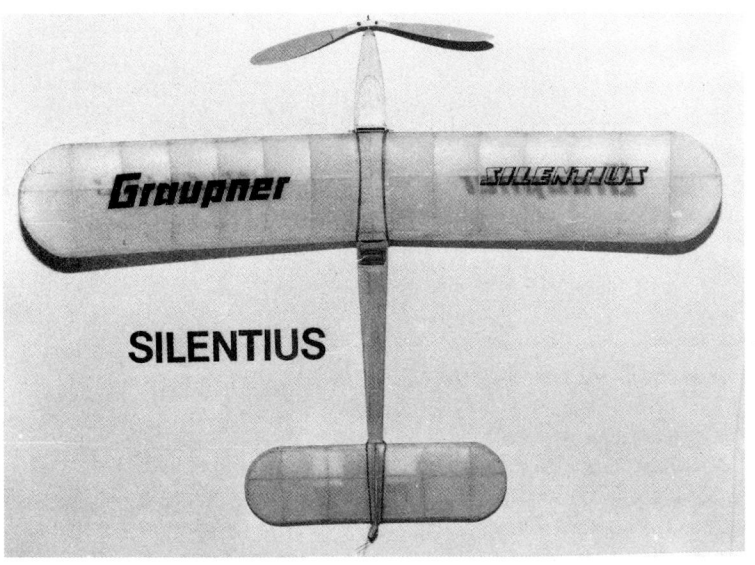

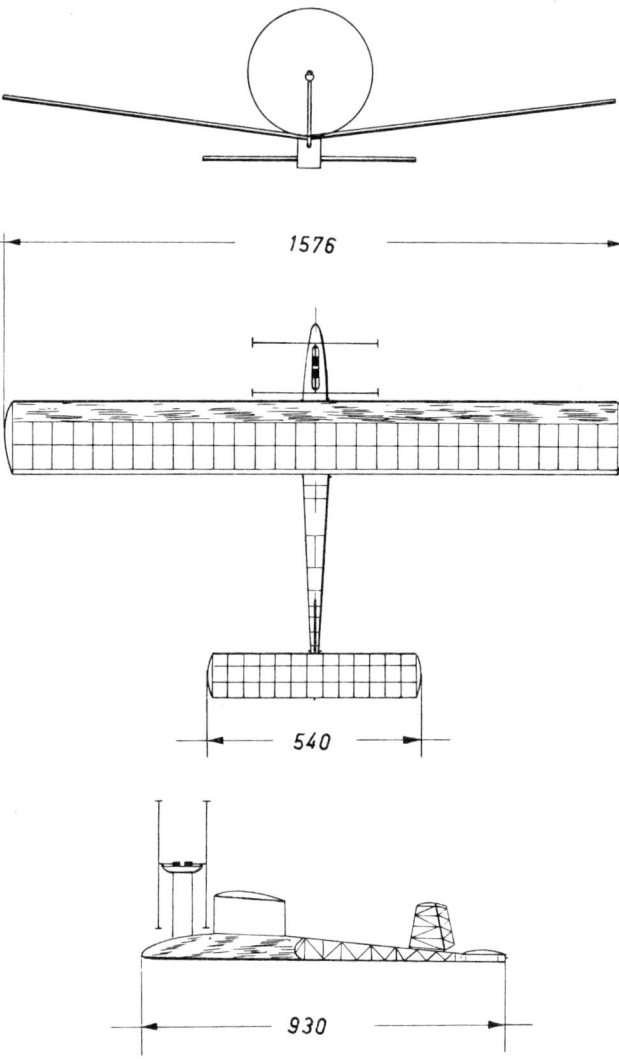

Abb. 73: In den 50er Jahren begann Fred Militky mit der Konstruktion von Elektroflugmodellen. Am 4. Oktober 1963 flog das Graupner-Baukastenmodell »Silentius« mit Elektroantrieb ferngesteuert.

bei gleicher Spannweite wie das erste Modell – flugfertig nur mehr 93 g, wovon allein 50 g auf die Antriebsakkus entfielen. Als Motor war ein »Gnom« mit einem 1 : 15 untersetzenden Getriebe und einer Luftschraube von 360 mm Durchmesser eingebaut. Die Konstruktion »FM 254« wurde dann als Baukastenmodell »Silentius« von der Firma Graupner auf den Markt gebracht. Dieses Modell hatte eine Spannweite von 780 mm, eine Gesamtfläche von 11,65 dm², eine Flugmasse von 140 g und eine Flächenbelastung von 12,0 g/dm². Es war mit einem »Micromax«-Elektroflugmotor ausgerüstet. Im Oktober 1963 startete Militky den ersten serienmäßigen »Silentius« mit einem von Hilmar Bentert (Berlin) gebauten Subminiatur-Empfänger, der nur 15 g wog und eine Flatterrudermaschine betrieb. Es wurden Flüge von bis zu sechs Minuten Dauer durchgeführt, wobei das Modell in einem Bereich von rund 20 m Radius blieb (Abb. 73). Aus dem ferngesteuerten zweimotorigen Elektroflugmodell »Silencer«, der bei den Weltmeisterschaften im RC-Kunstflug (F 3 A) 1971 in Doylestown (USA) vorgeführt wurde, entwickelte Militky dann das zweimotorige Baukastenmodell »Hi

Abb. 74: Ein Elektroflugmodell, das Helmut Bruss mit einer Arbeitsgruppe von Realschülern baute und das am 18. Februar 1960 zum ersten Mal ferngesteuert flog.

Fly«, das von Graupner als Baukastenmodell angeboten wurde.

Zur gleichen Zeit brachte Multiplex den Baukasten für das zweimotorige Elektroflugmodell »E 1«, eine Konstruktion von Helmut Schenk, auf den Markt.

In Bad Pyrmont hatte 1960 der Lehrer Helmut Bruss mit einer Gruppe Realschülern eine Arbeit für den

Ludwig-Prandtl-Preis abgeschlossen, der für die besten Jahresleistungen auf dem Gebiet der Flugtechnik in Verbindung mit dem Flugmodellbau vergeben wird. Dabei war ein zweimotoriges ferngesteuertes Elektroflugmodell mit einer Spannweite von 1576 mm entstanden (Abb. 74), das eine Flächenbelastung von 12,3 g/dm^2 hatte und mit zwei Elektromotoren vom Typ »Micromax« T 03/15 ausgerüstet war. Die starren Luftschrauben hatten einen Durchmesser von 320 mm, eine Steigung von 360 mm und waren nach alter Saalfliegerart hergestellt worden. Den Empfänger mit 62 g Masse hatte Bruss selbst gebaut.

Das Modell wurde zunächst in einer Turnhalle und dann, am 18. Februar 1961, auch draußen geflogen. Der erste Flug brachte eine Flugzeit von 6 min 30 s und erfüllte die Erwartungen der Konstrukteure voll.

Die weitere Entwicklung führte – u. a. auch über Leistungswettbewerbe des DAeC – zu ferngesteuerten Motorseglern wie dem »Mosquito« (Graupner), der letzten Konstruktion von Fred Militky, den Modellen »Primus« und »Optimus« (Carrera), dem »Edelweiß« (robbe) und Sport- und Kunstflugmodellen wie »Elektro-rasant« (robbe), »Bushmaster« (Astro/Simprop), »Elektra« und »Strohmi« (Fritz Geist). Leistungsfähige Elektromotoren kamen aus den USA, so die Motoren »Astro 15« und »Astro 25« (Simprop) oder Japan, so die »Mabuchi«-Motoren, die man heute bei fast allen Herstellern findet, und Hochleistungsmotoren von Fritz Geist, Heinz Keller oder der Firma Marx-Lüder.

Großen Anklang fanden auch die Elektroflug-Seminare, die der Verfasser in Oerlinghausen durchführte. Sie sorgten für einen regen Erfahrungsaustausch und weite Verbreitung der bisherigen Erfahrungen.

Auch private Initiative brachte den Elektroflug weiter. Vater und Sohn Levin haben sich besonders um die Konstruktion preiswerter, nachbausicherer Flugmodelle verdient gemacht.

Die Entwicklung der Verbrennungsmotoren ging ebenfalls steil aufwärts. Es gab leichte und leistungsfähige Motoren aus den Großserien verschiedener Hersteller im In- und Ausland. 1960 wurde der Wankelmotor für Autos der Öffentlichkeit vorgestellt. Militky regte ein Jahr später die Entwicklung eines kleinen luftgekühlten Kreiskolbenmotors für Flugmodelle an. Das erste Muster lief dann 1964 und brachte eine Drehzahl

von 11 000 U/min. Im September 1966 flog eine ferngesteuerte »Caravelle« (Graupner) mit einem Modell-Wankel. Die Versuche wurden mit anderen Modellen fortgesetzt, schließlich wurde der bei O. S. in Japan (einer der bedeutendsten Hersteller der Welt für Modellmotoren) gefertigte Motor mit einem Kammervolumen von 4,9 cm^3 auf der Messe 1968 präsentiert und verkauft (siehe Abb. 169 in Kapitel 6.6.2).

1968 fand in Harsewinkel der erste Wettbewerb für ferngesteuerte Hubschraubermodelle statt. Namhafte Geldpreise von insgesamt über 10 000.– DM hatten Tüftler und Konstrukteure, die an vielen Orten begonnen hatten, die Probleme der ferngesteuerten Hubschraubermodelle zu lösen, angelockt. Am Start in Harsewinkel versammelten sich zwölf Teilnehmer mit zum Teil abenteuerlichen Konstruktionen. Waren die gezeigten »Flüge« auch auf den ersten Blick enttäuschend, so ging diese Veranstaltung doch in die Geschichte der Modellflugtechnik ein. Auch dieser Wettbewerb ist ein Beispiel dafür, wie technische Entwicklungen durch Wettbewerbe mit sportlich-technischen Forderungen gefördert werden können.

Sieger dieses Treffens wurde bei der Baubewertung F. W. Biesterfeld vor Dieter Schlüter, Sieger bei der Flugbewertung wurde Schlüter vor Biesterfeld. Den 3. Platz in beiden Disziplinen erreichten die Gebrüder H. und G. Heinemann, bei deren Modell die bestechende mechanische Ausführung bewundert wurde.

1969 baute Ing. Dieter Schlüter (siehe auch 5.6 und Abb. 127) dann den ersten ferngesteuerten Hubschrau-

Abb. 75: Die »Cobra« von Dieter Schlüter war das erste ferngesteuerte Hubschraubermodell, das hier in rasantem Vorbeiflug bei einer Veranstaltung in Siegen im Jahre 1972 vorgeführt wurde.

ber, eine »Bell Huey Cobra«, die zwei Jahre später als Bausatz von der Firma Hegi vertrieben wurde (Abb. 75).

1973 stellte Frank Kavan das von Biesterfeld konstruierte Modell des »Bell Jet Ranger« (Abb. 76) mit kollektiver Blattverstellung vor. Das Modell wurde von Simprop vertrieben.

Graupner stellte das Modell der »Bell 212 Twin Jet« (Abb. 77) vor. Bei Hegi (damals noch Schuco-Hegi) war inzwischen ein zweites Schlüter-Modell, die »DS 22«, als Baukasten zu haben. Schlüter machte sich dann selbständig und vertreibt seitdem neben seinen Hubschraubermodellen auch Flug- und Schiffsmodelle.

Inzwischen sind die ferngesteuerten Hubschraubermodelle so ausgereift, daß sie Loopings, Rollen und Rückenflug fliegen können. Und es gibt zahlreiche Wettbewerbe auch für diese technisch anspruchsvolle Sparte des Modellflugsports.

Abb. 76: Der »Jet Ranger« von Kavan hatte bereits kollektive Blattverstellung. Bei Schaufliegen Anfang der 70er Jahre erregten die RC-Hubschrauber immer großes Interesse und Aufsehen. Hier macht gerade Fritz Bosch, mehrfacher Deutscher Meister und Co-Weltmeister in der Kunstflugklasse F 3 A und derzeitiger Geschäftsführer der Firma Simprop, seinen RC-Hubschrauber klar für eine Vorführung.

Abb. 77: Mit der »Bell 212 Twin Jet« gelangen einige aufsehenerregende Rekordflüge (siehe auch 5.6). Mit diesem Modell flog Dieter Suhr erstmals Loopings.

3.3 MODELLFLUG HEUTE

Modellflieger müßten eigentlich die zufriedensten Leute der Welt sein. In Deutschland und in aller Welt hat die Technik des Modellfluges einen ungewöhnlich hohen Stand erreicht. Uns stehen die verschiedensten Materialien für nahezu jeden Zweck (siehe 6.1) zur Verfügung. Sie kommen aus aller Welt zu uns.

Werkzeuge und Werkverfahren (siehe 6.2 und 6.3) sind in einer Weise verfeinert, die fast alle Wünsche erfüllt.

Für nahezu jeden Verwendungszweck, ob für das Fliegen in der Freizeit oder im Sportbetrieb, gibt es passende Flugmodell-Baupläne, Materialien und Baukästen bis hin zu Fertigmodellen.

Es gibt Motoren in allen nur erdenklichen Leistungsabstufungen bis hin zu den Viertaktmotoren mit hohem Hubraum und niedriger Drehzahl und Schalldämpfer und Elektroantriebe für umweltfreundliches Fliegen (siehe 6.6).

Auch ferngesteuerte Elektroflugmodelle, die ihre Antriebsenergie aus Solarzellen beziehen, sind in der Luft (Pioniere auch hier: Fred Militky, Helmut Bruss und Helmut Schenk). Die Miniaturisierung in der Elektronik hat uns höchstintegrierte Bausteine beschert,

die die Technik der Fernsteuerungen revolutioniert haben (nebenbei sanken auch die Preise erheblich). Die vielen senderseitig möglichen Misch- und Zusatzfunktionen sind bald nur noch von ausgebufften Experten zu beherrschen (siehe 6.7).

Moderne Profile wie die von Eppler werden von Computern »maßgeschneidert«.

Vereine und Verbände bieten Jahr für Jahr zahlreiche Wettbewerbe vom Vereinsfliegen bis zur Weltmeisterschaft an (siehe 5.0 bis 5.4). Für die Auswertung stehen Kleinrechner am Platzrand, die schon Minuten nach dem letzten Durchgang die Ergebnisse ausdrucken und die Urkunden nebenbei auch noch.

Computer rechnen längst auch schon komplette Modellkonfigurationen durch und liefern den Konstrukteuren in den Firmen die nötigen Daten.

Die zahlreichen Firmen im Bereich der Herstellung und des Vertriebs von Flugmodellen, Fernsteuerungen, Motoren und Materialien samt Zubehör präsentieren ihre Programme in dickleibigen Katalogen im Vierfarbdruck auf Hochglanzpapier. Sie werben eifrig um den Kunden.

Fachzeitschriften veröffentlichen Erfahrungsberichte, beschreiben technische Neuerungen, geben Informationen über Veranstaltungen aller Art, liefern zahlreiche Baupläne, sind »schwarzes Brett« für jeden am Modellflug und am Flugmodellbau Interessierten.

Dennoch gibt es zahlreiche Probleme, die den Modellflug von allen Seiten bedrängen. Zufriedene Modellflieger? Ist hier etwa eine gewisse Sättigung und Sattheit zu beobachten? Die Preise steigen munter, die Energie- und Lohnkosten machen auch Rationalisierungserfolge der letzten Jahre schnell wieder zunichte.

Ist Modellflug nur noch ein Sport, eine Freizeitbeschäftigung für Reiche? Wie kann die Jugend wieder stärker an diesen Bereich herangeführt werden?

Können die Probleme unserer Tage durch Vereinsmeierei oder Verbandsquerelen gelöst werden?

Müssen wir uns mit umweltbewußten Mitbürgern arrangieren (Schalldämpfer, Elektroflug . . .) oder stellen wir uns gegen »Umwelthysterie«?

Wie weit kann, wie weit wird der Gesetzgeber (siehe 12.0) unsere Freizeitbeschäftigung und unseren Sport noch einengen?

Es ist nicht leicht, zum jetzigen Zeitpunkt Prognosen zu stellen.

Aber wir werden uns den Problemen unserer Tage stellen müssen! Dafür werden kristallklare Argumente nötig sein, und Einigkeit dazu. Vielleicht hilft dieses Buch dabei.

4.0 DIE GANZE BREITE DES MODELLFLUGES

Der Modellflug ist sehr vielseitig. Die Bandbreite reicht vom einfachen Papier- oder Balsagleiter, mit dem man sich im Wohnzimmer entspannen kann, bis zum ferngesteuerten Hubschraubermodell, dessen Beherrschung stundenlanges Training und hohe Konzentration erfordert.

Sowohl dem Kind und dem jungen Anfänger als auch dem Erwachsenen ist hier die Möglichkeit geboten, in eine interessante Freizeitbetätigung und auch in eine Sportart, die hohe Anforderungen stellt, einzusteigen.

Andererseits kann jeder, der in einer der zahlreichen Klassen des Modellflugsports (siehe 5.1) aktiv war und ist, auf andere Klassen oder Sparten des Modellfluges umsteigen.

Dabei variieren auch die technischen Anforderungen:

Beim Balsagleiter muß »nur« Balsaholz auf Maß geschnitten, müssen die Teile verschliffen und schließlich zusammengeleimt werden.

Bei Motorflugmodellen sind neben dem Bau und den Eigenheiten der dafür vorgesehenen Materialien auch Treibstoffzusammensetzungen und technische Details der verschiedenen Motoren zu berücksichtigen.

Beim ferngesteuerten Hubschrauber sind Kenntnisse und Fertigkeiten in der Feinmechanik erforderlich.

Und wer gar ein Originalflugzeug als Modell nachbaut, muß nicht nur Maße umrechnen, sondern auch eine Fülle von detaillierten Unterlagen über das Original und sein Umfeld beschaffen, ordnen und auswerten, ehe er das Modell bauen kann.

Dazu kommt bei alldem eine ständige Innovation durch neue Materialien, neue Kunststoffe, neue Klebstoffe, neue Werkzeuge und neue Techniken.

Kurz gesagt: Flugmodellbau und Modellflug kann man sein Leben lang betreiben, ohne das langweilig zu finden. Dabei ist es völlig einerlei, aus welchen Gründen man sich dafür entschieden hat.

Im folgenden soll in Bild und Wort die ganze Breite des Modellfluges vor- und dargestellt werden.

4.1 Freiflugmodelle

Freiflugmodelle sind dadurch gekennzeichnet, daß ihre Bewegung, ihr Flug nach erfolgtem Start nicht mehr beeinflußt werden kann. Sie fliegen frei, wie der Name es schon ausdrückt.

Die Konsequenz ist, daß Modelle dieser Kategorie eigenstabil fliegen müssen. Das heißt, daß sie Störungen ihrer Fluglage durch äußere Einflüsse selbsttätig ausgleichen und nach kurzer Zeit die normale Fluglage wieder einnehmen.

Dazu sind konstruktive Maßnahmen nötig, die in den Kapiteln 8.0 (Abschnitte 8.1–8.5) und 9.0 (Abschnitt 9.3) beschrieben werden.

Das einfachste Freiflugmodell ist der *Papiergleiter*. Er wird schon von Kindern gefaltet und vermittelt erste spielerische Erfahrungen mit dem Fliegen.

Aber auch aus anderen Materialien – Karton, Styropor, Balsaholz – lassen sich Gleitflugmodelle herstellen. Mit *Wurfgleitern* aus Balsaholz lassen sich erste sportliche Leistungen erzielen. Wer sein Modell auf optimalen Gleit- und Sinkflug hin entwickelt hat und es auf die größte Ausgangshöhe wirft, kann auch die längsten Flugzeiten erreichen.

Segelflugmodelle, deren Flächen in Rippenbauweise (siehe 9.1) oder in anderen Bauweisen aufgebaut sind und mit Bespannpapier (siehe 6.1.1) überzogen werden, startet man mit einer Hochstartleine wie einen Drachen (siehe 6.8).

Hier gibt es Modelle mit normaler Konfiguration (Flächen vorn, Leitwerke hinten), aber auch Nurflügel- und Entenmodelle (Leitwerk vorn, Flächen hinten).

Hangfreiflugmodelle sind mit einer Kompaßsteuerung ausgerüstet, die das Modell genau gegen den Wind fliegen läßt, damit es möglichst lange im Hangaufwind bleibt (siehe 10.4).

Freiflugmodelle können aber auch *mit verschiedenen Motoren* angetrieben werden. Als Antriebe werden Gummimotoren, Elektromotoren und Verbrennungsmotoren verwendet, die das Modell auf die größtmögliche Ausgangshöhe für den Gleitflug bringen sollen.

Eine Sonderkategorie bilden die *Saalflugmodelle*, Leichtgewichte um ein Gramm, die mit dünnem Papier oder mit Mikrofilm (siehe 6.1) bespannt sind und von einem Gummimotor angetrieben werden. Diese Modelle können nur in geschlossenen Räumen eingesetzt werden.

Damit Freiflugmodelle nicht unbegrenzt weit und wegfliegen können, sorgt man durch Begrenzung der Motorlaufzeit (Zeitschalter) und durch eine Thermikbremse (siehe 9.2.1) dafür, daß das Modell nach einer vorgegebenen Flugzeit wieder landet.

4.2 Fesselflugmodelle

Fesselflugmodelle werden über eine oder mehrere Steuerleinen gesteuert, die der Pilot in der Hand hält. Das Modell – es wird in der Regel von Verbrennungsmotoren angetrieben – fliegt im Kreis um den Piloten herum. Die Steuermöglichkeit beschränkt sich auf das Höhenruder und ggf. auf Sonderfunktionen, die über eine dritte Leine gesteuert oder ausgelöst werden können.

Bei den *Geschwindigkeitsmodellen* kommt es auf bestmögliche aerodynamische Auslegung (geringstmöglicher Luftwiderstand) und optimal eingestellte Motoren an. Es können Geschwindigkeiten bis 250 km/h erreicht werden.

Kunstflugmodelle können alle Kunstflugfiguren fliegen, die mit dem Höhenruder gesteuert werden. Dazu zählen verschiedene Arten von Loopings, Looping-Kombinationen (Achten, »Stundenglas«, »Kleeblatt«) und Rückenflug.

Beim *Mannschaftsrennen* arbeitet eine Mannschaft aus Pilot und Mechaniker zusammen. Dabei steht der Pilot im Mittelkreis, der Mechaniker bleibt außerhalb des Flugkreises.

Die Modelle müssen »Halb-Flugzeugmodelle« sein, d. h. sie müssen in ihren Umrissen mit wirklichen Flugzeugen übereinstimmen.

Ziel der Mannschaft ist, mit dem Modell 100 Runden (= 10 km) in möglichst kurzer Zeit zurückzulegen und dabei mit möglichst wenig Zwischenlandungen zum Tanken auszukommen.

Eine spannende sportliche Disziplin des Fesselfluges ist die *Fuchsjagd*. Sie wird zwischen zwei Piloten ausgeflogen, die zur gleichen Zeit im gleichen Kreis eine bestimmte Zeit lang fliegen.

Am Heck der beiden Modelle befindet sich je ein Papierstreifen, der vom jeweils gegnerischen Modell mit dem Propeller abgeschnitten werden muß. Für jedes abgeschnittene Stück gibt es Punkte.

4.3 Fernlenkflugmodelle

Fernlenkflugmodelle werden in der Regel mit Funkfernsteuerungen (siehe 6.7) gesteuert. Möglich, wenn auch seltener, sind auch Steuerungen durch Ultraschall oder mit Lichtstrahlen.

Segelflugmodelle werden mit einer Hochstartleine wie ein Drachen gestartet. Es können alle Funktionen wie bei manntragenden Flugzeugen gesteuert werden: Höhen-, Seiten- und Querruder, Stör- oder Bremsklappen und ggf. auch ein Einziehfahrwerk (siehe 9.2.6).

Motorsegler nutzen einen Verbrennungs- oder Elektromotor (siehe 6.6), um auf eine günstige Ausgangshöhe zu kommen, von der aus Fliegen in thermischen Aufwinden (siehe 10.4) möglich ist. Dann wird der Motor abgeschaltet.

Mit dazu geeigneten Segelflugmodellen kann die ganze Palette der Kunstflugfiguren geflogen werden.

Bei den ferngesteuerten *Motorflugmodellen* werden – wie bei den Motorseglern – ebenfalls Verbrennungs- oder Elektromotoren verwendet.

Mit diesen Modellen kann – je nach Auslegung und Motorisierung – einfach nur geflogen werden, oder aber es werden alle nur denkbaren Kunstflugfiguren an den Himmel »gezeichnet«.

Besondere Anforderungen an Trainingsfleiß und Reaktionsvermögen stellen die ferngesteuerten *Hubschraubermodelle*. Voraussetzung für sicheres Fliegen ist äußerste Sorgfalt und sind Fertigkeiten in der Feinmechanik beim Zusammenbau der Modelle. Auch Sicherheit im Umgang mit Verbrennungsmotoren gehört dazu. Piloten, die dieses Metier beherrschen, fliegen das Modell im Schwebeflug, steuern es aber auch durch Loopings und im Rückenflug.

4.4 Flugzeugmodelle (Scale/Semiscale)

Die englische Bezeichnung »scale« (Maßstab) für diese Kategorie der Flugmodelle deutet darauf hin, daß hier Vorbilder unter den manntragenden Flugzeugen als Modelle (eben Flugzeugmodelle) maßstabgetreu nachgebaut werden.

Das ist etwas für alle, die mit fast kriminalistischem Spürsinn nach Unterlagen über das Flugzeug ihrer Wahl suchen, denen es Spaß macht, sich über die Zeit, aus der dieses Flugzeug stammt, zu informieren, und die dann alle Erkenntnisse in ein Modell umsetzen, das dem Original bis in die kleinsten Details gleicht, aber eben maßstabgetreu verkleinert wurde.

Freifliegende Flugzeugmodelle sind kaum noch anzutreffen, denn wer setzt schon gern monatelange Detailarbeit bei einem recht ungewissen und nicht mehr beeinflußbaren Flug aufs Spiel.

Häufiger sind *gefesselt fliegende Flugzeugmodelle*. Die nötige Flugstabilität wird hier durch die Leinenfesselung erzwungen. Am häufigsten aber sind die *ferngesteuerten Flugzeugmodelle*. Besondere Anforderungen werden an die Qualität der Funkfernsteuerung gestellt. Sichere Funktion und Sicherheit gegen Störungen ist oberstes Kriterium.

4.5 Experimentalflugmodelle

Wie kaum ein anderes Metier fordern Flugmodellbau und Modellflug die Experimentierfreude heraus. So finden sich in dieser Rubrik die merkwürdigsten und die bemerkenswertesten Flugmodelle. Da sieht man ferngesteuert fliegende Scheiben, Bierfässer, Schubkarren und Hundehütten.

Da finden sich aber auch schnelle Deltamodelle mit Pulsostrahltriebwerk und Modelle mit schwenkbaren Tragflügeln.

Der Experimentierfreude sind fast keine Grenzen gesetzt. Voraussetzungen sind allerdings solide Kenntnisse in Aerodynamik und Flugmechanik und Fertigkeiten im Umgang mit den unterschiedlichsten Materialien.

Lohn für die Tüftelei, die Rechnerei und die Arbeit bei Konstruktion und Bau eines solchen außergewöhnlichen Modells sind die ersten erfolgreichen Flüge.

4.6 Raketenmodelle

Raketenmodelle sind Flugmodelle, die durch einen Feststoffraketenmotor angetrieben werden. Sie haben Einrichtungen (z. B. Fallschirmsysteme), mit denen sie sicher zur Erde zurückgebracht werden können (siehe 9.2.3).

5.0.0 MODELLFLUG-SPORT

Modellflug ist Sport mit allen Kennzeichen und Merkmalen des allgemeinen Sportbegriffes (siehe 1.2).

Modellflieger sind – wie andere Sportler – in Vereinen, in einem Dachverband, im Deutschen Sportbund und international in der FAI organisiert (siehe 11.0).

Modellflugsport ist – wie andere Sportarten – an Regeln gebunden und wird nach Regeln durchgeführt. Für den Modellflugsport im DAeC gilt die Modellflug-Sportordnung (ModSpO), die die Einteilung der Klassen des Modellflugsports und die Wettbewerbsbestimmungen für diese Klassen, ferner die Bedingungen für Leistungsabzeichen (siehe 5.5) und Rekorde (siehe 5.6) enthält.

Flugmodelle (im Sinne dieses Sportbegriffs) sind unbemannte Fluggeräte, die in der Größenordnung der Klasseneinteilungen und der Baubestimmungen für sportliche Zwecke eingesetzt werden. Der Modellflugsportler konstruiert und baut – anders als andere Sportler – sein Sportgerät selbst, er trägt auch alle mit seiner Unterhaltung und seinem Betrieb verbundenen Kosten in der Regel selbst.

5.1.0 Modellflug-Klassen

Bei der Vielfalt der möglichen Kategorien von Flugmodellen können erflogene Leistungen nur dann miteinander verglichen werden, wenn man Abgrenzungen schafft und Regeln aufstellt, nach denen man Leistungen miteinander vergleichen kann. So entstand die »Bibel der Modellflieger«, die Modellflug-Sportordnung (ModSpO) des DAeC.

Sie entspricht in weiten Teilen den Bestimmungen und ist in der Regel eine Übersetzung des Sporting Code/Sektion 4 der FAI (siehe 11.4).

Danach gelten für alle Flugmodelle folgende Merkmale:

Die Gesamtfläche (senkrechte Projektion der Tragfläche, der waagerechten und schrägen Leitwerksflächen und der Rumpfteile, die bei Fortführung der Umrißlinien dieser Flächen eingeschlossen werden) darf nicht mehr als 150 dm² betragen.

Das Gesamtgewicht darf nicht mehr als 5 kg betragen (ausgenommen Fessel-Flugzeugmodelle).

Der Hubraum des oder der Kolbenmotoren darf insgesamt nicht mehr als 10 cm³ betragen (ausgenommen Fessel-Flugzeugmodelle).

Die Flächenbelastung darf nicht mehr als 100 g/dm² betragen (ausgenommen Fessel-Flugzeugmodelle).

5.1.1 FREIFLUG

Unter Freiflugmodellen versteht man solche Flugmodelle, deren Flugbewegungen nach Beendigung des Startvorgangs vom Starter (Wettbewerber) nicht mehr beeinflußt werden können.

Zudem müssen Freiflugmodelle eine Mindestflächenbelastung von 12 g/dm² und dürfen höchstens 50 g/dm² haben (bezogen auf die Gesamtfläche/siehe 5.1.0). Gummimotoren dürfen (geschmiert) die jeweils genannten Höchstgewichte nicht überschreiten und müssen innerhalb von Rumpf oder Tragflächen untergebracht sein.

Freiflugmodelle sind international unter dem Kürzel F 1 zusammengefaßt. Dazu gehören – von A bis H – acht Klassen (Kategorien):

F 1 A *Segelflugmodelle* (deutsche Klasse A 2) haben einen Flächeninhalt von insgesamt 32–34 dm², eine Mindestmasse von 410 g und eine Flächenbelastung von höchstens 50 g/dm² (Abb. 78).

F 1 B *Flugmodelle mit Gummimotor* haben einen Flächeninhalt von insgesamt 17–19 dm², eine Min-

Abb. 78: Links oben: Ein Freiflug-Segelflugmodell der Klasse F 1 A (A 2) hat eine Gesamtfläche von 32—34 dm². Vor der Vorderkante der Tragfläche ist deutlich der Turbulenzdraht zu erkennen.

Abb. 79: Links: Rasanter Start eines Modells der Klasse F 1 C (I) unter den kritischen Augen der Zeitnehmer und der Konkurrenten.

Abb. 80: Rechts oben: Start eines Hang-Freiflugmodells mit Selbststeuerung. Die Magnetsteuerung im Kopf des Modells mit der großen Flosse hält das Modell auf Kurs gegen den Wind.

destmasse (ohne Gummimotor) von 190 g, einen Gummimotor von höchstens 40 g (geschmiert) und eine Flächenbelastung von höchstens 50 g/dm² (Abb. 165).

89

F 1 C *Flugmodelle mit Kolbenmotor* haben einen Höchsthubraum (des oder der Motoren) von 2,5 cm^2, eine Gesamtmasse von (mindestens) 300 g pro cm^3 Hubraum, eine Motorlaufzeit von höchstens 7 s (nach Freigabe des Modells), eine Flächenbelastung von mindestens 20 bis höchstens 50 g/dm^2. Der Standard-Treibstoff für Glühkerzen- und Zündfunkenmotoren (nicht für Selbstzündermotoren) muß aus 80% Methanol und 20% Schmiermittel bestehen (Abb. 79).

F 1 D *Saalflugmodelle* haben 350 bis 650 mm Spannweite und müssen einen Gummimotor von mindestens 1 g Masse haben. Diese Beschränkung gilt nicht für Rekordversuche.

F 1 E *Hang-Segelflugmodelle* können mit einer Steuerung ausgestattet sein, die vom Starter (Wettbewerber) während des Fluges nicht mehr beeinflußt werden kann.
Die Gesamtfläche ist auf maximal 150 dm^2, die Flugmasse auf höchstens 5 kg und die Flächenbelastung auf höchstens 100 g/dm^2 begrenzt (Abb. 80).

F 1 F *Hubschraubermodelle* (Bestimmungen liegen noch nicht vor).

F 1 G *Winterpokal-Flugmodelle mit Gummimotor* (vorläufige Klasse) haben einen Rumpfquerschnitt von mindestens 20 cm^2, eine Mindestmasse (ohne Gummimotor) von 70 g, einen Gummimotor von höchstens 10 g (geschmiert) und keine Mindestflächenbelastung (entspricht der bisherigen deutschen Klasse CH = Coupe d'Hiver).

F 1 H *Segelflugmodelle* (bisherige deutsche Klasse A 1) haben eine Gesamtfläche bis 25 dm^2. Ansonsten gelten alle Merkmale für Freiflugmodelle und Segelflugmodelle.

Neben diesen FAI-Klassen gibt es in der Bundesrepublik noch die Klassen:

N 1 *Nurflügelsegelflugmodelle,* bei denen eine Mindestflächenbelastung entfällt.

P 1 *Papierbespannte Saalflugmodelle* mit einer Spannweite bis 350 mm.

P 2 *Papierbespannte Saalflugmodelle* mit einer Spannweite von 350 bis 650 mm.

M 1 *Mikrofilm- oder kunststoffbespannte Saalflugmodelle* mit einer Spannweite bis 350 mm (Abb. 81).

Im Verlauf der Entwicklung des Modellflugsports in Deutschland nach dem Kriege waren in Deutschland andere Klassenbezeichnungen eingeführt worden.

Abb. 81: Dieses Saalflugmodell der Klasse M 1 ist mit Mikrofilm bespannt, der nur wenige tausendstel Millimeter dick ist.

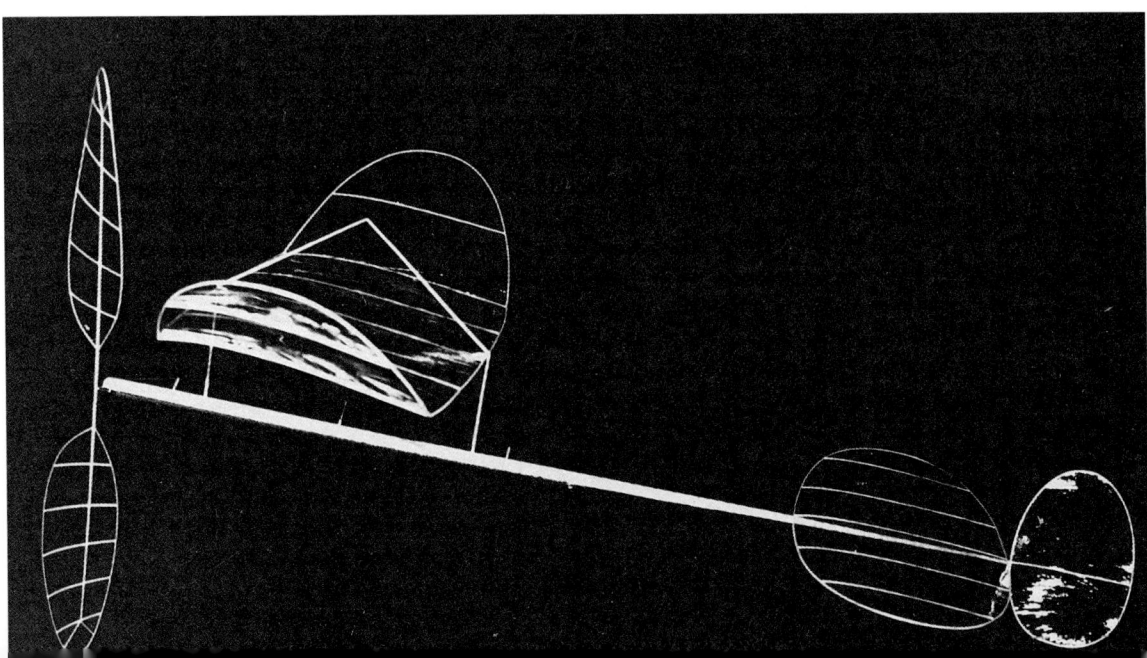

Abb. 82: Ein sehr elegantes Fesselflugmodell für das Kunstflugprogramm der Klasse F 2 B, das von Klaus Maikis gebaut und geflogen wurde.

Zum Teil wurden bereits bestehende internationale Klassen gesplittet, um vor allem jugendlichen Teilnehmern den Einstieg in die »großen« internationalen Klassen zu erleichtern.

Zum Teil wurden in Deutschland bereits nationale Klassen geflogen, die sich aus dem hier erzielten technischen Fortschritt im Modellflug ergaben, und die erst sehr viel später auch von der FAI als Modellflugklassen übernommen wurden. Dies gilt vor allem für die Bereiche Elektroflug und ferngesteuerte Hubschraubermodelle.

Solche Klassenbezeichnungen sind:
A 1 (jetzt F 1 H), A 2 (F 1 A), H 1 (F 1 E), W (von Wakefield/F 1 B), CH (Coupe d'Hiver/jetzt F 1 G), I (F 1 C) und M 2 (F 1 D).

5.1.2 FESSELFLUG

Unter Fesselflugmodellen versteht man solche Flugmodelle, deren Flugbewegungen vom Starter (Wettbe-

werber) über eine oder mehrere Steuerleinen beeinflußt werden können. Die Leinen dürfen während des Fluges nicht verändert werden. Sie werden in der Hand gehalten (Fesselfluggriff) oder können an einem zentralen Mast befestigt werden.

Die Fesselflugmodelle sind international unter dem Kürzel F 2 zusammengefaßt. Dazu gehören – von A bis D – vier Klassen (Kategorien):

F 2 A *Geschwindigkeitsmodelle* haben einen Höchsthubraum des Motors (oder der Motoren) von 2,5 cm³, eine Gesamtfläche von (mindestens) 2 dm² pro cm³ Hubraum und eine Flächenbelastung von höchstens 100 g/dm². Das Modell muß vom Boden starten (in der Regel werden dazu abwerfbare Startgestelle verwendet).
Der Standard-Kraftstoff für Glühkerzen- und Zündfunkenmotoren muß aus 80% Methanol und 20% Schmiermittel (Formel I) oder aus 75% Methanol und 25% Schmiermittel (Formel II) bestehen und wird vom Veranstalter zur Verfü-

Abb. 83: Die Sieger einer Fesselflugmeisterschaft präsentieren ihre Modelle: Tom Salathe (Klasse F 2 B), Willi Kühnis und Valentino Saccavino (Klasse F 2 C) und Raymond Brêchet (F 2 A) gehörten der Schweizer Mannschaft an (von links).

gung gestellt. Kraftstoff für Selbstzündermotoren (»Diesel«) unterliegt keinen Beschränkungen.

F 2 B *Kunstflugmodelle* dürfen höchstens 5 kg wiegen und eine Höchstgesamtfläche von 150 dm^2 haben. Die Flächenbelastung darf 100 g/dm^2 nicht überschreiten, der Motor (die Motoren) darf nicht mehr als 10 cm^3 Hubraum haben und muß mit einem wirksamen Schalldämpfer ausgerüstet sein. Das Modell muß vom Boden starten (Abb. 82).

F 2 C *Mannschaftsrennen-Modelle* müssen in ihren Umrissen wirklichen Flugzeugen ähnlich sein (»vorbildähnliche Flugzeugmodelle«), das erfordert u. a. einen Flugzeugführersitz oder eine Kabine mit durchsichtiger Windschutzscheibe und Pilotenkopf (20 mm hoch, 14 mm lang, 14 mm breit). Der Motor muß vollständig verklei-

det sein; das gilt nicht für Öffnungen für Ein- und Auslaß von Luft, Abgas u. a. oder Öffnungen, die für den Betrieb des Motors nötig sind.

Die Modelle dürfen einen Motorhubraum von höchstens 2,5 cm^3, eine Gesamtfläche (in senkrechter Projektion) von mindestens 12 dm^2 und eine Gesamtmasse von höchstens 700 g haben. Der Rumpf muß (im Bereich des Piloten) einen Mindestquerschnitt von 39 cm^2 haben, wobei die Höhe 100 mm und die Breite 50 mm nicht unterschreiten dürfen. Die Räder müssen einen Durchmesser von mindestens 25 mm haben und dürfen nicht aus Metall sein. Der Tank darf nicht mehr als 7 cm^3 Kraftstoff enthalten.

F 2 D *Fuchsjagd-Modelle* haben einen maximalen Flächeninhalt von 150 dm^2, eine Höchstmasse von 5 kg, eine maximale Flächenbelastung von 100 g/dm^2 und einen Motorhubraum von höchstens 2,5 cm^3.

92

Es darf keine zusätzlichen Hilfen (außer dem Propeller) zum Abschneiden des 3 m langen Papierstreifens am gegnerischen Modell haben.

5.1.3 FERNLENKFLUG

Unter Fernlenkflugmodellen versteht man Flugmodelle, deren Flugbewegungen vom Starter (Wettbewerber) durch Sendeanlagen mit elektromagnetischen, akustischen oder optischen Wellen beeinflußt werden können.

Fernlenkflugmodelle dürfen allgemein nicht weniger als 12 und nicht mehr als 75 g/dm^2 Flächenbelastung haben, der Hubraum des Motors (der Motoren) darf nicht mehr als 15 cm^3 sein.

Die Fernlenkflugmodelle sind international unter dem Kürzel F 3 zusammengefaßt. Dazu gehören – von A bis F – sechs Klassen (Kategorien):

F 3 A *Ferngelenkte Motorflugmodelle* haben einen Gesamtflächeninhalt von höchstens 150 dm^2, eine Höchstmasse von 5 kg und einen Motorhubraum von maximal 10 cm^3 (Abb. 84). Die Motoren müssen mit wirksamen Schalldämpfern ausgerüstet sein (siehe 12.4 und 12.5).
Die Modelle führen verschiedene Kunstflugprogramme aus (siehe 5.2.3).

F 3 B *Thermik-Segelflugmodelle* haben eine Gesamtflächenmasse von höchstens 150 dm^2, eine Höchstmasse von 5 kg und eine Flächenbelastung zwischen 12 und 75 g/dm^2 (Abb. 85).

F 3 C *Hubschraubermodelle* dürfen eine maximale Rotorfläche (von den Rotorblättern bestrichene Kreisfläche) von 300 dm^2 und eine Höchstmasse von 5 kg, der Motor (die Motoren) darf einen Hubraum von höchstens 10 cm^3 haben. Haupt- und Heckrotorblätter dürfen nicht aus Metall sein. Wird ein Kreiselsystem zur Kursstabilisierung verwendet, muß es bei allen Flugfiguren eingeschaltet bleiben (Abb. 86).

Abb. 84: Ein schnelles Kunstflugmodell für die Fernlenk-klasse F 3 A der ferngesteuerten Motorflugmodelle, hier ein »Skylab« von Hegi.

Abb. 85: Rasanter Start eines rasanten Modells: Ein Fernlenk-Segelflugmodell der Klasse F 3 B beim Hochstart.

Abb. 86: Hubschraubermodelle (hier ein »Bell Jet Ranger« von Schlüter) müssen in der Klasse F 3 C (RC VII) ein sehr anspruchsvolles Programm fliegen.

Abb. 87: Wendemarken-Rennmodelle der Klasse F 3 D müssen ein erkennbarer Nachbau eines manntragenden Rundstrecken-Rennflugzeuges sein. Hier ist es das Modell des Rennflugzeuges »Stephens Akro-Laser 200« (Bauer-Modelle).

F 3 D *Wendemarken-Rennmodelle* müssen deutlich als Nachbau eines bestimmten Rennflugzeuges (Pylon Racer) zu erkennen sein. Der Motor hat maximal 6,6 cm³ Hubraum und einen Schalldämpfer. Der Pilot muß den Motor per Fernsteuerung innerhalb von 5 s nach Aufforderung abstellen können. Die Luftschraube darf nur aus Holz oder Harz sein, eine abgerundete Propellernabe ist vorgeschrieben. Der Rumpf hat einen Querschnitt von mindestens 100 cm². Die Gesamtfläche ist mindestens 34 dm², die Spannweite 1150 mm. Der Treibstoff besteht aus 80% Methanol und 20% Schmiermittel (Abb. 87).

Abb. 88: Neu im Reigen der Fernlenkklassen ist der ferngesteuerte Elektroflug (Klasse F 3 E), hier ein Motorsegler mit zwei Elektromotoren und V-Leitwerk. Kritischer Beobachter ist Prof. Dr. Kupcik (hinten links).

94

F 3 E *Ferngelenkte Elektroflugmodelle.* Für ferngesteuerte Elektro-Kunstflugmodelle gelten keine Einschränkungen hinsichtlich der Steuer- und Sonderfunktionen. Ansonsten gelten für sie auch die allgemeinen Baubestimmungen der ModSpO. Die Elektromotoren müssen per Funk zumindest ausgeschaltet werden können. Wahlweise können Boden- oder Handstarts durchgeführt werden. Auch für Elektro-Motorsegler gibt es keine Einschränkungen. Sie müssen ebenfalls den allgemeinen Baubestimmungen der ModSpO für ferngesteuerte Flugmodelle entsprechen (Abb. 88).

F 3 F *Ferngelenkte Hangflugmodelle* haben die gleichen Merkmale wie die Segelflugmodelle der Klasse F 3 B und fliegen am Hang ein bestimmtes Flugprogramm (siehe 5.2.3).

Außer den genannten FAI-Klassen werden in Deutschland noch folgende Fernlenkklassen geflogen:
RC III Wasserflugmodelle mit Kolbenmotor und
RC IV Segelflugmodelle.

Diese Klassen unterscheiden sich teils technisch, teils in den Flugprogrammen von den FAI-Klassen.

Andere Klassenbezeichnungen:
RC I (F 3 A), RC II (F 3 E), RC V (F 4 C), RC VI (F 4 C), RC VII (F 3 C).

5.1.4 FLUGZEUGMODELLE

Unter einem Flugzeugmodell versteht man die Nachbildung (verkleinertes Muster) eines manntragenden Luftfahrzeuges schwerer als Luft.

Die Flugzeugmodelle sind international unter dem Kürzel F 4 zusammengefaßt. Dazu gehören – von A bis C – drei Klassen:

F 4 A *Frei-Flugzeugmodelle* werden heute kaum noch gebaut. Die Klasse ist daher auch nur noch kategorisiert.

F 4 B *Fessel-Flugzeugmodelle* haben einen Gesamtflächeninhalt von höchstens 150 dm², eine

Abb. 89: Scale- und Semiscale-Modelle der Klasse F 4 C (RC V) erfreuen sich steigender Beliebtheit unter den Modellfliegern. Hier ein Nachbau der legendären »Tiger-Moth« (Tony Clark) im Fluge.

Höchstmasse von 5 kg und einen maximalen Hubraum des Motors (der Motoren) von 10 cm³. Ausnahmen gelten für Modellnachbauten zweimotoriger Flugzeuge, die eine Gesamtmasse von 7 kg und einen Motorhubraum von 20 cm³ nicht überschreiten dürfen. Ein ggf. erforderlicher Rückstoßmotor (keine Raketen!) darf bis 0,5 kg wiegen.

F 4 C *Fernlenk-Flugzeugmodelle* haben eine Gesamtfläche von maximal 150 cm² und dürfen (mit allen Pilotenpuppen, aber ohne Kraftstoff) nicht mehr als 6 kg wiegen. Der Hubraum des Kolbenmotors darf nicht größer als 10 cm³ sein. Rückstoßmotoren (Düsen oder Raketen) dürfen nicht verwendet werden.

Die Fernsteuerausrüstung unterliegt keinen Beschränkungen, muß aber den Bestimmungen der Bundespost entsprechen (siehe 12.4).

Abb. 90: Ein ferngesteuertes Segelflugzeug-Modell der Klasse F 4 C (RC VI) vom Typ »Grunau Baby II b« im Maßstab 1 : 6, eine Konstruktion von Karl-Heinz Denzin (Krick).

5.1.5 RAKETENMODELLE

Unter einem Raketenmodell versteht man ein Flug-modell, das durch einen Raketenmotor angetrieben wird, ohne Ausnutzung aerodynamischer Auftriebs-kräfte aufsteigen kann und eine Einrichtung besitzt, mit deren Hilfe es wieder zur Erde zurückkehrt, so daß es wieder gestartet werden kann. Raketenmodelle dür-fen nur aus nichtmetallischen Werkstoffen hergestellt werden. Die Raketenmodelle sind international unter dem Kürzel S zusammengefaßt. Dazu gehören – von S 1 bis S 7 – sieben Klassen (Kategorien):

S 1 Höhenflugmodelle
S 2 Lastmodelle
S 3 Fallschirm-Flugdauermodelle
S 4 Schubgleiter-Flugdauermodelle
S 5 Vorbildgetreue Höhenflugmodelle
S 6 Strömer-Flugdauermodelle
S 7 Vorbildgetreue Modelle.

Außer S 7 ist jede Klasse noch nach Motorstärken unterteilt.

Abb. 91: Für Raketenmodelle gibt es sieben internatio-nale Klassen. Auf dem Startgestell steht das vom Verfas-ser konstruierte Raketenmodell »Bluebird«, das in der Klasse S 1 oder S 3 starten könnte.

5.2.0 Wettbewerbsbestimmungen und Flugprogramme

An dieser Stelle ist es nicht möglich, jeweils die recht umfangreichen Startbestimmungen und die komplet-ten Flugprogramme mit dataillierter Figurenbeschrei-bung abzudrucken.

Stattdessen wird ein kurzer Überblick gegeben. Die folgenden Auszüge sowie die Abb. 174 bis 193 sind der Modellflug-Sportordnung (ModSpO) des Deutschen Aero Club entnommen, der den Abdruck freund-licherweise gestattete.

Die vollständige ModSpO kann durch den Wirt-schaftsdienst des DAeC (Lyoner Straße 16, 6000 Frank-furt/M.-Niederrad, Tel. 0611/6666731) bezogen werden.

5.2.1 FREIFLUG

Ein Wettbewerb in den Klassen A 1, N 1 und CH wird in mindestens fünf, in den Klassen A 2 (F 1 A), H 1 (F 1 E), W (F 1 B) und I (F 1 C) wahlweise in mindestens fünf oder sieben Durchgängen durchgeführt. Die Durchgangszeiten müssen vor Wettbewerbsbeginn bekanntgegeben werden; auf das Ende des Durch-gangs muß 10 Minuten vorher hingewiesen werden.

Die Flugmodelle der Klassen A 1, A 2 und N 1 werden mit einer Startschnur von 50 m Länge (gemessen bei einer Zugbelastung von 2 kg, einschließlich Ring und

Startgerät) gestartet, die am Ringende einen Wimpel von 2,5 dm² Fläche (oder einen Fallschirm) hat.

Flugmodelle der Klassen H 1 (F 1 E), W (F 1 B), CH (F 1 G) und I (F 1 C) werden per Handstart gestartet. Beim Motorflugmodell darf die Motorlaufzeit 7 s nicht überschreiten.

Der Wettbewerbsteilnehmer muß beim Start auf dem Erdboden stehen und darf keine Starthilfen verwenden.

Er kann im Wettbewerb eine unbegrenzte Anzahl von Freiflugmodellen einsetzen, die ganz oder teilweise gegeneinander ausgetauscht werden dürfen; die Modelle müssen aber auch nach dem Umbau den Baubestimmungen der Klasse entsprechen.

Die Wertung der Flugzeit beginnt mit dem Abfallen des Ringendes der Startschnur beim Hochstart bzw. der Freigabe des Modells beim Handstart (siehe 6.8).

Die Wertung endet bei Erreichen der Wertungsgrenze (von 300 s bei fünf Durchgängen in H 1, von 120 s in N 1 und CH oder von 180 s in allen anderen Klassen), bei Berührung des Flugmodells mit dem Erdboden, einer Wasserfläche oder einem mit diesen verbundenen Hindernis (z. B. Baum, Strauch, Leitungen), wenn das Modell außer Sicht kommt oder wenn ein Teil des Modells abfällt.

Die Flugzeiten werden von zwei Zeitnehmern mit Stoppuhren gemessen, die Motorlaufzeiten bei F 1 C von zwei weiteren Zeitnehmern (oder von zwei Zeitnehmern mit je einer Doppelstoppuhr oder mit je zwei Stoppuhren).

Die gemessenen Flugzeiten der einzelnen Durchgänge werden addiert und ergeben die Gesamtflugzeit des Wettbewerbs, nach der die Reihenfolge der Teilnehmer ermittelt wird.

Saalflugmodelle werden gewöhnlich in einer Halle geflogen. Der Wettbewerbsteilnehmer kann seine Startstelle innerhalb eines dafür vorgesehenen Raumes frei wählen. Das Modell wird aus der Hand gestartet, wobei sich der Starter auf dem Boden befinden muß und keine Starthilfen verwenden darf.

Falls die Gefahr besteht, daß das Flugmodell eine Wand, ein Hindernis oder ein anderes Flugmodell berührt, darf der Flug mit Hilfe einer an einem Ballon befestigten Leine oder eines bis zu 8 m langen Stockes dreimal in jedem Durchgang beeinflußt werden.

Die Flugzeit beginnt mit der Freigabe des Modells und endet durch Berührung des Modells mit dem Boden, dem Gebäude oder einem damit verbundenen Hindernis.

5.2.2 FESSELFLUG

Strenge Vorschriften gibt es für die Geschwindigkeitsmodelle der Klasse F 2 A:

Die Stahllitzen der Zweileinensteuerung müssen mindestens einen Durchmesser von 0,4 mm haben. Aus Sicherheitsgründen wird der Leinendurchmesser an wenigstens drei beliebigen Stellen der Leinen gemessen, außerdem ist eine dreimalige Zugfestigkeitsprobe für die Leinen und den Sicherheitsriemen, der das Handgelenk des Piloten mit dem Steuergriff verbindet, vorgeschrieben, bei der die Leinen das 40fache Modellgewicht aushalten müssen.

Das Modell muß eine Flugstrecke von mindestens einem Kilometer zurücklegen. Die Leinen sind – gemessen von der Achse des Steuergriffs bis zur Achse des Propellers – genau 15,92 m lang. So kommt bei einer Runde ein Umfang von 100 m heraus und bei zehn Runden die verlangte Flugstrecke von 1 km.

Wenn nach dem Start des Modells der Steuergriff in die Gabel (Abb. 316) eingelegt wurde und das Modell nach zwei Runden die Meßmarkierung durchfliegt, beginnt die Zeitnahme auf die Hundertstelsekunde genau durch zwei Zeitnehmer.

Das Speedmodell muß sich dabei in einer Höhe von einem bis drei Meter bewegen. Jeder Pilot kann drei Flüge durchführen. Für die Endwertung gilt nur die höchste der drei erzielten Geschwindigkeiten (siehe auch Tabelle 1 in Kapitel 1.2).

Die Kunstflugmodelle der Klasse F 2 B müssen mit Leinen von 15 bis 21,5 m Länge fliegen. Auch hier ist vor dem Start eine Zugfestigkeitsprobe (15faches Modellgewicht) vorgeschrieben. Der Wertungsflug beginnt, wenn das Flugmodell vom Boden abhebt. Jeder Teilnehmer hat Anspruch auf zwei Qualifikationsflüge. Die 15 Teilnehmer mit den höchsten Einzelergebnissen aus diesen Flügen haben Anspruch auf zwei Flüge in der Endrunde. Die Reihenfloge der Flugfiguren (Abb. 92 bis 95) ist vorgeschrieben.

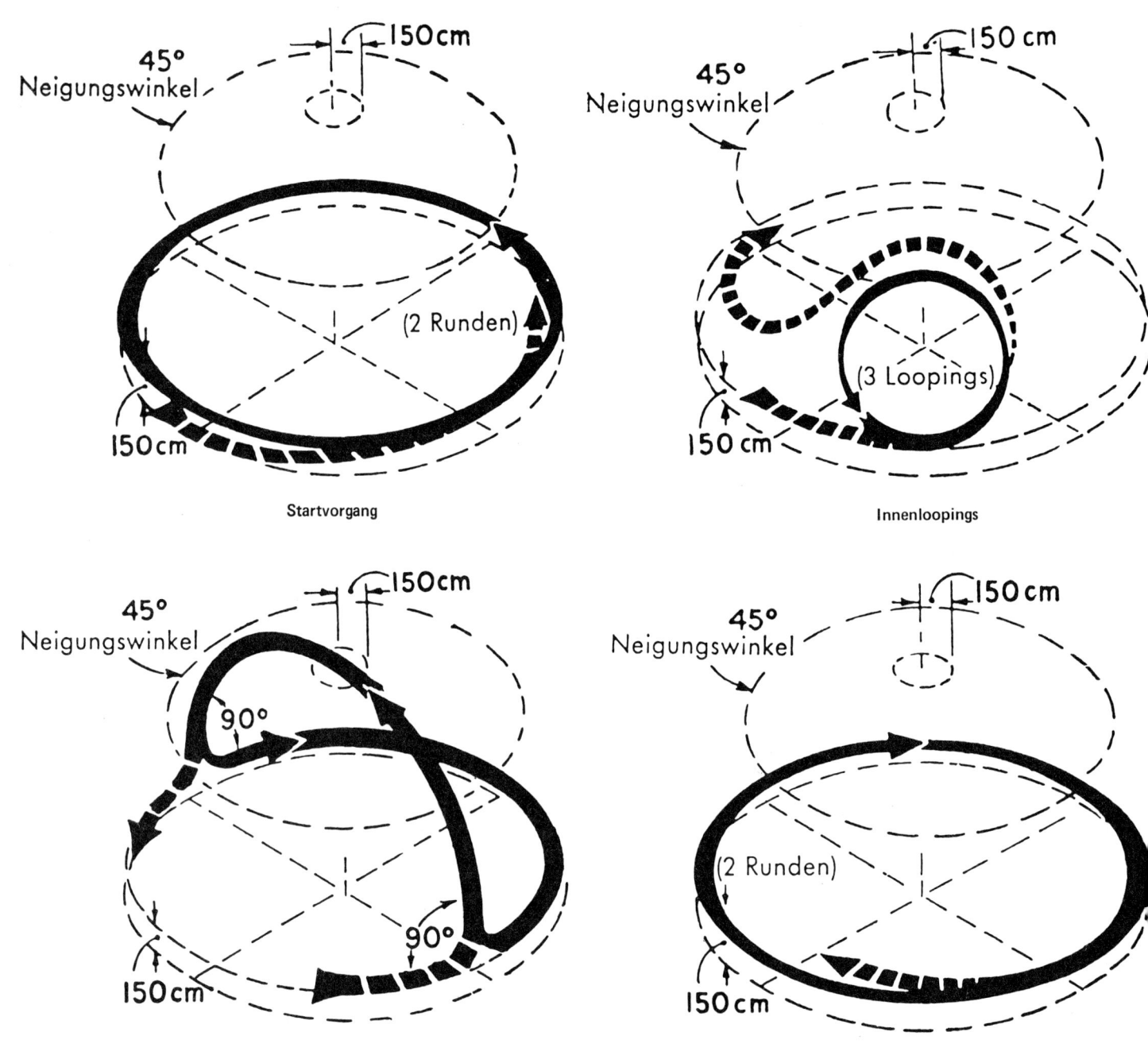

Abb. 92: Startvorgang und Wechselhalbkreis, drei Innenloopings und Rückenflug.

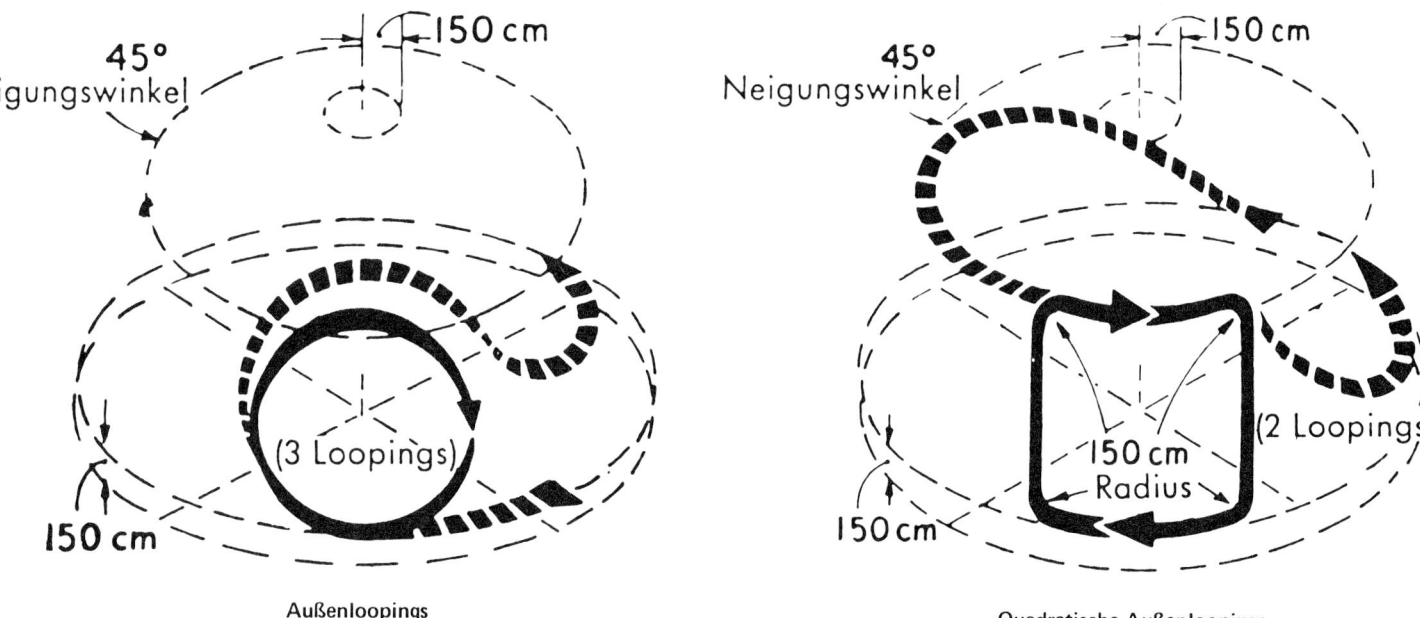

45°
Neigungswinkel
150 cm
(3 Loopings)
150 cm

Außenloopings

45°
Neigungswinkel
150 cm
150 cm
Radius
(2 Loopings)
150 cm

Quadratische Außenloopings

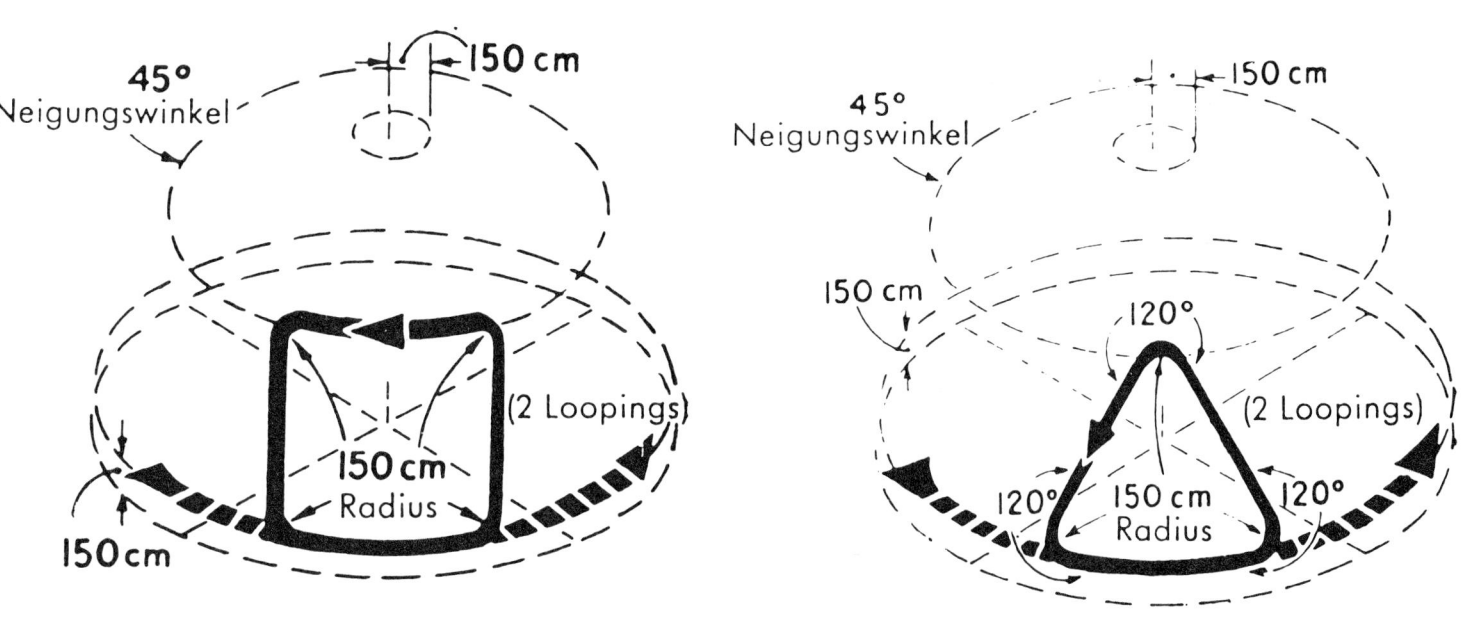

45°
Neigungswinkel
150 cm
(2 Loopings)
150 cm
Radius
150 cm

Quadratische Innenloopings

45°
Neigungswinkel
150 cm
150 cm
120°
(2 Loopings)
120°
150 cm
Radius
120°

Dreieckige Innenloopings

Abb. 93: Drei Außenloopings und quadratische Innenloopings, zwei quadratische Außenloopings und dreieckige Innenloopings.

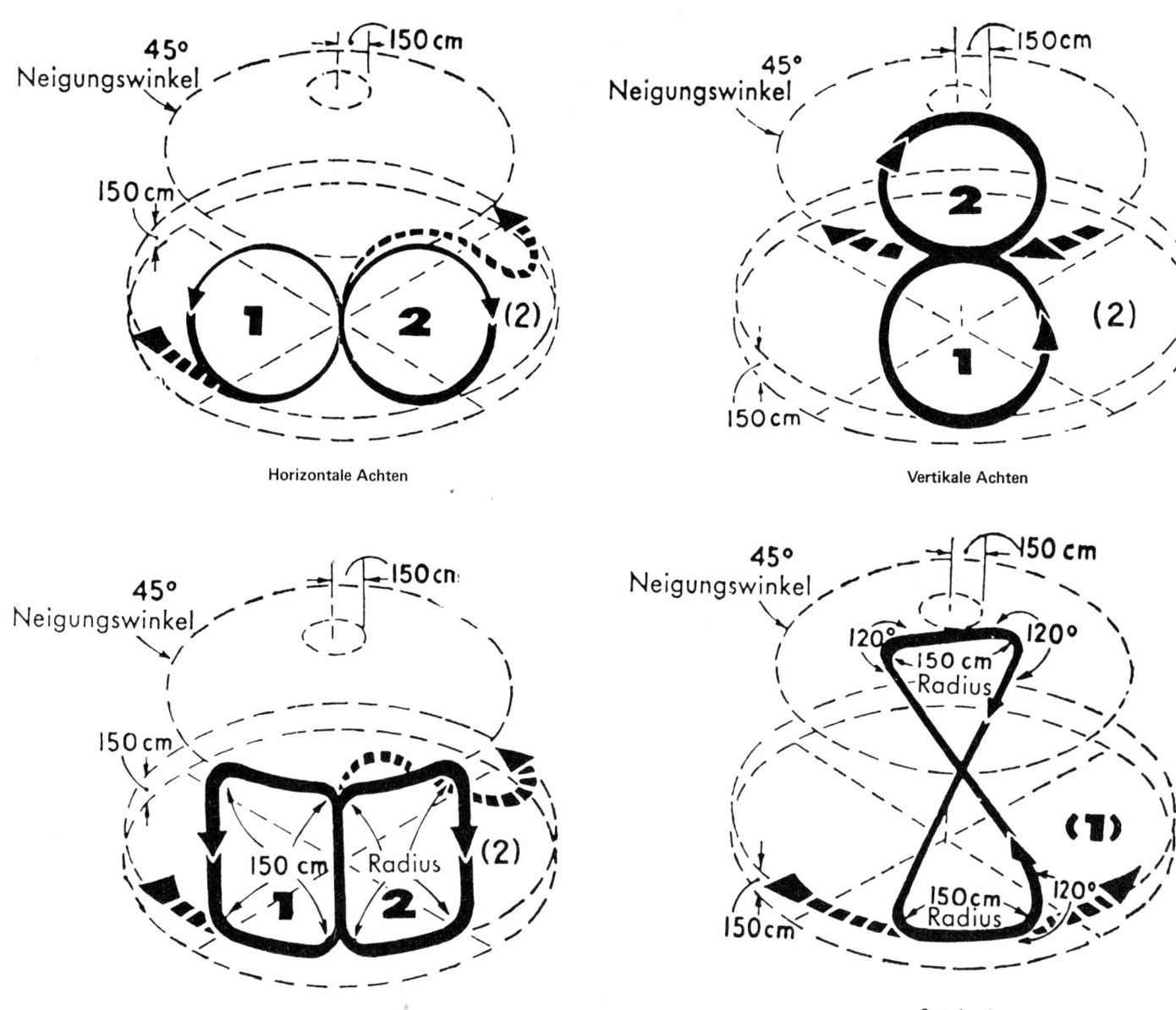

45°
Neigungswinkel

150 cm

150 cm

(2)

Horizontale Achten

45°
Neigungswinkel

150 cm

150 cm

(2)

Vertikale Achten

45°
Neigungswinkel

150 cm

150 cm

150 cm Radius

(2)

Quadratische horizontale Achten

45°
Neigungswinkel

150 cm

120°   120°

150 cm
Radius

(1)

150 cm
Radius   120°

150 cm

Stundenglas

Abb. 94: Horizontale Achten und quadratische horizontale Achten, vertikale Achten und Stundenglas.

Jede Figur wird von jedem Punktbewerter mit Noten von 0 bis 10 bewertet. Diese Noten werden, je nach Schwierigkeit der Figur, mit einem Faktor multipliziert. Für den recht einfachen Startvorgang (Abb. 92) ist K = 1, für die sehr schwierige Stundenglas-Figur (Abb. 94) ist K = 10; hier werden also die Noten der Punktwerter mit 10 multipliziert.

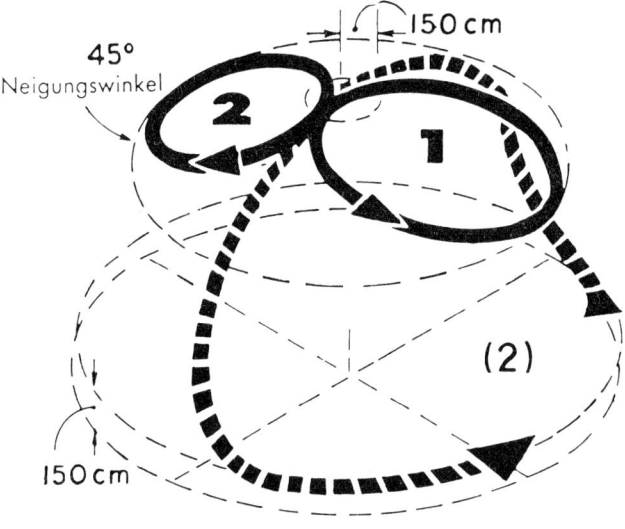

45°
Neigungswinkel

150 cm

(2)

150 cm

Überkopf-Achten

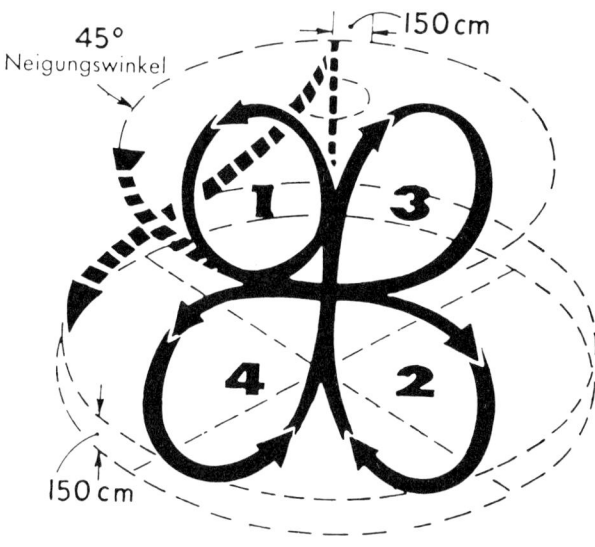

45°
Neigungswinkel

150 cm

150 cm

Vierblättriges Kleeblatt

Abb. 95: Überkopf-Achten und das vierblättrige Kleeblatt.

Beim Mannschaftsrennen (Klasse F 2 C) gibt es Vorläufe, Zwischenläufe und einen Endlauf. Es fliegen jeweils drei Modelle (drei Mannschaften) gleichzeitig in einem Kreis. Die Mannschaft besteht aus dem Piloten (im Kreis), der das Modell steuert, und dem Mechaniker (außerhalb des Kreises), der, wenn das Modell gelandet ist, den Tank füllt, den Motor anwirft und einstellt und das Modell wieder freigibt. Während des Rennens tragen die Mechaniker Sicherheitshelme mit Kinnriemen; die Helme müssen den Aufprall eines fliegenden Modells aushalten können.

Der Platz für ein Mannschaftsrennen besteht aus zwei konzentrischen Kreisen, die auf dem Boden aufgezeichnet sind. Der Innenkreis für den Piloten hat 3 m Radius, der Flugkreis (in sechs Kreisausschnitte zu je 60° eingeteilt) hat 19,6 m Radius. Die Leinenlänge ist 15,92 m und wird wie bei F 2 A gemessen. Jeder Mannschaft sind drei Zeitnehmer zugeteilt, die die Zeit messen und die geflogenen Runden zählen.

Dann beginnt ein strenges Ritual: Mit dem ersten Signal des Startstellenleiters fängt eine Warmlaufperiode von 90 Sekunden an, in der die Mechaniker die Motoren laufen lassen können. Nach einem zweiten optischen und akustischen Signal werden die Motoren gestoppt. Nun sind noch 30 Sekunden Zeit zum Auftanken. Und nach dem Countdown der letzten fünf Sekunden wird das Rennen mit einem Flaggensignal gestartet.

Die Modelle fliegen, außer beim Überholen oder bei Start und Landung, in Höhen zwischen zwei und drei Metern. Überholt wird durch Überfliegen der gegnerischen Modelle.

Strenge Regeln gibt es auch dafür, in welchem der Kreissegmente der Mechaniker das Modell auftanken und wieder starten darf. Die Mannschaften mit den besten Zeiten in zwei Vorläufen sind qualifiziert für die Zwischenläufe. Die drei Mannschaften mit den besten Zeiten aus den Zwischenläufen haben sich für den Endlauf qualifiziert, den schließlich die schnellste Mannschaft gewinnt.

Vor allem für junge und reaktionsschnelle Piloten ist die Fuchsjagd (Klasse F 2 D) ein herrlicher Sport. Auch hier gibt es Vorläufe, Zwischenläufe und Endläufe. Jeweils zwei Modelle fliegen für eine bestimmte Zeit gleichzeitig im gleichen Kreis. Ziel des Kampfes ist es, einen am Heck (hinteres Ende der Längsachse) des gegnerischen Modells angebrachten Streifen aus Krepp-Papier abzuschneiden. Für jeden Schnitt gibt es Punkte.

Die »Arena« besteht aus dem Flugkreis (Radius 19 m), dem Pilotenkreis (Radius 3 m) und dem Mechanikerkreis (Radius 22 m) und muß auf Grasboden liegen.

Ein Pilot darf höchstens zwei Mechaniker haben. Auch hier müssen Mechaniker und Helfen einen festen Kopfschutz mit Kinnriemen tragen.

Der Papierstreifen ist drei Meter lang und drei Zentimeter breit und mit einer zwei Meter langen Schnur am Heck des Modells befestigt.

Wenn der Startstellenleiter das Zeichen gegeben hat, beginnt der vier Minuten dauernde Wettkampf. Es gibt für jede Sekunde, die das Modell in diesem Zeitraum in der Luft war, einen Punkt. Für jeden erkennbaren Schnitt am Papierstreifen des Gegners (es muß etwas abfallen) gibt es 100 Punkte. Für jede Sekunde, die das Modell am Boden ist, wird ein Punkt abgezogen.

Wird das Modell beschädigt oder sind die Leinen durcheinander, dürfen Pilot oder Mechaniker neue Steuerleinen mit dem Ersatzmodell auslegen oder Steuerleinen auswechseln.

Der Wettkampf wird nach dem K.o.-System ausgetragen. Der Sieger eines Zweikampfes trifft auf den Sieger eines anderen. Aber auch die Verlierer fliegen wieder gegeneinander. Nach jedem Durchgang verringert sich so die Zahl der Teilnehmer um die Hälfte. Die beiden Sieger aus dem letzten Durchgang fliegen um den ersten Platz, die beiden Verlierer um den dritten Platz.

Die Endwertung der Endlauf-Teilnehmer ergibt sich nur aus ihren Flügen in der Endrunde.

5.2.3 FERNLENKFLUG

Für Wettbewerbe und Meisterschaften in den Fernlenkklassen bestehen verschiedene Flugprogramme aus Flugaufgaben und Flugfiguren. Diese Programme werden laufend der technischen Entwicklung angepaßt und durch Diskussion mit Fachleuten und Wettbewerbsfliegern verbessert.

In den Fernlenkklassen hängt die Startreihenfolge der Teilnehmer oft von der »Verträglichkeit« der benutzten Fernsteuerkanäle ab. Das heißt, daß der Veranstalter bereits vor Wettbewerbsbeginn die Start-

reihenfolge der Teilnehmer unter Berücksichtigung der Fernsteuerfrequenzen festlegen muß.

Das bedingt andererseits, daß ein Teilnehmer sich nicht – wie z. B. im Freiflug – zu einem ihm genehmen und vom Wetter (der Thermik) her günstigen Zeitpunkt zum Start anmelden kann, sondern nach Aufruf durch die Wettbewerbsleitung innerhalb einer Vorbereitungszeit starten muß.

Daher gilt in fast allen Fernsteuerklassen die Regelung, daß drei Durchgänge geflogen, davon aber nur die beiden mit den besten Durchgangsergebnissen gewertet werden (siehe auch 5.5/Anmerkungen zu den Mindestbedingungen für Leistungsabzeichen in den Fernlenkklassen).

Jeder Teilnehmer hat also die Möglichkeit, seinen schlechtesten Durchgang zu streichen und so z. B. wetterbedingtes Pech oder einen schlechten Flug durch nicht mehr rechtzeitig zu behebende technische Fehler am Modell auszugleichen.

Für die Ausführung der Flugprogramme steht eine bestimmte Zeit zur Verfügung. Flugfiguren müssen vom Piloten oder seinem Helfer angekündigt werden (z. B.: »Landeanflug!« . . . »Jetzt!«).

Abb. 96: Bodenstart (a), Aufsetzen — Rollen — Abheben (b), Landeanflug (c) und Landung (d).

a

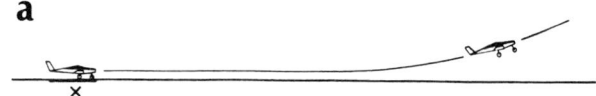

b

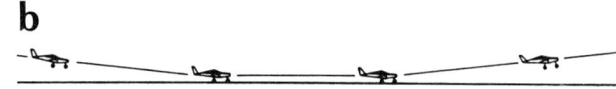

c

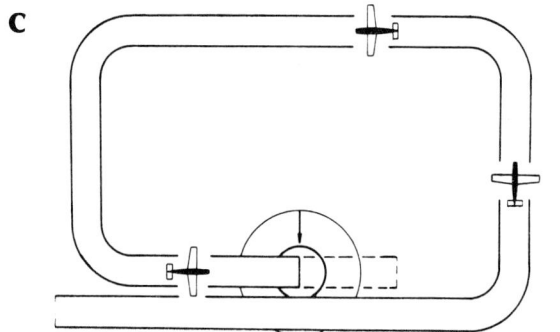

d

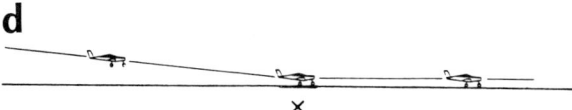

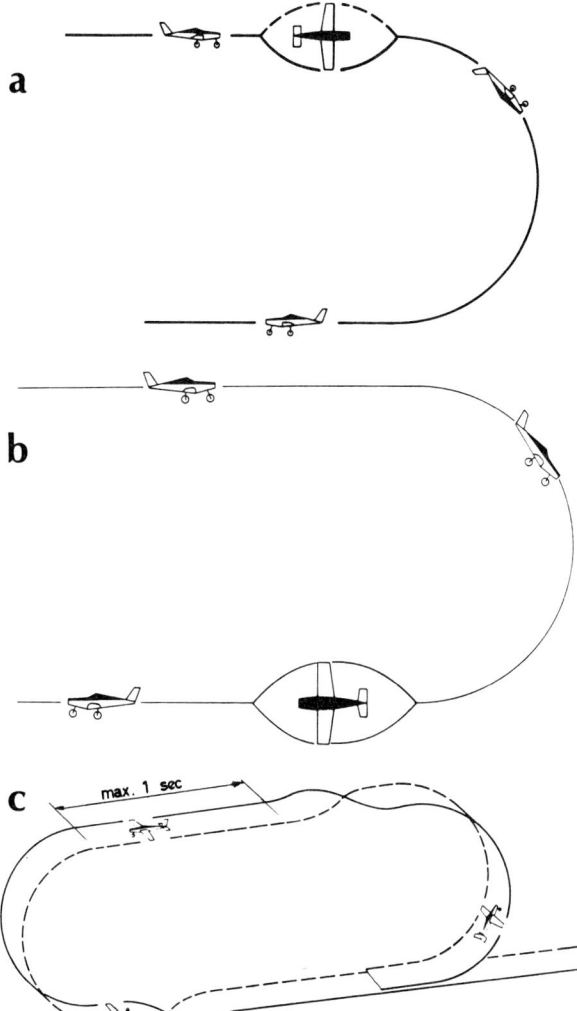

Abb. 97: Abschwung (a), umgekehrter Immelmann (b) und Immelmann-Kombination (c).

In der Klasse F 3 A (RC I) werden die verschiedenen Kunstflugfiguren (Abb. 96 bis 104) von mindestens drei Punktwertern mit Noten von 0 bis 10 bewertet und mit einem Wertungsfaktor (K) für den Schwierigkeitsgrad der Figur multipliziert. Start und Landung (Abb. 96a und d) haben einen Wertungsfaktor von K = 1, die »Figur M« mit Viertelrollen (Abb. 99c) den höchsten Faktor K = 5.

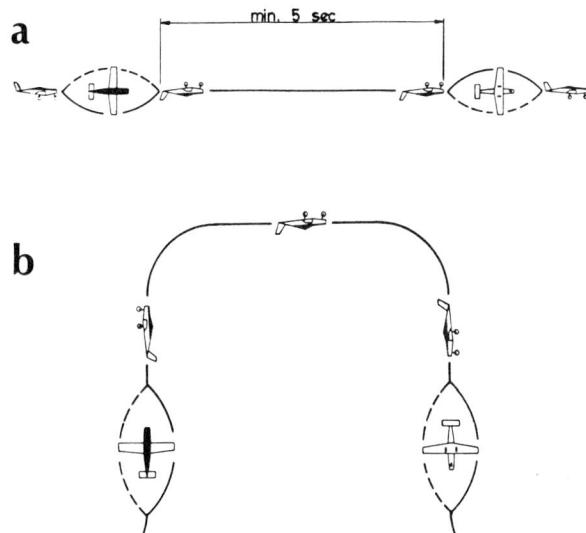

Abb. 98: Rückenflug (a) und Hut (b).

Jeder Wettbewerbsteilnehmer darf vier Flüge machen, zwei aus dem Flugprogramm A und zwei aus dem Flugprogramm B (deren Figuren und Reihenfolge in der ModSpO festgelegt sind). Wer die Plätze 1 - 5 in der Wertung erreichte oder unter die besten 10% der Teilnehmer kam (je nach Ausschreibung), hat sich für die Endrunde qualifiziert, in der er zwei Flüge machen muß. Dafür dürfen aus einer Liste von Flugfiguren 14 verschiedene Figuren (einschließlich Start und Landung) so ausgewählt werden, daß sich für sie eine

Abb. 99: Turn (a), Doppel-Turn (b) und Doppel-Turn »Figur M« (c).

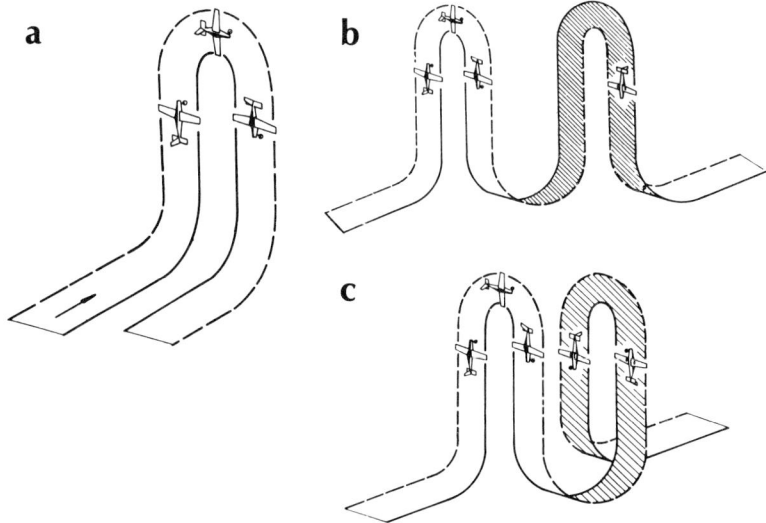

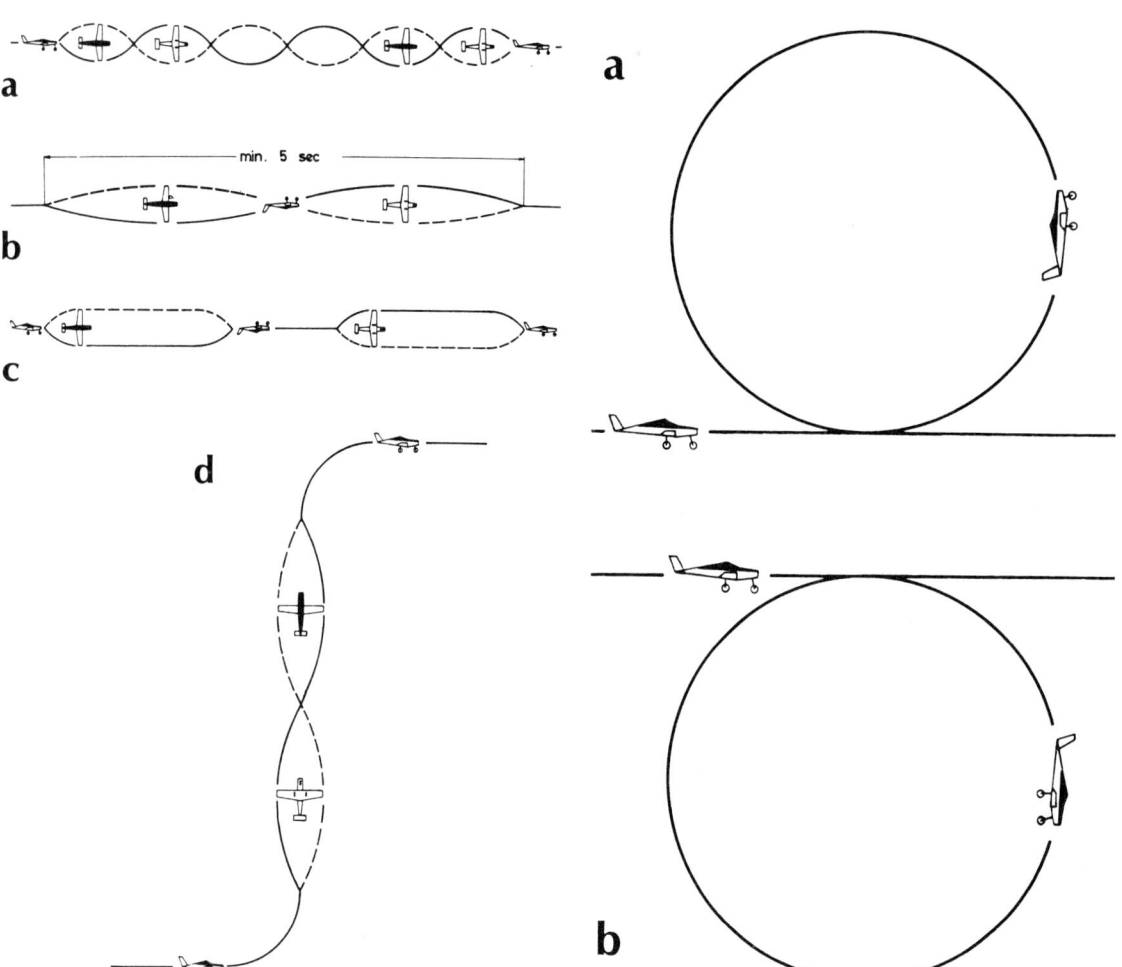

Abb. 100: Drei Rollen (a), langsame Rolle (b), Vier-Zeiten-Rolle (c) und senkrechte Rolle aufwärts (d).

Abb. 101: Looping rückwärts (a) und Looping vorwärts (b).

höchstmögliche Punktzahl von 450 ergibt. Der Wettbewerbsteilnehmer stellt eine Liste dieser ausgewählten Figuren (sein Flugprogramm in der Endrunde) zusammen und übergibt sie dem Wettbewerbsleiter.

Für die Endrunde stehen u. a. folgende Kunstflugfiguren zur Verfügung: Rückentrudeln (ähnlich Abb. 104b), Acht-Zeiten-Rolle (ähnlich Abb. 100c), senkrechte Rolle aufwärts (Abb. 100d), »Figur M« (Abb. 99c), hoher Hut abwärts (ähnlich Abb. 98b), umgedrehte kubanische Acht (Abb. 102b) oder dreieckiger Looping mit Rolle.

Die Abbildungen 96 bis 104 zeigen einige der bekanntesten Kunstflugfiguren (die so auch in anderen Klassen gefolgen werden), die hier jeweils so zusammengestellt wurden, daß ähnliche Figuren auf einem Bild zusammengefaßt sind oder daß die Entwicklung oder Zusammensetzung von schwierigen aus einfachen Figuren deutlich wird. Abb. 96 zeigt den Bodenstart (a), das Verfahren »touch and go« (b) und die Landung (d), sowie den Landeanflug (c). In Abb. 97 wird die Entwicklung vom einfachen Abschwung (a) zur Immelmann-Kombination (c) deutlich, in Abb. 99 die Entwicklung zur »Figur M« (c). Verschiedene Rollen sind in Abb. 100 dargestellt, sie kehren auch in anderen Figuren (Abb. 104) wieder. Aus den beiden Loopings (Abb. 101) setzen sich liegende und kubani-

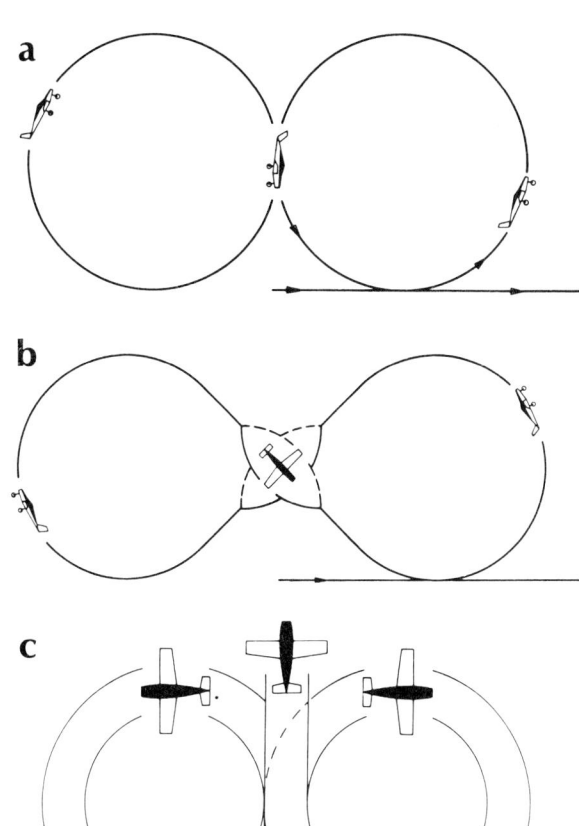

sche Acht (Abb. 102) und stehende Acht (Abb. 103a) zusammen.

Zudem sind die Flugprogramme für diese Klasse durch eine Geräuschbewertung ergänzt worden.

Für Thermik-Segelflug-Wettbewerbe der Klasse F 3 B gibt es drei Flugprogramme, das Zeitfliegen (A), das Streckenfliegen (B) und den Geschwindigkeitsflug (C). Die Kombination der drei Programme bildet eine Runde; in einem Wettbewerb werden mindestens zwei Runden geflogen.

Die Segelflugmodelle können von Hand mit einer 150 m langen Hochstartleine geschleppt werden, zulässig sind auch Umlenkrollen (bei gleicher Seillänge) oder eine Motorwinde (siehe auch 6.8). Motor-

Abb. 102: Liegende Acht (a), Kubanische Acht (b) und Acht (c).

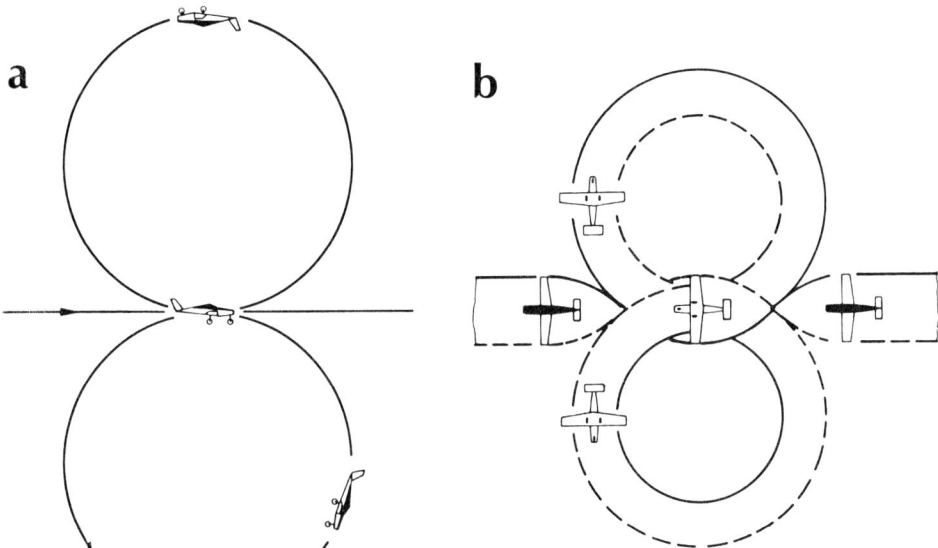

Abb. 103: Stehende Acht (a) und Rückenflug-Acht (b).

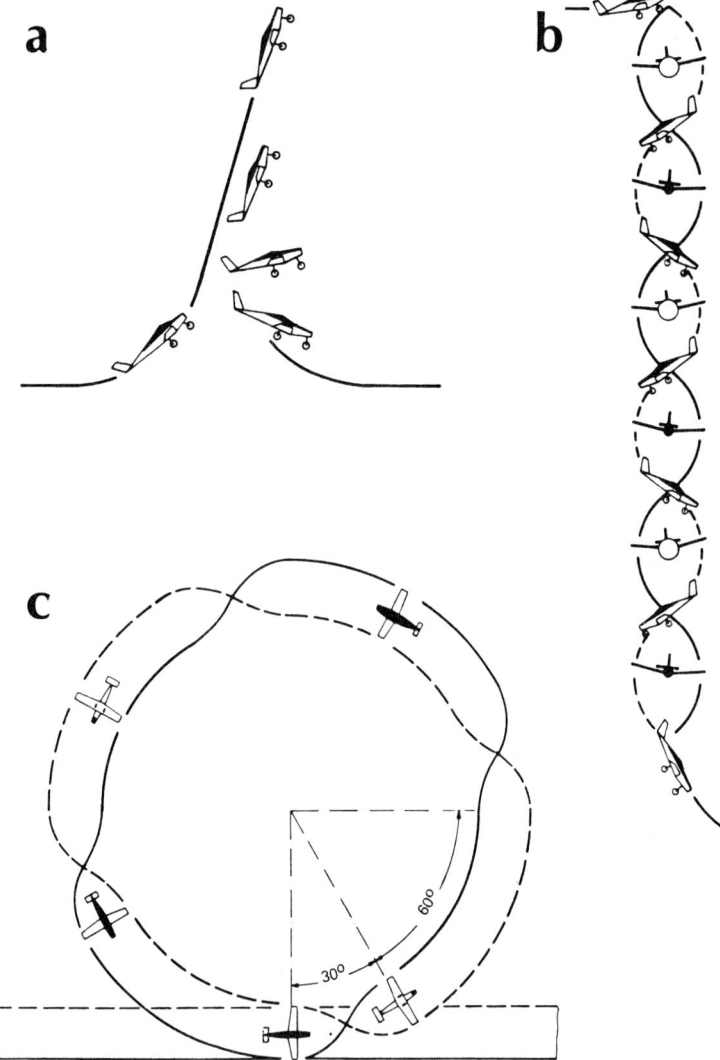

Abb. 104: Männchen (a), Trudeln (b) und Rollenkreis (c).

Im Streckenflugprogramm muß der Teilnehmer innerhalb von acht Minuten (einschließlich Schleppzeit) möglichst oft zwischen zwei 150 m voneinander entfernten Linien (Grundlinien A und B) hin- und herfliegen. Das Überfliegen der Linien wird durch akustische Signale angezeigt.

Im Geschwindigkeitsprogramm muß das Modell einen geschlossenen Kurs von Linie A zu Linie B und zurück mit möglichst hoher Geschwindigkeit (in möglichst kurzer Zeit) geflogen werden.

Die Wertung wird auf die Leistung des jeweils Erstplazierten bezogen, der 1000 erhält. Hat ein Teilnehmer z. B. eine Strecke von 1500 m geflogen, der Erstplazierte aber 2400 m (= 1000 Punkte), so er rechnet sich die Punktzahl nach der Formel

$$A = 1000 \times \frac{1500}{2400} = 625 \text{ Punkte}$$

Je nach Kombination ergibt sich die Gesamtwertung für einen Teilnehmer aus der Addition der Teilergebnisse aus den geflogenen Programmen: A + B, A + C, B + C, A + B + C.

Die Flugfiguren für die ferngesteuerten Hubschraubermodelle der Klasse F 3 C sind in Pflicht- und Wahlfiguren eingeteilt. Zu den Pflichtfiguren gehören der Schwebeflug, ein Schwebeflug-Außenkreis, horizontale Acht, rechtwinkliger Landeanflug und Landung. Dafür kann eine Höchstzahl von 320 Punkten erzielt werden (Summe der Wertungsfaktoren mal Höchstnote 10).

Zu den Wahlfiguren gehören u. a. die doppelte Pirouette (Drehung um 720°), der hohe Hut (ähnlich Abb. 98b), die Piloten-Promenade (bei der das Modell ohne Lageänderung in der Luft stehen muß, während der Pilot langsam um das schwebende Modell herumgeht), senkrechter Turn, Looping (Abb. 101), ein umgekehrter Immelmann (Abb. 97b), eine kubanische Acht (Abb. 102b) und die Rolle (Abb. 100).

Jeder Pilot stellt sein Flugprogramm aus Pflicht- und Wahlfiguren zusammen. Gewertet wird ansonsten wie bei F 3 A.

Das Programm für die Wendemarken-Rennmodelle der Klasse F 3 D wird über einer dreieckigen Rennstrecke (Abb. 105) ausgetragen. Die Flugstrecke besteht aus zehn Runden mit einer Länge von insge-

segler, die auch teilnehmen können, werden aus der Hand gestartet.

Beim Zeitfliegen muß der Teilnehmer innerhalb von neuen Minuten (Motorsegler 10 Minuten) nach der Startfreigabe eine Flugzeit von genau 360 s erzielen (jede Sekunde ergibt einen Punkt). Allerdings wird für jede Sekunde Flugzeit darüber ein Punkt abgezogen. Landet also das Modell eines Teilnehmers nach 370 s, so bekommt er (360-10) 350 Punkte. Außerdem werden noch bis zu 100 Punkte für die Landung (Ziellandung) gegeben.

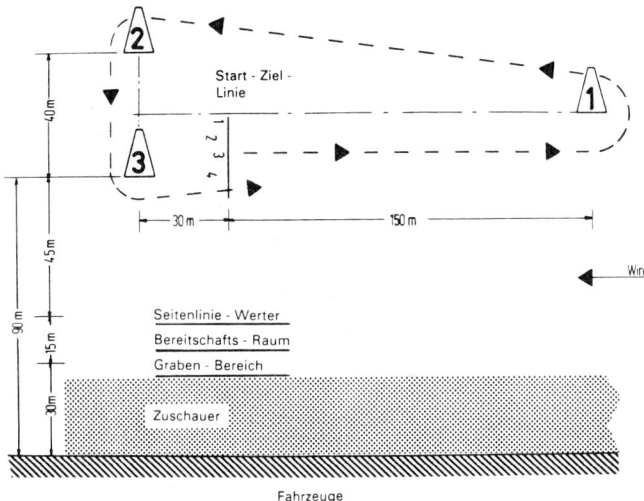

Abb. 105: Die Rennstrecke für die Wendemarken-Rennmodelle der Klasse F 3 D mit Bereitschafts- und Zuschauerraum.

samt 4 km und wird entgegen dem Uhrzeigersinn geflogen. An einem Rennen nehmen höchstens vier Modelle teil. Für jeden Teilnehmer am Rennen muß ein Zeitnehmer zur Verfügung stehen, der auch die Runden zählt und dem Piloten ansagt, wenn er zehn Runden vollendet hat. An jeder Wendemarke steht für jedes teilnehmende Modell ein Winker mit einer farbigen Flagge. Er gibt beim Umrunden der Wendemarke durch das ihm zugeteilte Modell ein Flaggensignal (oder Lichtzeichen). Für Verstöße wie das Schneiden einer Wendemarke oder das Überfliegen der seitlichen Begrenzungslinie (an der der Seitenlinien-Werter steht) werden der Gesamtflugzeit 10% zugezählt. Bereits bei zwei Verstößen ist der Flug ungültig. Ungültig ist er auch, wenn die zehn Runden nicht vollendet werden.

Die Wertung ergibt sich aus der Subtraktion der berichtigten Flugzeit (geflogene Zeit plus Strafpunkte) von 200. Werden vier oder mehr als vier Durchgänge geflogen, so wird das schlechteste Ergebnis gestrichen. Sieger ist der Teilnehmer, der die höchste Gesamtpunktzahl aus drei (oder weniger) Durchgängen erzielt hat.

Aus Sicherheitsgründen liegt ein großer Abstand zwischen Rennstrecke und Zuschauern. Zudem sorgt das strenge Reglement der Strafen bei Verstößen für diszipliniertes Fliegen der Piloten.

Ein ähnliches Flugprogramm besteht unter der Bezeichnung RC II P auch für Elektroflugmodelle. Die Gesamtmasse dieser Modelle darf hierbei nicht größer als 2,5 kg sein.

Für Elektro-Kunstflugmodelle der Klasse RC II K_A(F 3 E) sind Bodenstart oder Handstart erlaubt. Aus einem Fundus von elf Flugfiguren wählt der Pilot bei Bodenstart (Abb. 96a) fünf weitere Figuren, bei Handstart (der nicht gewertet wird) sechs Figuren aus.

Folgende Figuren sind vorgesehen:

Je zwei Loopings vorwärts und rückwärts (Abb. 101), Immelmann-Kombination (Abb. 97c), Turn (Abb. 99a), drei Rollen, die Vier-Zeiten-Rolle und eine langsame Rolle (Abb. 100), Trudeln (Abb. 104b), kubanische Acht und liegende Acht (Abb. 102) sowie stehende Acht (Abb. 103a).

Die Landung besteht aus dem Landeanflug und der Landung (Abb. 96c, d).

Für sein Flugprogramm hat der Teilnehmer sieben Minuten Zeit. Gewertet wird wie bei F 3 A.

Das Programm für Motorsegler der Klasse RC II M_A(F 3 E) besteht aus dem Handstart und zwei Flugaufgaben.

Zuerst muß der Pilot nach einem Steigflug seines Modells mit Motorvortrieb den Motor abschalten und im Gleitflug zwischen zwei Wendelinien im Abstand von 150 m möglichst oft hin- und herfliegen. Dafür stehen ihm 200 s Zeit (Motorlaufzeit plus Gleitflugzeit) zur Verfügung. Danach wird keine Strecke mehr gewertet. Für das Durchfliegen einer Strecke (150 m) erhält der Teilnehmer 10 Punkte.

Nach Beendigung dieser Aufgabe wird die Wendelinie, an der die Zeitnehmer stehen, in höchstens 4 m Höhe überflogen. Dabei darf der Motor bereits eingeschaltet sein. Nach einem beliebig langen Steigflug wird der Motor abgeschaltet und ein Gleitflug eingeleitet, der durch die Landung beendet ist. Das Abschalten des Motors muß den Zeitnehmern deutlich angesagt werden. Diese Aufgabe muß in einer Zeit von 300 s durchgeführt werden. Wird dieses Zeitlimit überschritten, so wird pro Sekunde Zeitüberschreitung ein Punkt abgezogen. Die reine Gleitflugzeit in Sekunden ergibt die Wertungspunkte für diese Aufgabe.

Die Landung besteht aus Landeanflug (in gerader Linie gegen den Wind) und Landung in einem Kreis mit

15 m oder einem mit 30 m Durchmesser. Landehilfen (auch Schubumkehr) sind erlaubt. Die Eleganz des Landeanfluges wird mit Noten von 1 bis 10 bewertet und mit dem Wertungsfaktor K = 2 multipliziert. Die Landung wird auch mit den Noten von 1 bis 10 bewertet und mit den Wertungsfaktoren 3 (bei Aufsetzen im 15 m-Kreis), 2 (30 m-Kreis) oder 1 (Landefeld außerhalb des Kreises) multipliziert.

Neben diesen A-Programmen gibt es für beide Elektroflugklassen noch weitere (B, C, . . .) Programme, die in der Regel Versuchsprogramme sind.

Die sämtlich in Deutschland vom DAeC entwickelten Programme RC II K_A (Kunstflug), RC II M_A (Motorsegler) und RC II P (Wendemarken-Rennmodelle) sind unter der Klassenbezeichnung F 3 E international kategorisiert und werden auf Deutschen Meisterschaften und Europameisterschaften geflogen. In absehbarer Zeit wird es dann auch Weltmeisterschaften geben.

5.2.4 FLUGZEUGMODELLE

Flugzeugmodelle der Klassen F 4 B (Fesselflug) und F 4 C (Fernlenkflug) sind maßstabgetreue Nachbildungen (Kopien) von manntragenden Luftfahrzeugen (Flugzeugmustern).

Das Wettbewerbsprogramm für Flugzeugmodelle besteht aus einer Baubewertung und dem Flugprogramm.

Für die Baubewertung müssen eine Reihe von Unterlagen vorgelegt werden, mit denen die Vorbildtreue des Modells nachgewiesen wird:

eine maßstäbliche Dreiseitenansicht (mindestens 1 : 50) des Vorbildes (Flugzeugmusters),

eine Aufstellung der Informationsquellen, die bei der Konstruktion des Modells benutzt wurden, wie Fachzeitschriften, Bücher, Werkszeichnungen (Abb. 109 und 111) u. a.,

Farbbilder zum Nachweis der Farbgebung,

mindestens drei Photos (oder gedruckte Abbildungen) des Flugzeugmusters,

eine Aufstellung aller Teile, die der Erbauer nicht selbst hergestellt hat,

eine Erklärung, daß er der alleinige Erbauer des Modells ist,

einen Maßstabsumrechner (Abb. 107), der den unmittelbaren Vergleich zwischen Zeichnungen und Modell ermöglicht und mit dem die Gesamtlänge des Modells und die halbe Spannweite gemessen werden können.

Allein die Luftschraube darf zum Fliegen ausgetauscht werden. Und bei Wasserflugmodellen darf ein

Abb. 109: Eine gute Hilfe bei der Konstruktion eines vorbildgetreuen Modells ist diese sehr detaillierte Zeichnung eines Dreideckers »Fokker D R. 1«.

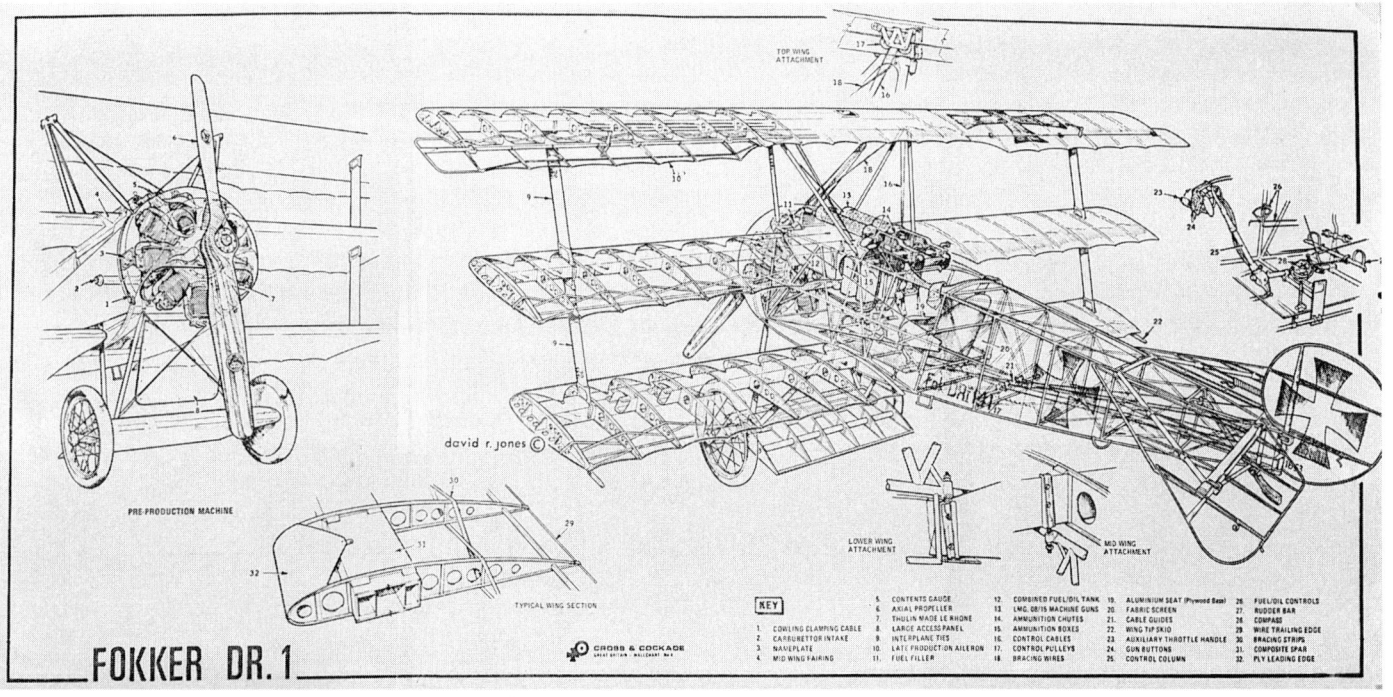

Abb. 110: Eben so detailliert wie beim Original wurde die Tragflächenkonstruktion des Modells ausgeführt. Hier ein Modell von Heinz Ostermeier (»Libelle« Enger).

Abb. 111: Gute Unterlagen für den Bau und vor allem für die Bemalung vorbildgetreuer Flugzeugmodelle sind Bücher mit farbigen Ansichten der Originalflugzeuge und ihrer verschiedenen Varianten.

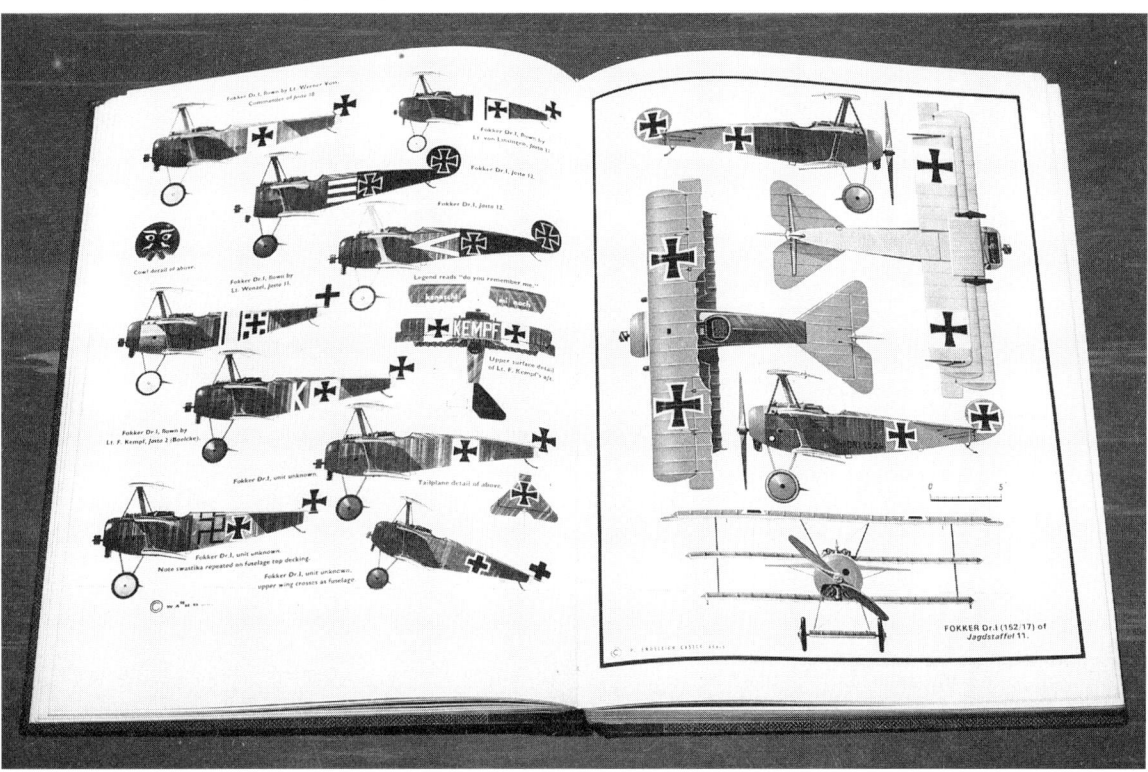

Abb. 108: Führerstand, Motorhaube und Propeller am Fessel-Flugzeugmodell des Jagd-Eindeckers »Fokker E III« aus den Jahren 1915/1916.

Abb. 112: Vorbildgetreue Ausstattung des Cockpits eines Modells der »Tiger Moth« von Tony Clark (Bünde).

Abb. 107: Die Maßstabstreue eines Flugzeugmodells muß bei der Bauprüfung nachgewiesen werden. Dazu dient ein sogenannter Maßstabsumrechner. Dabei entspricht der Abstand I einem Meter, verwandelt in den Zeichnungsmaßstab, und der Abstand L einem Meter, verwandelt in den Modellmaßstab.

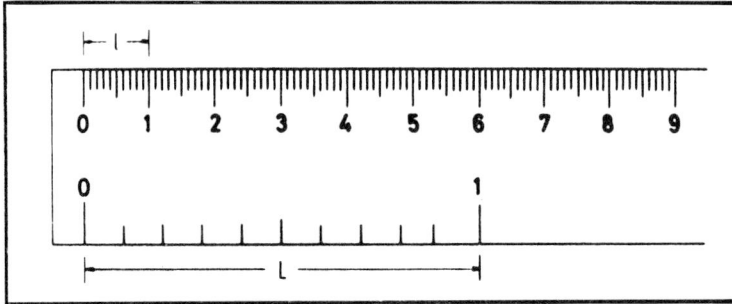

Startwagen oder Hilfsfahrwerk verwendet werden, wenn eine Wasserfläche zum Start nicht zur Verfügung steht. Ansonsten müssen die Modelle so starten wie die Originale auch.

Das Flugprogramm für Fessel-Flugzeugmodelle (F 4 B) umfaßt u. a. das Ein- und Ausfahren des Fahrwerks, das Ein- und Ausfahren von Klappen, den Abwurf von Tanks o. a., einen Innenlooping und drei Runden Rückenflug, einen senkrechten Halbkreis (Abb. 92) und die Acht (Abb. 94). Daraus wählt der Pilot fünf Figuren für sein Programm aus, die wie üblich bewertet werden (siehe 5.5.3).

Die Flugvorführungen der Fernlenk-Flugzeugmodelle (F 4 C) beginnen mit Rollvorführungen (Abb. 106a) und dem Start gegen den Wind. Danach sind wieder ausgewählte Flugfiguren zu fliegen (Abb. 106b, c), u. a. Immelmann-Turn (Abb. 97), ein Looping (Abb. 101), die kubanische Acht (Abb. 102b) oder Trudeln (Abb. 104b).

Das Gesamtergebnis jedes Teilnehmers setzt sich aus Bau- und Flugbewertung zusammen.

Besondere Punktzuschläge (Boni) gibt es u. a. für besonderen Einfallsreichtum und um bei Modellen schwieriger Flugzeugmuster Nachteile im Flug auszugleichen. So werden bei viermotorigen Flugzeugmodellen 20% der erreichten Gesamtflugwertung, bei einziehbarem Dreibeinfahrwerk 10% und bei Entwürfen aus den Jahren vor 1914 10% Bonus gegeben.

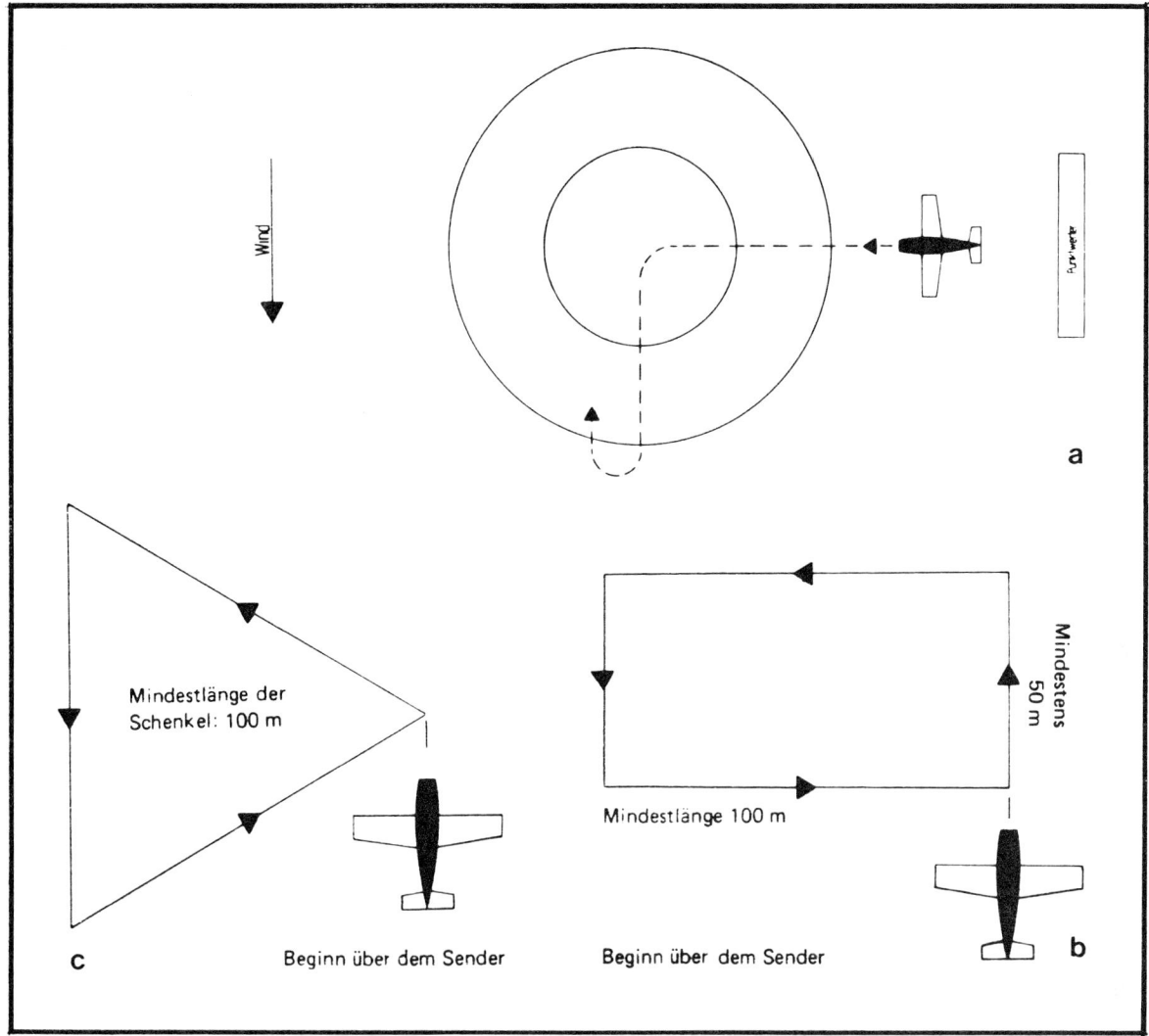

Abb. 106: Boden- und Flugprogramm für ferngesteuerte Flugzeug-Modelle der Klasse F 4 C: Rollen zum Start (a), Flug auf einem Rechteckkurs (b) und Flug auf einem Dreieckkurs (c).

5.2.5 RAKETENMODELLE

Bei Wettbewerben für Raketenmodelle hat jeder Teilnehmer die Möglichkeit zu drei offiziellen Flügen.

Es gibt Höhenflugwettbewerbe (Klasse S 1), bei denen die maximal erreichten Höhen durch Bahnverfolgung (Winkelmessung auf einer Basislinie von 300 m Länge) und Auswertung gemessen werden. Die Modelle werden nach der zulässigen Höchstmasse und nach dem höchstzulässigen Gesamtimpuls des Raketenmotors eingeteilt:

Klasse	Gesamtimpuls (Newton-Sekunden)	Höchstmasse (Gramm)
S 1 A	00.00-05.00	60
S 1 B	05.01-10.00	120
S 1 C	10.01-40.00	240
S 1 D	40.01-80.00	500

Bei Lastmodellwettbewerben (Klasse S 2) wird zusätzlich noch nach der Anzahl der beförderten Nutzlasten (1, 2 oder 4) in S 2 A, B und C differenziert.

Außerdem gibt es noch Flugdauerwettbewerbe mit Modellen, die von einem Fallschirm gebremst (S 3) oder einem Strömer (Flatterband) gebremst (S 6) zur Erde zurückkehren. Zusätzlich zu Gesamtimpuls und Höchstgewicht wird hier die Flugzeit begrenzt:

Fallschirm		Strömer	
S 3 A	240 s	S 6 A	120 s
S 3 B	360 s	S 6 B	180 s
S 3 C	480 s	S 6 C	240 s
S 3 D	600 s	S 6 C	300 s

Schließlich können Wettbewerbe auch mit Schubgleitern (Klasse S 4) ausgetragen werden. Das Modell startet senkrecht, der als Gleiter ausgebildete Teil kehrt in einem stabilen Gleitflug (ausfahrbare Tragflächen) zur Erde zurück.

Die Höchstflugzeiten sind für S 4 A (»Spatz«) auf 120 s, für S 4 B (»Schwalbe«) auf 180 s, für S 4 C (»Falke«) auf 240 s, für S 4 D (»Adler«) und S 4 E (»Kondor«) auf 300 s begrenzt.

In der Klasse S 7 starten Vorbildgetreue Raketenmodelle. Der Wettbewerbsteilnehmer muß sich bemühen, ein besonderes Raketenmuster als Modell nachzubauen, dessen Vorbildtreue er durch Unterlagen belegen muß (mindestens Angaben über Länge und Durchmesser und eine Fotografie des Vorbildes). Bei mehrstufigen Raketen können die oberen Stufen beim Modell nicht funktionsfähige Nachbildungen sein. Für den Flug dürfen Modelle, deren Vorbilder nicht durch Flossen stabilisiert werden, mit durchsichtigen Kunststofflossen gestartet werden. Mit vorbildgetreuen Modellen können auch Höhenflug-Wettbewerbe (Klasse S 5) geflogen werden.

5.3.0 Breiten- und Leistungssport

Modellflugsport macht eigentlich erst Spaß, wenn er mit anderen gemeinsam betrieben wird. Das führt in der Regel zur Bildung loser Interessengruppen oder zur Gründung von Vereinen mit Eintragung ins Vereinsregister des zuständigen Amtsgerichts (e. V. = eingetragener Verein).

Erster Zweck dieser Zusammenschlüsse ist meist der Erfahrungsaustausch, vor allem junge Modellflieger oder Neulinge suchen die Gemeinschaft und erwarten von ihr konkrete Hilfen beim Einfliegen, beim Starten und beim Steuern der Flugmodelle. Hier wird bereits eine beginnende Ausbildung deutlich. Sehr bald aber verliert das eher planlose Freizeitfliegen seinen Reiz. Es werden kleine Aufgaben gestellt (z. B.: Wessen Segelflugmodell fliegt am längsten? oder Wer landet näher an einer bestimmten markierten Stelle?), aus denen ein Vergleichsfliegen entsteht. Und hier beginnt der Breitensport, denn es wird nach bestimmten Regeln geflogen, die von allen Beteiligten anerkannt werden und an die sich alle halten. Da man »Äpfel nicht mit Tomaten vergleichen« kann, Freiflugmodelle nicht mit Fernlenkmodellen, kommt es zur

Klassifizierung und zu klassenspezifischen Regeln.

Schließlich werden Clubmeisterschaften durchgeführt, zu denen sogar eine kleine Ausschreibung erstellt wird. Die Vereinsmitglieder vergleichen ihre Leistungen miteinander und lernen ihr Können einzuschätzen. Der Leistungsvergleich führt aber auch dazu, daß nach den Regeln trainiert wird, um beim nächsten Mal höhere Leistungen erreichen zu können.

Zu den Clubmeisterschaften werden (wenn man sich sicherer fühlt) später Mitglieder anderer Vereine eingeladen, der Leistungsvergleich findet schon auf einer breiteren Basis statt.

Ein Beispiel für Breitensoprt ist der alljährlich stattfindende UHU-Wettbewerb, der dezentral in allen Bundesländern von Vereinen oder Gruppen ausgeführt wird. Mehr als 40.000 Jugendliche folgen der Ausschreibung und nehmen mit dem Freiflugmodell »Der kleine UHU« (siehe Abb. 345 in Kapitel 11.1) an diesem Wettbewerb teil, der wohl der größte Jugendwettbewerb der Welt ist. Der Veranstalter meldet die Teilnehmer und ihre Flugleistungen an seinen Landesverband und an das Haus der Luftsportjugend in Hirzenhain

Deutscher Aero Club e. V. · Sportfachgruppe Modellflug

Wertungskarte RC I - Flugprogramm A

Pilot / Startnr.: _____

Punktwerter: _____

Nr.	Flugfiguren	K	___ . Durchgang			
			Note		Punkte	
1.	Start	1				
2.	Doppelter Immelmann	2				
3.	Drei gezogene Loopings mit halben Rollen	3				
4.	Rollende Acht	2				
5.	Langsame Rolle	3				
6.	Hoher Hut aufwärts	3				
7.	Liegende Acht	2				
8.	M-Figur mit Viertelrollen	5				
9.	Drei gedrückte Loopings	2				
10.	Trudeln m. 3 Umdrehungen	2				
11.	Drei schnelle Rollen	3				
36.	Landung im Kreis 30 m ⌀	1				
	Durchgangsgesamtleistung					

MFK 1979

Abb. 113: Muster einer Wertungskarte für ein Kunstflugprogramm in der Klasse RC I/ Kunstflug (DAeC).

113

(siehe Kapital 2.7). Von dort werden Urkunden, Plaketten und Sachpreise versandt. Die Teilnehmer mit den besten Flugleistungen werden zu einer Bundesausscheidung nach Hirzenhain eingeladen.

In ähnlicher Weise verläuft die Entwicklung vom Breitensport zum Leistungssport auch in den übrigen Modellflugklassen. Auf die Clubwettbewerbe folgen Bezirks- und Regionalwettbewerbe, darauf Landesmeisterschaften, die in den einzelnen Bundesländern von den DAeC-Landesverbänden zusammen mit Vereinen durchgeführt werden. Die Bestplazierten aus den Landesmeisterschaften und Landesjugendmeisterschaften nehmen als Landesmannschaft oder Landesjugendmannschaft im Rahmen von zahlenmäßig begrenzten Quoten an Deutschen Meisterschaften und Deutschen Jugendmeisterschaften teil, die der DAeC in Zusammenarbeit mit seinen Landesverbänden und Vereinen durchführt. Wer aus diesen Wettbewerben als Sieger hervorgeht, gehört zur Leistungsspitze der Modellflieger seiner Klasse.

Zusätzlich gibt es dann noch sogenannte Jahresbestenlisten, in denen die Leistungen aus bestimmten Qualifikationswettbewerben zusammengestellt werden.

Wer als Modellflieger bis zu dieser Leistungsspitze vordringen will, braucht vor allem Ausdauer und Trainingsfleiß. Der Weg dahin wird allerdings durch Siege oder gute Plazierungen in einzelnen Wettbewerben oder durch erflogene Leistungsabzeichen (siehe Kapital 5.5) erleichtert, die nötige Motivation (ohne die Leistung nirgendwo möglich ist) bleibt über lange Zeit erhalten.

Vor allem in den Fernlenkklassen F 3 A (RC I A) und F 3 B (RC IV) hat sich die Bildung von Kadern sehr gut bewährt. In F 3 A (Kunstflug) zum Beispiel erfolgt der Einstieg in den C-Kader über Juniorenmeisterschaften. Auch hier sind intensives Training, Fleiß und Disziplin Voraussetzungen für den Erfolg. Der junge Teilnehmer lernt, die eigene Leistung einzuschätzen und mit den Leistungen anderer zu vergleichen.

Wer sich in diesem Kader qualifiziert, kann in den B-Kader aufsteigen, in dem er mit anderen Spitzenfliegern zusammentrifft. Die besten aus diesem Kader schließlich bilden den A-Kader, die nationale Mannschaft des DAeC in der Klasse F 3 A, und nehmen an Weltmeisterschaften teil.

Ähnlich sieht das Kadersystem in der Klasse F 3 B (Fernlenk-Segelflugmodelle / RC IV A, B, C) aus. Wegen der sehr hohen Teilnehmerzahlen ist hier von DAeC eine in Nord und Süd geteilte C-Liga mit je 40 Teilnehmern eingerichtet worden. Auf- und Abstieg finden nach einem Turnus von jeweils zwei Jahren statt, in dem die Piloten an zahlreichen Wettbewerben teilnehmen müssen. Bei entsprechender Qualifikation steigen die besten Piloten in die B-Liga auf, die ebenfalls zweigeteilt ist.

Auch hier bilden die besten B-Kader-Piloten den A-Kader, die nationale Mannschaft des DAeC in F 3 B, und nehmen an Weltmeisterschaften teil.

Die Wettbewerbe und die Qualifikationsstufen wurden zeitlich so auf den Turnus der Weltmeisterschaften abgestimmt, daß die Piloten zum richtigen Zeitpunkt gut trainiert und auf der Höhe ihrer Leistungsfähigkeit sind. Die Erfolge der Modellflieger des DAeC auf den letzten Weltmeisterschaften bestätigen die Richtigkeit dieser Konzeption. So wurde 1981 die DAeC-Mannschaft in der Klasse F 3 B Weltmeister.

Ähnliche Bestrebungen zeichnen sich bereits jetzt in der Klasse der ferngesteuerten Hubschraubermodelle (F 3 C) und in den Elektroflugklassen (F 3 E) ab, in denen der DAeC Vorreiter für die technische und sportliche Entwicklung war.

Die im Fachausschuß Fernlenk unter der Leitung von Heinrich Völker erarbeiteten Regeln wurden teilweise bereits von der FAI übernommen.

5.4.0 Nationale und internationale Wettbewerbe und Meisterschaften

Modellflug-Wettbewerbe und Modellflug-Meisterschaften sind Sportveranstaltungen, die nach vorher festgelegten sportlichen Regeln durchgeführt werden (siehe Kapitel 1.2, 5.2 und 5.3). Dafür gelten einmal die »Allgemeinen Bestimmungen« der Modellflug-Sportordnung (ModSpO), zum anderen kann der Veranstalter »zusätzliche Bestimmungen« aufstellen. Für einen solchen Wettbewerb muß eine Ausschreibung erstellt werden, die Angaben über den Veranstalter, die Wettbewerbs- und Sportleitung, das Wettbewerbsgelände, den Wettbewerbsbeginn sowie über die geflogenen Klassen und Flugprogramme enthält.

Eine Hilfe zur Erstellung einer solchen Ausschreibung kann das der ModSpO des DAeC entnommene »Muster für den Entwurf einer Ausschreibung« sein. Für einen Vereinswettbewerb genügt auch eine weniger aufwendige Ausschreibung. Als Muster ist dafür eine Ausschreibung des Luftsportvereins »Albatros« Oer-Erkenschwick abgedruckt.

In der Bundesrepublik Deutschland führt der DAeC (im Auftrage der FAI) Deutsche Wettbewerbe und Deutsche Meisterschaften durch. Die Teilnehmer an diesen Veranstaltungen qualifizieren sich in der Regel über Regional- und Landesmeisterschaften oder über das Kadersystem (siehe 5.3).

Ein Deutscher Wettbewerb wird dann geflogen, wenn eine neue Modellflugklasse sich noch in der Erprobung befindet. Erst wenn sichergestellt ist, daß sie sich durchgesetzt hat und genügend Modellflieger aus verschiedenen Landesverbänden teilnehmen, wird daraus eine Deutsche Meisterschaft in der neuen Klasse.

Deutsche Meisterschaften sind Veranstaltungen, an denen nur Mitglieder des DAeC teilnehmen können, die im Besitz einer DAeC-Sportlizenz sind. In der Regel werden Deutsche Meisterschaften in allen Klassen durchgeführt, in denen auch Weltmeisterschaften durchgeführt werden. Sie finden, im Wechsel mit den Weltmeisterschaften, alle zwei Jahre statt. Die Teilnehmer werden von den Landesverbänden im Rahmen ihrer Quoten gemeldet.

Deutsche Jugend- und Juniorenmeisterschaften werden normalerweise zusammen mit Deutschen Meisterschaften durchgeführt. Dafür bestehen Altersbeschränkungen (Jugendliche bis 14 Jahre, Junioren 15 bis 18 Jahre). Auch hier hat jeder Landesverband eine feste Quote.

Die FAI unterscheidet in ihrem Sporting Code (Sektion 4) folgende Arten von internationalen Wettbewerben:
Offene internationale Wettbewerbe mit Einzelwertung, an denen alle Modellflieger teilnehmen können, die eine FAI-Sportlizenz besitzen.
Beschränkte internationale Wettbewerbe mit Einzel- und Mannschaftswertung, für die die Teilnehmer von ihren jeweiligen Nationalen Aero Clubs benannt werden (über nationale Qualifikationssysteme ausgewählt).
Kontinental-Meisterschaften mit Einzel- und Mannschaftswertung, für die die Teilnehmer von ihren Nationalen Aero Clubs benannt werden. Diese Meisterschaften dürfen nur in den Jahren durchgeführt werden, in denen keine Weltmeisterschaften in den hier geflogenen Klassen stattfinden. Es müssen Teilnehmer aus mindestens drei Nationen teilnehmen.
Weltmeisterschaften mit Einzel- und Mannschaftswertung, für die die Teilnehmer von ihren Nationalen Aero Clubs benannt werden. Es müssen Teilnehmer aus mindestens fünf Nationen teilnehmen.

Die FAI führt Weltmeisterschaften in den Freiflugklassen (F 1 A−D), in den Fesselflugklassen (F 2 A−D), den Fernlenkflugklassen (F 3 A und B) und den Klassen für Flugzeugmodelle (F 4 B und C) durch.

Nach dem FAI-Reglement dürfen nur Modellflieger an Wettbewerben teilnehmen, die im Besitz einer gültigen Modellflugsportlizenz sind. Diese Lizenzen vergibt der DAeC im Auftrage der FAI (siehe Kapitel 11.1 und 11.4).

Nur damit ist die Teilnahme deutscher Modellflieger an internationalen Wettbewerben und Meisterschaften möglich. Für Wettbewerbe im Inland genügen die von den Landesverbänden vergebenen Sportlizenzen.

MUSTER FÜR DEN ENTWURF EINER WETTBEWERBS-AUSSCHREIBUNG

1. **Wettbewerbs-Veranstalter**

   Der Wettbewerb . . . . (Bezeichnung) wird vom . . . .

   . . . . (Name des Veranstalters – Luftsportverein, Modellfluggruppe o.ä.)

   in Verbindung mit . . . . (Name eventuell mitwirkender anderer Vereine, Gruppen oder

   sonstiger Stellen) und/oder im Auftrage des . . . . (z.B. Landesverband) veranstaltet.

2. **Wettbewerbs-Bestätigung**

   Die Veranstaltung ist unter der Nr. . . . . . / . . . . . vom . . . . als Modellflug-Wettbewerb bestätigt.

3. **Wettbewerbsleitung**

   Die Wettbewerbsleitung bilden: . . . .

                                       . . . . (Namen)

                                       . . . .

   Die Sportleitung hat: . . . . (Name)

4. **Wettbewerbsregeln und -klassen**

   Der Wettbewerb wird nach den Besonderen Bestimmungen für . . . . modelle

   der Modellflug-Sportordnung des DAeC – Ausgabe 19. . . . . . . für die (alle) Klasse(n) . . . . (Aufzählung),

   durchgeführt, in denen mindestens . . . . Wettbewerber teilnehmen.

   In den Klassen . . . . werden . . . . . Durchgänge, in den Klassen . . . . werden . . . . . Durchgänge

   geflogen. In den Klassen . . . . erfolgt Bodenstart/Handstart. In der Klasse . . . . . . wird/werden das/die

   Programm(e) . . . . geflogen.

   Zusätzlich/Abweichend zu /von den Bestimmungen der Modellflug–Sportordnung wird der Wettbewerb mit Er-

   laubnis des/der . . . . nach folgenden Regeln durchgeführt: . . . .

   . . . . (Angabe der Änderungen und/oder Ergänzungen)

5. **Wettbewerbsgelände und -beginn**

   Der Wettbewerb wird am . . . . und am . . . . in . . . . durchgeführt.

   Wettbewerbsbeginn ist am . . . . um . . . . Uhr. Das Wettbewerbsgelände ist . . . .

   . . . . (Lage und Beschaffenheit).

   Der Zeitplan mit den Durchgängen für die einzelnen Klassen wird bei Wettbewerbsbeginn bekanntgegeben.

   Ab . . . . Uhr besteht die Gelegenheit zu Probeflügen. Die Meßgeräte für die Bauprüfung stehen den Wettbe-

   werbern in der Zeit von . . . . bis . . . . Uhr zur eigenen Überprüfung ihrer Flugmodelle zur Verfügung.

6. Zulassungsbedingungen

Am Wettbewerb kann jeder Modellflieger teilnehmen, der im Besitz einer gültigen Dauerstartnummer ist (= offener

Wettbewerb) und (z.B. bei Jugendwettbewerben) nach dem . . . . geboren ist oder (z.B. bei Regionalwett-

bewerben) dem . . . . (Verband, Verein, Gruppe) angehört oder (z.B. bei Qualifikations-

wettbewerben) mindestens eine Leistung von . . . . nachweisen kann.

Für je . . . . . Wettbewerber/Flugmodelle ist ein Sporthelfer mit . . . . (z.B. Stoppuhr) zur Verfügung zu stellen.

7. Gebühren

Die Startgebühr beträgt DM . . . . pro Wettbewerber/Flugmodell/Klasse.

Außerdem sind für . . . . folgende Beiträge zu entrichten:

. . . .

Die Gebühr bei Anrufung eines Schiedsgerichts beträgt DM . . . .

8. Aufgaben, Titel und Preise

Der Wettbewerb hat die Aufgabe . . . .

. . . .

Vergeben werden folgende Titel/Preise: . . . .

. . . .

9. Meldung

Die Voranmeldung der Wettbewerber ist bis spätestens zum . . . . (Termin) an . . . .

. . . . (Anschrift) zu richten. Dabei sind anzugeben: . . . .

. . . .

Die Anmeldung am Wettbewerbsort hat am . . . . bis . . . . Uhr in/an/bei . . . .

. . . . zu erfolgen. Dabei sind folgende Unterlagen abzugeben/vorzulegen: . . . .

. . . . und/oder die oben angegebenen Gebühren einzuzahlen.

10. Sonstige Hinweise

a) Die Anreise kann erfolgen . . . .

b) An Unterkunft steht zur Verfügung . . . .

Mitzubringen sind . . . .

c) Als Verpflegung ist vorgesehen . . . .

Mitzubringen sind . . . .

d) Beim Verhalten auf dem Fluggelände ist besonders zu beachten . . . .

. . . .
Ort und Datum   Unterschrift des Veranstalters

LUFTSPORTVEREIN »ALBATROS« OER-ERKENSCHWICK E.V.

im Deutschen Aero-Club e.V.

A U S S C H R E I B U N G

Modellflugwettbewerb der Klasse RC-IV/E, A-und B-Liga.
Der LSV Albatros lädt alle Modellflieger zu vorgenanntem
Wettbewerb recht herzlich ein.

1. Wettbewerbsnummer: 3/81 E

2. Ort: Modellflugplatz Oer-Erkenschwick
   Datum: 20.September 1981,Beginn: 10.00 Uhr
   Senderabgabe: 9.45 Uhr

3. Wettbewerbsleitung: Franz Barczak,Ulrich Müller

4. Sportleitung: Friedrich Kositzki

5. Punktrichter: Die Punktrichter werden am Wettbewerbs
                     tag bekannt gegeben.

6. Wettbewerbsregeln: Es wird das Programm RC-IV/E nach der
                     z.Zt. gültigen Modellsportordnung
                     geflogen.
                     Die Wettbewerbsergebnisse von 3 Piloten
                     eines Vereins ergeben ein Mannschafts-
                     resultat.

7. Teilnahmeberechtigt: Mitglieder des DAeC mit gültiger
                     Sportlizenz.

8. Startgebühr: Senioren: 5.--DM,Jugendliche: 4.--DM

9. Preise: Wanderpokale für die A-und B-Liga,sowi
                     für die beste Mannschaft.
                     Ehrenpreise und Urkunden.
                     Jugendwertung (1.1.1963) Sachpreise

10. Anfahrt: Die Anfahrt erfolgt über die B51 in
                     Richtung Haltern.In Höhe des Freibads
                     Mollbeck in Richtung Börste fahren und
                     die Bahnlinie überqueren.

Für das leibliche Wohl sorgt der Veranstalter wie in den
vergangenen Jahren.Wir freuen uns,wenn zahlreiche RC-IV-
Freunde am Wettbewerb teilnehmen und wünschen eine gute
Fahrt und viel Erfolg im Wettkampf.

Oer-Erkenschwick,den 28.März 1981   RC-Referent Wolfgang Mei

5.5.0 Modellflug-Leistungsabzeichen

Nicht jeder Teilnehmer an einem Wettbewerb oder einer Meisterschaft kann erster, zweiter oder dritter werden. Dennoch muß deshalb die geflogene Leistung nicht schlecht sein. Auf mancher Meisterschaft flogen zehn oder mehr Teilnehmer die maximal mögliche Leistung, einen »Max«. In F 1 A (A 2) sind das bei fünf Durchgängen 900 s oder 900 Punkte.

Das führt automatisch zu einem Stechen, bei dem der Schwierigkeitsgrad stufenweise so gesteigert wird (z. B. durch Verkürzung der Startleinen), bis sich unter den Teilnehmern eine klare Reihenfolge ergibt.

Eine hervorragende Flugleistung von 899 Punkten führt in so einem Fall nur noch zu einem Platz im guten Mittelfeld. Damit aber solche guten Leistungen nicht untergehen, damit sportliche Leistung und technisches wie taktisches Geschick ihre Anerkennung finden, wurden die Modellflug-Leistungsabzeichen geschaffen.

Diese Leistungsabzeichen (Abb. 116) gibt es in den Stufen A, B und C, Silber-C, Gold-C und Gold-C mit einem bis drei Diamanten.

Die erflogenen Leistungen können nur auf offiziellen Wettbewerben erreicht werden. Dazu müssen in einer Klasse mindestens fünf Teilnehmer aus drei verschiedenen Vereinen eine Wertung erzielt haben.

Wer an Wettbewerben teilnimmt, führt in der Regel Buch über die geflogenen Leistungen und notiert sie mit Datum, Wettbewerbsort und Wettbewerbsnummer in seinem Modellflugbuch. Dann kann er bei Beantragung des Leistungsabzeichens (über seinen Verein) seine Flugleistungen genau nachweisen. Die Leistungen der Stufen A, B und C können nur zeitlich nacheinander erflogen werden. Die für die einzelnen Klassen festgesetzten Mindestleistungen werden in Stufe A einmal, in Stufe B zweimal (in einem Zeitraum von zwei Kalenderjahren) und in Stufe C dreimal (in drei Kalenderjahren) gefordert. Die zwei B-Leistungen und die drei C-Leistungen müssen jeweils in der gleichen Klasse erbracht werden.

Für das silberne Leistungsabzeichen (Silber-C) müssen 15, für die Gold-C weitere 20 und für jeden Diamanten weitere 20 C-Leistungen nachgewiesen werden.

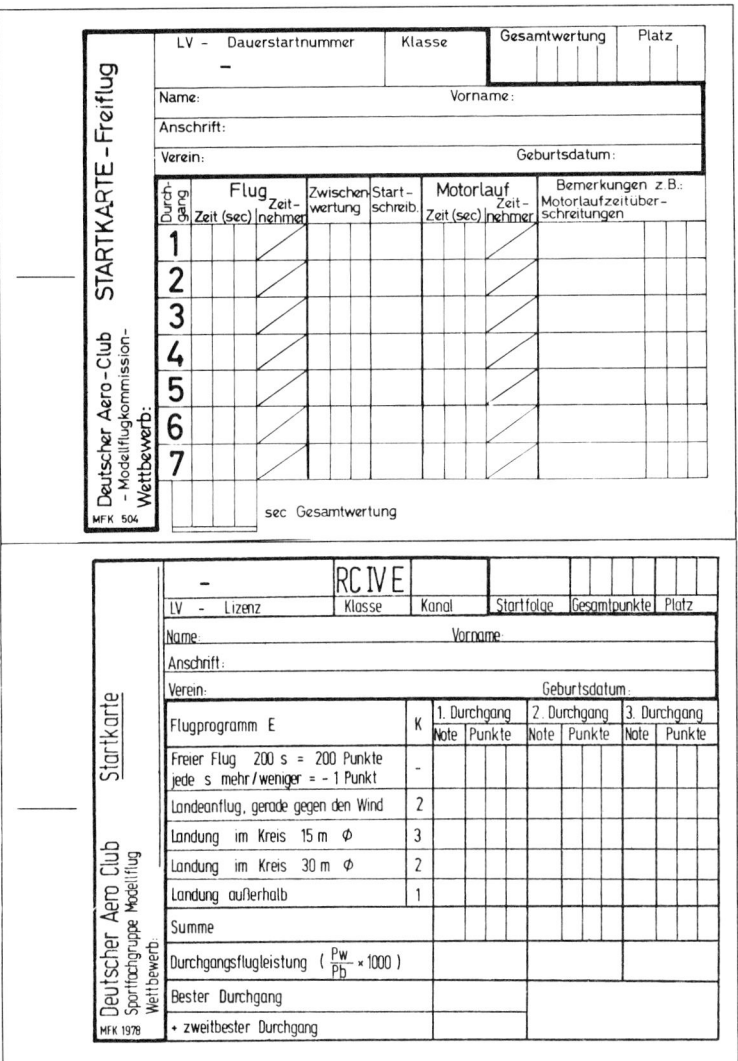

Abb. 114: Muster einer Startkarte für einen Freiflug-Wettbewerb und für einen Wettbewerb der Klasse RC IV E/RC-Segelflug (DAeC).

Hier bestehen dann keine Beschränkungen mehr auf bestimmte Klassen oder auf bestimmte Zeiträume.

Die jeweiligen Mindestleistungen für die verschiedenen Stufen in den einzelnen Modellflug-Klassen sind nachfolgend tabellarisch dargestellt:

Tabelle 5:

Freiflug

Klasse	Durch-gänge	Stufe A	Stufe B	Stufe C	Höchst-punkt-zahl
A 1 (F 1 H)	5	350	600	700	900
A 2 (F 1 A)	5	450	700	800	900
A 2 (F 1 A)	7	630	980	1100	1260
N 1	5	300	400	500	600
H 1 (F 1 E)	5	500	800	1200	1500
I (F 1 C)	5	450	700	850	900
I (F 1 C)	7	630	980	1150	1260
W (F 1 B)	5	450	700	825	900
W (F 1 B)	7	630	980	1125	1260
CH (F 1 G)	5	300	400	500	600
P 1	5	480	720	1080	(siehe Anm.)
P 2	5	720	1200	1680	–
M 1	5	600	960	1440	–
M 2 (F 1 D)	5	1200	1800	2400	–

Anm.: Bei Saalflugmodellen sind die Flugleistungen nach oben nicht begrenzt. Werden Saalflugmodelle nur mit halbem Gummistrang und Ballasthaken geflogen, werden die o. g. Mindestbedingungen halbiert.

Abb. 116: Rechts: Das Modellflug-Leistungsabzeichen des DAeC gibt es in Bronze (Stufe A), Silber (Stufe B) und Gold (Stufe C), zudem noch als Silber-C und als Gold-C und als Gold-C mit ein bis drei Diamanten. Es kann auch als Blazerabzeichen und als Emblem für Urkunden u. a. mit und ohne Kranz verwendet werden.

Tabelle 6:

Fesselflug

Klasse	Stufe A	Stufe B	Stufe C	Bewertung
F 2 A	180	200	220	km/h Durchgangs-geschwindigkeit
F 2 B	–	–	–	–
F 2 C	6' 15"	5' 30"	4' 45"	min Durchlaufflugzeit
F 2 D	2	3	4	Durchlaufsiege

Abb. 115: Die Ergebnisse der einzelnen Wertungsflüge jedes Teilnehmers werden in eine öffentlich aushängende Teilnehmerliste eingetragen, hier auf einer Jugendmeisterschaft durch Karl-Heinz Becker (Referent für Jugend und Ausbildung in der DAeC-Modellflugkommission). So kann sich jeder Teilnehmer über seinen Leistungsstand und den seiner Konkurrenten informieren.

Fernlenkflug

Klasse	Durch-gangs-zahl	Stufe A	Stufe B	Stufe C	Höchst-punkt-zahl
RC I A (F 3 A)	2 Anm. 1	180	360	495	900
RC I A (F 3 A)	3 Anm. 2	270	540	742	1350
RC I B	2 Anm. 1	76	152	209	380
RC II (M_A)	2 Anm. 1	1400	1600	1800	2000
RC IV (F 3 B)	– Anm. 3	1400	1600	1800	2000
RC IV (F 3 B)	– Anm. 4	2800	3200	3600	4000
RC IV (F 3 B)	– Anm. 5	4200	4800	5400	6000
RC IV (F 3 B)	– Anm. 6	1700	1800	1900	2000
RC IV (F 3 B)	– Anm. 7	3400	3600	3800	4000
RC IV (F 3 B)	– Anm. 8	5100	5400	5700	6000
RC VII (F 3 C)	2 Anm. 1	272	544	748	1360

Anmerkungen:

1. Es werden drei Durchgänge geflogen und zwei davon gewertet.

2. Es werden drei Durchgänge geflogen und gewertet.

3. Die Flugprogramme A oder B oder C werden einzeln geflogen.

4. Die Flugprogramme A, B und C werden kombiniert geflogen (nationale Kombination: A + B, A + C, oder B + C).

5. Die Flugprogramme A, B, und C werden kombiniert geflogen (internationale Kombination A + B + C).

6. Bei gruppenbezogener Wertung (wie 3.).

7. Bei gruppenbezogener Wertung (wie 4.).

8. Bei gruppenbezogener Wertung (wie 5.).

5.6.0 Modellflug-Rekorde

Zu welchen Leistungen Flugmodelle – und natürlich auch ihre Piloten – fähig sind, ist aus der Liste der nationalen und internationalen Rekorde zu entnehmen.

Was treibt Modellflieger zu Rekordleistungen?

Sicherlich vor allem der olympisch-sportliche Anspruch »schneller, höher, weiter«, zum anderen persönlicher Ehrgeiz, aber auch das Bedürfnis, die Grenzen der eigenen Leistungsfähigkeit auszuloten und festzustellen, schließlich aber sicher auch, die Möglichkeiten und Grenzen des Materials, hier als Summe aus Modellteilen, Antrieb, Steuerung u. a. zu verstehen, kennenzulernen, zu prüfen, unter Beweis zu stellen.

Und auch dies mag Motivation zu einem Rekordflug sein: Eine bisher bestehende Leistungsmarke nach oben zu schieben, um andere anzuspornen und zu höheren Leistungen zu motivieren.

Die Fédération Aéronautique International (FAI) erkennt nationale Rekorde, Weltrekorde nach Klassen und absolute Weltrekorde an.

Ein *nationaler Rekord* kann in irgendeinem Land aufgestellt und muß vom Nationalen Aero Club (NAeC) überwacht und beglaubigt werden.

Ein *Weltrekord nach Klassen* ist der jeweils beste unter den nationalen Rekorden.

Ein *absoluter Weltrekord* schließlich ist die höchste Leistung, die von einem Piloten mit seinem Modell auf einem besonders wichtigen Gebiet erreicht wird.

Wer einen Rekord aufstellen möchte, muß zunächst einmal die verschiedenen Rekordkategorien kennen (Tabelle). Sie folgen der im Modellflugsport üblichen Klassifizierung F 1 (Freiflug), F 2 (Fesselflug) und F 3 (Fernlenkflug).

Daraus ergeben sich die Anforderungen an die Modellkonstruktion und die Ausstattung des Modells. Materialien, Motore und andere Teile müssen vorher ausgewählt, getestet und aufeinander abgestimmt werden. Bei ferngesteuerten Modellen muß zusätzlich die Fernsteuerung auf die besonderen Erfordernisse des geplanten Rekordes vorbereitet werden, bei Dauerflügen ist u. a. die Kapazität der Akkus für die Stromversorgung von Sender und Empfänger ausschlaggebend, bei Höhenrekorden oder bei Flügen über eine größere Distanz müssen daneben noch Reichweite und Störsicherheit der Fernsteuerung den hohen Ansprüchen genügen.

Schließlich sind auch Wetter und Kondition des Piloten wichtig.

Nun muß der Rekordversuch beim Nationalen Aero Club (in Deutschland beim Deutschen Aero Club, Lyoner Straße 16, 6000 Frankfurt/M.-Niederrad) beantragt werden (siehe Muster). Zu diesem Antrag gehören neben den technischen Daten eine Dreiseitenansicht und eine Fotografie des Modells sowie eine Zusammenstellung aller sonst noch nötigen Angaben (verwendete Fernsteuerung, Motorendaten u. a.). Der DAeC bestimmt nun einen oder mehrere Funktionäre zur Überwachung des Rekordversuchs, dazu gehören Zeitnehmer, Vermessungssachverständige, Gewichtsprüfer u. a. Die Kosten für den gesamten Aufwand trägt der Modellflieger, der den Rekord-Versuch unternehmen möchte.

Oft genug sind auch Hersteller von Modellen, Motoren und Fernsteuerungsanlagen daran interessiert, die besondere Leistungsfähigkeit ihrer Produkte unter Beweis zu stellen. Dann sind in der Regel sie es, die für den ausführenden Modellflieger die Kosten übernehmen und auch das nötige Gerät zur Verfügung stellen.

Die Rekordakte muß innerhalb von acht Tagen nach Ende des Rekordversuchs dem DAeC übergeben werden, der innerhalb von zwei Monaten nach Eingang den Rekord beglaubigt. Danach prüft die FAI die Rekordakte und beglaubigt den Rekord ihrerseits. Sind alle Voraussetzungen erfüllt, wird der Rekord in die nationale oder internationale Rekordliste eingetragen.

Zwei Weltrekorde mögen als Beispiele näher beschrieben werden. Für Ostern 1968 hatte der bekannte Modellflugclub »Ikarus« Harsewinkel einen Wettbewerb besonderer Art ausgeschrieben, es ging um einen Geschwindigkeitswettbewerb für mehrachsgesteuerte Modelle der Klasse F 3 A.

Eine Meßstrecke von 200 m Länge mußte ohne Zwischenlandung in beiden Richtungen durchflogen werden. Das Modell durfte dabei höchstens 30 m hoch fliegen, und das bereits 100 m vor Beginn der Meßstrecke. Winker, die jeweils 100 m vor den Enden der Meßstrecke postiert wurden, überwachten die Flughöhe. Am Anfang und am Ende der Meßstrecke standen je zwei Zeitnehmer, die beim Passieren der Visierlinien die Stoppuhr betätigten.

Auf 1/100 s genau wurde gemessen (die damalige Vorschrift verlangte nur eine Genauigkeit von 1/10 s). Die Zeitnahme erfolgte mit zwei voneinander unabhängigen elektronischen Meßsystemen. Die Meßwerte wurden nur anerkannt, wenn sie um nicht mehr als 2/10 s differierten.

Die vorgeschriebene Vermessung der Modelle wurde mit Hilfe einer Tafel mit Quadratdezimeter-Raster durchgeführt, vor die die Modelle gehängt und fotografiert wurden. Vor dem Start wurde jedes Modell auch gewogen. Die Flächenbelastung mußte bei maximal 75 g/dm^2, der Hubraum des Motors bei höchstens 10 cm^3 liegen. Vor dem eigentlichen Speedwettbewerb wurde ein Durchgang zur Ausscheidung geflogen. Wer dabei nicht wenigstens 220 km/h erreichte, schied aus.

Zahlreiche Modelle montierten in der Luft ab oder zerschellten am Boden. Ein Chronist vermerkte damals, es sei eine wahre »Materialschlacht« gewesen.

Schon nach dem ersten offiziellen Durchgang lagen die erzielten Geschwindigkeiten weit über dem damaligen Weltrekord 225,55 km/h des Amerikaners Maynard Hill.

Am Ostersonntag, dem 14. 4. 68 wurde trotz des relativ starken Windes geflogen. Die Geschwindigkeiten wurden immer höher, und schließlich war der bisherige Weltrekord gleich fünfmal gebrochen.

Den ersten Platz samt Weltrekord und gleichzeitig deutschem Rekord erflog Werner Käseberg (Harsewinkel) mit dem Modell »Flitscher«, einer Konstruktion von Wilbert Schönfeld, die mit einem Supertigre 60 Racing motorisiert war und mit einer Simprop Digi 2 + 1 gesteuert wurde. Seine Geschwindigkeit: 320,0 km/h.

Mit 306 km/h folgte Fritz Bosch (Harsewinkel), mit 290 km/h Günter Metterhausen (Harsewinkel) und mit 279 km/h Wilbert Schönfeld, dessen Konstruktionen auf den ersten fünf Plätzen gelandet waren.

Auch das ist erwähnenswert: Wolfgang Matt stellte einen nationalen Rekord für Liechtenstein und Willi Gloor einen für die Schweiz auf.

Schon 1963 baute und flog Walter Andersch (geboren am 18. 8. 1939) aus Kirchheim-Heimstetten seinen ersten Freiflug-Modellhubschrauber. Drei Jahre später, am 28. 8. 1966, stellte er mit 1200 m Höhe einen deutschen Rekord in der Klasse F 1 F auf, Startplatz war der Flugplatz Beilngries in der Oberpfalz. 1967 begann Andersch, ferngesteuerte Hubschraubermodelle zu entwickeln und baute auch Modelle mit zwei Rotoren und Motoren von 10 cm^3, mit denen er erstmals 1970 flog und Flugzeiten bis fünf Minuten erzielte.

1977 begann er mit der Entwicklung einer Wasserkühlung mit Kreiselpumpe. Ein Jahr später wurde das spätere Weltrekordmodell »Andersch-Libelle« mit Thermosyphonkühlung entwickelt, das zum ersten Male am 7. 10. 79 flog.

Am 9. 12. 79 sollte ein Weltrekord im Dauerflug gestartet werden. Nach 1 h 37 min 36 s landete Andersch sein Modell wieder. Der Motor war zu kalt gewesen.

Am 30. 12. 79, nach intensiver Arbeit am Modell, ging Andersch erneut auf Rekordjagd. Diesmal hatte er Erfolg, trotz des unfreundlichen Wetters: Das Modell landete nach 3 h 35 min 6 s, Weltrekord!

Technische Besonderheiten des Rekordmodells: Ganzmetall-Integralbauweise (gefräste Teile, keine Bleche) aus hochfestem Leichtmetall, Zahnriemengetriebe, Kardanantrieb mit Längenausgleich für den Heckrotor.

Als Antrieb war ein Webra Speed 10 cm^3 mit Wasserkühlung (»System Andersch«) eingebaut, der Webra-Sprit-S brachte erhöhte Leistung, gute Ergiebigkeit und geringe Modellverschmutzung.

Gesteuert wurde das Modell, störungsfrei, mit einer Simprop SSM Contest 8.

Mit Schreiben vom 9. April 1980 informierte die FAI den DAeC über die Anerkennung dieses Weltrekordes. Der DAeC gab am 16. April 1980 diese Information an Walter Andersch weiter (siehe Briefe).

Anläßlich des 55. Deutschen Luftfahrertages 1980 in der Rhön überreichte DAeC-Präsident Georg Brütting während des Festaktes die offizielle Weltrekord-Urkunde der FAI und den silbernen Ehrenteller des DAeC.

Tabelle 8:

Einteilung der Rekorde für Raketenmodelle

Kategorie der Raketenmodelle	Klasse	Gesamtimpuls Newton-Sekunden	Höchstgewicht Gramm	Anzahl der beförderten Nutzlasten	Kennziffer des Rekords		
					Dauer	Höhe	Höhe mit Nutzlast
S - 1 Höhe	S 1 A	0.00 - 5.00	60			1	
	S 1 B	5.01 - 10.00	120			2	
	S 1 C	10.01 - 40.00	240			3	
	S 1 D	40.01 - 80.00	500			4	
S - 2 Nutzlast	Einfach S 2 A	0.00 - 10.00	90	1			5
	Doppelt S 2 B	10.01 - 40.00	180	2			6
	Offen S 2 C	40.01 - 80.00	500	4			7
S - 3 Fallschirm	S 3 A	0.00 - 2.50	100		8		
	S 3 B	2.51 - 5.00	100		9		
	S 3 C	5.01 - 10.00	200		10		
	S 3 D	10.01 - 20.00	500		11		
S - 4 Schubgleiter	Spatz S 4 A	0.00 - 2.50	50		12		
	Schwalbe S 4 B	2.51 - 5.00	90		13		
	Falke S 4 C	5.01 - 10.00	120		14		
	Adler S 4 D	10.01 - 40.00	240		15		
	Kondor S 4 F	40.01 - 80.00			16		
S - 5 Vorbildgetreue, Höhe	S 5 A	0.00 - 2.50	60			17	
	S 5 B	2.51 - 5.00	90			18	
	S 5 C	5.01 - 10.00	120			19	
	S 5 D	10.01 - 40.00	240			20	
	S 5 F	40.01 - 80.00	500			21	
S - 6 Strömer, Dauer	S 6 A	0.00 - 2.50	100		22		
	S 6 B	2.51 - 5.00	100		22		
	S 6 C	5.01 - 10.00	200		24		
	S 6 D	10.01 - 20.00	500		25		

Tabelle 9:

Klasseneinteilung der Rekorde

Flug-Kategorie	Art des Modells	Klasse	Art des Antriebs	Dauer	Strecke in einer geraden Linie	Höhe	Geschwindigkeit
F 1 Freiflug	Segelflug-modell	F 1 A		17	18	19	
	Landflug-modell	F 1 B	Gummimotor	1	2	3	4
		F 1 C	Kolbenmotor	5	6	7	8
	Wasserflug-modell	F 1 B	Gummimotor	40	41	42	43
		F 1 C	Kolbenmotor	44	45	46	47
	Hubschrauber-modell	F 1 F	Gummimotor	9	10	11	12
			Kolbenmotor	13	14	15	16
	Saalflug-modell	F 1 D	Gummimotor	Dauer 32 — (a) Decken – Kategorie I weniger als 8 m; (b) Decken – Kategorie II 8 m - 15 m; (c) Decken – Kategorie III 15 m - 30 m; (d) Decken – Kategorie IV über 30 m			

Flug-Kategorie	Art des Modells	Klasse	Art des Antriebs	Geschwindigkeit			
				Hubraum in cm³			
				I A 0 bis 1,00	I B 1,01 bis 2,50	II 2,51 bis 5,00	III 5,01 bis 10,00
F 2 Fesselflug	Landflug-Modell	F 2 A	Kolbenmotor	27	27 A	28	29
			Rückstoßmotor	30			

Flug-Kategorie	Art des Modells	Klasse	Art des Antriebs	Dauer	Strecke in einer geraden Linie	Höhe	Geschwindigkeit	Strecke in einem geschlossenem Kreis	Geschwindigkeit in einem geschlossenem Kreis
F 3 Fernlenkflug	Landflug-modell	F 3 A	Kolben-motor	20	21	22	23	31	53
	Wasserflug-modell	F 3 A	Kolben-motor	48	49	50	51	52	54
	Segelflug-modell	F 3 B		24	25	26	33	34	55
	Hubschrauber-modell	F 3 C	Kolben-motor	35	36	37	38	39	56

ANTRAGSFORMULAR ZUR BESCHEINIGUNG EINES FLUGMODELL-REKORDS

1. Kennziffer der Rekord-Kategorie:
   (aus Tabelle I, Teil Sieben des F.A.I.-Sporting Code) ....

2. Bezeichnung des beantragten Rekords: ....

3. Datum des Rekordversuchs: ....

4. Name des Modellfliegers: ....

5. F.A.I.-Sportlizenz-Nr.: ....

6. Staatsangehörigkeit: ....

7. Name des N.Ae.C.: ....

8. Merkmale des Modells:

   Hauptsächliche Abmessungen: (Metrische Einheiten)

   Gesamt-Flächeninhalt ....

   Gewicht ohne Kraftstoff ....

   Gewicht mit Kraftstoff ....

   Mindest-Flächenbelastung ....

   Höchst-Flächenbelastung ....

	Bohrung	....
	Hub	....
MOTOR:	Zylinderinhalt	....
	Marke	....

9. Wir, die Unterzeichnenden, bescheinigen, daß allen Anforderungen des Sporting Code für diese Kategorie in dem besten Grade, den wir bestimmen konnten, entsprochen wurde.

....

Unterschrift der unmittelbar beteiligten Funktionäre: Unterschrift des Modellfliegers:

Bestätigung durch den N.Ae.C.-Funktionär: ....

10. Anlagen: a) Drei-Seiten-Zeichnung
            b) Fotografie des Modells
            c) Zusammenstellung aller notwendigen ergänzenden Angaben.

5.6.1.0 DEUTSCHE MODELLFLUG - REKORDLISTE

Stand: 1. Januar 1980
Quelle: Deutscher Aero Club e. V.

5.6.1.1 DEUTSCHE MODELLFLUG-REKORDE

Klasse F 1 A - Segel-Freiflugmodelle

17) Dauer

Helmut Kunz, Faurndau
Wanger Linde - Göppingen, 20. 6. 1954   **41 min 10 s**

18) Strecke in gerader Linie

Ulrich Müller, Oer-Erkenschwick
Flugplatz Werl, 3. 5. 1953   **73,90 km**

Abb. 117: Vom Flugplatz Werl startete Ulrich (»Ulli«) Müller am 3. 5. 1953 sein Segel-Freiflugmodell, das nach einer Strecke von 73,90 km landete und damit einen Deutschen Rekord flog.

Klasse F 1 B - Freiflugmodelle mit Gummimotor

1) Dauer

Hans Jörg Seidel, Heidelberg-Schlierbach
Flugplatz Braunschweig-Waggum, 1. 8. 1954 **6 min 53 s**

Klasse F 1 C - Freiflugmodelle mit Kolbenmotor

5) Dauer

Helmut Gebauer, Solingen
Flugplatz Hilden, 27. 5. 1954   **1 h 27 min 10 s**

6) Strecke in gerader Linie

Kurt Kuhl, Marburg
Afföller Wiesen, 6. 12. 1952   **106,40 km**

Klasse F 1 D - Saalflugmodelle

32) Dauer

I) Decken-Kategorie bis 8 m

Günter Maibaum, Köln
Köln-Wahn »Sporthalle«, 26. 11. 1978   **11 min 42 s**

Abb. 118: Seit nahezu einem halben Jahrhundert betreibt Günter Maibaum Modellflug. Seine zahlreichen Saalflug-rekorde bereitet er mit Akribie vor. Neben seinen Saal-flugrekorden stellte er auch einen Deutschen Rekord für freifliegende Drehflügelmodelle mit Kolbenmotor auf: 11 min 18 s.

Günter Maibaum, Köln
Köln Sporthalle Kartäuserwall, 8. 9. 1979   **11 min 59 s**

II) Decken-Kategorie 8 - 15 m

Kurt Vogler, Oberhausen
Köln »Sporthalle«, 25. 5. 1978   **14 min 34 s**

III) Decken-Kategorie 15 - 30 m

Max Hacklinger, Essen
Dortmund »Westfalenhalle«, 10. 7. 1960   **30 min 29 s**

IV) Decken-Kategorie über 30 m

Karl-Heinz Rieke, Berlin
Cardington/GB, 22. 9. 1962   **45 min 40 s**

Klasse F 1 F - Drehflügler-Freiflugmodelle mit Kolbenmotor

13) Dauer

Günter Maibaum, Köln-Riehl
Flugplatz Kassel-Waldau, 9. 8. 1956   **11 min 18 s**

15) Höhe

Walter Andersch, Holnburg
Flugplatz Beilngries/Opf., 28. 8. 1966   **1.200 m**

Klasse F 2 A - Fesselflugmodelle

27) Geschwindigkeit I (Motoren bis 2,5 cm³)

Josef Fröhlich, Bochum-Langendreer
Hradec Kralove/CSSR, 28. 7. 1974   **266,67 km/h**

28) Geschwindigkeit II (Motoren bis 5,0 cm³)

Josef Fröhlich, Bochum-Langendreer
Stuttgart, 2. 9. 1967   **266,67 km/h**

29) Geschwindigkeit III (Motoren bis 10,0 cm³)

Josef Fröhlich, Bochum-Langendreer
Bochum, 25. 9. 1966   **274,81 km/h**

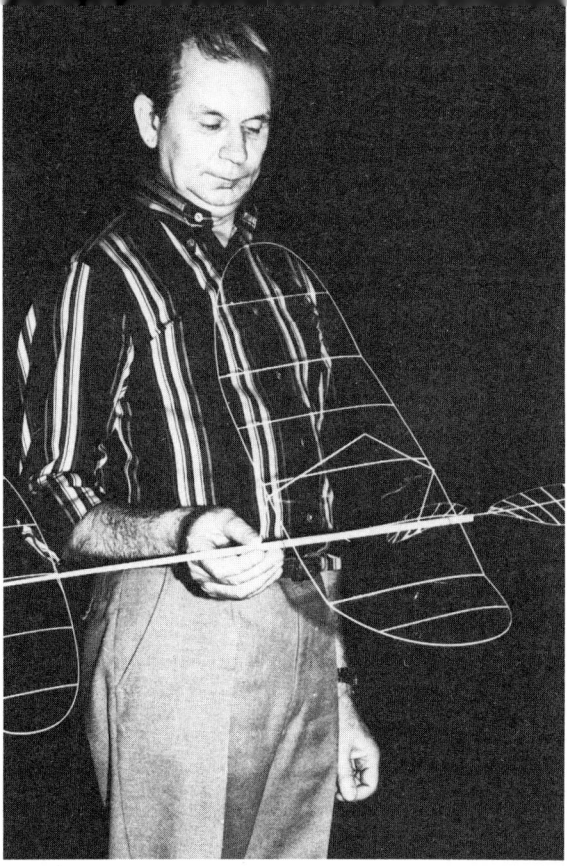

Abb. 119: Kurt Vogler ist seit seiner Jugend aktiver Modellflieger. In der Kölner Sporthalle stellte er am 25. Mai 1978 einen Deutschen Rekord in der Deckenkategorie 8 bis 15 m auf: 14 min 34 s.

Abb. 120: Der Bochumer Josef (»Jupp«) Fröhlich ist gleich mit drei Deutschen Rekorden im Fesselflug vertreten: In Bochum-Langendreer flog er 274,81 km/h.

Abb. 123: Mit seinem »Flitscher« flog Werner Käseberg 1968 in Harsewinkel mit 320 km/h Weltrekord und Deutschen Rekord. Hier zeigt er ein Elektroflugmodell, mit dem er ebenfalls einen Rekordversuch unternahm.

Abb. 122: Das Rekordmodell »Hansa 300« von Winfried Kaiser stellte den Weltrekord in der Klasse F 3 A mit über sechs Stunden Flugdauer auf (Kaiser).

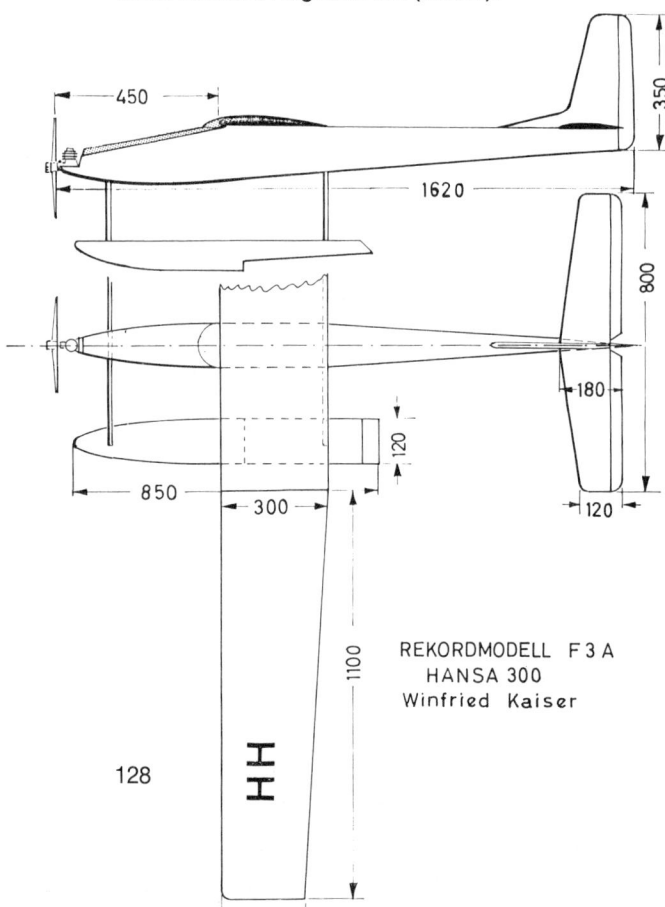

REKORDMODELL F 3 A
HANSA 300
Winfried Kaiser

128

30) Geschwindigkeit IV (Rückstoßmotoren)

Horst Diemer, Sindelfingen
Bochum, 23. 7. 1961   **266,67 km/h**

Klasse F 3 A - Land-Fernlenkflugmodelle mit Kolbenmotor

20) Dauer

Winfried Kaiser, Norderstedt
Kaltenkirchen, 25. 6. 1972   **12 h 11 min 33 s**

21) Strecke in gerader Linie

Winfried Kaiser, Norderstedt
Garstedt, 19. 10. 1968   **32,10 km/h**

32) Geschwindigkeit

Werner Käseberg, Harsewinkel
Harsewinkel, 14. 4. 1968   **320,0 km/h**

31) Strecke in geschlossenem Kreis

Jürgen Rother, Neumarkt/Opf.
Flugplatz Sondersfeld, 4. 8. 1979   **468,0 km/h**

Klasse F 3 A - Wasser-Fernlenkflugmodelle mit Kolbenmotor

48) Dauer

Winfried Kaiser, Norderstedt
Bargfeld, 15. 4. 1972   **6 h 18 min 17 s**

49) Strecke in gerader Linie

Winfried Kaiser, Norderstedt
Norderstedt, 3. 10. 1971   **49,95 km**

52) Strecke in geschlossenem Kreis

Winfried Kaiser, Norderstedt
Bargfeld, 1. 5. 1972   **238,85 km**

Klasse F 3 B - Segel-Fernlenkflugmodelle

24) Dauer

Winfried Kaiser, Norderstedt
Sylt, 3. 7. 1969   **17 h 43 min 0 s**

25) Strecke in gerader Linie

Winfried Kaiser, Norderstedt
Sylt, 9. 7. 1969   **25,40 km**

26) Höhe

Georg Friedrich, Erding-Klettham
Flugplatz Raná, CSSR, 30. 7. 1967   **1.312 m**

33) Geschwindigkeit

Dietrich Altenkirch, Neumünster
Sylt, 21. 9. 1978   **172,1 km/h**

34) Strecke in geschlossenem Kreis

Winfried Kaiser, Norderstedt
Sylt, 5. 7. 1969   **201,0 km**

Abb. 121: Winfried Kaiser ist Flugkapitän der Deutschen Lufthansa und in seiner Freizeit begeisterter Modellflugsportler. Er ist gleich mit acht Deutschen Rekorden in der Rekordliste vertreten. Einer davon, ein Dauerflug von 6 h 18 min 17 s mit einem ferngesteuerten Wasserflugmodell mit Kolbenmotor, ist auch als Weltrekord anerkannt.

Abb. 124: Mit diesem Hubschraubermodell, das er selbst konstruierte, flog Walter Andersch am 30. Dezember 1979 seinen Weltrekord (DAeC).

Klasse F 3 C - Hubschrauber-Fernlenkflugmodelle mit Kolbenmotor

35) Dauer

Walter Andersch, Kirchheim-Heimstetten
30. 12. 1979, IFM-München Modellflugplatz
                                                    3 h 35 min 6 s

37) Höhe

Heinz Pällmann, Plattling
Flugplatz Deggendorf, 31. 7. 1974   **1.058 m**

39) Strecke in geschlossenem Kreis

Dieter Schlüter, Mülheim/M.
Wetzlar, 14. 7. 1978   **30,50 km**

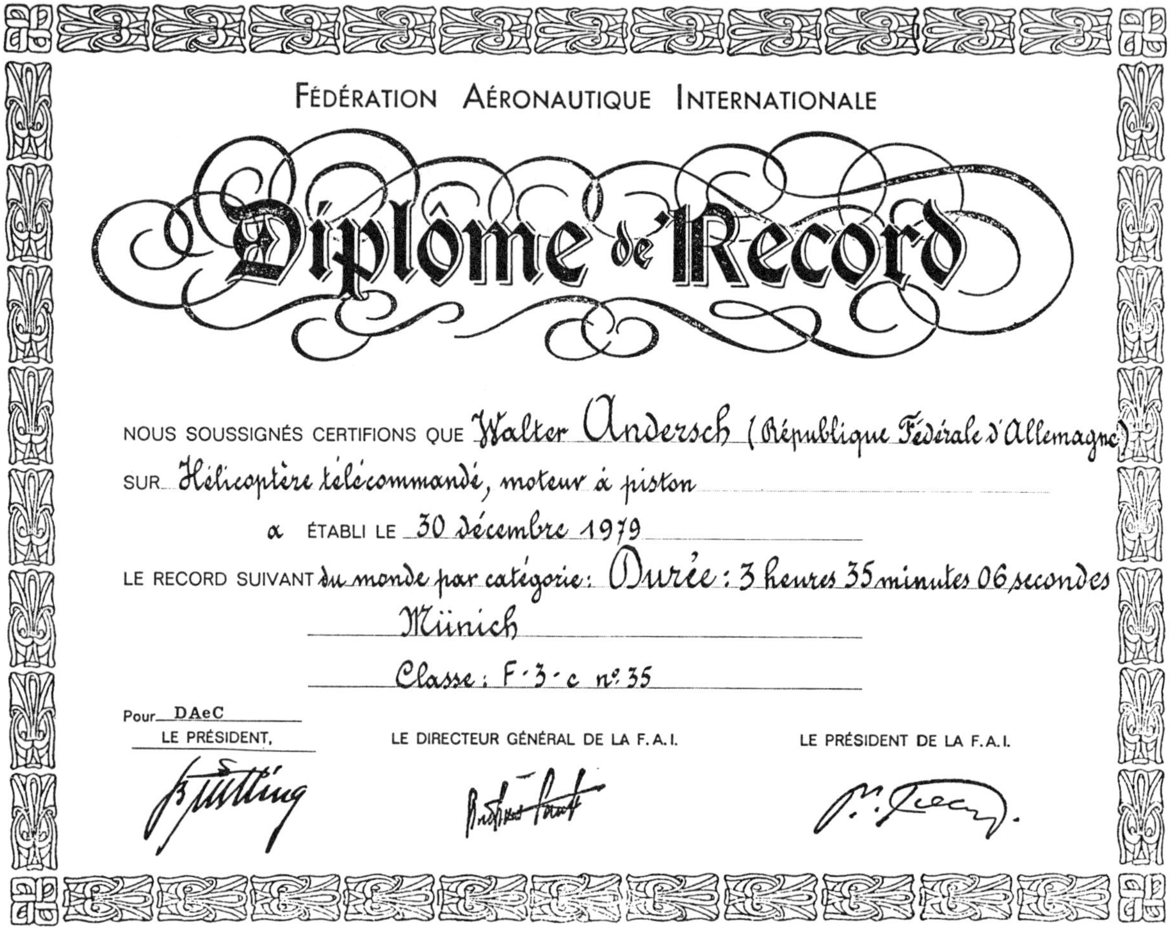

FÉDÉRATION AÉRONAUTIQUE INTERNATIONALE

Diplôme de Record

NOUS SOUSSIGNÉS CERTIFIONS QUE *Walter Andersch (République Fédérale d'Allemagne)*

SUR *Hélicoptère télécommandé, moteur à piston*

α ÉTABLI LE *30 décembre 1979*

LE RECORD SUIVANT *du monde par catégorie : Durée : 3 heures 35 minutes 06 secondes*

Münich

Classe : F·3·c n° 35

Pour DAeC

LE PRÉSIDENT,

LE DIRECTEUR GÉNÉRAL DE LA F.A.I.

LE PRÉSIDENT DE LA F.A.I.

Abb. 125: Und so sieht die Weltrekordurkunde der FAI aus, die DAeC-Präsident Georg Brütting im Rahmen des Festaktes auf dem 55. Luftfahrertag in der Rhön überreichte.

Abb. 126: Heinz Pällmann (links) und Dieter Ziegler steuerten dieses Hubschraubermodell vom Typ »Bell 212 Twin Jet« (Graupner/Bernhardt) über den Ärmelkanal. Dabei wurde das Modell von einem großen Hubschrauber aus ferngesteuert. Am 31. Juli 1974 stellte Heinz Pällmann vom Flugplatz Deggendorf aus einen Höhenweltrekord und Deutschen Rekord in der Klasse F 3 C (Hubschrauber-Fernlenkmodelle mit Kolbenmotor) mit 1058 m auf.

Abb. 127: Dieter Schlüter, Ingenieur aus Mühlheim/Main und »Vater des ferngesteuerten Hubschraubers«, flog mit einer seiner Hubschrauberkonstruktionen einen Deutschen Rekord von 30,50 km in geschlossenem Kreis.

Klasse F 3 E/N - Fernlenkflugmodelle mit Elektromotor

57/N) Dauer

Heiner Bartels, Göttingen
Flugplatz Wetzlar, 11. 6. 1976   **3 h 12 min 0 s**

58/N) Strecke in gerader Linie

Rudolf Diedrich, Göttingen
Flémalle/B., 18. 8. 1979   **78,22 km**

59/N) Höhe

Herbert Krottenmüller, Pürbaum
Malsch, 20. 7. 1979   **758,2 m**

60/N) Geschwindigkeit

Fritz Geist, Offenbach
Klein-Auheim, 5. 6. 1977   **189,65 km/h**

61/N) Strecke in geschlossenem Kreis

Heiner Bartels, Göttingen
Flugplatz Kaltenkirchen, 19. 8. 1978   **73,05 km**

Klasse F 3 E/D - Drehflügler-Fernlenkflugmodelle mit Elektromotor

57/D) Dauer

Helmut Meyer, Bremen
Schwanewede, 12. 3. 1978   **2 min 49 s**

5.6.1.2 DEUTSCHE MODELLFLUG - HÖCHSTLEISTUNGEN

Klasse F 1 D - Saalflugmodelle

32) Dauer

I)   *Decken-Kategorie bis 8 m*

a)   *Papierbespannte Saalflugmodelle (P 1)*

Günter Maibaum, Köln
Köln-Wahn »Sporthalle«, 26. 11. 1978   **8 min 19 s**

Abb. 128: Über drei Stunden flog das Elektroflug-Modell »Primus« (Carrera) am 11. 6. 1976 über dem Flugplatz »Garbenheimer Wiesen« bei Wetzlar. Pilot war Heiner Bartels (links), für die Auslegung des Modells, des Antriebes und der Luftschraube war Prof. Kupcik (Göttingen) verantwortlich.

Abb. 129: Mit 189,65 km/h stellte Fritz Geist (Offenbach) einen Deutschen Rekord in der Klasse F 3 E/N (Fernlenkflugmodelle mit Elektromotor) auf.

Günter Maibaum, Köln
Köln, Sporthalle Kartäuserwall, 8. 9. 79   **11 min 59 s**

b)   *Filmbespannte Saalflugmodelle (M 1)*

Günter Maibaum, Köln
Köln-Wahn »Sporthalle«, 26. 11. 1978   **11 min 42 s**

c)   *Papierbespannte Saalflugmodelle (TH)*

Günter Maibaum, Köln
Köln, Sporthalle Kartäuserwall, 8. 9. 1979   **7 min 17 s**

II)   *Decken-Kategorie 8 - 15 m*

a)   *Papierbespannte Saalflugmodelle (P 1)*

Lutz Nagel, Düsseldorf
Köln »Sporthalle«, 15. 5. 1977   **8 min 33 s**

Abb. 130: Mit einem papierbespannten Saalflugmodell stellte der Oberhausener Werner Wetzel eine (deutsche) Modellflughöchstleistung 10 min 28 s auf (Deckenkategorie 8–15 m), in der Deckenkategorie über 30 m flog er in Lakehurst/USA 19 min 5 s.

b)   *Filmbespannte Saalflugmodelle (M 1)*

Günter Maibaum, Köln
Köln »Sporthalle«, 15. 5. 1977   **8 min 25 s**

c)   *Papierbespannte Saalflugmodelle (P 2)*

Werner Wetzel, Mülheim/Ruhr
Köln »Sporthalle«, 25. 5. 1978   **10 min 28 s**

d)   *Filmbespannte Saalflugmodelle (M 2)*

Kurt Vogler, Oberhausen
Köln »Sporthalle«, 25. 5. 1978   **14 min 34 s**

III)   *Decken-Kategorie 15 - 30 m*

a)   *Papierbespannte Saalflugmodelle (P 1)*

Günter Maibaum, Köln
Dortmund, »Westfalenhalle«, 19. 8. 1978   **13 min 15 s**

b)   *Filmbespannte Saalflugmodelle (M 1)*

Gerald Weinkopf, Stuttgart
Dortmund, »Westfalenhalle«, 10. 7. 1960   **14 min 59 s**

c)   *Papierbespannte Saalflugmodelle (P 2)*

Günter Maibaum, Köln
Dortmund »Westfalenhalle«, 5. 9. 1959   **16 min 16 s**

e)   *Papier- und filmbespannte Saalflugmodelle (U)*

Max Hacklinger, Essen
Dortmund, »Westfalenhalle«, 10. 7. 1960   **30 min 29 s**

IV)   *Decken-Kategorie über 30 m*

a)   *Papierbespannte Saalflugmodelle (P 1)*

Günter Maibaum, Köln
Lakehurst/USA, 4. 7. 1974   **16 min 57 s**

c)   *Papierbespannte Saalflugmodelle (P 2)*

Werner Wetzel, Mühlheim/Ruhr
Cardington/GB, 27. 8. 1978   **19 min 5 s**

d) *Filmbespannte Saalflugmodelle (M 2)*

Kurt Vogler, Oberhausen
Cardington/GB, 28. 8. 1978   **36 min 3 s**

e) *Papierbespannte Saalflugmodelle (U)*

Karl-Heinz Rieke, Berlin
Cardington/GB, 22. 9. 1962   **45 min 40 s**

Klasse F 3 E/N - Fernlenkflugmodelle mit Elektromotor

57/N) Dauer

Stromquelle P
Heiner Bartels, Göttingen
Wetzlar, 11. 6. 1976   **3 h 12 min 8 s**

Stromquelle Z

Helmut Schenk, Pforzhein
Wetzlar, 15. 7. 1979   **8 min 29 s**

58/N) Strecke in gerader Linie

Stromquelle P

Rudolf Diedrich, Göttingen
Flémalle/B., 18. 8. 1979   **78,22 km**

59/N) Höhe

Stromquelle S

Herbert Krottenmüller, Pürbaum
Malsch, 20. 7. 1979   **758,2 m**

60/N) Geschwindigkeit in gerader Linie

Stromquelle S

Fritz Geist, Offenbach
Klein-Auheim, 5. 6. 1977   **189,56 km/h**

61/N) Strecke in geschlossenem Kreis

Stromquelle P

Heiner Bartels, Göttingen
Kaltenkirchen, 19. 8. 1978   **73,05 km**

Abb. 131: Der Diplom-Ingenieur Helmut Schenk aus Pforzheim flog mit einem ferngesteuerten Elektroflugmodell eine deutsche Höchstleistung von 8 min 29 s.

Stromquelle S

Heiner Bartels, Göttingen
Kaltenkirchen, 19. 8. 1978   **10,05 km**

Klasse F 3 E/D - Drehflügler-Fernlenkmodelle mit Elektromotor

57/D) Dauer

Stromquelle S

Helmut Meyer, Bremen
Schwanewede, 12. 3. 1978   **2 min 49 s**

5.6.2.0 WELTREKORDE

Klasse F 1 A - Segel-Freiflugmodelle

17) Dauer

M. Milutinovic, Jugoslawien
15. Mai 1960   **4 h 58 min 10 s**

18) Strecke in gerader Linie

Z. Taus, Tschechoslowakei
31. März 1962   **310,33 km**

19) Höhe

G. Benedek, Ungarn
23. Mai 1948   **2.364 m**

Klasse F 1 B - Freiflugmodelle mit Gummimotor

1) Dauer

V. Fiortorov, UdSSR
19. Juni 1964   **1 h 41 min 32 s**

2) Strecke in gerader Linie

G. Tchiglitsev, UdSSR
1. Juli 1962   **371,189 km**

3) Höhe

V. Fiodorov, UdSSR
19. Juni 1964   **1.732 m**

4) Geschwindigkeit

P. Motekaytis, UdSSR
20. Juni 1971   **144,9 km/h**

Klasse F 1 C - Freiflugmodelle mit Kolbenmotor

5) Dauer

Koulakowsky, UdSSR
6. August 1952   **6 h 1 min**

6) Strecke in gerader Linie

E. Boricevitch, UdSSR
15. August 1952   **378,756 km**

7) Höhe

G. Lioubochkine, UdSSR
13. August 1947   **4.152 m**

8) Geschwindigkeit

A. Doubinetzky, UdSSR
25. Juni 1973   **173,45 km/h**

Klasse F 1 C - Wasserfreiflugmodelle mit Kolbenmotor

45) Strecke in gerader Linie

Miroslav Sulc, Tschechoslowakei
4. Oktober 1973   **15.700 m**

46) Höhe

Miroslav Sulc, Tschechoslowakei
4. Oktober 1973   **1.960 m**

Klasse F 1 D - Saalflugmodelle (Dauer)

I) *Deckenkategorie bis 8 m*

Thomas F. Vallee, USA
22. August 1975   **22 min 45 s**

II) *Deckenkategorie 8 bis 15 m*

Jiri Kalina, Tschechoslowakei
26. August 1970   **30 min 07 s**

III) *Deckenkategorie 15 - 30 m*

Edward Ciapala, Polen
19. August 1973   **33 min 34 s**

IV) *Deckenkategorie über 30 m*

D. Kowalski, USA
14. August 1976   **50 min 41 s**

**Klasse F 1 F - Drehflügler-Freiflugmodelle
mit Gummimotor**

9) Dauer

A. Nazarov, UdSSR
3. Juni 1968   **33 min 26,7 s**

10) Strecke in gerader Linie

Giulio Pelegi, Italien
3. August 1974   **5.237,5 m**

11) Höhe

Petras Motekaitis, UdSSR
30. August 1975   **812 m**

12) Geschwindigkeit

Petras Motekaitis, UdSSR
12. Juni 1970   **144,23 km/h**

**Klasse F 1 F - Drehflügler-Freiflugmodelle
mit Kolbenmotor**

13) Dauer

S. Purice, Rumänien
1. Oktober 1965   **3 h 12 min**

14) Strecke in gerader Linie

V. I. Titlov, Ungarn
1. Oktober 1963   **91,491 km**

15) Höhe

S. Purice, Rumänien
24. September 1963   **3.750 m**

16) Geschwindigkeit

A. Pavlov, UdSSR
20. September 1970   **116,12 km/h**

Klasse F 2 A - Fesselflugmodelle

27) Geschwindigkeit (Motoren bis 2,5 cm^3)

S. Jidkov, UdSSR
22. September 1975   **290,30 km/h**

28) Geschwindigkeit (Motoren bis 5 cm^3)

McDonald, USA
15. November 1964   **288,95 km/h**

29) Geschwindigkeit (Motoren bis 10 cm^3)

Kouznetsov, UdSSR
30. September 1962   **316 km/h**

30) Geschwindigkeit (Rückstoßmotoren)

Leonid Lipinski, UdSSR
6. Dezember 1971   **395,64 km/h**

Klasse F 3 A - Land-Fernlenkflugmodelle mit Kolbenmotor

20) Dauer

Lars Giertz, USA
5./6. Juli 1974 — 14 h 29 min 51 s

21) Strecke in gerader Linie

Richard R. Weber, USA
16. August 1975 — 428 km

22) Höhe

M. Hill, USA
6. September 1970 — 8.208 m

23) Geschwindigkeit

V. Goukoune/V. Myakinine, UdSSR
21. September 1971 — 343,92 km/h

31) Strecke in geschlossenem Kreis

Richard R. Weber, USA
31. Mai 1976 — 683 km

Klasse F 3 A - Wasser-Fernlenkflugmodelle mit Kolbenmotor

48) Dauer

Winfried Kaiser, Deutschland (West)
15. April 1972 — 6 h 18 min 17 s

49) Strecke in gerader Linie

Norman Bowles, USA
6. März 1976 — 217,6 km

50) Höhe

M. Hill, USA
3. September 1967 — 5.651 m

51) Geschwindigkeit

V. Goukoune/V. Myakinine, UdSSR
25. September 1971 — 294,98 km/h

52) Strecke in geschlossenem Kreis

Bryce C. Petersen, USA
14. September 1975 — 246 km

Klasse F 3 B - Segel-Fernlenkflugmodelle

24) Dauer

V. Myakinine, UdSSR
30. September/1. Oktober 1973 — 25 h 44 min 08 s

25) Strecke in gerader Linie

Jack R. Hiner, USA
24. Mai 1975 — 51,28 km

26) Höhe

Raymond Smith, USA
2. September 1968 — 1.521 m

33) Geschwindigkeit

W. Sitar, Österreich
29. Mai 1976 — 303 km/h

34) Strecke in geschlossenem Kreis

L. Aldochine, UdSSR
24. Oktober 1974 — 522 km

Klasse F 3 C - Hubschrauber-Fernlenkflugmodelle mit Kolbenmotor

35) Dauer

Heinz Pällmann, Deutschland (West)
13. Juli 1974 — 1 h 45 min

36) Strecke in gerader Linie

Nathan H. Rambo III, USA
26. Januar 1974 — 2.509,87 km

37) Höhe

Heinz Pällmann, Deutschland (West)
31. Juli 1974 — 1.058 m

38) Geschwindigkeit

H. E. Bitner jr., USA
17. Oktober 1976   56,484 km/h

39) Strecke in geschlossenem Kreis

Dieter Schlüter, Deutschland (West)
20. Juni 1970   11,5 km

Klasse S 1 - Raumfahrtmodelle (Höhe)

1) S 1 A

Dusan Madzarac, Jugoslawien
18. Mai 1975   436,4 m

2) S 1 B

Ioan Nicolae Radu, Rumänien
6. Oktober 1974   507 m

3) S 1 C

D. E. Larson, USA
29. November 1975   1.101 m

4) S 1 D

Alexander Madzarac, Jugoslawien
18. Mai 1975   740,5 m

Klasse S 2 - Raumfahrtmodelle (Nutzlast)

5) S 2 A - einfach

Vladimir Fibich, Tschechoslowakei
9. September 1976   639 m

6) S 2 B - doppelt

D. E. Larson, USA
23. Mai 1976   1.208,795 m

7) S 2 C - offen

O. Saffek, Tschechoslowakei
27. Juni 1970   611 m

Klasse S 3 - Raumfahrtmodelle (Fallschirm)

8) S 3 A

Elena Ballo, Rumänien
22. Mai 1971   32 min 42 s

9) S 3 B

John Dyer, USA / Scott Hunsicker, USA
1. August 1976   39 min 25 s

10) S 3 C

Ivan Ivanco, Tschechoslowakei
27. August 1976   9 min 3 s

11) S 3 D

Silvestru Morariu, Rumänien
2. November 1975   31 min 4 s

Klasse S 4 - Raumfahrtmodelle (Raketengleiter)

12) S 4 A - Spatz

B. Rambousek, Tschechoslowakei
25. März 1973   6 min 22 s

13) S 4 B - Schwalbe

Vladimir Sabljar, Jugoslawien
1. Oktober 1972   7 min 46 s

14) S 4 C - Falke

Guppy Youngren, USA
8. August 1975   11 min 48 s

15) S 4 D - Adler

Ch. C. Flanigan, USA
11. November 1975   45 min 28 s

16) S 4 F - Kondor

Gupy Youngren, USA
7. März 1976   68 min 52 s

**Klasse S 5 - Raumfahrtmodelle
(vorbildgetreue Modelle)**

18) S 5 B

Eugen Egri, Rumänien
1. November 1975   **214 m**

19) S 5 C

Stanislav Kala, Tschechoslowakei
4. Oktober 1975   **514 m**

20) S 5 D

Vladimir Fibich, Tschechoslowakei
9. September 1976   **552 m**

21) S 5 F
Ivan Ivanco, Tschechoslowakei
28. August 1976   **460 m**

Klasse S 6 - Raumfahrtmodelle (Strömer)

22) S 6 A

Vlastimil Kucera, Tschechoslowakei
8. September 1976   **78 s**

23) S 6 B

Kamen Vasilev, Bulgarien
2. Oktober 1976   **3 min 03 s**

24) S 6 C

William O. Donovan, USA
2. August 1976   **3 min 35 s**

25) S 6 D

Vlastimil Kucera, Tschechoslowakei
9. September 1976   **157 s**

6.0.0 TECHNIK UND TECHNOLOGIE DES FLUGMODELLBAUS

Beim Bau eines Flugmodells werden die unterschiedlichsten Materialien verwendet, vom Papier für die Bespannung über das Balsaholz als wichtigstes Material bis zu den modernen Kunststoffen mit ihren vielfältigen Möglichkeiten. Dazu kommen die zahlreichen Klebstoffe, deren Eigenschaften man genau kennen muß, wenn man sie richtig anwenden will.

Zur Bearbeitung der vielen verschiedenen Materialien werden Werkzeuge benötigt. Das reicht vom einfachen Balsamesser bis zur Kleindrehbank. Der Umgang mit diesen Werkzeugen erfordert technische und handwerkliche Fertigkeiten.

Schließlich kommen beim Bau eines Modells unterschiedliche Arbeitstechniken zur Anwendung, die man sich nach und nach aneignen muß. Das fängt beim Schneiden und Schleifen von Holz an und geht bis zum Lesen von Bauplänen und der Umsetzung der daraus gewonnenen Informationen beim Bau eines Flugmodells.

6.1.0 Materialien

6.1.1 BAUSTOFFE

Für die verschiedensten Zwecke stehen zahlreiche Papierarten, vom Seidenpapier bis zur Pappe, zur Verfügung.

Die Qualität von *Papier* hängt von den Rohstoffen ab, aus denen es hergestellt wurde (Lumpen, Zellulose, Holzschliff): Stark holzhaltiges Papier (z. B. Zeitungspapier) ist von geringer, holzfreies Papier (z. B. Kunstdruckpapier) ist von guter Qualität.

Papier wird in Form von Bahnen hergestellt. Dabei legen sich die Rohstoff-Fasern vorzugsweise in die Laufrichtung des Papierbandes. Man spricht von der Laufrichtung des Papiers. Senkrecht dazu verläuft die Dehnrichtung. In dieser Richtung dehnt sich das Papier, wenn es feucht wird, stärker als in der Laufrichtung.

Dies ist durch einen einfachen Versuch zu überprüfen: Man mißt Länge und Breite eines Papierbogens, feuchtet ihn dann an und vermißt ihn erneut. Es ist eine Längenänderung von einigen Millimetern festzustellen.

Diese Erscheinung erklärt übrigens, warum vor allem bei großformatigen Bauplänen gelegentlich die im Plan angegebenen Abmessungen nicht mit den tatsächlichen übereinstimmen. Das ist kein Grund zu einer Reklamation. Das Papier hat Feuchtigkeit aufgenommen (z. B. in einem Kellerraum) und ist, vor allem in der Dehnrichtung, länger geworden. Auch die Festigkeit des Papers ist von der Vorzugsrichtung der Fasern abhängig. Zieht man in Laufrichtung, ist es sehr viel zerreißfester.

Für die in Bogen geschnittenen Papierbahnen sind die Formate genormt (DIN = Deutsche Industrie-Norm): Der Bogen DIN A 0 mißt 84,1 cm x 118,9 cm und hat eine Fläche von genau 1 m^2. Die folgenden Formate ergeben sich jeweils durch Halbierung des Ausgangsformates: A 1 (59,4 x 84,1), A 2 (42 x 59,4), A 3 (29,7 x 42), A 4 (21,0 x 29,7), A 5 (14,8 x 21,0), A 6 (10,5 x 14,8), A 7 (7,4 x 10,5).

Das Papiergewicht wird in g/m^2 angegeben. Papiere haben Gewichte bis etwas 100 g/m^2. Karton hat mehr als 140 g/m^2.

Im Flugmodellbau wird Bespannpapier zum Bespannen von Rippenflächen oder zur Verstärkung von Balsateilen verwendet. Das wohl am meisten verwendete ist Japico-Papier, das es in 12, 21 oder gar 38 g/m^2 und in den Farben weiß, gelb, rot, blau und schwarz gibt.

Beim Bespannen ist auf die Laufrichtung des Papiers zu achten, die man gut erkennen kann, wenn man das Papier gegen das Licht hält.

Papiere wird der Modellbauer meist zum Zeichnen verwenden. Soll ein Bauplan gezeichnet werden, ist die Benutzung der DIN-Formate zu empfehlen.

Aus Karton lassen sich Flugmodelle (siehe 2.6), Schablonen und auch Stützen fertigen, die beim Aufbau der Tragflächen für die richtige V-Form sorgen.

Andere Bespannmaterialien sind Japan-Seide (15 g/m^2), Kunstseide (30 g/m^2), Polyamid-Gewebe (18 g/m^2) und Spann-Vlies (24 g/m^2), das aus thermisch verfestigten Polyesterfasern besteht (Abb. 132).

Für bestimmte Anwendungen eignen sich auch Bespannfolien mit Heißsiegelkleber; Tragflächen müssen aber verdrehsteif aufgebaut sein, da die Folie in der Regel kaum zusätzliche Festigkeit bringt.

Der Hauptwerkstoff für den Flugmodellbau ist jedoch das *Holz*. Da es ein Naturprodukt ist, dann es nicht homogen, d. h. an allen Stellen von gleicher Beschaffenheit sein.

Im Zentrum eines Baumstammes befindet sich das Mark (das für den Modellbau nicht erwünscht ist). Daran schließen sich die konzentrischen Jahresringe (aus je zwei Schichten) an: Die innere Schicht bildet sich im Frühjahr und wächst schnell (hell, geringe Dichte, weich), die äußere bildet sich im Herbst und wächst langsamer (dunkel, größere Dichte, hart). Das Holz des Stammes wird durch die Markstrahlen mit Luft, Wasser und Nährstoffen versorgt.

Ein aufgeschnittener Baumstamm liefert Holz verschiedener Qualität.

Die Kernbretter aus der Mitte des Stammes haben eine gleichmäßige Maserung und verziehen sich kaum.

Die Mittelbretter aus der Nähe des Kerns haben eine lebhafte Maserung, verziehen sich aber leichter (das weiche Splintholz nimmt mehr Feuchtigkeit auf).

Die Seitenbretter können sich werfen oder verdrehen und haben zudem zahlreiche Aststellen.

Holz bleibt lebendig, es reagiert empfindlich auf Wechsel von Feuchtigkeit zu Trockenheit, es arbeitet. Die beste Lagerung erfolgt daher in trockenen und gleichmäßig temperierten Räumen.

Nach der Art des Baumes unterscheidet man Nadelhölzer (z. B. Kiefer) und Laubhölzer (z. B. Buche).

140

Abb. 132: Spann-Vlies besteht aus thermisch verfestigten Polyesterfasern und ist nur 0,05 mm dick.

Abb. 133: Holzleisten mit verschiedenen Querschnitten aber gleicher Querschnittsfläche.

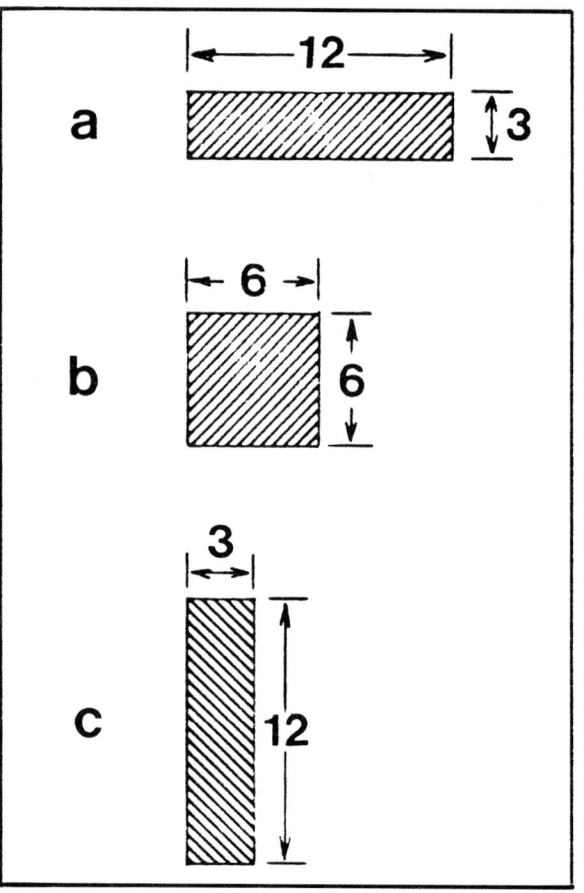

Im Modellbau werden Leisten aus *Kiefernholz* wegen ihrer Festigkeit vornehmlich für Holme (von Tragflächen) oder Gute (von Rümpfen) verwendet. Kiefernholz hat eine Dichte von ca. 0,6 g/cm^3 (oder kg/dm^3).

Die Zahl der Jahresringe pro Zentimeter und ihr Verlauf sind Indizien für die Qualität des Holzes. Optimal sind Kiefernleisten, bei denen die Jahresringe eng zusammenliegen und annähernd parallel zur Schnittkante verlaufen.

Die Biege- und Bruchfestigkeit ist von Größe und Form des Querschnitts abhängig (siehe Abb. 133). Die drei Leisten haben die gleichen Querschnittsflächen (je 36 mm^2). Nimmt man die Festigkeit der Leiste mit dem quadratischen Querschnitt (b) mit 100% an, so hätte die flache Leiste (a) einen Festigkeitswert von nur 50%, die hochkant stehende (c) aber 200%.

Harthölzer wie Esche oder Buche weisen gleichmäßige Farbe und hohe Festigkeit auf, sind aber recht schwer. Sie werden im Flugmodellbau meist für Motorträger oder Fahrwerksträger verwendet. Buchenrundstäbe verschiedener Durchmesser werden als Knebel für Tragflächenbefestigungen verwendet.

Ansonsten sind Laubsägetische oft aus Buchenholz, dessen Dichte bei ca. 0,74 (Weißbuche) bis 0,78 (Steinbuche) g/cm^3 liegt, ein Bereich, in dem sich auch die Esche bewegt.

Abachi stammt aus Afrika und hat eine Dichte von ca. 0,4 g/cm^3. Damit liegt es an der oberen Grenze von Balsaholz. Abachi hat grobe Fasern und ist ziemlich spröde. Verschiedene Hersteller verwenden es aber gern für Rippen oder Rumpfteile, weil es sich gut stanzen läßt.

Das *Balsaholz* verbindet hohe Festigkeit mit geringem Gewicht. Es ist daher besonders für den Flugmodellbau geeignet.

Der Balsabaum (ein Laubbaum) wächst in Südamerika (Ecuador). Die Indianer benutzten sein Holz, weil es sich besonders gut als Floßholz eignete. Daher kommt auch der Name, denn »Balsa« heißt Floß.

Die junge Balsapflanze kann unter günstigen Umständen bereits im ersten Jahr 5 m hoch werden und einen Stammdurchmesser von 10 cm erreichen. Der Baum ist nach etwa fünf Jahren bereits über 16 m hoch ung hat einen Stammdurchmesser von 70 cm, das sind pro Jahr rund 14 cm Zunahme im Durchmesser.

Dichte, Farbe und Qualität des Holzes hängen von Klima und Bodenbeschaffenheit ab. Die Farbe des Holzes hängt z. B. von den im Boden vorhandenen Mineralien ab, hat aber keinen Einfluß auf die Festigkeit. In feuchten Jahren wächst der Baum schnell, es wird wenig Zellulose gebildet. Das trockene Holz besteht dann im wesentlichen aus Luft und ist sehr leicht (Dichte ca. 0,1 g/cm^3). Balsaholz kann aber auch Dichten von 0,3 g/cm^3 erreichen. Ein Vergleich mit dem wohl schwersten aller Hölzer, dem Pockholz (Dichte 1,2 g/cm^3), das schwerer als Wasser ist, zeigt: Ein großer Balsawürfel (20,3 cm Kantenlänge) und ein kleiner Pockholzwürfel (9,4 cm Kantenlänge) haben beide eine Masse von 1 kg.

Wir unterscheiden weiches Balsaholz (Dichte ca. 1 g/cm^3), mittleres Balsaholz (ca. 0,2 g/cm^3) und hartes Balsasholz (Dichte ca. 0,3 g/cm^3), aber auch alle möglichen Zwischenstufen.

Bei der Auswahl des Holzes für bestimmte Verwendungszwecke sollte man sich die Mühe machen, die Brettchen mit der Briefwaage zu wiegen, das Volumen des Brettchens zu berechnen und daraus die Dichte zu ermitteln.

> Beispiel: Ein Balsabrettchen 3 mm hat ein Volumen von 100 x 10 x 0,3 = 300 cm^3. Es hat eine Masse von 45 g. Nach der Formel
> $$\varrho \text{ (Rho)} = \frac{m}{V}$$ ergibt sich: $\varrho = \frac{45\,g}{300\,cm^2} = 0,15\,g/cm^3$.
> **Es handelt sich also um mittelweiches Balsaholz.**

Balsabretter sind in den Größen 80 x 1000 bis 200 x 1000 mm zu haben, es gibt aber auch 1500 mm lange Brettchen. Die Stärken reichen von 0,6 bis 20 mm.

Außerdem wird es in Form von Leisten, Klötzen und Bohlen angeboten. Nasen- oder Endleisten gibt es bereits gefräst, sie brauchen nur noch an das Profil angepaßt zu werden. Das Holz ist meist mittelhart.

Bei der Auswahl des Balsaholzes ist der Verwendungszweck zu berücksichtigen. Für Rumpfseitenbretter, Leitwerke und Rippen benötigt man möglichst steife Brettchen. Für Beplankungen sollen sie biegsam sein und sich den Rippenkonturen gut anpassen.

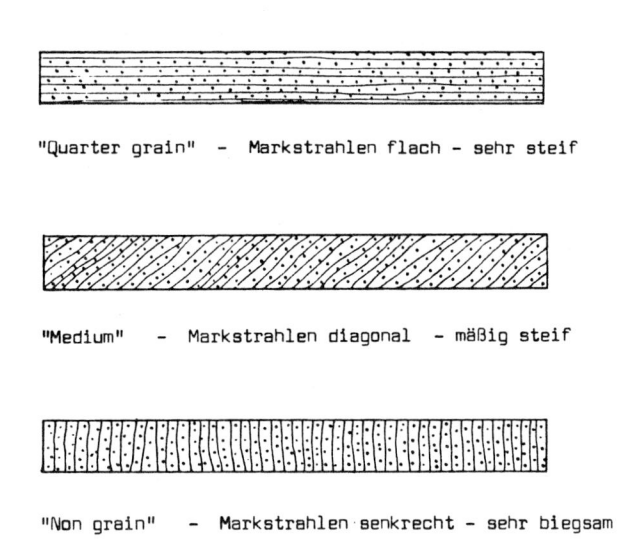

"Quarter grain" - Markstrahlen flach - sehr steif

"Medium" - Markstrahlen diagonal - mäßig steif

"Non grain" - Markstrahlen senkrecht - sehr biegsam

Abb. 134: Die Steifigkeit von Balsabrettchen hängt vom Verlauf der Markstrahlen ab.

Die Steifigkeit bzw. die Biegsamkeit eines Balsabrettchens hängt vom Verlauf der Markstrahlen ab (Abb. 134). Besonders steif sind die Brettchen, bei denen die Markstrahlen fast parallel zur Oberfläche verlaufen (»quarter grain«), diese Qualität ist aber selten. Zudem platzen die Brettchen entlang der Faser,

Abb. 135: Bei der Verwendung von Balsaholz ist auf die Faserrichtung zu achten: Das Rumpfseitenteil (b) wird mit den quer zur Faserrichtung aufgeleimten Kiefernleisten (a, d) und einem Balsabrettchen (c) verstärkt. Vor allem bei der Anordnung des Seitenleitwerks (f), das hier in der geschlitzten Kiefernleiste (e) des Leitwerksträgers sitzt, und des Höhenleitwerks (g) mit dem Höhenruder (Thermikbremse) muß der Faserverlauf stimmen (Rumpfseitenteil des Modells »Sioux« und Leitwerk des Modells »Skippy« von aero-naut-Modellbau).

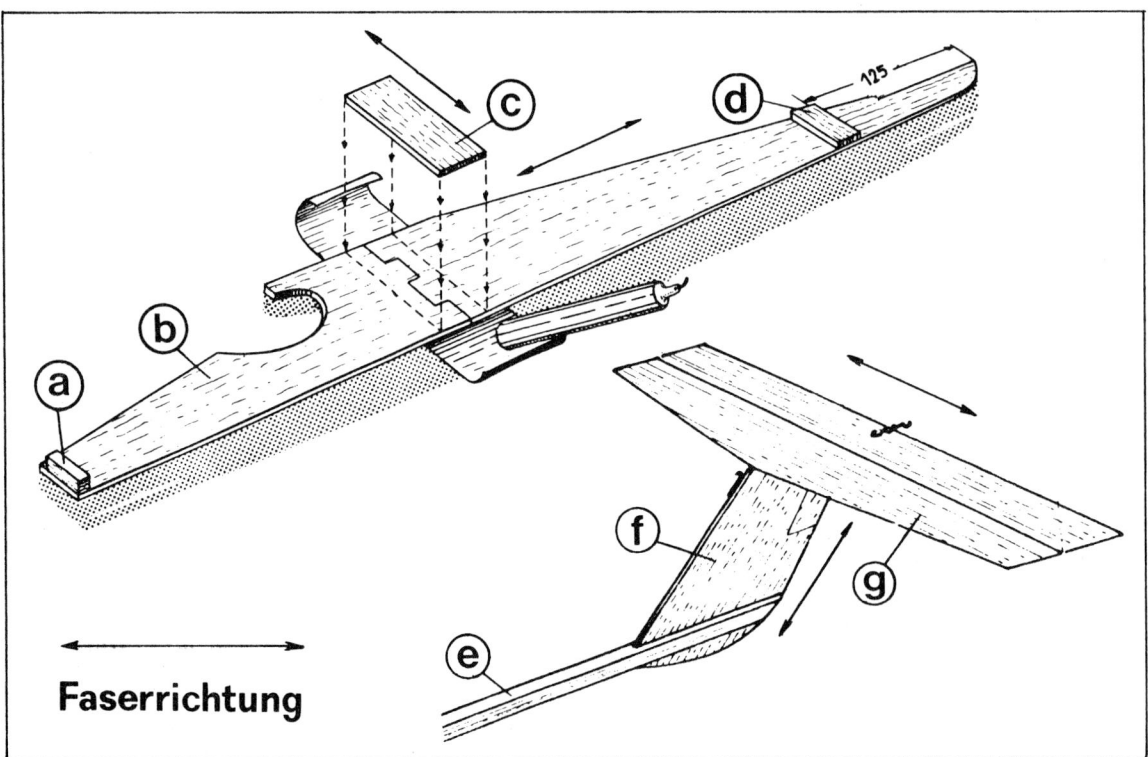

Faserrichtung

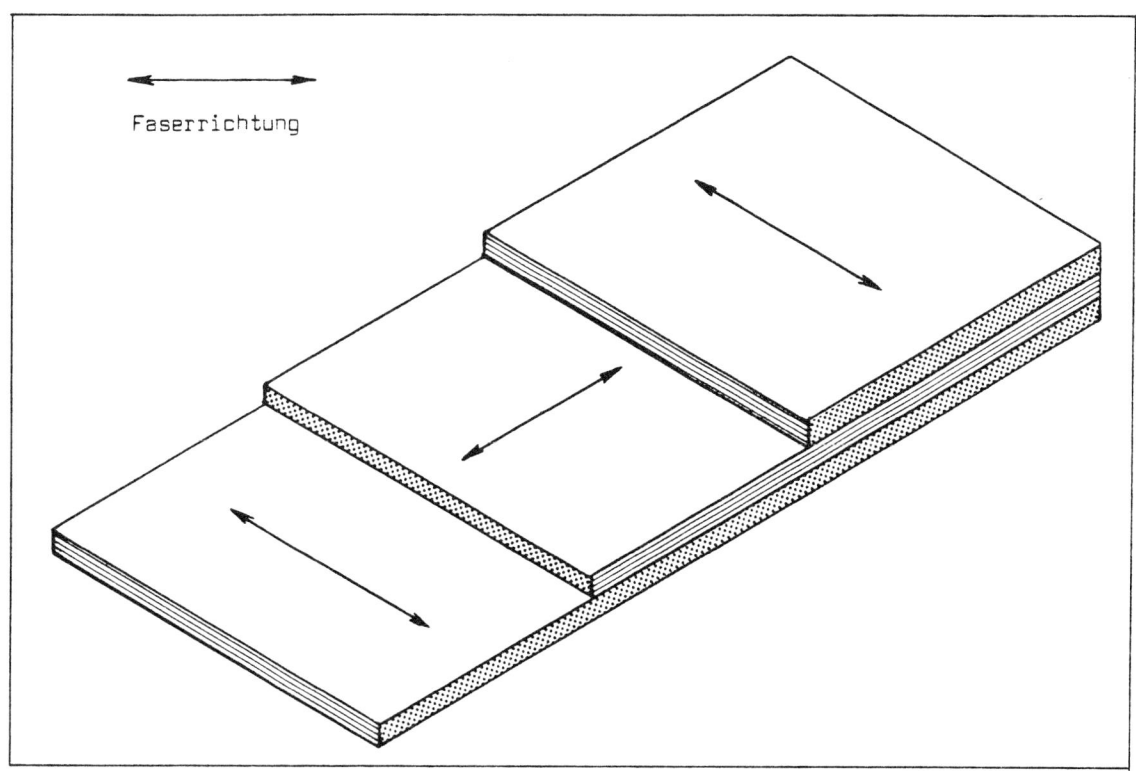

Faserrichtung

Abb. 136: Sperrholz aus drei Furnierschichten, die jeweils rechtwinklig zueinander verleimt wurden.

wenn man sie biegt. Besonders biegsam sind die Brettchen, bei denen die Markstrahlen senkrecht zur Oberfläche verlaufen (»non grain«). Dazwischen gibt es, je nachdem wie die Brettchen aus einem Stamm herausgeschnitten wurden, alle möglichen Zwischenstufen (u. a. auch »medium«).

Balsabretter sind seit einigen Jahren auch als Balsa-Sperrholz (siehe Abb. 136) zu haben und eignen sich für solche Teile, bei denen das geringe Gewicht von Balsaholz und hohe Festigkeit und Steifheit von Sperrholz gefragt sind.

Der erste Erfahrungsbericht über Balsaholz im Flugmodellbau wurde übrigens bereits 1932 in einer deutschen Fachzeitschrift veröffentlicht.

Damals baute man mit Sperrholz (Rippen, Spanten), Kiefernleisten (Holme, Gurte) und Bambus (Nasen- und Endleisten).

In der Ausschreibung zum Reichswettbewerb für Segelflugmodelle im Jahre 1935 war die Verwendung »ausländischer Baustoffe« ausdrücklich verboten (siehe Kapitel 3.2).

Für stark beanspruchte Teile (Spanten, Befestigungsrippen, Wurzelrippen, Knickverstärkungen, Tragflügelzungen u. a.) in Flugmodellen wird *Sperrholz* verwendet (Abb. 136). Es besteht aus einer ungeraden Zahl von Furnierlagen (drei, fünf, sieben), die mit rechtwinklig zueinander verlaufenden Faserrichtungen verleimt werden. Die Verleimung erfolgt mit Tegofilm, einem Klebefilm, unter hohem Druck und hoher Temperatur.

Als Materialien werden meist Buchen- oder Birkenholzfurniere verwendet.

Die Schichten und ihre Faserrichtungen werden deutlich sichtbar, wenn man das Sperrholz (z. B. bei Schäftungen) schräg anschleift.

Sperrholz gibt es in Platten von 420 x 210 bis 1250 x

143

620 mm und in Stärken von 0,4 bis 8 mm.

Zu den Baustoffen zählen auch die *Metalle*.

Stahldraht mit Durchmessern von 0,3 bis 5 mm wird für Streben, Sporne, Fahrgestelle, für Bowdenzüge oder Rudergestänge verwendet.

Verzinkter *Eisendraht* (1,0 bis 2,0 mm Duchmesser) kann u. a. auch für Rudergestänge verwendet werden.

Bandstahl (10 x 1,2 mm) wird für steckbare Tragflügelverbindungen verwendet. Passend dazu gibt es flaches Vierkant-Messingrohr (11 x 2,2 mm).

Messingrohr gibt es von 2 mm Außen- und 1,2 mm Innendurchmesser bis 7 mm/6,2 mm. Sie werden zur Lagerung von Wellen, zur Führung von Drähten oder zum Einstecken von Fahrwerken verwendet.

Aluminiumrohr in Durchmessern von 2 bis 10 mm in weicher oder harter Qualität kann für ähnliche Zwecke wie Messingrohr eingesetzt werden, ist aber nicht lötbar. Es kann überall dort eingesetzt werden, wo seine Dichte von 2,7 g/cm^3 eine Gewichtsersparnis bringt.

Aluminiumblech (0,2 bis 1,5 mm stark) wird in Platten geliefert und für Verbindungsteile, Ruderklappen (weich) oder für Motorbefestigungsplatten und Fahrwerke (hart/Dural = Dur-Aluminium) eingesetzt.

Messingblech (0,2 bis 1 mm stark) eignet sich für die verschiedensten Zwecke.

Einen breiten Raum im Flugmodellbau nehmen inzwischen die *Kunststoffe* ein. Man unterscheidet Thermoplaste (die sich bei Erwärmung plastisch verformen), Duroplaste (die sich bei Erwärmung kaum verformen und bis zur Zersetzung fest bleiben) und Elaste (synthetische Kautschuke).

Kunststoffe bestehen aus den chemischen Elementen Kohlenstoff, Wasserstoff und Chlor. Kohlenstoff ist durch Brennproben leicht nachzuweisen (Rußflocken bei der Verbrennung von Polystyrol oder Styropor). Wenn man PVC-Pulver auf einen Kupferblechstreifen häuft und diesen über einer Gasflamme erhitzt, zersetzt sich der Kunststoff mit leuchtend grüner Flamme. Es entsteht ein stechender Geruch, der auf Chlor hinweist.

In Modellbaukästen werden von den verschiedenen Herstellern zahlreiche Kunststoffteile angeboten, in Form von Platten, von tiefgezogenen oder gespritzten Modell- und Zubehörteilen.

Das glasklare Zelluloid gibt es in Tafeln von 0,25 bis 1,5 mm Dicke. Es wird für Kabinenhauben verwendet und läßt sich einfach verformen.

Andere Kunststoffe für den gleichen Verwendungszweck sind Cellidor oder CAB (Celluloseacetatobutyrat), das es auch farbig transparent gibt, und Plexiglas oder Acrylglas (Polymethylmethacrylat).

Weitere Kunststoffe sind PVC (Polyvinylchlorid), Polystyrol (Polystyrol-Schaum = Styropor), Polyurethan-Schaum (meist in Platten unterschiedlicher Dicke mit Klebeschicht zur Vibrationsdämpfung oder Lagerung empfindlicher Geräte). Dazu kommen Epoxid- und Polyesterharze, die mit einem Härter verarbeitet werden und kalt aushärten. Sie werden mit eingelegten Glasfasergeweben oder -matten verstärkt (GFK) und haben dann eine sehr hohe Festigkeit.

Daraus werden in der Hauptsache Flugmodell-Rümpfe, Motorhauben u. a. hergestellt, die oft bereits in der Masse eingefärbt sind, so daß sich ein Lackieren erübrigt.

Neuerdings werden auch im Flugmodellbau Kohlenstoff-Fasern anstelle von Glasfasern verwendet. Sie werden im Segelflugzeugbau (z. B. »SB – 10« mit 29 m Spannweite) und im Großflugzeugbau (z. B. Teile am »Airbus«) verwendet. Die schwarzen Fasern können die dreifache Last aufnehmen wie ein Stahlseil gleichen Gewichts.

Inzwischen werden sie auch im Flugmodellbau für hoch beanspruchte Rumpfstellen (Leitwerksträger) und Tragflächen mit großer Streckung verwendet. Das heißt dann kohlenstoffaserverstärkter Kunststoff (KFK).

Probleme gibt es gelegentlich, wenn Kunststoffe geklebt oder lackiert werden sollen. Nicht jeder Klebstoff und nicht jeder Lack paßt da. Im Regelfall haben die Baukastenhersteller die Sache ausprobiert und legen einmal die richtigen Kleber in den Baukasten oder aber sie empfehlen in der Bauanleitung die passenden Klebstoffe und Lacke.

Damit man aber auch selbst feststellen kann, mit welchem Kunststoff man es gerade zu tun hat, werden in der folgenden Tabelle Dichte und Brennverhalten der wichtigsten Kunststoffe aufgeführt. Ansonsten ist zu empfehlen, vor dem Kleben und Lackieren Abfallstücke zu Probeklebungen und -lackierungen zu verwenden.

Tabelle 10: Erkennen von Kunststoffen

Kunststoff	Handelsnamen	Dichte (g/cm^3)	Brennverhalten
Polyäthylen	Lupolen, Hostalen	0,92	helle Flamme mit blauem Kern, tropft brennend, paraffinartiger Geruch, kaum sichtbare Dämpfe
Polystyrol	Polystyrol	1,05	gelbe Flamme, rußt stark, tropft brennend, riecht süßlich nach Leuchtgas
Polystyrol-Schaum	Styropor	0,015–0,100	wie Polystyrol
Acrylnitril-Butadien-Styrol	ABS, Novodur, Terluran	1,06–1,12	gelbe Flamme, rußt stark, riecht nach Leuchtgas
Polyvinylchlorid hart	PVC, Mipolam, Coroplast	1,38	schwer entflammbar, verlischt nach dem Entfernen aus der Flamme, riecht stechend nach Salzsäure
Polyvinylchlorid weich	wie PVC hart	1,20–1,35	wie PVC hart, brennt ggf. besser, je nach Weichmacher
Celluloseaceto-butyrat	CAB, Cellidor	1,19	gelbe, sprühende Flamme, tropft, riecht nach ranziger Butter
Polymethylmethacrylat	Plexiglas, Acrylglas	1,18	leuchtende Flamme, knistert und tropft, fruchtiger Geruch
Polyurethanschaum	Moltopren	0,03–0,06	gelbe Flamme, stark stechender Geruch

6.1.2 KLEBSTOFFE (VERBINDUNGSSTOFFE)

In den Jahren um 1930 waren Knochenleime (Warmleime), Kasein-Pulver-Leime (Kaltleime) und zum Teil auch die übelriechenden Fischleime in Gebrauch.

Heute gibt es zahlreiche Klebstoffe für die verschiedensten Anwenungsmöglichkeiten.

Auch im Großflugzeugbau werden Flugzeugteile geklebt statt genietet. Denn für jede Niete muß ein Loch gebohrt werden, das das Material an dieser Stelle schwächt und zu Spannungen an den Lochrändern führt.

Beim Verkleben spielen zwei physikalische Erscheinungen eine Rolle, die Adhäsion und die Kohäsion.

Unter Adhäsion (Anhangskraft) versteht man das Haften von Stoffen aneinander.
Beispiele: Kreide haftet an der Tafel, der Wassertropfen an der Glasscheibe, Klebstoff am Material.

Unter der Kohäsion (Zusammenhangskraft) versteht man das Wirken von Anziehungskräften zwischen Atomen und Molekülen eines Körpers untereinander.

Beispiele: Große Kohäsion bei festen Körpern, z. B. Metallen, kleine Kohäsion bei Flüssigkeiten, z. B. flüssiger Klebstoff.

Klebt man also zwei Körper aus gleichen oder verschiedenen Materialien durch einen dünnen Klebstoffilm zusammen, so wird die Bindung des Materials durch die Adhäsion des Klebers auf den Materialflächen und die Festigkeit der Verbindung durch die Kohäsion des ausgehärteten Klebstoffilms bewirkt.

Zellulosekleber (Tapetenkleister, Glutofix, Methylan u. a.) werden vor Gebrauch mit Wasser angerührt. Sie werden zum Aufkleben des Bespannpapiers auf das Tragflächengerüst oder auf Holzteile (aber auch zum Kleben von Tapeten an die Wände) verwendet (Abb. 137).

Weißleim (Pritt-Alleskleber-Creme, Ponal, UHU-coll, Mowicoll u. a.) ist eine Kunstharz-Wasser-Dispersion aus einem im Wasser fein verteilten Bindemittel (Dispersionskleber). Er ist leicht flüssig, gut verstreichbar und dringt tief in die Poren des Holzes ein. In frischem Zustand löst er sich in Wasser. Er trocknet

Abb. 137: Papierkleber (links) und Weißleime für die Verklebung von Holz (rechts).

transparent auf und bleibt elastisch. Die zu verklebenden Teile müssen bis zum Abbinden gepreßt oder durch Stecknadeln fixiert werden.

Da das Lösungsmittel Wasser durch das zu verklebende Material hindurch verdunsten muß, können sich unter Umständen noch lange Zeit flüssige Klebstoffnester im Innern der verklebten Teile befinden (Abb. 137).

Bei allen Klebern, die als Lösungsmittel Wasser verwenden, muß darauf geachtet werden, daß Papier und Holz durch Wasseraufnahme quellen. Beim Trocknen werden dann leicht die mit Papier beklebten Flächen krummgezogen.

Für schnelle Papierverklebungen ohne diesen Effekt eignen sich daher Alleskleber (UHU-Alleskleber oder Pritt-Klebestift, Pritt-Alleskleber u. a.) besser.

Hartkleber (UHU-hart, Stabilit dur, hobby-coll, Rudol hart u. a.) sind auf Aceton-, Nitrocellulose- und Spiritusbasis aufgebaut. Ihr großer Vorteil ist das schnelle Abbinden und Trocknen sowie die Beständigkeit gegen Wasser, Säuren und Laugen, Öl und Kraftstoff. Sie bilden einen harten, glasklaren und hinreichend elastischen Klebefilm.

Die zu verklebenden Teile müssen während der Trockenzeit durch Klammern, Gewichte oder Stecknadeln fixiert werden. Hartkleber eignen sich besonders für Schnellreparaturen (Abb. 138).

Kontaktkleber (UHU-kontakt 2000, Greenit, Pattex compact und Pattex) eignen sich besonders für großflächige Verbindungen von Holz, Kunststoffen und Metallen (Abb. 139). Sie werden mit einem Spachtel oder Zahnspachtel auf beide zu verklebenden Flächen aufgetragen. Danach läßt man sie offen ca. 5–10 Minuten ablüften, wobei das Lösungsmittel verdunstet. Die Fingerprobe zeigt, ob die Flächen verklebt werden können (»Wenn er klebt, klebt er nicht; wenn er nicht mehr klebt, dann klebt er!«). Die beiden Teile werden paßgenau (!) zusammengefügt und kurz gepreßt. Dabei ist die Höhe des Drucks wichtiger als dessen Dauer.

Kontaktkleber werden auch in kompakter Form (geleeartig) angeboten, in dieser Form tropfen sie nicht und ziehen keine Fäden.

Nach dem Pressen ist die Klebestelle fest. Das Werkstück kann sofort weiter bearbeitet werden.

Das Verfahren der Lösungsmittelreaktivierung läßt sich auch bei Hartklebern anwenden: Man trägt Hartkleber auf beide zu verklebenden Teile dünn auf und läßt ihn trocknen (offen). Nach dem Trocknen wird eine

146

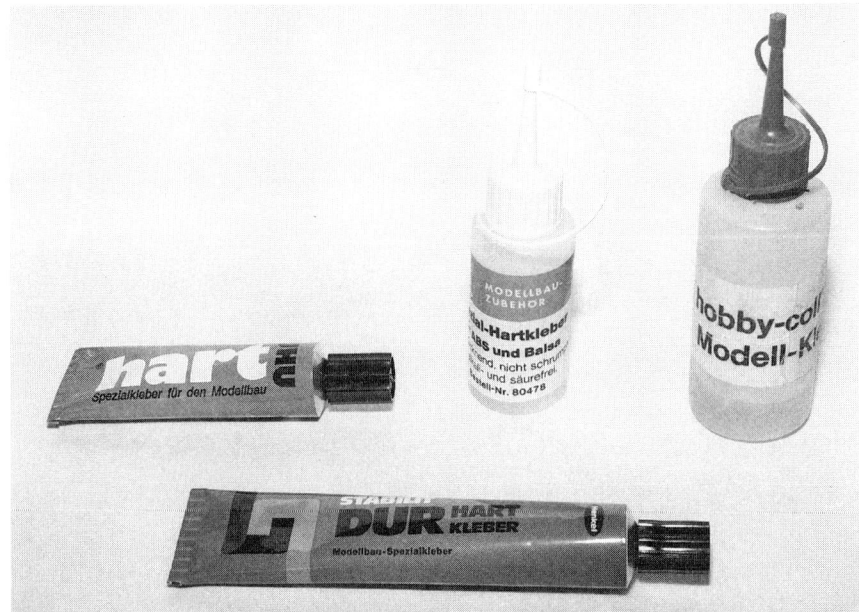

Abb. 138:
Verschiedene Hartkleber.

dünne Schicht Kleber aufgetragen, und die Teile werden zusammengepreßt. Das Lösungsmittel des frischen Klebers löst die beiden trockenen Klebefilme an, so daß die Verbindung verschweißt wird.

Plastikkleber (UHU-plast, UHU-PVC, Hegi-Polystyrolkleber, flüssige Plastikkleber von Humbrol u. a.) werden vornehmlich für die Verklebung der Teile von Plastikmodellen verwendet. Aber da in letzter Zeit in den Baukästen sehr vieler Hersteller mehr und mehr Kunststoffteile sind, gewinnen diese Kleber auch beim Bau von Flugmodellen größere Bedeutung (siehe 6.1.1). Diese Klebstoffe sind eigentlich nur Lösungsmittel. Sie lösen den Kunststoff an. Beim Zusammenfügen entsteht eine Verbindung wie geschweißt, die nach dem Verdunsten des Lösungsmittels kaum noch vom übrigen Material zu unterscheiden ist.

Mit diesen Klebstoffen können Kunststoffe auch mit anderen Materialien (Holz, Pappe u. a.) verklebt werden (Abb. 139). Vor allem für die Lösungsmittelkleber in Fläschchen empfiehlt sich eine schwere, standfeste Unterlage z. B. aus den Deckeln von Sprühdosen, die man mit Bleikugeln beschwert. Die kleinen Fläschchen fallen leicht um.

Zweikomponentenkleber oder Reaktionskleber (Devcon-5-Minuten-Epoxy, UHU-endfest 300, Quickfix, technicoll-Zweikomponentenkleber, Stabilit expreß, Polyester- oder Epoxidharze mit Härter u. a.) entfalten ihre Klebefähigkeit aus den chemischen Umwandlungen im Aufbau der Moleküle, der Polymerisation. Dadurch entstehen sehr gute Verbindungen,

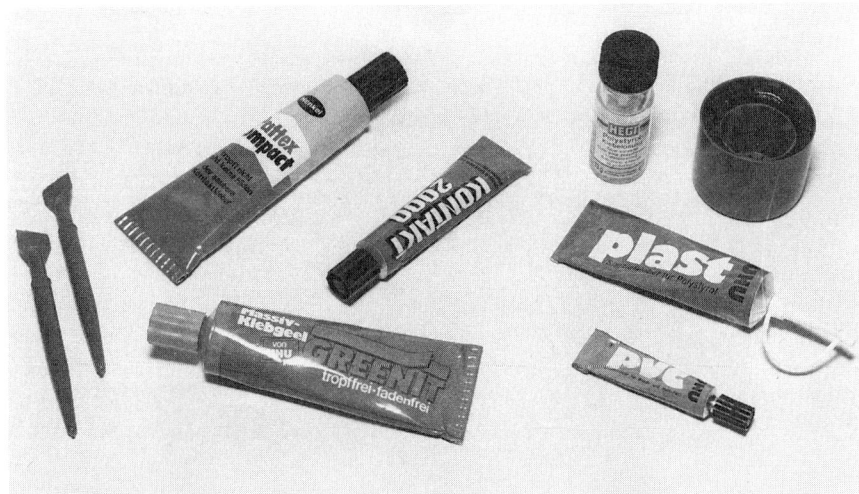

Abb. 139: Kontaktkleber (links) und Klebstoffe für Kunststoffe (rechts).

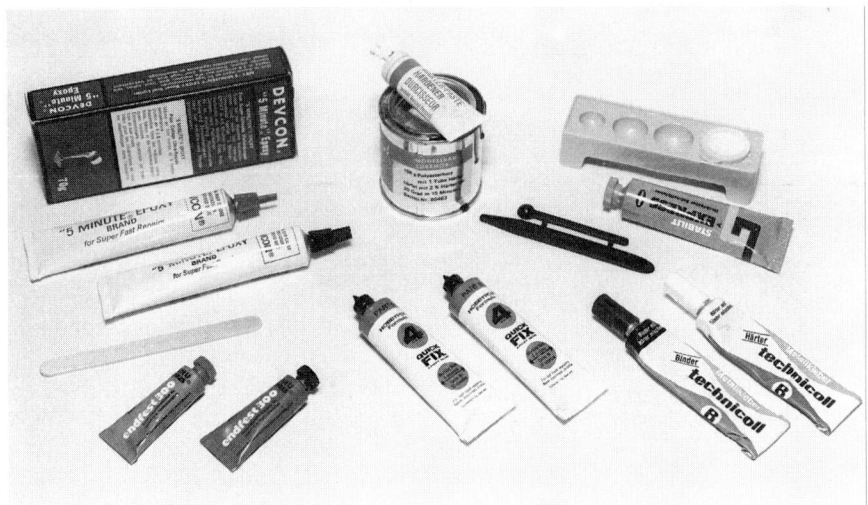

Abb. 140: Verschiedene Zweikomponentenkleber (Kunstharz-Reaktionskleber).

die oft eine höhere Festigkeit als die verklebten Materialien haben, wie Zerreißproben immer wieder ergeben haben.

Mit Zweikomponentenklebern können nahezu alle Materialien geklebt werden. Durch Wärme kann die Aushärtezeit verkürzt werden. Beispiel UHU-endfest 300: bei 20° C wird nach 10 Stunden eine Festigkeit von 150 kg/cm^2 erreicht, bei 100° C nach 10 Minuten eine Festigkeit von 180 kg/cm^2 und bei 180° C nach 5 Minuten 300 kg/cm^2.

Man kann mit verschiedenen dieser Kunstharzkleber bei Normaltemperatur Aushärtezeiten von wenigen Minuten bis zu mehreren Stunden erzielen (Abb. 140).

Für ganz schnelle Klebungen eignen sich *schnellpolymerisierende Einkomponentenkleber auf Cyanacrylatbasis* (Graupner 1 SK, Tiko K 2 U, UHU-Sekundenkleber, Kricks Ruck-Zuck, Multiplex' Zack u. a.). Sie sind sehr dünnflüssig und dringen daher tief in die zusammengepreßten Klebestellen ein (Kapillarwir-

kung). Sie härten durch Luftfeuchtigkeit aus und sind in gehärtetem Zustand beständig gegen Öle, Alkohol und Wasser. Die Aushärtezeit hängt von der Art der zu verklebenden Materialien ab. Beispiele: Metall auf Metall ca. 60 bis 120 s, Kunststoff auf Kunststoff ca. 60 bis 180 s, Holz auf Holz ca. 20 bis 30 s.

Bei Lagerung im Kühlschrank (+5° C) halten sich diese Kleber ca. 6 Monate, im Gefrierschrank (−15° C) ca. 12 Monate. Sie müssen aber vor Gebrauch aufgetaut und auf Raumtemperatur gebracht werden (Abb. 141).

Diese kurzen Ausführungen ersparen nicht das Lesen der für den jeweiligen Klebstoff geltenden Verarbeitungshinweise, aus denen auch Informationen über »offene Zeit«, »Topfzeit« und das Entfernen von Klebstoffflecken aus der Kleidung zu entnehmen sind.

Wichtig ist aber immer: Die Klebestellen müssen staubfrei und trocken, frei von Öl und Fett sein.

Abb. 141: Cyanacrylat-Kleber, sogenannte Sekundenkleber.

148

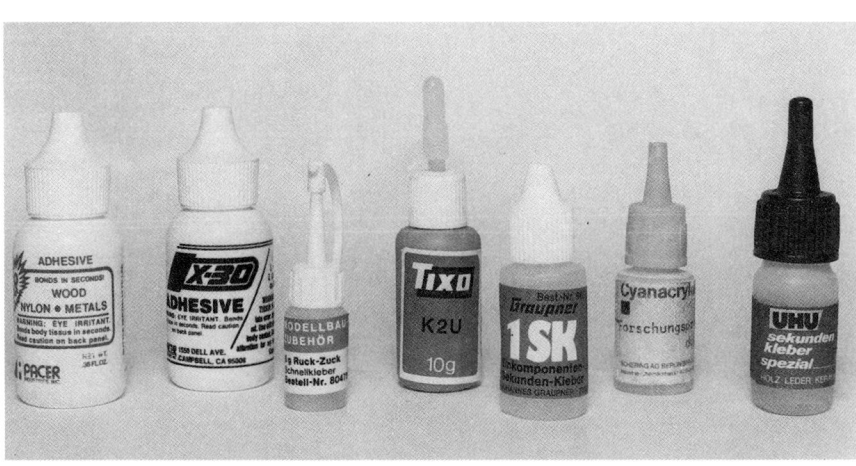

6.1.3 LACKE, FARBEN UND VERDÜNNUNGEN (BEHANDLUNGSSTOFFE)

Holz nimmt Feuchtigkeit auf und arbeitet, wenn die Poren nicht geschlossen werden.

Metalloberflächen verbinden sich mit dem Sauerstoff der Luft und oxidieren.

Beides muß durch entsprechende Behandlung der Oberflächen verhindert werden.

Mit *Porenfüller* (Feinschliffgrund, Glattfix o. ä.) werden die Holzporen gefüllt. Porenfüller trocknen schnell und spannen nicht. Jeder Anstrich muß erst gut trocknen, ehe er geschliffen werden kann. Danach folgt ein neuer Anstrich, der wieder gut trocknen muß und dann geschliffen wird (Schleifpapier mit den Körnungen 100, 200 und dann Naßschleifpapier mit der Körnung 400).

Porenfüller machen das Holz zwar härter und fester, es wird aber auch schwerer.

Zum Auffüllen größerer Unebenheiten nimmt man *Spachtel,* am besten den schnell trocknenden Nitrospachtel.

Eine ähnliche Zusammensetzung wie Porenfüller hat der *Spannlack* (auf Nitro-Zellulose-Basis). Er soll Papier- und Stoffbespannungen straffen, luftdicht und wasserdicht machen.

Bis zum Trocknen müssen die mit Spannlack gestrichenen Tragflächen oder Leitwerke auf dem Baubrett fixiert werden.

Es ist zu empfehlen, Spannlack vor dem Streichen zu verdünnen (passende Verdünnung!) und dafür mehrere (bis zu fünf) Anstriche aufzubringen. Nach jedem Anstrich muß das Werkstück wieder auf dem Baubrett fixiert werden.

So lackierte Flugmodelle haben schon Monate in Regen, Schnee und Schmelzwasser gelegen und waren innen absolut trocken, als man sie im nächsten Frühjahr wiederfand.

Überzugslacke bestehen aus Farbstoff, Binde- und Lösungsmittel und enthalten oft noch Zusätze.

Es gibt *Nitro- und Kunstharzlacke.* Die Grundsubstanzen der Lacke sind so unterschiedlich, daß auch hier auf die Verarbeitungshinweise der Hersteller verwiesen werden muß.

Kunstharzlacke und Nitrolacke dürfen auf keinen Fall gemischt werden. Aber auch das Mischen von Kunstharzlacken oder Nitrolacken verschiedener Hersteller ist nicht unbedingt zu empfehlen.

Nitrolacke dürfen nicht auf Kunstharzlacke gestrichen oder gespritzt werden (auch nicht auf Kunststoffe). Wohl aber kann man Kunstharzlacke auf Nitrolacke und auf die meisten Kunststoffe streichen oder spritzen.

Besonderes Augenmerk ist auf die Pinsel zu legen. Ein gut gepflegter und immer wieder penibel gereinigter teurer Pinsel ist letztlich billiger als ein schlechter billiger Pinsel, der zudem noch »Haare läßt«.

Lacke können mit dem Pinsel, mit Farbrollern oder mit Spritzpistolen (Spritzgriffeln) aufgetragen werden.

Die handelsüblichen Billig-Sprühdosen-Lacke sind nur bedingt zu empfehlen. Bevor man ein sauber gebautes Modell durch einen fehlerhaften Anstrich »versaut«, sollte man die Farbe an Abfallteilen erst erproben.

Mit *Lösungsmitteln (Verdünnungen)* können nicht nur Lacke gelöst werden, sie lösen grundsätzlich auch andere Stoffe, z. B. manche Kunststoffe.

Für die Verdünnung von Lacken sollten grundsätzlich auch die vom Hersteller empfohlenen Verdünnungen verwendet werden.

Mit Lösungsmitteln werden auch Pinsel und die Oberflächen gereinigt. Dabei ist darauf zu achten, daß man nicht mit Nitroverdünnung auf Kunststoff- oder mit Kunstharzlacken gestrichene Flächen kommt.

Für das Spritzen muß der Lack stets stark verdünnt werden. Genaue Angaben finden sich in den Betriebsanleitungen für die Spritzpistolen. Dafür gibt es oft auch sogenannte Viskositätsmesser, kleine Meßtrichter, aus denen die verdünnte Farbe in einer bestimmten Zeit auslaufen muß.

Lackierte Oberflächen können anschließend mit *Lackpolitur* (Autozubehör) poliert werden.

Falls mehrere Farben aufgetragen werden sollen, müssen die bereits gestrichenen oder gespritzten Flächen abgedeckt werden. Dafür ist »entschärfter« Tesafilm zu empfehlen, den man vorher auf eine saubere glatte Platte geklebt und wieder abgezogen hat.

6.2.0 Werkstatt und Werkzeug

Voraussetzung für eine gute Arbeit ist gutes Werkzeug. Es sollte mit Überlegung ausgesucht und gekauft werden.

Ein unter Umständen etwas teureres Werkzeug von guter Qualität erspart später Materialverluste und Ärger.

Großer Wert ist auch auf die ordentliche und übersichtliche Aufbewahrung der Werkzeuge zu legen.

Nichts ist lästiger als ständiges Suchen nach dem passenden Werkzeug (»Bei uns herrscht Ordnung! Ein Griff . . . und schon geht die Sucherei los!«).

6.2.1 EINZEL- UND GRUPPENWERKZEUGE, MASCHINEN

Flugmodelle werden auf *Baubrettern* (Hellingbrettern) aufgebaut. Sie sollten eine Größe von 300 x 1200 x 20 mm haben. Am besten eignen sich Tischlerplatten (Abb. 142).

Die Baubretter können mit Porenfüller grundiert und anschließend mit Bohnerwachs eingerieben werden, damit nicht Modellteile darauf festkleben.

Eine bessere Möglichkeit ist, die Bretter mit einer Kunststoffolie zu überziehen, unter der der Bauplan ausgebreitet ist. So kann man Teile des Modells direkt auf dem Plan zusammenbauen, ohne ihn zu beschädigen.

Schleifklötze oder Schleifleisten können selbst hergestellt werden: Kiefernleisten (10 x 40 x 300 mm) werden auf beiden Seiten mit Schleifpapier beklebt (am besten mit Kontaktkleber). Sinnvollerweise stellt man Schleifklötze mit verschiedenen Körnungen her, so daß man für alle Anwendungen gerüstet ist. Bei Bedarf können auch Rundhölzer mit verschiedenen Durchmessern mit Schleifpapier beklebt werden. Zum Schleifen kleinerer Flächen können Schleifkorke benutzt werden, um die das Schleifpapier gewickelt und mit der Hand seitlich festgehalten wird.

Abb. 142: Wichtige Grundlage für den Bau von Modellen ist ein gutes Baubrett aus einer Tischlerplatte, auf der eine Folie liegt. Hier wird die Rumpfseite des Modells »Filius« (Multiplex) aufgebaut.

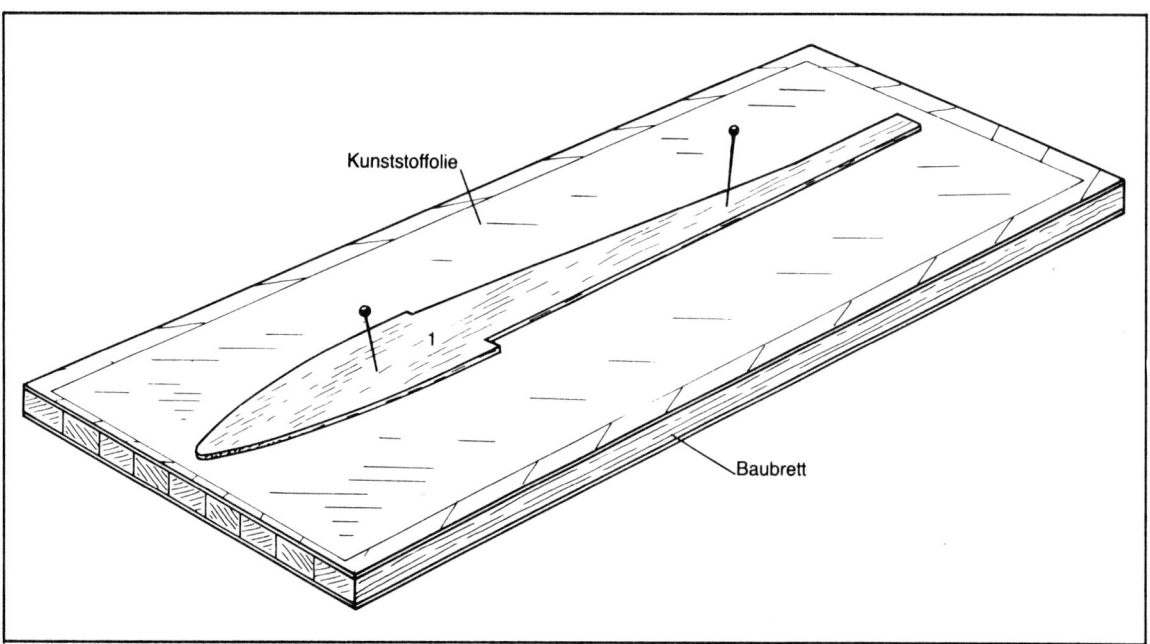

150

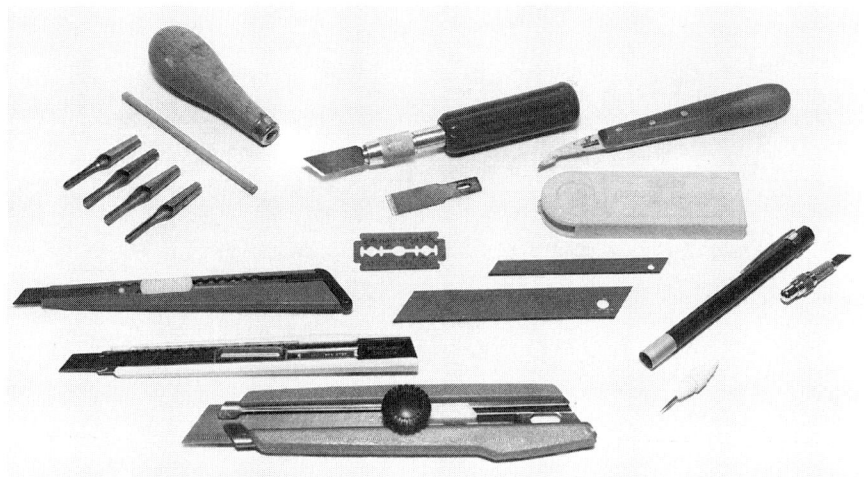

Abb. 143: Verschiedene Messer, meist mit abbrechbaren Klingen, dazu ein Linolschnittbesteck für leichte Holzarbeiten (links oben).

Für feine Arbeiten gibt es auch Konturenschleifer mit verschiedenen Profilen.

Für die Bearbeitung von Holz sind *Raspeln und Holzfeilen* erforderlich. Sie unterscheiden sich im Hieb. Raspeln haben punktförmige Hiebzähne, Holzfeilen einen Kreuzhieb. Raspeln und Feilen dürfen nur mit Heft verwendet werden.

Für feine Arbeiten sind Schlüsselfeilen nötig. Ein Satz enthält meist sechs verschiedene Profile.

Universal-Werkzeug für den Flugmodellbau ist das Messer. Da das Schleifen von Messerklingen nicht jedermanns Sache ist, sind *Schnitzmesser* mit auswechselbaren Klingen oder *Balsamesser* zu empfeh-

len, bei denen man die gekerbte Klinge herausschieben und – wenn sie nicht mehr schneidet – abbrechen kann, so daß stets eine scharfe Klinge zur Verfügung steht (Abb. 143).

Zum Messen und zum Schneiden wird ein *Stahlmaß* (500 mm lang, nicht rostend), benötigt. Sollen Holzstücke rechtwinklig geschnitten werden, braucht man einen *Schreinerwinkel,* möglichst mit Stahlzunge und Millimetereinteilung (Abb. 144).

Klammern, Gummiringe, Klebefilm, Glaskopf-Stecknadeln und die griffigen Furniernadeln sind für den Modellbau unentbehrlich.

Leisten mit geringen Querschnitten werden mit einer

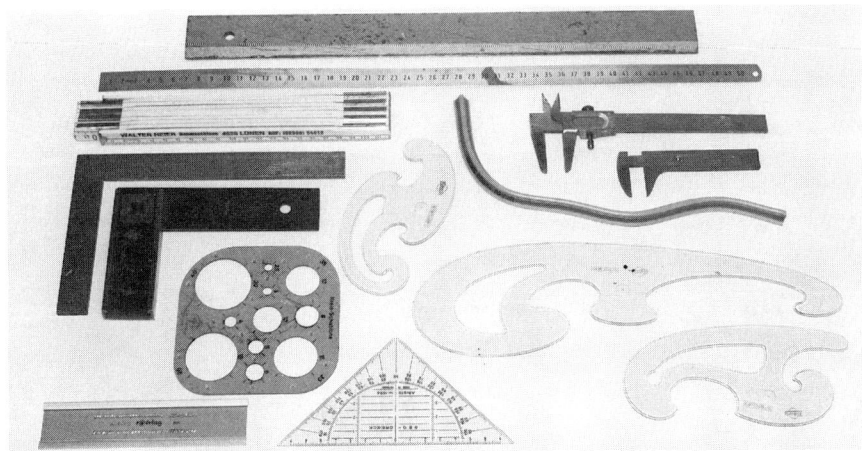

Abb. 144: Stahllineale und Stahlmaße (oben), Schreinerwinkel und Zollstock sowie Schablonen und andere Zeichenwerkzeuge, u. a. ein biegsames Kurvenlineal (Hansa-Technik/ rechts). Wichtig sind auch Schieblehren (rechts oben).

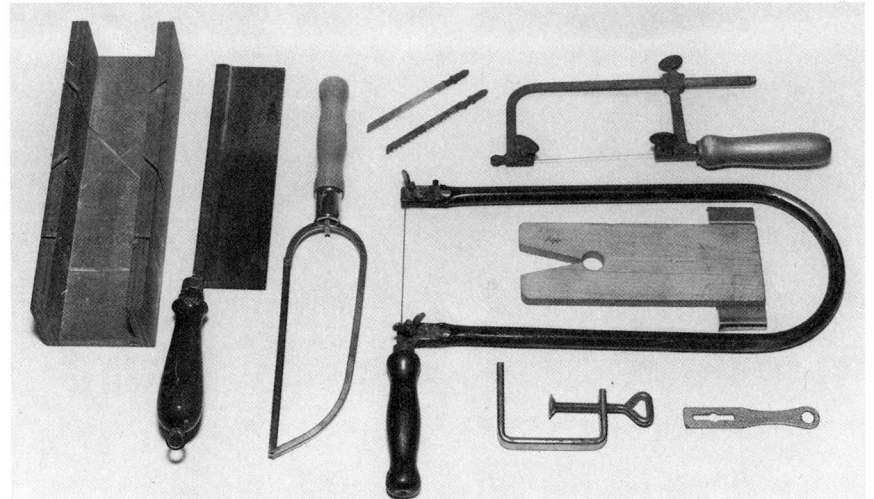

Abb. 145: Gehrungslade und Feinsäge, Puksäge mit Ersatzblättern, Metallsäge und Laubsäge mit Laubsägetisch und Zwingen (von links), darunter ein Schlüssel zum Lösen und Anziehen der Flügelmuttern.

Feinsäge gesägt, auch eine *Puksäge* tut dabei gute Dienste. Müssen Leisten auf Gehrung gesägt werden, ist die *Gehrungslade* nötig (Abb. 145 links).

Ein wichtiges Werkzeug für jeden Modellbauer ist die *Laubsäge.* Laubsägeblätter gibt es in den Zahnungen 00, 0, 1 bis 5. Sie werden straff in den Laubsägebogen eingespannt.

Eine Laubsäge wird nur in Verbindung mit einem *Laubsägetisch* benutzt, der mit einer oder zwei Schraubzwingen am Arbeitstisch befestigt wird (Abb. 145 rechts).

Kleine Löcher werden mit einer *Stechahle* vorgestochen. *Nagelbohrer* sind für Bohrungen in nicht zu dünnem Holz geeignet, wegen ihrer speziellen Ausführung würden sie Holzleisten beim Bohren spalten.

Das Spannfutter einer handbetriebenen *Kleinbohrmaschine* faßt Bohrer bis ca. 8 mm Durchmesser. Sehr gute Dienste leisten auch die in letzter Zeit häufig angebotenen elektrischen Kleinbohrmaschinen.

Für den Modellbau braucht man auch einen *Balsahobel,* mit dem man überschüssiges Material spanabhebend entfernen kann, so daß nachher nur noch wenig geschliffen werden muß.

Für größere Arbeiten an anderen Hölzern werden die üblichen *Hobel, Stechbeitel* oder *Raspeln* gebraucht.

Sehr hilfreich sind *kleine Schraubzwingen* (Minizwingen), die wegen ihres geringen Gewichts an kritischen Klebestellen besser anzubringen sind als die vergleichsweise schweren üblichen Schraubzwingen. Für feine Arbeiten gibt es auch *Schraubstöcke in Miniaturausführung,* gelegentlich ist auch ein *Feilkloben* nützlich (Abb. 146).

Zum Schneiden von Pappe, Karton und Papier oder Blech benötigt man die jeweils passenden Scheren. Papierscheren, mit denen man Blech geschnitten hat, sind danach meist nicht mehr gut zu gebrauchen.

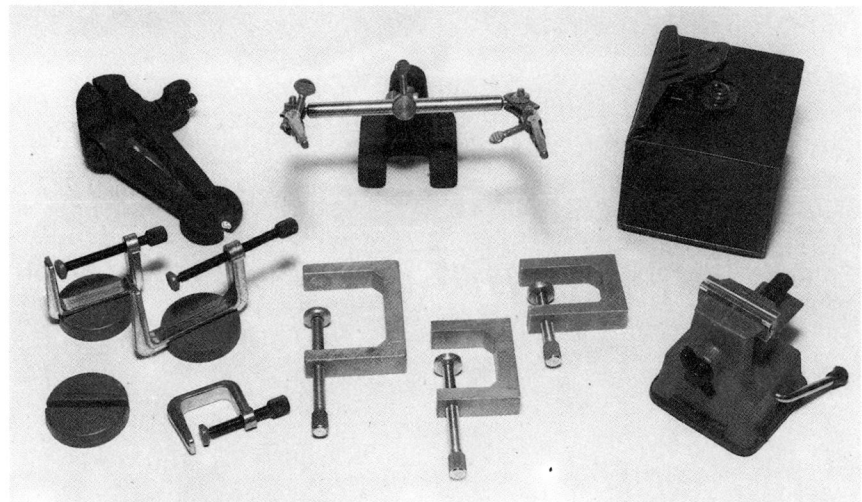

Abb. 146: Feilkloben, X-tra-Hand, Platinenhalter (oben, von links), Miniaturzwingen und ein kleiner Schraubstock (unten).

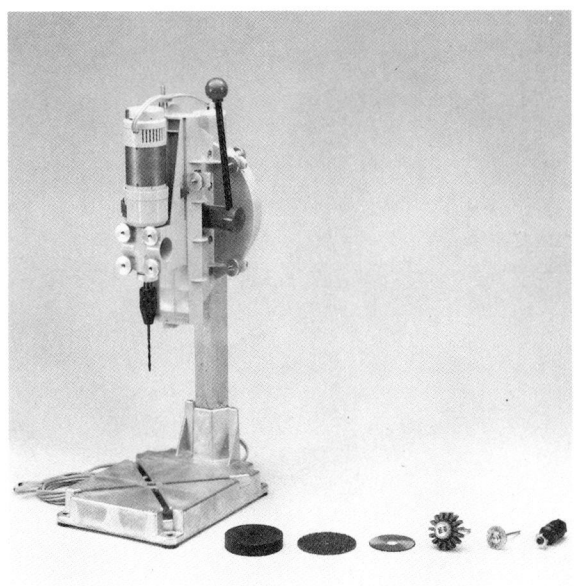

Abb. 148: Universal-Modellbauschleifer (Hanning).

Abb. 147: Eine Kleinbohrmaschine mit Zubehör (Marx-Lüder).

Abb. 149: Universal-Helling »A-justo-jig« zum Aufbau von Tragflächen und Rümpfen (Modellbau M. König).

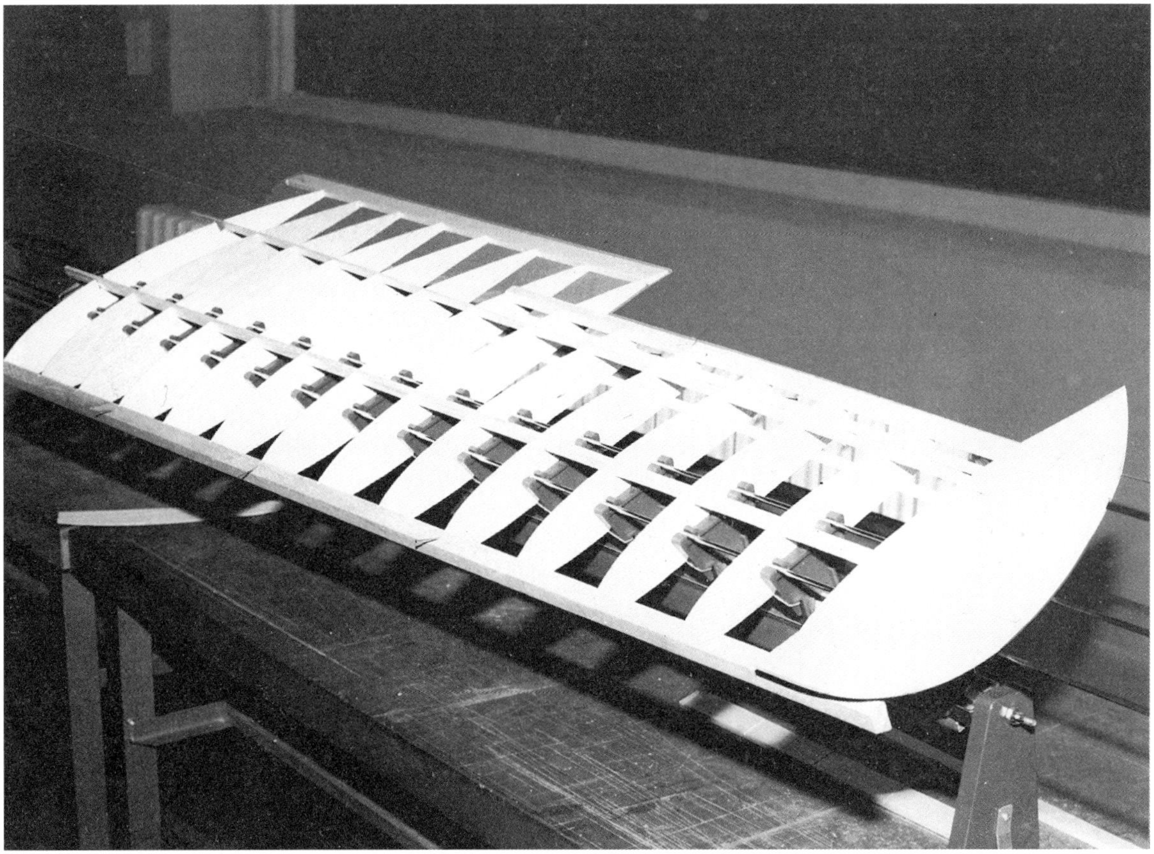

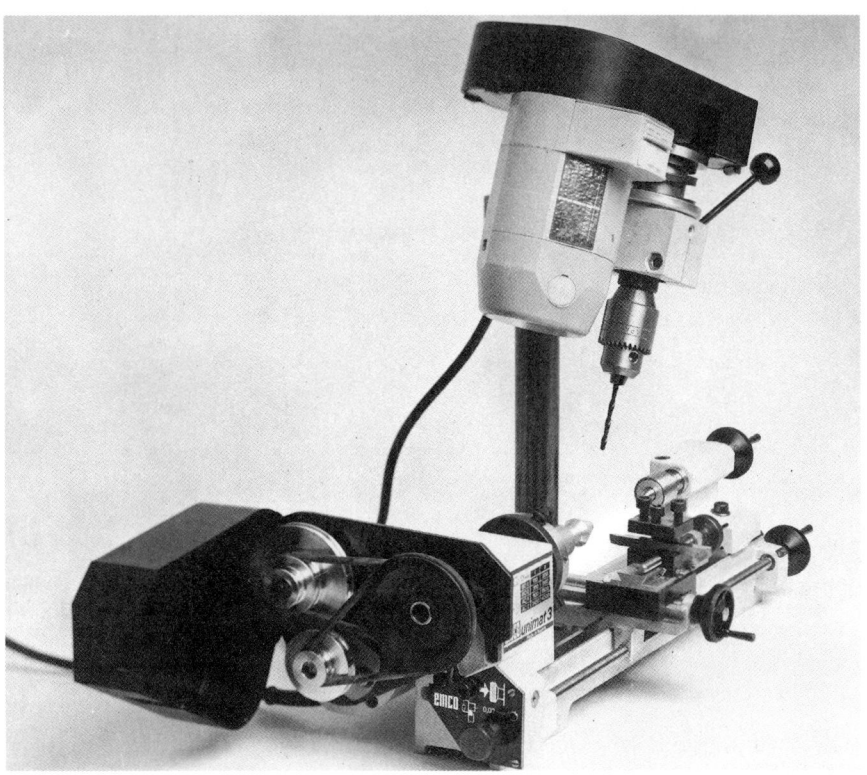

Auch *Schraubendreher und Schraubenschlüssel,* vor allem in den kleineren Größen bis 10 mm, sind für den Modellbauer unentbehrlich.

Die folgenden Werkzeuge gehören eher in die Gruppe der »Luxus-Werkzeuge«. Sie sind für den einzelnen Modellbauer zu teuer, könnten aber gut als zusätzliche Werkzeuge für eine Arbeits- oder Modellbaugruppe angeschafft werden.

Die *Kleinbohrmaschine* mit universell verstellbarem *Bohrständer* kann zum Bohren senkrechter und schräger Löcher und zum Fräsen eingestellt werden (Abb. 147).

Die kleine *Schleifmaschine* hat einen Schleifteller von 110 mm Durchmesser, auf den Schleifscheiben verschiedener Körnung geklebt werden können. Der Schleiftisch kann durch Umstecken von 90° auf 45° Schleifwinkel verstellt werden (Abb. 148).

Mit einer *Schmelzkleber-Pistole* können schnelle Klebungen durchgeführt werden.

Für Bespannungen mit Kunststoffolien eignet sich ein *Fön,* der den Heißsiegelkleber aktiviert und die Folie nach dem Ankleben strafft.

Auf der *Universal-Helling* können Flächenhälften bis 1,8 m Länge aufgebaut und – weil die Helling drehbar gelagert ist – von allen Seiten bearbeitet werden. So ist rationelles Bauen von Tragflächen möglich (Abb. 149).

Ein Traum ist eine *Kleindrehbank,* auf der Kleinteile für Modelle oder Modellteile gedreht werden können, mit zusätzlicher Ausstattung zum Fräsen (Abb. 150).

6.2.2 ARBEITSHILFEN (LEHREN)

Schon beim Bau kleiner Flugmodelle kommt man ohne Hilfswerkzeuge nicht aus.

Der Rumpf muß senkrecht auf dem Höhenleitwerk sitzen, das Seitenleitwerk seinerseits senkrecht auf dem Rumpf.

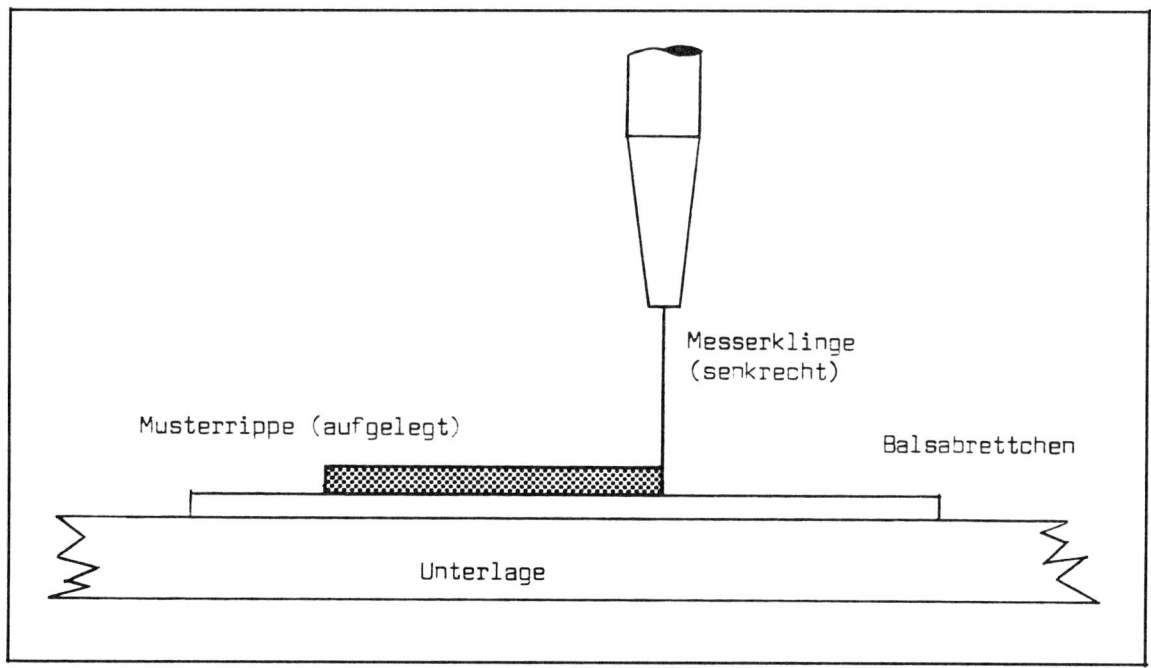

Musterrippe (aufgelegt)

Messerklinge
(senkrecht)

Balsabrettchen

Unterlage

Abb. 151: Schneiden von Rippen nach Schablonen. Das Messer muß dabei senkrecht gehalten werden.

Die Tragflächen müssen eine definierte V-Form haben und gerade auf dem Rumpf sitzen.

Es sind zahlreiche Teile mit gleichen Abmessungen herzustellen (Verstärkungsecken, Rippen, andere Teile).

Dazu sind Hilfseinrichtungen, sogenannte Lehren, erforderlich. Eine davon ist das schlichte Baubrett (siehe Abb. 142), das hilft, Teile, die in einer Ebene montiert werden müssen, auch in dieser Ebene zusammenzubringen.

Wenn mehrere Teile gleicher Abmessungen herzustellen sind, z. B. mehrere Tragflügelteile des Balsagleiter »5 aus 1 Brett«, wäre es unrationell, jedes Teil einzeln abzumessen, die Maße auf das Balsabrettchen zu übertragen und einzeln auszuschneiden. Zu diesem Zweck überträgt man die genauen Maße nur einmal, und zwar auf ein Stück Sperrholz oder Aluminiumblech (ggf. auch Pertinax oder Kunststoff) und sägt dieses Teil genau aus. Wenn es auf Maßhaltigkeit überprüft ist, können danach direkt viele Teile ausge-

schnitten werden. Damit hat man eine *Schablone* (Abb. 151).

Schablonen sind aber auch nötig, wenn das Profil eines Wurfgleiters aus Vollbalsa geschliffen werden muß. Zuerst werden die Umrisse nach Schablone ausgeschnitten. Danach wird die Schablone für das Profil aufgelegt und die Umrißlinie eingezeichnet (siehe Abb. 293). Schließlich wird das Flächenprofil erst grob vorgearbeitet und dann fertig geschliffen.

Rippen kann man entweder auch nach Schablone (Abb. 151) oder mit einer Doppelschablone als *Rippenblock* herstellen (Abb. 152). Dazu benötigt man zwei Musterrippen, bei Flächen mit gleichbleibender Tiefe zwei gleiche Musterrippen, bei Flächen, die sich zum Flächenende hin verjüngen, eine große und eine kleine Musterrippe (Wurzelrippe und Endrippe). Das Balsaholz wird in passende Streifen geschnitten, die auf Stahldrähten zwischen die Musterrippen gebracht werden. Der Block wird in einen Schraubstock eingespannt, erst abgehobelt und dann geschliffen. So

155

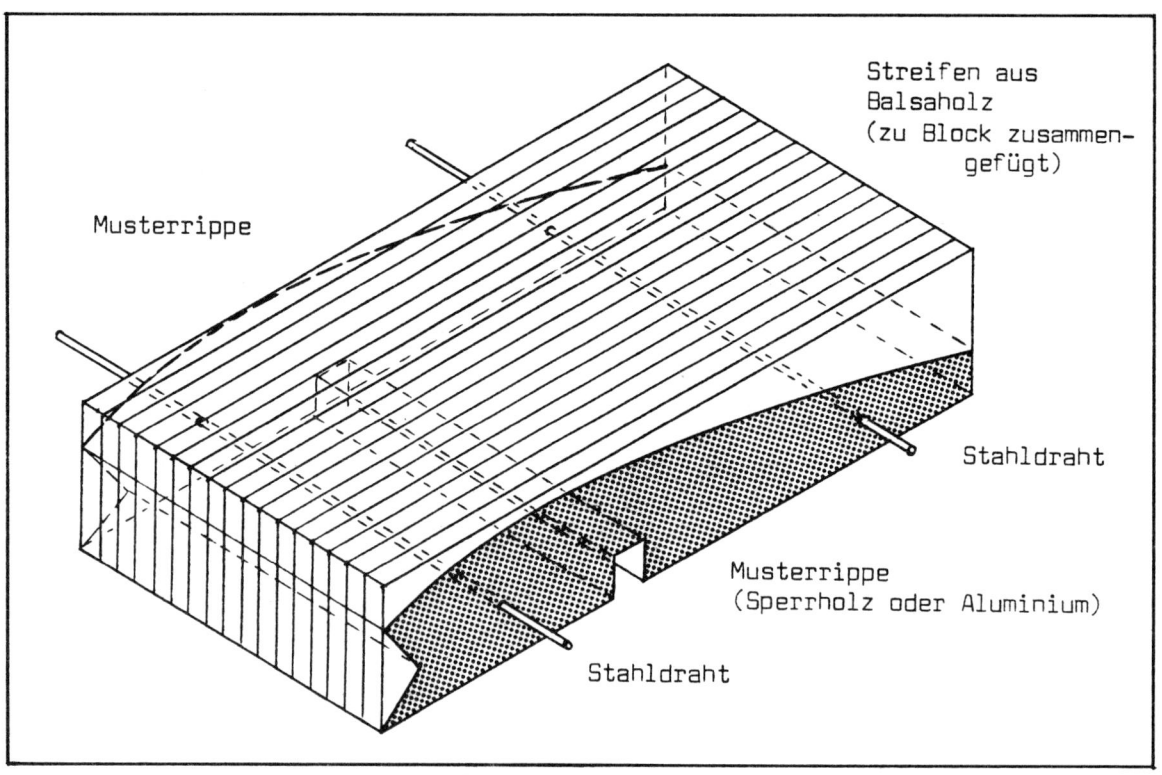

Streifen aus
Balsaholz
(zu Block zusammen-
     gefügt)

Musterrippe

Stahldraht

Musterrippe
(Sperrholz oder Aluminium)

Stahldraht

Abb. 152: Herstellung von zahlreichen Rippen im Rippenblock.

entstehen die Rippen für eine ganze Fläche in einem Arbeitsgang.

Die Aussparungen für die Aufnahme von Nasenleisten und Holmen werden mit einer Feinsäge eingeschnitten und mit einer Schlüsselfeile passend gefeilt.

Beim Zusammenbau von kleinen Balsagleitern ist eine *Helling* eine große Hilfe. Nur mit ihr kann man sicherstellen, daß das Modell symmetrisch aufgebaut ist und daß alle rechten Winkel stimmen.

Für große Traglächen benötigt man dann das *Bau-Brett als Helling.* Seitlich angebrachte Kartonstützen halten die Enden der Tragfläche in der vom Konstrukteur vorgeschriebenen V-Form und stellen sicher, daß dabei die Flächenauflage auch wirklich waagerecht ist. Als Gegenstück muß dann natürlich auch die Flächenauflage auf dem Rumpf genau passen.

Ohne ein gerades *Baubrett,* auf dem der Bauplan

aufgespannt und durch eine Kunststoffolie geschützt ist, kann eine Tragfläche nicht exakt aufgebaut werden. Passende Klötze liegen so unter dem unteren Holm, daß er genau in die Aussparungen der Rippen paßt und dort verleimt werden kann.

Wer öfter Raketenmodelle baut, wird eine Montage-Helling zu schätzen wissen, die mit einfachen Mitteln aufgebaut werden kann und dann lange gute Dienste tut. Der Zusammenbau erfolgt auf einem Grundbrett. Die Spanten für Raketenmodelle mit drei oder vier Flossen können aus Pappe oder aus Sperrholz gefertigt werden, das Grundbrett sollte aus Sperrholz sein.

Die hier gezeigten Beispiele sollen zu Überlegungen anregen, selbst für die gerade in Arbeit befindlichen und vielleicht bald wiederkehrenden Modelle Schablonen und Hellingen zu fertigen, mit denen man nicht nur sich selbst, sondern auch anderen helfen kann.

6.3.0 Bearbeitung von Materialien

An dieser Stelle wird als ein Beispiel die Herstellung eines Rumpfes aus glasfaserverstärktem Kunstharz (GFK) beschrieben. Diese Beschreibung ist in Einzelschritte aufgegliedert, so daß ein Ablaufplan entsteht.

Die Arbeit beginnt mit der Vorbereitung der Form (Holzkern, bereits vorhandener Rumpf o. ä.).

Danach folgt die Herstellung der ersten und zweiten Negativ-Schale, aus denen die Formen entstehen.

In diesen Formen werden die Rumpfhalbschalen angefertigt und schließlich zu einem kompletten Rumpf zusammengebaut.

Das Verfahren lohnt sich nur, wenn feststeht, daß nach den vorhandenen Formen viele gleiche Rümpfe gemacht werden sollen (für eine Gruppe, für einen Verein).

Das nötige Material muß vorher überschlägig berechnet und bereitgestellt werden.

1 Vorbereitung der Form:

1.1 Der Kern wird vorbereitet; er muß glatt und sauber sein.

1.2 Aus einem Hellingbrett (Tischlerplatte) wird der Umriß des Kerns ausgeschnitten (Abb. 153).
Das Brett muß Platz für die zwei nebeneinander liegenden Halbschalen bieten.

1.3 Die Rumpfhälfte wird in den Ausschnitt eingepaßt und auf Mitte des Längsschnitts fixiert.

1.4 Die Spalten werden abgeklebt (Tesakrepp) (Abb. 154).

1.5 Die Spalten werden von der Rückseite her mit Wachs ausgegossen (Abb. 155).

1.6 Das Klebeband wird entfernt; das Wachs wird mit einem scharfen Messer oder einem scharfen Spachtel entfernt.

1.7 Die gesamte Oberfläche des Kerns und das Grundbrett werden sorgfältig gereinigt.

1.8 Rumpf und Grundbrett werden rundherum mit Trennwachs (Trennmittel) gestrichen, das trocknen muß.

1.9 Danach wird Trennlack aufgetragen (Abb. 156).

1.10 Nach dem Trocknen wird mit Schleifpaste (Polifac) poliert.

Abb. 153: Aus einer Tischlerplatte wird der Umriß des Kerns herausgeschnitten.

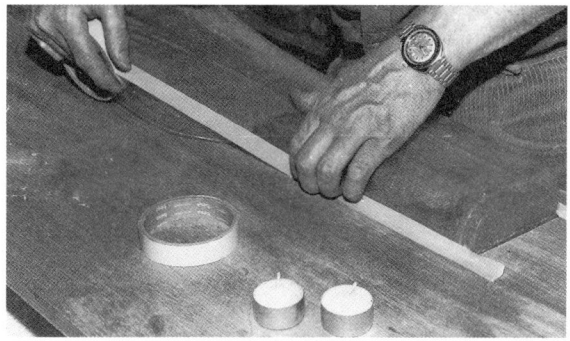

Abb. 154: Die Spalten werden mit Klebeband abgeklebt.

Abb. 155: Die Spalten werden von der Rückseite her mit Wachs ausgegossen.

Abb. 156: Trennlack wird aufgetragen.

Abb. 157: Auf die Form wird Gießharz (hier schwarz eingefärbt) dünn und gleichmäßig aufgetragen, das man gelieren läßt.

1.11 Ggf. ist ein weiterer Trennlackanstrich erforderlich, der nach zehn Minuten nachpoliert wird. Ergebnis: Spiegelblanke Oberflächen.

2 Herstellung der ersten Negativ-Schale:

2.1 Gießharz (Polyester oder Epoxid) wird mit Feinschichtharz, Beschleuniger und Härter zusammen angerührt (Siehe Aweisungen der Hersteller!).

2.2 Auf die Form wird das Gießharz dünn und gleichmäßig aufgetragen; gelieren lassen (Abb. 157).

2.3 Mit Glasfasermatte (ggf. Abfallstücke) und weiterem farblosem Gießharz wird die Form in der gewünschten Stärke erstellt (Abb. 158).

2.4 Das Harz aushärten lassen. Form nicht abnehmen!

2.5 Rumpfkern mit der ersten Halbschale aus dem Brett herausnehmen.

3 Herstellung der zweiten Negativ-Schale:

3.1 Kern und erste Negativ-Halbschale *nicht* trennen!

3.2 . . . weiter wie 2.1 bis 2.4

4 Herstellung der Formen:

4.1 Halbschalen vom Kern abnehmen.

4.2 Halbschalen (nach oben offen) auf der Helling fixieren; dabei ist auf stabilen Unterbau zu achten.

5 Herstellung der Rumpf-Halbschalen:

5.1 Die Innenflächen der beiden Formen werden sorgfältig mit Trennwachs eingestrichen.

5.2 Die Feinschicht wird mit Härter, Beschleuniger und der gewünschten Farbe angerührt.

5.3 Die Feinschicht wird in die Formen eingebracht (dünn und gleichmäßig auftragen); gelieren lassen.

5.4 Glasfasermatte oder -gewebe wird roh für den gesamten Umriß zugeschnitten.

5.5 Gießharz wird angerührt (Anweisungen der Hersteller beachten!).

5.6 Eine Schicht wird in die Formhälfte eingestrichen.

5.7 Mit Hilfe eines breiten kurzhaarigen Pinsels wird nun die Matte in die Form gebracht. Blasenbildung ist zu vermeiden; man tupft die Blasen mit dem Pinsel aus.

5.8 An besonders beanspruchten Stellen werden zusätzlich kleinere Matten angebracht und eingeharzt.

5.9 Schalen aushärten lassen (Polyester etwa 3 – 4 Stunden / Epoxid etwa 6 – 7 Stunden).

5.10 Nach dem Aushärten wird vorsichtig mit einem scharfen Balsamesser der überstehende Rand abgeschnitten; die Schale darf sich dabei nicht von der Form lösen!

5.11 Nach ca. 18 Stunden Aushärtezeit werden die beiden Halbschalen aus den Formen genommen.

Abb. 158: Mit Glasfasergewebe und farblosem Gießharz wird die Form in der gewünschten Materialstärke erstellt.

6 Montage der Rumpfhälften

6.1 Die beiden Rumpf-Hälften werden mit Tesakrepp zusammengeklebt und fixiert.

6.2 Die Naht wird durchlaufend von außen mit Tesakrepp abgedichtet.

6.3 Ein Pinsel mit verlängertem Griff (kleiner Heizungspinsel mit Leiste) von etwa ¾ der Rumpflänge wird vorbereitet.

6.4 Aus Glasfasermatte oder -gewebe werden etwa 3 cm lange Streifen in eineinhalbfacher Rumpflänge zugeschnitten.

6.5 Die Streifen werden von innen auf die Naht aufgeharzt; aushärten lassen.

6.6 Nach dem Aushärten wird das Klebeband entfernt; die Grate werden verschliffen.

Der Rumpf wird nun in der üblichen Weise weiterbehandelt: Nach den erforderlichen Einbauten wird die bereits eingefärbte Oberfläche gereinigt.

Bei Herstellung mehrerer Rümpfe aus der gleichen Form ist darauf zu achten, daß die notwendigen Härtezeiten dazu genutzt werden, die nächsten Arbeitsgänge zu beginnen.

6.4.0 Bauplan und Bauanleitung

Technische Zeichnungen spielen nicht nur im industriellen Zeitalter eine große Rolle. Wo immer im Verlauf der Geschichte Bauwerke, Schiffe oder Maschinen erstellt wurden, waren technische Zeichnungen wichtigste Unterlagen. Techniker in aller Welt verständigen sich durch technische Zeichnungen, sie sind zur Sprache des Technikers geworden, die in der ganzen Welt verstanden wird.

In der technischen Zeichnung sind Ideen und Erfahrungen des Konstrukteurs zu einer Arbeitsanweisung für die Herstellung eines Gegenstandes zusammengefaßt. Die Zeichnung sagt, wie der fertige Gegenstand aussehen soll. Aus ihr sind die genauen Maße und Bearbeitungshinweise zu entnehmen.

Damit man sich aber mittels Zeichnungen verständigen kann, sind unmißverständliche Zeichen, hier die Linienbreiten, vereinbart und in einer Norm (DIN 15) zusammengefaßt worden.

Nach dieser Norm unterscheidet man vier Linienarten:

Vollinie,

Strichlinie,

Strichpunktlinie,

Freihandlinie.

Dazu kommen dann außerdem die verschiedenen Linienbreiten, die jeweils zu Liniengruppen zusammengefaßt sind. In einer Zeichnung dürfen immer nur Linienbreiten einer dieser Liniengruppen verwendet werden. Zur Liniengruppe 0,7 (= 0,7 mm) gehören die Linienbreiten 0,35 mm, 0,5 mm und 0,7 mm.

Die breite Vollinie (0,7 mm) wird für sichtbare Kanten von Körpern, für Umrisse oder Gewindebegrenzungen verwendet. Die breite, kurze Strichpunktlinie (0,7 mm) kennzeichnet den Verlauf von Schnitten.

Verdeckte (unsichtbare) Kanten werden durch die Strichlinie dargestellt (0,5 mm).

Für Maßlinien, Maßhilfslinien, Bezugslinien, Schraffuren, Lichtkanten, Oberflächenzeichen und Biegelinien verwendet man die schmale Vollinie (0,35 mm).

Mittelkreise, Lochkreise sind durch die schmale Strichpunktlinie (0,35 mm) dargestellt.

Die Freihandlinie (0,35 mm) schließlich stellt in der Zeichnung abgebrochene Werkstücke dar.

Auch die Schriften, die in technischen Zeichnungen verwendet werden, sind genormt. Die schräge Normschrift muß der Norm DIN 16, die senkrechte Normschrift der Norm DIN 17 entsprechen. Bei diesen Schriften gibt es eine Mittel- und eine Engschrift. Bei der Mittelschrift ist das Verhältnis von Linienbreite zu Schriftgröße 1:10 (mit 0,5 mm Strichbreite wird die Schrift also 5 mm hoch), bei der Engschrift 1:14 (mit 0,5 mm Strichbreite wird die Schrift 7 mm hoch).

6.4.1 BAUPLAN: TECHNISCHE ZEICHNUNG

Auch der Bauplan für ein Flugmodell (oder andere Modelle) ist eine technische Zeichnung. Er bedient sich der gleichen Zeichensprache wie jede andere technische Zeichnung, muß also auch die genormten Linienarten und Linienbreiten verwenden (Abb. 159). Auch im Bauplan sind Ideen und Erfahrungen des Modellkonstrukteurs zusammengefaßt und müssen beim Bau des Modells entschlüsselt und in die dreidimensionale Realität umgesetzt werden. Da der Bauplan nur zweidimensionale Darstellungen geben kann, enthält er Darstellungsformen, die diesen Nachteil wettmachen sollen.

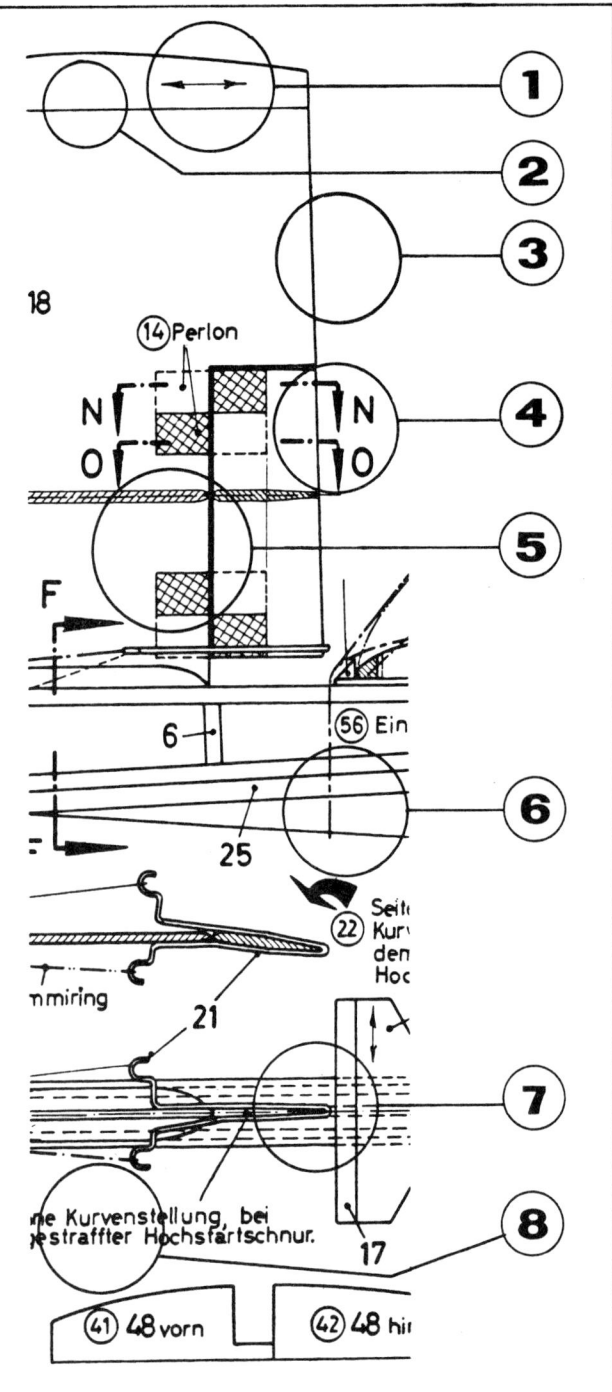

Abb. 159: Die verschiedenen Linienarten und Linienbreiten kommen auch in einem Bauplan vor, hier ein Ausschnitt aus dem Bauplan des Modells »Nancy« (Graupner): Maßhilfslinie mit Doppelpfeil zur Kennzeichnung der Faserrichtung (1), dünne Vollinien für Lichtkanten (2), Vollinie für sichtbare Kanten (3), breite Strichpunktlinie für Schnitte (4), schmale Vollinien für Schraffuren (5), schmale Strichpunktlinien zur Darstellung (hier) des Zuggummis (6), Strichlinie für verdeckte (unsichtbare) Kanten (7) und senkrechte Normschrift (8).

Um das Modell darstellen zu können, wird die Form der (meist verkleinerten) *Dreiseitenansicht* gewählt (Abb. 160):

Die Draufsicht zeigt das Modell von oben, die Seitenansicht zeigt es von der Seite und die Vorderansicht von vorn.

Im Maßstab 1 : 1 werden Teile wie Rümpfe, Flächen und Leitwerke im Bauplan von der (meist linken) Seite und von oben gesehen gezeichnet. Die Vorderansichten fehlen in der Regel.

Eine noch anschaulichere Art der Darstellung, aus der aber keine genauen Maßverhältnisse entnommen werden können, ist die *perspektivische Darstellung* (Abb. 161).

Besonders beliebt in Bauplänen der heutigen Zeit sind die *Explosionszeichnungen* (Abb. 162). Die einzelnen Teile des Modells werden perspektivisch so darge-

Abb. 160: Dreiseitenansicht des Deltamodells »Manta« (Hegi). Darin sind Draufsicht (D), Seitenansicht (S) und Vorderansicht (V) enthalten.

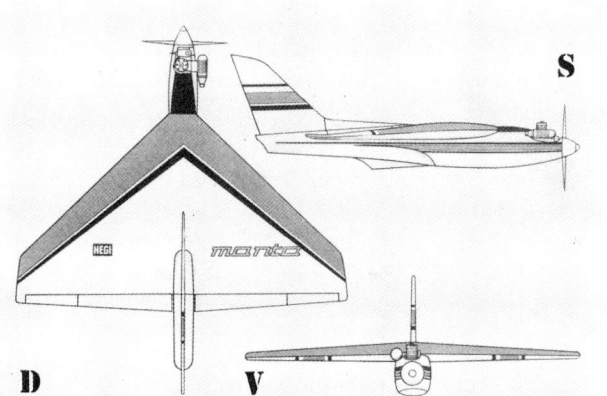

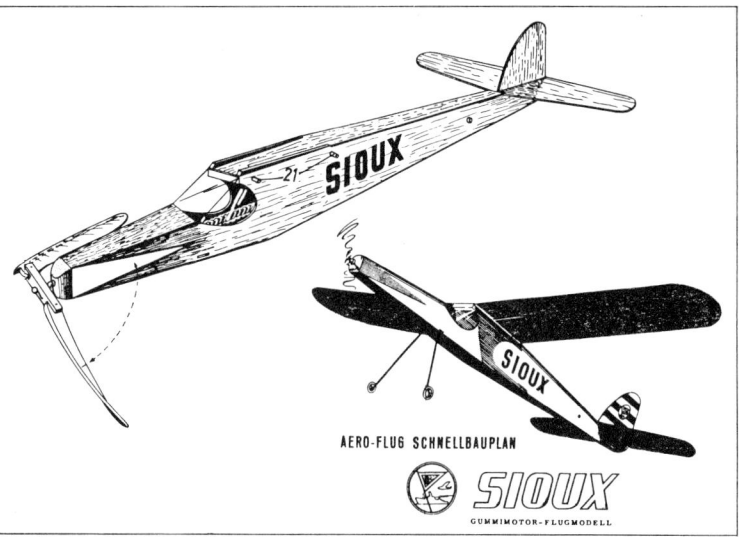

Abb. 161: Perspektivische (isometrische) Darstellungen im Bauplan des Gummimotormodells »Sioux« (aeronaut-Modellbau).

Abb. 162: Die Explosionszeichnung des Freiflugmodells »Jim« (Hegi), (Perspektivische Darstellung).

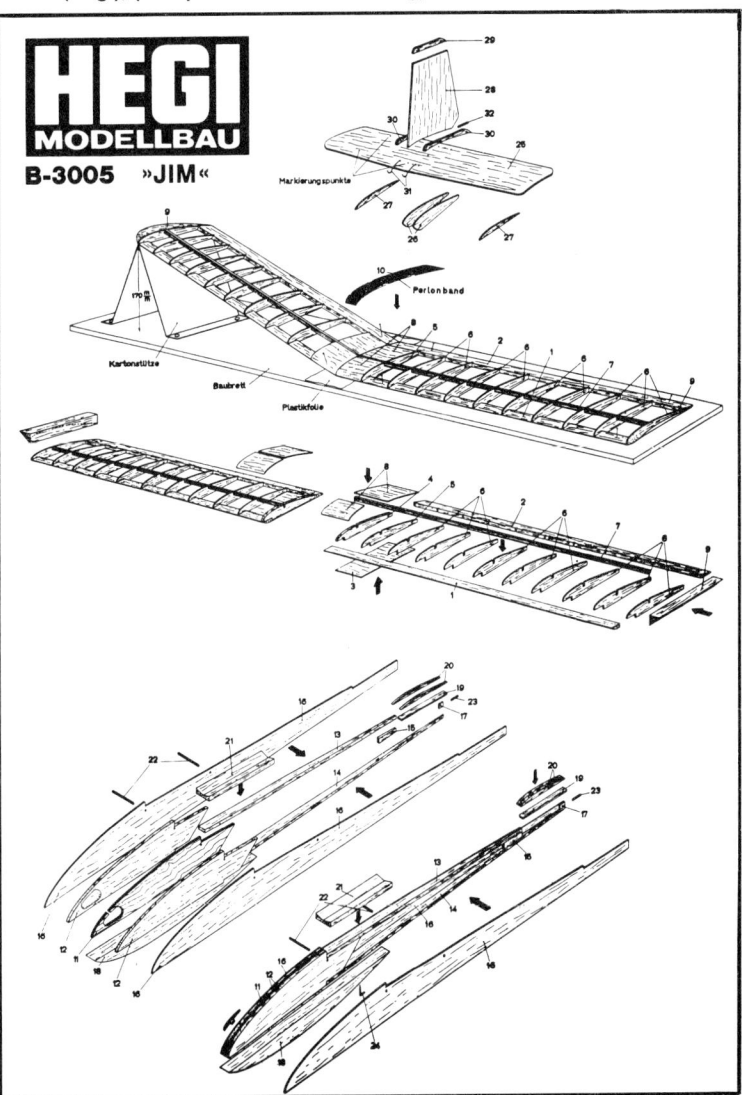

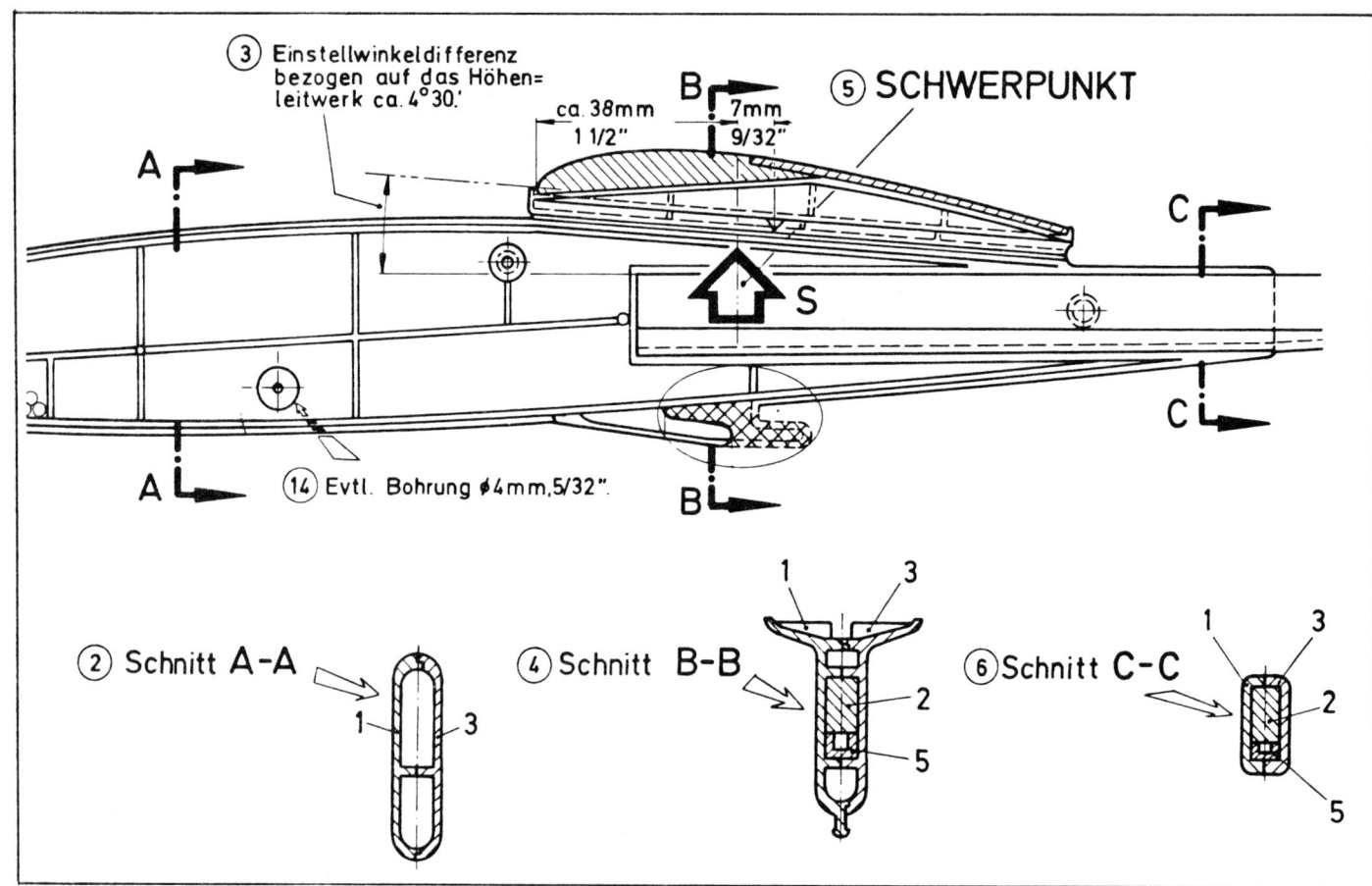

③ Einstellwinkeldifferenz bezogen auf das Höhen= leitwerk ca. 4°30'

ca. 38mm 1 1/2"

B 7mm 9/32"

⑤ SCHWERPUNKT

A

S

C

C

A ⑭ Evtl. Bohrung ⌀4mm, 5/32".

B

② Schnitt A-A
1 3

④ Schnitt B-B
1 3 2 5

⑥ Schnitt C-C
1 3 2 5

Abb. 163: Darstellung von Rumpf-Schnitten im Bauplan des Modells »Peso« (Graupner).

stellt, daß aus der Zeichnung die Plazierung des jeweiligen Teils am Modell deutlich hervorgeht. Zusätzlich geben Pfeile an, wie die Teile zusammengefügt werden.

Wie schon erwähnt, fehlen in Bauplänen häufig die Vorderansichten. Sie hätten dort auch keinen wesentlichen Aussagewert. Stattdessen verwendet man *Schnitte,* die den Aufbau oder Zusammenbau und die Formen von Teilen an bestimmten (geschnitten gedachten) Stellen zeigen (Abb. 163). Diese Schnitte sind mit breiten kurzen Strichpunktlinien und Pfeilen gezeichnet und mit Buchstaben (»Schnitt A–A«) versehen.

Im Bauplan sind alle Maße ohne Maßangaben als reine Zahlen eingetragen. Nach Vereinbarung sind das immer Millimeter.

6.4.2 BAUANLEITUNG

Zu jedem Bauplan gehört eine Bauanleitung. In dieser sind die Schritte beim Bau des Modells in der zweckmäßigsten Reihenfolge angegeben.

Gute Bauanleitungen haben einen präzisen und übersichtlich gegliederten Text. Gewöhnlich wird mit der Beschreibung des Rumpfbaus begonnen, dann folgen die Baubeschreibungen für die Leitwerke und am Schluß für die Tragflächen.

Die meisten Bauanleitungen enthalten auch *Baustufenfotos,* an denen die Fortschritte beim Bau einzelner Baugruppen verglichen werden können. Man findet oft auch Strichzeichnungen, die die Zeichnungen der Bauplandetails sinnvoll ergänzen. Auch Hilfen für den Zusammenbau, wie zweckmäßige Helling, Stützen für

Tabelle 11:

Stückliste für HEGI-Modell „JIM"

Teil Nr.	Benennung	Material		Anzahl
1	Nasenleiste	Balsa	5×15×500 mm	2×
2	Endleiste	Balsa	5×15×500 mm	2×
3	Beplankung unten	Balsa	1 mm	2×
4	Mittelrippe	Balsa	4 mm	2×
5	Rippe	Balsa	2 mm	2×
6	Rippe	Balsa	2 mm	18×
7	Hauptholm	Kiefer	3×5×500 mm	2×
8	Beplankung oben	Balsa	1 mm	2×
9	Randbogen	Balsa	15×13×110 mm	2×
10	Perlonband		25×220 mm	1×
11	Mittelstück	Sperrholz	3 mm	1×
12	Aufleimer	Balsa	4 mm	2×
13	Rumpfgurt oben	Balsa	5×12×400 mm	1×
14	Rumpfgurt unten	Balsa	5×12×485 mm	1×
15	Füllstück	Balsa	4×7×30 mm	1×
16	Seitenteil	Balsa	2 mm	2×
17	Füllstück	Balsa	2 mm	1×
18	Formklotz	Balsa	16×20×285 mm	1×
19	Höhenruderauflage	Balsa	2 mm	1×
20	Formteil	Balsa	4 mm	2×
21	Flächenauflage	Balsa	7×25×110 mm	1×
22	Knebel	Buche	ϕ 3 mm, 35 mm lang	2×
23	Dübel	Buche	ϕ 3 mm, 25 mm lang	1×
24	Haken f. Hochstart	Fertigteil		1×
25	Höhenruderbeplankung	Balsa	1,5 mm	1×
26	Mittelrippe	Balsa	2 mm	2×
27	Rippe	Balsa	2 mm	2×
28	Seitenruder	Balsa	2 mm	1×
29	Verstärkung	Balsa	2 mm	1×
30	Aufleimer	Balsa	4 mm	2×
31	Haken	Stahldraht	ϕ 1 mm	2×
32	Dübel	Buche	ϕ 3 mm, 25 mm lang	1×

Im Kasten ferner enthalten: Hart- und Kontaktkleber, Bespannleim, Bespannpapier, Bleikugeln, Schiebebilder, gebogene Stahldrahtteile und Gummiringe.

Nicht enthalten: Spannlack, Porenfüller und Glimmschnur.

Tabelle 12:

Stückliste PESO

Teil-Nr.	Benennung	Anzahl	Material	Abmessung in mm
1	Rumpf-Seitenteil, rechts	1	Kunststoff	n. Z.
2	Leitwerkträger	1	Fichte	463 x 10 x 6
3	Rumpf-Seitenteil, links	1	Kunststoff	n. Z.
4	Bleikammerverschluß	1	Kunststoff	n. Z.
5	Futterstück	1	Kunststoff	n. Z.
6	Seitenflosse	1	Balsa	2 n. Z.
7	Messingstreifen	2	Messing	10 x 2, 5 x 0,2
8	Trimmklappe	1	Balsa	2 n. Z.
9	Höhen-Seitenleitwerkbefestigung	1	Kunststoff	n. Z.
10	Höhenleitwerk	1	Balsa	2 n. Z.
11	Keilstück	1	Balsa	2 n. Z.
12	Tragflügelprofilleiste, Mitte	1	Balsa	525 x 50 x 6, formgefräst
13	Tragflügelprofilleiste, rechts	1	Balsa	145 x 50 x 6, formgefräst
14	Tragflügelprofilleiste, links	1	Balsa	145 x 50 x 6, formgefräst
15	Profil-Endfahne	1	Balsa	525 x 61, 5 x 1,5
16	Tragflügel-Arretierung	1	Kunststoff	n. Z.
17	Stützrippe	6	Balsa	2 n. Z.
18	Stützrippe	2	Balsa	2 n. Z.
19	Profil-Endfahne	2	Balsa	145 x 61,5 x 1,5
20	Polyamidband	2	Polyamid	insgesamt ca. 400 x 15

n. Z. = nach Zeichnung. Entsprechende Maße sind dem Bauplan zu entnehmen.

die Gewährleistung der richtigen V-Form, Lehren für die Einhaltung bestimmter Winkel fehlen nicht.

Schließlich werden in der Bauanleitung auch die zweckmäßigsten Materialien und Verfahren für die richtige Oberflächenbehandlung beschrieben, auch Hinweise auf die Verwendung der Klebstoffe sind wichtig.

Am Schluß findet man dann auch noch Tips und Hinweise zum Einfliegen des fertigen Modells, zum Einbau von Fernsteuerungen oder Zeitschaltern und Hinweise auf den zweckmäßigen Einsatz des Modells (Startverfahren, Hang- oder Thermikflug, Kunstflug u. a.).

Die *Stückliste* (Tabellen 11 und 12) enthält die Teilnummer, die Benennung der Teile, ihre Anzahl, das Material, aus dem sie bestehen und die Abmessungen in Millimetern. An einigen Stellen findet sich der Vermerk »n. Z.« (nach Zeichnung), dann müssen die Maße der entsprechenden Detailzeichnung im Bauplan entnommen werden. Da die Einzelteile im Bauplan, in der Explosionszeichnung und in der Bauanleitung mit Teilnummern versehen sind, kann jederzeit in der Stückliste nach der genauen Bezeichnung des Teils gesucht werden. So lernt man auch, die Fachsprache zu gebrauchen.

6.4.3 TECHNISCHES ZEICHNEN

Das Lesen und Entschlüsseln des Bauplans sollte geübt werden, bevor man mit Übungen im technischen Zeichnen beginnt. Dieser erste Schritt entspricht durchaus der technischen Wirklichkeit, denn die Leute, die Zeichnungen anfertigen, sind nicht auch gleichzeitig diejenigen, die nach diesen Zeichnungen auch arbeiten. Zudem werden technische Zeichnungen – z. B. von Chemieanlagen, aber auch von Autos und deren Teilen – heutzutage immer häufiger schon von Computern angefertigt, denen man die Daten eingibt und die zu verwendenden Zeichen ebenfalls.

Aber für einen Modellbauer ist es natürlich auch wichtig, sich selbst zeichnerisch ausdrücken zu können und auch andere zeichnerisch zu informieren. Man braucht nicht gleich gelernter technischer Zeichner zu sein, um das zu können. Freilich wird man sich dem Ziel, der exakten technischen Zeichnung, mit einfacheren Darstellungsformen schrittweise nähern.

Wer schnell eine Idee zu Papier bringen möchte, fertigt eine *Ideenskizze* an. Darin können alle Elemente technischer Zeichnungen verwendet werden (Dreiseitenansichten, perspektivische Darstellungen, Schnitte, Detailzeichnungen). Wichtig ist eine klare Darstellung.

Soll die Funktion eines Gerätes dargestellt werden, bedient man sich einer *Funktionsskizze*. Sie braucht keine der bei der Ideenskizze verwendeten Elemente. Es müssen nur die wichtigsten Funktionselemente gezeichnet werden. Dabei werden Bewegungsrichtungen durch Pfeile angegeben. Wichtig sind auch Drehpunkte und Zwischen- und Endstellungen der beweglichen Teile.

Eine Möglichkeit, den Aufbau eines Gerätes oder einer Maschine zu zeichnen, ist die *Aufbauskizze*. Unwichtige Teile werden dabei weggelassen.

Schon näher an der technischen Zeichnung ist die *Konstruktionsskizze*. Hier müssen die Teile schon in ihrer wirklichen Form (maßstabgetreu) mit Maßen und Angaben über Bearbeitung und gewünschte Oberflächenbeschaffenheit gezeichnet sein.

Man kann von Gegenständen auch räumliche *Schaubilder* zeichnen, sogenannte *isometrische oder dimetrische Darstellungen*. Dabei sind bestimmte Winkel einzuhalten.

Die *Werkzeichnung* stellt das gewünschte Objekt von mehreren Seiten dar (Dreiseitenansicht).

Eine Sonderform der technischen Zeichnung ist der *Schaltplan*. Dafür gibt es die ebenfalls genormten Schaltzeichen.

Letzte und höchste Stufe ist schließlich die nach den Regeln der Kunst angefertigte *technische Zeichnung*. Hierbei hat man Normen zu beachten, die Strichbreiten, Linienarten, Schriften und Bemaßungen betreffen. (Nach Steinhäuser/Technisches Zeichnen in der Hauptschule, Darmstadt, 1970).

6.5.0 Unfallverhütung (Sicherheitsbestimmungen)

Die Verhütung von Unfällen ist eine Aufgabe, die jeden angeht. Die jährlichen Verluste durch Ausfall von Arbeitsstunden, durch anfallende Behandlungskosten von Unfallopfern und dazu noch die entstandenen Sachschäden gehen insgesamt in die Millionen. Die Verhütung von Unfällen muß am eigenen Arbeitsplatz in der Kellerwerkstatt beginnen und sich in der Vereins- oder Schulwerkstatt und selbstverständlich beim Modellflugbetrieb auf dem Modellfluggelände fortsetzen.

Die Unfallverhütungsvorschrift macht genaue Aussagen über

Vorkehrungen für Erste Hilfe und Verhalten bei Unfällen,

die Ausstattung von Verbandskästen,

Sicherheitseinrichtungen in Werkstätten und an Maschinen (Schutzvorrichtungen u. a.).

Die Gemeindeunfallversicherungsverbände in den einzelnen Bundesländern halten Informationsmaterialien bereit, die auf Anforderung kostenlos zur Verfügung gestellt werden können:

Anleitungen zur Ersten Hilfe in Heft-, Register- und Plakatform (Aushang in der Werkstatt),

Merkblatt über Verbandzeug für Erste Hilfe bei Unfällen,

Informationen über den Umgang mit Werkzeugmaschinen usw.

Bei der Arbeit in der Werkstatt kann es zu verschiedenen Verletzungen kommen:

Prellungen und Quetschungen,

Wunden,

Verbrennungen,

Verletzungen durch elektrischen Strom,

Verätzungen und

Vergiftungen.

Eine Gefahrenquelle sind Werkzeuge:
Hammer, Zangen und Scheren können Prellungen und Quetschungen verursachen;
Scheren und Messer, aber auch Reißnadeln und Bohrer, Laub- und Feinsägen können Wunden bewirken;
beim Umgang mit Lötkolben oder offenen Flammen besteht die Gefahr von schmerzhaften Brandwunden;
unsachgemäßer Umgang mit elektrischem Strom (beschädigte Leitungen, Stecker u. a. dürfen nicht mehr benutzt werden) kann tödlich sein (»Leichte elektrische Unfälle sind selten!«);
Chemikalien können Verätzungen oder gar Vergiftungen hervorrufen;
Gefahr besteht auch durch das Einatmen von Lösungsmitteldämpfen beim Lackieren oder Reinigen;
offene Flammen (aber auch eingeschaltet »vergessene« Lötkolben) können zum Ausbruch von Feuer führen.

Daraus ergeben sich zwingende Konsequenzen:
Nur Werkzeug benutzen, das in Ordnung ist (Feilen mit Heft, Hammer mit festsitzendem Stiel, Sägen mit festen Griffen usw.).
Brennbare Stoffe (Lacke, Spannlack, Verdünnungen, Lösungsmittel, Klebstoffe, Harze) sicher und kühl lagern.
Bei der Verarbeitung dieser Stoffe für ausreichende Belüftung des Raumes sorgen und offenes Feuer vermeiden.
In Werkstätten, in denen Lacke verarbeitet oder Holz und andere leicht brennbare Stoffe gelagert werden, besteht absolutes Rauchverbot! Das gilt auch für die Werkstatt zu Hause!
Fluchtwege (zwischen Tischen und Bänken und durch Türen) müssen frei sein und dürfen nicht zugestellt werden.
Elektrische Anlagen dürfen nur nach Vorschrift betrieben, Sicherungen nicht geflickt und schadhafte Kabel oder Stecker nicht mehr benutzt werden.
Jugendliche unter 18 Jahren dürfen an Bearbeitungsmaschinen (Kreissäge u. ä.) grundsätzlich nicht arbeiten. Jugendliche über 18 Jahre müssen von einem Fachmann eingewiesen werden.
Schutzvorrichtungen (z. B. Spaltkeile an Kreissägen) dürfen auf keinen Fall entfernt werden.
Beim Schleifen ist eine Schutzbrille zu tragen.
Beim Bohren von Metallen müssen diese eingespannt werden (Maschinenschraubstock).

Auch auf dem Flugplatz sind Sicherheitsbestimmungen einzuhalten. In dem Entwurf der Flugplatzordnung (siehe Kapitel 12.4 und 12.5) stehen die

6.6.0 Antriebe

Als Motor bezeichnet man eine Maschine, die durch Umwandlung von Energie eine mechanische Antriebskraft erzeugt. Bei enger Auslegung dieser Definition dürften dazu also nur Verbrennungs- und Elektromotoren zählen. Der Verbrennungsmotor wandelt die chemische Energie des Treibstoffs auf dem Umweg über die Wärmeenergie in mechanische Energie um, der Elektromotor elektrische direkt in mechanische Energie.

Dabei werden aber Motoren, die mechanische Energie speichern und bei Bedarf wieder abgeben, nicht berücksichtigt, das wären zum Beispiel Gummimotoren und Preßluftmotoren (CO_2-Motoren).

Die technische Realisierung des Fliegens scheiterte jahrzehntelang daran, daß keine leistungsfähigen und hinreichend leichten Antriebe zur Verfügung standen (siehe Kapitel 3.1). Es wurden Experimente mit kleinen Dampfmaschinen und mit Preßluftmotoren gemacht, die zwar oft technische Meisterwerke waren, aber auch zu viel wogen.

Pénaud brachte 1870 einen Motor ins Spiel, der leicht war und doch eine recht ordentliche Leistung abgab, den Gummimotor (siehe Abb. 52–54 in Kapitel 3.1).

Ein Kriterium für Motoren ist der Wirkungsgrad (η), der das Verhältnis von Nutzleistung (N_e) zu aufgewandter Leistung (N_i) bezeichnet. Der Wirkungsgrad

$$\eta = \frac{N_e}{N_i} \times 100 \ [\%]$$

ist immer kleiner als 100% (oder kleiner als 1).

Dampfmaschinen weisen einen Wirkungsgrad von 20–30% auf, weil sie nur einen geringen Teil der im Brennstoff enthaltenen Energie in Arbeit umsetzen. Verbrennungsmotoren haben Wirkungsgrade, die bei 40 bis 50% liegen, Elektromotore sind mit 80 bis 90% am günstigsten.

Für den Modellflug kommen folgende Antriebe infrage:

Gummimotoren (Saalflug, Freiflug F 1 B),
Verbrennungsmotoren (F 1 A, F 3 A u. a.), zu denen auch Raketenmotoren (Klassen S 1–S 7) und Pulsostrahltriebwerke gehören,
Elektromotoren und
Preßluft- und CO_2-Motoren (die bei den Verbrennungsmotoren mit besprochen werden).

6.6.1 GUMMIMOTOREN

Schon 1870 flog das erste, mit einem Motor aus verdrilltem Gummi angetriebene Flugmodell des Alphonse Pénaud.

Seitdem ist der Gummimotor die leichteste und preiswerteste Antriebsquelle für Flugmodelle geblieben.

Sie wird heute noch von den Saalfliegern und von den Freifliegern in der Klasse F 1 B (Wakefield) verwendet.

Die Gummifäden mit einem Querschnitt von 1 mm x 6 mm werden hauptsächlich von der italienischen

Firma Pirelli hergestellt. Es gibt aber auch geeigneten Gummi von der Pirelli-Tochter Filata Lastex Elastofibre und FAI-Gummi aus den USA.

Der Gummi wird mit Talkum gepudert geliefert und muß trocken und dunkel aufbewahrt werden. Zuerst muß das Talkumpuder abgewaschen und der Gummi getrocknet werden. Danach wird er mit Rizinusöl eingerieben und durch mehrfaches Dehnen auf das fünffache seiner Länge vorgedehnt. Danach ist er zu verwenden.

Erst der vorgedehnte und geschmierte Gummistrang bringt die erwarteten Leistungen und kann bis zu 400 Umdrehungen aufnehmen. Den einfachen Aufbau des Gummimotors kann man am Turnhallenmodell von Günter Maibaum erkennen (Abb. 164, Abb. 33 und 34): Am Rumpfstab ist das Lager für die Luftschraubenwelle und ein Haken (b) befestigt. Am vorderen Ende der Welle sitzt die Luftschraube, das hintere Ende ist zu einem Haken (a) gebogen. Der Gummimotor (c) wird zwischen Haken (a) und Haken (b) eingehängt (Hakenabstand H).

Zum Aufziehen mit einer kleinen Drehwinde wird der Gummi vom Haken (b) gelöst und in den Haken der Winde eingehängt. Er wird dann gedehnt und aufgedreht, bis sich erst eine, dann zwei Knotenreihen bilden. Dabei geht man immer näher an das Modell heran, und wenn der Hakenabstand erreicht ist, wird der Gummistrang wieder in den Haken (b) eingehängt. Das Modell kann nun gestartet werden und wird ca. 8 Minuten fliegen. Der Querschnitt der Fäden dieses Gummimotors beträgt 1 mm x 1 mm, das Gewicht ca. 1 g. Ähnlich wird beim Aufziehen der Gummimotoren von F 1 B-Modellen verfahren, deren Gummihöchstmasse bei 50 g liegt (geschmiert).

Die Modelle sind mit Klappluftschrauben ausgerüstet (siehe Abb. 312), die nach Ablaufen des Motors nach hinten klappen und so den Luftwiderstand im Gleitflug verringern. Das Modell wird beim Aufziehen so in einem Gestell befestigt (Abb. 165), daß der Rumpf völlig entlastet ist, und der Gummistrang samt Luftschraubenlager und Klappluftschraube herausgezogen werden kann. Er wird gedehnt und so lange aufgedreht, bis sich zwei Knotenreihen gebildet haben. Das Lager wird dann wieder in den Rumpf eingesetzt und die Luftschraube bis zum Start arretiert.

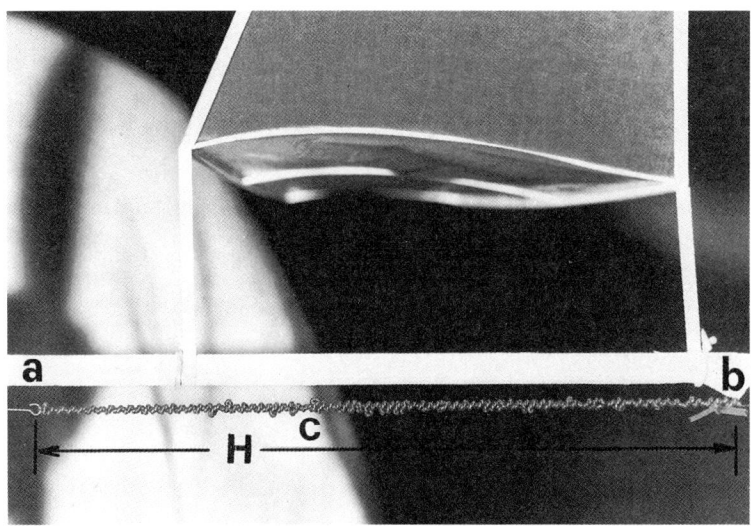

Abb. 164: Der Gummimotor (c) eines Saalflugmodells ist zwischen den Haken (a) und (b) aufgehängt und so aufgedreht, daß sich fast zwei Reihen Knoten gebildet haben.

Abb. 165: Beim Aufziehen muß der Rumpf entlastet sein. Das Modell wird so in ein Haltegestell gehängt, daß der Gummimotor vorn herausgezogen und aufgedreht werden kann. Gegen das Zurückschlagen eines reißenden Gummistranges kann man sich und das Modell durch eine runde Sperrholz- oder Kunststoffscheibe schützen.

Abb. 166: Zu den ersten Serienmotoren gehörte dieser Motor vom Typ Kratmo 10 A mit Funkenzündung, rechts im Bild die Zündspule.

Abb. 168: Ein Glühzündermotor hat eine geringere Verdichtung und braucht zur Zündung des Gasgemisches eine Glühkerze (aus »Start-ABC«/Graupner).

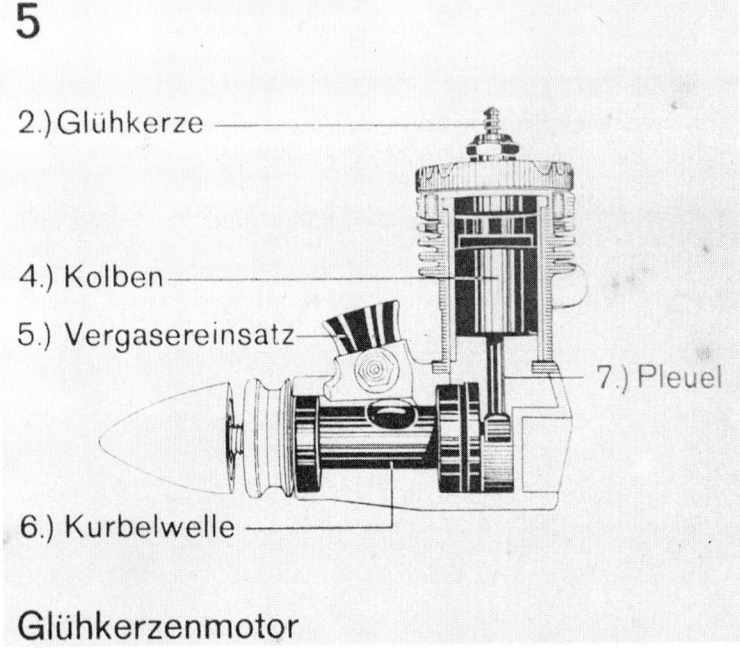

6.6.2 VERBRENNUNGSMOTOREN

Im Jahre 1908 flog in England das erste von einem Viertakt-Benzinmotor angetriebene Flugmodell. Der Motor hatte einen Hubraum von 15 cm^3.

In den Jahren ab 1934 wurden in Deutschland kleine Serien von *Benzinmotoren* hergestellt. Die Motoren hatten eine recht aufwendige Funkenzündung. Zündspule, Zündkerze, Kondensator, Unterbrecher und eine Batterie mußten im Modell mitgenommen werden.

1938 gab es Serien-Benzinmotoren wie den Kratmo 10 (Abb. 166) mit 10 cm^3 Hubraum und einer Leistung von 0,26 kW (0,35 PS) bei 6000 U/min. Der Tank war an das Motorgehäuse angeflanscht.

Das Prinzip des *Glühzündermotors* (Abb. 168) wurde 1940 eher zufällig von dem Amerikaner Roy Arden entdeckt, der anstelle von Benzin ein Gemisch aus Methanol (Methylalkohol) und Rizinusöl verwendete. Er stellte fest, daß die Elektroden der Zündkerze auch dann weiterglühten, als er den Zündstrom abgeschaltet hatte. Dabei nutzte er (unwissentlich) die Katalysatorwirkung von Platin, das in einem mit Alkohol als Brennstoff laufenden Motor weiterglüht, wenn es einmal (durch Stromfluß) zum Glühen gebracht wurde. Damit entfiel die gesamte Zündanlage samt der schweren Batterie. Und damit war es möglich, Motoren mit höheren Drehzahlen und höheren Leistungen zu bauen, die durch den als Treibstoff verwendeten Alkohol auch noch besser gekühlt wurden.

Die Glühkerze bei diesen Motoren wird nur beim Anlassen des Motors an die Batterie angeschlossen. Wenn der Motor erst läuft, kann der Strom abgeschaltet werden. Der Kerzenwendel (aus Platin oder einer ähnlich wirkenden Legierung) bleibt hellglühend und braucht keinen Strom mehr.

Im Jahre 1927 baute der Schweizer Ernst Thalheim den ersten *Selbstzündermotor (Modelldiesel)*, der einen Hubraum von 2,5 cm^3 hatte. Bei diesem Motor entfällt die Zündkerze völlig (Abb. 167). Die Zündung des Gasgemisches erfolgt durch die bei der Kompression entstehende Temperaturerhöhung. Für diese Motoren wird ein leicht entzündlicher Treibstoff (mit Äther und Petroleum) benötigt.

Allerdings verschiebt sich bei zunehmender Erwärmung des Motors der Zündzeitpunkt des Gasgemisches. Durch den Gegenkolben und die Kompressionsschraube, eine Erfindung des Schweizers Klemenz Schenk, kann das Verdichtungsverhältnis verstellt werden. Einer der ersten Motoren mit dieser Einrichtung war 1940 der Dyno 1 mit 2,04 cm³ Hubraum und 0,07 kW (0,09 PS) bei einer Drehzahl von 7500 U/min.

Glühzünder- und Selbstzündermotoren (Zweitakter) haben den Vorteil, daß durch die einfache Bauart viele bewegliche Teile entfallen können und die Motoren somit billiger sind.

Ihr Nachteil ist die größere Lärmentwicklung und die nicht vollständige Verbrennung des Kraftstoffes (Ölrückstände am Modell).

Bei den bislang besprochenen Motoren handelt es sich um *Zweitaktmotoren* mit Kurbelwellengehäuse-Spülung (Abb. 167). Bei ihnen sind jeweils die Räume oberhalb und unterhalb des Kolbens zu betrachten.

Bewegt sich der Kolben nach oben, wird durch eine Bohrung in der Kurbelwelle oder durch ein Flatterventil ein im Vergaser zubereitetes Kraftstoff-Luft-Gemisch (Gasgemisch) in das Kurbelgehäuse gesaugt.

Bewegt sich der Kolben nach unten, wird das Kurbelgehäuse abgeschlossen, das Gemisch wird vorkomprimiert (verdichtet). Der Kolben bewegt sich weiter nach unten; kurz vor dem unteren Totpunkt gibt er erst den Auspuffkanal, dann den Überströmkanal frei. Die verbrannten Gase strömen aus, die Frischgase strömen ein (aus dem Kurbelgehäuse in den Zylinder über dem Kolben).

Bewegt sich der Kolben nach oben, so schließt er beide Kanäle wieder, das frische Gasgemisch wird verdichtet und gezündet (beim Glühzünder durch die Glühkerze, beim Selbstzünder durch die hohe Temperatur beim Komprimieren).

Unter dem Kolben ist zwischenzeitlich bereits wieder frisches Gasgemisch angesaugt worden. Das Spiel beginnt von neuem.

Bei der Bezeichnung des Hubraums haben sich Bezeichnungen mit den Zahlen .60 oder .40 eingebürgert (z. B. Super Tigre S 40 RC). Da ist das amerikanische Maß Kubik-Inch benutzt worden (Beispiele: 10 cm³ entsprechen 0,61 inch³, 2,48 cm³ entsprechen 0,15 inch³, 0,40 inch³ entsprechen 6,4 cm³ usw.), ein Kubik-Inch entspricht etwa 16,2 cm³.

4

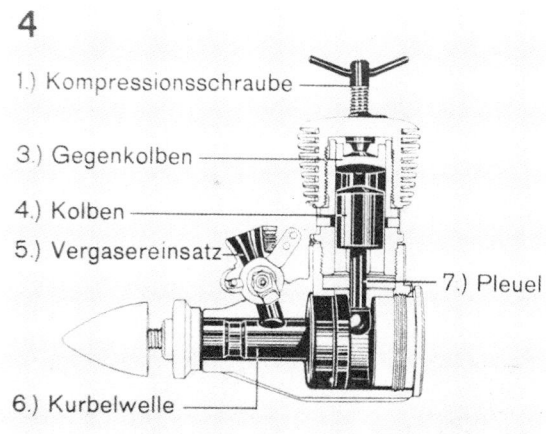

1.) Kompressionsschraube

3.) Gegenkolben

4.) Kolben

5.) Vergasereinsatz

7.) Pleuel

6.) Kurbelwelle

Modelldiesel

Abb. 167: Der Selbstzündermotor (Modelldiesel) arbeitet nach dem Zweitaktprinzip (aus »Start-ABC«/Graupner).

Abb. 169: Der Wankel-Motor, den die japanische Firma O. S. entwickelte, hat ein Kammervolumen von 4,9 cm³ und eine Leistung von 0,62 kW.

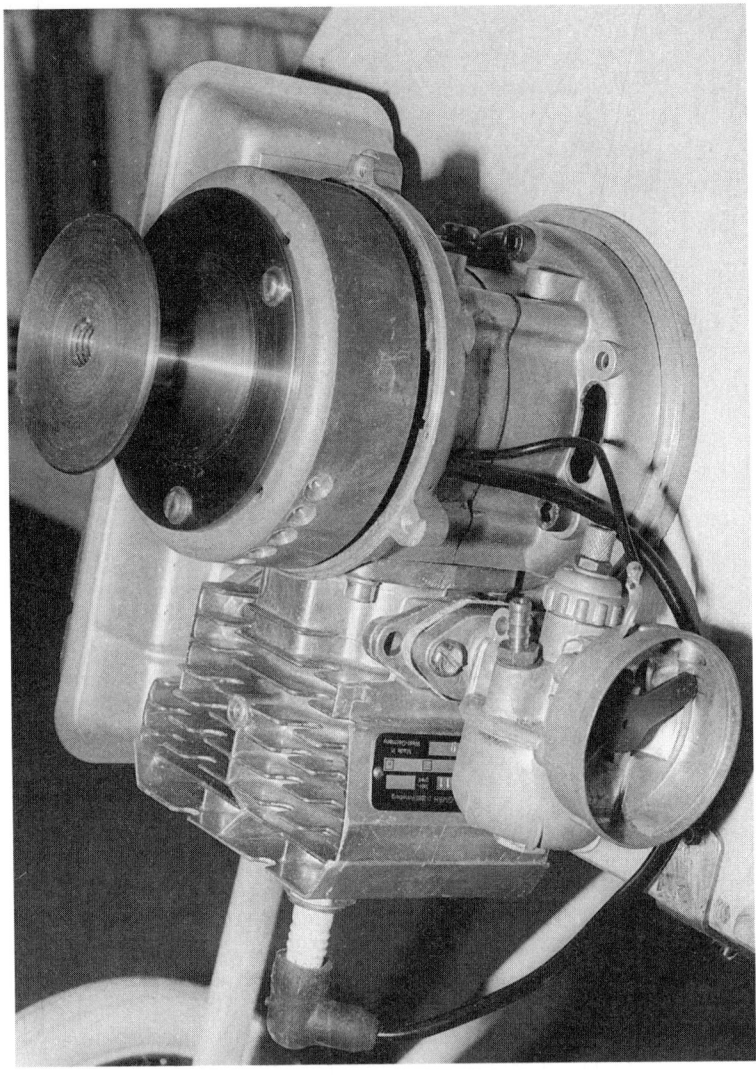

Abb. 170: Der Quadra-Viertakt-Motor im Scale-Modell eines Fokker-Dreideckers.

Abb. 172: Viertakt-Fünfzylinder-Stern-Motor mit elektronischer Zündung. Er hat einen Hubraum von 13,85 cm³ und macht 8500 U/min (KDH).

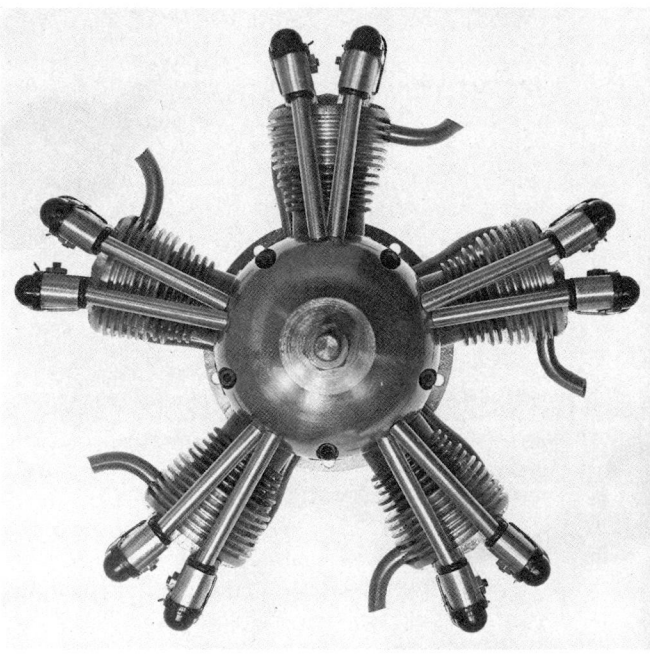

In den 50er Jahren entwickelte Felix Wankel den nach ihm benannten *Wankelmotor (Kreiskolbenmotor)*, der 1960 erstmals in einem Auto lief. 1964 lief das erste Muster eines luftgekühlten Kreiskolbenmotors für Flugmodelle auf dem Prüfstand, und zwei Jahre später flog eine »Caravelle« mit dem Modell-Wankel (siehe Kapitel 3.2). Graupner brachte diesen Motor 1968 in Zusammenarbeit mit dem japanischen Motorenhersteller O. S. auf den Markt (Abb. 169). Der Motor hat 4,9 cm³ Kammervolumen und eine Leistung von 0,62 kW (0,85 PS).

In den letzten Jahren werden verstärkt *Viertakt-Motoren* angeboten. Sie sind – auch ohne Schalldämpfer – wesentlich leiser als die Zweitakter, sind aber

Abb. 171: O. S. Max FT 20 mit 19,9 cm³ Hubraum und einer Leistung von 0,9 kW bei 8000 U/min ist ein Zweizylinder-Boxer-Motor.

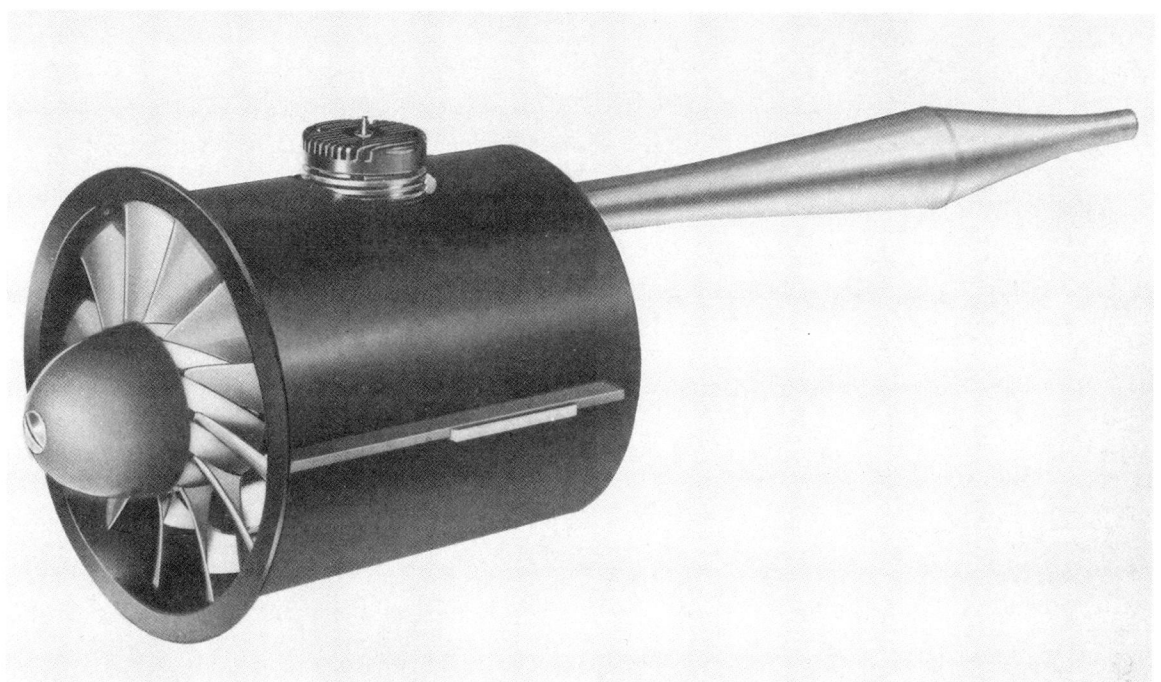

Abb. 173: Mantelstromtriebwerk BOSS 601 (Krick), das mit 10 cm³-Motoren betrieben werden kann. Es hat einen Durchmesser von 157 mm, eine Länge von 212 mm und eine Masse von 440 g. Bei 13.000 U/min bringt es einen Standschub von rund 25 Newton (2,5 kp).

Abb. 174: Ein Problem aller Verbrennungsmotoren ist die Schalldämpfung. Hier eine vorbildliche Lösung beim RC-Modell von Heinz-Dieter Sippel mit in den Rumpf integriertem Resonanz-Schalldämpfer.

Abb. 175: Neue Wege bei der Schalldämpfung: Das Auspuffgeräusch wurde vermindert und der Langhub-Motor Speed 61 F – Long Stroke (Webra) entwickelt im unteren Drehzahlbereich ein hohes Drehmoment, so daß größere Luftschrauben verwendet werden können.

Abb. 176: Das Bild zeigt den Aufbau des CO_2-Motors »mach 2« (KDH). Die Ladereinheit mit der CO_2-Kapsel wird zum Füllen auf den Tankstutzen gedrückt.

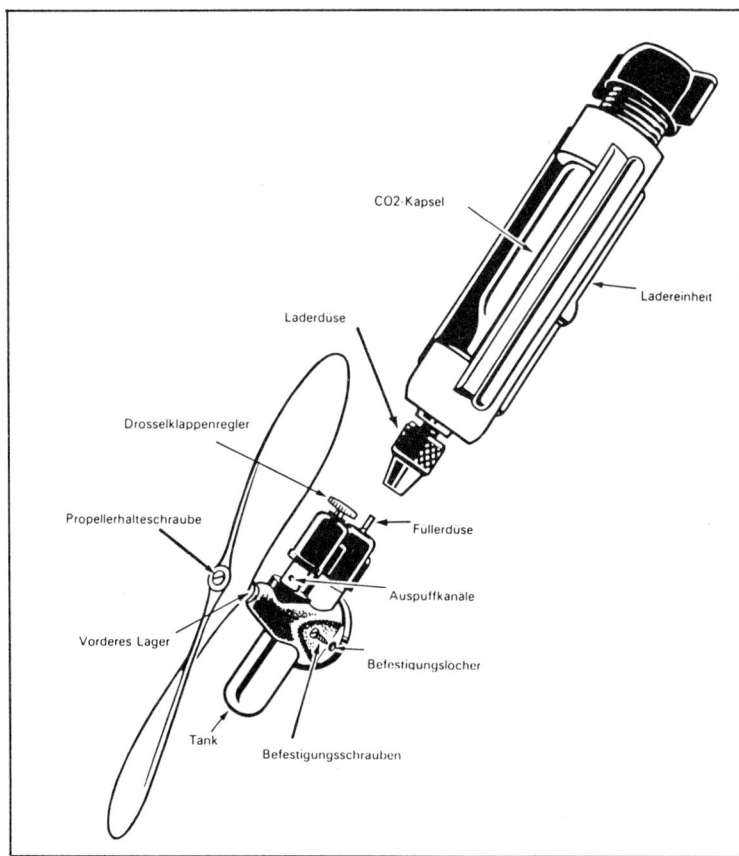

technisch aufwendiger gebaut: Sie benötigen Ein- und Auslaßventil und eine Ventilsteuerung über Nockenwelle, Stößelstangen und Kipphebel. Ansaugtakt (1), Kompressionstakt (2), Arbeitstakt (3) und Auspufftakt (4) folgen aufeinander.

Der Viertaktmotor (Abb. 170) kann mit preiswerterem Treibstoff betrieben werden. Der Kraftstoff wird auch vollständiger verbrannt. Nachteilig ist das höhere Gewicht und die größere Anzahl beweglicher Teile.

Nach ihren *Bauformen* unterscheidet man Einzylinder-, Zweizylinder-Reihenmotoren mit hintereinander angeordneten Zylindern, V-Motoren (mit V-förmig angeordneten Zylindern), Zweizylinder-Boxer-Motore (Abb. 171), Vierzylinder-Boxer-Motoren oder Fünfzylinder-Stern-Motore (Abb. 172).

Die Probleme der Lärmminderung können bei Zweitaktmotoren nur durch optimal angepaßte Schalldämpfer nach dem neuesten technischen Stand gelöst werden (Abb. 174).

Die Viertaktmotoren mit ihrem großen Hubraum und dem hohen Drehmoment bei niedrigen Drehzahlen lassen die Verwendung großer, langsamer drehender Luftschrauben zu, so daß auch noch die Propellergeräusche verringert werden.

Daß dies auch bei Zweitaktern gehen kann, zeigt der Motorenhersteller Webra mit seinem 1981 vorgestellten Speed 61 F – Long Stroke. Der 10 cm³-Motor entwickelt durch seinen größeren Hub (Abb. 175) ein hohes Drehmoment im unteren Drehzahlbereich, das die Verwendung größerer Luftschrauben ermöglicht. Auch die Auspuffgeräusche werden durch ein neues Auspuffsystem verringert.

Die *Treibstoffe* für die verschiedenen Modellmotoren sind im Fachhandel erhältlich, man kann sie aber auch selbst mischen. Methanol ist hygroskopisch, das heißt, es nimmt leicht Wasser auf; es sollte rein (99%ig) sein.

Petroleum ist zündfreudig genug.

Äther verdunstet schnell (Vorsicht beim Einatmen der Dämpfe!).

Als Schmiermittel wird Rizinusöl benötigt. Stattdessen nimmt man heute aber lieber synthetische Öle, die nicht verharzen. Zur Leistungssteigerung dienen Amylnitrit, Amylacetat oder Nitromethan, die dem Kraftstoff zugesetzt werden.

Ein *Standardgemisch für Selbstzündermotoren*

(Modelldiesel) besteht aus 30% Rizinusöl (oder synthetischem Öl), 33% Petroleum, 33% Äther und 4% Amylacetat.

Ein *Standardgemisch für Glühzünder* besteht aus 75 bis 80% Methanol und 25 bis 20% Rizinus (oder anderem Öl).

Da die Preise für die zum Mischen benötigten Substanzen aber nicht wesentlich niedriger liegen dürften als die für fertig gemischte Kraftstoffe, da der Umgang mit diesen Stoffen, vor allem mit Äther, auch nicht ganz ungefährlich ist, sollte man auf das Mischen lieber verzichten.

Gasmotoren waren in den Anfangsjahren der Entwicklung des Modellfluges schon recht zuverlässig (siehe Kapitel 3.1 und 3.2).

Die heutigen CO_2-Motoren (Abb. 176) sind hauptsächlich für kleine Flugmodelle geeignet und einfach zu handhaben. Diese Motoren haben einen leichten Drucktank, der aus einer der üblichen CO_2-Patronen in einer Ladereinheit aufgetankt wird. Damit läuft der Motor dann leise schnurrend bis zu einer Minute lang.

Anmerkung: Die bisherige Maßeinheit Pferdestärke (PS) für die Leistung ist seit einigen Jahren nicht mehr gültig. Sie wurde durch die Einheit Kilowatt (kW) ersetzt.
1 PS = 736 Watt = 0,736 Kilowatt (kW). Multipliziert man die PS-Werte also mit 0,736, so erhält man die Leistung in (kW). Dividiert man die kW-Werte durch 0,736, so erhält man die alten PS-Werte.

6.6.3 RAKETEN- UND STRAHLMOTOREN

Der einfachste Verbrennungsmotor ist der Raketenmotor. Die Reaktion der kinetischen Energie der ausströmenden Verbrennungsgase (Newton: actio = reactio) treibt eine Rakete vorwärts. Das Triebwerk ist auch entsprechend einfach im Aufbau.

In den Jahren um 1955 gab es das *Jetex-Triebwerk*, das man immer wieder mit Festtreibstoff-Tabletten nachladen konnte. Es wurde bis vor wenigen Jahren angeboten, u. a. auch als Triebwerk für kleine Segelflugmodelle. Diese Triebwerke gab es in verschiedenen Ausführungen: Jetex 50, 100, 200, 350 und Jetmaster

Abb. 177: Rund 180 km/h fliegt das erste funkferngesteuerte Flugmodell der Welt mit Pulso-Strahltriebwerk von **Heinrich Sippel** (links) und seinem Sohn **Heinz-Dieter Sippel** (rechts), der das Modell fliegt.

150 für Flugmodelle mit Spannweiten von 300 bis 1600 mm und eine maximale Flugmasse von 45 bis 300 g.

Das deutsche *Raketentriebwerk* Held 1000 (Held) hat einen Gesamtimpuls (Schubkraft mal Zeit) von rund 6 Newtonsekunden (Ns). Amerikanische Triebwerke (Estes, ESE u. a.) gibt es von 2,5 Ns bis 60 Ns. Sie sind dreischichtig aufgebaut und bestehen aus der Treibladung, einer Verzögerungsladung (aus langsam brennendem Material) und der Ausstoßladung (die den Fallschirm auswirft).

Mit *Pulso-Strahltriebwerken* für Flugmodelle nach dem Prinzip des Schmidt-Argus-Rohres wurde jahrelang mit nur mäßigen Erfolgen experimentiert.

Seit einigen Jahren fliegen die ferngesteuerten Flugmodelle mit Düsenantrieb, für die Heinrich Sippel ein einwandfrei funktionierendes Pulso-Strahltriebwerk mit der Arbeitsweise des Schmidt-Argus-Rohres konstruierte (Abb. 177).

Die ungeheuer röhrenden Donnervögel sind, gesteuert von Sohn Heinz-Dieter Sippel, immer wieder Attraktionen, nicht nur auf Schauflugtagen der Modellflieger.

Der durch den Injektor eingespritzte Kraftstoff wird von einströmender Luft durch die Ventilscheibe (Flatterventil) in den Brennraum gerissen, wo er durch die Zündkerze gezündet wird.

Der Druck der verbrennenden Gase drückt das Ventil zu, so daß diese durch das Resonanzrohr nach hinten ausströmen. In der Brennkammer entsteht dadurch ein Unterdruck, der das Flatterventil öffnet, neues Kraftstoff-Luft-Gemisch, aber auch einen Teil der heißen Verbrennungsgase ansaugt. Letztere zünden das Gasgemisch. Das Spiel beginnt von neuem.

Dieses Pulso-Strahltriebwerk bringt einen Standschub von 30 bis 40 Newton (3–4 kp).

Anmerkung: Zur Umrechnung der alten Bezeichnung Kilopond für die Kraft in die neue Krafteinheit Newton werden die Kilopondwerte mit 9,81 multipliziert. Nach dem Newtonschen Satz: Kraft (N) = Masse (kg) x Beschleunigung (m/s^2) ist

$$1\,N = 1\,\frac{kg \times m}{s^2}.$$

6.6.4 ELEKTROMOTOREN

Die Entwicklung des Elektrofluges ist an anderer Stelle bereits ausführlich beschrieben worden (Kapitel 3.2).

Die Entwicklung der Elektromotoren bewegt sich in mehrere Richtungen:

Zum einen gibt es die preiswerten und leistungsfähigen japanischen Elektromotoren (Mabuchi) mit einem breit gefächerten Leistungsbereich.

Sie treiben, im wesentlichen in Verbindung mit Untersetzungsgetrieben, Luftschrauben mit großem Durchmesser und niedrigen Drehzahlen an.

Zum anderen werden die stärksten dieser Motoren auch für den Direktantrieb kleiner, hoch drehender Luftschrauben verwendet.

Schließlich wurde in den letzten Jahren die Entwicklung von Hochleistungsmotoren vorangetrieben, die vornehmlich für den Direktantrieb von kleinen und mittleren, mit hoher Drehzahl laufenden Luftschrauben verwendet werden,

die aber auch in Verbindung mit Untersetzungsgetrieben eingesetzt werden.

Leider sind offenbar die Umsätze der Modellbauindustrie im Bereich des Elektrofluges hinter den Erwartungen zurückgeblieben, möglicherweise auch, weil durch die leisen Viertaktmotoren viele Lärmprobleme auf Modellflugplätzen entfielen, vielleicht auch, weil die Modellflieger das Fliegen mit Elektromotoren noch nicht angenommen haben. Auf den Messen der letzten Zeit war jedenfalls das Angebot an neuen Elektroflugmodellen geringer geworden.

Zu den nach wie vor angebotenen Modellen gehört der von Fred Militky (Graupner) entwickelte »Mosquito« (Abb. 179), bei dem der Mabuchi 550 FG 3 »Jumbo« mit einem 3:1 untersetzenden Getriebe und einer Klappluftschraube verwendet wird. Der Motor hat eine Eingangsleistung von maximal 0,14 kW (0,19 PS) und einen Wirkungsgrad von rund 70%, der durch Getriebe und Luftschraube allerdings noch reduziert wird (auf den kompletten Antrieb bezogen).

Modelle mit ähnlicher Konzeption finden sich bei Bauermann (»PB 24 E«), Carrera (»Primus« und »Optimus«), Multiplex (»E 1«, »E 2«), robbe (»Edelweiss«) und Wanitschek (fs 26 »Moseppl«).

Die ersten Motoren hoher Leistung waren die aus den USA stammenden robusten ASTRO 10, 15 und 25 (Abb. 178), zu denen auch gleich die passenden schnelladefähigen Akkus und eine komplette Ladestation angeboten wurden, und natürlich auch die passenden Modelle wie »Elektra-Fli« oder »Bushmaster« (Simprop). Aus der folgenden Tabelle sind die Daten der Motoren, der Akkus und der Elektroflugmodelle zu entnehmen.

Tabelle 13: Informationstabelle über SIMPROP-ASTRO-Elektroflugsysteme

Motor-Bezeichnung SIMPROP–	entspricht ca. einem Verbrennungs-motor von:	Propeller:	Masse Motor + Akku	Spezial-Akkusatz	Kapazität der Bord-Akkus	Spannung der Bord-Akkus	Ladespannung des Ladeakkus
MB–5	$0,8 \text{ cm}^3$	6×4	400 g	8×1,2 V	0,55 Ah	9,6 Volt	12 Volt
ASTRO–10	$1,7 \text{ cm}^3$	7×4	700 g	12×1,2 V	0,55 Ah	14,4 Volt	18 Volt
ASTRO–15	$2,5 \text{ cm}^3$	8×4	750 g	16×1,2 V	0,55 Ah	19,2 Volt	24 Volt
ASTRO–25	$4,0 \text{ cm}^3$	8×6	1220 g	16×1,2 V bestehend aus 2 Akku-Packs	1,0 Ah	19,2 Volt	24 Volt

Modelle	Elektromotor	Spannweite	Flächeninhalt	Flugmasse
Elektra Fli	Astro–10	1,14 m	$22,90 \text{ dm}^2$	1220 g
Bushmaster	Astro–25	1,56 m	$50,65 \text{ dm}^2$	2150 g
Fournier RF 4	Astro–10/Astro–15	1,83 m	$38,70 \text{ dm}^2$	1450 g
Electra-Twin	2×Astro–25	1,82 m	$49,10 \text{ dm}^2$	3900 g

Abb. 178: Die ASTRO-Motoren aus den USA mit dazu passenden schnelladefähigen Akkus (Simprop).

Abb. 179: Ein schon klassisches Modell ist der von Fred Militky konstruierte Motorsegler mit Elektroantrieb, »Mosquito« (Graupner). Der Motor hat ein Untersetzungsgetriebe und eine Klappluftschraube.

Für den Benutzer sind sie das Minimum an Informationen, das nötig ist, um diese Geräte ordnungsgemäß betreiben zu können. Der technische und physikalische Hintergrund aber ist komplizierter. Wer die technischen Möglichkeiten eines Gerätes, hier des Elektromotors, optimal nutzen möchte, muß sich mit eben diesem Hintergrund befassen.

Folgende Motordaten sind wichtig:
Die Spannung (U), gemessen in Volt (V),
die Stromstärke (I), gemessen in Ampere (A),
die elektrische Leistung (P), die das Produkt aus Spannung mal Stromstärke ist ($P = U \times I$) und in Watt (W) oder Kilowatt (kW) angegeben wird,
die Drehzahl (n), die angibt, wie oft in der Minute sich die Motorwelle dreht und deren Maßeinheit Umdrehungen pro Minute (U/min) ist,
das Drehmoment (M), das das Produkt aus Kraft (F), gemessen in Newton (N) und Hebelarm (s), gemessen in Zentimetern (cm) ist ($M = F \times s$) und in Newtonzentimetern (Ncm) ausgedrückt wird,
der Wirkungsgrad (η), der das Verhältnis der Eingangsleistung (P_e) zur Ausgangsleistung (P_a) angibt und in Prozent (%) angegeben wird.

Die Spannung läßt sich mit einem Voltmeter, die Stromstärke mit einem Amperemeter messen, die Leistung kann dann aus diesen beiden Parametern berechnet werden.

Aus Spannung und Stromstärke kann aber nach dem Ohmschen Gesetz ($R = U : I$) der Widerstand berechnet werden. Der Widerstand (R) wird in Ohm (Ω) angegeben.

Die Drehzahl läßt sich mit einem der handelsüblichen Drehzahlmesser messen.

Zur Messung des Drehmoments ist eine komplizierte Meßapparatur erforderlich, die nicht jeder zur Verfügung hat. Darin muß der Motor drehbar so eingebaut werden, daß das Gegendrehmoment (Newton: actio = reactio) an einem bestimmten Hebelarm mit einem Kraftmesser gemessen werden kann. Daraus kann dann die Ausgangsleistung berechnet werden. Am Beispiel des Mabuchi 550, der bei Multiplex unter der Bezeichnung EFM – 3 (Elektroflugmotor Nr. 3) angeboten wurde (er ist auch in den Programmen von Carrera, Graupner, Robbe und Simprop) soll die Arbeit mit den genannten Parametern erläutert werden (Abb. 182).

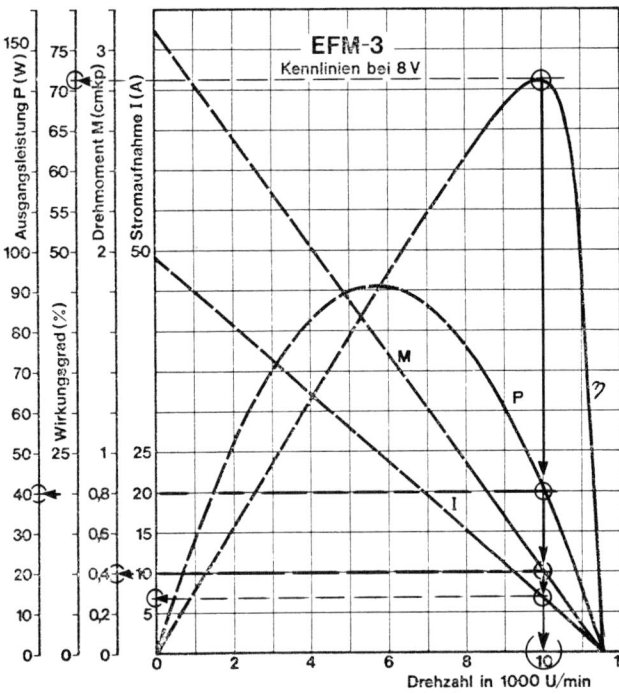

Abb. 182: Kennlinien des Mabuchi 550 (EFM-3) für eine Betriebsspannung von 8 V (Erläuterungen im Text).

Abb. 180: Der Keller KE 50/24 ist der universellste Leistungsmotor aus der Typenreihe (Heinz Keller).

Der Motor ist an eine Spannungsquelle von 8 V angeschlossen (Akkupack mit 7 Zellen = 8,4 V), bei der diese Kennlinien aufgenommen wurden.

Der Motor soll mit optimalem Wirkungsgrad betrieben werden. Die Wirkungsgrad-Kurve (η) hat ihr Maximum bei 71,5% (waagerecht nach links). Die Senkrechte vom Punkte des Maximums aus schneidet nacheinander die Kurven der Ausgangsleistung (P), des Drehmoments (M) und der Stromstärke (I) und trifft auf die waagerechte Koordinatenachse, auf der die Drehzahl (U/min) aufgetragen ist. Geht man von jedem dieser Schnittpunkte waagerecht nach links, so liest man folgende Werte ab:

P_a = 40 W (Ausgangsleistung),
M = 0,4 kpcm = 400 pcm $\approx$ 4 Ncm = 0,04 Nm = 0,04 Ws (Wattsekunden),
I = 7 A,
n = 10.000 U/min.

Aus der Spannung (8 V) und der Stromstärke (7 A) ergibt sich die Eingangsleistung $P_e = U \times I = 8\,V \times 7\,A = 56\,W$. Die Ausgangsleistung P_a ermittelten wir bereits mit 40 W. Daraus ergäbe sich der bereits abgelesene Wirkungsgrad

$$\eta = \frac{P_a}{P_e} = \frac{40\,W}{56\,W} = 71,43\%.$$

Es reicht also aus, einen Wert zu messen, um die anderen aus dem Diagramm ablesen zu können.

In den leistungsfähigsten der modernen (und teuren) Elektromotoren sind Samarium-Kobalt-Magneten eingebaut. Diese Magnete haben den zur Zeit höchsten Energie-Inhalt und geben den Motoren eine bisher unerreichte Feldenergie und einen Wirkungsgrad von 80 bis 85% (!). Ein Beispiel ist der Hectoperm GT 500 (Abb. 181), dessen technische Daten der folgenden Tabelle entnommen werden können (Marx-Lüder). Neben Marx-Lüder haben auch Heinz Keller und Fritz Geist solche Motoren entwickelt.

Motoren für den Direktantrieb (kleinere Luftschrauben, hohe Drehzahl) bieten aero-naut-Modellbau (Mabuchi-, Marx-Lüder-Motoren), Carrera (Bühler-Motoren), Geist (eigene Entwicklungen) Graupner (Mabuchi-Motoren), Keller (eigene Entwicklungen/ Abb. 180), Multiplex (Mabuchi-/Permax-Motoren), robbe (Elt-Max- und Mabuchi-Motoren), Hegi (Mabuchi-Motoren), Krick (Mabuchi-Motoren) und Marx-Lüder (eigene Entwicklungen / siehe Tabelle und Abb. 181) an.

Abb. 181: Mit dem Magnetmaterial Samarium-Cobalt ist der Hectoperm GT 500 N (Normalausführung) und GT 500 G (mit Untersetzungsgetriebe) aufgebaut (Marx-Lüder).

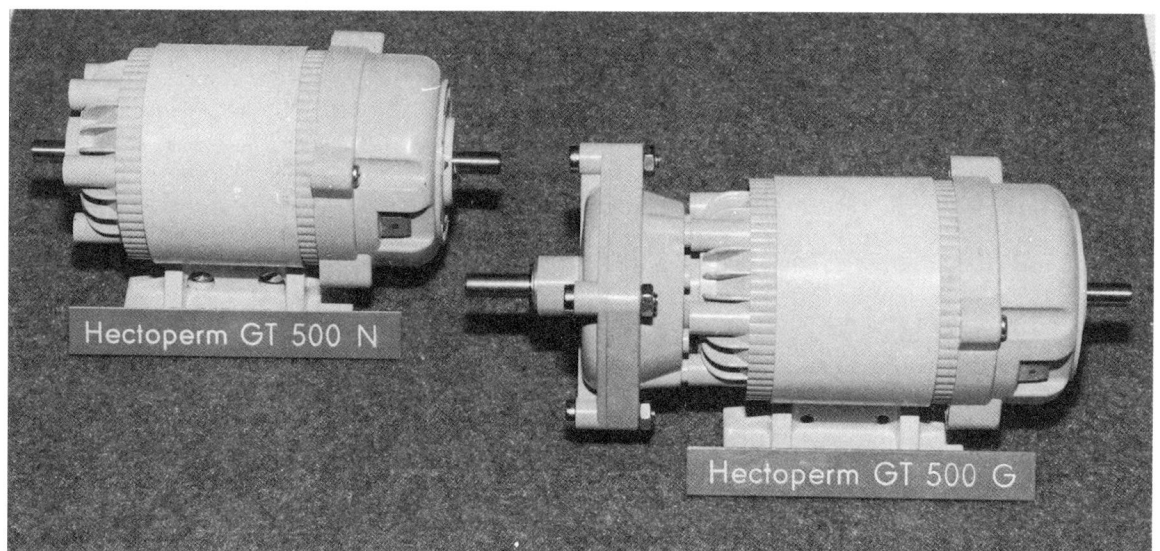

Tabelle 14: Technische Daten Hectoperm GT 500

Technische Daten		HECTOPERM GT 5oo N	HECTOPERM GT 5oo G
Nennspannung		6 - 24 V	6 - 24 V
Eingangsleistung max. (Kurzzeitbetrieb)	mit HSB	o,4 KW	o,4 KW
	mit LLB	o,6 KW	o,6 KW
Leerlaufdrehzahl ca.	mit HSB	4.5oo-18.ooo U/min	4.5oo-18.ooo U/min
	mit LLB	4.ooo-.16.ooo U/min	4.ooo-16.ooo U/min
Leerlaufstromaufnahme ca.		o,8 - 1,4 A	o,8 - 1,4 A
Wirkungsgrad max.	mit HSB	85 %	85 %
	mit LLB	8o %	8o %
Gewicht ca.		52o g	6oo g
Durchmesser ca.		54 mm	54 mm
Länge ohne Welle ca.		1oo mm	14o mm
Länge Antriebswelle ca.		2 x 2o mm	2 x 2o mm
Durchmesser Antriebswellen		6 mm	6 mm
Getriebestufen		-	3:1, 4:1, 5:1, 6:1

Elektromotoren können in Flugmodellen nur betrieben werden, wenn die für die hohen Ausgangsleistungen nötigen hohen Ströme für hinreichend lange Zeit den Bordakkus entnommen werden können. Daher war Elektroflug erst möglich, als solche Akkumulatoren (Zellen) auch zur Verfügung standen.

Da Zellen mit Masseelektroden (wie DEAC-Akkus für Sender und Empfänger) nur über längere Zeit und nur mit 10% ihrer Nennkapazität in Amperestunden (Ah) belastet und auch so geladen werden können, sind sie für den Elektroflug mit seinen kurzzeitigen hohen Belastungen nicht geeignet.

Die Lösung des Problems brachten erst die Nickel-Cadmium-Zellen mit Sinterelektroden (Varta RSH, General Electric, Sanyo u. a.). Diese Zellen sind wegen ihres geringen Innenwiderstandes stark belastbar und halten die Spannung auch unter Belastung weitgehend konstant (Tabelle 15 und Abb. 183). Sie können in sehr kurzer Zeit (20 bis 30 Minuten) aufgeladen werden (Schnelladung) und sind bei Normalladung (!) unempfindlich gegen Überladung.

Leider entladen sie sich bei längerer Lagerung selbst, müssen also in regelmäßigen Abständen geprüft und ggf. wieder geladen werden.

Die folgende Tabelle gibt einen Überblick über die Daten der Sinterzellen Varta RSH. Für den Elektroflug werden hauptsächlich die Zellen RSH 1,2 (mit 1,2 Amperestunden) benutzt, aber es gibt inzwischen auch Zellen mit 1,8 Ah und 2 Ah. Aus der Tabelle ist u. a. zu entnehmen, daß bei höheren Strömen (z. B. bei einem Entladestrom von 12 A) nur noch 70% der Nennkapazität entnommen werden können; das reicht für 4,5 Minuten.

Die Entladung der Zellen kann man messend begleiten und Entladekurven bei verschiedenen Strömen aufzeichnen (Abb. 183). Wird beispielsweise die RSH

Tabelle 15: Belastungstabelle RSH

Typ-Bezeichnung			750 RSH	RSH 1,2	RSH 1,8	RSH 4
Nennkapazität $K_{10} = C_{10}$		Ah	0,75	1,2	1,8	4,0
Entladenennstrom $I_{10} = 0,1\,C_{10}A$		mA	75	120	180	400
			$K_{10}\,(C_{10})$ $\quad K_5\,(C_5)$ Mittlere Entladespannung 1,25 V Entladeschlußspannung 1,10 bzw. 1,0 V			
Entladestrom 20 x $I_{10} = 2\,C_{10}A$	A		1,5	2,4	3,6	8
Entnehmbare Kapazität		Ah	0,67	1,1	1,6	3,4
Entnehmbare Kapazität		%NK	90	90	90	85
Entladezeit t		min	27	27	27	25,5
			Mittlere Entladespannung 1,22 V Entladeschlußspannung 0,9 V			
Entladestrom 40 x $I_{10} = 4\,C_{10}A$	A		3	4,8	7,2	16
Entnehmbare Kapazität		Ah	0,63	1,02	1,53	3,2
Entnehmbare Kapazität		%NK	85	85	85	80
Entladezeit t		min.	12,75	12,75	12,75	12,0
			Mittlere Entladespannung 1,18 V Entladeschlußspannung 0,9 V			
Zul. Dauerbelastung			100 x I_{10}	100 x I_{10}	100 x I_{10}	70 x I_{10}
Entladestrom		A	7,5	12	18	28
Entnehmbare Kapazität		%NK	70	70	70	70
Entladezeit t		min	4,5	4,5	4,5	6,0
			Mittlere Entladespannung 1,15 V Entladeschlußspannung 0,9 V			
Zulässige Belastung 2 min.		A	12	19	29	54
bis zu 2 s max.		A	30	48	72	90
			Entladeschlußspannung bei Kurzzeitbelastung für alle Zellentypen 0,75 V/Zelle.			

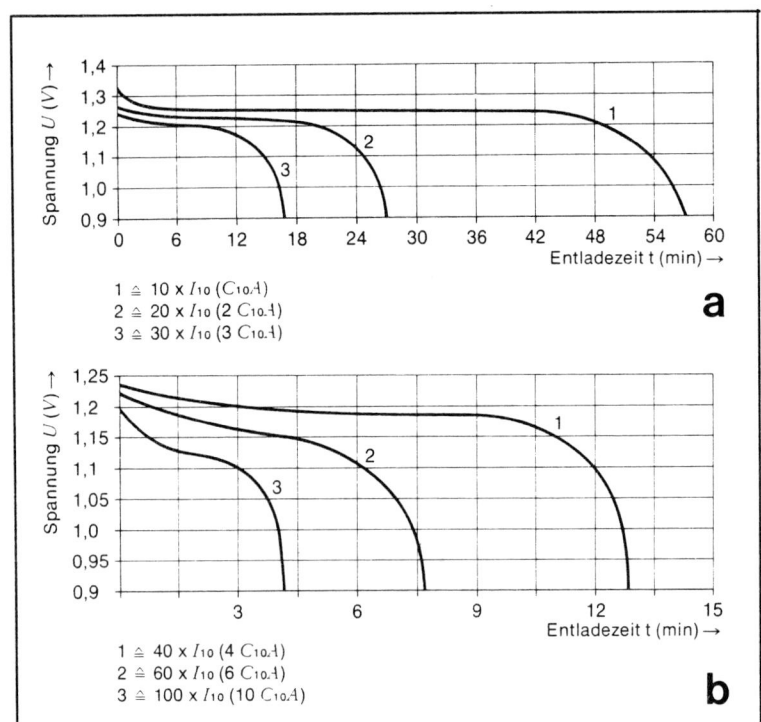

1 ≙ 10 x I_{10} (C_{10}A)
2 ≙ 20 x I_{10} (2 C_{10}A)
3 ≙ 30 x I_{10} (3 C_{10}A)

a

1 ≙ 40 x I_{10} (4 C_{10}A)
2 ≙ 60 x I_{10} (6 C_{10}A)
3 ≙ 100 x I_{10} (10 C_{10}A)

b

Abb. 183: Entladestrom für Sinterzellen der Baureihe RSH (Varta) bei verschiedenen Belastungen und 20° Raumtemperatur.

Abb. 184: Netz-Ladegeräte für verschiedene Ladeströme (Brand-Elektronik).

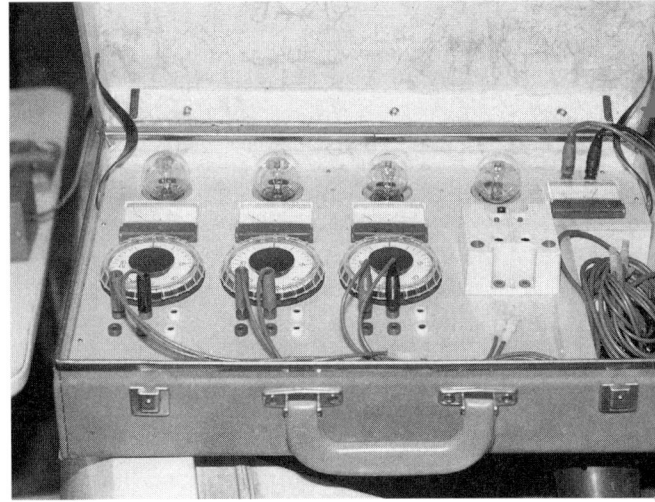

Abb. 185: Schnelladung vom Autoakku aus über Autoglühlampen und Zeitschaltuhren.

Abb. 186: Die Schaltuhr begrenzt die Ladezeit zuverlässig (Multiplex).

1,2 mit dem sechzigfachen Nennstrom belastet (120 mA×60 = 7200 mA = 7,2 A), so ergibt sich die Kurve 2 (Abb. 183 b): Die Spannung der Zelle sinkt nach ca. sieben Minuten auf 0,9 V ab (Entladeschlußspannung), und es darf nicht tiefer entladen werden, weil das zur Schädigung der Zelle führen kann.

Die Hochleistungs-Sinterakkus für den Elektroflug müssen richtig gepflegt, d. h. richtig geladen werden.

Ein Problem ist aber, daß man den Ladezustand eines nur teilweise entladenen Akkus nicht feststellen kann.

Andererseits hat aber jeder Akku eine bestimmte Ladeschlußspannung, bei Sinterzellen 1,45 V pro Zelle.

Es gibt folgende Möglichkeiten des Ladens von Sinterzellen (Beispiel 1,2 Ah):

Normalladung mit einem Ladenennstrom (= zehnstündiger Entladestrom) von 120 mA über eine belie-

180

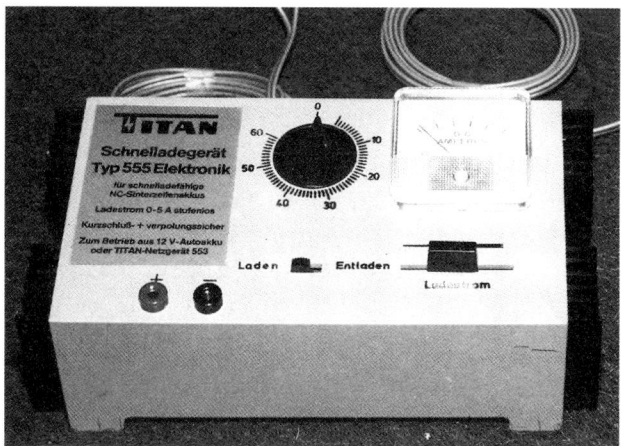

Abb. 187: Mit diesem Gerät kann vor dem Laden entladen und dann mit einstellbarem Strom geladen werden. Die Ladezeit wird durch die Schaltuhr begrenzt (Titan).

big lange Zeit, mindestens aber 14 Stunden, durch ein Ladegerät vom Netz aus (Abb. 184).

Schnelladung vom Autoakku aus über Widerstandskabel (nicht zu empfehlen) nach vorheriger Entladung.

Schnelladung vom Autoakku aus über eine Autoglühlampe (Strom ca. 2,5 bis 3 A) nach vorheriger Entladung (Abb. 185). Dabei muß in jedem Falle die Ladezeit durch eine Schaltuhr begrenzt werden (Abb. 186).

Schnelladung von Autoakku aus durch ein Ladegerät mit einstellbarer Stromstärke (Abb. 187) nach vorheriger Entladung und Begrenzung der Ladezeit durch eine Schaltuhr.

Schnelladung vom Autoakku aus (oder vom Netz aus) durch ein Ladegerät mit einstellbarem Ladestrom und elektronischer Überwachung der Ladeschlußspannung (Marx-Lüder, Elektrohno u. a.), die auf die zu ladende Zellenzahl eingestellt wird (z. B. $7 \times 1,45$ V = 10,15 V). Nach Erreichen des eingestellten Spannungswertes schaltet das Gerät elektronisch auf Erhaltungsladung (mit Ladenennstrom) um. Eine Überwachung der Ladung oder eine Schaltuhr sind hier nicht erforderlich.

Damit können die Akkus mit jedem beliebigen Ladezustand geladen werden; eine vorherige Entladung ist nicht erforderlich.

6.7.0 Fernsteuerungen

Die Elektronik der Funkfernsteuerungen für Flugmodelle hat sich in den letzten Jahren fast eben so stürmisch entwickelt wie die allgemeine Elektronik. Eine Fülle neuer elektronischer Bauelemente bis hin zu integrierten Schaltkreisen mit einer immer höheren Integration, die immer mehr Bauelemente auf kleinstem Raum unterzubringen vermag, eröffnete auch den Entwicklern von Fernsteuerungen eine Fülle von Möglichkeiten bei der Gestaltung der Anlagen und des Zubehörs.

Gleichzeitig ermöglichten die integrierten Schaltkreise (integrated circuits = IC) in Verbindung mit neuen Technologien bei der Herstellung von Platinen und Gehäusen, bei der Lötung der Schaltungen und bei ihrer Prüfung auch eine rationellere Fertigung. So war es möglich, einerseits preisgünstige Anlagen mit einem hohen technischen Standard für einen breiten Kundenkreis bereitzustellen, andererseits für spezielle Anwendungen (Wettbewerbs- und Leistungssport mit ferngesteuerten Flugmodellen/siehe 5.1 und 5.2) Anlagen zu konzipieren, die exakt auf die sehr speziellen Bedürfnisse kleinerer Kundenkreise zugeschnitten werden konnten.

Bis es so weit war, mußten die Grundlagen geschaffen werden, die zurückgehen bis zu Michael Faraday (1791–1867 / Entdeckung der Induktion), James Clerk Maxwell (1831–1879 / Theorie des elektromagnetischen Feldes) und Heinrich Hertz (1857–1894 / experimenteller Nachweis der elektromagnetischen Wellen).

Auch auf dem Sektor der Funkfernsteuerungen ist eine enorme Entwicklungsarbeit geleistet worden, ohne die der heutige technische Stand sicherlich nicht erreicht worden wäre (siehe Kapitel 3.2).

Funkfernsteuern heißt schlicht drahtlose Übertragung von Steuerkommandos zu einem bewegten Gegenstand (z. B. einem Flugmodell. Dazu sind folgende Voraussetzungen nötig:

Die Möglichkeit, elektromagnetische Wellen (eine Trägerfrequenz) zu erzeugen,
die Steuerkommandos (die Nachricht) auf diese Trägerfrequenz aufzumodulieren,
die Wellen an einem anderen Ort zu empfangen, die aufmodulierte Nachricht wieder zu demodulieren und die Steuerkommandos jeweils an der richtigen Stelle in mechanische Bewegungen (Ruderausschläge) umzusetzen.

Abb. 188: Bedienungsfeld eines Fernsteuersenders (PCM-Anlage von Ing. W. Meinberg): Die beiden Kreuzknüppel steuern die Kanäle 1 bis 4; diese vier Kanäle können zusätzlich mit Trimmern getrimmt werden. Die Kanäle 5 und 6 werden mit Schiebern, die Kanäle 7 und 8 mit Schaltern betätigt. Für die Kanäle 1 und 2 kann der Ruderweg linear verkürzt werden.

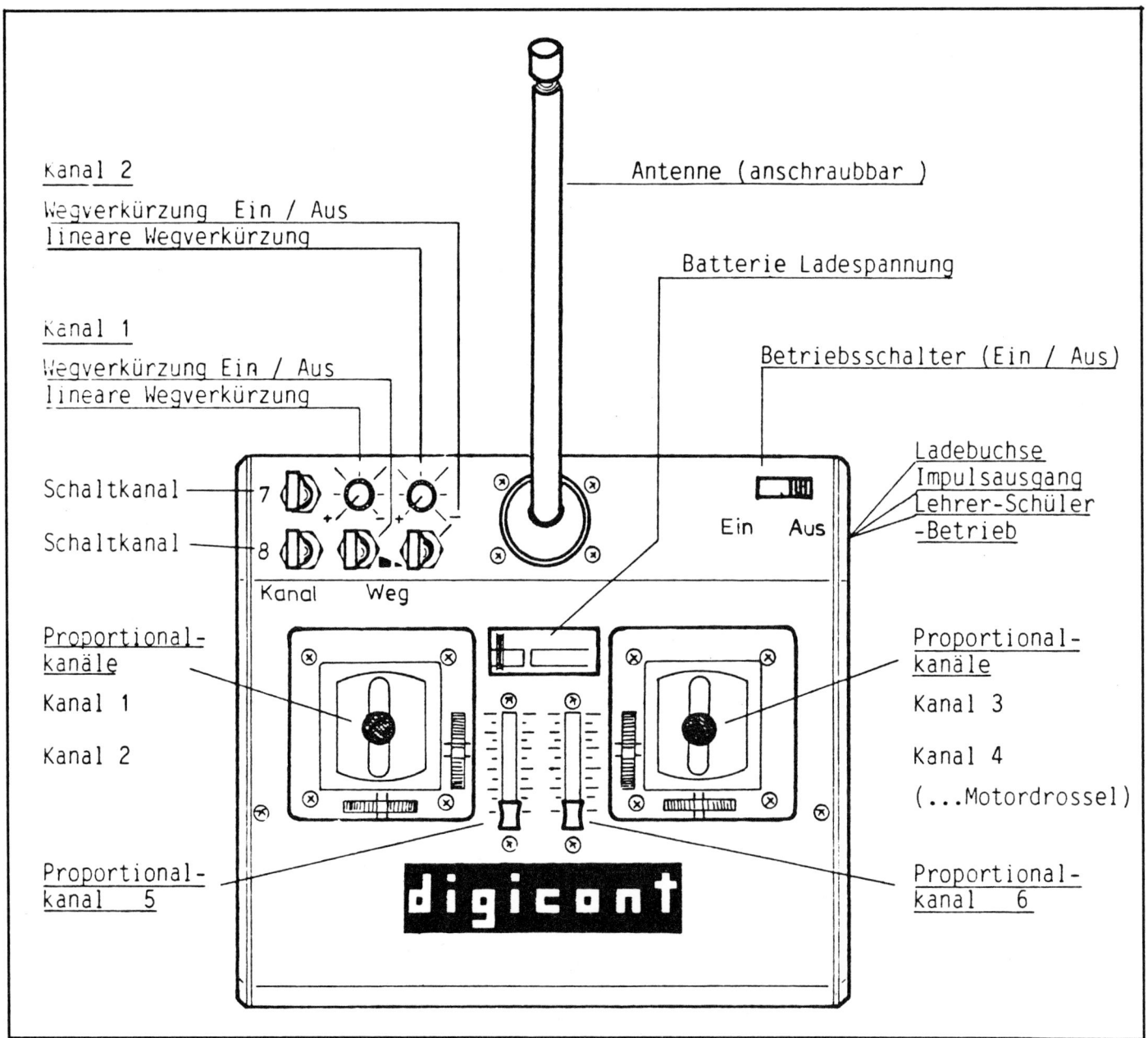

Das soll möglichst sicher und unbeeinflußt von Störungen funktionieren (Störsicherheit), es sollen möglichst viele Kommandos gleichzeitig (simultan) übertragen werden. Die vom Servo im Modell ausgeführten Kommandos sollen exakt den mit dem Steuerknüppel des Senders eingegebenen Kommandos entsprechen (proportional). Zudem kommt es auch auf die Feinheit des Kommandos an (Schaltkommandos ein/aus oder proportionale Kommandos).

Der erste Schritt zur Realisierung der genannten Ziele ist die Kodierung der Kommandos. Schon das schlichte Ein- und Ausschalten des Senders der Tipp-Anlagen konnte zur proportionalen Steuerung einer Ruderfunktion genutzt werden. Die um 1960 gebräuchliche Webra-pico verwendete bereits eine Impulsfolge zur Steuerung des Servos. Dabei konnte das Impuls-Pausen-Verhältnis mit einem Potentiometer am Sender verstellt werden. Die Flatterrudermaschine im Modell bewegte das Seitenruder ständig hin und her. Bei längeren Impulsen blieb es jeweils etwas länger auf der einen, bei längeren Pausen etwas länger auf der anderen Seite. Die Massenträgheit des Modells hatte dabei eine integrierende Wirkung, so daß proportional gesteuert wurde (siehe Abb. 64 in Kapitel 3.2).

Bei einer Proportionalanlage muß die Ruderstellung im Modell der Winkelstellung des Steuerknüppels am Sender proportional sein. Dazu sind die Kreuzknüppel so mit je zwei Potentiomatern gekoppelt, daß mit jedem Knüppel gleichzeitig zwei Funktionen gesteuert werden können (Abb. 188 und 189). Je nach Winkelstellung des Knüppels wird am Potentiometer eine entsprechende Spannung abgegriffen (Potentiometerschaltung = Spannungsteilerschaltung), die zur Steuerung eines Impulserzeugers (Oszillator) verwendet wird. Die Winkelstellungen des Knüppels werden so in Impulse unterschiedlicher Breite umgewandelt. Die Einzelimpulse der Kanäle 1 bis 4 werden zu einem Impulstelegramm zusammengefaßt, mit dem dann die Trägerfrequenz des Senders moduliert wird (Abb. 191). Die mittlere Impulsbreite der meisten Anlagen liegt bei

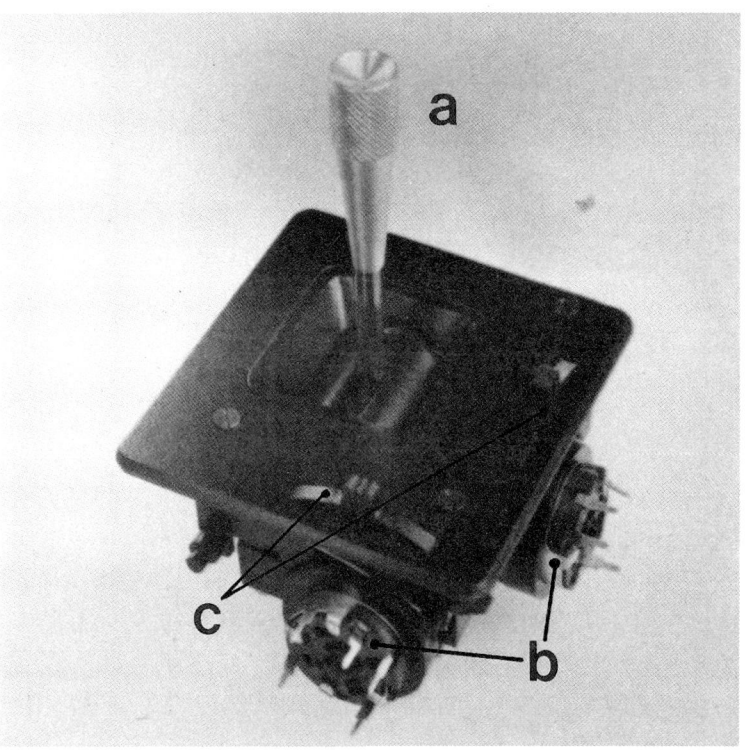

Abb. 189: Das Kreuzknüppel-Aggregat eines Senders: Der Knüppel (a) kann die beiden Potentiometer (b) gleichzeitig in jede beliebige Position bringen. Zusätzlich können mit den Trimmhebeln (c) zwei weitere Potentiometer verstellt werden.

1,7 ms (im Beispiel die Kanäle 1 und 4), die minimale bei 1,2 ms (im Beispiel Kanal 2), die maximale Impulsbreite bei 2,2 ms (im Beispiel Kanal 3). Die Austastlücke (a) zwischen den Kanalimpulsen hat eine Breite von 0,2 ms bis 0,4 ms (1 ms = 1 Millisekunde = 1/1000 Sekunde = 0,001 s).

Nach jeweils vier Kanalimpulsen folgt eine längere Impulspause (A) von mindestens 6 ms Dauer, mit der die Impulsteile von Sender und Empfänger synchroni-

Abb. 191: Kodiertes Impulstelegramm für die Kanäle 1 bis 4 (Erklärung im Text).

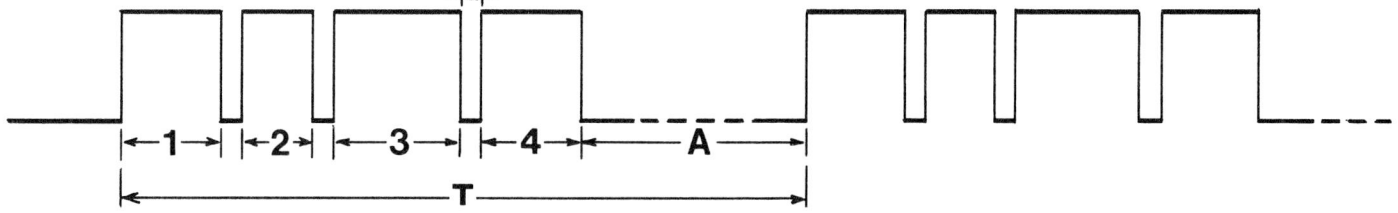

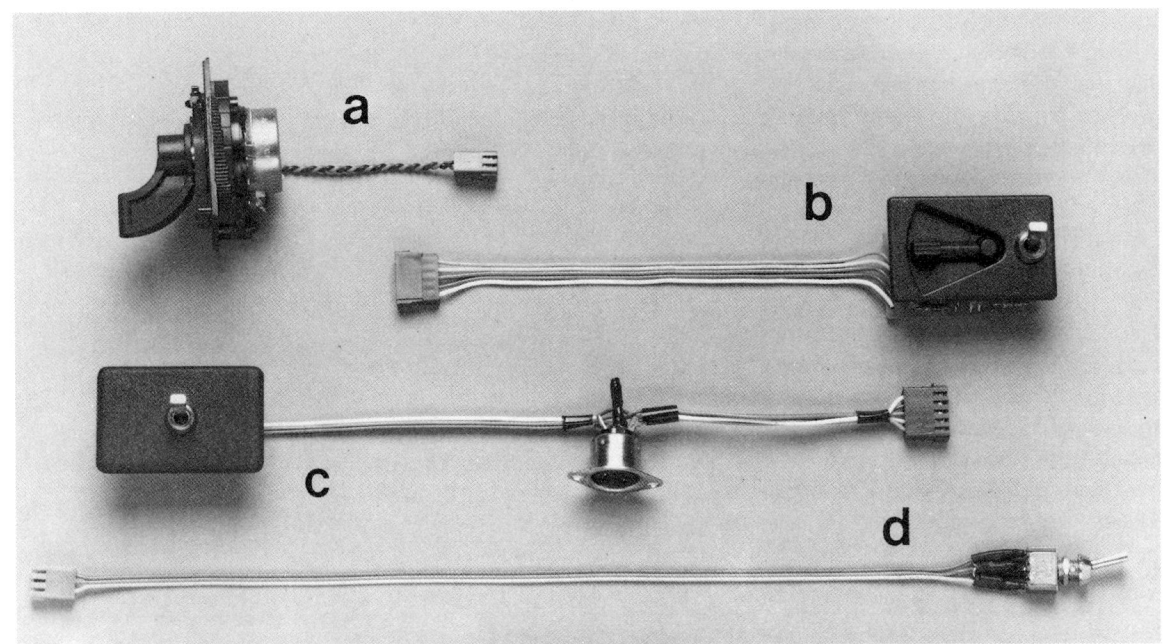

Abb. 190: Verschiedene mechanische Sollwertgeber für den Einbau im Sender: Ausbauteile für eine Steuerknüppel-funktion (a), eine Proportional- und eine Schaltfunktion (b), für Lehrer-Schüler-Betrieb (c) und für eine Schaltfunktion mit Mittelstellung (d).

siert werden. Der gesamte Zyklus (T) dauert 20 bis 25 ms (je nach Fabrikat), wird also 50 bis 40 mal pro Sekunde wiederholt.

Für die Eingabe der Kommandos werden neben den Knüppeln (Abb. 189) auch Stellknöpfe, Knebel (Abb. 190 a) oder Schalter mit Festwiderständen (Abb. 190 b, d) verwendet.

Das kodierte Impulstelegramm wird durch einen Multiplexer (4 auf 1 - Multiplexer) gesammelt und auf einen Übertragungsweg vom Sender zum Empfänger durchgeschaltet. Der Decodierer im Empfänger (1 auf 4 – Demultiplexer) trennt die Impulse wieder und leitet sie – mit der Adresse A und B angewählt – auf die für die Impulse vorgesehenen Leitungen.

Im Falle unserer Fernsteuerung heißt das, daß jeder Impuls zu »seinem« Servo geleitet wird, das ihn mit einem Referenzimpuls (durch die jeweils gerade anlie-gende Stellung des Potentiometers im Servo vorgege-

Abb. 192: Impulsbreiten und zugehörige Servostellungen (Erklärung im Text).

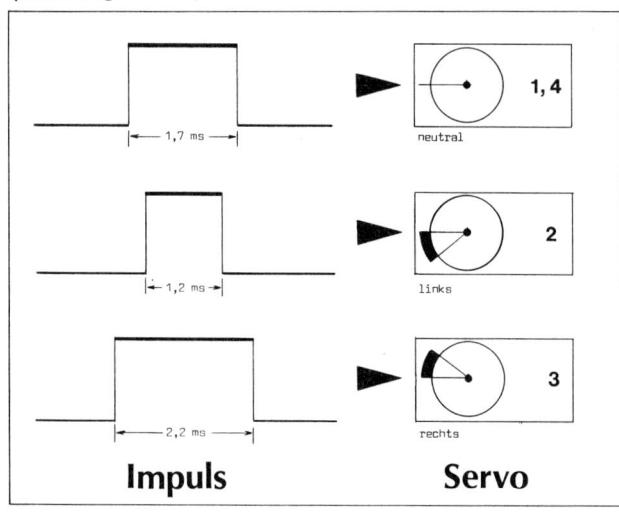

184

ben) vergleicht (Abb. 192). Kommt ein Impuls mittlerer Länge (1,7 ms) an, so bleibt das Servo in der Neutralstellung. Kommt ein kürzerer Impuls (1,2 ms), so läuft es nach links, kommt ein längerer Impuls (2,2 ms), so läuft es nach rechts.

Mit dem hier beschriebenen *Prinzip der Impulsbreitenmodulation* ist auch die Möglichkeit gegeben, die Servos ganz ohne Sender und Empfänger durch geeignete Impulse direkt zu steuern. Das macht man sich bei *Servotestern* zunutze. Sie bestehen aus einem Rechteckimpuls-Generator, dessen Impulsbreiten durch ein Potentiometer verstellt werden. Das Servo verändert seine Stellung proportional zur Stellung des Potentiometer-Drehknopfes.

Eine weitere Möglichkeit der Impulsübertragung stellt das von fast allen Herstellern angebotene *Diagnosekabel* dar. Hier wird beim Einstecken des Kabels in den Sender der Oszillator des Hochfrequenz-Teils (HF-Teil) über einen Kondensator an Masse gelegt und damit abgeschaltet. Die Impulse der Kanal-Oszillatoren gehen nun direkt über das Kabel zum Empfänger, der sie – ebenfalls unter Umgehung des HF-Teils – wie gewohnt decodiert und den Servos zuleitet. Das Diagnosekabel ist auch ein wesentlicher Beitrag zur Sicherheit auf den Modellflugplätzen, da die Servos im Modell realistisch ausprobiert und eingestellt werden können, ohne daß der Sender Hochfrequenz abstrahlt und damit andere Anlagen stört. Bei den Modulanlagen geht das natürlich auch ohne das HF-Modul. Das Diagnosekabel vereinfacht auch Funktionsproben und Einstellarbeiten am Modell zu Hause. Damit kann zudem eine Fernsteueranlage schon in Betrieb genommen werden, bevor die Zulassung der Post da ist, denn es wird ja keine Hochfrequenz abgestrahlt.

Ähnlich funktioniert die Lehrer-Schüler-Anlage (Abb. 188 und 190c). Mit dem Lehrer-Schüler-Kabel wird der Sender des Schülers mit dem des Lehrers verbunden. Beide Sender sind eingeschaltet. Wenn der Lehrer den Lehrer-Schüler-Taster an seinem Sender betätigt, gehen die Impulse aus dem Impulsteil des Schülersenders über den HF-Teil des Lehrersenders zum Empfänger im Modell. Der HF-Teil des Schülersenders ist abgeschaltet. In kritischen Situationen läßt der Lehrer den Taster los, schaltet damit auf seinen Impulsteil um und kann das Modell wieder selbst

steuern (siehe Abb. 194/Steckerleiste). Dabei kann die senderseitige Zuordnung der Steuerkanäle zu den Ruderfunktionen bei Schüler- und Lehrersender unterschiedlich sein. Auch die Frequenzen müssen nicht übereinstimmen.

Die Funktion der einzelnen Komponenten einer Fernsteuerung soll hier am Beispiel der microprop variomodul pilot (teilweise identisch mit der neuen microprop euro-sport) von Brand-Elektronik gezeigt werden.

6.7.1 FERNSTEUER-SENDER (IMPULSTEIL UND HF-TEIL)

Herzstück des *Sender-Impulsteils* ist der integrierte Schaltkreis NE 5044 von Signetics, eine Parallel-Ein-Serien-Aus-Encoder-Schaltung (Abb. 193 und 194). Sie

Abb. 193: Innenschaltung (Blockdiagramm) des 7-Kanal-Encoders NE 5044 (Erklärung im Text).

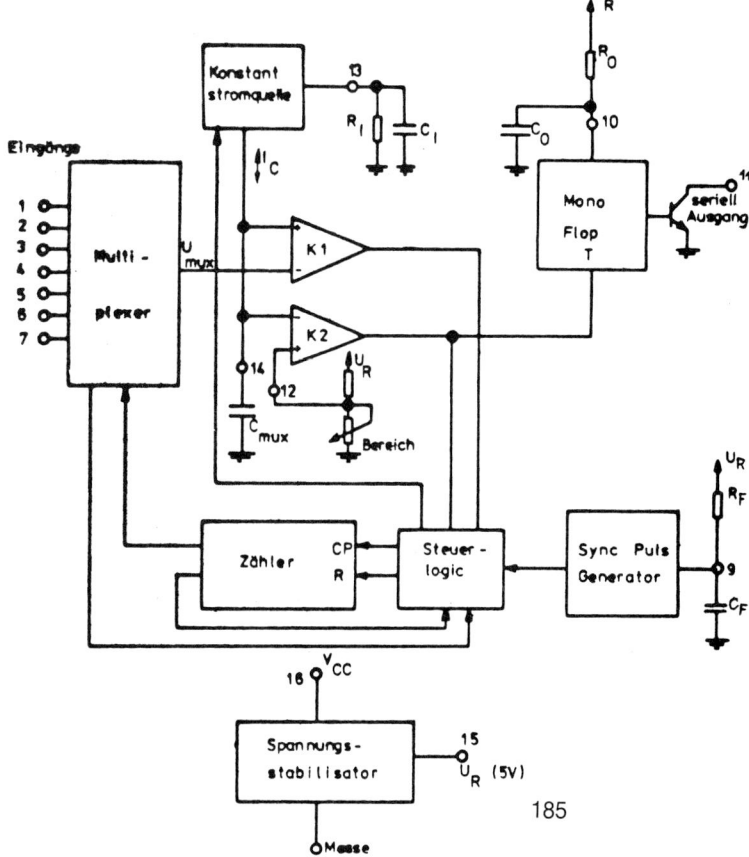

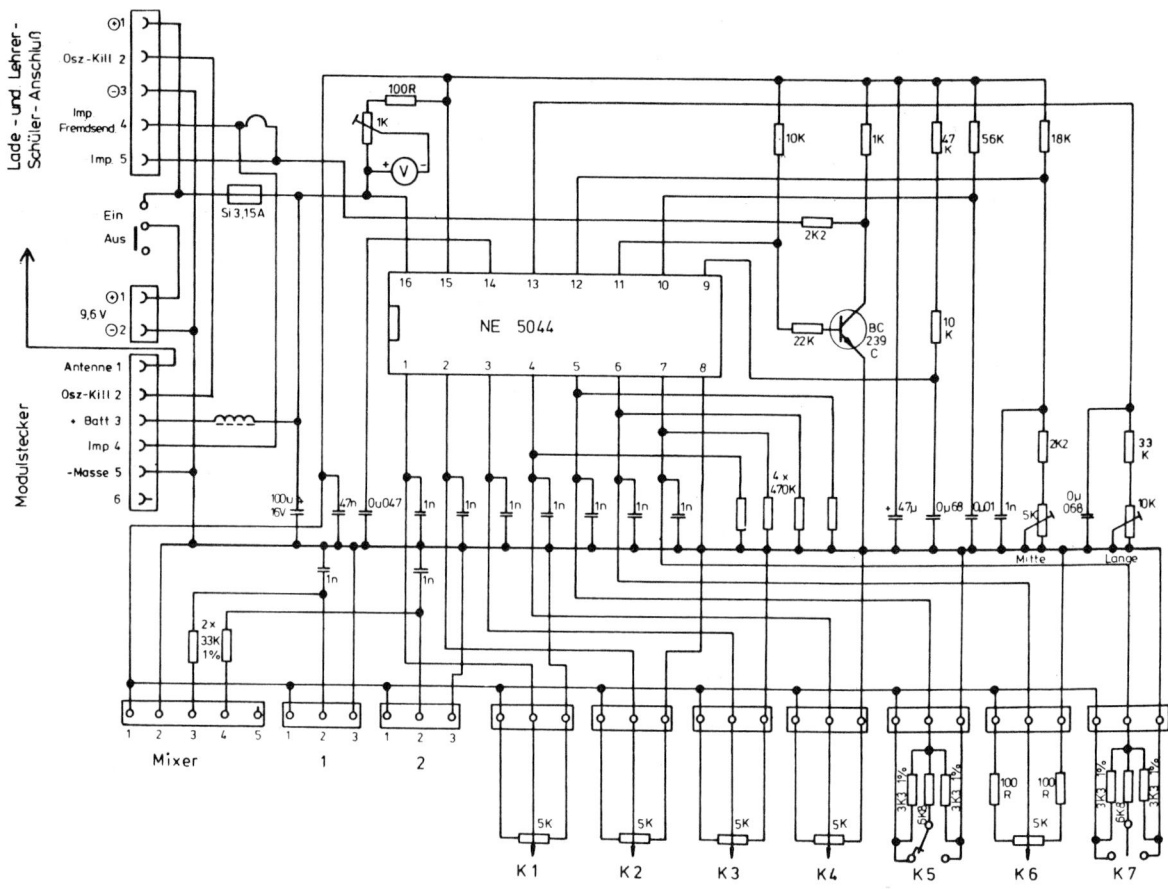

Abb. 194: Die komplette Schaltung des Sender Impulsteils variomodul (Brand-Elektronik).

enthält alle aktiven Bauelemente zur Umsetzung von bis zu sieben Eingangsspannungen in ein impulsbreitenmoduliertes Ausgangssignal.

Der Multiplexer am Eingang der Schaltung arbeitet als getakteter Spannungsfolger mit einer Eingangsimpedanz von mehr als 1 M Ω (ein Megaohm = 1 Mill. Ohm), so daß eine Belastung der Steuerquellen vermieden wird. Die Potentiometer K 1 bis K 4 und K 6 sowie die Schalter K 5 und K 7 erhalten vom Spannungsstabilisator eine für alle gleiche Referenzspannung. Der Zähler aktiviert der Reihe nach immer nur einen der Eingänge, an die die Sollwertgeber, d. h. die Steuerpotentiometer der Kanäle 1 bis 4 und 6 und Schalter mit Festwiderständen der Kanäle 5 (Schaltfunktion ein/

aus) und 7 (Schaltfunktion mit Mittelstellung) angeschlossen sind (siehe Abb. 190). Er fragt so der Reihe nach die Spannungspotentiale der Geber der einzelnen Kanäle ab. Der Synchronisationsimpuls-Generator erzeugt die Impulse für den Impuls-Zyklus von ca. 25 ms. Die Steuerlogik (der Komparator) steuert die Konstantstromquelle mit hoher Linearität des Spannungsverlaufs. Über den Operationsverstärker K 1 erfolgt eine Rückmeldung an die Steuerlogik, den Zähler und den Multiplexer und über den Operationsverstärker K 2 an das Mono-Flop am Ausgang der Schaltung. Dieses Mono-Flop ist als Impulsformer für exakte Rechteckimpulse und für die Austastzeit (0,45 ms) verantwortlich. Vom seriellen Ausgang (11)

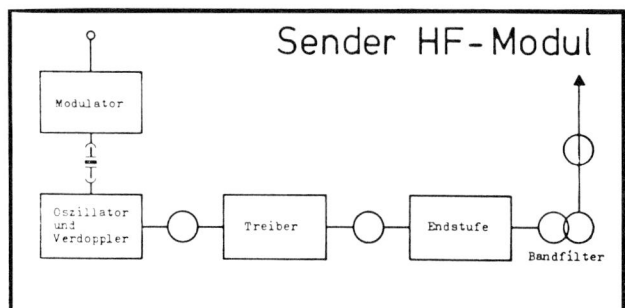

Abb. 195: Blockschaltbild des Sender-HF-Moduls.

Abb. 196: Schaltung des steckbaren HF-Moduls des FM-Senders variomodul.

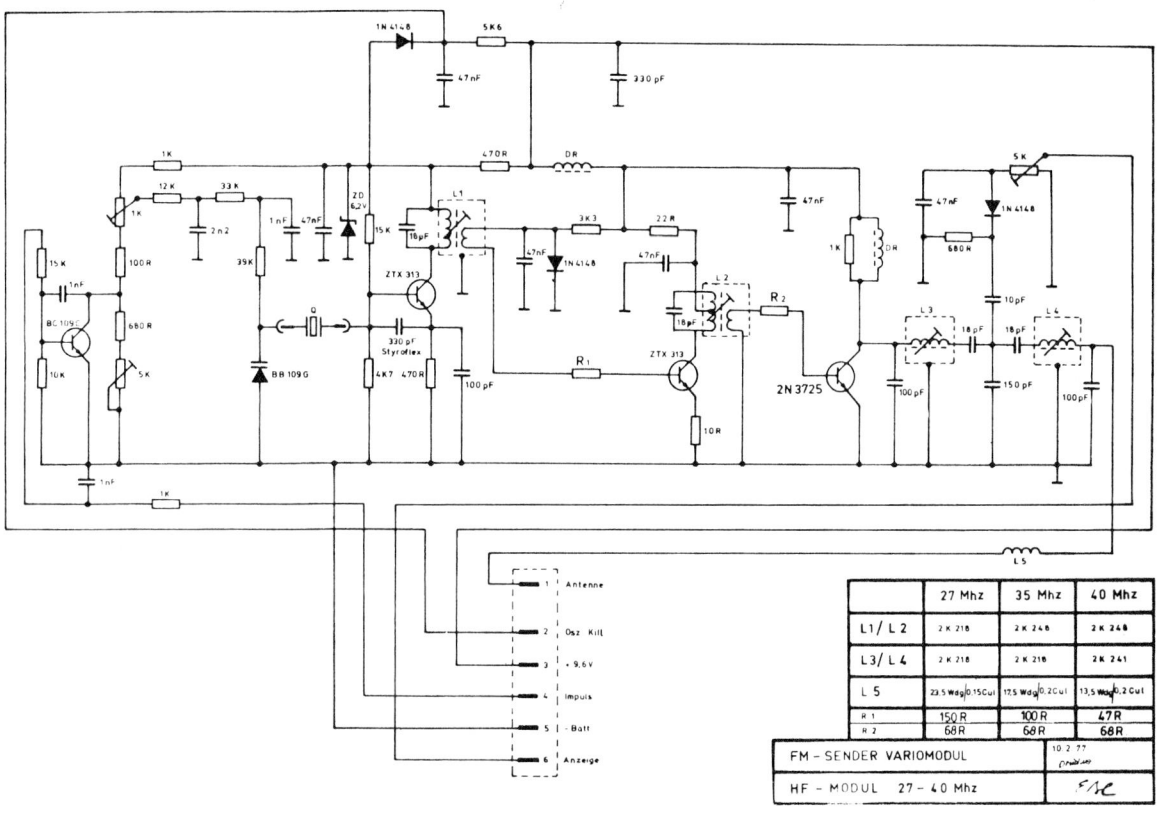

	27 Mhz	35 Mhz	40 Mhz
L1/L2	2 K 218	2 K 248	2 K 248
L3/L4	2 K 218	2 K 218	2 K 241
L 5	23,5 Wdg 0,15 Cul	17,5 Wdg 0,2 Cul	13,5 Wdg 0,2 Cul
R 1	150 R	100 R	47 R
R 2	68 R	68 R	68 R

FM – SENDER VARIOMODUL	10·2·77
HF – MODUL 27 – 40 Mhz	

Abb. 197: FMSI: Frequenzmodulation mit symmetrischem Impulstelegramm (Webra).

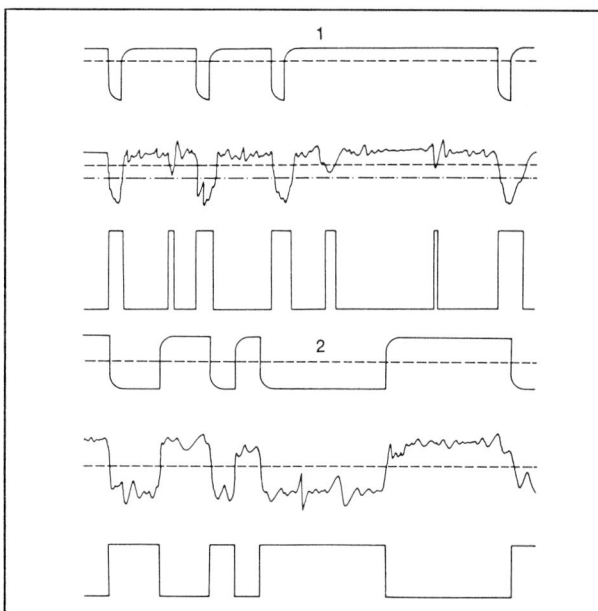

des Mono-Flop geht es zum HF-Teil (Abb. 195 und 196).

Im *Hochfrequenz-Modul (HF-Modul),* das in die Stekkerleiste des Sender-Impulsteiles (Abb. 194) eingesteckt und damit an die Versorgungsspannung, die Antenne und die Zuleitung des Impulstelegramms angeschlossen wird, werden die hochfrequenten Schwingungen der Trägerfrequenz, je nach Modul 27 MHz, 35 MHz oder 40 MHz, erzeugt (Abb. 195 und

187

196). Im Modulator wird das niederfrequente Impulstelegramm auf den Träger moduliert. Dazu dient die Kapazitäts-Variations-Diode (Varicap-Diode) BB 109 G, deren Kapazität sich mit der Spannung ändert (hohe Spannung – kleine Kapazität, niedrige Spannung – hohe Kapazität). Der Schwingquarz wird durch die Spannungsunterschiede an der Varicap-Diode von deren unterschiedlicher Kapazität in seiner Sollfrequenz hoch oder tief gezogen (Frequenzhub je 1,55 kHz), damit wird also die Frequenzmodulation realisiert. Der Modulator ist an den Treiber und dieser an ein doppeltes π-Filter (Tiefpaß) angekoppelt, dann geht die modulierte und von Oberwellen weitgehend freie Hochfrequenz über eine Anpassungsspule an die Antenne und von dort zum Empfänger im Modell.

Für die Erzeugung und Bearbeitung der Impulse haben sich die Techniker von Webra noch eine andere Lösung ausgedacht (Abb. 197), die die Vorteile der Frequenzmodulation noch besser nutzt. Sie nannten das Verfahren *Frequenzmodulation mit symmetrischem Impulstelegramm (FMSI)*. Der Vergleich der Diagramme 1 und 2 macht deutlich, was beabsichtigt ist: Diagramm 1 gibt ein konventionelles Impulstelegramm wieder, wie es vom Empfangsteil an die Impulsformstufe im Auswerteteil (Decoder) des Empfängers gegeben wird. In der Spur darunter ist das gleiche Impulstelegramm mit einer Störung überlagert. Die gestrichelte Linie stellt den Schaltpunkt (die Schaltschwelle) der Impulsformstufe dar. Der Verlauf der Ausgangsspannung (Spur 3) zeigt, daß zwei Störspitzen zu einer falschen Information des Decoders geführt haben. Das bedeutet ein ruckartiges Weglaufen des Servos.

Bei FMSI wurde nun die Schaltschwelle genau in die Mitte der Amplitude des Impulstelegramms gelegt, so daß ein Integrierglied jeweils die Mittelwerte der Spannungen bilden kann.

Dieses Verfahren hat zudem den Vorteil, daß das schmalere Seitenbandspektrum kaum in die Nachbarkanäle hineinwirkt, mithin also dort wesentlich weniger stören kann.

Abb. 198: Amplituden- und Frequenzmodulation.

188

6.7.2 ÜBERTRAGUNGSARTEN

Wie das Beispiel des Senders variomodul zeigt, arbeitet er – wie inzwischen fast alle modernen Fernsteuerungsanlagen – mit der *Frequenzmodulation* (Abb. 198). Dabei wird die Frequenz (Schwingungszahl pro Sekunde) der Trägerwelle im Rhythmus der Nachricht, in diesem Fall durch das Impulstelegramm, verändert. Mit der Frequenzmodulation (FM) läßt sich eine besonders große Störsicherheit erreichen. Diese Modulationsart ist unempfindlicher gegen Feldstärkeschwankungen, die sogenannte Kreuzmodulation und gegen unmodulierte oder amplitudenmodulierte Störungen, da diese den Informationsgehalt der Sendung nicht verändern.

Eine zweite Modulationsart ist die *Amplitudenmodulation* (Abb. 198). Dabei wird die Amplitude (Schwingungsweite) der Trägerwelle im Rhythmus des Impulstelegramms verändert. Der Träger wird durch zwei Frequenzbänder überlagert, die beide für sich die Information enthalten.

Wenn man eines der beiden Seitenbänder unterdrückt, wird die Bandbreite verringert. Man spricht dann von der *Einseitenband-Modulation (single side shift)*.

Die Amplitudenmodulation (AM) ist technisch einfacher zu realisieren, reagiert aber empfindlicher auf amplitudenmodulierte, frequenzmodulierte und unmodulierte Störsignale, die innerhalb der Arbeitsfre-

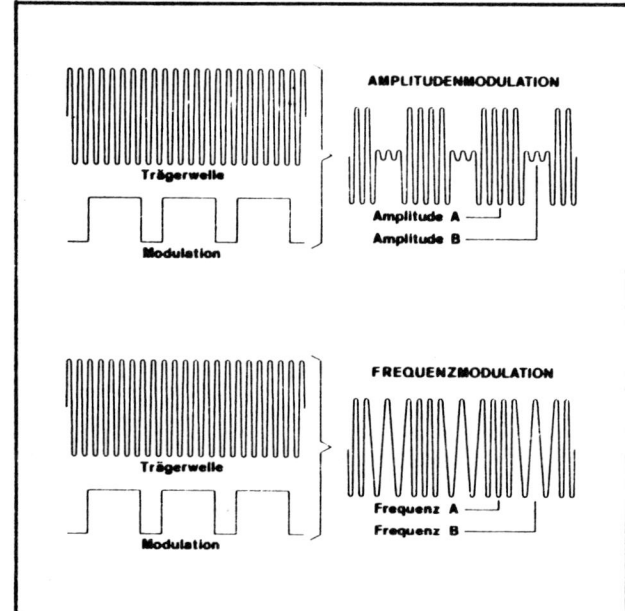

quenz von Sender und Empfänger auftreten können. Dadurch wird der Informationsgehalt der Sendung verändert, es kommt zu Fehlfunktionen der Servos. Daß der Frequenzmodulation trotz des höheren technischen Aufwandes gegenüber der Amplitudenmodulation der Vorzug gegeben wurde, liegt einmal an den aufgeführten Gründen, zum anderen auch wohl daran, daß der Industrie preiswerte und passende integrierte Bausteine zur Verfügung stehen, mit denen der Aufwand für Anlagen mit Frequenzmodulation in vertretbaren Grenzen gehalten werden kann.

Durch verschiedene schaltungstechnische Maßnahmen, u. a. durch hochwertige Filter, sind die Seitenbänder der Trägerfrequenz so weit eingeengt worden, daß die im Nachbarkanal des 10 kHz-Rasters arbeitende Anlage nicht gestört werden kann. Damit geht fast die gesamte abgestrahlte Sendeenergie zum Empfänger und beeinflußt nicht andere Empfänger in den benachbarten Kanälen. Die *Schmalbandigkeit* darf aber nicht auf den Sender beschränkt bleiben (Abb. 199). Selbstverständlich muß der zur Anlage gehörende Empfänger genau so extrem schmalbandig sein. Damit nimmt er auch nur die von »seinem« Sender abgestrahlte Energie auf und nicht auch die von Sendern auf benachbarten Kanälen.

Die Schmalbandigkeit hat aber nicht unbedingt etwas mit der Modulationsart zu tun. Man kann sowohl AM- als auch FM-Anlagen schmalbandig machen.

In den Katalogen und Prospekten verschiedener Hersteller sind seit einigen Jahren verschiedene Abkürzungen im Gebrauch, die hier stichpunktartig erläutert werden sollen:

Bei der *Sinus-Schmalband-Modulation (SSM)* wird die Amplitude der Trägerfrequenz für jede Steuerfunktion mit einer sinusförmigen Schwingung moduliert. Damit wird erreicht, daß der Nachbarkanal im 10 kHz-Raster praktisch nicht gestört wird (Simprop).

Single Side Shift (sss) bedeutet die bereits erwähnte Einseitenband-Modulation, die, in Verbindung mit Frequenz- oder Amplitudenmodulation, eine Beschneidung der Bandbreite ermöglicht (Graupner).

Ein weiteres Modulationsverfahren ist die von der Datenverarbeitung und der Raumfahrt her kommende *Puls-Code-Modulation* (PCM). Die üblichen Sollwertgeber (Steuerknüppelpotentiometer, Schalter mit Festwiderständen) geben je nach Stellung des Potentiometers Spannungswerte vor, die zunächst von der analogen in die digitale Form umgesetzt, digitalisiert (= in Einzelschritte aufgelöst) werden. Diese Aufgabe erfüllt ein Analog-Digital-Wandler (AD-Wandler), wie er ähnlich auch in jedem Digital-Meßgerät eingesetzt wird. Dabei kann die Anzahl der Einzelschritte den jeweiligen Erfordernissen angepaßt werden, z. B. der Anzahl der Graustufen für die Übertragung von Bildpunkten, der Anzahl der Stellen nach dem Komma bei Messungen oder der Anzahl der möglichen Servo-Stellungen für die Übertragung von Steuerkommandos. Dabei muß es sich – der Umsetzung ins Zweiersystem (Binärzahlen-System) wegen – immer um Summen von Zweierpotenzen handeln (Beispiel: $2^7 + 2^6 + 2^5 + 2^4 + 2^3 + 2^2 + 2^1 + 2^0 = 255$). Dem vollen Linksausschlag des Steuerknüppels und des Servos könnte dann die Binärzahl 00000000 = 0, dem vollen Rechtsausschlag die Binärzahl 11111111 = 255 zugeordnet werden. Setzt

Abb. 199: Mögliche Kanalzahlen bei schmalbandigen und breitbandigen Anlagen.

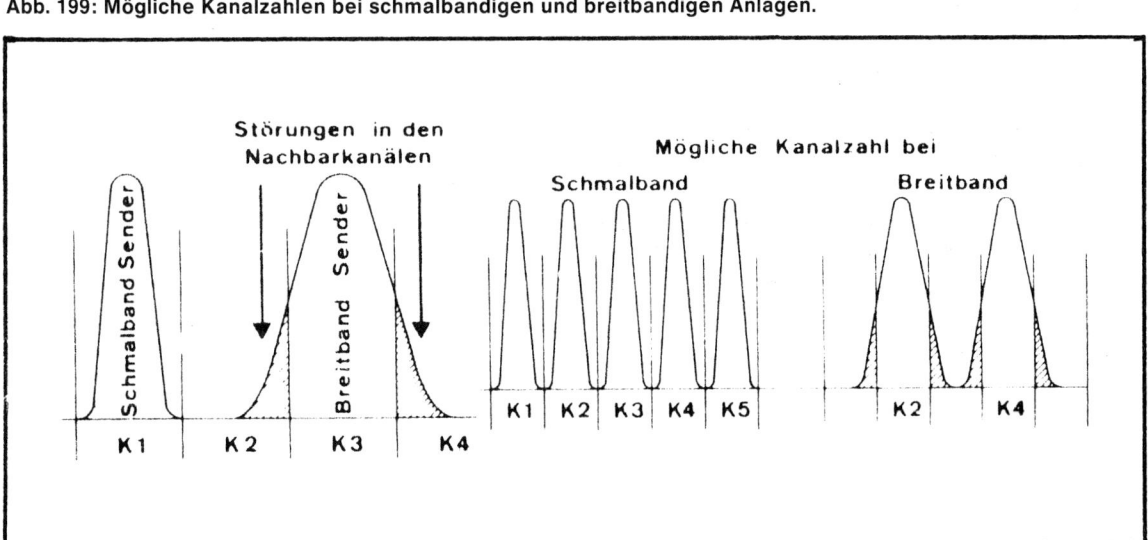

man den Servoweg gleich 100%, so entspräche die Aufteilung in 255 Einzelschritte einer Genauigkeit von 0,4%.

Diese verschlüsselten Informationen werden übertragen. Daneben können (und müssen) auch noch Prüf- und Synchronisierimpulse mit übertragen werden.

Diese Informationen werden der Reihe nach vom Multiplexer abgefragt, zunächst zwischengespeichert und dann als kompletter Informationsblock übertragen. Im Empfänger werden die Informationen vom Demultiplexer wieder getrennt und in Kanalspeichern bis zum Eintreffen des nächsten Informationsblocks gespeichert. Ist die Information durch Störungen auf dem Übertragungswege verändert worden, so kann der Fehler durch Vergleichs- und Prüfverfahren festgestellt werden. Im Falle einer Störung wird entweder die letzte als richtig erkannte Information für ein bestimmtes Servo festgehalten und weitergegeben, oder das Servo wird, wenn die Störungen länger dauern, auf einen vorher programmierten Wert (z. B. Neutralstellung der Servos für die Ruder oder Nullposition des Servos für die Motordrossel) gefahren.

Das PCM-Verfahren ist elektronisch sehr aufwendig. Es kann daher nur mit Hilfe von eingebauten Microcomputern realisiert werden. Diesen Microcomputern kann man u. a. auch die Spannungsüberwachung anvertrauen. Wird eine vorher programmierte Mindestspannung unterschritten, kann das Drosselservo (oder ein anderes) in Nullstellung gefahren werden, während die anderen Steuerfunktionen noch weiterfunktionieren, so daß das Modell sicher gelandet werden kann.

In der Juli-Ausgabe 1979 der Zeitschrift »Modellflug international« beschrieb Rainer Rebhahn das Versuchsmuster eines microcomputergesteuerten Fernsteuersenders, der sich auch für die Puls-Code-Modulation eignet.

In der Septemberausgabe 1981 der Zeitschrift »Flug und modelltechnik« beschrieb der gleiche Autor die erste PCM-Anlage auf dem Markt, die unter dem Namen »digicont« in der gleichen Zeitschrift per Inserat angeboten wurde (siehe 6.7.6 und Abb. 188 und 225). Eine weniger aufwendige Methode, Servos bei Störungen auf dem Übertragungsweg in eine vorher bestimmte Stellung zu bringen, stellt der sogenannte

Signal-Controller dar (Abb. 200). Er wird zwischen Empfängerausgang und Servo gesteckt, kontrolliert die vom Empfänger ausgehenden Signale und bringt nach deren Ausbleiben das Servo in die Neutral- oder Nullstellung. Schaltungen dieser Art, auch als »Autopilot« bekannt, enthalten eine Erkennungsschaltung, die prüft, ob die Steuerimpulse vom Empfänger ankommen oder nicht. Über logische Gatter werden richtig ankommende Impulse zum Servo durchgeschaltet. Bleiben die Impulse aus, so werden statt dessen die Impulse eines internen Rechteckimpuls-Generators zum Servo durchgeschaltet. Deren Impulsbreite kann vorher eingestellt werden, so daß das Servo bei Ausfall der Empfängersignale in eine vorher bestimmte Stellung läuft (siehe 6.7.0).

Abb. 200: Der Signal-Controller wird zwischen Empfängerausgang und Servo gesteckt und bringt dieses bei Ausfall der Steuerimpulse in eine vorher bestimmte Position (Grundig/Graupner). Schaltungen dieser Art wurden bereits unter der Bezeichnung Autopilot in Elektronik-Fachzeitschriften veröffentlicht.

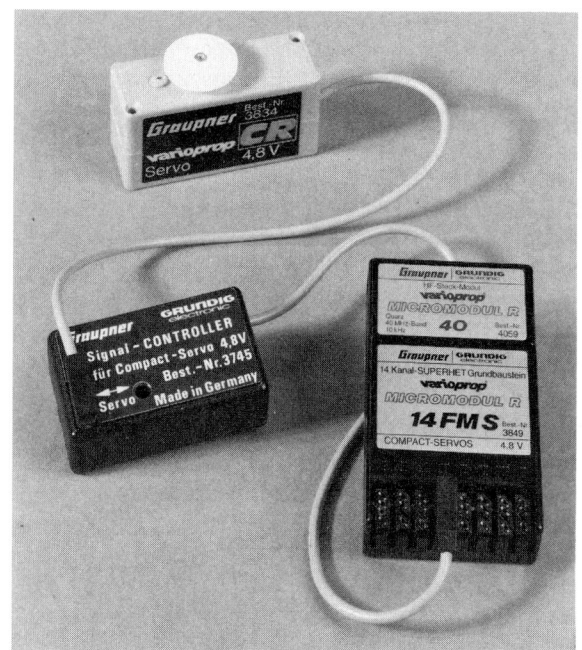

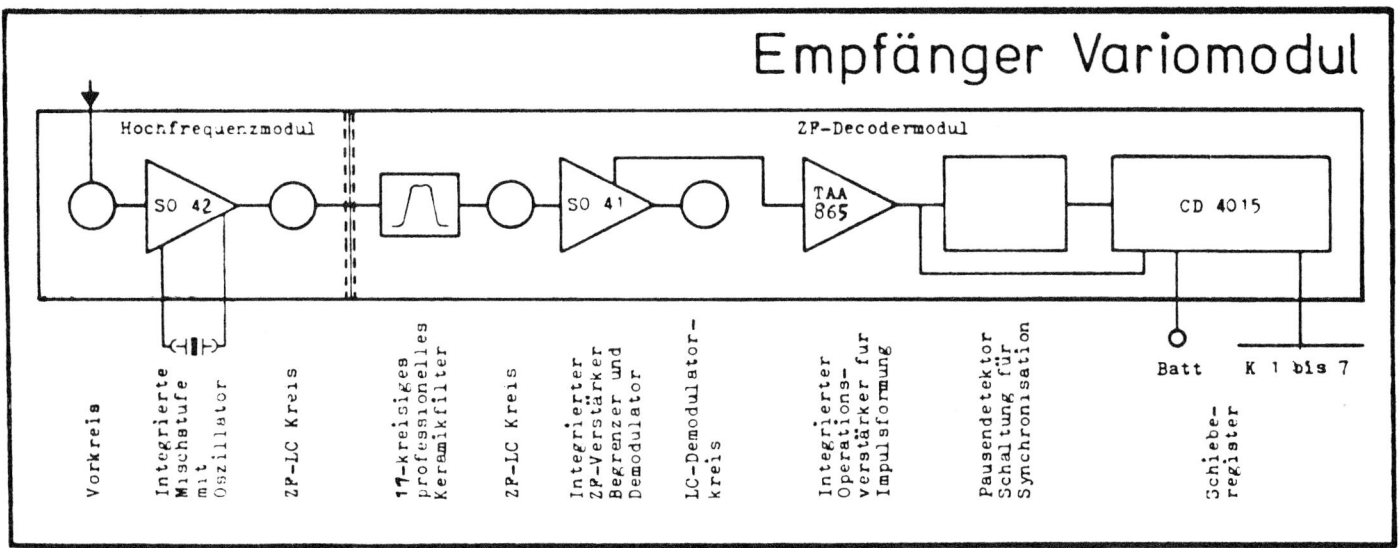

Empfänger Variomodul

Hochfrequenzmodul SO 42 — SO 41 — TAA 865 — CD 4015 — ZP-Decodermodul

Vorkreis
Integrierte Mischstufe mit Oszillator
ZF-LC Kreis
11-kreisiges professionelles Keramikfilter
ZF-LC Kreis
Integrierter ZF-Verstärker Begrenzer und Demodulator
LC-Demodulator-kreis
Integrierter Operations-verstärker für Impulsformung
Pausendetektor Schaltung für Synchronisation
Batt   K 1 bis 7
Schiebe-register

Abb. 201: Blockschaltbild des Empfängers variomodul (Brand).

6.7.3 FERNSTEUER-EMPFÄNGER (HF-TEIL, DECODER)

Der Fernsteuer-Empfänger (Beispiel variomodul) besteht aus einem Hochfrequenz-Teil (HF-Modul) und einem Zwischenfrequenz-Decoder (ZF-Decoder). Beide Teile sind bei den Anlagen variomodul durch eine Steckerleiste elektrisch und zusätzlich durch zwei Schrauben mechanisch verbunden (Abb. 202). Beim Empfänger variomodul pilot sind HF-Teil und Decoder eine Einheit (Abb. 203), die strichlierte Linie trennt die beiden Schaltungsteile voneinander.

Das Blockschaltbild (Abb. 201) und die Schaltbilder (Abb. 202 und 203) zeigen Funktion und Aufbau des Empfängers.

Die von der Antenne aufgenommene modulierte Hochfrequenz wird durch den Vorkreis (LC-Filter L 1) vorselektiert. Der integrierte Schaltkreis SO 42 P ist ein UKW-Mischer aus HF-Vorstufe und Mischstufe und stellt am Ausgang die Zwischenfrequenz (ZF) von 455 kHz zur Verfügung. Durch den LC-Filter (Induktivität L / Spule und Kapazität C /3 Kondensator) LM 4102 wird eine Anpassung an den elfkreisigen Keramikfilter erzielt. Durch die beiden genannten Filter werden die Einflüsse von Nebenresonanzstellen stark reduziert. Das Ausgangssignal wird dem IC SO 41 P zugeleitet, bei dem es sich um einen ZF-Verstärker und Diskriminator handelt (discrimino/lat. = trennen, absondern). Der Diskriminator (FM-Demodulator) löst aus der Zwi-

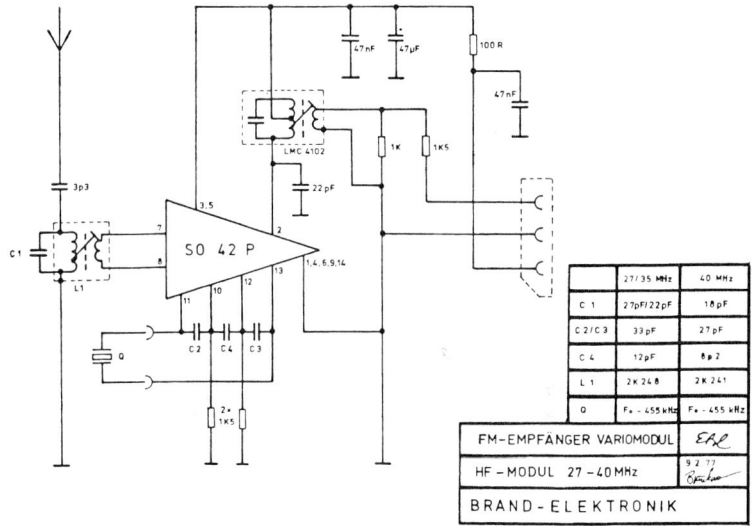

	27/35 MHz	40 MHz
C 1	27pF/22pF	18 pF
C 2/C 3	33 pF	27 pF
C 4	12 pF	8 p 2
L 1	2K 248	2K 241
Q	F₀ - 455 kHz	F₀ - 455 kHz

FM-EMPFÄNGER VARIOMODUL   EBL

HF - MODUL 27 - 40 MHz   9.2.77

BRAND - ELEKTRONIK

Abb. 202: Schaltbild des steckbaren HF-Moduls. An der Steckerleiste (rechts) wird das ZF-Decoder-Modul angeschlossen.

schenfrequenz die aufmodulierte Niederfrequenz, das Impulstelegramm, heraus.

Der erste Operationsverstärker TAA 2765 A dient der Pausenerkennung und gibt den Startimpuls für das Schieberegister CD 4015. Der zweite Operationsverstärker TAA 2765 A dient der Impulsformung und invertiert die Impulse zur Anpassung an das Schieberegi-

191

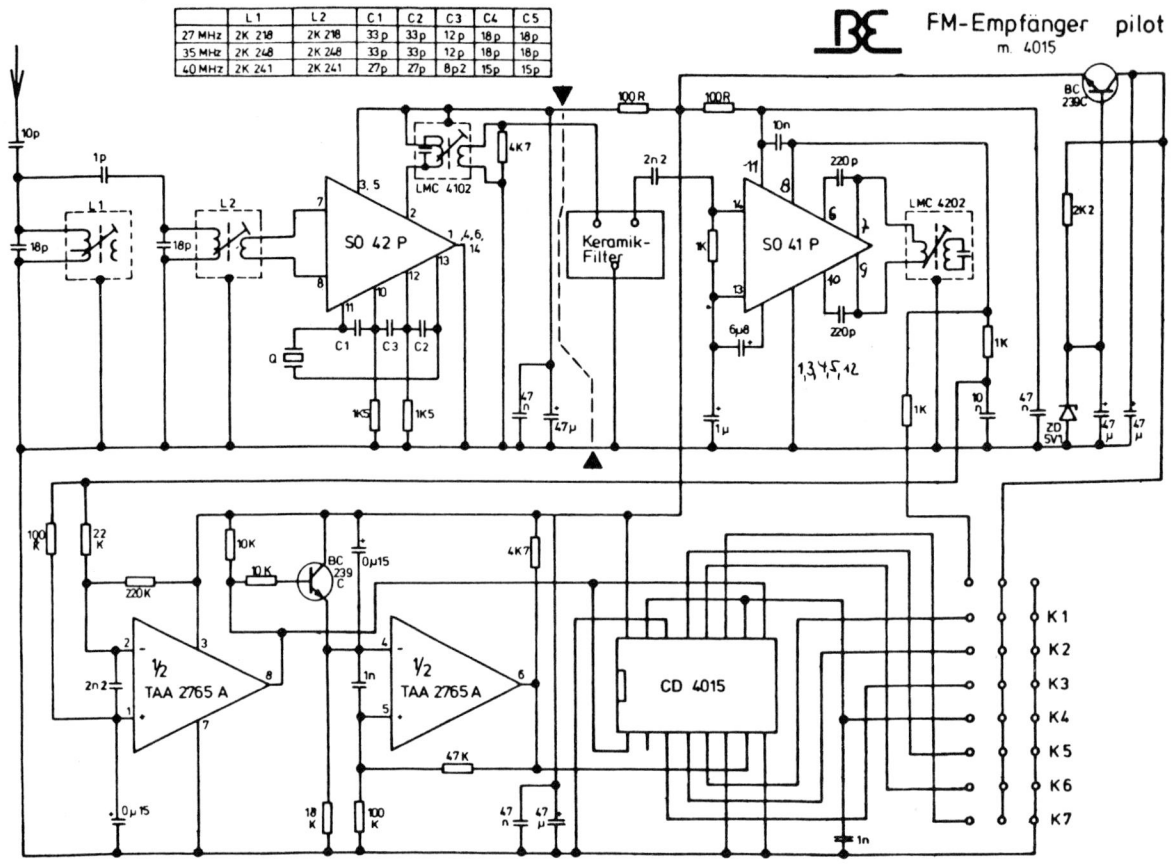

	L1	L2	C1	C2	C3	C4	C5
27 MHz	2K 218	2K 218	33p	33p	12p	18p	18p
35 MHz	2K 248	2K 248	33p	33p	12p	18p	18p
40 MHz	2K 241	2K 241	27p	27p	8p2	15p	15p

Abb. 203: Schaltbild des Empfängers pilot, bei dem der HF-Teil und der ZF-Decoder eine Einheit bilden. Die strichlierte Linie zeigt die Trennung der beiden Teile.

ster. Die Ausgänge des Schieberegisters (CD 4015) leiten die nun decodierten Kommandoimpulse an die einzelnen Kanäle (K 1 bis K 7) weiter, wo die Servos entsprechend gestellt werden.

6.7.4 FERNSTEUER-SERVOS

Die Servos sind die Verbindungsglieder zwischen der Elektronik, die die Steuerkommandos kodiert, überträgt und wieder decodiert, und der Mechanik, die die Ruder am Modell in der gewünschten Weise stellt oder andere Funktionen auslöst.

Dabei wird das Servo durch Impulse variabler Breite (siehe Abb. 192 in Kapitel 6.7.1) gesteuert.

Die Elektronik des Servos decodiert die vom Empfänger kommenden positiven Impulse. Das IC SN 28604 vergleicht den ankommenden Impuls mit der Impulsbreite einer internen monostabilen Kippstufe. Die Impulsbreite dieser Stufe ist durch die Stellung des mechanisch mit dem Servoarm verbundenen Potentiometers (gestrichelte Linie zwischen P und M) vorgegeben (Abb. 204). Die integrierte Brücken-Endstufe des IC vergleicht den ankommenden mit dem intern erzeugten Impuls. Je nach dem Ergebnis legt sie den Motor über eine Treiberschaltung, die ebenfalls im IC enthalten ist, an eine entsprechend gepolte Differenzspannung, die ihn entweder linksherum oder rechtsherum laufen läßt. Dabei wird das mit dem Servoarm verbundene Potentiometer verstellt. Die in der internen Kippstufe erzeugten Impulse werden in ihrer Breite so lange verändert, bis die Spannungen an beiden Seiten der Brückenschaltung gleich sind und damit Gleichheit zwischen ankommenden und intern erzeugten Impulsen festgestellt ist. Die Differenzspannung wird Null, der Servomotor bleibt stehen.

Die Auflösung der Bewegung, d. h. die Stellgenauigkeit des Servos, hängt u. a. von der Qualität des Potentiometers ab. Sie liegt bei guten Servos in der Größenordnung 0,2%. Bei den meisten Servos kann die Neutralstellung durch Verstellen des Potentiometers P gegenüber dem Dreharm oder durch ein gesondertes Potentiometer justiert werden.

Zum Betrieb des Servos sind positive Impulse nötig, die von fast allen Fernsteuerungsanlagen geliefert werden. Für den Anschluß an Anlagen mit negativen Impulsen muß der Impuls durch einen Inverter (einstufige Transistorschaltung genügt) umgedreht (invertiert) werden.

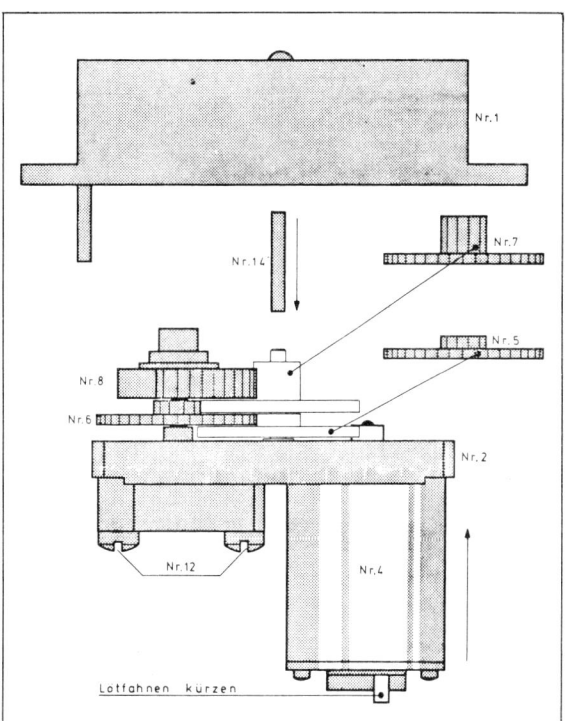

Abb. 205: Die Mechanik eines Servos besteht aus einem Getriebe aus Kunststoff- oder Metall-Zahnrädern.

Abb. 204: Schaltung der Servoelektronik des Miniservos (Brand).

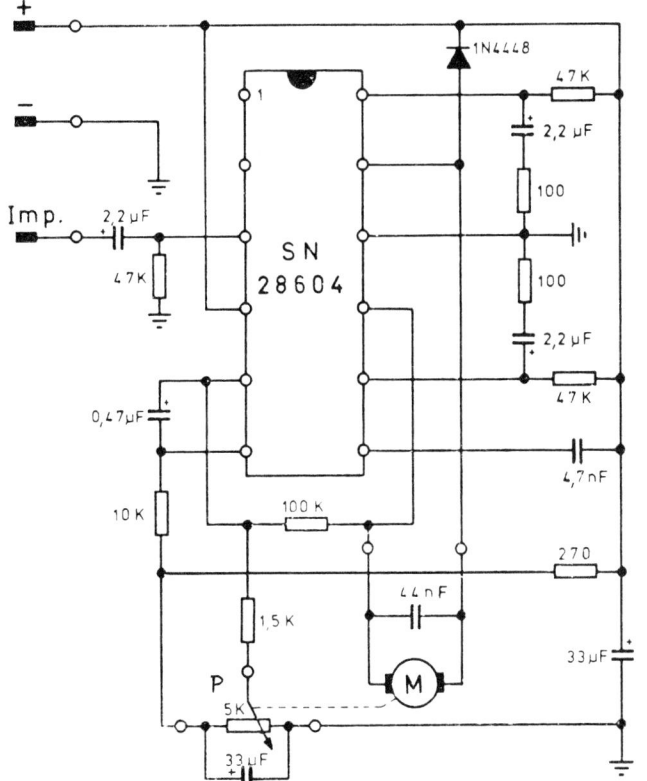

Abb. 206: Dieses Servo kann mit Drehscheiben verschiedener Durchmesser, aber auch mit verschiedenen Ruderarmen (Abtriebshebel) ausgerüstet werden.

193

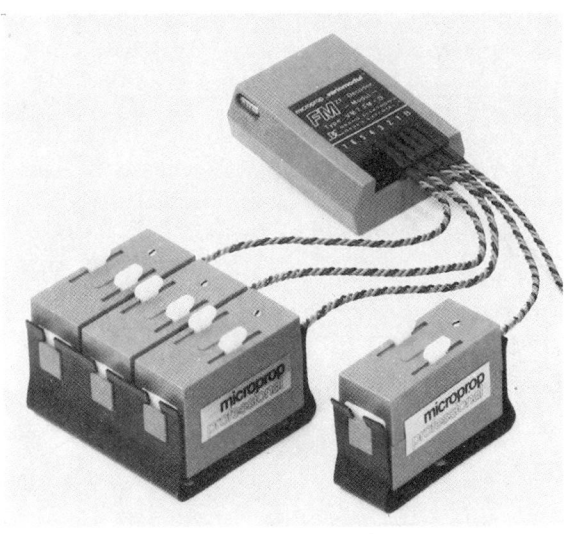

Abb. 207: Für manche Anwendungen im Modell sind Servos mit gegenläufigen Linearschiebern vorzuziehen.

Abb. 208: Mit einem Aufsatz, der Mikroschalter enthält, kann das Servo zum Multifunktionsschalter umgebaut werden, z. B. zum Ein- und Ausschalten eines Elektromotors oder einer anderen Funktion.

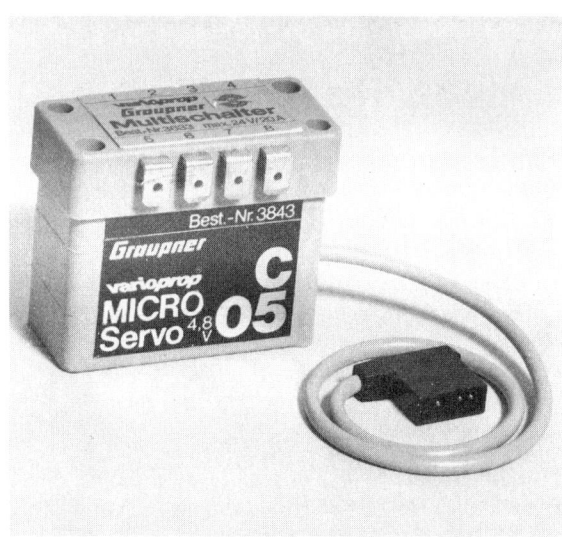

Die Elektronik der Servos nimmt recht geringe Ströme von ca. 5 mA (Milliampere) auf und wird meist mit einer Spannung von 4,8 V betrieben. So lange der Motor in irgendeiner Position steht, braucht er keinen Strom. Bei der Bewegung des Motors fließt ein Strom von 200 bis 250 mA. Daraus und aus der Zahl der im Modell verwendeten Servos muß die Dimensionierung des Empfängerakkus berechnet werden. Je häufiger die Servos sich bewegen müssen, desto höher ist der insgesamt fließende Strom und desto kürzer die mögliche Betriebsdauer der Empfangsanlage.

Beim Blockieren der Servos oder bei schwer gängigen Rudergestängen kann der Strom auf mehr als 500 mA anwachsen. Der Empfängerakku ist dann sehr viel schneller leer.

Die Mechanik des Servos enthält einen Elektromotor, der aus jeder Position und schon bei geringer Spannung einwandfrei anlaufen muß. Dahinter sind verschiedene Getriebe aus Kunststoff- oder Metallzahnrädern angeordnet (Abb. 205). Die Stellzeiten der Servos liegen üblicherweise in der Größenordnung von 2×0,25 s im Leerlauf bis 2×0,5 s unter Last.

Die Stellkräfte reichen von 12,75 N (ca. 1,3 kp) bei Mini-Servos (Abb. 206) über 19,6 N (ca. 2,0 kp) bei normalen Servos bis zu 55,9 N (ca. 5,7 kp) bei Spezialservos, z. B. für Einziehfahrwerke.

Trotz dieser doch recht großen Stellkräfte muß angestrebt werden, die Kraftübertragung zu den Rudern möglichst leichgängig zu machen.

Um auch die hohe Stell- und Rückstellgenauigkeit der Servos optimal zu nutzen, müssen alle Drehpunkte und Anschlüsse möglichst spielfrei sein.

Auch auf eine stabile Befestigung der Servos im Rumpf des Modells ist zu achten.

6.7.5 HANDHABUNG DER ANLAGE

Wichtig für eine einwandfreie Funktion der Fernsteuerungsanlage ist der richtige *Einbau von Empfänger, Servos und Empfänger-Akku* in das Flugmodell (Abb. 209 u. 210). Für die sichere Befestigung der Servos gibt es von jedem Hersteller spezielle Servohalterungen, die auf dem Rumpfboden oder auf einem im

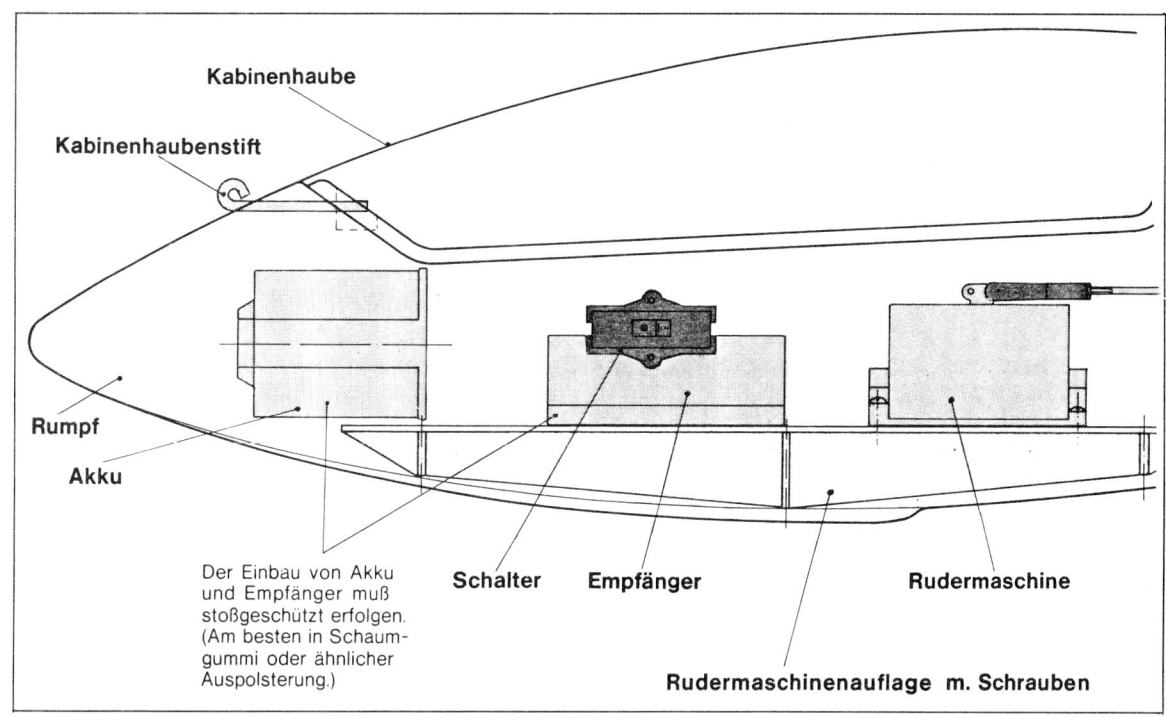

Kabinenhaube

Kabinenhaubenstift

Rumpf

Akku

Der Einbau von Akku und Empfänger muß stoßgeschützt erfolgen. (Am besten in Schaumgummi oder ähnlicher Auspolsterung.)

Schalter   Empfänger   Rudermaschine

Rudermaschinenauflage m. Schrauben

Abb. 209: Einbau der Empfangsanlage in einem Segelflugmodell (Beispiel: »ASW 19« von Carrera).

Rumpf befestigten Brett, einer Rudermaschinenauflage, verschraubt oder verklebt werden. Die Servos schnappen in diese Halterungen ein und sitzen unverrückbar fest. Sie können aber auch leicht wieder herausgenommen werden, wenn defekte Servos ausgetauscht oder Servos von einem in ein anderes Modell umgesetzt werden müssen.

Der Empfänger und der Empfängerakku müssen stoßgeschützt eingebaut, d. h. in Schaumstoff eingepackt werden und fest im Rumpf sitzen.

Beim Einbau sollte darauf geachtet werden, daß die Teile der Anlage möglichst weit vorn untergebracht sind, damit unnötige Ballastzugabe vermieden wird. In jedem Falle kommt der Akku als schwerster Teil vor den Empfänger, damit er im Falle eines Absturzes oder Aufpralls des Modells auf ein Hindernis nicht auf den Empfänger schlägt (Abb. 209 und 210).

Die Rudergestänge oder Bowdenzüge müssen so verlegt werden, daß sie sich im Rumpf frei bewegen können und leichtgängig sind. Nur so können übermäßige Belastungen der Servos und damit hohe Ströme vermieden werden.

Abb. 210: Einbau der Empfangsanlage in ein Wettbewerbs-Segelflugmodell der Klasse F 3 B.

Zum anderen muß, vor allem bei schnellen Modellen, vermieden werden, daß sich die Gestänge durchbiegen können. Sie weichen sonst seitlich aus, statt Ruderdrücke aufzunehmen und die Stellkräfte der Servos zu übertragen.

Die Führung von Stahldrahtgestängen oder Kunststoffstäben in Kunststoffrohren hat sich bewährt. Die Führungsrohre müssen aber im Rumpfinnern fest verklebt sein. Nur bei kurzen Abständen zwischen Servo und Ruderhebel können die Schubstangen offen verlegt werden. Der Innenzug eines Bowdenzuges sollte nicht mehr als 10 mm ohne Führung verlaufen, da er sonst ausknicken könnte.

Die Servos für die Querruderbetätigung werden bei Segelflugmodellen gelegentlich quer im Rumpf direkt unterhalb der Tragflächenbefestigung angebracht und angeschlossen. Oft sitzen sie aber auch vorn und wirken über Schubstangen auf eine Mechanik (Wippe), die die Querruder gegensinnig betätigt. Ähnliche Möglichkeiten können auch für die Betätigung der Landeklappen genutzt werden.

Bei Motorflugmodellen mit ihren in der Regel dickeren Profilen wird das Servo für die Querruder direkt in der Fläche untergebracht und dort mechanisch angeschlossen. Der Anschluß an den Empfänger erfolgt über das Servokabel oder ein zusätzliches Servo-Verlängerungskabel.

Bei den sehr wertvollen Scale-Modellen werden meist für jede Ruderfunktion zwei Servos eingebaut, die jeweils parallel an einem Empfängerausgang hängen. Sie betätigen das Ruder gemeinsam über entsprechende mechanische Anlenkungen. Bei Ausfall und Stillstand eines der beiden Servos kann das andere das Ruder immer noch betätigen. Dann ist aber nur noch der halbe Ruderausschlag möglich. Zum sicheren Landen des wertvollen Modells reicht es aber allemal.

Bei Modellen mit großer Spannweite (Großseglern zum Beispiel) wird oft auch in jede Tragflächenhälfte ein eigenes Querruder-Servo eingebaut, meist direkt am Ruder. In den Tragflächen braucht man dann nur noch das Anschlußkabel zu verlegen und spart die störanfällige Mechanik ein. Mit dieser Anordnung erzielt man eine spielfreie Übertragung des Steuerkommandos. Für spezielle Funktionen wie das Einziehen und Ausfahren eines Fahrwerks werden Spezial-

servos mit besonders dimensionierten Getrieben und kräftigen Armen angeboten. Sie entwickeln auch sehr hohe Stellkräfte bis 56 N (ca. 5,7 kp).

Für ein einfaches Segelflugmodell genügt die Steuerung von Höhen- und Seitenruder (Abb. 209). Landeklappen sind aber, auch aus Sicherheitsgründen, sehr zu empfehlen.

Für die nächste Ausstattungsstufe eines Segelflugmodells käme dann noch die Steuerung der Querruder in Frage, bei vorbildgetreuen Segelflugmodellen ggf. auch ein Einziehfahrwerk (Abb. 210).

Ein einfaches Motorflugmodell kann schon mit Seiten- und Höhenruder gesteuert werden, alternativ auch mit Höhen- und Querruder. Die Möglichkeit, den Motor zu drosseln oder ganz abzustellen, ist aber auch hier zu empfehlen.

Für ein voll steuerbares Motorflugmodell benötigt man sechs Kanäle (= 6 Funktionen): Seiten-, Höhen- und Querruder, Bremsklappen, Motordrossel und Einziehfahrwerk.

Bei einem Elektroflugmodell werden mindestens Anlagen mit drei Funktionen benötigt: Höhen- und Seitenruder (oder Querruder), Motorsteuerung (ein/aus oder kontinuierliche Drehzahlsteuerung).

Hinweise auf die verschiedenen Funktionen gibt die Tabelle (Tabelle 16). Die in Klammern gesetzten Kreuze deuten an, daß die betreffende Funktion nicht zwingend nötig ist.

Die Anschaffung einer Anlage ist immer ein Kompromiß zwischen dem Bedarf an Steuerfunktionen und dem Geldbeutel. Dabei muß die Überlegung, wie weit man den Modellflug betreiben will, im Vordergrund stehen, denn man kauft leicht eine teure Anlage, deren Möglichkeiten man später nie nutzen wird. Andererseits stößt man bei einer zu kleinen Anlage sehr schnell an die Grenzen der darin steckenden Möglichkeiten.

Die Industrie bietet aber heute Anlagen an, die durch zusätzliche Module Schritt für Schritt erweitert und so dem steigenden Bedarf und dem steigenden Können angepaßt werden können. Man kauft also für den Anfang eine Anlage mit drei oder vier Sender-Funktionen und möglichst gleich einen voll ausgebauten Empfänger mit sechs oder sieben Funktionen.

So erfolgt dann die Erweiterung auf der Empfängerseite nur durch Zukauf von Servos (von denen man

Tabelle 16: Steuerfunktionen

Steuerfunktion	Segel-flug-modell einfach	Segel-flug-modell maximal	Segel-flug-modell Scale/Semi-scale	Motor-flug-modell einfach	Motor-flug-modell einfach	Motor-flug-modell maximal	Motor-flug-modell Scale/Semi scale	Elektro-flug-modell einfach	Elektro-flug-modell einfach	Elektro-flug-modell maximal
Seitenruder	×	×	×	×		×	×	×		×
Höhenruder	×	×	×	×	×	×	×	×	×	×
Querruder		×	×		×	×	×		×	×
Bremsklappen	(×)	×	×			×	×			
Motor ein/aus								×	×	(×)
Motor kontinuierlich				(×)	(×)	×	×			×
Einzieh-fahrwerk		(×)	(×)			×	×			(×)
Sonder-funktionen						×	(×)			(×)

ohnehin nie genug haben kann).

Die Erweiterung des Senders erfolgt durch Zukauf und Einbau von weiteren Kanalmodulen für Schalt- oder Proportionalfunktionen.

Solche Anlagen können bei einiger Erfahrung selbst, ansonsten bei Servicestellen oder direkt beim Hersteller umgerüstet oder erweitert werden.

Sinnvoll und empfehlenswert ist in jedem Fall auch der Kauf von mehreren HF-Modulen für Sender und Empfänger, so daß man bei Bedarf auf eine andere Frequenz ausweichen kann. Oft genügt es aber auch schon, sich mehrere Quarzpaare für verschiedene Kanäle zu kaufen, damit man bei übermäßiger Belegung einer bestimmten Frequenz ausweichen kann.

Moderne Fernsteuerungsanlagen haben inzwischen dank der zahlreichen Möglichkeiten der hochintegrierten ICs viele Sonderfunktionen und Mischmöglichkeiten, die die bisherigen umständlichen Mechaniken überflüssig machen (Abb. 211 bis 215). Dabei ging man von den bisher nur empfängerseitig durchführbaren Methoden ab und verlagerte sie auf die Senderseite. Diese mußten vor dem Fluge fest eingestellt werden und ließen sich dann im Fluge nicht mehr beeinflussen.

Das waren die bisherigen Möglichkeiten:

Der Ruderausschlag wurde durch die Länge der Hebelarme am Servo und am Ruder selbst angepaßt und fest eingestellt.

Die Richtung des Ruderausschlages wurde durch entsprechenden Anschluß an das Servo festgelegt. Ggf. konnte die Servolaufrichtung empfängerseitig umgepolt werden (Umpolkabel).

Das Mischen von Ruderfunktionen, z. B. von Höhen- und Seitenruder beim V-Leitwerk oder Höhen- und Querruder bei Delta- oder Nurflügelmodellen, wurde durch komplizierte Mechaniken ermöglicht (ein Servo lief auf einem Schlitten, der von einem zweiten Servo bewegt wurde u. a.).

Differenzierte Ruderausschläge wurden durch mechanische Mittel wie speziell geformte Kurvenscheiben erreicht.

Die Differenzierung der Querruderausschläge (nach oben größer, nach unten kleiner) wurde durch eine mechanische Anlenkung in der Tragfläche realisiert, deren Umlenkhebel Winkel von mehr oder weniger als 90° hatten.

Es ging und es geht also auch heute noch ohne Elektronik.

197

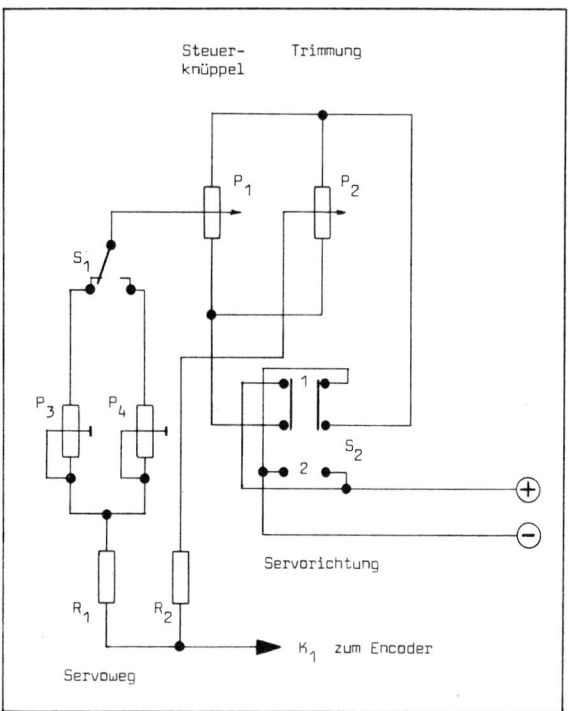

Abb. 211: Umschalten der Servolaufrichtung und Begrenzung des Servoweges für einen Kanal (Beispiel: variomodul professional von Brand-Elektronik).

Der Fortschritt kam 1976 mit den programmierbaren Fernsteuerungsanlagen, deren Möglichkeiten nun ungleich vielfältiger sind. Alle möglichen Einstellungen werden jetzt am Sender vorgenommen. Die meisten Funktionen können ohne große Schwierigkeiten während des Fluges ausgelöst und umgeschaltet werden.

Mit verhältnismäßig einfachen Mitteln läßt sich am Sender die *Servolaufrichtung* umschalten (Abb. 211): Mit Hilfe eines zweipoligen Umschalters (S 2) wird die an den Potentiometern des Steuerknüppels und der Trimmung (P 1 und P 2) anliegende Spannung umgepolt. Damit wird auch die Variationsrichtung der Impulsbreite umgedreht. Und als Folge davon ändert das Servo des betreffenden Kanals seine Drehrichtung. Vorher: Knüppel nach links – Impulsbreite wird kleiner – Servo läuft nach links. Nach dem Umschalten der Servolaufrichtung: Knüppel nach links – Impulsbreite wird größer – Servo läuft nach rechts. Nun kann man die Servos unbesorgt an der günstigsten Stelle im Rumpf plazieren, der Anschluß der Rudergestänge wird optimal gestaltet. Und wenn beim Ausprobieren

die Ruderbewegungen nicht mit denen der Steuerknüppel übereinstimmen, kann das durch einfaches Umschalten am Sender in Ordnung gebracht werden.

Durch Trimmpotentiometer (P 3 oder P 4), die in Reihe zu den Potentiometern des Steuerknüppels und der Trimmung (P 1 und P 2) geschaltet sind, können nun der Servoweg und somit auch die Größe des Ruderausschlages für jede Funktion eingestellt werden. Der Weg läßt sich im Bereich 40% bis 100% einstellen. Mit dieser Maßnahme können die Ruderausschläge auf die speziellen Flugeigenschaften jeder Modellkonstruktion exakt abgestimmt werden. Zusätzlich dazu kann mit dem Potentiometer P 4 eine andere *Ruderwegbegrenzung* eingestellt werden, um bestimmte Flugfiguren präziser zu steuern. Für schnelle Rollen wird beispielsweise ein recht großer Querruderausschlag benötigt. Zum Aussteuern der langsamen Rolle aber muß ein geringer Querruderausschlag präzise dosiert werden. Mit dem Schalter S 1 kann dann bei Bedarf dieser kleinere Ruderausschlag abgerufen werden. Diese Ruderwegbegrenzung ist auch unter der Bezeichnung *Dual-Rate-Funktion* bekannt. Die lineare Kennlinie des Ruderweges bleibt erhalten, die Steilheit und der maximale Ruderweg werden im Bereich 0% bis 100% (je nach Anlage) reduziert. Der Steuerknüppel wird somit gewissermaßen elektronisch »untersetzt« (Abb. 212). Da die

Abb. 212: Lineare Steuerwegbegrenzung und exponentielle Steuerkennlinien.

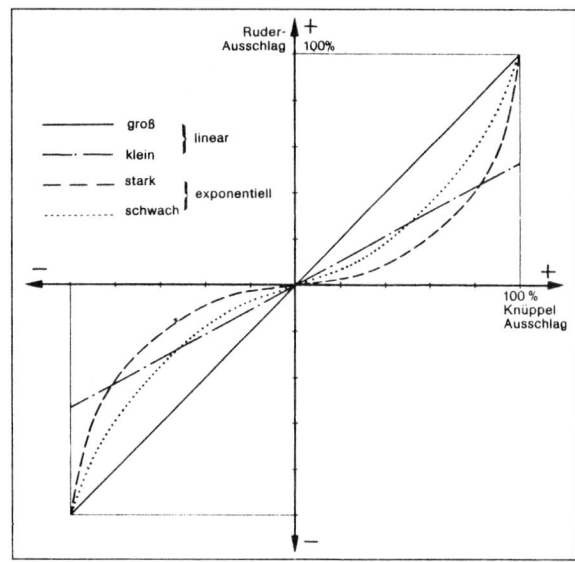

genannten Möglichkeiten für jede Ruderfunktion bestehen, können somit alle Funktionen unabhängig voneinander so programmiert werden, daß für den normalen Flug, aber auch für bestimmte Kunstflugfiguren, stets der richtige Ruderausschlag zur Verfügung steht.

Es bietet sich aber hiermit natürlich auch die Möglichkeit, das Verhalten des Modells bei bestimmten, durch Ruderwegumschaltung exakt reproduzierbaren, Ruderausschlägen zu studieren.

Was immer man programmiert hat, kann man sich nicht immer merken. Der Verfasser benutzt die immer gleiche Anlage in verschiedenen Modellen. Er hat daher als Gedächtnisstütze eine Karte entwickelt, in die die Programmierung für ein bestimmtes Modell eingetragen wird. Wird dieses Modell wieder einmal eingesetzt, können die Einstellungen am Sender sozusagen »a la carte« vorgenommen werden.

Die Dual-Rate-Funktion hat allerdings den Nachteil, daß trotz voller Knüppelausschläge die vollen Ruderausschläge nicht zur Verfügung stehen (siehe Strichpunktlinie in Abb. 212).

Diesen Nachteil vermeidet die *exponentielle Steuerung* (siehe strichlierte und punktierte Linie in Abb. 212). Besonders bei schnellen Modellen benötigt man zur Kurskorrektur sehr kleine Ruderausschläge in der Nähe der Neutralstellung. Folgt man der Exponential-Steuerkennlinie, so steht an ihrem Anfang einem relativ großen Knüppelausschlag ein relativ kleiner Ruderausschlag gegenüber. Bei etwa 60% des Knüppelweges hat das Ruder erst 20% seines Ausschlages erreicht. Die Krümmung dieser Kennlinie, d. h. ihre Progression, kann an das jeweilige Modell angepaßt werden. Bei vollem Knüppelausschlag steht der volle Ruderausschlag zur Verfügung (z. B. für den Langsamflug). So wird das Steuern des Modells nicht nur bequemer, sondern auch sicherer.

Exponential- und Dual-Rate-Funktion können natürlich auch kombiniert werden.

Bei Flugmodell-Querrudern möchte man aus aerodynamischen Gründen für das nach oben ausschlagende Ruder einen größeren und für das nach unten ausschlagende Ruder einen kleineren Ausschlag. Bisherige mechanische Differenzierungen (z. B. durch abgewinkelte Umlenkhebel) waren im Fluge garnicht

und am Boden nur nach Öffnung der Tragflächenbeplankung oder -bespannung zu verändern. Ein *Differential-Baustein* ermöglicht die Differenzierung auch während des Fluges. Voraussetzung ist aber, daß für jedes Querruder ein eigenes Servo vorgesehen wird. Dieser Baustein wird im Sender hinter den Querruderknüppel geschaltet und macht aus dem Einzelsignal des Knüppels zwei differenzierte Signale, die über Sender- und Empfängerelektronik zu den beiden Querruderservos gelangen. Verdreht man den Einstellknopf für den Grad der Differenzierung, so verstellen sich die Servos nicht mehr gleichmäßig. Jedes der beiden Servos führt jetzt in eine Richtung einen größeren Weg aus als in die andere. Steht der Regelknopf auf Position 4 (max.), so laufen beide Servos jeweils nur noch in eine Richtung. Diesen Extremfall der Differenzierung nennt man *Split-Betrieb*.

Mit *elektronischen Mischern (Mixern)* ist es möglich, mehrere Kanäle funktionell miteinander zu verknüpfen (Abb. 213a). Bei Betätigung eines Kanals wird ein anderer Kanal beeinflußt.

Damit können am Modell befindliche Ruderklappen mehrfach genutzt werden (z. B. Querruder auch als Landeklappen) oder Steuerkorrekturen (z. B. Höhenruderkorrektur bei Betätigung der Wölbklappen) elektronisch durchgeführt werden. Es können auch zwei Steuerfunktionen mit einer Knüppelbewegung gleichzeitig betätigt werden, das nennt man dann *Kombi-Switch-Effekt*. Im dargestellten Bedienungsfeld des Senders der FMSI-Fernsteuerung von Webra (Abb. 213) müssen immer zwei Schalter des Mixers in die entgegengesetzte Position gebracht werden. Sind die beiden Mischverhältnis-Einstellungen (Potentiometer) auf Minimum, so ist keine Mischung vorhanden. Dreht man beide in Mittelstellung, so ist das Mischverhältnis 1 : 1 (Abb. 213b). Diese Kombination eignet sich z. B. für die Steuerung eines V-Leitwerks (Abb. 214). Dabei tragen Höhen- und Seitenruderknüppel zum Ruderausschlag bei. Bei vollem Seitenruderausschlag bewegt sich ein Ruderblatt um die Hälfte seines Vollausschlages nach unten, das andere gleich weit nach oben. Bei vollem Höhen- oder Tiefenruderausschlag gehen beide Ruderblätter gleichsinnig um den halben Vollausschlag nach oben oder nach unten. Erst wenn Höhen- und Seitenruder gleichzeitig bestätigt werden,

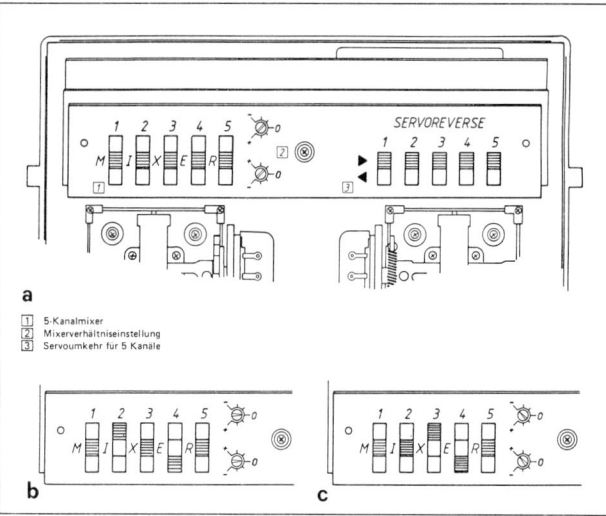

① 5-Kanalmixer
② Mixerverhältniseinstellung
③ Servoumkehr für 5 Kanäle

SERVOREVERSE

Abb. 213: Bedienungsfeld auf der Rückseite des Senders der FMSI-5-Variomix von Webra (a) mit den Anwendungsbeispielen für ein V-Leitwerk (b) und den Schalter- und Potentiometer-Stellungen für den Kombi-Switch-Effekt (c).

geht eines der beiden Ruderblätter auf Vollausschlag. Diese Art nennt man *linearer Mischer.* Beim *Vollweg-Mischer* sind die Ausschläge so eingerichtet, daß sowohl mit dem Höhenruder als auch mit dem Seitenruder allein der Vollausschlag der Ruderblätter erreicht werden kann. Bei gleichzeitiger Betätigung der beiden Ruder setzt eine elektronische Begrenzung ein, denn weder Servo noch Ruder können mehr als den vollen Ausschlag ausführen. Durch diese Begrenzung tritt hier allerdings eine gegenseitige Beeinflussung der Ruderwirkung auf.

Abb. 214: Ein Anwendungsbeispiel für den elektronischen Mischer ist das V-Leitwerk.

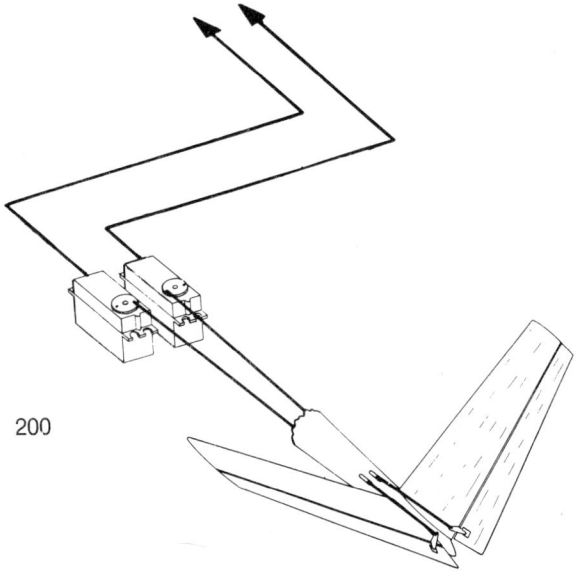

Der *Kombi-Switch* schaltet zwei beliebige Steuerfunktionen parallel. Bei Betätigung eines Steuerknüppels laufen dann gleichzeitig zwei Ruder zusammen. Nach dem Ausschalten sind beide wieder getrennt steuerbar (Abb. 213 c und 215 a).

Für die Steuerung von *Hubschraubern,* vor allem im Kunstflug und da besonders *im Rückenflug* gibt es spezielle Module, mit deren Hilfe die für den Rückenflug wichtigen Funktionen zur Haupt- und Heckrotorsteuerung durch einen Schalter umgekehrt werden können. Der Pilot kann dann die nicht umgekehrte Gasfunktion und die umgekehrten Heck- und Hauptrotorfunktionen wie im Normalflug steuern.

Zum Fliegen von verschiedenen Kunstflugfiguren gibt es eine *Figuren-Automatik,* mit der die nötigen Ruderausschläge vorprogrammiert und zum gewünschten Zeitpunkt durch eine Taste ausgelöst werden können. Mit dieser Automatik können bis zu drei Ruderfunktionen in Richtung und Größe des Ausschlages programmiert werden. Mit einem Timer können die Ausschläge für eine bestimmte Zeit aufrechterhalten werden und gehen dann automatisch wieder in die Normallage zurück.

Auch das *Standgas* kann mit einem besonderen Modul beliebig getrimmt werden, ohne daß dabei die Vollgasstellung verändert wird.

Einen Überblick über die wichtigsten Mischmöglichkeiten gibt die Abb. 215 (becker). Die Dreiecke sind Schaltzeichen für Operationsverstärker. Das Pluszeichen darin bedeutet, daß die Funktion in gleicher Phase wie am Eingang weiterverarbeitet (verstärkt) wird. Das Minuszeichen im Dreieck bedeutet, daß die Eingangsfunktion negiert wird, d. h. umgekehrt am Ausgang erscheint. Die in den Schaltbildern enthaltenen Potentiometer ermöglichen jeweils stufenlose Anpassung von Steuerfunktionen.

Leider kommt es beim Betrieb von ferngesteuerten Flugmodellen immer wieder einmal zu *Störungen.* Im glimpflichen Fall kommt das Modell noch unbeschadet wieder auf den Boden zurück, im schlimmsten Fall stürzt es ab und wird total zerstört. Gewöhnlich werden für solche Störungen andere (z. B. Funker, Modellflieger) verantwortlich gemacht. Dabei können die Ursachen im Modell, beim Piloten, in der Fernsteuerung liegen, sie können aber auch von außen kommen.

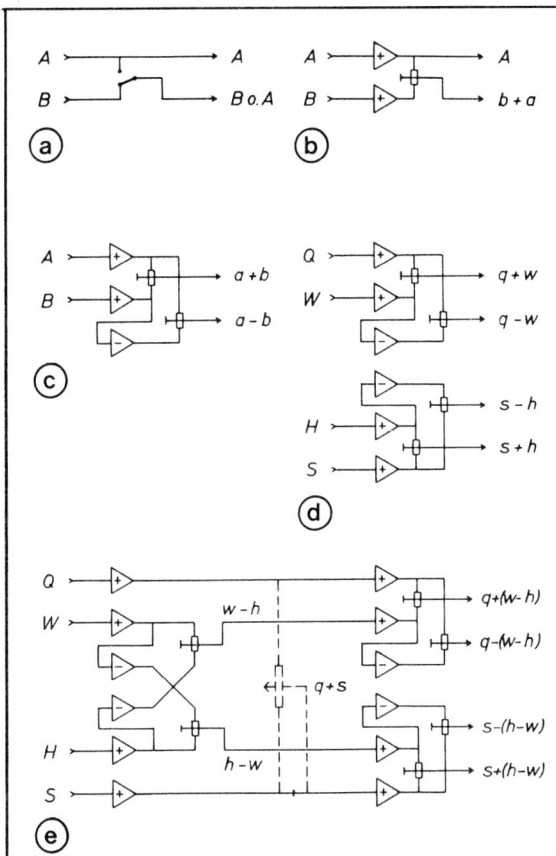

Abb. 215: Verschiedene Mischmöglichkeiten übersichtlich zusammengestellt: Kombischalter (a), stufenloser Kombischalter (b), Einfachmischer (c), Doppelmischer (d) und Vielfachmischer »multimix 80« (e).

Die Servos müssen fest in den passenden Servohaltern sitzen, die selbst fest im Rumpf sitzen müssen. Auf Leichtgängigkeit der Rudergestänge und Bowdenzüge wurde bereits hingewiesen. Nicht sorgfältig verlegte Rudergestänge können klemmen oder bei hohen Ruderdrücken ausweichen, daher müssen sie im Rumpf sauber geführt werden.

Auch falsch eingehängte Rudergestänge können Ursache eines Absturzes sein.

Und die vielen Schalter und Knöpfe moderner Fernsteuersender erfordern vor jedem Flug eine sorgfältige Überprüfung (pre-flight-check) und bereits zu Hause eine präzise Einstellung nach der Programmkarte.

Aber auch der Pilot kann Fehler machen (wenn er sie auch ungern zugibt):

Er versteuert eine Figur. Er überzieht das Modell beim Start oder bei der Landung bis zum Strömungsabriß mit anschließendem Absturz.

Er erkennt bei großer Entfernung oder großer Höhe die Fluglage des Modells nicht mehr und steuert daher falsch.

Er wird durch seine Umgebung, durch Sonnenblendung, durch andere Modellflieger oder andere Flugmodelle irritiert, vor allem, wenn mehrere Modelle gleichzeitig in der Luft sind.

Störmöglichkeiten können aber auch in der Fernsteuerungsanlage selbst liegen:

Zu den häufigsten Ursachen für Abstürze zählen leere Akkus, meist leere Empfängerakkus, deren Kapazität bei vielen und viel bewegten Servos meist schneller erschöpft ist als man angenommen hatte. Die schnelladefähigen Sinterzellen haben zudem eine hohe Selbstentladung und müssen daher regelmäßig nachgeladen und kontrolliert werden. Dazu genügt in der Regel das Laden über Nacht mit dem Nennstrom (I_{10}) an normalen Ladegeräten, wie sie von allen Herstellern für ihre Anlagen angeboten werden (siehe Abb. 184 in Kapitel 6.6).

Es werden aber auch *automatische Ladegeräte* angeboten, die während des Ladevorgangs in regelmäßigen Abständen die Spannung des Akkus unter Last prüfen und dann bei Bedarf weiterladen, bis der Akku wirklich voll ist.

Den im Modell begründeten Störungsmöglichkeiten kann man bereits beim Bau des Modells und beim Einbau der Empfangsanlage in das Modell vorbeugen:

Einstellwinkeldifferenz und Schwerpunktlage müssen stimmen.

Die Tragflächen müssen fest auf dem Rumpf sitzen und dürfen ihre Postion auch unter Belastungen nicht verändern.

Ruder können flattern und sich dabei aus den Scharnieren lösen. Die Scharniere müssen deshalb gesichert werden.

Noch wichtiger aber ist die *Überprüfung der Akku-Kapazität*. Dazu gibt es Akku-Tester, die den Akku mit dem Nennentladestrom (I_{10}) belasten und die Zeit bis zum Erreichen der Entladeschlußspannung (meist 1 V pro Zelle/siehe 6.6) mit einer eingebauten Uhr messen (Abb. 226). Aus der Zeit (in Stunden und Minuten) und dem eingestellten Entladestrom (in Ampere) kann die vorhandene Akku-Kapazität errechnet werden (Beispiel: 0,1 A×12 h = 1,2 Ah).

Wirkungsvoll und nützlich ist aber auch eine Messung der Spannung der einzelnen Zellen des Empfängerakkus. Dazu wird das Gehäuse des Akkupacks geöffnet. Der ganze Akku wird mit einer angeschlossenen Glühlampe (6 V/0,1 A) belastet. Dann wird mit einem genauen Meßgerät (Meßbereich 2 V) die Spannung jeder einzelnen Zelle gemessen. Liegt die Spannung einer Zelle deutlich unter der Entladeschlußspannung, so ist diese Zelle nicht in Ordnung. Dabei kann es sich um eine »umgekippte« Zelle handeln, die durch Tiefentladung die Polarität gewechselt hat. Sie muß gesondert geladen werden und wird dann erneut geprüft. Ist sie trotzdem nicht wieder auf ihre volle Spannung zu bringen, kann man es noch einmal mit einer kurzen Hochstromladung versuchen und anschließend normal weiterladen. Erholt sich die Zelle auch jetzt nicht, muß sie auf jeden Fall ausgewechselt werden. Ein neuer Empfängerakku ist billiger als ein abgestürztes und zerstörtes Modell.

Die Anschlußkabel von Empfängerakku, Servos und Schalterkabel werden durch häufigen Ein- und Ausbau sehr stark strapaziert. Das kann zu Kabelbrüchen führen. Durch aus dem Akku austretende Laugendämpfe können die Kupferleistungen am Akku korrodieren und brechen. All diese Kabel müssen daher regelmäßig gründlich überprüft werden.

Auch der Schalter kann gelegentlich streiken. Staub, Wasser und Treibstoff lassen die Kontakte im Schalter korrodieren oder verschmieren sie, so daß kein sicherer Kontakt mehr gewährleistet ist. Gelegentliches Einsprühen des Schalters mit Kontaktspray wirkt da wahre Wunder.

Kritische Punkte sind auch die Servostecker und die Buchsenleiste am Empfänger, die durch Ein- und Ausbau ebenfalls stark beansprucht werden.

Die Potentiometer in den Servos, aber auch die Potentiometer an den Steuerknüppeln können nach langem Gebrauch verschleißen, vor allem in der Umgebung der Neutralstellung.

Die vielen Schalter und Drehknöpfe moderner Fernsteuer-Sender bieten natürlich auch viele Möglichkeiten für falsche Einstellungen. Man weiß ja auch nie, ob nicht jemand daran »gespielt« hat. Vor dem Start muß daher auf jeden Fall jede Funktion sorgfältig geprüft werden (pre-flight-check).

Störungen von außen können natürlich auch zu Abstürzen führen. Bei der Schmalbandigkeit heutiger Anlagen kann ein Fremdsender nur dann stören, wenn er auf dem gleichen Kanal sendet oder wenn er selbst eine so große Bandbreite hat, daß er mehrere Nachbarkanäle stört. Besondere Probleme machen hier die zahlreichen noch in Gebrauch befindlichen Anlagen älterer Bauart (20 kHz-Raster). Da kann nur die Anschaffung neuer Anlagen und das Einmotten oder Verschrotten der alten Anlagen helfen.

Häufige Absturzursache ist auch das »unbeabsichtigte« Einschalten einer Anlage ohne Überprüfung, ob die benutzte Frequenz auch frei ist. Auf einem Platz hat in jedem Fall der Pilot Vorrang, dessen Modell sich gerade in der Luft befindet. Er muß gefragt werden, welche Frequenz er benutzt.

Eine große Hilfe sind die Frequenzfähnchen an der Senderantenne (siehe Kapitel 12.3 und 12.4). So kann man schon von weitem die benutzte Frequenz und die belegte Kanalnummer erkennen und sich danach richten.

Ein wesentlicher Beitrag zur Sicherheit auf dem Modellflugplatz sind die Diagnosekabel, mit denen Funktionsprüfungen ohne Abstrahlung der Hochfrequenz durchgeführt werden können.

Bei häufig auftretenden und als echt erkannten externen Störungen sollte man sich an das zuständige Fernmeldeamt der Bundespost wenden, dessen Meßwagen Störungen aufspüren können. Bevor man aber zu dieser Maßnahme greift, sollte die eigene Anlage gründlich überprüft werden (siehe oben).

Eine gelegentliche gründliche Überprüfung der kompletten Anlage beim Hersteller ist in jedem Falle zu empfehlen. Die paar Mark für Porto und Inspektion sind billiger als ein total zerstörtes Modell oder gar ein Unfall mit Verletzten.

6.7.6 FERNSTEUERUNGSANLAGEN

Im folgenden Abschnitt werden in Kurzform einige handelsübliche Fernsteuerungsanlagen deutscher Hersteller und Anbieter vorgestellt. Die Reihenfolge ist keine Rangfolge.

Dabei kann und soll es sich nicht um eine ausführliche Systembeschreibung handeln; diese findet sich in den Katalogen der Hersteller, den Datenblättern oder den Betriebs- und Bedienungsanleitungen der betreffenden Anlagen.

Die Firma *Webra* stellt hauptsächlich Verbrennungsmotoren und Zahnräder her, hat aber auch Bausätze für Flug-, Schiffs- und Automodelle sowie Zubehör für den Modellbau in ihrem Programm. Die neue Fernsteuerungsanlage von Webra benutzt ein zum Patent angemeldetes Modulationsverfahren, die Frequenzmodulation mit symmetrischem Impulstelegramm (FMSI). Es könnte beinahe mit dem PAL-System des Farbfernsehens verglichen werden (siehe Kapitel 6.7.2).

Die *FMSI-5-variomix* wird als komplettes Set geliefert, das den 5-Kanal-Sender mit Akku, den 7-Kanal-Micro-Empfänger mit Empfängerakku, zwei Sport-Servos, ein Ladegerät, ein Schalterkabel mit Lade- und Diagnosebuchse und ein Quarzpaar enthält (Abb. 216).

Der Sender kann wegen seiner handlichen Form als Handsender oder auch als umgehängter Bauchsender benutzt werden. Die an der Oberseite des Senders befindliche Ladebuchse ist durch eine Schutzkappe gegen Schmutz und Nässe geschützt. Der Sender kann durch zwei seitlich angebrachte Schieber leicht geöffnet werden. Auf der Rückseite (innen) befindet sich das Bedienungsfeld für die Umschaltung der Servolaufrichtung und für den einfach zu bedienenden Mischer (siehe Abb. 213).

Das HF-Modul für die Frequenzbereiche 27, 35 oder 40 MHz kann von außen ausgetauscht werden.

Vier Steuerkanäle werden durch die Steuerknüppel, der fünfte durch eine Stellscheibe betätigt. Eine blinkende Leuchtdiode zeigt an, ob die Betriebsspannung noch ausreicht.

Abb. 216: Sender der Webra-Fernsteuerung FMSI-variomix 5 + 2.

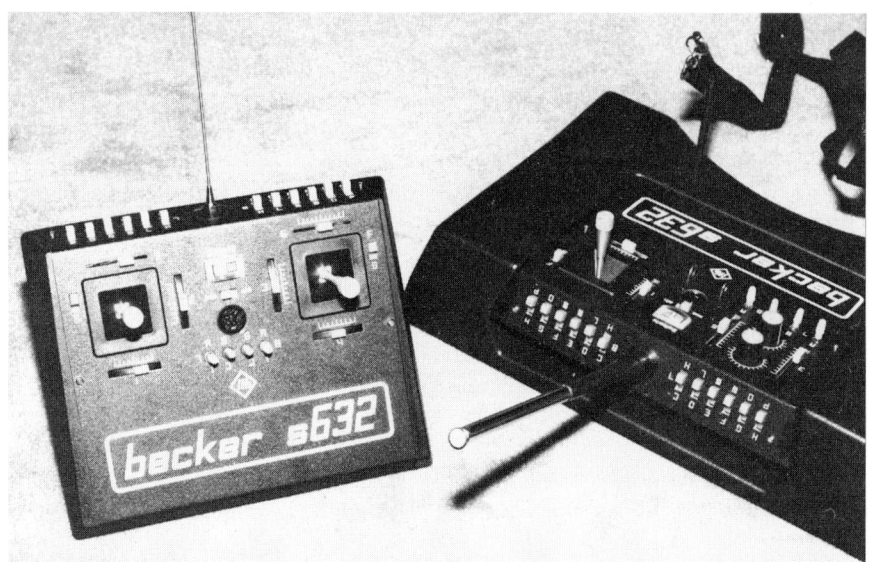

Abb. 217: Sender der becker aquanaut s 632.

Der 7-Kanal-Empfänger ist mit den Abmessungen 54×36×20 mm und der Masse von 42 g sehr klein.

Mit dem in Set enthaltenen Ladegerät (Steckerlader) können Empfänger- und Senderakku gleichzeitig geladen werden. Die Ladung wird durch zwei Leuchtdioden angezeigt.

Die Anlage kann – ohne HF-Abstrahlung – mit einem Diagnosekabel betrieben werden, das besonders

Funktionsprüfungen sehr erleichtert. Auch Lehrer-Schüler-Betrieb ist möglich. Die Sport-Servos haben eine hohe Stellgenauigkeit von 0,4% und Stellzeiten von ca. 2×0,25 s.

Die Firma *becker* (Fernwirk- und -meßtechnik) befaßt sich ausschließlich mit der Entwicklung und Produktion von Anlagen zur drahtlosen Übertragung von Steuerbefehlen und Meßwerten.

Die Fernsteuerungsanlage *s 632* (Abb. 217) hat sechs Proportionalfunktionen, von denen zwei trimmbar sind. Der Servoweg kann bei allen sechs Funktionen umgekehrt werden. Außerdem hat die Anlage 32 Multiswitch-Funktionen.

Das Komplett-Set enthält den Sender, den 8-Kanal-Empfänger, ein Quarzpaar, Sender- und Empfängerakkus, Schalter- und Ladekabel, ein Universalservo, einen 16-Kanal-Schaltbaustein, einen Umpolrelais-Schalter und einen Doppelrelais-Schalter sowie weitere Kleinteile.

Die Firma *Krick* (Klaus Krick Modelltechnik) hat Bausätze für Flug-, Schiffs- und Automodelle sowie Fernsteuerungsanlagen und Modellbau-Zubehör im Programm, die zum Teil aus eigener Entwicklung und Herstellung, zum Teil aus Importen stammen. Die Fernsteuerungsanlage *Excellence* stammt von der japanischen Firma Sanwa und arbeitet mit Amplitudenmodulation (Abb. 218). Der 6-Kanal-Sender hat neben den

Abb. 218: Sender der Sanwa Excellence von Krick.

zwei Kreuzknüppeln für die Kanäle 1 bis 4 einen Hebel zur proportionalen Betätigung der Landeklappen (Kanal 5) und einen Kippschalter zur Betätigung eines Einziehfahrwerks (Kanal 6).

An der Oberseite des Gehäuses befinden sich ein Tragegriff, das Meßinstrument für die Akkuspannung und die Ladebuchse. Zum Lieferumfang gehören der Sender mit Akku, der Empfänger mit Empfängerakku, Schalterkabel, Steckquarze, vier Servos mit Servohaltern, das Ladegerät zum gleichzeitigen Laden von Sender- und Empfängerakku und ein Trageriemen für den Sender. Die Anlagen gibt es für 27, 35 oder 40 MHz.

Die Firma *Brand-Elektronik* stellt hauptsächlich Funkfernsteuerungen für verschiedene Anwendungsbereiche her. In den letzten Jahren hat sie aber auch ihr Angebot an Bausätzen für Flug-, Schiffs- und Automodellen erweitert.

Die Fernlenkanlage *microprop euro-sport* ermöglicht FM-Schmalbandbetrieb im 10 kHz-Raster. Der Sender wird, komplett auf sechs Funktionen ausgebaut, mit Akku und HF-Modul (wahlweise 27, 35 oder 40 MHz) geliefert (Abb. 219).

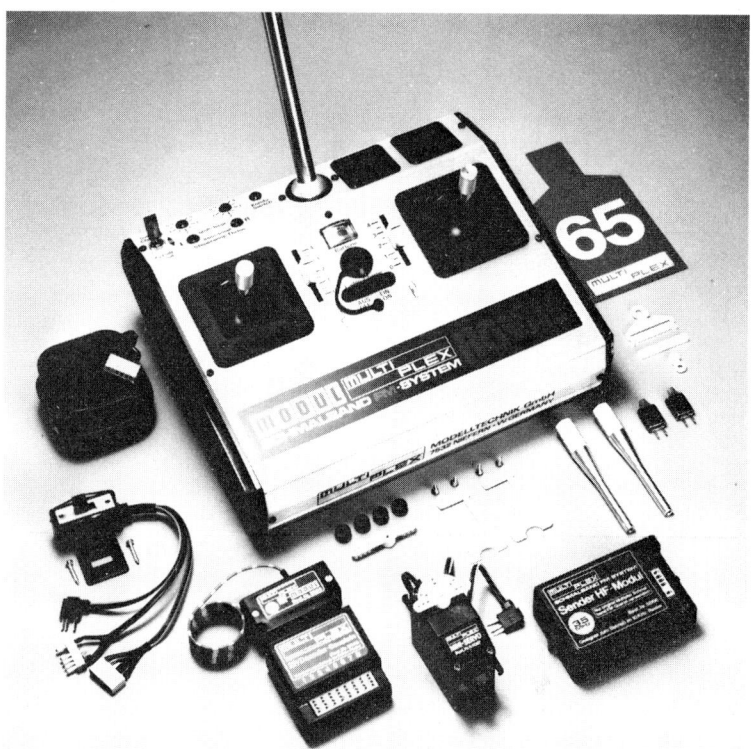

Abb. 220: Die komplette Anlage Royal Modul von Multiplex.

Für die Kanäle 1 bis 4 sind Steuerknüppel vorhanden. Die Funktion 5 ist als Schaltfunktion, die Funktion 6 als Proportionalfunktion ausgeführt. Ein Meßinstrument zeigt die Spannung des Senderakkus an. Das HF-Modul des Senders kann ausgetauscht werden.

Der Pilot-FM-Empfänger ist nur für einen Frequenzbereich ausgelegt und bereits für sieben Funktionen ausgebaut. Er hat eine Masse von 50 g. Mit dem euro-sport-Sender können auch die anderen Empfänger aus dem microprop-Programm betrieben werden.

Das zum Lieferumfang gehörende Servo MPR 26 hat eine geringe Masse, hohe Stellkraft und ein robustes Getriebe. Die Mittelstellung kann von außen justiert werden.

Die Betriebszeit des Senders liegt bei drei Stunden, die des Empfängers mit zwei Servos bei vier Stunden (Akku 0,450 Ah) bis fünf Stunden (Akku 0,550 Ah).

Die Firma *Multiplex* (Multiplex-Modelltechnik) wurde 1958 gegründet. Sie entwickelt und fertigt schwerpunktmäßig Fernsteuerungsanlagen, dazu aber auch Bausätze für Flug-, Schiffs- und Automodelle sowie

Abb. 219: Die komplette Digitalanlage microprop euro-sport von Brand-Elektronik.

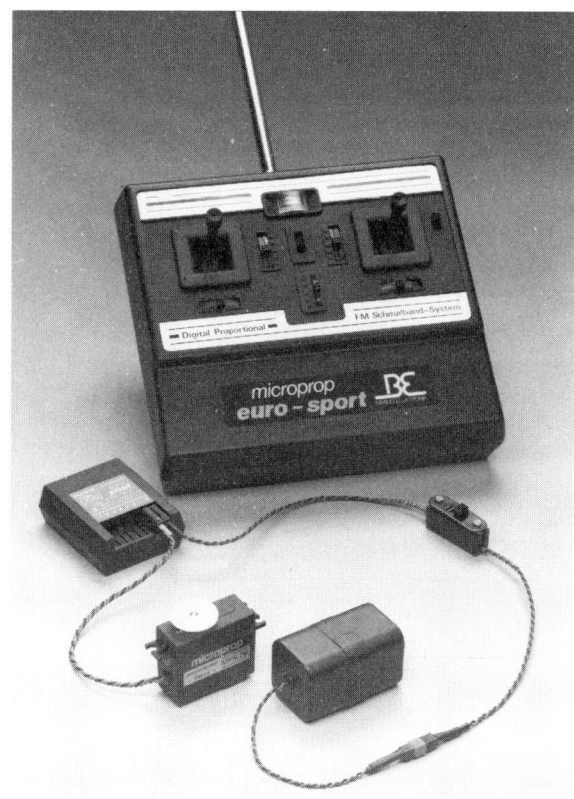

Modellmotoren und Zubehör für den Modellbau, teils auch aus Importen.

Die Konzeption der Fernsteuerungsanlagen *Royal-Modul* hat sich seit Jahren bewährt und wurde laufend ergänzt und auf den neuesten Stand der Technik gebracht (Abb. 220). Die Entwicklung dieser Anlage begann um das Jahr 1970.

Der 7-Kanal-Sender enthält in der Grundausführung bereits die Servowegumkehrung und die Möglichkeit der beliebigen Zuordnung der Steuerfunktionen zu jedem beliebigen Steueraggregat durch Umstecken im Sender, aber keine Zusatzbausteine. Lehrer-Schüler-Betrieb und der Betrieb mit Diagnosekabel sind vorgesehen, die dazu nötigen Anschlüsse bereits eingebaut.

Durch Zukauf von Ausbaustufen kann der Sender erweitert werden: Figurenautomatik, linearer oder Vollweg-Mischer, Differential- oder Exponentialbaustein, Kombi-Switch und Servoweg-Reduzierung. Die Betriebszeit des Senders liegt (mit HF-Modul) bei ca. fünf Stunden aus einer Akkuladung (7,5 V/1,2 Ah).

Der Modul-Empfänger (er gehört auch zu den Anlagen Profi-Modul und Combi 80) besteht aus dem 7-Kanal-ZF-Decoder-Baustein, an den je nach Frequenzbereich das passende HF-Modul gesteckt wird.

Das Mini-Servo (auch die anderen Servos des Programms können angeschlossen werden) hat ein robustes Metallzahnrad-Getriebe, hohes Stellmoment und ist wasserdicht. Die Neutralstellung kann von außen justiert werden.

Zum Lieferumfang gehören der Sender mit eingebautem Akku, HF-Modul und Quarzpaar nach Wahl (27, 35 oder 40 MHz), der Empfänger (ZF-Decoder und HF-Modul) mit Akku und Schalterkabel, ein Mini-Servo mit Servohalter, zwei Ladekabel und eine passende Frequenzfahne.

Die Firma *robbe* (robbe-Modellsport GmbH) bietet Funkfernsteuerungen, Bausätze für Flug-, Schiffs- und Automodelle, Modellmotoren und Zubehör für den Modellbau an.

Der Sender der Fernsteuerungsanlage *Terra-Top*

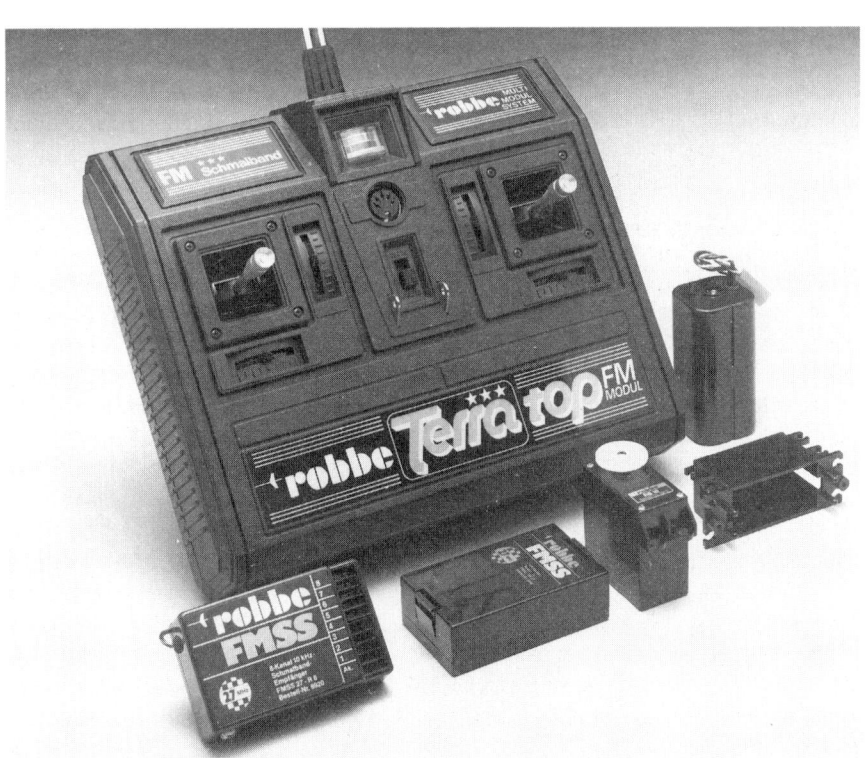

Abb. 221: Sender, Empfänger, Module und Servos der Terra top von robbe.

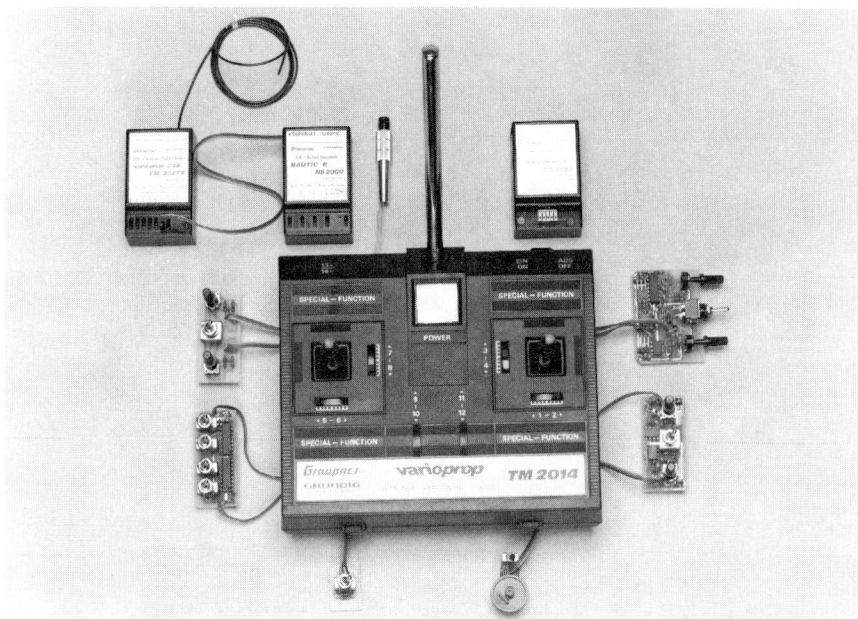

Abb. 222: Funkfernsteuerungssystem VARIOPROP 2000 von Grundig/Graupner.

(Abb. 221) wird in der Grundausstattung mit vier Steuerkanälen geliefert, kann aber durch Einbau von zwei Zweikanalmodulen auf acht Steuerkanäle erweitert werden.

Die Zuordnung der Steuerfunktionen zu den Aggregaten ist frei wählbar. Das HF-Modul (27, 35 oder 40 MHz) kann von außen gewechselt werden. Die Stromversorgung erfolgt wahlweise aus Trockenbatterien (7×1,5 V) oder NC-Akkus (8×1,2 V/0,5 bis 1,2 Ah). Die Servowegumkehrung und die Buchse für das Diagnosekabel sind bereits eingebaut. Der Sender kann für Lehrer-Schüler-Betrieb nachgerüstet werden. Auch der Einbau von Mischer und Multi-Switch ist möglich.

Der Empfänger ist bereits für acht Steuerkanäle ausgestattet, aber nur für einen Frequenzbereich ausgelegt.

Das Servo RS-20 hat eine Masse von 47 g, eine Stellgenauigkeit von unter 1% und eine Stellzeit von 2×0,25 s.

Zum Lieferumfang gehören der Sender mit HF-Modul, Quarzpaar und eingebauter Batteriebox, der Empfänger mit Batteriebox, ein Servo RS-20 mit Halterung, ein Schalterkabel, ein Umhängeriemen und ein Zubehörsatz.

Die Firma *Graupner* bietet Funkfernsteuerungen, Bausätze für Flug-, Schiffs- und Automodelle, Modellmotoren und Modellbauzubehör an, die größtenteils aus eigener Entwicklung und Fertigung stammen. Die Funkfernsteuerungen werden einerseits von Grundig entwickelt, andererseits aus Japan importiert.

Zu den von Grundig entwickelten Fernsteuer-Systemen gehört die *varioprop 2000* (Abb. 222), die vom Anwender nach seinen speziellen Wünschen ergänzt und ausgebaut werden kann.

Der Sender TM 2014 verfügt in seiner Grundausstattung über vier Steuerkanäle. Durch bis zu drei zusätzliche Kanal-Module kann er auf sieben Steuerkanäle erweitert werden. Die HF-Module (27, 35 oder 40 MHz) können nach Öffnen des Senders (durch einen Schnellverschluß) ausgewechselt werden.

Für den weiteren Ausbau des Senders stehen ein Mischer-Modul für zwei beliebig wählbare Steuerfunktionen, ein Exponential-Modul mit einstell- und zuschaltbarer Exponential-Kennlinie für zwei Steuerfunktionen und ein Dual-Rate-Modul mit zuschalt- und einstellbarer Vorgabe des Servoweges von drei Steuerfunktionen zur Verfügung.

Der Empfänger ist als 7-Kanal-Compact-Superhet

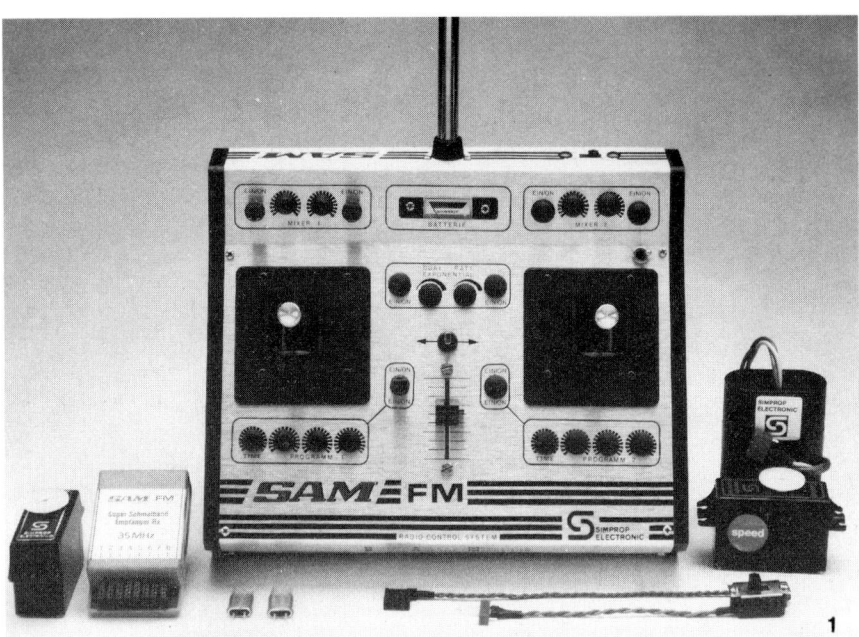

(Decoder und HF-Teil) konzipiert, der wahlweise für 27, 35 oder 40 MHz zu haben ist.

Das System varioprop 2000 ist weitgehend mit den Geräten der varioprop-FM-Baureihe kompatibel.

Die Firma *Simprop-Electronic* (Walter Claas-GmbH) besteht seit 1965. Sie bietet schwerpunktmäßig Funkfernsteuerungen aus eigener Entwicklung und Fertigung, aber auch Bausätze für Flug-, Schiffs- und Automodelle, Modellmotoren und Modellbauzubehör aus eigener Entwicklung und Fertigung, aber auch aus Importen an.

Grundidee bei der Entwicklung der *SAM-FM-Fernsteuerungsanlage* (Abb. 223) war, daß, ausgehend von einer Grundausstattung, die Anlage Schritt für Schritt erweitert und so den wachsenden Bedürfnissen und dem steigenden Können des Modellpiloten angepaßt werden kann.

Der 7-Kanal-Sender (Expert-Set) ist bereits mit dem Mischer- und Programm-Modul ausgestattet und enthält den Akku und das HF-Modul (wahlweise 27, 35 oder 40 MHz).

Die Kanal-Module (Ein-Aus-Schalter, Kreuzknüppelschalter, Dreiwegschalter, Flachbahn oder Drehregler) können den Anforderungen entsprechend eingebaut

oder umgebaut werden. Als Funktionsmodule stehen ein Doppel-Vollweg-Mischer, ein Delta-V-Mischer, ein Dual-Rate-, ein Exponential- und ein Programm-Modul sowie Module für Standgastrimmung, Querruderdifferenzierung, Hubschrauber-Kunstflug und ein Kombi-Switch-Modul zur Verfügung.

Der 7-Kanal-Empfänger (Decoder und HF-Teil) hat eine Empfindlichkeit von 2,5 µV und eine Masse von 54 g und ist jeweils nur für einen Frequenzbereich ausgelegt.

Das Contest-Speed-Servo hat eine Masse von 54 g, ist mit einem Kugellager an der Antriebswelle ausgestattet, hat eine Stellgeschwindigkeit von 2×0,15 s bei einem Steuerweg von insgesamt 115° und eine Stellgenauigkeit von 0,5%. Der Leerlauf-Strom beträgt ca. 5–10 mA.

Zum Lieferumfang des Expert-Set gehören der Sender mit Akku, HF-Modul und Quarzpaar, der Empfänger mit Akku (4,8 V/0,55 Ah), Anschlußkabel und zwei Contest-Speed-Servos mit Halterungen.

Die Firma *Lanitz* (Lanitz-Modellbau) bietet Bausätze für Flug-, Schiffs- und Automodelle an, die größtenteils aus Importen stammen. Seit 1980 wird auch eine zusammen mit der Firma Reftec entwickelte voll modu-

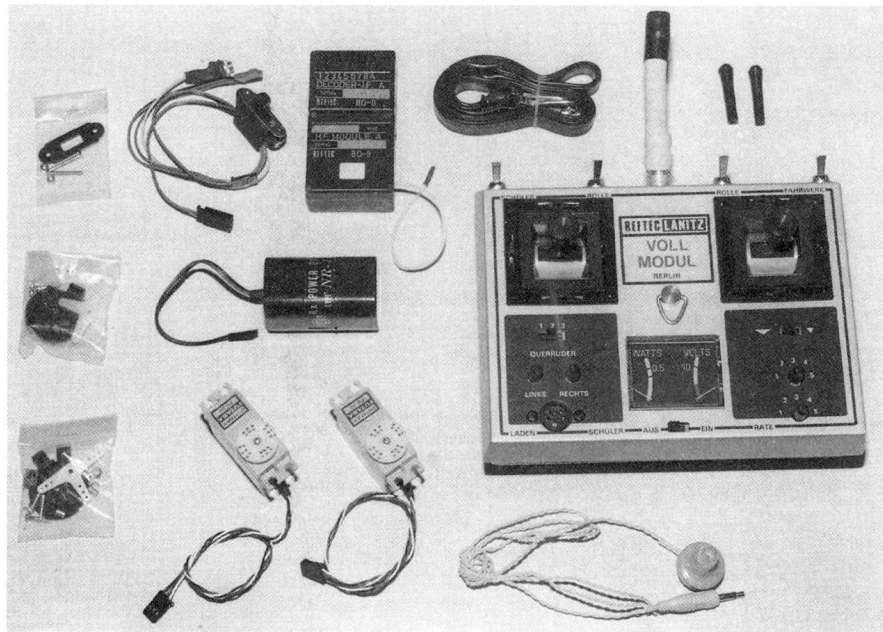

lisierte Funkfernsteuerung angeboten. Das *Reftec-Lanitz-Funkleitsystem* (Abb. 224) ist voll modulisiert, d. h. es gibt für diese Anlage austauschbare HF-Module für die Frequenzbereiche 27, 35, 40 und 433 MHz. Das erfordert bei den hohen Schwingungszahlen im UHF-Bereich (433 MHz) ausgesuchte Bauteile mit sehr geringen Toleranzen.

Der 8-Kanal-Sender verfügt über vier Proportionalkanäle, die mit Knüppeln gesteuert werden, zwei Proportionalkanäle, die mit Linearschiebern betätigt werden, und je einem Zwei- und Drei-Positions-Schalter (z. B. für Einziehfahrwerke und Sonderfunktionen).

Serienmäßig sind einstell- und abrufbare Dual-Rate-Funktion, umschaltbare Servolaufrichtung für die Steuerkanäle 1 bis 6, Programmierung von abrufbaren Querruderausschlägen für langsame und schnelle Rollen links oder rechts. Der Anschluß eines Diagnosekabel und Lehrer-Schüler-Betrieb sind möglich. Für den Vereinsflugbetrieb gibt es einen preiswerten »passiven« Schülersender, der nur den Impulsteil enthält. HF-Abstrahlung und Stromversorgung erfolgen durch den Lehrer-Sender. Ein Doppel-Meßinstrument zeigt Akkuspannung und Sendeleistung an.

Der Empfänger besteht aus Decoder und steckba-

rem HF-Modul (wahlweise 27, 35, 40 oder 433 MHz) und hat eine Empfindlichkeit von 2 μV.

Das Schalterkabel enthält eine Buchse für den Anschluß eines Ohrhörers, mit dem die empfangenen Signale abgehört werden können. Wenn der Sender abgeschaltet ist, kann damit auch kontrolliert werden, ob auf der benutzten Frequenz ein anderer Sender betrieben wird.

Zum Lieferumfang gehören der Sender mit Akku, HF-Modul und Quarzpaar, der Empfänger mit HF-Modul und Akku, Schalterkabel mit Ladebuchse und Ohrhöreranschluß, Ohrhörermonitor, Ladegerät und Ladekabel.

Auf Wunsch werden passende Servos geliefert. Der Hersteller rüstet allerdings gratis bis zu acht beim Kunden bereits vorhandene Servos auf das Stecker-System der Anlage um.

Die Firma *Werner Meinberg* befaßt sich mit der Entwicklung und Herstellung elektronischer Geräte und bietet seit September 1981 die erste Fernsteuerungsanlage mit Puls-Code-Modulation an (siehe Kapitel 6.7.2).

Der 8-Kanal-Sender der *Digicont-Anlage* hat sechs Proportionalfunktionen, von denen vier trimmbar sind,

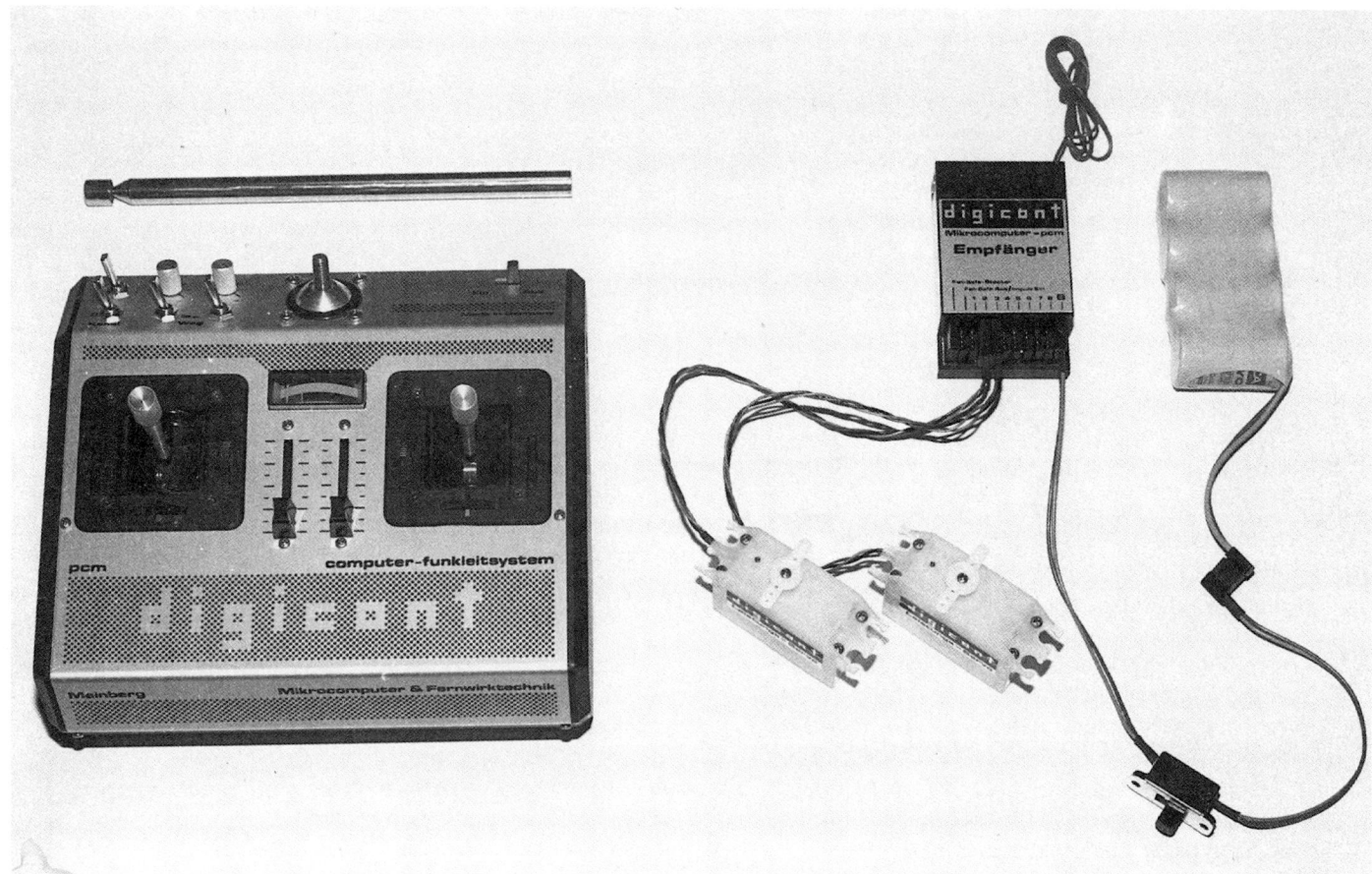

Abb. 225: Fernsteueranlage »Digicont«, erste Fernsteuerung mit Pulscode-Modulation, von Ing. Werner Meinberg.

und zwei Schaltfunktionen (Abb. 225). Umschaltbare Servowegbegrenzung und Mischer für je zwei Steuerfunktionen sind bereits eingebaut. Ein Meßgerät zeigt die Batteriespannung an. Der Sender kann in den Frequenzbereichen 35 oder 40 MHz betrieben werden.

Der Empfänger ist wie der Sender mit einem Microcomputer ausgestattet, der für die Decodierung und Prüfung der empfangenen Signale, die Prüfung der Steuerinformation und die Messung und Prüfung der Spannung des Empfängerakkus zuständig ist.

Durch eine Steckverbindung am Empfänger läßt sich eine Fail-Safe-Funktion einschalten, die bei fehlerhaften oder ganz ausfallenden Eingangssignalen den Motor drosselt (oder auch einen Rettungsfallschirm ausstößt) und die anderen Servos in die Neutralstellung bringt.

Die Empfindlichkeit des Empfängers liegt bei 1,5 µV, der Betriebsstrom bei 8 mA, die Masse bei 65 g.

Das Servo hat eine kugelgelagerte Abtriebswelle und eine Masse von 50 g. Die Stellgeschwindigkeit beträgt 2×0,16 s, die Stellgenauigkeit 0,4%.

Der Lieferumfang enthält den Sender mit Akku und Quarzpaar, den Empfänger mit Akku und Schalterkabel sowie zwei Servos. Bei entsprechender Anpassung der Steckersysteme können auch andere handelsübliche Servos anderer Hersteller verwendet werden. Sie müssen allerdings justierbar sein.

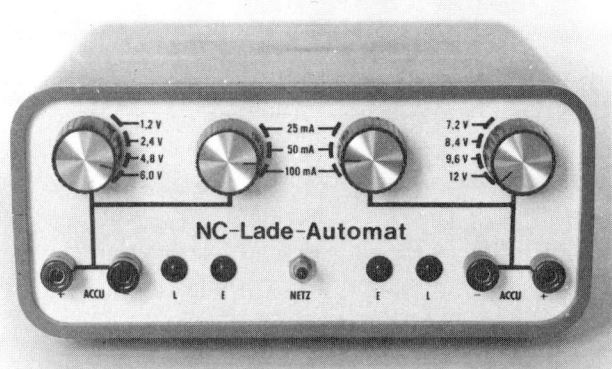

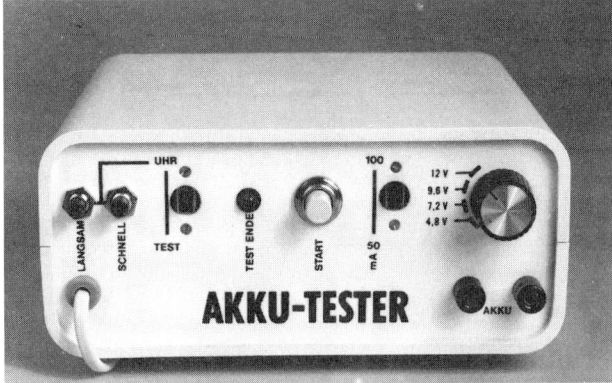

Abb. 226: Akku-Tester G 1, mit dem die Kapazität von Akkus für Empfänger und Sender von Funkfernsteuerungen gemessen werden kann (unten). Ladeautomat für Sender- und Empfängerakkus mit Prüfung des Ladezustandes unter Belastung (Lischka Modelltechnik).

6.7.7 HERSTELLER UND ANBIETER VON FUNKFERNSTEUERUNGEN UND LADEGERÄTEN

becker Fernwirk- und -meßtechnik Ing. Horst Becker	Im Markwäldchen 6115 Münster 2
Brand-Elektronik GmbH	Postfach 1142 4923 Extertal 1, Bösingfeld
Carrera Modelltechnik Neuhierl GmbH & Co KG	Waldstraße 10/Postfach 8510 Fürth/Bay.
Elektrohno Kurt Ohno	Marktplatz 8 7031 Magstadt
Johannes Graupner	Henriettenstraße 94–96 Postfach 48 7312 Kirchheim/Teck
Hohenloher Modelltechnik Lothar Lischka	Postfach 45 7114 Pfedelbach-Öhringen
Klaus Krick	Postfach 24 7134 Knittlingen
Lanitz-Modellbau	Finckensteinallee 34 a Postfach 450 449 1000 Berlin 45
Werner Meinberg (Ing. grad.) Entwurf u. Herst. elektronischer Geräte	Hohenborner Straße 14 3280 Bad Pyrmont
Multiplex-Modelltechnik GmbH	Neuer Weg 15 7532 Niefern
robbe-Modellsport GmbH	Postfach 1108 6424 Grebenhain 1 – Metzlos-Gehaag
Simprop-Electronic Walter Claas GmbH & Co.	Ostheide 5 4834 Harsewinkel 1
Webra Modellbau GmbH	Industriestraße 287 8581 Weidenberg
WIK-Modelle Ing. Wilfried Klinger GmbH	Postfach 7134 Knittlingen

6.7.8 FREQUENZEN UND KANÄLE

Für den Betrieb von Funkfernsteuerungen gelten das Gesetz über Fernmeldeanlagen vom 14. Januar 1928 (siehe Kapitel 12.4.0) und die Bestimmungen über Funkanlagen zur Fernsteuerung von Flugmodellen vom 1. Januar 1976 (siehe Kapitel 12.4.1 und 12.4.2).

Beide besagen, daß der Betrieb von Funkfernsteuerungen grundsätzlich genehmigungspflichtig ist und daß Funkfernsteuerungen erst nach Anmeldung und erteilter Genehmigung betrieben werden dürfen. Diese Betriebsgenehmigung (für alle Anlagen) ist mitzuführen und auf Verlangen (von Beauftragten der Post) vorzuweisen.

Industriell gefertigte Funkfernsteuerungen werden dem Funktechnischen Zentralamt (FTZ) der Bundespost vom Hersteller oder Importeur zur Zulassungsprüfung vorgelegt und erhalten nach dieser Prüfung eine FTZ-Serienprüfnummer, die dann in die Gehäuse der Fernsteuersender eingeprägt wird.

Man unterscheidet die FTZ-Nummern F, MF und FE. Geräte mit F-Nummern in den Frequenzbereichen 27, 40 und 433 MHz durften nur noch bis zum 31. 12. 1982 betrieben werden. Die Betriebserlaubnis dieser Geräte erlosch dann automatisch und unwiderruflich. Für Anlagen dieser Art konnte die Betriebserlaubnis ohnehin nur bis zum 31. 12. 1977 beantragt werden. Wer also eine solche Anlage jetzt gebraucht erwirbt, bekommt auch auf Antrag keine Betriebserlaubnis mehr und darf die Anlage nach dem 31. 12. 1982 nicht mehr betreiben.

Tabelle 17:

Frequenztabelle für die Bundesrepublik Deutschland

Frequenz-band MHz	FTZ-Serien-prüfnummer	
27	**F** noch gültig bis 31. 12. 1982	26,975 26,995 27,025 27,045 27,075 27,095 27,125 27,145 27,175 27,195 27,225 27,250 — 2 4 7 9 12 14 17 19 22 24 27 30 — 12 Vorzugskanäle, 32 Schmalband-Kanäle im 10-kHz-Raster (1...32)
	MF allgemein genehmigt, gebührenfrei	26,995 27,045 27,095 27,145 27,195 27,225 — 4 9 14 19 24 30 — 6 Kanäle I. Wahl, zwischen Kanal 4 und 19 zusätzlich 12 Kanäle II. Wahl im 10-kHz-Raster
40	**F** noch gültig bis 31. 12. 1982	40,665 40,695 — 50 51 52 53 — 4 Kanäle im 10-kHz-Raster
	MF allgemein genehmigt, gebührenfrei	40,665 40,695 — 50 51 52 53 — 4 Kanäle im 10-kHz-Raster
35 nur für Flug-modelle	**F** noch gültig bis 31. 12. 1980	34,400 34,700 35,000 35,300 35,600 — 5 Kanäle mit 30 kHz Bandbreite
	FE Genehmigung der Post erforderlich	35,010 35,050 35,100 35,150 35,200 — 61 62 63 64 65 66 67 68 69 70 71 73 74 75 76 77 78 79 80 — 20 Kanäle im 10-kHz-Raster, Umrüstung auf 40 MHz oder 27 MHz muß möglich sein
434	**F** noch gültig bis 31. 12. 1982	Seit 2/76 sind die alten Kanal-Nr. 66...99 ungültig. Es gelten die Frequenzen wie für FE-Anlagen
	FE Genehmigung der Post erforderlich	433,125 433,325 ,575 ,825 434,075 ,325 ,575 434,725 — 102 110 120 130 140 150 160 166

Im 35 MHz-Band wurden 1974 nur für den Modellflug fünf Einzelfrequenzen freigegeben (Kanalnummern 36, 39, 42, 45 und 48). Die Betriebserlaubnis der Geräte auf diesen Frequenzen erlosch bereits am 31. 12. 1980. Anlagen dieser Art dürfen also heute auf keinen Fall mehr betrieben werden!

Geräte mit den FTZ-Nummern der Reihe MF in den Frequenzbereichen 27 und 40 MHz gelten laut Verfügung der Bundespost vom 1. Januar 1976 (siehe Kapitel 12.4.2) als allgemein genehmigt und dürfen gebührenfrei betrieben werden. Die Hersteller oder Vertreiber solcher Anlagen müssen sie dennoch der Post zur Prüfung vorlegen. Wer eine solche Anlage betreibt, muß die dem Sender beiliegende Betriebsgenehmigung (die ohne Antrag erteilt ist) ebenfalls mitführen. Wer eine solche Anlage aus zweiter Hand erwirbt, sollte sich in jedem Falle auch diese allgemeine Betriebsgenehmigung mit aushändigen lassen.

Für alle Anlagen in den Frequenzbereichen 35 und 433 MHz, die eine FE-Nummer tragen, ist eine Genehmigung der Post erforderlich.

Dabei ist zu beachten, daß mit 35-MHz-Anlagen ausschließlich Flugmodelle betrieben werden dürfen! Wer damit Schiffs- oder Automodelle betreibt, verstößt gegen ein Gesetz, macht sich mithin strafbar und muß mit Einziehung der Anlage sowie einer Geld- oder Haftstrafe rechnen. Zudem gefährdet er den Modellflugbetrieb gravierend.

In der Bundesrepublik werden auch Fernsteuerungsanlagen für den Frequenzbereich 72 MHz hergestellt. Diese Anlagen sind nur für den Export bestimmt und dürfen in der Bundesrepublik auf keinen Fall betrieben werden.

Die Bundespost genehmigt Geräte der FE-Reihe für zehn Jahre und verlangt dafür eine Gebühr von 50,– DM.

Die Tabelle 17 gibt einen Überblick über die in der Bundesrepublik genehmigten Fernsteuerfrequenzen (Quelle: Heinz. L. Meyer/Funkfernsteuerung in der BRD, Grundig).

6.8.0 Startverfahren

Flugmodelle, die in langer und mühevoller Arbeit gebaut wurden, sind nicht zum Schmuck eines Zimmers bestimmt. Sie sollen auch nicht auf irgendeinem Schrank verstauben. Sie gehören in die Luft, sie sollen fliegen.

Bevor das fertige Flugmodell richtig eingesetzt werden kann, muß es eingeflogen werden. Das Einfliegen wird in Kapitel 9.3.3 ausführlich beschrieben.

Es gibt viele verschiedene Methoden, ein Modell in die Luft zu bringen.

Grundsätzlich erfolgen Start und Landung gegen den Wind. Das hat den Vorteil, daß das Modell gegenüber dem Boden eine geringere, gegenüber der Luft dagegen bereits eine höhere Geschwindigkeit hat. Entscheidend für das Fliegen ist aber die Geschwindigkeit des Modells gegenüber der Luft, denn ein Flugmodell muß mit der ihm eigenen Geschwindigkeit gestartet werden. Diese Eigengeschwindigkeit ergibt sich aus der Geschwindigkeit gegenüber dem Erdboden plus der Geschwindigkeit des Gegenwindes.

Bei Windstille ist die Eigengeschwindigkeit des Modells gleich der Geschwindigkeit gegenüber dem Boden.

Bei Rückenwind addieren sich Eigengeschwindigkeit des Modells und Geschwindigkeit des Rückenwindes, so daß die Geschwindigkeit gegenüber dem Boden größer wird.

Auch eine andere Tatsache muß bei Start und Landung berücksichtigt werden. Die strömende Luft wird in Bodennähe abgebremst, sie strömt dort also langsamer. Mit zunehmender Höhe nimmt die Bodenreibung ab und die Geschwindigkeit der Luft wird größer (siehe Kapitel 7.1).

Die Windrichtung kann man leicht feststellen, indem man einige Grashalme senkrecht in die Luft wirft. Sie fliegen mit dem Wind davon.

Auf Modellflugplätzen hat man oft auch einen Windsack, der die Windrichtung anzeigt.

6.8.1 HANDSTART UND LAUFSTART

Das Starten eines Flugmodells aus der Hand will gekonnt sein. Das Modell muß bereits in seiner späteren Gleitfluglage (also mit leicht nach unten geneigter Längsachse), zum anderen mit seiner späteren Gleitfluggeschwindigkeit (Eigengeschwindigkeit) gestartet werden. Dabei ist die Windgeschwindigkeit zu berücksichtigen.

Das Modell darf auf keinen Fall aus der Hand geworfen werden. Durch die überhöhte Geschwindigkeit kommt es zu erhöhtem Auftrieb, das Modell bäumt sich auf und steigt, die Strömung am Tragflügel reißt ab, und es kommt meist senkrecht wieder zur Erde zurück.

Wird es dagegen zu langsam gestartet, liefert die Tragfläche zu wenig Auftrieb, das Modell fällt zu Boden.

Die Wahrheit liegt hier, wie so oft, in der Mitte.

Sinnvoller als das Starten aus der Hand ist der Laufstart. Der Starter nimmt das Modell dabei so in die erhobene Hand, daß die Längsachse leicht nach unten geneigt ist (Gleitfluglage). Nun beginnt er gegen den Wind zu laufen. Ist die richtige Gleitfluggeschwindigkeit des Modells (Laufgeschwindigkeit plus Windgeschwindigkeit) erreicht, wird das Modell in der Hand schwerelos. Nun braucht man es nur noch (ohne zusätzlichen Schubs!) freizugeben, und es wird – wenn es richtig getrimmt ist – einen langen gestreckten Gleitflug ausführen (Abb. 228).

Statt vom Handstart sollte man also besser vom Laufstart sprechen. Die beste Möglichkeit, den Hand-Lauf-Start zu üben, bieten Balsagleiter, vor allem Nurflügelgleiter, weil diese nicht so stabil um die Querachse sind wie z. B. Normalmodelle.

Will man motorisierte Segelflugmodelle starten, so muß schon etwas schneller gelaufen werden, um die richtige Geschwindigkeit zu erreichen (Abb. 229).

Auch ein Saalflugmodell wird aus der Hand gestartet. Das von einem Gummimotor angetriebene Modell wird mit der rechten Hand am Rumpf und mit der linken an der Luftschraube festgehalten. Es muß in der richtigen Steigfluglage (mit leicht nach oben geneigter Längsachse) und mit der richtigen Geschwindigkeit gestartet werden (Abb. 227). Startet man zu langsam, kommt es zur Bodenberührung (Ende der Wertung),

214

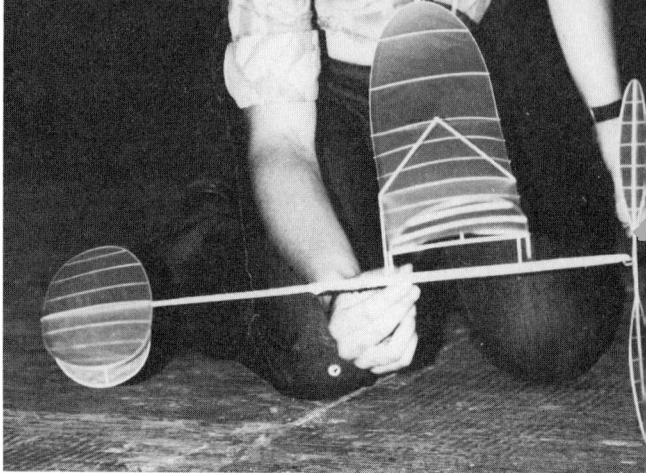

Abb. 227: Der Start eines Saalflugmodells muß aus der Hand in Bodennähe erfolgen.

Abb. 228: Das Hangflugmodell wird nach kurzem Anlauf aus der Hand freigegeben.

Abb. 229: Um ein so großes Segelflugmodell in die Luft zu bringen, muß man zuerst kräftig laufen (Laufstart).

startet man zu schnell, überzieht das Modell und beginnt zu pumpen.

6.8.2 WURFSTART

Freiflugsegler werden von Anfängern oft mit großem Schwung himmelwärts geworfen. Sie kommen dann meist steil wieder herunter und werden dabei oft genug zerstört (siehe Kapitel 6.8.1).

Was bei Segelflugmodellen dieser Art völlig falsch ist, stimmt aber bei Wurfgleitern. Je kräftiger sie nach oben geworfen werden, desto größer ist die Ausgangshöhe für den anschließenden Gleitflug.

Nach dem sorgfältigen Einfliegen des Wurfgleiters aus dem Hand-Lauf-Start sollte er einen flachen Gleitflug mit einer leichten Linkskurve ausführen.

Nun wirft man ihn mit einer leichten Querneigung nach rechts und mit kräftigem Schwung in die Höhe. Nach einiger Zeit, in der das Modell steil aufwärts steigt, wird die »natürliche« Linkstendenz des Modells wirksam und überwiegt die durch die Querneigung vorgegebene Rechtstendenz. Das Modell geht in einen flachen Linkskreis über und fliegt dann in flachen Spiralen weiter (Abb. 230). Für Linkshänder geht's übrigens auch andersherum.

Gelegentlich glückt es beim Wurfstart auch, den Wurfgleiter in eine Blase aufsteigender Warmluft hineinzuwerfen, so daß er ungeahnte Flugzeiten erzielt. Dabei steigt aber auch das Risiko, daß das Modell wegfliegt.

Den Wurfstart wendet man auch bei Motorfreiflugmodellen und bei schnellen Fernlenkmotormodellen ohne Fahrwerk an (Abb. 231).

6.8.3 DRACHENSTART

Bereits 1922 kam Bruno Horstenke auf die Idee, ein Segelflugmodell mit Hilfe eines Drachens zu starten (Abb. 232). Dazu wird zuerst ein Kastendrachen oder ein großer Drachen anderer Bauart gestartet. Auf die Drachenleine setzt man eine Laufkatze, in die das Segelflugmodell, ein Wurfgleiter oder ein einfacher Balsagleiter eingehängt wird.

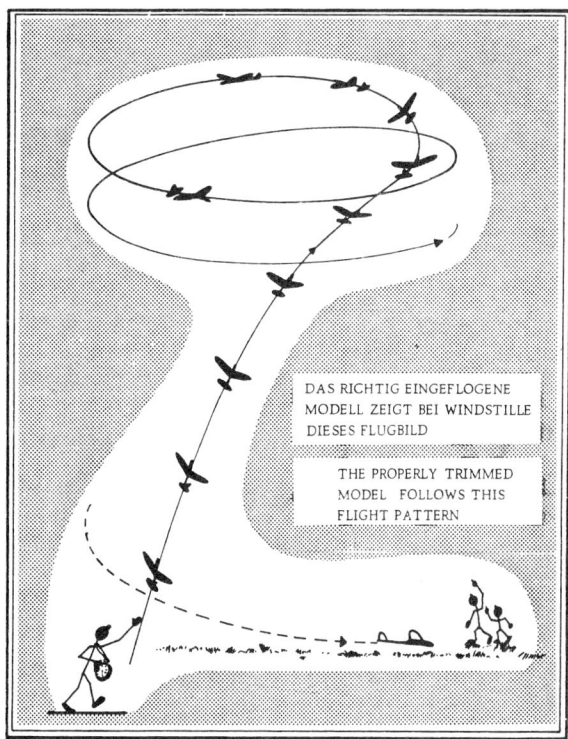

DAS RICHTIG EINGEFLOGENE MODELL ZEIGT BEI WINDSTILLE DIESES FLUGBILD

THE PROPERLY TRIMMED MODEL FOLLOWS THIS FLIGHT PATTERN

Abb. 230: So wird ein Wurfgleiter in die Luft geschleudert.

Abb. 231: Schleuderstart eines Freiflugmodells der Klasse F 1 C.

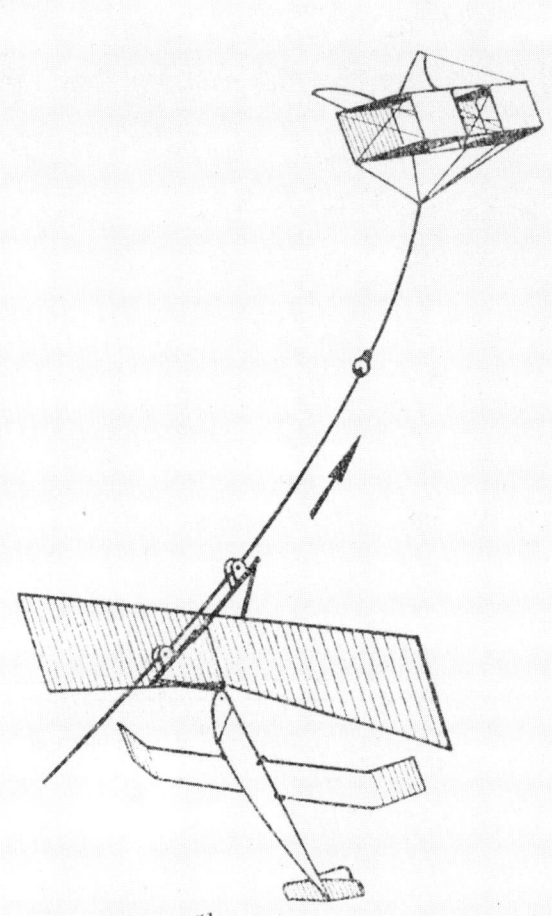

Abb. 232: Für den Drachenstart mußte zuerst ein tragfähiger Kastendrachen in die Luft gebracht werden. Mit einer Laufkatze wurde ein Segelflugmodell bis in die Höhe des Drachens befördert und dort ausgeklinkt.

Die Flügel der Laufkatze werden aufgeklappt und arretiert, so daß der Wind das Gerät samt angehängtem Modell zum Drachen hinauftreibt. Ein Anschlag etwa fünf Meter vor dem Drachen löst die Verriegelung der Flügel der Laufkatze, so daß diese zusammenklappen. Gleichzeitig wird das Flugmodell ausgeklinkt und fliegt frei.

Die Laufkatze kommt mit angelegten Flügeln wieder herunter und wird kurz vor dem Ende der Leine abgebremst. Sie kann nun zum Start des nächsten Modells benutzt werden.

Konstruktion und Bau von Kastendrachen und Laufkatze sind in dem Heft »Drachenbau« von K. D. Horn

und H. J. Ludwig (Heft 989 der Lehrmeister-Bücherei im Verlag Albrecht Philler in Minden) ausführlich beschrieben, dem auch die Abb. 232 entnommen ist (siehe auch Abb. 57 in Kapitel 3.2).

6.8.4 LAUF-HOCHSTART

In den Anfangsjahren des sportlichen Modellfluges wurden die Flugmodelle meist von Berghängen aus gestartet. Sie flogen dann mehr oder weniger kursstabil in die Landschaft (siehe Abb. 58 bis 61 in Kapitel 3.2).

In den Jahren 1930 und 1931 entwickelte Horst Winkler eine andere Methode, Segelflugmodelle auch in der Ebene auf eine große Ausgangshöhe zu bringen. Er erfand den Lauf-Hochstart.

Das Modell wird dabei mit einer Hochstartleine (heute 50 m für Freiflugsegelflugmodelle und 150 m für Fernlenksegelflugmodelle im Wettbewerb) wie ein Drachen gegen den Wind hochgezogen.

Das eine Ende der Hochstartleine, an dem ein Ring und ein Fähnchen (oder ein kleiner Fallschirm) befestigt wird, wird in den Hochstarthaken des Segelflugmodells eingehängt (siehe Kapitel 9.2).

Der Winkel, den die Verbindungslinie Haken –Schwerpunkt mit der Hochachse bildet, ist bei einem Freiflugmodell 25 bis 30° und bei einem Fernlenksegler 5°. Das andere Ende der Hochstartleine, an einem Hochstartgriff oder einer Hochstartwinde befestigt, hat der Starter in der Hand.

Starter und Starthelfer müssen sich durch vorher abgesprochene Handzeichen verständigen. Nun hält der Helfer das Modell mit etwa 40° Steigfluglage gegen den Wind hoch, der Starter strafft die Hochstartleine, und beide laufen an. Der Helfer läuft einige Schritte mit und gibt das Modell ohne zusätzlichen Anstoß frei, wenn er merkt, daß die Tragflächen genügend Auftrieb liefern. Der Starter läuft nun weiter gegen den Wind und muß dabei stets auf das Modell achten. Mit zunehmender Höhe wird der Steigwinkel flacher, bis das Modell schließlich fast senkrecht über dem Starter seine normale Gleitfluglage erreicht hat. Die Hochstartleine wird nun kurz nach unten gezogen und dann kurz wieder entspannt. Der Ring löst sich aus dem Haken, und das Modell fliegt frei.

Da mit zunehmender Höhe die Windgeschwindigkeit zunimmt, muß der Seilzug allmählich verringert werden. Ggf. muß der Starter stehenbleiben oder dem Modell sogar entgegenlaufen, um die hohe Windgeschwindigkeit zu kompensieren.

Bricht das Modell beim Hochstart nach einer Seite aus, muß sofort die Schleppgeschwindigkeit verringert werden. Das Modell kann dann meist durch Gegenlaufen (entgegen der Kurventendenz des Modells) wieder eingefangen werden. Der Hebelarm vom Haken zum Schwerpunkt hilft das Modell wieder herumzuziehen.

Wenn der Wind nachläßt, müßte der Starter sehr schnell laufen, um das Modell hochzuziehen. In diesem Fall startet man mit einer Umlenkrolle. Das Seilende ist an einem Pflock (Zelthering o. ä.) befestigt. Das Modell ist wie üblich eingeklinkt. Der Starter hat die Rolle in der Hand, über die die Hochstartleine läuft.

Wegen dieser aus der Physikstunde bekannten losen Rolle braucht der Starter nur noch halb so schnell zu laufen, denn mit jedem Meter, den er zurücklegt, wird das Modell zwei Meter vorwärtsbewegt, hat also die doppelte Geschwindigkeit.

Allerdings wird durch die Umlenkrolle die mögliche Ausklinkhöhe um den doppelten Laufweg des Starters verringert. Nach der Goldenen Regel der Mechanik muß man halt an Weg zusetzen, was man an Kraft spart.

Beim Hochstarten eines ferngesteuerten Segelflugmodells kann der Pilot die Flugrichtung steuern und ggf. auch den Steigwinkel beeinflussen.

Dennoch muß auch hier der Starter das Modell beobachten und auf den Seilzug achten, denn schon mancher schöne Segler wurde durch zu hohe Schleppgeschwindigkeit in der Luft zerrupft.

6.8.5 WINDENSTART

Bei schwachem Wind oder bei Windstille ist der Hochstart von Segelflugmodellen oft nicht möglich, weil der Starter beim Laufen nicht die zum Steigflug des Modells nötige Geschwindigkeit erreicht.

Zudem ist es ohnehin auch bei Wind nur schwer möglich, übergroße oder besonders schwere Segelflugmodelle mit vier bis fünf Metern Spannweite einwandfrei zu starten.

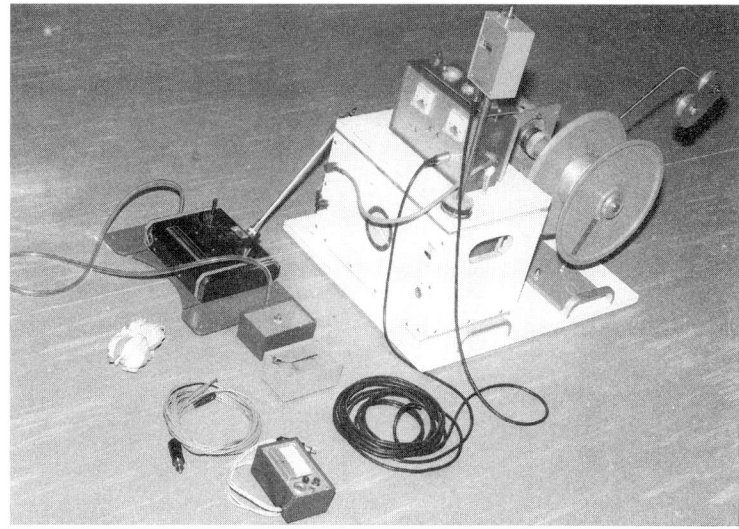

Abb. 233: Eine elektrische Seilwinde mit allen Schikanen. Sie kann mit verschiedenen Bedienungselementen betätigt werden: Fernsteuerung, Steuerung mit Fußschalter und Steuerung mit Handregler (von links).

Modellflieger bauten deshalb Hochstartwinden, wie sie im »großen« Segelflug schon seit langem üblich sind und in Form von handbetriebenen Hochstartwinden für den Modellflug schon in den 40er Jahren in Gebrauch waren (Abb. 233 bis 235). Der technischen Phantasie sind dabei kaum Grenzen gesetzt.

Am umweltfreundlichsten und am problemlosesten zu handhaben sind Hochstartwinden mit Elektromotor (Abb. 233). Sie haben allerdings den Nachteil, daß zur Stromversorgung ein schwerer Akku mitgeschleppt werden muß. Der Elektromotor kann von einem »Windenfahrer« ein- und ausgeschaltet oder kontinuierlich gesteuert werden.

Nicht ganz so umweltfreundlich, aber leichter (weil ohne Akku zu betreiben) ist eine Hochstartwinde mit Verbrennungsmotor (Abb. 234). Mit dem Motor einer Baumsäge oder einem anderen Kleinmotor kann eine einfach zu handhabende Winde aufgebaut werden. Die Drehzahl der Trommel kann mit dem Gashebel kontinuierlich gesteuert werden, so daß eine Anpassung an die Windverhältnisse und an die Start- und Flugeigenschaften des geschleppten Modells möglich ist (Abb. 235).

Benutzt man bei solchen Winden die doppelte Seillänge und führt das Seil über eine Umlenkrolle (die als feste Rolle nur die Richtung, aber nicht die Größe der Kraft verändert), so kann die Winde direkt neben dem

Abb. 234: Auch mit einem Baumsägenmotor kann man eine Seilwinde antreiben.

startenden Modell stehen. Der Pilot hat dann jederzeit Kontakt mit dem Windenfahrer und kann ggf. die Winde sogar selbst bedienen.

Ein großes Segelflugmodell braucht nun auch nicht unbedingt aus der Hand freigegeben zu werden. Man kann es auch vom Boden starten lassen, wie das bei großen Segelflugzeugen ja auch üblich ist.

Besonders reizvoll ist eine Hochstartwinde, die per Funkfernsteuerung gesteuert werden kann (Abb. 233). Dazu wird auf der Winde ein zweiter Empfänger benötigt, der seine Kommandos vom gleichen Sender bekommt, mit dem das geschleppte Segelflugmodell gesteuert wird. Der Elektromotor wird durch einen entsprechend dimensionierten Fahrtregler gesteuert, der wie ein Servo an einen freien Empfängerausgang angeschlossen ist. Der Pilot kann mit einem freien Steuerkanal an seinem Sender die Drehzahl der Winde stufenweise oder kontinuierlich steuern und so dem Modell und dem Startvorgang selbst anpassen.

Da der Fahrtregler der Winde durch die gleiche Impulsbreitenmodulation gesteuert wird wie ein Servo,

Abb. 235: Start eines Großsegelflugmodells an der Winde.

kann man ihn natürlich auch ohne Sender nur mit einem Impulsgenerator (z. B. Servotester) steuern.

Hochstartwinden dieser Art werden von den in technischen Dingen findigen Modellfliegern meist selbst konstruiert und gebaut. Es gibt aber auch industriell gefertigte Hochstartwinden.

6.8.6 BODENSTART

Die frühen Wettbewerbsbestimmungen der FAI sahen in den Jahren um 1940 für Gummimotormodelle den Bodenstart vor. Die Modelle wurden in der Regel von einer glatten Startbahn von 2 m Breite und 6 m Länge gestartet. Das Starten erforderte damals viel Übung. Das Modell mußte den Boden an drei Punkten berühren (Zweibeinfahrwerk mit Sporn) und durfte nicht angeschoben werden.

Bei Fesselflug- und Fernlenkmotorflugmodellen kommt es heute auf einen einwandfreien Bodenstart an, der im Wettbewerb auch bewertet wird (siehe Abb. 96a in Kapitel 5.2).

Für den Bodenstart wird ein Fahrwerk benötigt. Das kann, z. B. bei Geschwindigkeitsmodellen im Fesselflug, ein Startwagen sein, der nach dem Abheben des Modells am Boden zurückbleibt (Abb. 238). Das kann bei anderen Modellen ein starres oder ein einziehbares Fahrwerk sein.

Das Flugmodell muß vor dem Start mit laufendem Motor am Boden stehen, ohne daß es festgehalten wird (Abb. 236). Wenn der Pilot Gas gibt, rollt das Modell zunächst einige Meter. Es darf dabei nicht springen oder seine Richtung ändern. Dann hebt es weich ab, ohne durchzusacken, und steigt in einem gleichmäßigen Winkel (Abb. 237).

Besonderes Augenmerk ist auf die richtige Höhe des Bugfahrwerks zu richten: Ist es zu kurz, kommt das Modell erst nach kräftigem Ziehen und ruckartig vom Boden weg. Ist es zu lang, neigt das Modell bei der Landung zum Springen.

Wenn nur eine kurze Startbahn zur Verfügung steht, muß das Modell festgehalten werden, während der Pilot Vollgas gibt. Der Starthelfer läßt das Modell dann los, so daß es nach kurzer Startstrecke freikommt und in steilem Winkel steigt.

Abb. 238: Fesselflugmodelle der Speedklasse F 2 A starten meist mit und von einem Startwagen, der nach erfolgtem Start am Boden bleibt. Gelandet wird auf einer Kufe.

Abb. 237: Ein gelungener Bodenstart.

Abb. 236: Bodenstart einer bildschönen Super-Constellation der Deutschen Lufthansa.

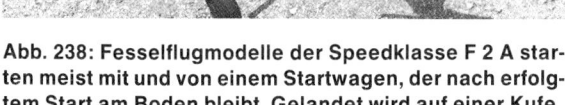

6.8.7 START VOM WASSER

Grundsätzlich gilt für den Start vom Wasser das gleiche wie für den Bodenstart. Das Modell muß einige Meter auf den Schwimmern fahren und dann weich abheben und in gleichmäßigem Winkel steigen (Abb. 239).

Für die Gestaltung der Schwimmer gilt zuerst der Satz des Archimedes, nach dem die Masse des verdrängten Wassers eben so groß ist wie die Masse des schwimmenden Körpers. Das heißt, daß die Schwimmer so viel Wasser verdrängen müssen, daß die Masse dieses Wassers gleich der Masse des kompletten Modells ist. Hat ein Flugmodell beispielsweise eine Masse von 5 kg (= 5000 g), so müssen seine Schwimmer 5 kg (= 5 l) Wasser verdrängen. Das ergibt unterhalb der Wasserlinie ein Volumen von 5 l (= 5000 cm^3). Der Teil der Schwimmer, der über der Wasserlinie liegt, sollte noch einmal etwa das gleiche Volumen haben.

Das Wasserflugmodell auf seinen Schwimmern verhält sich also zunächst wie irgendein Schiffsmodell.

Die beiden Schwimmer für das im Beispiel erwähnte Modell sollten etwa 900 mm lang sein, einen seitlichen Abstand von 500 mm haben und parallel stehen. Sie werden durch Stahldrähte (4 mm ∅) so mit dem Rumpf verbunden, daß einerseits der Propeller frei laufen kann und daß andererseits die Oberkante der Schwimmer parallel zur Längsachse des Modells verläuft. Die Schwimmerspitzen sollten dabei mindestens bis zur Spitze des Spinners reichen. Diese Anordnung ist nötig, damit das Drehmoment aus Motorvortrieb und rückwärts gerichtetem Widerstand der im Wasser befindlichen Schwimmer das Modell nicht kippen kann.

Die Schwimmer müssen eine scharfkantige Stufe haben, weil das Modell sonst nur sehr schlecht vom

Abb. 239: Start eines Wasserflugmodells mit Schwimmern.

Wasser wegkommt. Die Stufenhöhe könte etwa 20% der Schwimmerbreite ausmachen. Das Hinterteil des Schwimmers müßte eine Neigung von ca. 8° haben. Die Stufe liegt in der Regel etwas hinter dem Schwerpunkt des Modells (siehe auch Abb. 121 und 122 in Kapitel 5.6).

Der Vorgang des Abwasserns stellt sich etwa so dar:

Das Modell schwimmt zuerst wie ein Boot; die Schwimmer erzielen den nötigen Auftrieb durch Verdrängung des Wassers.

Bei höherer Geschwindigkeit heben sich die Schwimmer aus dem Wasser und kommen, wie bei einem schnellen Rennboot, ins Gleiten.

Das Schwimmerende kommt frei, der Wasserwiderstand wird geringer und entfällt schließlich, das Modell erhöht seine Geschwindigkeit.

Bei Erreichen der Abhebegeschwindigkeit hebt das Modell von der Wasserfläche ab und geht in einen sanften Steigflug über.

6.8.8 FLUGZEUGSCHLEPP

Eine weitere Art und Weise, ein Segelflugmodell in die Luft zu bekommen, ist der Flugzeugschlepp. Das ist ein Spaß für zwei, denn ein Pilot steuert das Motorflugmodell (die Schleppmaschine), ein zweiter das geschleppte Segelflugmodell.

Schleppmaschine und Segelflugmodell sind durch eine ca. 10 bis 20 m lange Schleppleine verbunden. Am Heck des Motorflugmodells oder an einem kleinen Pylon oberhalb des Schwerpunktes über der Tragfläche und am Bug des Segelflugmodells befinden sich Schleppkupplungen (die im Fachhandel zu haben sind). Die Enden der Schleppleine sind mit je zwei Stahlbolzen verbunden, die in die Bohrungen der Schleppkupplungen eingesteckt werden, wo sie einrasten. Durch Betätigung mit einem Servo können die Steckbolzen gelöst werden. In der Regel löst der Pilot des Segelflugmodells nach Erreichen der vorgesehenen Ausgangshöhe die Schleppverbindung. Das Motorflugmodell fliegt zum Platz zurück, wirft das Schleppseil ab, landet und kann zum nächsten Schleppflug vorbereitet werden. Eine solche Schleppkupplung läßt sich mit einfachen Mitteln auch selbst bauen (siehe Kapitel 9.2).

Abb. 240: Flugzeugschlepp: Die Motormaschine im Vordergrund schleppt den im Hintergrund sichtbaren Segler an einer langen Leine in die Luft. Hier Vater und Sohn Levin, die erstmals einen Flugzeugschlepp mit einem Elektroflugmodell durchführten.

Ein Problem beim Flugzeugschlepp ist die Anpassung der Fluggeschwindigkeit der Schleppmaschine an die des geschleppten Segelflugmodells. Von einem Motormodell, das als Schleppflugzeug benutzt werden soll, muß verlangt werden, daß es auch im niedrigeren Geschwindigkeitsbereich des Segelflugmodells sicher fliegt und daß vom Motor her genügend Leistungsreserve vorhanden ist.

Beim Rollen am Boden hebt das Segelflugmodell schon frühzeitig ab und muß vom Piloten stark gedrückt geflogen werden, bis auch die Schleppmaschine abhebt. Das Segelflugmodell muß dann mit dem Schleppmodell zugleich steigen und möglichst immer in etwa der gleichen Höhe wie dieses fliegen.

Schleppflüge, bei denen Flugmodelle mit Verbrennungsmotoren eingesetzt wurden, mißglückten oft wegen der zu hohen Geschwindigkeit des Motormodells im Verhältnis zu der des Segelflugmodells. Größere Motorflugmodelle mit Viertaktmotoren und dazu passende Großsegelflugmodelle führten dann schon fast vorbildgetreue Schleppflüge durch.

Und die engagierten Elektroflieger Hans-Dieter und Thomas Levin (Vater und Sohn) führten 1979 auch Flugzeugschlepps mit einem eigens zu diesem Zweck konstruierten Elektroflugmodell als Schleppmaschine und einem leichten Segelflugmodell durch (Abb. 240).

6.8.9 HUCKEPACKSCHLEPP (MISTELSCHLEPP)

Das wohl berühmteste Huckepack-Gespann startete 1980: Auf eine umgebaute Boeing 747 (»Jumbo Jet«) war die Raumfähre (space shuttle) »Enterprise« aufgesetzt. Das Gespann mit einer Gesamtmasse von rund 350 t startete vom Boden aus, die Raumfähre wurde in 7300 m Höhe freigegeben, und beide Flugzeuge setzten ihren Flug getrennt voneinander fort.

Nach Abschluß der Erprobungsphase startete dann am 12. April 1981 die Raumfähre »Columbia« von Cape Canaveral aus mit Hilfe einer riesigen Rakete, wieder im Huckepackverfahren.

Und nach der erfolgreichen Landung am 15. April 1981 wurde das Raumfahrzeug wieder auf das Trägerflugzeug Boeing 747 gesetzt und ging »zurück an den Absender« nach Florida.

Die Flugzeuge dieses Gespanns gibt es auch als Modelle im Maßstab 1 : 144, die aus einem Plastikmodell-Bausatz (Revell) aufgebaut werden können.

Die Idee zum Huckepackschlepp ist in einer Patentschrift aus dem Jahre 1927 niedergelegt. Der Erfinder Hugo Junkers beabsichtigte, mit diesem Startverfahren ein überlastetes und nicht eigenstartfähiges Tochterflugzeug mit Hilfe eines Trägerflugzeuges auf eine solche Ausgangshöhe und Ausgangsgeschwindigkeit zu bringen, daß es nach der Trennung seinen Flug allein fortsetzen konnte. Die Trennung sollte nach Lösen einer Verriegelung und Drosseln der Motoren des Mutterflugzeuges erfolgen.

1938 startete in England das Short-Mayo-Zwillingsflugzeug, mit dem das Junkers'sche Startverfahren erstmals realisiert wurde.

Während des zweiten Weltkrieges setzte man Jagdflugzeuge auf Bomber, die mit Sprengstoff vollgepackt waren (Mistelschlepp). Nach der Trennung des Gespanns steuerte der Pilot des Jägers den Bomber in ein vorher bestimmtes Ziel und flog dann zurück. Während des Hinfluges übernahmen die Motoren des Trägerflugzeuges den Vortrieb, so daß der Jäger eine größere Reichweite hatte.

Modellflieger sind friedliche Leute und bedienen sich der Technik des Huckepackschlepps zu friedlichen, sportlichen Zwecken und zur Entspannung in der Freizeit (Abb. 241).

Auf ein als »Arbeitspferd« bezeichnetes Motorflugmodell wird ein Huckepackaufsatz montiert, auf den das zu schleppende Segelflugmodell aufgesetzt wird.

Während des Steigfluges steuert nur der Pilot des Trägerflugmodells. Die Ruder des Seglers stehen in Neutralposition, der Pilot des Segelflugmodells steuert während des Huckepackfluges nicht. Ist die vereinbarte Ausgangshöhe erreicht, wird der Motor gedrosselt. Sofort nach dem Ausklinken drückt der Pilot die Schleppmaschine leicht nach unten weg, damit sie nicht mit dem Segelflugmodell kollidiert. Der Pilot des Seglers steuert nun sein Modell selbst.

Das wohl erfolgreichste »Arbeitspferd« für diesen Einsatzzweck ist das Modell »Big Lift« von Multiplex, das auf vielen Modellflugplätzen zu Hause ist und auch schon auf zahlreichen Seglerschlepp-Wettbewerben siegte.

Es hat eine Spannweite von 2225 mm, einen Gesamtflächeninhalt von 87 dm², eine Flugmasse von 4600 g und kann ca. 2500 g Zuladung aufnehmen. Als Antrieb eignen sich Motoren ab 10 cm³. Das Modell schafft Segel- und Großsegelflugmodelle bis 5 m Spannweite in die Luft (Abb. 241). Auch den Huckepackaufsatz gibt es als Bausatz (siehe Kapitel 9.2).

Abb. 241: Der Segler wird per Huckepack-Schlepp (Mistel-Schlepp) von einem Motorflugmodell in die Höhe gebracht. Schleppmaschine und Huckepack-Segler in der Luft. Gleich wird per Fernsteuerung ausgeklinkt.

6.8.10 KATAPULTSTART (SCHLEUDERSTART)

Die Kommandos »ausziehn – laufen – los!« dürften jedem alten Segelflieger noch in den Ohren klingen. In den Anfangsjahren des Segelfluges wurden die Segelflugzeuge mit Hilfe des Gummiseilstarts (Schleuderstart) von der Hangkuppe aus in die Luft gebracht. Die Methode hatte den Vorteil, daß das Flugzeug schon nach kurzer Startstrecke mit hoher Anfangsgeschwindigkeit vom Boden freikam. Nachteilig waren die hohen Beschleunigungskräfte, denen die Piloten beim Start ausgesetzt waren. Und schließlich wurden zum Start immer sehr viele Leute benötigt: eine Startmannschaft, die die beiden Gummiseile straffen und ausziehen mußte, und eine Haltemannschaft, die das Flugzeug so lange festhielt, bis der zum Start nötige Gummizug erreicht war. Der Start war aber auch für die vor dem Flugzeug laufenden Leute nicht ohne Risiko, mancher wurde vom startenden Flugzeug erfaßt und verletzt.

Dieses Startverfahren wird natürlich auch von den Modellfliegern erfolgreich angewandt. Die Startvorrichtung besteht aus einem Häring, der in den Boden getrieben wird, einem etwa 30 m langen Gummiseil (Rundgummi mit 6 mm ∅, Gummischlauch mit 12 mm ∅ oder umsponnener Rundgummi) und einer daran befestigten 100 m langen Hochstartleine (Perlon 0,7 oder 1 mm ∅). Am Ende der Hochstartleine sind ein Seilfallschirm und ein Ring zum Einhängen in den Hochstarthaken des Modells befestigt.

Das Gummiseil wird am Häring befestigt und das gesamte Hochstartseil in Windrichtung ausgelegt. Dann wird das Gummiseil ausgezogen. Die Länge und Spannung richtet sich nach der Größe des Modells (ein kleines Modell braucht weniger Spannung) und natürlich nach der Windstärke. Das Modell wird eingehängt und nach der üblichen Überprüfung vom Piloten freigegeben. Mit Hilfe dieser Startart kann, hinreichend hindernisfreies Gelände vorausgesetzt, ohne fremde Hilfe gestartet werden.

Gummiseile und komplette Hochstarteinrichtungen sind im Fachhandel erhältlich.

Das gespannte Gummiseil hilft auch mit, Modelle, die eine hohe Startgeschwindigkeit brauchen, schon nach kurzer Startstrecke in die Luft zu bekommen (Abb. 242).

In den Anfangsjahren des Atlantikverkehrs standen zwar seetüchtige Flugboote zur Verfügung, sie hatten aber nicht die nötige Reichweite, um den Atlantik im Direktflug zu überqueren. Zu diesem Zweck stellte die Deutsche Lufthansa 1933 das Dampfschiff »Westfalen« in Dienst, das von der Deutschen Schiff- und Maschinenbau-AG (Deschimag) in Bremen umgebaut wurde. Zu den Einbauten gehörten neben Einrichtungen zur Aufrechterhaltung des Flugbetriebes und zur Flugsicherung ein leistungsfähiges Funkgerät und großzügig ausgestattete Räume für das fliegende und das Flugaufsichtspersonal.

Abb. 242: Katapultstart mit einem Gummiseil vom Boden aus. Hier ein ferngesteuertes Flugmodell mit Düsenantrieb von Heinrich Sippel.

Auf der »Westfalen« war die von Heinkel gebaute Flugzeugschleuder K für Flugzeuge von 14 bis 15 t Höchstmasse und eine Abfluggeschwindigkeit von 150 km/h installiert. Das Flugboot landete auf dem Wasser und fuhr dann auf ein am Heck des Schiffes angebrachtes Schleppsegel auf, von dem es mit einem Drehkran aufgenommen und an Bord abgesetzt werden konnte. Das Flugzeug mußte vom Heck des Schiffes zum Katapult auf dem vorderen Deck transportiert werden. Es stand auf einem Katapultschlitten. Für die Beschleunigung des Flugzeuges stand eine Strecke von 32 m zur Verfügung. Weitere 10 m wurden benötigt, um den Katapultschlitten nach dem Abheben des Flugzeuges wieder abzubremsen. Der Start dauerte ca. 1,5 s. Der Druck der Preßluft konnte von 50 bis 100 bar eingestellt und so dem Wind angepaßt werden. Da das Katapult auf dem Vorderdeck des Schiffes montiert

Abb. 243: Katapultstart-Vorrichtung für den Start eines Düsenflugmodells. Das Flugmodell wird auf einem Schlitten befestigt, der auf der Schiene des Katapults entlanggleitet (Antrieb durch ein Gummiseil) und das Modell am Ende der Schiene freigibt.

war, konnte der Fahrtwind des gegen den Wind fahrenden Schiffes beim Start mit ausgenutzt werden.

Die Beschleunigung vom Stillstand auf 150 km/h (= 42 m/s) in 1,5 s entspricht etwa der dreifachen Erdbeschleunigung.

Piloten von Trägerflugzeugen, die mit einem Dampfkatapult abgeschleudert werden, sind noch höheren Beschleunigungen ausgesetzt. Auch bei der Landung auf dem Deck des Flugzeugträgers, bei der sich der Fanghaken in einem Gummiseil festhaken muß, treten sehr hohe negative Beschleunigungen auf.

Im Modellflug wird der Katapultstart mit Hilfe einer Katapultschiene und einem darauf laufenden Schlitten vor allem beim Start von Düsenflugmodellen angewandt, die eine hohe Startgeschwindigkeit brauchen (Abb. 243). Das Flugmodell wird so in den Schlitten eingehängt, daß es während der Beschleunigungsphase sicher gehalten wird. Der Schlitten wird von

einem gespannten Gummiseil gezogen und läuft samt Modell bis zum vorderen Anschlag, wo es ausgelöst wird und in den freien Flug übergeht.

6.8.11 LANDUNG

Ein einmal gestartetes Flugmodell muß irgendwann auch wieder landen. Ein makabrer Fliegerscherz sagt es drastisch: »Runter kommen sie immer!«

Bei Freiflugmodellen kann allenfalls der Zeitpunkt der Landung durch die Thermikbremse beeinflußt, der Ort der Landung aber nicht bestimmt werden.

Ferngesteuerte Flugmodelle, ob Segel- oder Motorflugmodelle, sollten so gesteuert werden, daß sie dort landen, wo der Pilot und nicht dort, wo das Modell es will.

Eine gute Landung beginnt bereits an der »Position«, einem gedachten Punkt querab vom Landekreuz. Die dort vorhandene Flughöhe (ca. 30 m) und der Gleitwinkel des Modells bestimmen, wie weit bis zum Queranflug hinausgeflogen werden muß. Das Modell kurvt dann um 90° zum Queranflug ein und schließlich um weitere 90° zum Landeanflug.

Der Landeanflug (Abb. 244) sollte mit gleichmäßigem Sinken in einem flachen Winkel und in einer geraden Linie gegen den Wind geflogen werden (siehe Abb. 96 in Kapitel 5.2). Dabei können Landehilfen wie Brems- oder Störklappen oder Bremsfallschirme benutzt werden.

Kurz vor dem Aufsetzen muß sanft mit ganz kleinem Höhenruderausschlag abgefangen werden. Dabei verlangsamt das Modell seine Geschwindigkeit, setzt ohne zu springen auf und rollt aus bis zum Stillstand.

Happy Landing!

Abb. 244: Vorbildlicher Landeanflug eines ferngesteuerten Motorflugmodells.

7.0.0 GRUNDLAGEN DER AERODYNAMIK

Aerodynamik ist die Wissenschaft, die Lehre von den Bewegungsgesetzen der Gase (aeros, griech. = Luft, dynamis, griech. = Kraft). Sie untersucht u. a. die Strömungen um schnelle Fahrzeuge aller Art, vorwiegend aber um Luftfahrzeuge.

Die erste Theorie des Luftwiderstandes wurde 1726 von Sir Isaak Newton entwickelt. Ihm ist auch die Erkenntnis zu verdanken, daß Luft und Wasser ähnlichen Gesetzmäßigkeiten unterliegen. Aber erst als man gelernt hatte, die strömende Luft durch Rauch, Wollfäden o. a. sichtbar zu machen, konnte man ihre Bewegung besser verstehen.

Über den sehr engen Beziehungen zwischen Aerodynamik und Luftfahrt wird oft übersehen, daß es auch andere Gebiete der Aerodynamik gibt, die mindestens ebenso wichtig sind.

Aerodynamik spielt bei allen Vorgängen in der Lufthülle der Erde eine wesentliche Rolle. Die Meteorologie und die Wettervorhersage sind nicht ohne Kenntnis der Luftbewegungen und der Vorgänge des Energieaustauschs möglich (siehe Kapitel 10.0 bis 10.5). Hier sind vor allem die Grundgrößen Luftdichte, Luftdruck und Temperatur zu betrachten.

Die Passatwinde, die Westwinde, die windstillen Zonen am Äquator (Kalmen, von calm, engl. = ruhig, still) und der Jetstream sind Beispiele für großräumige Zirkulationsbewegungen und -strömungen in der Lufthülle der Erde. In jedem Augenblick werden auch Wärme- und Bewegungsenergie in gigantischen Dimensionen ausgetauscht, die der Energie von mehreren Millionen Atombomben entsprechen.

Die gefürchteten Hurrikane, Tornados, Wasser- und Windhosen sind Wirbelbewegungen der Luft, die Geschwindigkeiten bis 200 km/h erreichen können.

Auch die durch die Erwärmung verursachten Konvektionsbewegungen werden oft genug drastisch spürbar. Sie verursachen die Wolkenbildung, Regen, Schnee und Hagel, aber auch die erwünschte Thermik. Erscheinungen wie Land- und Seewind und die Beeinflussung von Luftströmungen über dem Gelände sind für Modell- und Segelflieger von großem Interesse. Modell- und Segelflieger verdanken ihnen den Hang-aufwind und die Segelflieger den Wellenaufwind hinter Gebirgszügen.

Ein wichtiger Bereich ist auch die Aerodynamik der Bauwerke. Es ist lebenswichtig, die Windlasten auf Brücken, Häusern, Schornsteinen oder Türmen berechnen zu können. Das Gedicht von der Brücke über den Tay, die 1879 durch Windeinwirkung einstürzte und einen ganzen Eisenbahnzug mit in die Tiefe nahm, dürfte jedem noch aus der Schule geläufig sein.

Bei der Dimensionierung von Mauern, Dachkonstruktionen, Schornsteinen oder Raketen (senkrechte Zylinder) ist die Berechnung der Windlasten von großer Bedeutung. Hier werden in der Regel maßstabgetreue Modelle im Windkanal untersucht.

Ein weiterer Anwendungsbereich der Aerodynamik befaßt sich mit der Untersuchung von Fahrzeugen. Gerade in der letzten Zeit, in der Energie gespart werden muß, ist die Herabsetzung des Luftwiderstandes von Fahrzeugen von besonderer Bedeutung. Auch hier liefern Untersuchungen im Windkanal den Designern und Konstrukteuren Hinweise und Daten für Verbesserungen. Immerhin hatte ein offener Wagen der Jahre um 1920 noch einen Widerstandsbeiwert von 0,95 (Vergleich: Der Widerstandsbeiwert der senkrecht zur Strömung stehenden ebenen Platte ist 1,0), ein modernes Auto hat einen Beiwert von 0,3 bis 0,4.

Aber auch der Einfluß des Luftwiderstandes auf Züge und Schiffsaufbauten wird untersucht.

Im Verbrennungsmotor spielt die Gasdynamik eine Rolle. Durch günstig geformte Strömungskanäle für die Gasgemische kann die Leistung von Verbrennungsmotoren gesteigert und die Energieausbeute des Verbrennungsvorganges verbessert werden.

Auch bei Brennern von Heizungen und bei Strahlturbinen haben Erkenntnisse von gasdynamischen Vorgängen zu höheren Wirkungsgraden und besserer Brennstoffausnutzung geführt.

Mit dem Beginn der Raumfahrt wurde die verdünnte Atmosphäre bis rund 100 km Höhe genauer untersucht, in der sich Raketen, Satelliten und Raumfahrzeuge beim Wiedereintritt in die erdnahen Luftschichten bewegen.

7.1.0 Allgemeine Strömungslehre

Die Lufthülle der Erde, die *Atmosphäre,* hat eine Höhe von 2000 bis 3000 km. Die Luft ist ein Gasgemisch und enthält in Bodennähe 78,08% Stickstoff (N = nitrogenium), 20,95% Sauerstoff (O = oxygenium), 0,93% Argon (Ar), 0,03% Kohlendioxid (CO_2), 0,01% Edelgase, Wasserstoff u. a.

Nach der Internationalen Standardatmosphäre (ISA) oder der Internationalen Normalatmosphäre (INA) sind für Meereshöhe (null Meter) folgende Werte festgelegt:

Luftdruck p_0 = 1013,25 mbar = 101.357 N/m^2
Luftdichte ϱ_0 = 1,225 kg/m^3 = 1,225 g/l
Temperatur t_0 = 15° C = 228 K
Temperaturabnahme (Temperaturgradient) bei ruhender Luft: 6,5° C / 1000 m Höhe (gilt bis 11 km Höhe)
Temperaturabnahme bei aufsteigender Luft (trockenadiabatisch): 1° C / 100 m Höhenzunahme.

Die Maßeinheiten für den Druck sind das Pascal (Pa), das Bar (bar) und das Millibar (mbar). Ein Druck von einem Pascal herrscht, wenn eine Kraft von einem Newton (N) auf eine Fläche von 1 m^2 wirkt:

$$1 \text{ Pa} = 1 \, \frac{\text{N}}{\text{m}^2}.$$

100.000 Pa = 1 bar = 1000 mbar;
1 mbar = 100 Pa.

Die alten Einheiten physikalische Atmosphäre (atm), technische Atmosphäre (at), Torr oder Millimeter Quecksilbersäule (mmHg) und Meter Wassersäule (mWS) oder Millimeter Wassersäule (mmWS) sind seit dem 1. 1. 1978 im geschäftlichen und amtlichen Verkehr nicht mehr zugelassen. Man kann sie wie folgt umrechnen:

1 atm = 101.325 Pa = 1013,25 mbar = 1,013 bar;
1 at = 0,981 bar;
1 Torr = 1,333 mbar;
1 mWS = 98,1 mbar = 9810 Pa $\triangleq$ 1000 kg/m^2;
1 mmWS = 0,0981 mbar = 9,81 Pa = 9,81 N/m^2 = 1 kg/m^2.

Die Maßeinheiten für die Temperatur sind das Kelvin (K) oder der Grad Celsius (° C).
Umrechnung: 0 K $\triangleq$ − 273,15° C; 1 K = 1° C.

Die Gravitationskonstante (Erdbeschleunigung) g = 9,81 m/s^2 spielt bei vielen Vorgängen eine Rolle.

In der Strömungslehre unterscheidet man den *Staudruck* und den *statischen Druck.* Der *Staudruck* q, der in vielen Formeln auftritt, entsteht durch eine Strömung auf eine senkrecht zu dieser Strömung stehende Fläche und wirkt nur in Strömungsrichtung. Man bezeichnet ihn auch als dynamischen Druck. Er entspricht der kinetischen Energie und hängt von der Dichte und der Geschwindigkeit des strömenden Mediums ab:

$$q = \frac{\varrho \cdot v^2}{2}.$$

Beispiel: Der Staudruck bei einer Geschwindigkeit von 100 km/h (28 m/s) ist

$$q = \frac{1,225 \text{ kg} \cdot 784 \text{ m}^2}{\text{m}^3 \cdot 2 \cdot \text{s}^2} = 480,2 \, \frac{\text{kg} \cdot \text{m} \cdot \text{m}}{\text{s}^2 \cdot \text{m}^2 \cdot \text{m}} = 480,2 \, \frac{\text{N}}{\text{m}^2}.$$

Stellt man die Formel um, so kann aus dem im Fluge gemessenen Staudruck die Geschwindigkeit gegenüber der Luft ermittelt werden:

$$v^2 = \frac{2 \cdot q}{\varrho} \qquad v = \sqrt{\frac{2 \cdot q}{\varrho}}.$$

Beispiel: Es wird ein Staudruck von 22 Pa (= 0,22 mbar) gemessen. Die Geschwindigkeit ist dann

$$v = \sqrt{\frac{2 \cdot 22 \text{ N} \cdot \text{m}^3}{\text{m}^2 \cdot 1,225 \text{ kg}}} = \sqrt{35,92 \, \frac{\text{kg} \cdot \text{m} \cdot \text{m}^2 \cdot \text{m}}{\text{kg} \cdot \text{m}^2 \cdot \text{s}^2}} =$$

$$\sqrt{35,92 \, \frac{\text{m}^2}{\text{s}^2}} = 6 \, \frac{\text{m}}{\text{s}}.$$

Der *statische Druck* p entspricht der potentiellen Energie der Luft und entsteht durch das Gewicht einer Luftsäule über einer Fläche. Dieser Druck wird von den Meteorologen schlicht als Luftdruck bezeich-

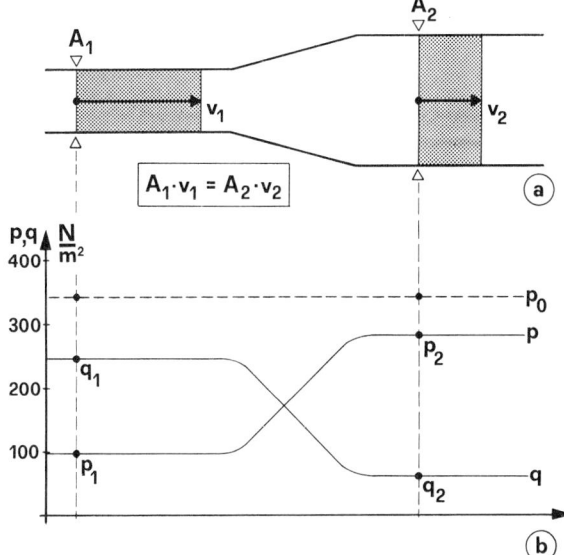

$$A_1 \cdot v_1 = A_2 \cdot v_2$$

(a)

(b)

Abb. 245: Kontinuitätsgleichung und Strömung in einem konischen Rohr (a). Verlauf von Staudruck, statischem Druck und Gesamtdruck im konischen Rohr (b).

net und ebenfalls in den Maßeinheiten Newton pro Quadratmeter, Pascal, Bar oder Millibar angegeben. Der statische Druck wirkt nach allen Seiten.

Eins der wichtigsten Gesetze der Strömungslehre ist das *Gesetz von Bernoulli* (Daniel Bernoulli, 1700 – 1782, schweizerischer Naturforscher). Seine Grundgleichung der Aerodynamik, auch als Kontinuitätsgleichung bezeichnet, entwickelte er zunächst für strömende Flüssigkeiten. Sie wird aber mit Erfolg auch auf strömende Gase angewandt (Abb. 245). Die Bernoullische Gleichung besagt, daß die Summe aus statischem Druck und Staudruck entlang einer horizontalen, reibungsfreien Strömung immer konstant ist; es handelt sich dabei also um eine *Anwendung des Energieerhaltungssatzes*. Die Summe der beiden Drücke ist der *Gesamtdruck,* der in Strömungsrichtung wirkt:

$$p_0 = p + q = \text{const.}$$

Kombiniert man diese Gleichung mit der Formel für den Staudruck, so erhält man

$$p_0 = p + \frac{\varrho \cdot v^2}{2} = \text{const.}$$

Daraus ergeben sich folgende Schlußfolgerungen:
Nimmt die Strömungsgeschwindigkeit (v_1) zu, so erhöht sich der Staudruck (q_1).
Da die Summe aus beiden Drücken konstant ist, verringert sich also bei Zunahme der Strömungsgeschwindigkeit der statische Druck (p_1).
Nimmt die Strömungsgeschwindigkeit (v_2) ab, so verringert sich der Staudruck (q_2).
Bei Abnahme der Strömungsgeschwindigkeit steigt also der statische Druck (p_2).

Beispiel: Durch das Rohr (Abb. 245) strömt Luft mit der Geschwindigkeit $v_1 = 20$ m/s. Das Rohr hat einen Querschnitt von $A_1 = 10$ cm^2. Wie groß ist die Geschwindigkeit v_2 am Querschnitt $A_2 = 20$ cm^2?
Aus der Kontinuitätsgleichung $A_1 \cdot v_1 = A_2 \cdot v_2$ (Abb. 245a) folgt durch Umformung

$$v_2 = v_1 \cdot \frac{A_1}{A_2} = 20 \, \frac{m}{s} \cdot \frac{10 \, cm^2}{20 \, cm^2} = 10 \, \frac{m}{s}.$$

Nun können auch die Staudrücke an den beiden Stellen des Rohres berechnet werden:

$$q_1 = \frac{\varrho \cdot v_1^2}{2} = \frac{1{,}225 \, kg \cdot 400 \, m^2}{2 \, m^3 \cdot s^2} = 245 \, \frac{kg \cdot m}{s^2 \cdot m^2} = 245 \, \frac{N}{m^2}.$$

$$q_2 = \frac{\varrho \cdot v_2^2}{2} = \frac{1{,}225 \, kg \cdot 100 \, m^2}{2 \, m^3 \cdot s^2} = 61{,}25 \, \frac{kg \cdot m}{s^2 \cdot m^2} = 61{,}25 \, \frac{N}{m^2}.$$

Nehmen wir den statischen Druck mit $p_1 = 98{,}1$ N/m^2 an, so kann nach der Bernoullischen Gleichung $p_1 + q_1 = p_2 + q_2 = \text{const.}$ der statische Druck p_2 berechnet werden:

$$p_2 = p_1 + q_1 - q_2$$
$$= 98{,}1 \, N/m^2 + 245 \, N/m^2 - 61{,}25 \, N/m^2$$
$$= 281{,}85 \, N/m^2.$$

Der Gesamtdruck (p_0) müßte an beiden Stellen des Rohres gleich sein:
$$P_0 = p_1 + q_1 = p_2 + q_2$$
$$= 98{,}1 \, N/m^2 + 145 \, N/m^2$$
$$= 281{,}85 \, N/m^2 + 61{,}25 \, N/m^2 = 343{,}1 \, N/m^2.$$

Die verschiedenen Drücke lassen sich am *Venturi-rohr* (Giovanni Venturi, 1746–1822, italienischer Physiker) messen.

Venturirohre werden als sogenannte Drosselgeräte zur Messung der durch Rohrleitungen fließenden Flüssigkeits- oder Gasmengen benutzt. Der Durchsatz (Menge pro Zeiteinheit) ist nach dem Bernoullischen Gesetz proportional der Druckdifferenz $p_2 - p_1$ zwischen dem unverengten und dem verengten Rohrquerschnitt. Bei älteren Segelflugzeugen findet man das Venturirohr zur Fahrtmessung. Bei diesem Unterdruckfahrtmesser ist die Fluggeschwindigkeit gegenüber der Luft der Wurzel aus der Differenz zwischen dem statischen Druck der umgebenden Luft und dem statischen Druck an der engsten Stelle des Venturirohres proportional. Da es bei der Messung allein auf die Druckdifferenz in den beiden Querschnitten A_1 und A_2 ankommt, genügt es, die beiden Anschlüsse des Venturirohres mit den beiden Schenkeln eines Manometers (Fahrtmesserdruckdose) zu verbinden.

Die Richtigkeit der Bernoullischen Gleichungen läßt sich durch verschiedene Experimente nachweisen (siehe Kapitel 7.5). Die beschriebenen Gesetzmäßigkeiten werden bei vielen technischen Geräten angewandt:

Bei allen Düsen wird durch eine Verengung die Strömungsgeschwindigkeit erhöht. Das bewirkt einen geringeren statischen Druck (Seitendruck).

Dieser verringerte Seitendruck wird beim Parfümzerstäuber und bei Spritzpistolen genutzt. Der äußere Luftdruck treibt die Flüssigkeit in den Bereich des geringeren statischen Drucks in der Nähe der Düsenöffnung, wo sie zerstäubt und als Aerosol auf die Nutzfläche geblasen wird.

Der Gasstrahl des Bunsenbrenners tritt aus einer Düse aus und »saugt« so gleich die zur intensiveren Verbrennung nötige Luft an, deren Menge durch verschließbare Öffnungen gesteuert werden kann.

In der Wasserstrahlpumpe tritt (ähnlich wie beim Bunsenbrenner) anstelle von Leuchtgas Wasser durch eine Düse aus und »saugt« Luft ab.

Flüssigkeiten und Gase besitzen eine *Zähigkeit,* die auf die Reibungskräfte zwischen den Molekülen zurückzuführen ist. Teile der Gase und Flüssigkeiten haften aufgrund dieser Zähigkeit an der Oberfläche des umströmten Körpers und erzeugen den *Reibungs-*

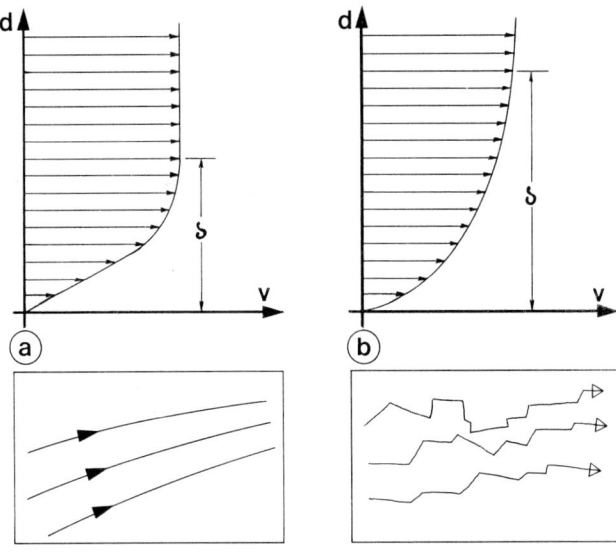

Abb. 246: Geschwindigkeitsprofil und Grenzschichtdicke (ϑ) für laminare Grenzschicht (a) und turbulente Grenzschicht (b), darunter die effektive Bewegung der Strömungsteilchen bei laminarer und turbulenter Strömung.

Abb. 247: Widerstandsbeiwert (Reibungswiderstand) einer ebenen Platte in Abhängigkeit von der Re-Zahl (nach Dubs/Aerodynamik der reinen Unterschallströmung, Zürich, 1965).

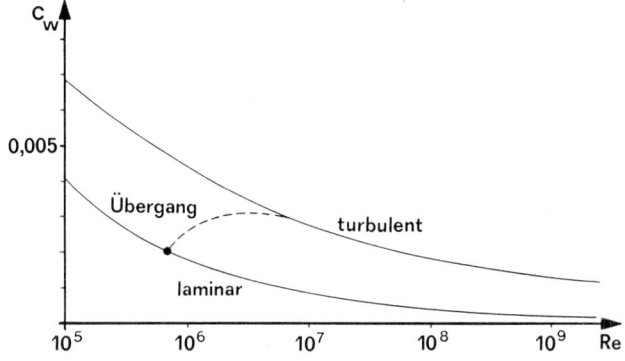

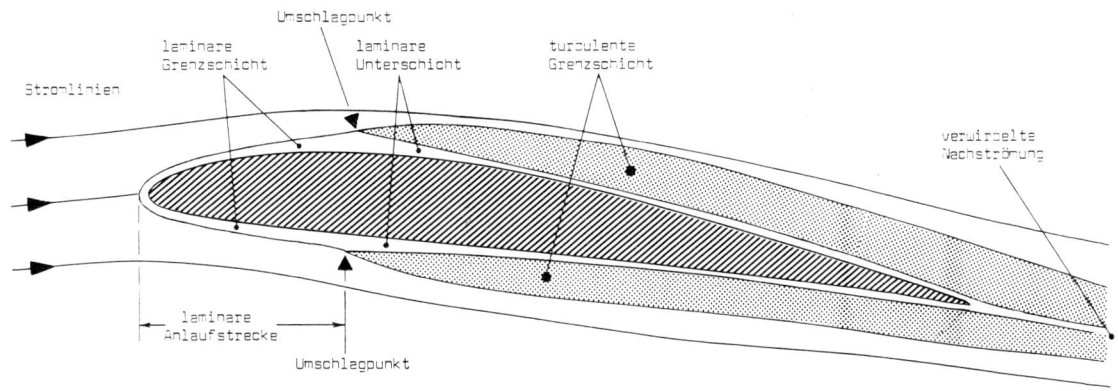

Abb. 248: Grenzschichtverlauf und Strömungsformen an einem Tragflächenprofil.

widerstand. Dieser Reibungswiderstand tritt nur in der Grenzschicht (Abb. 246) auf und ist von der Form der Strömung abhängig (Der Begriff Grenzschicht stammt von dem deutschen Physiker Ludwig Prandtl, 1875–1953.). Es gibt zwei Formen der Strömung, die *laminare Strömung* (lamina, lat. = Blatt) und die *turbulente Strömung* (turbo, lat. = Wirbel). Bei der laminaren Strömung verlaufen die Stromlinien, d. h. die Bahnen der Moleküle, parallel zueinander. Es gibt keine Vermischungen, jedes Molekül hat nur eine Bewegungsrichtung.

Bei der turbulenten Strömung werden benachbarte Schichten der Strömung miteinander vermischt.

Die dünnere laminare Grenzschicht hat gegenüber der turbulenten einen bedeutend geringeren Reibungskoeffizienten (Abb. 247). Der Widerstand der Strömung ist daher bei niedrigen *Reynoldszahlen* gering, bei hohen Reynoldszahlen dagegen höher (Osborne Reynolds, 1842–1912, irischer Physiker). In einem dazwischen liegenden Übergangsgebiet erfolgt ein Umschlag von laminarer zu turbulenter Strömung, der mit einem Anstieg des Widerstandes verbunden ist (kritische Reynoldszahl). Der Umschlagpunkt verschiebt sich bei Tragflächenprofilen mit steigender Re-Zahl weiter nach vorn (Abb. 248).

Ist nur die laminare Grenzschicht vorhanden, liegt eine *unterkritische Strömung* vor, nach dem Umschlag zur turbulenten Grenzschicht liegt eine *überkritische Strömung* vor. Beide Strömungsformen können sich

bei Flugmodellen wechselweise günstig oder ungünstig auswirken.

Den Unterschied zwischen laminarer und turbulenter Strömung kann man am Wasserstrahl aus einem Wasserhahn beobachten. Ist der Hahn nur etwas geöffnet, so ist der Wasserstrahl glatt (laminar). Öffnet man den Hahn, so erhöht sich die Geschwindigkeit des Strahls, er wird plötzlich turbulent. Den laminaren Strahl kann man auch dadurch turbulent machen, daß man einen Nagel o. ä. hineinhält. Hinter diesem Nagel beginnt die turbulente Strömung.

Das Windgeschwindigkeitsprofil über verschiedenen Landschaften ähnelt dem Geschwindigkeitsprofil der turbulenten Grenzschicht (siehe Abb. 246). Erst in etwa 300 m Höhe über offenem, flachen Land, z. B. einem Flugplatz, erreicht die Windgeschwindigkeit ihren Maximalwert, ist die Strömung ungestört.

Besonders beim Lauf-Hochstart und beim Windenstart ist zu berücksichtigen, daß die Windgeschwindigkeit mit der Höhe zunimmt (siehe Kapitel 6.8.4 und 6.8.5).

Bei der Landung muß ein Fahrtüberschuß vorhanden sein, damit man beim Eintritt in die bodennahen Luftschichten unter 30 m, in denen die Windgeschwindigkeit rapide abnimmt, noch Reserven hat. Es könnte sonst zu plötzlichem Auftriebsverlust kommen.

Strömungsvorgänge im Bereich der Aerodynamik sind heute aufgrund der vorhandenen Verfahren und Erkenntnisse ziemlich genau zu berechnen. Dennoch

229

müssen häufig Experimente und Messungen vorgenommen werden, für die Windkanäle oder Wasserkanäle benutzt werden. Hier kann man in der Regel nur Messungen an verkleinerten Modellen durchführen, da große Windkanäle mit entsprechenden Leistungen für Messungen an Originalflugzeugen zu aufwendig und zu teuer wären.

Es bestand also die Notwendigkeit, die am verkleinerten Modell gemessenen Werte auf das Original übertragen zu können.

Der Stromlinienverlauf in einer Strömung ist von drei Kräften bestimmt; die auf die Strömungsteilchen einwirken können:

Druckkräfte wirken gleichmäßig und senkrecht von allen Seiten auf das Teilchen. Sie können aber, da sich ihre Wirkungen kaum bemerkbar machen, vernachlässigt werden.

Reibungskräfte zwischen benachbarten Strömungsteilchen, die sich mit verschiedenen Geschwindigkeiten bewegen, werden von der Zähigkeit (η) der Flüssigkeiten oder Gase bewirkt.

Trägheitskräfte treten als Massenkräfte oder Zentrifugalkräfte auf. Sie werden von positiven oder negativen Beschleunigungen bewirkt.

Soll die Strömung um das Modell der Strömung um das Original geometrisch und dynamisch gleich sein, so muß das Verhältnis von Trägheits- zu Reibungskräften an allen Stellen der Strömung bei beiden übereinstimmen.

Diese Gesetzmäßigkeit wurde 1883 von dem irischen Physiker Osborne Reynolds (1842–1912) entdeckt. Ihm zu Ehren nannte man dieses Verhältnis *Reynoldssche Zahl (Re-Zahl):*

$$Re = \frac{\text{Trägheitskräfte}}{\text{Reibungskräfte}} \text{ oder} = \frac{\text{Beschleunigungsarbeit}}{\text{Reibungsarbeit}}.$$

Die Reynoldssche Zahl ist dimensionslos. In die Formel gehen folgende Größen ein:
die Dichte ϱ des strömenden Mediums [kg/m^3],
die absolute Zähigkeit η des strömenden Mediums

$$\left[\frac{\text{kg s}}{\text{m}^4}\right],$$

die Geschwindigkeit v [m/s],

die Länge l [m], bei Flugkörpern wählt man die Flügeltiefe t [m], bei Widerstandskörpern die Dicke oder den Durchmesser d [m].

Das Verhältnis η/ϱ wird kinematische Zähigkeit ν genannt [m^2/s]; dieser Wert ist abhängig von Temperatur und Druck. Bei Gasen nimmt die kinematische Zähigkeit mit steigender Temperatur zu, bei Flüssigkeiten nimmt sie mit steigender Temperatur ab. Bei Abnahme des Druckes wird die kinematische Zähigkeit von Gasen größer.

Bei 15°C ist die kinematische Zähigkeit von Luft 0,00001464 m^2/s = 146,4 · 10^{-7} m^2/s, die von Wasser 0,00000107 m^2/s = 10,7 · 10^{-7} m^2/s. Die kinematische Zähigkeit von Wasser verhält sich zu der der Luft wie 1:14. Daraus folgt also, daß man Strömungsversuche und Messungen auch in Wasserkanälen durchführen kann. Soll die gleiche Reynoldssche Zahl erreicht werden, reicht hier also 1/14 der in einem Windkanal erforderlichen Geschwindigkeit.

Nun kann die Reynoldssche Zahl abgeleitet werden:

$$Re = \frac{\varrho \cdot v^2 \cdot t^3}{\eta \cdot v \cdot t^2} = \frac{\varrho \cdot v \cdot t}{\eta} = \frac{v \cdot t}{\nu}.$$

Betrachtet man die Formel, so wird deutlich, daß die Re-Zahl durch Vergrößerung von v und t oder durch Verkleinerung von ν erhöht werden kann.

Nach Schmitz (Aerodynamik des Flugmodells) genügt es, wenn Flugmodell und Flugzeug in Luft gleicher kinematischer Zähigkeit verglichen werden, den Kennwert E = v · t konstant zu halten. Damit ergäbe sich für Überschlagsrechnungen die Form Re = v · t · 70, wobei v in m/s und t in mm einzusetzen sind.

Beispiel: Eine Flugmodelltragfläche hat eine Tiefe von 150 mm, das Modell fliegt mit einer Geschwindigkeit von 5 m/s.
Die Re-Zahl ist Re = 150 · 5 · 70 = 52.500.

Beispiel: Der Widerstand eines Flugzeugschwimmers von 3 m Länge für ein Flugzeug, das mit 250 km/h fliegt, muß in einem Wasserkanal vermessen werden. Dabei wird der Schwimmer, völlig untergetaucht, geschleppt. Mit welcher Geschwindigkeit muß er geschleppt werden, um geometrische und dynamische Ähnlichkeit der Strömungen zu erhalten?

Die Re-Zahl für den Schwimmer im Fluge ist

$$Re = \frac{l \cdot v}{\nu} = \frac{3\,m \cdot 69,44\,m \cdot s \cdot 10^7}{146,4\,m^2 \cdot s} = 1,423 \cdot 10^7 =$$

14.230.000.

Für den Wasserkanal ergibt sich die Schleppgeschwindigkeit

$$v = \frac{Re \cdot \nu}{l} = \frac{1,423 \cdot 10^7\,m^2 \cdot 10,7}{3\,m \cdot s \cdot 10^7} = 5,07\,m/s =$$

18,27 km/h.

	Flügeltiefe t [mm]	Geschwindigkeit v [m/s]	Re-Zahl = v x t x 70
Zanonia-Samen	40	1	2.800
Gleitender Schmetterling	50	2	7.000
Saalflugmodelle	150	1	8.400
Mauersegler	30	min 6	12.800
		max 39	82.000
kleine Flugmodelle	100	3	21.000
große Flugmodelle	300	10	210.000
Albatros	200	16	224.000
Segelflugzeug	900	20	1.260.000
Sportflugzeug	1200	40	3.400.000
Verkehrsflugzeug Ju 52	3600	96	25.000.000
Flugzeug bei Schallgeschw.	3000	333	70.000.000

Tabelle 18: Re-Zahlen
(nach Schmitz
Aerodynamik des Flugmodells)

7.2.0 Luftkräfte am Modell

An einem Flugmodell greifen vier Kräfte (F = force) an: Vortrieb (F_V), Auftrieb (F_A), Widerstand (F_W) und Gewicht (F_G). Man kann für eine vereinfachte Darstellung annehmen, daß alle vier Kräfte im Schwerpunkt angreifen (Abb. 249).

Für den unbeschleunigten Horizontalflug, bei dem das Modell mit konstanter Geschwindigkeit in gleichbleibender Höhe fliegt, müssen alle am Modell angreifenden Kräfte im Gleichgewicht sein: Der Auftrieb gleicht das Gewicht aus ($F_G = F_A$) und der Vortrieb den Gesamtwiderstand ($F_V = F_{W\,ges}$).

Anders dargestellt ist $F_G - F_A = 0$ und $F_{W\,ges} - F_V = 0$.

Das Gewicht (eine Kraft) ergibt sich aus Masse des Flugmodells mal Erdbeschleunigung:

$$F_G = m \cdot g \left[\frac{kg \cdot m}{s^2}\right] = [N].$$

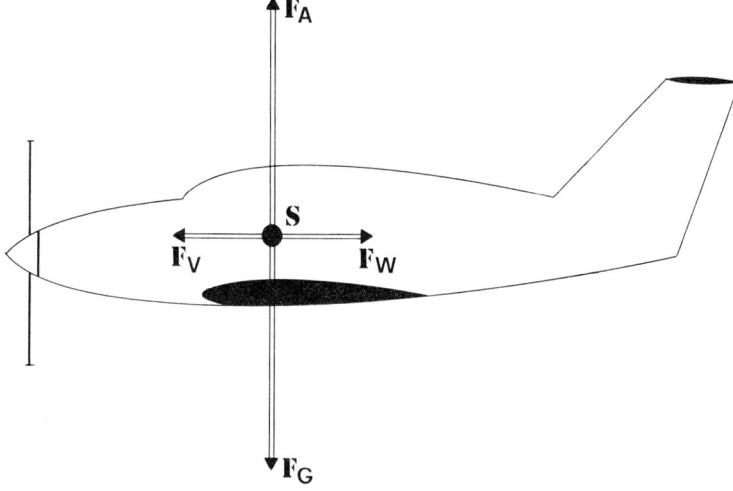

Abb. 249: Luftkräfte an einem Flugmodell: Auftrieb (F_A) und Gewicht (F_G) sowie Vortrieb (F_V) und Widerstand (F_W) sind jeweils im Gleichgewicht.

231

Form	Querschnitt $A = \dfrac{d^2 \times \pi}{4}$	c_W
Halbkugelschale	)	1,33
Kreisscheibe	|	1,11
Walze (l : d = 2 : 1)	▭	0,85
Kugel	◯	0,45
Halbkugelschale	(	0,34
modernes Auto (Keilform)	🚗	0,35
Stromlinienkörper	⬭	0,05 (bis 0,1)

Tabelle 19: Widerstandsbeiwerte

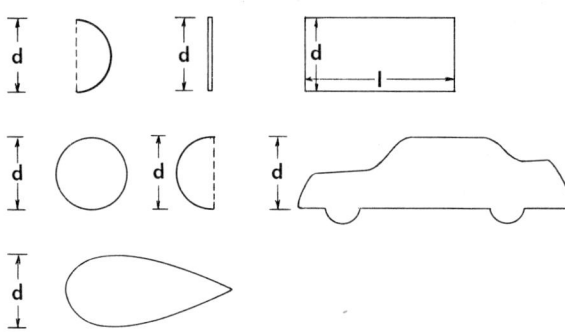

Der Vortrieb (Schub) ergibt sich beim Motorflug-modell aus der am Propeller verfügbaren Leistung.

Die Luftkräfte Widerstand (F_W) und Auftrieb (F_A) sollen hier näher betrachtet werden. Als Widerstand ist der aerodynamische Widerstand gemeint, der in Richtung der Strömung auf einen von Luft umströmten Körper einwirkt.

Das fliegende Modell bewegt sich gegenüber der Luft. In einem Windkanal bewegt sich die Luft gegenüber dem fest stehenden Modell. Die Wirkung ist in beiden Fällen gleich.

Der gesamte Widerstand an einem Flugmodell ($F_{W\,ges}$) setzt sich aus Reibungs- und Druckwiderstand (Profilwiderstand) sowie Tragflügelwiderstand (Profilwiderstand und induzierter Widerstand) und schädlichem Widerstand (Stirnwiderstand des Rumpfes und anderer Bauteile, die keinen Auftrieb erzeugen) zusammen. Aus diesen Anteilen ergibt sich in der Addition der Gesamtwiderstand des Flugmodells ($F_{W\,ges}$).

Die Größe des Widerstandes ist abhängig
von Form, Größe und Oberflächenbeschaffenheit eines Körpers,
von der Geschwindigkeit und
von der Luftdichte.

Die Form wird durch den Widerstandsbeiwert c_w gekennzeichnet (siehe Tabelle 19). Die Größe des Körpers geht durch die Fläche A [m²] in die Formel ein, wobei c_w bei Widerstandskörpern auf die Quer-schnittsfläche und bei Flugkörpern auf die Grundfläche des Tragflügels bezogen wird. Die Luftdichte ϱ hat den Wert 1,225 kg/m³. Schließlich spielt die Geschwindigkeit v [m/s] eine besondere Rolle, der Widerstand wächst nämlich mit dem Quadrat der Geschwindigkeit (v^2); doppelte Geschwindigkeit führt also zu vierfachem Widerstand.

Die mathematische Verknüpfung dieser Größen ergibt die Widerstandsformel

$$F_W = c_w \, \frac{\varrho \cdot v^2}{2} A.$$

Dabei ist der Ausdruck $\dfrac{\varrho \cdot v^2}{2}$ der bereits bekannte Staudruck q.

Beispiel: Der Widerstand eines Autorückspiegels (kreisförmige Scheibe mit 10 cm Durchmesser) bei einer Geschwindigkeit von 118,8 km/h (= 33 m/s) ist zu berechnen.

Der Querschnitt ist $A = \dfrac{d^2 \cdot \pi}{4} = \dfrac{0,01\ m^2 \cdot \pi}{4} = 0,00785\ m^2.$

Der Widerstand ist

$$F_W = c_w \frac{\varrho \cdot v^2}{2} A = 1,11 \, \frac{1,225 \cdot 1089 \cdot 0,00785}{2}$$

$$\left[\frac{kg \cdot m^2 \cdot m^2}{m^3 \cdot s^2}\right] = 5,812 \left[\frac{kg \cdot m}{s^2}\right] = 5,812\ N.$$

232

Tragflächen von Flugmodellen haben einen Querschnitt, der wie ein Stromlinienkörper geformt ist, ein Profil. Es gibt symmetrische und unsymmetrische Profile, solche mit gerader oder gewölbter Unterseite und S-Schlag-Profile (siehe Kapitel 7.4).

Der Auftrieb (F_A) entsteht am Tragflügelprofil bei der Umströmung der Tragfläche (dynamischer Auftrieb). An Ober- und Unterseite des Profils bewegt sich die Luft mit unterschiedlichen Geschwindigkeiten, nach der Gleichung von Bernoulli (siehe Kapitel 7.1) ergeben sich dadurch auch unterschiedliche statische Drücke p_0 und p_u (Abb. 250).

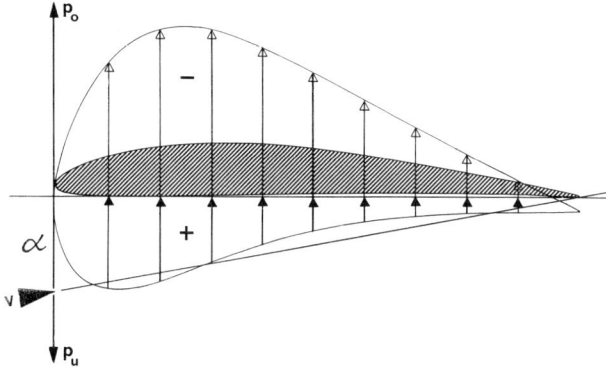

Abb. 250: Druckverteilung an Ober- und Unterseite eines Tragflügelprofils.

Sog auf der Profiloberseite und Druck auf der Profilunterseite tragen etwa im Verhältnis 2:1 zum Auftrieb bei (siehe Kapitel 7.5).

Auch der Auftrieb hängt von der Form des Profils (Beiwert c_a) und der Luftdichte ($\varrho = 1{,}225 \ kg/m^3$) ab. Er wächst wie der Widerstand mit dem Quadrat der Geschwindigkeit (v^2). Als Bezugsfläche (A) gilt die Tragflügelfläche mit der Spannweite b und der Flächentiefe t:

$A = b \cdot t$ [m^2]. Die Formel lautet daher

$$F_A = c_a \cdot \frac{\varrho \cdot v^2}{2} \cdot A = c_a \cdot \frac{\varrho \cdot v^2}{2} \cdot b \cdot t.$$

Beispiel: Ein Segelflugmodell hat eine mittlere Flügeltiefe von 200 mm und eine Spannweite von 3,50 m. Es fliegt mit einer Geschwindigkeit von 10 m/s bei einem Auftriebsbeiwert von $c_a = 0{,}6$.

Der Tragflächeninhalt ist

$A = b \cdot t_m = 3{,}5 \ m \cdot 0{,}2 \ m = 0{,}7 \ m^2$.

Der Auftrieb ist

$$F_A = c_a \frac{\varrho \cdot v^2}{2} A = 0{,}6 \ \frac{1{,}225 \ kg \cdot 100 \ m^2 \cdot 0{,}7 \ m^2}{2 \ m^3 \cdot s^2}$$

$$= 25{,}725 \ \frac{kg \cdot m}{s^2} = 25{,}725 \ N.$$

Da der Auftrieb gleich der dem Gewicht F_G sein muß, kann auch die Flugmasse des Modells berechnet werden:

$F_A = F_G = m \cdot g$ wird zu

$$m = \frac{F_G}{g} = \frac{25{,}725 \ kg \cdot m \cdot s^2}{9{,}81 \ s^2 \cdot m} \approx 2{,}6 \ kg.$$

Bei einer Fläche von 0,7 m^2 errechnet sich eine Flächenbelastung von

$$\frac{F_G}{A} = \frac{25{,}725 \ N}{0{,}7 \ m^2} = 36{,}75 \ N/m^2$$

$$\text{oder} \ \frac{m}{A} = \frac{2{,}6 \ kg}{0{,}7 \ m^2} = 3{,}7 \ kg/m^2 = 37 \ g/dm^2.$$

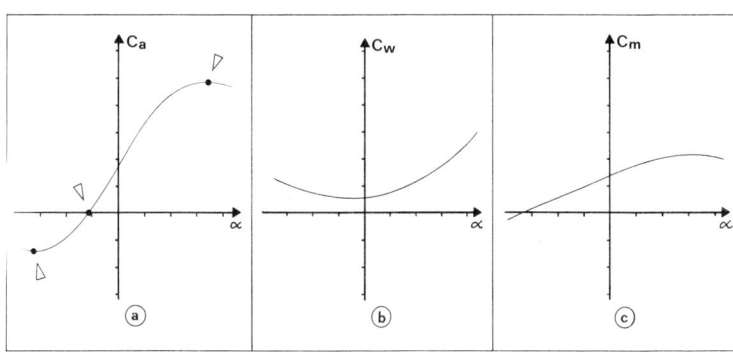

Abb. 251: Aufgelöstes Polardiagramm: Der Verlauf des Auftriebsbeiwertes (c_a), des Widerstandsbeiwertes (c_w) und des Momentenbeiwertes (c_m) sind hier in Abhängigkeit vom Anstellwinkel (α) aufgetragen (nicht maßstabgerecht!).

Der Verlauf des Widerstandsbeiwertes und des Auftriebsbeiwertes kann jeweils in Abhängigkeit vom Anstellwinkel (α) aufgetragen werden (Abb. 251), denn die Anströmrichtung (der Anstellwinkel) beeinflußt die c_a- und c_w-Werte des Profils.

Der Auftriebsbeiwert c_a steigt mit zunehmendem Anstellwinkel und erreicht einen Maximalwert, von dem an er wieder sinkt (Abb. 251a). An dieser Stelle reißt die Strömung an der Oberseite des Tragflächenprofils ab. Der Auftriebsbeiwert sinkt, der Widerstandsbeiwert steigt weiter an. Die c_a-Kurve schneidet die α-Achse bei einem bestimmten (hier negativen) Anstellwinkel. Bei diesem Anstellwinkel ist der Auftrieb null, daher nennt man ihn den Nullauftriebswinkel (α_0). Folgt man der Kurve weiter in den Bereich noch größerer negativer Anstellwinkel, so steigt der Auftriebsbeiwert wieder an, das Profil liefert also auch in Rückenfluglage Auftrieb.

Die Kurve des Widerstandsbeiwertes schneidet die α-Achse nicht, weil es keinen Anstellwinkel gibt, bei dem der Widerstand null ist (Abb. 251b).

Die Grafiken (Abb. 251a, b, c) zeigen ein sogenanntes aufgelöstes Polardiagramm, bei dem die Beiwerte c_a und c_w für verschiedene Anstellwinkel zuerst tabellarisch erfaßt und dann grafisch dargestellt werden.

Zusätzlich können auch die Momentenbeiwerte c_m aufgetragen werden (Abb. 251c). Ein Drehmoment wird von einer Kraft (F) ausgeübt, wenn sie auf einen um eine Achse drehbaren Körper wirkt und ihre Wirkungslinie nicht durch die Drehachse des Körpers geht.

Im Beispiel des Flugmodells ist das Drehmoment M das Produkt aus der Kraft $\frac{\varrho \cdot v^2}{2} \cdot A$ [N] und dem Hebelarm $c_m \cdot t_m$ [m], wobei der Beiwert c_m dem Auftriebswert c_a proportional ist:

$$c_m \sim \frac{x_D}{t}\, c_a \,.$$

Dieses Moment M entsteht durch die Wanderung des Angriffspunktes D der Luftkraftresultierenden F_R am Tragflächenprofil mit der Änderung des Anstellwinkels (Abb. 253). Der Punkt D wird als Druckpunkt (auch Druckmittelpunkt) bezeichnet. Zerlegt man die Luftkraftresultierende, so erhält man den Auftrieb F_A senkrecht zur Anströmrichtung und den Widerstand F_W in Richtung der Strömung.
Die Formel:

$$M = c_m \cdot \frac{\varrho \cdot v^2}{2} \cdot A \cdot t_m \,.$$

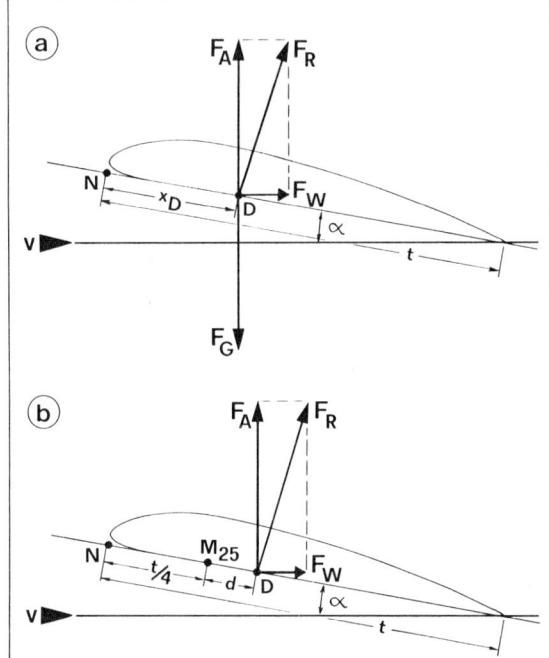

Abb. 253: Der Druckpunkt D im Abstand x_D vom Nasenpunkt N nach der Göttinger Definition (a). Der Momentendrehpunkt M im Abstand 0,25 t vom Nasenfußpunkt N nach der Neutralpunktdefinition (b).

Abb. 252: Göttinger Polardiagramm nach Lilienthal, der die c_a- und c_w-Werte im gleichen Maßstab auftrug. Im Göttinger Polardiagramm werden die c_w-Werte fünffach vergrößert (verzerrt) aufgetragen, da sie bei modernen Profilen sehr klein und so besser ablesbar sind (Erklärung siehe Text).

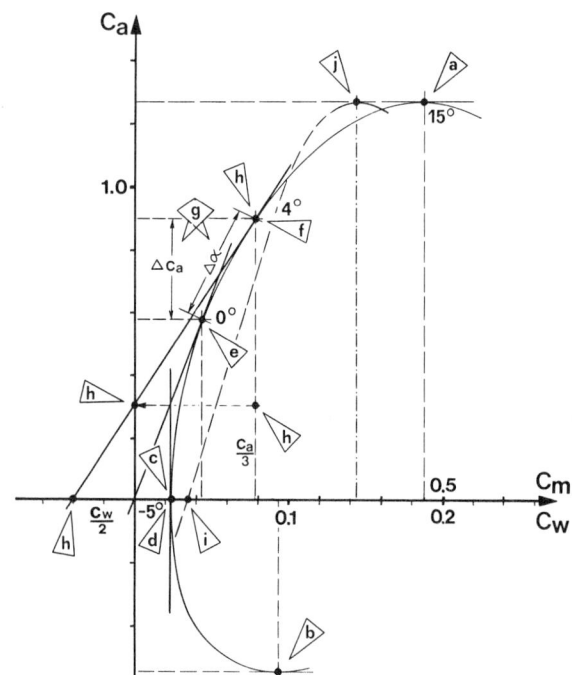

Dabei ist c_m der Drehmomentbeiwert, der vom Anstellwinkel und von der Definition des Bezugspunktes abhängt, $\frac{\varrho \cdot v^2}{2}$ der Staudruck, in dem Luftdichte und Geschwindigkeit enthalten sind, A die Bezugsfläche (Tragflächeninhalt) und t_m die mittlere Flächentiefe.

Wählt man als Bezugspunkt den Nasenfußpunkt N, so ergibt sich für den Abstand des Druckpunktes

$$X_D = t \cdot \frac{c_m}{c_a}.$$

Wählt man als Bezugspunkt den Punkt M, so ergibt sich für den Abstand

$$X_D = t \cdot \left(\frac{-c_m}{c_a} + 0{,}25\right) \text{ oder } X_D = t \cdot \left(\frac{c_{m\,0{,}25}}{c_a} + 0{,}25\right).$$

Die Berechnung des Abstandes X_D vom Nasenfußpunkt zum Druckpunkt ergibt die Lage dieses Punktes für einen bestimmten Anstellwinkel, dem ein bestimmter c_m-Wert zugeordnet ist. Die jeweiligen Werte können aus den Polardiagrammen der Profile oder aus den zugehörigen Tabellen entnommen werden.

Beispiel: Dem Polardiagramm (Abb. 252) wird ein c_a-Wert von 0,9 und ein Momentenbeiwert von 0,22 entnommen. Die Flächentiefe sei 200 mm.

$$X_D = t_m \cdot \frac{c_m}{c_a} = 200 \text{ mm} \cdot \frac{0{,}22}{0{,}90} = 48{,}9 \text{ mm}.$$

Der Druckpunkt läge also 48,9 mm vom Nasenfußpunkt entfernt (Abb. 253a).

Beispiel: Für das Profil E 374 wurden die Werte $c_a = 0{,}7$ und $c_{m0} = -0{,}036$ aus Polardiagramm und Tabelle entnommen.

X_D setzt sich aus $\frac{t_m}{4}$ und dem Abstand d zusammen. Da die Werte auf die Neutralpunktdefinition bezogen sind (Abb. 253b), gilt:

$$X_D = t_m \left(\frac{-c_m}{c_a} + 0{,}25\right)$$

$$= 200 \text{ mm} \cdot \left(\frac{-(-0{,}036)}{0{,}7} + 0{,}25\right)$$

$$= 200 \text{ mm} \cdot \left(\frac{0{,}036}{0{,}7} + 0{,}25\right)$$

$$= 200 \text{ mm} \cdot 0{,}30 = 60 \text{ mm}.$$

In diesem Falle liegt der Druckpunkt bei 30% der mittleren Flügeltiefe, also 60 mm vom Nasenfußpunkt entfernt.

In einem *Polardiagramm* sind für alle Anstellwinkel die Beiwerte c_a, c_w und c_m grafisch dargestellt (Abb. 252).

Otto Lilienthal benutzte erstmals ein solches Polardiagramm für seine wissenschaftlichen Untersuchungen, bei dem der Auftriebsbeiwert c_a in Abhängigkeit vom Widerstandsbeiwert c_w dargestellt wird. Die Kurve von c_a über c_w nennt man Polare, die von c_a über c_m die c_m-Kurve. Bei diesem Polardiagramm werden die zu den einzelnen Werten gehörenden Anstellwinkel punktweise mit in den Kurvenverlauf eingetragen und die Winkelwerte danebengeschrieben.

Aus diesen Kurven lassen sich die wichtigsten Eigenschaften und Daten eines Profils entnehmen (Abb. 252):

Der gesamte Kurvenverlauf gibt Auskunft über den Anstieg des Auftriebs und Widerstandes mit der Änderung des Anstellwinkels.

Der Verlauf der Kurve beim Maximum von c_a (a) gibt Auskunft über das Abreißverhalten: Bei flachem Verlauf an dieser Stelle spricht man von gutmütigem Abreißverhalten. Bei steilem Abknicken der Polare an dieser Stelle reißt dagegen die Strömung plötzlich ab.

Die zur c_w-Achse parallele Tangente an den höchsten Punkt der Polare (a) liefert den maximal möglichen Auftriebsbeiwert $c_{a\,max} = 1{,}27$.

Der zu diesem Wert gehörende Anstellwinkel ist der kritische Anstellwinkel $\alpha_{krit} = 15°$, bei dem die Strömung sich bereits abzulösen beginnt. Die Überschreitung dieses Winkels bei Start oder Landung hat schon zu vielen Abstürzen geführt.

Die zur c_w-Achse parallele Tangente an den tiefsten Punkt der Polare (b) liefert den Beiwert des negativen Höchstauftriebs $c_{a\,min} = -0{,}54$.

Der Nullauftriebswinkel $\alpha_0 = -5°$ ist dort abzulesen, wo die Polare die waagrechte Achse ($c_a = 0$) schneidet (c). Der tg φ ist hier ∞, da $\frac{0{,}024}{0}$ die Zahl ∞ ergibt.

Das heißt, daß der Gleitwinkel $\varphi = 90°$ ist. Und das bedeutet den senkrechten Sturzflug.

Die zur c_a-Achse parallele Tangente an die Polare (d) liefert den kleinsten Widerstandsbeiwert $c_{w\,min} = 0{,}024$. Dieser Wert muß nicht unbedingt bei $c_a = 0$ liegen. In der Regel liegt er etwas oberhalb.

Der zu diesem Winkel gehörende Auftriebsbeiwert

und der Widerstandsbeiwert sind für den Schnellflug optimal.

Die Tangente vom Nullpunkt des Achsenkreuzes (der Polstrahl) an die Polare lieferte beim unverzerrten Lilienthal-Polardiagramm direkt den besten Gleitwinkel, beim verzerrten Polardiagramm kann dieser nach der Formel $\operatorname{tg} \varphi = \frac{c_w}{c_a}$ berechnet werden (e):

$$\operatorname{tg} \varphi = \frac{0{,}044}{0{,}57} = 0{,}07719, \quad \varphi \approx 4° 30'.$$

Die Werte findet man in mathematischen Tabellen, kann sie heute aber auch mit modernen Taschenrechnern direkt ausrechnen.

Der Tangens des Gleitwinkels ist die Gleitzahl

$$\varepsilon = \frac{c_w}{c_a} = \frac{0{,}044}{0{,}570} = \frac{1}{13}.$$

Man kann sie auch als Kehrwert des Tangens bezeichnen: E = 13.

Die Gleitzahl ε und der Gleitwinkel φ können für jeden beliebigen Punkt ($\triangleq$ Anstellwinkel) der Polare berechnet werden (f):

$$\operatorname{tg} \varphi = \frac{c_w}{c_a} = \frac{0{,}078}{0{,}900} = 0{,}08667, \quad \varphi \approx 5°, \quad \varepsilon \approx \frac{1}{11{,}54},$$
$$E \approx 11{,}54.$$

Auch der Zuwachs an Auftrieb, bezogen auf die Änderung des Anstellwinkels, kann für ausgewählte Bereiche der Polare berechnet werden (g). Er ergibt sich aus dem Verhältnis der Differenz der Auftriebsbeiwerte zur Differenz der Anstellwinkel:

$$\frac{\Delta c_a}{\Delta \alpha} = \frac{0{,}32}{4°} = 0{,}08 / 1°.$$

Ein weiterer Wert von Bedeutung ist in der Formel für die Sinkgeschwindigkeit

$$v_y = \sqrt{\frac{F_G \cdot c_w{}^2}{A \cdot c_a{}^3}} \text{ enthalten: } \frac{c_w{}^2}{c_a{}^3}.$$

Den Kehrwert $\frac{c_a{}^3}{c_w{}^2}$ nennt man die Steigzahl eines Profils.

Die Sinkgeschwindigkeit v_y wird um so kleiner, je größer die Steigzahl ist. Der zu diesem Wert gehörende Punkt (h) liegt auf der Polare oberhalb des Punktes für die kleinste Gleitzahl (e). Nach einem von Klemperer entwickelten Verfahren sucht man

mit dem Lineal die Tangente an die Polare, die die c_a-Achse beim Wert von $\frac{c_a}{3}$ (h) schneidet oder die c_w-Achse links beim Wert $\frac{c_w}{2}$ (h).

$$\text{Profilsteigzahl} = \frac{c_a{}^3}{c_w{}^2} = \frac{(0{,}900)^3}{(0{,}078)^2} = \frac{0{,}723}{0{,}006084} \approx 118{,}84.$$

Beispiel: Geht man davon aus, daß ein mit diesem Profil ausgestattetes Modell eine Flächenbelastung von rund 12 N/m² hat (s. o.), so ergibt sich eine theoretische Sinkgeschwindigkeit (nur für die optimal gestaltete Tragfläche allein!)

$$v_y = \sqrt{\frac{F_G \cdot c_w{}^2 \cdot 2}{A \cdot c_a{}^3 \cdot \varrho}}$$

$$= \sqrt{\frac{12 \text{ kg} \cdot \text{m} \cdot 0{,}006084 \text{ m}^3}{\text{s}^2 \cdot \text{m}^2 \cdot 0{,}723 \cdot 1{,}225 \text{ kg}}}$$

$$= \sqrt{\frac{0{,}146016 \text{ m}^2}{0{,}885675 \text{ s}^2}}$$

$$= \sqrt{0{,}164864 \frac{\text{m}^2}{\text{s}^2}} \approx 0{,}406 \text{ m/s}.$$

Die Profilwerte (und mithin auch der Verlauf der Polare) werden auch von der Reynoldsschen Zahl (Re-Zahl) beeinflußt.

Beim Tragflächenprofil eines großen Flugzeuges ist die Umströmung immer überkritisch (turbulent anliegend). Beim Tragflächenprofil eines Flugmodells, das sich meist in Re-Zahl-Bereichen von weniger als 100.000 bewegt, kann sowohl eine überkritische wie eine unterkritische (laminar abgerissen) Strömung an der Tragflächenoberseite auftreten. Der Übergang vom unterkritischen zum überkritischen Zustand geschieht bei einer für den jeweils umströmten Körper charakteristischen kritischen Re-Zahl. Die turbulente Grenzschicht kann Druckanstiege wesentlich besser überwinden als die laminare Grenzschicht und liegt daher viel länger an der Profiloberseite an. Dadurch wird der Druckwiderstand verringert.

F. W. Schmitz hat in seinem Buch »Aerodynamik des Flugmodells« die Ergebnisse seiner Messungen an Flugmodellprofilen bei niedrigen, für den Modellflug charakteristischen Re-Zahlen niedergelegt und sich damit um die Aerodynamik des Modellfluges verdient gemacht.

Er fand heraus, daß beim Übergang der Tragflügelströmumg vom unterkritischen zum überkritischen Zustand der Auftriebsbeiwert sprunghaft ansteigt und der Widerstandsbeiwert eben so sprunghaft sinkt (Abb. 254). Dieser Zustand ist vor allem bei Freiflugmodellen erwünscht. Hier bemüht man sich also folgerichtig darum, die Strömung an der Profiloberseite durch geeignete Maßnahmen turbulent zu machen:

Durch Rauhigkeit der Oberfläche läßt sich der überkritische Zustand schon frühzeitig herbeiführen. Insekten, Schmetterlinge und kleine Vögel können im Bereich niedriger Re-Zahlen nur fliegen, weil durch die rauhe Oberfläche die Strömung turbulent und mithin überkritisch ist. Gleiches gilt für kleine Balsagleiter und für Saalflugmodelle.

Bringt man an der Vorderseite des Körpers (Profilvorderkante) eine Turbulenzkante an, so wird die Strömung dahinter turbulent. Diese Funktion erfüllen zugespitzte Vorderkanten (scharfe Profilnasen) und sogenannte Stolperleisten auf der vorderen Profiloberseite. Sie können aber bei größeren Anstellwinkeln zum vorzeitigen Strömungsabriß führen.

Bei größeren Flugmodellen, die in höheren Re-Zahl-Bereichen fliegen, kann, z. B. durch einen aufgeklebten Zierstreifen, eine unerwünschte Turbulenz ausgelöst werden, weil man hier die unterkritische Strömung will.

Durch Vorspannen eines Turbulenzdrahtes (siehe auch Abb. 78 in Kapitel 5.1) von 0,8 mm Durchmesser, der im Abstand von 10% der Flügeltiefe etwa in Höhe der Profilsehne vor der Profilnase liegt, wird die Turbulenz bereits vor dem Profil erzeugt.

Wirksamer als die bisher erwähnten zweidimensionalen (2-D-)Turbulatoren ist der von dem Japaner Hama entwickelte 3-D-Turbulator, wie er u. a. beim Baukastenmodell »Junior« (Graupner) angewandt wird (Abb. 255). Er erzeugt dreidimensionale axiale Wirbelzöpfe, die sehr energiereich sind und für eine gute Durchmischung von Grenzschicht und Außenströmung sorgen. Die kleinen Dreiecke können aus Karton (0,3 mm) oder aus Balsaholz (0,8 bis 1 mm)

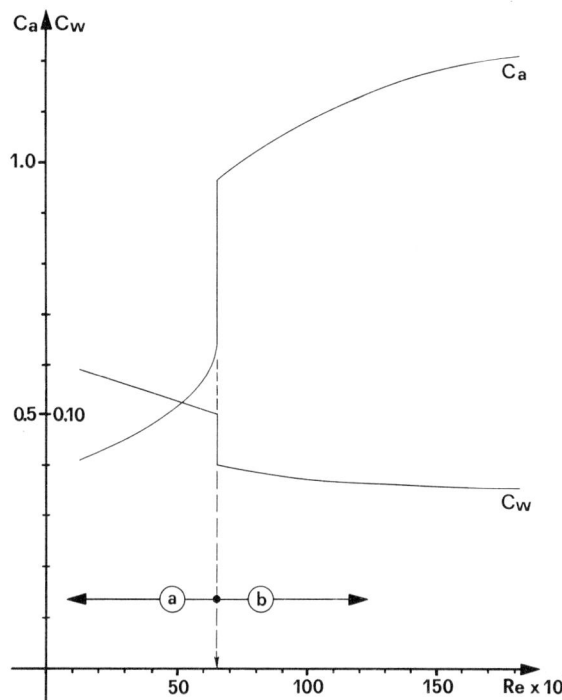

Abb. 254: Übergang von der unterkritischen (a) zur überkritischen (b) Strömung der Oberseiten-Grenzschicht eines Profils bei gleichbleibendem Anstellwinkel, aber steigender Re-Zahl. Bei der kritischen Re-Zahl (hier ca. 65.000) steigt der c_a-Wert sprunghaft an, während der c_w-Wert eben so sinkt (nach F. W. Schmitz/Aerodynamik des Flugmodells).

Abb. 255: Der sogenannte 3-D-Turbulator (hier am Modell »Junior« von Graupner) erzeugt dreidimensionale Wirbelzöpfe, die für eine gute Durchmischung der Grenzschicht sorgen.

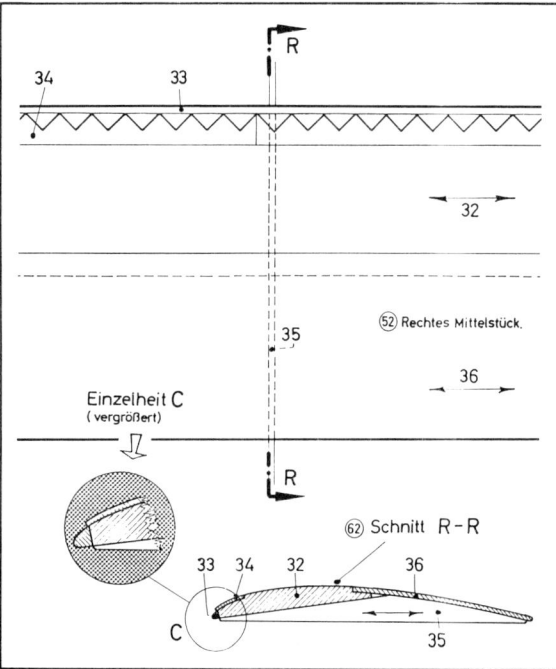

ausgeschnitten werden. Sie werden auf die Profil-oberseite geklebt und mit der Hinterkante in das Profil eingelassen.

Auch beim Trainings-Segler »Knicki II« von Hans Gremmer wird ein 3-D-Turbulator verwendet.

Ebenso wirksam ist der Turbulator aus Stiften von 1 mm Durchmesser, den A. Schäffler den Eulen abgeschaut hat. Die Stifte werden in Abständen von 5 bis 10 mm an der Profiloberseite vorn angebracht und erzeugen ebenfalls energiereiche Längswirbel, die sich – wie beim o. g. 3-D-Turbulator von Hama – in einem Winkel von 15–20° ausbreiten (Quelle: Gremmer/Vom Balsagleiter zum Hochleistungs-segler).

Der Flügel einer Eule hat an der Vorderkante einen feingliedrigen Kamm (vorderste und zweite Feder), mit dem die Grenzschicht beeinflußt (turbulent ge-macht) wird. Die Haken haben einen Abstand von 0,7 mm (Mittelwert).

Dieser Turbulator führt in Verbindung mit einer Pol-sterung der Federoberseiten durch feinen Flaum (lautloses Gleiten der Federn aufeinander) und mit einer Fransenverlängerung an der Flügelhinterkante (Verlängerung der hinteren Fahnenäste an den hin-tersten Federn) als »Nachschalldämpfer« zu einer vollständigen Dämpfung der Fluggeräusche bei der Eule, zum lautlosen Flug. Dadurch wird die Eule von ihren Beutetieren auch in der Stille der Nacht nicht gehört.

Turbulenz kann auch durch Schallschwingungen, z. B. einen Pfeifton, erzeugt werden. Hangflieger verwenden elektronische Piepser, deren kräftiger Pfeifton das Auffinden des Modells im Gelände erleichtern soll.

Beobachtungen der fliegenden Modelle zeigten, daß sich deren Flugverhalten signifikant änderte, wenn der Piepser, etwa per Zeitschalter, eingeschaltet wurde. In diesem Moment wurde offenbar die Strö-mung durch die Schallschwingungen turbulent ge-macht.

7.3.0 Meßgeräte und Meßverfahren

Strömende Luft ist in der Regel nicht sichtbar. Will man aber Strömungsvorgänge sichtbar machen, muß man sichtbare Bestandteile in die Luftströmung bringen.

Der Modellflieger prüft die Windrichtung mit Hilfe hochgeworfener Grashalme, die in Windrichtung davonfliegen. Staub macht wirbelnde Warmluftablö-sungen sichtbar.

Das beste Mittel, Strömungen sichtbar zu machen, ist Rauch. Der Rauch aus Schornsteinen gibt dem Segelflieger Hinweise auf die Windrichtung am Boden. Er zeigt durch Änderung der Zug- oder Steigrichtung Aufwinde an.

Rauch wird auch in einem *Rauchkanal* benutzt, um Strömungsvorgänge sichtbar zu machen (Abb. 256). Die Rauchfäden werden durch Düsen in den Luftstrom

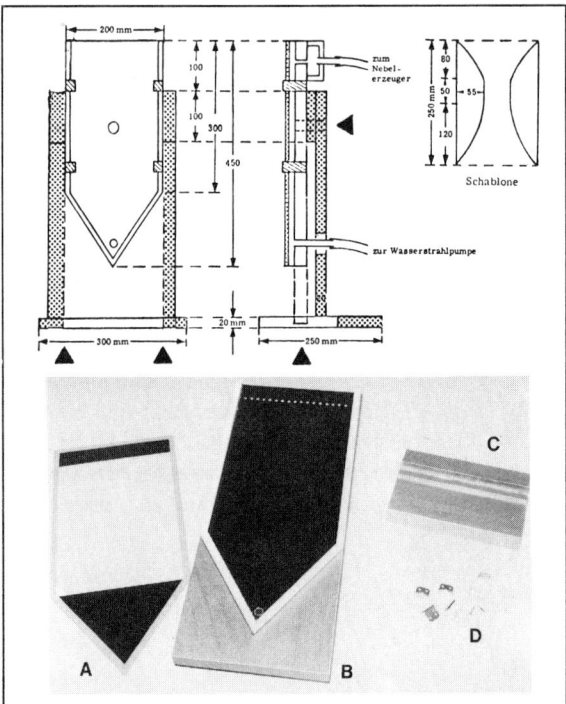

Abb. 256: Ein Strömungsapparat macht den Verlauf von Strömungen sichtbar. Er kann mit einfachen Mitteln selbst gebaut werden und besteht aus einer Glasplatte (A), einer Rückwand (B), dem Fuß (C) und Spiegelklam-mern (D). Die Rauchkammer und die Rohre für das Einbla-sen des Rauchs und das Absaugen der Luft befinden sich auf der Rückseite.

238

geleitet. Es ist wichtig, dafür zu sorgen, daß die Luftströmung laminar bleibt, weil sich die Rauchfäden sonst nach kurzer Strecke auflösen. Strömungsvorgänge an Profilen können so sichtbar gemacht werden. Auch die Bildung von Wirbeln an verschiedenen Körpern wird sichtbar.

Ein einfacher Rauchkanal läßt sich nach den angegebenen Maßen (Abb. 256) leicht nachbauen. Der Materialaufwand ist gering: Einige Bretter (Sperrholz oder Preßspanplatten 20 mm dick), eine Glasscheibe, kurze Rohrstücke für die Einleitung des Rauches in die Rauchkammer und das Absaugen der Luft, Spiegelhalter zur Befestigung der Glasscheibe sowie Klebeband und Streifen von selbstklebendem Schaumstoff. Die »Strömungskörper« werden aus passendem Sperrholz ausgeschnitten und mit selbstklebendem Filz versehen, damit sie elastisch, aber dicht zwischen Glasscheibe und Rückwand passen und diese nicht verkratzen.

Der Rauch kann von einem Raucher eingeblasen werden. Zum Absaugen der Luft reicht eine Wasserstrahlpumpe aus. In die Rückwand kann ein Loch gebohrt werden, durch das der Anstellwinkel der eingebrachten Profile verstellt wird. Die Lochreihe, durch die die Rauchfäden aus der Rauchkammer in den Luftstrom eintreten, müssen sorgfältig verputzt werden.

Ein anderes Gerät, der *Strömungskanal nach Roller*, arbeitet mit Wasser als Strömungsmedium. Eine runde Wanne aus Plexiglas ist durch zwei Inseln in eine mittlere Rinne, in der sich das Versuchsfeld befindet, und zwei seitliche Rinnen, die das Wasser zurückführen, aufgeteilt. Das Wasser wird durch eine kleine elektrisch betriebene Kreiselpumpe in der Mitte angesaugt und seitlich abgeleitet. Leitbleche sorgen für wirbelfreie Umleitung des Wassers. Die Strömung wird durch aufgestreuten Pfeffer, Bärlappsamen oder aufgestreutes Aluminiumpulver sichtbar gemacht. Das Gerät wird auf einen Overhead-Projektor (Tageslichtprojektor) aufgesetzt, der die Strömungsbilder auf einen Bildschirm projiziert. Ein solches Gerät (ohne Abbildung) ist im Lehrmittelhandel erhältlich (Bezugsquelle: Gerhard Gambke, GmbH & Co, Lützowstraße 105–106, 1000 Berlin 30).

Aerodynamische Messungen können gelegentlich an fliegenden Modellen oder großen Flugzeugen vorgenommen werden. Aber die Speicherung oder Übertragung der Meßwerte ist problematisch. Daher nimmt man die meisten Messungen in *Windkanälen* an maßstabgerecht verkleinerten Modellen vor.

Wesentliche Bestandteile solcher Windkanäle sind das Gebläse, das die Luft durch eine Düse in die Meßstrecke saugt, und der Gleichrichter, der die verwirbelte Luft beruhigt (entscheidendes Kriterium für die Qualität eines Windkanals!).

Beim *Kreislaufwindkanal (Bauart Göttingen)* kommen dazu noch Umlenkgitter, da die Luft in einem Rohrsystem geführt wird. Hier wird Energie gespart, weil das Gebläse lediglich die im geschlossenen Kreislauf auftretenden Reibungsverluste ausgleichen muß.

In einem *offenen Windkanal (Bauart Eiffel)* wird Luft an einer Seite angesaugt und an der anderen Seite wieder an die Außenluft abgegeben. Dabei kann die Meßstrecke offen oder geschlossen sein. Vorteilhaft ist hier der turbulenzärmere Luftstrom.

In der Raumfahrtforschung benutzt man völlig *geschlossene Überdruckkanäle*. An einer Seite des Kanals wird ein Luftbehälter mit Luft vollgepumpt, es entsteht ein sehr hoher Druck. An der anderen Seite des Kanals wird ein Behälter weitgehend luftleer gepumpt, es entsteht ein Vakuum. Dazwischen liegt die verhältnismäßig kleine Meßstrecke mit den Versuchsmodellen. Für den Versuch werden die Ventile geöffnet, die Luft strömt aus dem Überdruckbehälter in den evakuierten Behälter, und zwar, je nach Druckdifferenz, mit mehrfacher Schallgeschwindigkeit.

Das eigentliche, zu messende Ereignis dauert nur Sekundenbruchteile, in denen alle nötigen Messungen vorgenommen werden müssen. Hier werden also sehr hohe Anforderungen an die Meßtechnik gestellt. Da Meßsonden unverhältnismäßig große Störungen verursachen würden, werden von außen Bilder (z. B. Schlierenbilder) mit Hilfe von Hochgeschwindigkeitskameras aufgenommen oder es wird mit Hilfe von Laserstrahlen gemessen.

In allen Fällen muß der zu den Versuchen verwendete Luftstrom

eine sehr gleichförmige Geschwindigkeit und

eine über den gesamten Querschnitt der Meßstrecke konstante Geschwindigkeitsverteilung haben.

Der Meßstrahl muß turbulenzarm und drallfrei sein. Die Druckverteilung in Richtung der Strömung muß sich den Anforderungen des Experiments anpassen lassen.

Zudem soll das Verhältnis zwischen der Leistung des Versuchsstrahls und der des Gebläses (Antriebsleistung) möglichst groß sein. Dieses Verhältnis wird durch den Kanalfaktor k ausgedrückt. Bei Kanälen mit geschlossener Meßstrecke liegt er etwa bei 3,8, bei Kanälen mit offener Meßstrecke etwa bei 2,3.

Das zu vermessende Modell wird in Rückenlage an Drähten aufgehängt montiert, dadurch fällt die Richtung des Auftriebs mit der Richtung der Schwerkraft zusammen, und es ist ein eindeutiger Kraftschluß gewährleistet.

Es wird eine Sechskomponenten-Messung durchgeführt, bei der Auftrieb, Widerstand, Seitenkraft sowie Rollmoment (um die Längsachse), Giermoment (um die Hochachse) und Längsmoment (um die Querachse) gemessen werden.

Für die Messung von Auftrieb, Widerstand und Drehmoment eines Tragflügels reicht eine Dreikomponenten-Messung aus.

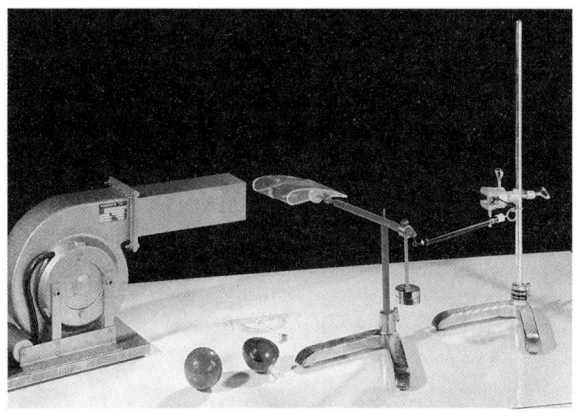

Abb. 257: Winderzeuger und Zweikomponentenwaage zur Messung von Auftrieb und Widerstand eines Profils, darunter einige Widerstandskörper.

Für Schulversuche genügt ein einfacher *Winderzeuger mit offener Meßstrecke* (Abb. 257), wie er im Lehrmittelhandel angeboten wird (Phywe, Leybold, Dr. Kröhnke u. a.). Damit können z. B. (zusammen mit einer Zweikomponenten-Waage)

Abb. 258: Bauplan eines Schrägrohr-Manometers zur Messung kleiner Drücke. Die Skala des Feinmanometers kann in [mm WS] oder in anderen Einheiten (siehe Kapitel 7.1.) geeicht werden. Die Umrechnung ergibt die Skala für die Geschwindigkeitsmessung mit dem Prandtl'schen Staurohr in [m/s].

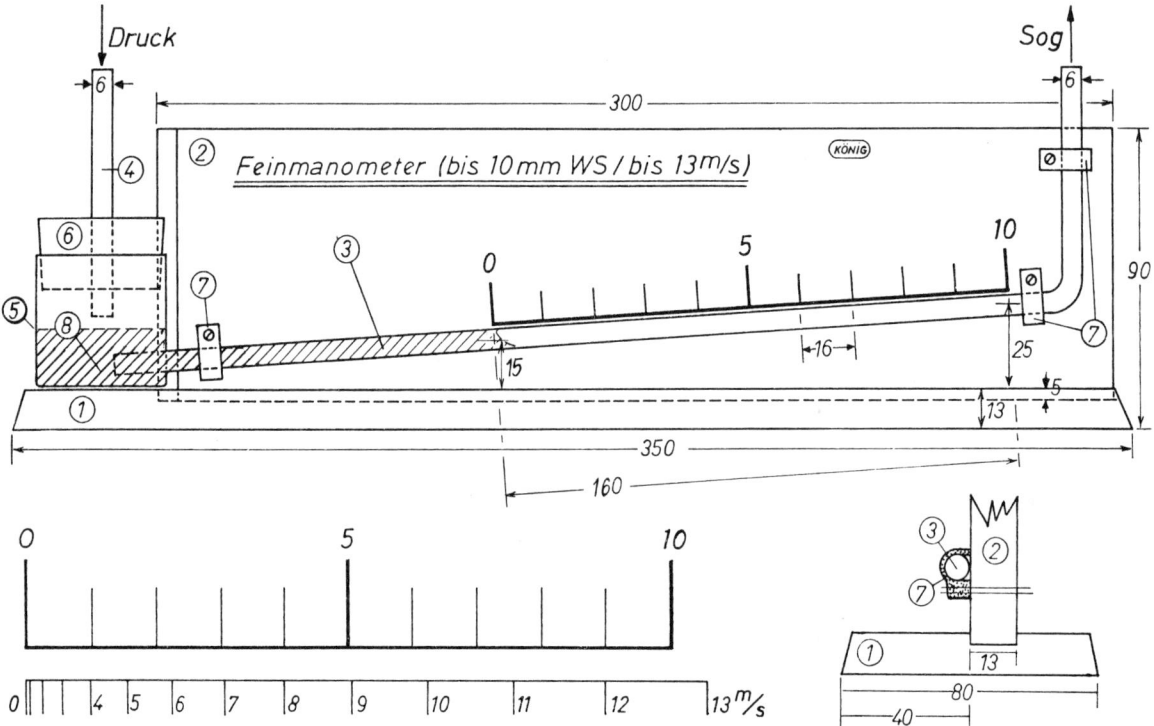

Auftrieb und Widerstand von Profilen in Abhängigkeit vom Anstellwinkel oder
der Widerstand von verschieden geformten Körpern gemessen werden.

Auch die Druckverteilung an einem Tragflächenprofil kann mit Hilfe eines zusätzlichen Feinmanometers (Abb. 258) gemessen werden.

In älteren naturwissenschaftlichen Sammlungen dürften sich noch sogenannte Umlaufgeräte befinden, die vorwiegend zur Messung des Widerstandes verwendet werden. Ein solches Gerät benutzte um 1804 schon George Cayley zum Testen von Tragflächen (siehe auch Kapitel 3.0).

Zur Messung sehr kleiner Drücke oder Druckdifferenzen verwendet man ein Mikro- oder Schrägrohr-Manometer (Abb. 258). Es läßt sich mit recht geringem Aufwand auch selbst bauen: Dazu benötigt man ein Grundbrett (1), eine Rückwand (2) für die Aufnahme des Steigrohres (3) von 6 mm Durchmesser und das Anbringen der Skala für die Druck- und Geschwindigkeitsmessung, ein Glasröhrchen (4) von 6 mm Durchmesser, ein Gefäß (5) zur Aufnahme des gefärbten Wassers (8), einen Gummi- oder Korkstopfen mit Bohrung (6) und drei Schellen (7) zur Befestigung des Rohres an der Rückwand (Maße in mm).

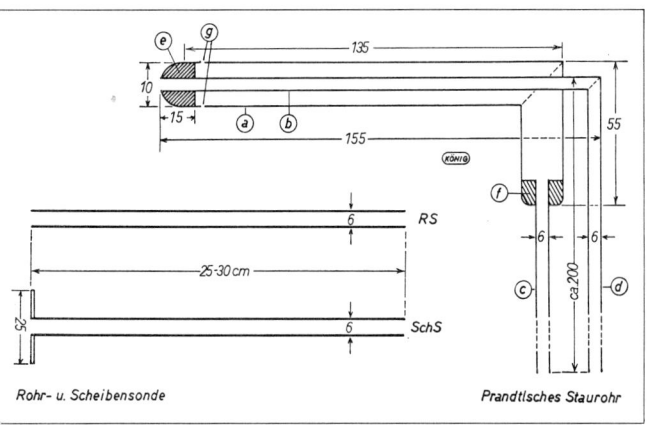

Abb. 259: Bauplan zum Selbstbau von Rohr- und Scheibensonde und Prandtl'schem Staurohr (Maße in mm).

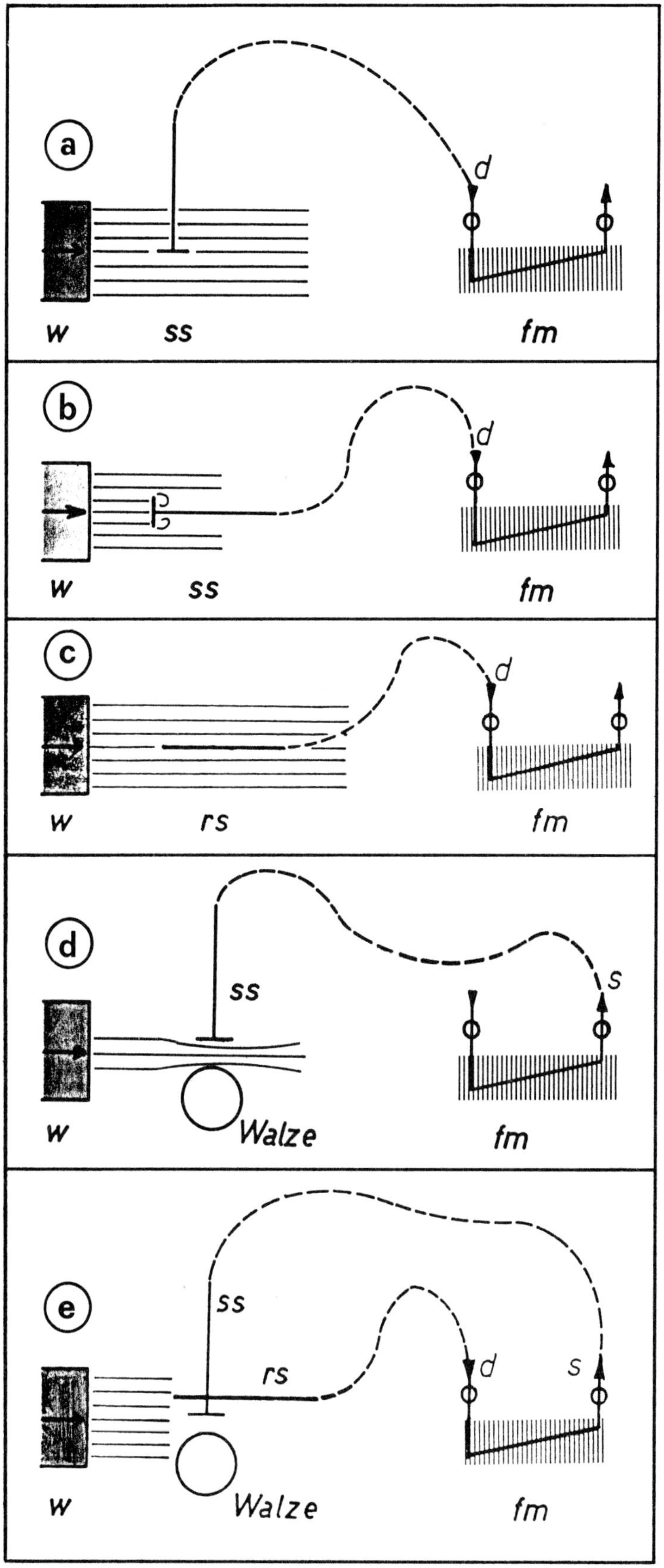

Abb. 260: Rechts: Meßanordnungen zur Messung des statischen Drucks (a), des Gesamtdrucks (b, c), des statischen Drucks an einer Verengung (d) und des Staudrucks (e).

An das fertige Manometer müssen zur Druck- und Geschwindigkeitsmessung Drucksonden angeschlossen werden, die man ebenfalls sehr leicht selbst herstellen kann (Abb. 259): Rohrsonde und Scheibensonde aus Messingrohr von 6 mm Durchmesser, das Prandtlsche Staurohr aus Messingrohr von 6 mm Durchmesser (b, c, d), aus Messingrohr von 10 mm Durchmesser (a), in das Löcher zur Messung des statischen Drucks gebohrt werden (g). Zur Aufnahme des inneren Rohres (b) und des Anschlußrohres (c) werden Kunststoffstopfen passend gedreht und gebohrt (e, f).

Diese Sonden werden an das Feinmanometer angeschlossen und messen den statischen Druck, den Gesamtdruck und den Staudruck (siehe auch Kapitel 7.1).

Die Meßanordnungen sind in Abb. 260 schematisch dargestellt:

Zur Messung des statischen Drucks p muß die Scheibe der Scheibensonde exakt in Strömungsrichtung liegen. Die Leitung wird an die Druckseite des Manometers angeschlossen (Abb. 260a).

Der Gesamtdruck p_0 kann mit Hilfe des Pitotrohres gemessen werden. Rohr- oder Scheibensonde werden dazu gegen die Strömung gerichtet (Abb. 260b, c).

An der Eintrittsöffnung des Pitotrohres wird die Strömung vollkommen abgebremst. Der Staudruck (kinetische Energie der Strömung) wandelt sich dabei in statischen Druck (potentielle Energie der Strömung) um. Dabei wird $p_0 = q + p$ zu $p_0 = p$ (weil q = O wird).

Mit der Scheibensonde kann auch der Seitendruck (statischer Druck) an einer Verengung gemessen werden (Abb. 260d).

Vereinigt man das Pitotrohr mit der Scheibensonde und mißt Gesamtdruck p_0 und statischen Druck p gleichzeitig (Abb. 260e), so ergibt sich daraus der Staudruck q nach der Formel $p_0 = q + p$ oder $q = p_0 - p$. Aus dem Staudruck kann nach der Formel

$$v = \sqrt{\frac{2 \cdot q}{\varrho}}$$

die Gesamtgeschwindigkeit der Strömung berechnet werden (siehe Kapitel 7.2).

7.4.0 Profile

Das Profil (der Querschnitt) der Tragflächen ist entscheidend für Flugleistungen und Flugverhalten eines Flugmodells. Bei der *Auswahl des Profils* muß der Verwendungszweck des Modells berücksichtigt werden: Schnell- oder Langsamflug, gutes Steigverhalten, geringe Sinkgeschwindigkeit, kleiner Gleitwinkel, gutmütiges Abreißverhalten oder gute Kunstflugeigenschaften können Kriterien sein, aus denen die Anforderungen an das Profil abgeleitet werden.

Es gibt inzwischen eine Unzahl von Profilen für die verschiedensten Verwendungszwecke. Zunächst wurden Profile übernommen, die eigentlich für die größeren Re-Zahl-Bereiche der Großflugzeuge gedacht waren, die sich aber oft genug auch für den Modellflug als brauchbar erwiesen. Viele Profile wurden auch aus der Erfahrung heraus (empirisch) entwickelt. Andere wurden in Windkanälen vermessen, vor allem in den für den Modellflug wichtigen Re-Zahl-Bereichen von 50.000 bis 200.000. In den letzten Jahren wurden mit Hilfe von Rechnern Profile auf exakt definierte Aufgabenstellungen des Modellfluges hin berechnet.

An dieser Stelle sei auf die Profile und Profilmessungen von *Professor Richard Eppler* (Abb. 261) hingewiesen, die von *Werner Thies* in zahlreichen Veröffentlichungen bearbeitet und zusammengestellt wurden,

Abb. 261: Professor Richard Eppler.

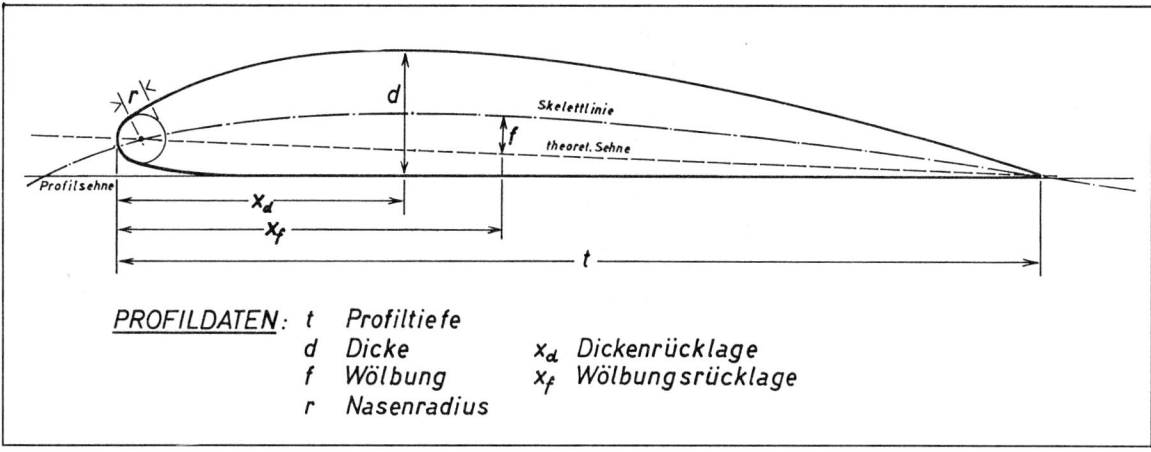

PROFILDATEN: t Profiltiefe
d Dicke x_d Dickenrücklage
f Wölbung x_f Wölbungsrücklage
r Nasenradius

Abb. 262: Profilparameter.

sowie auf die Windkanalmessungen von *Dieter Althaus* und auf die Profile von *Professor Franz Xaver Wortmann*. Auch die Profilmessungen der tschechischen Modellflugaerodynamiker *Ing. Bohumir Hořeni und Ing. Jaroslav Lněnička*, die von *Erich Jedelsky* bearbeitet und zusammengestellt wurden, sind von großer Bedeutung.

Den Grundstein für die systematische Vermessung von Profilen in den Re-Zahl-Bereichen des Modellfluges legte *F. W. Schmitz* in seinen Veröffentlichungen.

Neben der Profilauswahl ist auch die Flügelgeometrie von großer Bedeutung. Umrißform und Streckung sind wesentlich für die zu erwartenden Flugleistungen. Der Aufbau der Tragfläche muß zudem so erfolgen, daß die Profilkontur möglichst exakt eingehalten wird, da nur so die errechneten Eigenschaften und Leistungen des Profils erreicht werden können. Das beginnt bei der Einhaltung des Nasenradius und endet bei der genauen Kontur der Endleiste.

Um die *Geometrie eines Profils*, den Flügelquerschnitt, beschreiben zu können, müssen Bezeichnungen und Vergleichsgrößen, *Profilparameter*, vereinbart werden (Abb. 262):

Alle Angaben werden auf die *Profiltiefe (t)* bezogen; dadurch erzielt man eine dimensionslose Darstellung dieser Werte in Prozent (%) der Tiefe und erleichtert den Vergleich.

Die Linie in der Mitte des Profils bezeichnet man als *Profilmittellinie oder Skelettlinie*. Die Verbindung zwischen Profilnase und Profilende ist die *theoretische Profilsehne*.

Die *Wölbung (f)* ist die größte Höhe der Skelettlinie über der theoretischen Sehne. Den Abstand dieser Stelle von der Profilnase nennt man *Wölbungsrücklage* (x_f).

Die *größte Dicke (d)* des Profils entspricht dem Durchmesser des größten Kreises, der in die Profilkontur gezeichnet werden kann. Der Abstand dieser Stelle von der Profilnase ist die *Dickenrücklage* (x_d).

Schließlich ist noch die wirkliche *Profilsehne* von Bedeutung, die man auch als *Druckseitentangente* bezeichnet. Der Anstellwinkel des Profils wird bei Profilen mit gerader oder nach oben gewölbter Unterseite zwischen der Druckseitentangente und der Anblasrichtung gemessen. Bei symmetrischen Profilen fallen Skelettlinie, theoretische und wirkliche Sehne zusammen.

Schließlich ist auch der *Nasenradius (r)* genau einzuhalten. Beim Bau von Tragflächen benutzt man zweckmäßigerweise Negativ-Schablonen zur Kontrolle von Nasenradius und Verlauf der Profilkontur (Profilober- und -unterseite). Bei den modernen Eppler-Profilen sind die Endleisten mit besonderer Sorgfalt herzustellen.

Aus den o. g. Profilparametern ergeben sich Kriterien für eine erste Beurteilung von Profilen:

Dicke Profile (zunehmendes Dickenverhältnis) haben große Auftriebsbeiwerte, aber auch große Widerstandsbeiwerte, eignen sich also für langsam fliegende Modelle mit hoher Flugmasse.

Dünne Profile haben kleine Auftriebsbeiwerte, aber auch kleine Widerstandsbeiwerte, eignen sich daher gut für schnell fliegende Modelle. Der Widerstandsbeiwert ($c_{w\ min}$) nimmt mit kleiner werdendem Dickenverhältnis ab. Den geringsten Widerstandsbeiwert hat die ebene Platte.

Bei gewölbten Profilen steigen die maximalen Auftriebsbeiwerte mit zunehmender Wölbung. Die Widerstandsbeiwerte vergrößern sich dabei nur geringfügig, sind aber kleiner als bei symmetrischen Profilen gleicher Dicke. Ein höherer Auftriebsbeiwert ($c_{a\ max}$) ist also besser durch Vergrößerung der Wölbung als durch Vergrößerung der Dicke zu erreichen.

Der Einsatzbereich dieser Profile erstreckt sich vor allem auf langsam fliegende Modelle (z. B. Freiflug-Segelflugmodelle und -Gummimotormodelle).

Symmetrische Profile (also nicht gewölbte Profile) haben relativ kleine Auftriebsbeiwerte, die bei positiven und negativen Anstellwinkeln im Betrag gleich sind und sich nur im Vorzeichen unterscheiden. Diese Profile liefern bei einem Anstellwinkel von $\alpha = 0°$ keinen Auftrieb. Sie eignen sich gut als Profile für Leitwerke, werden aber vor allem auch für Kunstflugmodelle (RC-Kunstflug- und Fesselflugmodelle) verwendet, die im Rückenflug ebenso gut fliegen sollen wie im Normalflug.

Für Tragflächen, aber auch für die »tragenden Höhenleitwerke« von Freiflugmodellen werden unsymmetrische Profile verwendet. Ihre Auftriebsbeiwerte sind bei positiven Anstellwinkeln größer als bei negativen.

Ein kleinerer Nasenradius führt zu früherer Turbulenzbildung.

Dünne, stark gewölbte Profile reagieren empfindlich auf Böen, die mit solchen Profilen gebauten Tragflügel sind nicht biege- und verdrehsteif und bringen Probleme bei der statischen Festigkeit.

Gelegentlich ist es erforderlich, Profile zu modifizieren, um aus den o. g. Grundformen und den daraus resultierenden Eigenschaften eine Kombination für eine bestimmte Zielsetzung zu erzielen. Man muß dann wissen, wie sich die geplante Modifikation auswirkt:

Bei gleichbleibender Wölbung wird die Dicke vergrößert, um z. B. einen Holm von ausreichender Festigkeit einbauen zu können. Bei gleichbleibender Dicke wird die Wölbung vergrößert oder verkleinert, um z. B. eine aerodynamische Schränkung zu erreichen.

Die im Modellflug verwendeten Profile sind meist durch Zahlen oder Buchstaben gekennzeichnet. Leider sind diese Kennzeichnungen nicht genormt, und bedauerlicherweise ist ein großer Teil der gebräuchlichen Profile nicht gekennzeichnet, sondern trägt nur eine laufende Nummer, die nichts weiter aussagt. Dies trifft auf die Göttinger Profile, die älteren MVA-Profile und die Eppler-Profile zu. Die NACA-Profile (National Advisory Committee for Aeronautics), die Profile von Benedek (B), Wortmann (FX), Sigurd Isaakson (SI) und Ritz enthalten in ihrer Kennzeichnung die wichtigsten der o. g. Profilparameter, bezogen auf die Profiltiefe ($t = 100\%$).

NACA 2415 (vierstellige Kennzahl): Die erste Ziffer gibt die Profilwölbung ($f = 2\%$) an, die zweite Ziffer, multipliziert mit 10, die Wölbungsrücklage ($x_f = 40\%$) und die letzten beiden Ziffern die maximale Dicke des Profils ($d = 15\%$).

NACA 23012 (fünfstellige Kennzahl): Die erste Ziffer gibt die Profilwölbung ($f = 2\%$) an, die zweite und dritte Ziffer, dividiert durch 2, die Wölbungsrücklage ($x_f = 15\%$) und die beiden letzten Ziffern die maximale Dicke ($d = 12\%$).

B – 8356 (Benedek-Profil): Die erste Ziffer gibt die maximale Profildicke an ($f = 8\%$), die zweite und dritte die Wölbungsrücklage ($x_f = 35\%$) und die vierte Ziffer die Profilwölbung ($f = 6\%$).

FX 60 – 126 (Wortmann-Profil): Die Zahl vor dem Bindestrich gibt das Entwicklungsjahr an (1960), die Zahl dahinter, dividiert durch 10, die Profildicke ($d = 12,6\%$).

FX 62 – K – 131/17 (Wortmann-Profil): Die Zahl vor dem Bindestrich gibt das Entwicklungsjahr an (1962), die Zahl 131, dividiert durch 10, die maximale Profildicke ($d = 13,1\%$). Der Buchstabe K gibt an, daß es sich um ein Klappenprofil handelt, und die Zahl 17 hinter dem Schrägstrich gibt die Klappentiefe (17% der Profiltiefe) an.

SI 73508 (Isaakson-Profil): Die erste Ziffer gibt die maximale Wölbung (f = 7%) an, die zweite und dritte die Wölbungsrücklage (x_f = 35%) und die vierte und fünfte Ziffer die maximale Dicke (d = 8%).

Ritz 2 – 30 – 12: Die erste Zahl gibt die maximale Wölbung an (f = 2%), die zweite Zahl die Wölbungsrücklage (x_f = 30%) und die dritte Zahl die maximale Profildicke (d = 12%).

Die bisher genannten Profilparameter reichen aber nicht aus, um eine exakte Kontur des Profils zu zeichnen.

Aus diesem Grunde wird zu jedem Profil eine Wertetabelle (Koordinaten) erstellt, die eine genaue Konstruktion des Profilumrisses ermöglicht.

Die x- und y-Koordinaten sind jeweils auf eine Profiltiefe von 100 mm ($\triangleq$ 100%) bezogen.

Am Beispiel des bekannten Allround-Profils CLARK Y soll die Konstruktion eines Profilumrisses beschrieben werden (Abb. 263): Die Wertetabelle (Tabelle 20)

enthält die waagerecht aufzutragenden x-Werte (t) von 0 bis 100%, dazu die senkrecht aufzutragenden Werte für Oberseite (y_o) und Unterseite (y_u) des Profils.

Bei der Tabelle fällt auf, daß die x-Werte im Bereich der Profilnase stärker differenziert sind als im mittleren und hinteren Bereich des Profils. Die größere Zahl von Meßpunkten soll sicherstellen, daß der Verlauf des Profils in diesem Bereich möglichst exakt ist.

Das o. g. Profil kann mit den in der Tabelle angegebenen Werten mit einer Tiefe von 100 mm gezeichnet werden. Oft aber wird der Konstruktion des Modells entsprechend eine größere Flächentiefe gewünscht, beispielsweise 200 mm. Alle in der Tabelle angegebenen Werte sind dann mit 2 zu multiplizieren (bei t = 300 mm mit 3 usw.), mit einem Taschenrechner nach Eingabe der Konstante 2 kein Problem (im Kopfrechenverfahren allerdings auch nicht). Die neue Tabelle enthält dann diese Werte (siehe Tabelle 20). Zum Zeichnen werden Millimeterpapier, ein spitzer Bleistift und Kurvenlineale benötigt.

Abb. 263: Konstruktion des Profils CLARK Y nach den Werten der Koordinaten-Tabelle (siehe Tabelle 16).

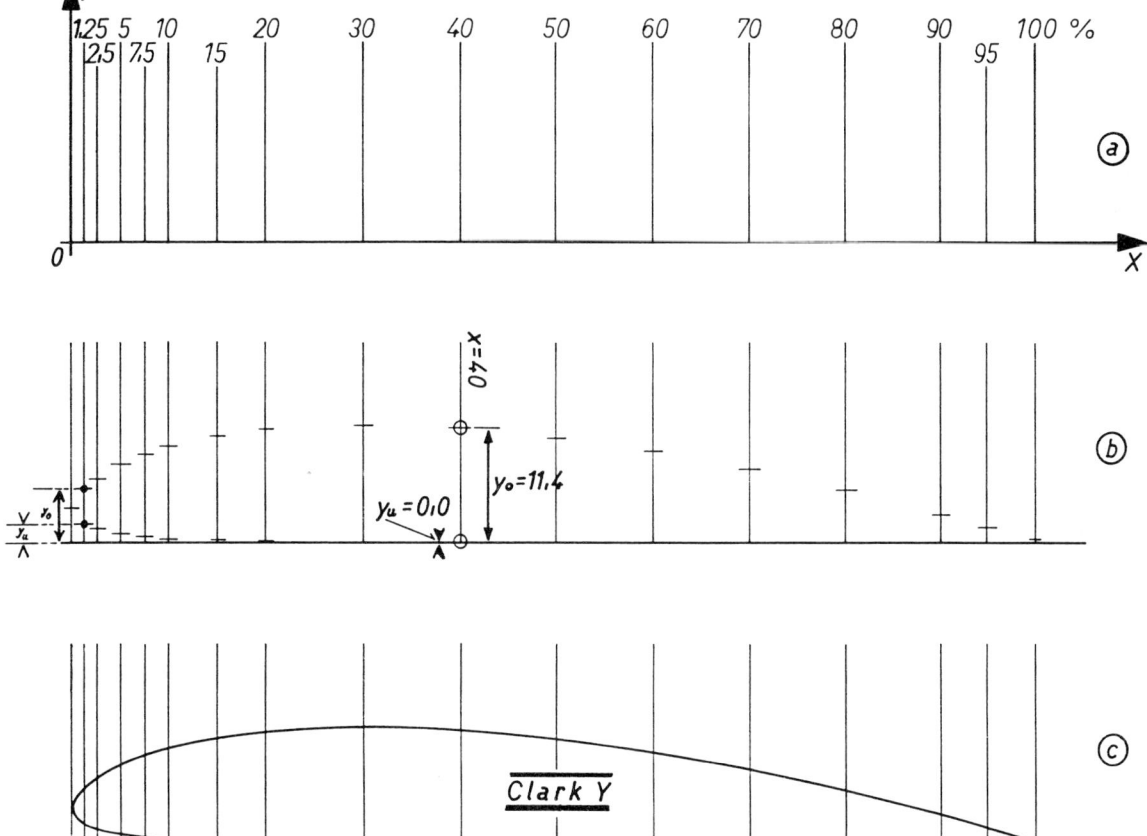

Tabelle 20: Profilkoordinaten zu Abb. 263

CLARK Y (t = 100 mm)

X	0	1,25	2,5	5	7,5	10	15	20	30	40	50	60	70	80	90	95	100
Yo	3,50	5,45	6,50	7,90	8,85	9,60	10,60	11,36	11,70	11,40	10,52	9,15	7,35	5,22	2,80	1,49	0,12
Yu	3,50	1,93	1,47	0,93	0,65	0,42	0,15	0,04	0	0	0	0	0	0	0	0	0

CLARK Y (t = 200 mm)

X	0	2,5	5,0	10	15	20	30	40	60	80	100	120	140	160	180	190	200
Yo	7,00	10,90	13,00	15,80	17,70	19,20	21,20	22,72	23,40	22,80	21,04	18,30	14,70	10,44	5,60	2,98	0,24
Yu	7,00	3,86	2,94	1,86	1,30	0,84	0,30	0,06	0	0	0	0	0	0	0	0	0

Zunächst werden die x-Werte aufgetragen (Abb. 263a). Danach werden die Werte für die Profiloberseite (y_o) und für die Profilunterseite (y_u) senkrecht über den Meßpunkten der x-Achse aufgetragen (Abb. 263b). Die so gefundenen Meßpunkte werden mit Hilfe eines Kurvenlineals zu einer gleichmäßig verlaufenden Kurve verbunden (siehe Abb. 144 in Kapitel 6.2).

Soll ein Profil modifiziert werden, so kann dies durch entsprechendes Umrechnen der Tabellenwerte geschehen. Das o. g. Profil soll z. B. um die Mittellinie herum gleichmäßig dünner gemacht werden, z. B. auf 60% der Dicke. Dabei bleibt die Wölbung konstant, die Dicke wird geringer. Das erreicht man, indem man die x-Werte beibehält und die y-Werte (y_o und y_u) mit 0,6 multipliziert. Das so errechnete Profil hat nur noch 60% der Dicke des Originals (siehe Tabelle 24 und Abb. 267).

Steht vor einem y_u-Wert ein Minuszeichen, so bedeutet dies, daß der betreffende Meßpunkt unterhalb der x-Linie liegt. Beim Bau von Freiflugmodellen werden oft sehr dünne Profile verwendet, die zu Problemen bei der Festigkeit der Tragfläche führen.

Abb. 264: Straken eines Profils für die geodätische Bauweise.

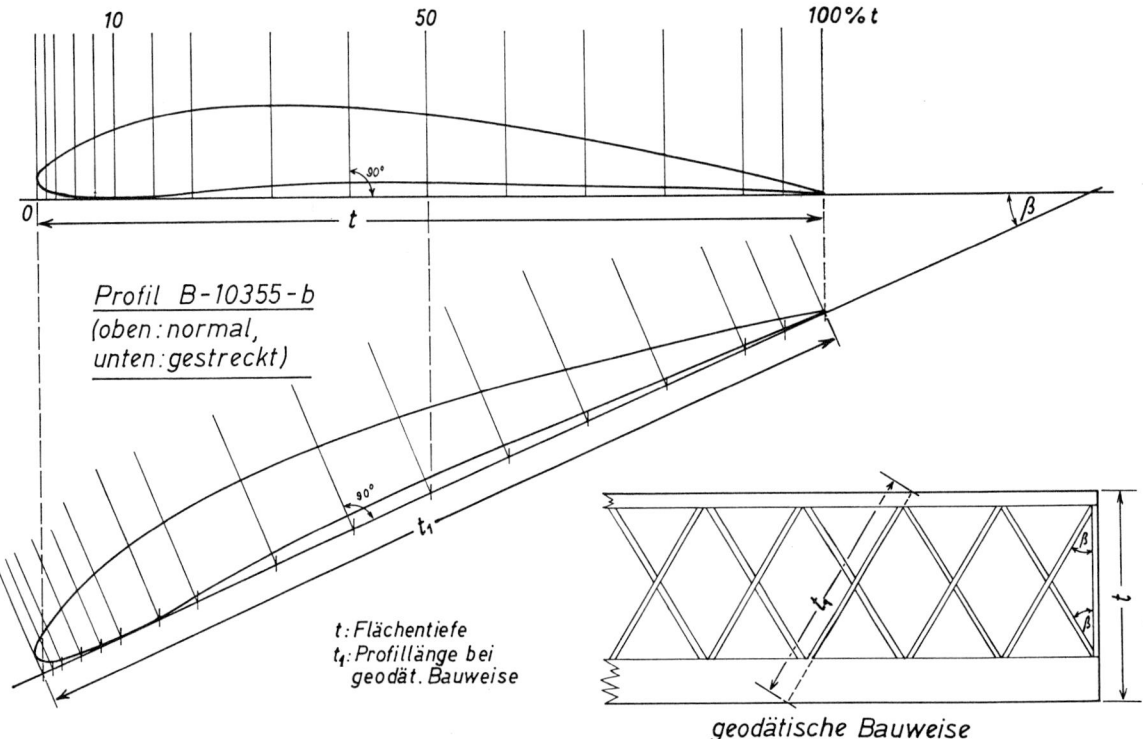

Profil B-10355-b
(oben: normal,
unten: gestreckt)

t: Flächentiefe
t_1: Profillänge bei geodät. Bauweise

geodätische Bauweise

Tabelle 21: Profilkoordinaten zu Abb. 264

Benedek B – 10355 – b (x für t = 100 mm/x$_1$ für gestreckte Version mit t = 120 mm)

X	0	1,25	2,5	5	7,5	10	15	20	30	40	50	60	70	80	90	95	100
X$_1$	0	1,50	3,0	6,0	9,0	12	18	24	36	48	60	72	84	96	108	114	120
Yo	2,32	4,05	5,00	6,42	7,53	8,42	9,76	10,67	11,38	11,00	10,00	8,67	6,95	4,93	2,79	–	0,25
Yu	2,32	1,08	0,72	0,28	0,06	0	0,27	0,73	1,50	1,75	1,73	1,53	1,22	0,92	0,50	–	0

Die *geodätische Bauweise* ergibt Tragflächen, die unempfindlich gegen Torsions- und Biegebelastungen sind (Abb. 264). Durch den diagonalen Einbau der Rippen wird das Profil je nach Winkel β gestreckt. Aus der ursprünglichen Flächentiefe t = 100% wird nun die gestreckte Profiltiefe t$_1$ = 120%. Die x-Werte sind also auf diese Profiltiefe umzurechnen, d. h. mit 1,2 zu multiplizieren.

Die ursprüngliche Dicke des Profils B – 10355 – b, d. h. die y$_o$- und die y$_u$-Werte, dürfen sich bei dieser Umrechnung aber nicht verändern. Sie bleiben gleich, bezogen auf t = 100% (siehe Tabelle 21).

Der Konstruktionsablauf ist ansonsten der gleiche wie beim Profil CLARK Y.

Um eine möglichst genaue Profilkontur zu erzielen, ist es empfehlenswert, das Profil zuerst möglichst groß zu zeichnen (Faktor 3 bis 5). Danach wird die Profilkontur fotografiert. Mit dem so erstellten Negativ kann man nun durch Vergrößern jede beliebige Profiltiefe erhalten.

Aus der Vielzahl von Modellflugprofilen kann hier nur eine eng begrenzte Auswahl getroffen und vorgestellt werden. Die Profile wurden so ausgewählt, daß aus den einzelnen Gruppen die für die jeweilige Modellflugsparte (Freiflug, Fernlenkflug usw.) brauchbaren Profile ausgesucht und angewandt werden können (Abb. 265 bis 271).

Detaillierte Informationen über spezielle Profile und über weitere, hier nicht genannte Profile finden sich in der Fachliteratur:
Thies/Eppler-Profile (MTB 1 und 2), Baden-Baden, 1975;

Althaus/Profilpolaren für den Modellflug, Villingen, 1980;
Jedelsky/Tschechische Profilmessungen, in Flug und Modelltechnik, Baden-Baden, Juli bis Oktober 1980;
Flugmodell-Profile (1–8) in Modellbau heute, Berlin (DDR), März 1978 bis Oktober 1979;
Flugmodell-Profile I bis XV in Modell, Villingen, Juli 1978 bis November 1979;
Räbel/Modellflug-Profile, München, 1965 und 1979;
F. W. Schmitz/Aerodynamik des Flugmodells, Duisburg, 1960;
M. Simons/Model Aircraft Aerodynamics, Watford (GB), 1978.

7.4.1 FREIFLUGPROFILE

Das Benedek-Profil *B 10355 – b* ist vor allem für Sportmodelle gedacht. Es ist wegen seiner Dicke von 10% nicht so schnell und kann daher auch von Anfängern gut beherrscht werden (Abb. 264).

Die *gewölbte Platte Gö 417a* hat im Re-Zahl-Bereich des Modellfluges gute Leistungsdaten: $c_{a\ max} \approx 1{,}06$ bei $\alpha = 7{,}75°$ (Re 42.000) bzw. $c_{a\ max} \approx 1{,}11$ bei $\alpha = 8{,}5°$ (Re 168.000) (nach Räbel). Sie bereitet allerdings Probleme hinsichtlich der statischen Festigkeit der Tragflügelkonstruktion und wird daher hauptsächlich bei Kleinseglern, Wurfgleitern und für Höhenleitwerke von Freiflugmodellen verwendet.

Die Mittellinie dieses Profils war Grundlage für die Entwicklung und die Konstruktionslinie zahlreicher Göttinger Profile. Die Profilmittellinie ist auch ein sehr gutes Profil für Saalflugmodelle (Abb. 265).

Abb. 265: Profile Gö 417a, Gö 417 und Ritz 74555 G.

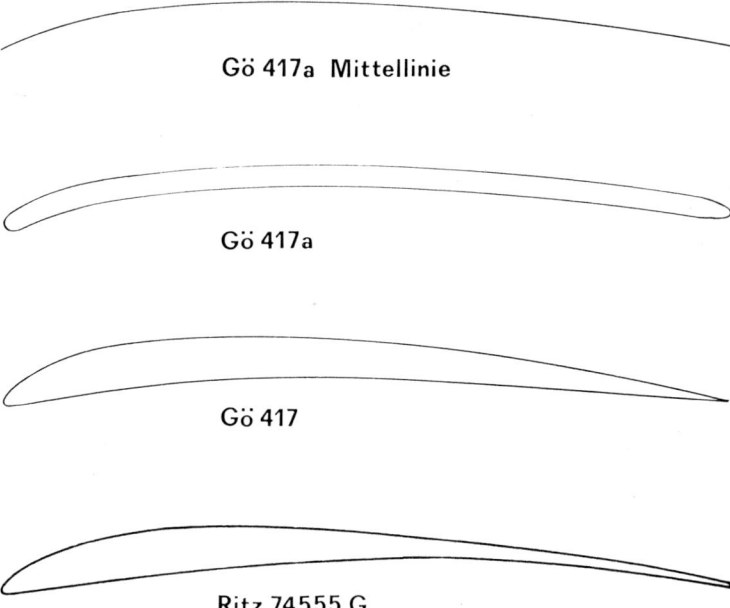

Gö 417a Mittellinie

Gö 417a

Gö 417

Ritz 74555 G

Tabelle 22: Profilkoordinaten zu Abb. 265

Gö 417a/Profilmittellinie

X	0	1,25	2,5	5,0	7,5	10	15	20	30	40	50	60	70	80	90	95	100
Y	0,90	1,50	2,10	3,13	4,05	4,80	5,70	6,30	7,15	7,35	7,00	6,40	5,45	4,25	2,80	2,10	1,30

Gö 417a/gewölbte Platte

X	0	1,25	2,5	5,0	7,5	10	15	20	30	40	50	60	70	80	90	95	100
Yo	1,45	3,00	3,65	4,70	5,60	6,30	7,15	7,75	8,60	8,80	8,45	7,85	6,90	5,70	4,25	3,55	1,45
Yu	1,45	0,05	0,45	1,55	2,50	3,30	4,20	4,85	5,70	5,90	5,55	4,95	4,00	2,80	1,30	0,60	1,45

Gö 417

X	0	1,25	2,5	5	7,5	10	15	20	30	40	50	60	70	80	90	95	100
Yo	0,65	2,50	3,75	5,05	6,25	7,05	8,15	8,85	9,30	9,15	8,55	7,55	6,25	4,50	2,40	1,20	0
Yu	0,65	0,05	0,25	0,70	1,10	1,50	2,20	2,55	3,65	3,90	3,65	3,20	2,50	1,70	O,80	0,40	0

Ritz 74555 G

X	0	1,25	2,5	5	7,5	10	15	20	30	40	50	60	70	80	90	95	100
Yo	0,50	2,30	3,40	4,80	–	6,80	–	8,90	9,50	9,40	8,90	7,90	6,70	5,10	3,10	–	0,80
Yu	0,50	0	0,30	0,70	–	1,40	–	2,80	4,00	4,80	5,30	5,40	4,70	3,50	1,90	–	0

Die Mittellinie des Gö 417a entspricht der des Profils *Gö 417,* eins der o. g. Profile, die auf der Grundlage der Mittellinie des Gö 417a entwickelt wurden. Dieses Profil hat gute bis sehr gute Gleitflugleistungen bei langsamem Flug. Der beste Gleitwinkel wird bei einem Einstellwinkel von 3° (EWD) erreicht (Abb. 265).

Das *Profil 74555 G von Gerald Ritz* ist als Profil für besonders gute Gleitflugleistungen entwickelt worden,

es ist als modernes Freiflugprofil auch heute im Gebrauch (Abb. 265).

Das *NACA 6409* wird im Freiflug in allen Klassen mit guten Erfolgen eingesetzt, vor allem wegen seiner Wölbungsrücklage von 40%. Aber auch bei Fernlenksegelflugmodellen ist es einsetzbar und bringt, entsprechende konstruktive Auslegung vorausgesetzt, lange und nicht zu schnelle Gleitflüge (Abb. 266).

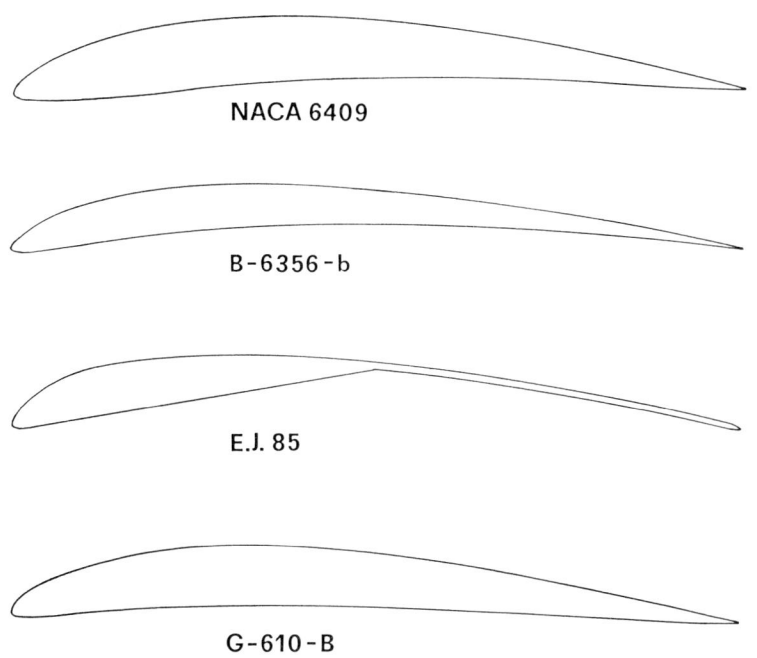

NACA 6409

B-6356-b

E.J. 85

G-610-B

Abb. 266: Profile NACA 6409, B-6356-b, E. J. 85 und G-10-B.

Tabelle 23: Profilkoordinaten zu Abb. 266

NACA 6409

X	0	1,25	2,5	5	7,5	10	15	20	30	40	50	60	70	80	90	95	100
Yo	0	2,00	2,96	4,30	5,40	6,30	7,70	8,80	10,10	10,30	9,80	8,70	7,20	5,30	2,90	–	0,09
Yu	0	−0,80	−1,10	−1,18	−1,00	−0,80	−0,30	−0,10	1,10	1,60	1,80	1,90	1,70	1,30	0,70	–	0,09

B – 6356 – b (Benedek)

X	0	1,25	2,5	5	7,5	10	15	20	30	40	50	60	70	80	90	95	100
Yo	0,70	2,18	3,14	4,55	5,65	6,53	7,78	8,55	9,15	8,96	8,29	7,10	5,75	4,08	2,23	–	0,22
Yu	0,70	0,03	0,15	0,42	0,78	1,12	1,85	2,45	3,25	3,57	3,65	3,50	3,00	2,22	1,19	–	0

E. J. 85 (Erich Jedelsky)

X	0	1,25	2,5	5	7,5	10	15	20	30	40	50	60	70	80	90	95	100
Yo	0,50	3,00	4,30	6,00	7,20	8,00	9,20	9,50	10,0	9,80	9,00	8,00	6,50	4,80	2,80	–	0
Yu	0,50	0,10	0,50	1,00	1,30	1,80	2,70	3,30	5,00	6,50	8,00	7,00	5,50	3,80	1,80	–	0

G – 610 – B (Goldberg)

X	0	1,25	2,5	5	10	15	20	25	30	40	50	60	70	80	90	95	100
Yo	1,00	2,70	3,70	4,60	6,00	6,70	8,00	9,00	9,50	9,80	9,80	9,10	7,70	6,30	4,30	2,30	1,20
Yu	1,00	0	0	0,10	0,30	0,70	1,10	1,50	1,70	1,90	2,00	1,90	1,60	1,20	0,70	0,10	0

Das Benedek-Profil *B 6356 b* ist ein Standard-Profil für die Freiflugklassen A 1 und A 2 (F 1 A). Es ist vorn dicker und hat ein flacher werdendes Profilende, kann daher in einem ziemlich großen Anstellwinkelbereich geflogen werden (Abb. 266).

Erich Jedelsky entwickelte die Standardbauweise, die man heute bei zahlreichen Freiflug- und Fernlenk-flugmodellen findet (z. B. beim RC-Segler »Airfish« oder beim »Digifish«). Das Profil *E. J. 85* ist vorn dicker und hinten flach auslaufend, hat daher bei kleinen Anstellwinkeln weniger Widerstand. Es ist ein Allwet-terprofil für einen großen Windgeschwindigkeitsbe-reich und für Freiflug- und leichte Fernlenksegelflug-modelle geeignet (Abb. 266).

Das *Goldberg-Profil G – 610 – B* eignet sich beson-ders für Motorfreiflugmodelle der Klasse F 1 C. Ein von Dave Kneeland eingesetztes Modell mit diesem Profil gewann 1953 die Weltmeisterschaft in der o. g. Klasse (Abb. 266).

Das Profil *CLARK Y* ist ein Universal-Profil, das in allen Bereichen des Modellfluges eingesetzt werden kann und eingesetzt wird (Abb. 263). Wird die Dicke auf 60% reduziert (siehe Tabelle 24 und Abb. 267), so erhält man ein Profil, das sich sehr gut für Höhenleitwerke eignet, das aber auch als Tragflächenprofil für Freiflug-modelle (z. B. F 1 B) eingesetzt werden kann.

7.4.2 HÖHENLEITWERKSPROFILE

Symmetrische Höhenleitwerksprofile haben einen geringen Widerstand, aber auch die stabilisierende Wirkung ist gering (Abb. 267). Symmetrische Profile mit maximal 10% Dicke und mit spitzer Profilnase verbin-den den Vorteil des geringen Widerstandes mit einer wesentlich größeren stabilisierenden Wirkung (Abb. 267: HL-Profil).

Die *gewölbte Platte 417a* wird oft als Höhenleitwerks-profil von Freiflugmodellen verwendet, sie stabilisiert sehr gut, liefert allerdings bei relativ hohem Widerstand einen geringen Auftrieb. Für Segelflugmodelle, die vor allem bei leichtem Wind eingesetzt werden sollen, sollte man den Schwerpunkt möglichst bis 100%, d. h. an die Hinterkante des Profils, zurücklegen (Abb. 265).

Das in der Dicke auf 60% reduzierte *Universalprofil CLARK Y* wird bei Freiflugmodellen als Tragflächen-profil ebenso oft verwendet wie als Höhenleitwerkspro-fil (Abb. 267).

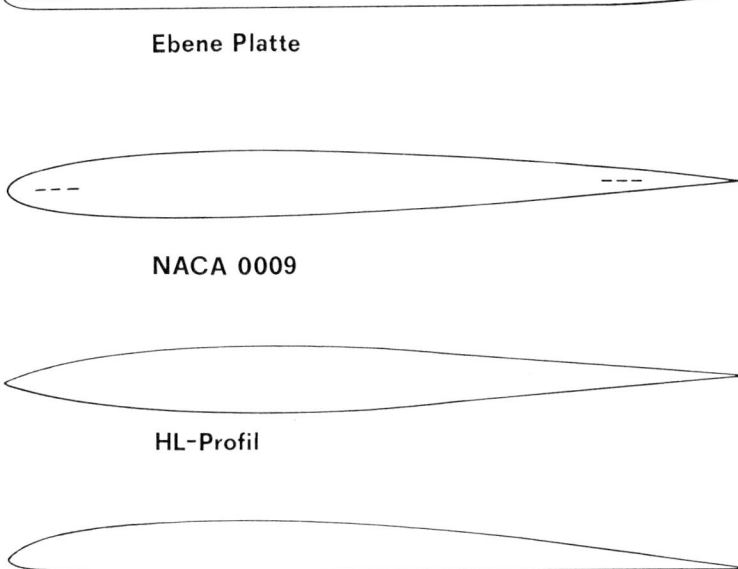

Ebene Platte

NACA 0009

HL-Profil

CLARK Y (d = 60%)

Abb. 267: Profile Ebene Platte, NACA 0009, HL-Profil und CLARK Y (d = 60%).

Tabelle 24: Profilkoordinaten zu Abb. 267

Ebene Platte

X	0	1,25	2,5	5	7,5	10	15	20	30	40	50	60	70	80	90	95	100
Yo	0	0,80	1,00	1,30	1,40	1,45	1,45	1,45	1,45	1,45	1,45	1,45	1,45	1,40	0,80	0,40	0
Yu	0	−0,80	−1,00	−1,30	−1,40	−1,45	−1,45	−1,45	−1,45	−1,45	−1,45	−1,45	−1,45	−1,40	−0,80	−0,40	0

NACA 0009

X	0	1,25	2,5	5	7,5	10	15	20	30	40	50	60	70	80	90	95	100
Yo	0	1,42	1,96	2,47	3,15	3,51	4,01	4,30	4,50	4,35	3,97	3,42	2,75	1,97	1,09	0,60	0,10
Yu	0	−1,42	−1,96	−2,47	−3,15	−3,51	−4,01	−4,30	−4,50	−4,35	−3,97	−3,42	−2,75	−1,97	−1,09	−0,60	−0,10

HL-Profil

X	0	1,25	2,5	5	7,5	10	15	20	30	40	50	60	70	80	90	95	100
Yo	0	0,66	1,00	1,66	2,50	3,16	3,75	4,08	4,25	4,33	4,08	3,33	2,58	1,67	0,92	0,42	0
Yu	0	−0,66	−1,00	−1,66	−2,50	−3,16	−3,75	−4,08	−4,25	−4,33	−4,08	−3,33	−2,58	−1,67	−0,92	−0,42	0

CLARK Y (d = 60%)

X	0	1,25	2,5	5	7,5	10	15	20	30	40	50	60	70	80	90	95	100
Yo	2,10	3,27	3,90	4,74	5,31	5,76	6,36	6,81	7,02	6,84	6,31	5,49	4,41	3,13	1,68	0,89	0,07
Yu	2,10	1,16	0,88	0,56	0,39	0,25	0,09	0,02	0	0	0	0	0	0	0	0	0

251

7.4.3 PROFILE FÜR FERNLENK-SEGELFLUGMODELLE

Die Zahl der Profile für die verschiedensten Versionen von Segelflugmodellen, für Hangflug und Kunstflug, für Thermikflug und Geschwindigkeitsflug (F 3 B) ist inzwischen verwirrend groß. Für diesen Bereich wurden daher einige herausragende und bereits bewährte Profile herausgesucht.

Gute Gleitflugleistungen kann man vom *NACA 4412* erwarten. Es eignet sich gut für Anfängermodelle und für den Thermikflug. Das Profil mit der 4% gewölbten Skelettlinie liefert hohen Auftrieb (Abb. 268).

Das Göttinger Profil *Gö 546* eignet sich für ferngesteuerte Segelflugmodelle (Hang- und Thermikflug). Der beste Gleitwinkel wird bei einer Einstellwinkeldifferenz von ca. 0,5° erzielt (Abb. 268).

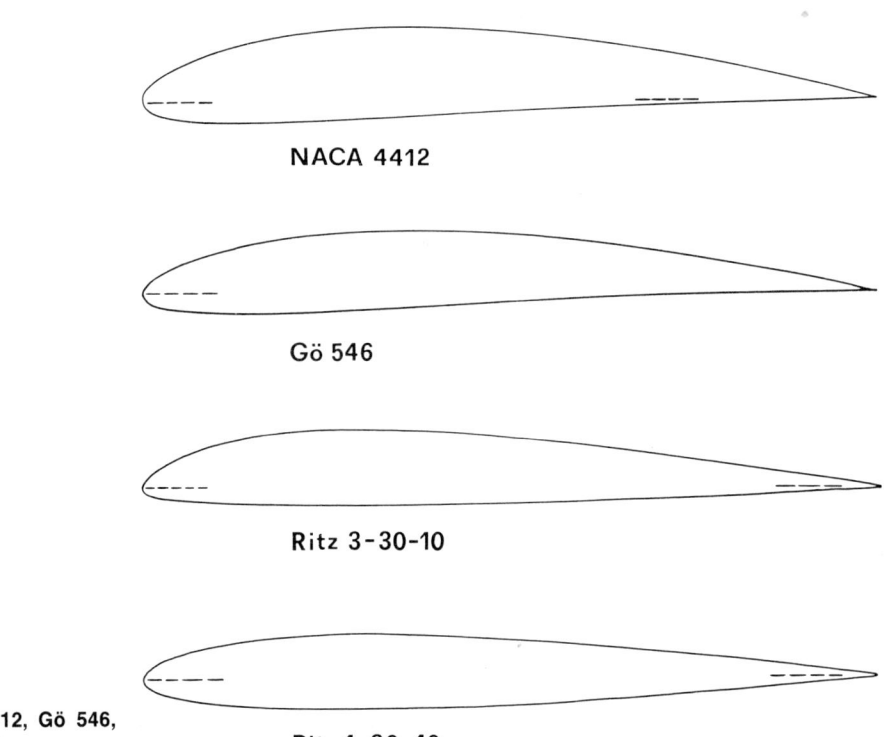

NACA 4412

Gö 546

Ritz 3-30-10

Ritz 1-30-10

**Abb. 268: Profile NACA 4412, Gö 546,
Ritz 3-30-10 und Ritz 1-30-10.**

Tabelle 25: Profilkoordinaten zu Abb. 268

NACA 4412

X	0	1,25	2,5	5	7,5	10	15	20	30	40	50	60	70	80	90	95	100
Yo	0	2,44	3,39	4,73	5,76	6,59	7,89	8,80	9,76	9,80	9,19	8,14	6,69	4,89	2,71	1,47	0,13
Yu	0	−1,43	−1,95	−2,49	−2,74	−2,86	−2,88	−2,74	−2,26	−1,80	−1,40	−1,00	−0,65	−0,39	−0,22	−0,16	−0,13

252

Gö 546

X	0	1,25	2,5	5	7,5	10	15	20	30	40	50	60	70	80	90	95	100
Yo	2,9	4,95	5,65	6,75	7,55	8,2	9,2	9,8	10,4	10,25	9,55	8,33	6,8	4,8	2,55	1,4	0
Yu	2,9	1,7	1,3	0,9	0,65	0,45	0,2	0	0	0,2	0,5	0,7	0,75	0,65	0,45	0,25	0

Ritz 3 – 30 – 10

X	0	1,25	2,5	5	7,5	10	15	20	30	40	50	60	70	80	90	95	100
Yo	0	1,75	2,6	4	5,05	5,8	6,9	7,55	8	7,7	6,9	5,85	4,7	3,3	1,75	0,95	0,1
Yu	0	−1	−1,2	−1,4	−1,55	−1,7	−1,85	−1,95	−2	−1,9	−1,7	−1,5	−1,2	−0,9	−0,6	−0,35	−0,1

Ritz 2 – 30 – 10 (ohne Abb.)

X	0	1,25	2,5	5	7,5	10	15	20	30	40	50	60	70	80	90	95	100
Yo	0	1,65	2,35	3,45	4,35	5	5,95	6,55	7	6,7	6	5,15	4,15	2,95	1,6	0,85	0,1
Yu	0	−1,25	−1,65	−2,2	−2,4	−2,65	−2,8	−2,95	−3	−2,8	−2,45	−2,15	−1,75	−1,3	−0,8	−0,5	−0,1

Ritz 1 – 30 – 10

X	0	1,25	2,5	5	7,5	10	15	20	30	40	50	60	70	80	90	95	100
Yo	0	1,65	2,3	3,2	3,85	4,45	5,2	5,65	6	5,8	5,2	4,5	3,65	2,6	1,4	0,75	0,1
Yu	0	−1,25	−1,8	−2,36	−2,85	−3,05	−3,45	−3,8	−4	−3,85	−3,45	−3	−2,35	−1,6	−0,95	−0,5	−0,1

Für schnelle Segelflugmodelle eignet sich das *Ritz 3 – 30 – 10* mit einer Mittellinienwölbung von 3% und einer Dicke von 10% (Abb. 268). Die Profile *Ritz 2 – 30 – 10* (Tabelle 25) und *Ritz 1 – 30 – 10* (Abb. 268) haben eine jeweils geringere Wölbung (2% und 1%), ansonsten aber gleiche Wölbungsrücklage (30%) und gleiche Dicke (10%). Sie sind für noch schnellere Segelflugmodelle, z. B. für Hangflug oder für F 3 B, geeignet.

Eppler-Profile sind auf ihren Verwendungszweck hin berechnet worden. Prof. Eppler hat nach vorgegebenen Eigenschaften, aus denen sich Druck- oder Geschwindigkeitsverteilung am Profil ergeben, seine Profile mit Hilfe eines speziellen Rechenverfahrens entwickelt. Die theoretischen Annahmen wurden durch praktische Erprobung und durch Windkanalmessungen weitestgehend bestätigt. Sie können allerdings die errechneten Leistungen nur dann erreichen, wenn die Konturen von Ober- und Unterseite genauestens eingehalten werden. Bei den in Abb. 269 dargestellten Profilen liegt die Re-Zahl bei 100.000 (Quelle: Thies/Eppler-Profile [MTB 1], Baden-Baden, 1975).

Abb. 269: Eppler-Profile E 374, E 385 und E 392.

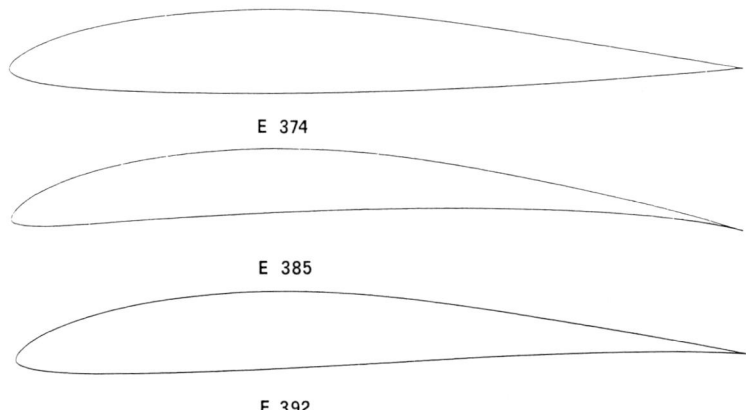

E 374

E 385

E 392

Tabelle 26: Profilkoordinaten zu Abb. 269

E 374		E 385		E 392		E 374		E 385		E 392	
X	Y	X	Y	X	Y	X	Y	X	Y	X	Y
100.000	0.000	100.000	0.000	100.000	0.000	0.014	0.124−	0.424	0.907	0.080	0.316
99.640	0.045	99.695	0.080	99.676	0.056	0.437	0.624−	0.025	0.187	0.065	0.254−
98.610	0.204	98.804	0.321	98.727	0.233	1.427	1.133−	0.112	0.306−	0.631	0.695−
97.000	0.485	97.384	0.716	97.208	0.537	2.935	1.602−	0.768	0.607−	1.756	1.089−
94.864	0.846	95.480	1.231	95.169	0.949	4.949	2.017−	1.996	0.790−	3.413	1.406−
92.214	1.264	93.117	1.826	92.641	1.440	7.454	2.371−	3.784	0.843−	5.588	1.640−
89.077	1.747	90.309	2.482	89.649	1.996	10.428	2.662−	6.131	0.775−	8.268	1.793−
85.508	2.297	87.084	3.194	86.230	2.615	13.845	2.892−	9.023	0.603−	11.428	1.870−
81.560	2.905	83.489	3.953	82.432	3.289	17.669	3.062−	12.438	0.350−	15.039	1.879−
77.292	3.559	79.569	4.745	78.311	4.006	21.861	3.177−	16.339	0.036−	19.060	1.829−
72.769	4.245	75.376	5.552	73.922	4.751	26.374	3.240−	20.687	0.317	23.449	1.727−
68.053	4.943	70.965	6.358	69.325	5.505	31.158	3.256−	25.429	0.688	28.155	1.582−
63.210	5.628	66.390	7.139	64.581	6.248	36.159	3.230−	30.507	1.056	33.122	1.398−
58.308	6.268	61.709	7.873	59.751	6.954	41.320	3.165−	35.858	1.405	38.297	1.175−
53.397	6.820	56.981	8.529	54.900	7.592	46.580	3.065−	41.414	1.717	43.632	0.920−
48.511	7.251	52.250	9.070	50.073	8.119	51.877	2.932−	47.100	1.980	49.071	0.646−
43.681	7.543	47.545	9.467	45.301	8.506	57.150	2.768−	52.842	2.183	54.559	0.370−
38.939	7.684	42.898	9.705	40.613	8.737	62.336	2.570−	58.564	2.318	60.029	0.112−
34.312	7.669	38.337	9.776	36.037	8.801	67.382	2.334−	64.187	2.380	65.408	0.114
29.824	7.506	33.887	9.675	31.598	8.695	72.243	2.060−	69.636	2.368	70.625	0.297
25.510	7.215	29.571	9.412	27.316	8.429	76.874	1.760−	74.837	2.281	75.608	0.432
21.415	6.815	25.420	9.009	23.222	8.027	81.228	1.451−	79.718	2.126	80.289	0.516
17.583	6.317	21.475	8.483	19.359	7.510	85.254	1.153−	84.210	1.907	84.603	0.549
14.053	5.732	17.776	7.850	15.705	6.889	88.892	0.882−	88.250	1.633	88.489	0.533
10.860	5.071	14.358	7.122	12.476	6.182	92.085	0.643−	91.779	1.317	91.889	0.474
8.035	4.349	11.253	6.316	9.525	5.402	94.783	0.432−	94.743	0.968	94.753	0.377
5.605	3.578	8.490	5.447	6.938	4.565	96.958	0.241−	97.076	0.603	97.031	0.254
3.589	2.778	6.090	4.533	4.738	3.691	98.594	0.091−	98.722	0.281	98.677	0.129
2.003	1.970	4.073	3.595	2.942	2.799	99.637	0.016−	99.685	0.070	99.669	0.035
0.862	1.183	2.450	2.657	1.564	1.914	100.000	0.000−	100.000	0.000	100.000	0.000−
0.178	0.457	1.233	1.750	0.607	1.068						

Das Profil *E 374* hat einen hinreichend hohen Auftriebsbeiwert ($c_{a\,max}$). Es ist vor allem für Kunstflugsegelflugmodelle berechnet worden und ist, um auch bei leichter Bauausführung der Tragflügel genügend Festigkeit zu garantieren, etwas dicker. Wichtig für den Kunstflug sind die guten Leistungen des Profiles im Rückenflug.

Speziell für den Thermikflug in der Ebene eignet sich das Profil *E 385*, das seine optimale Leistung bei hohen Anstellwinkeln erbringt. Da es auf Änderungen der Re-

254

Zahl empfindlich reagiert, sollten Flügeltiefen von 220 bis 240 mm vorgesehen werden. Mit diesem Profil lassen sich – entsprechende Auslegung des Modells vorausgesetzt – sehr geringe Sinkgeschwindigkeiten erzielen.

Das Profil *E 392* wurde für Hangflugmodelle berechnet (ähnliche Profile sind E 387 und E 393). Für dieses Profil wird eine Flügeltiefe von mindestens 200 mm empfohlen, die Tragflächen sollten eine Streckung haben, die größer als 12 ist (Tabelle 26).

Wortmann-Profile wurden eigentlich als Laminarprofile für große Segelflugzeuge entwickelt. Auch sie sind nach vorgegebenen Daten per Computer errechnet

worden. Typisch für diese Profile ist die geschwungene Unterseitenkontur. Die Wortmann-Profile sind im »Stuttgarter Profilkatalog I« von D. Althaus enthalten, der mit diesen Profilen auch die ersten Windkanalmessungen im Re-Zahlen-Bereich von 60.000 bis 200.000 durchführte (Althaus / Profilpolaren für den Modellflug, Villingen, 1980).

Die Wortmann-Profile haben sich bisher in der Praxis vor allem beim Fliegen mit kleinen Anstellwinkeln gut bewährt. Auch bei diesen Profilen hängen die Flugleistungen von der exakten Einhaltung der Profilkonturen an Ober- und Unterseite ab, wobei Nasenradius und Profilende besonders sorgfältig ausgearbeitet werden müssen (Abb. 270).

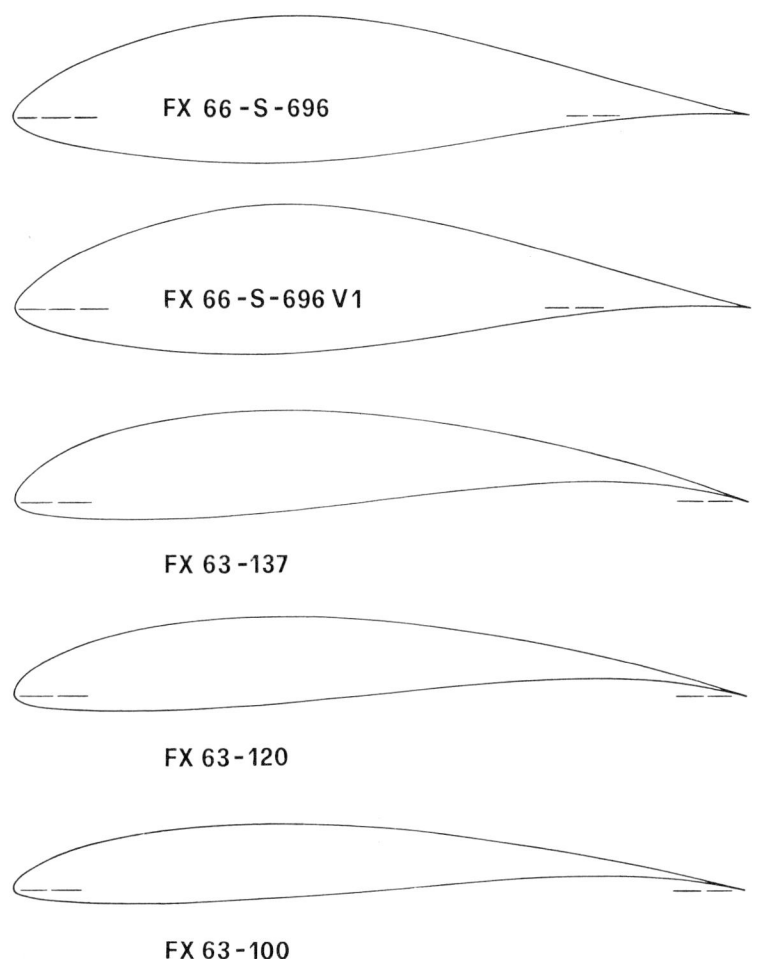

FX 66 - S - 696

FX 66 - S - 696 V 1

FX 63 - 137

FX 63 - 120

FX 63 - 100

Abb. 270: Wortmann-Profile FX 66 – S – 696 und 696 V 1 sowie FX 63-137, 120 und 100.

Die Profile *FX 66 – S 696* und *FX 66 – S – 696 V 1* sind besonders für große Segelflugmodelle mit großer Flügelstreckung geeignet. Die große Dicke ermöglicht den Einbau entsprechender Holme und garantiert so eine große Festigkeit der Tragflächenkonstruktion auch bei großen Streckungen. Die genaue Einhaltung der Profilkonturen erfordert Tragflächen in GFK-Bauweise.

Die drei Profile *FX 63 – 100, FX 63 – 120 und FX 63 – 137* eignen sich, jedes für sich, für sehr leistungsfähige Segelflugmodelle. Sie können aber auch für einen Flügelstrak verwendet werden. Dabei ist das FX 63 – 137 wegen seiner größeren Dicke als Wurzelprofil zur Aufnahme des Flächenanschlusses an den Rumpf vorgesehen. Der Strak über das FX 63 – 120 bis zum FX 63 – 100 an der Flügelspitze ergibt eine aerodynamische Schränkung (Tabelle 27).

Tabelle 27: Profilkoordinaten zu Abb. 270

FX 66-S-696			FX 66-S-696 V1		
X	Yo	Yu	X	Yo	Yu
0,00 000	0,00 000	0,00 000	0,00 000	0,00 000	0,00 000
0,00 107	0,00 644	−0,00 341	0,00 107	0,00 621	−0,00 354
0,00 428	0,01 239	−0,00 790	0,00 428	0,01 223	−0,00 784
0,00 961	0,01 941	−0,01 221	0,00 961	0,01 918	−0,01 211
0,01 704	0,02 700	−0,01 668	0,01 704	0,02 691	−0,01 639
0,02 653	0,03 523	−0,02 097	0,02 653	0,03 520	−0,02 065
0,03 806	0,04 362	−0,02 537	0,03 806	0,04 383	−0,02 489
0,05 156	0,05 240	−0,02 950	0,05 156	0,05 273	−0,02 903
0,06 699	0,06 108	−0,03 365	0,06 699	0,06 170	−0,03 307
0,08 427	0,06 990	−0,03 747	0,08 427	0,07 067	−0,03 695
0,10 332	0,07 841	−0,04 126	0,10 332	0,07 946	−0,04 063
0,12 408	0,08 684	−0,04 468	0,12 408	0,08 803	−0,04 410
0,14 645	0,09 476	−0,04 800	0,14 645	0,09 621	−0,04 729
0,17 033	0,10 241	−0,05 089	0,17 033	0,10 398	−0,05 022
0,19 562	0,10 937	−0,05 363	0,19 562	0,11 114	−0,05 279
0,22 221	0,11 587	−0,05 588	0,22 221	0,11 772	−0,05 503
0,25 000	0,12 150	−0,05 790	0,25 000	0,12 348	−0,05 681
0,27 866	0,12 651	−0,05 937	0,27 866	0,12 848	−0,05 820
0,30 866	0,13 044	−0,06 053	0,30 866	0,13 243	−0,05 901
0,33 928	0,13 351	−0,06 104	0,33 928	0,13 537	−0,05 931
0,37 059	0,13 523	−0,06 111	0,37 059	0,13 690	−0,05 880
0,40 245	0,13 567	−0,06 029	0,40 245	0,13 691	−0,05 743
0,43 474	0,13 430	−0,05 877	0,43 474	0,13 467	−0,05 451
0,46 730	0,13 145	−0,05 601	0,46 730	0,13 095	−0,05 076
0,50 000	0,12 672	−0,05 205	0,50 000	0,12 585	−0,04 628
0,53 270	0,12 098	−0,04 715	0,53 270	0,11 995	−0,04 161
0,56 526	0,11 414	−0,04 104	0,56 526	0,11 321	−0,03 667
0,59 755	0,10 683	−0,03 646	0,59 755	0,10 607	−0,03 186
0,62 941	0,09 886	−0,03 130	0,62 941	0,09 844	−0,02 707
0,66 072	0,09 081	−0,02 625	0,66 072	0,09 067	−0,02 256
0,69 134	0,08 251	−0,02 158	0,69 134	0,08 272	−0,01 827
0,72 114	0,07 447	−0,01 717	0,72 114	0,07 482	−0,01 435
0,75 000	0,06 647	−0,01 338	0,75 000	0,06 699	−0,01 080
0,77 779	0,05 883	−0,00 986	0,77 779	0,05 936	−0,00 764
0,80 438	0,05 134	−0,00 695	0,80 438	0,05 197	−0,00 489
0,82 967	0,04 442	−0,00 434	0,82 967	0,04 501	−0,00 260
0,85 355	0,03 780	−0,00 231	0,85 355	0,03 845	−0,00 068
0,87 592	0,03 185	−0,00 056	0,87 592	0,03 242	0,00 080
0,91 573	0,02 142	0,00 151	0,91 573	0,02 193	0,00 254
0,94 844	0,01 313	0,00 210	0,94 844	0,01 357	0,00 288
0,97 347	0,00 693	0,00 150	0,97 347	0,00 729	0,00 206
0,99 039	0,00 256	0,00 026	0,99 039	0,00 284	0,00 066
0,99 893	0,00 022	−0,00 038	0,99 893	0,00 039	−0,00 017
1,00 000	0,00 000	0,00 000	1,00 000	0,00 000	0,00 000

FX 63-100			FX 63-120		
X	Yo	Yu	X	Yo	Yu
0	0	0	0	0	0
0.10	0.74	−0.17	0.10	0.87	−0.20
0.42	1.52	−0.41	0.42	1.82	−0.50
0.96	2.00	−0.73	0.96	2.40	−0.87
1.70	2.64	−0.92	1.70	3.18	−1.10
2.65	2.97	−1.12	2.65	3.57	−1.35
3.80	3.83	−1.24	3.80	4.60	−1.49
5.16	4.38	−1.38	5.16	5.26	−1.65
6.69	4.98	−1.45	6.69	5.98	−1.74
8.42	5.51	−1.55	8.42	6.62	−1.86
10.33	6.07	−1.59	10.33	7.28	−1.91
12.40	6.54	−1.65	12.40	7.85	−1.98
14.64	7.02	−1.65	14.64	8.43	−1.98
17.04	7.42	−1.66	17.04	8.90	−1.99
19.56	7.81	−1.62	19.56	9.38	−1.94
22.22	8.11	−1.58	22.22	9.74	−1.89
25.00	8.41	−1.48	25.00	10.09	−1.78
27.89	8.61	−1.38	27.89	10.33	−1.66
30.86	8.78	−1.23	30.86	10.53	−1.48
33.93	8.85	−1.07	33.93	10.62	−1.28
37.05	8.90	−0.85	37.05	10.68	−1.02
40.24	8.86	−0.47	40.24	10.63	−0.57
43.47	8.78	−0.35	43.47	10.55	−0.43
46.73	8.64	−0.07	46.73	10.36	−0.09
50.00	8.45	0.22	50.00	10.14	0.27
53.27	8.19	0.51	53.27	9.83	0.63
56.52	7.90	0.81	56.52	9.48	0.97
59.75	7.54	1.08	59.75	9.05	1.29
62.94	7.16	1.32	62.94	8.59	1.59
66.07	6.72	1.53	66.07	8.06	1.84
69.13	6.27	1.71	69.13	7.52	2.05
72.11	5.79	1.85	72.11	6.94	2.22
75.00	5.31	1.95	75.00	6.37	2.34
77.77	4.82	2.00	77.77	5.78	2.40
80.44	4.35	2.02	80.44	5.22	2.42
82.97	3.88	1.99	82.97	4.66	2.45
85.35	3.44	1.92	85.35	4.13	2.30
87.59	3.00	1.81	87.59	3.60	2.17
89.64	2.59	1.65	89.64	3.11	1.98
91.57	2.20	1.50	91.57	2.64	1.80
93.30	1.84	1.31	93.30	2.20	1.37
94.85	1.49	1.10	94.85	1.80	1.33
96.19	1.17	0.89	96.19	1.40	1.07
97.34	0.87	0.67	97.34	1.04	0.81
98.29	0.60	0.46	98.29	0.72	0.55
99.03	0.36	0.27	99.03	0.44	0.33
99.57	0.18	0.12	99.57	0.22	0.15
99.89	0.06	0.03	99.89	0.07	0.04
100.00	0	0	100.00	0	0

FX 63-137					
X	Yo	Yu	X	Yo	Yu
0	0	0	53.27	11.22	0.72
0.10	1.01	−0.23	56.52	10.82	1.11
0.42	2.08	−0.57	59.75	10.33	1.48
0.96	2.74	−1.00	62.94	9.80	1.81
1.70	3.62	−1.25	66.07	9.20	2.10
2.65	4.07	−1.54	69.13	8.59	2.34
3.80	5.25	−1.70	72.11	7.93	2.53
5.16	6.00	−1.89	75.00	7.27	2.67
6.69	6.83	−1.99	77.77	6.60	2.75
8.42	7.55	−2.12	80.44	5.96	2.77
10.33	8.31	−2.18	82.97	5.32	2.73
12.40	8.96	−2.25	85.35	4.71	2.63
14.64	9.62	−2.26	87.59	4.11	2.48
17.04	10.16	−2.28	89.64	3.55	2.28
19.56	10.70	−2.22	91.57	3.02	2.05
22.22	11.12	−2.16	93.30	2.52	1.79
25.00	11.52	−2.03	94.85	2.04	1.51
27.89	11.79	−1.90	96.19	1.60	1.22
30.86	12.02	−1.69	97.34	1.19	0.92
33.93	12.13	−1.46	98.29	0.82	0.63
37.05	12.19	−1.16	99.03	0.50	0.37
40.24	12.13	−0.85	99.57	0.25	0.17
43.47	12.04	−0.48	99.89	0.08	0.04
46.73	11.83	−0.10	100.00	0	0
50.00	11.58	0.31			

7.4.4 PROFILE FÜR FERNGESTEUERTE MOTORFLUGMODELLE

Für sportlich fliegende Motorflugmodelle eignet sich das bereits erwähnte Universalprofil CLARK Y (Abb. 263), auch mit auf 60% reduzierter Dicke (Abb. 267).

Das Göttinger Profil Gö 593 ist für Motorflugmodelle und für Segelflugmodelle gleichermaßen geeignet (Abb. 271).

Das Profil Ritz 2 – 30 – 12 wurde von Gerald Ritz speziell für Scale-Motorflugmodelle entwickelt, kann aber auch für Segelflugmodelle verwendet werden (Tabelle 28). Das abgebildete Ritz 1 – 30 – 12 hat eine etwas geringere Wölbung. Das ergibt geringere Widerstands-, aber auch kleinere Auftriebsbeiwerte als beim Ritz 2 – 30 – 12 (Abb. 271). Beide Profile haben eine Dicke von 12%. Die Wölbungsrücklage ist bei beiden Profilen 30%.

Auch das NACA 23012 gehört zu den universell verwendbaren und einsetzbaren Modellflugprofilen. Es muß schnell geflogen werden und liefert dann gute Auftriebswerte. Häufig wird es für Scale-Modelle verwendet (Abb. 271).

Für schnelle Motorflugmodelle ist das Profil Dunham richtig. Es ist fast schon symmetrisch und hat daher gute Rückenflugeigenschaften (Abb. 271).

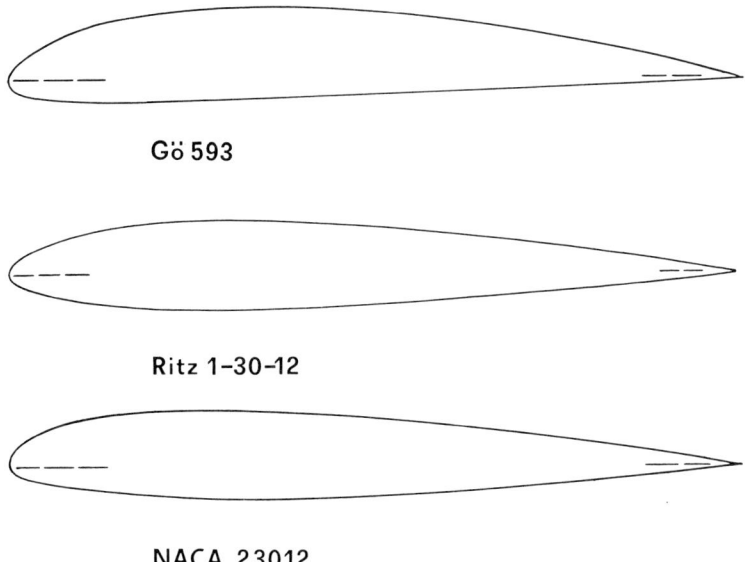

Gö 593

Ritz 1-30-12

NACA 23012

Dunham

Abb. 271: Profile Gö 593, Ritz 1-30-12, NACA 23012 und Dunham.

Tabelle 28: Profilkoordinaten zu Abb. 271

Gö 593

X	0	1,25	2,5	5	7,5	10	15	20	30	40	50	60	70	80	90	95	100
Yo	3	5,5	6,5	7,85	8,9	9,75	10,95	11,5	12	11,7	10,85	9,45	7,65	5,5	3,3	1,65	0
Yu	3	1,8	1,35	0,85	0,55	0,4	0,25	0,15	0,1	0	0	0	0	0	0	0	0

Ritz 1 – 30 – 12

X	0	1,25	2,5	5	7,5	10	15	20	30	40	50	60	70	80	90	95	100
Yo	0	1,75	2,45	3,5	4,35	5	5,95	6,5	7	6,7	5,95	5,1	4,1	2,9	1,6	0,85	0,1
Yu	0	−1,45	−2,05	−2,75	−3,3	−3,75	−4,35	−4,8	−5	−4,75	−4,3	−3,75	−3	−2,2	−1,2	−0,7	−0,1

Ritz 2 – 30 – 12 (ohne Abb.)

X	0	1,25	2,5	5	7,5	10	15	20	30	40	50	60	70	80	90	95	100
Yo	0	1,75	2,55	3,85	4,8	5,55	6.7	7,4	8	7,7	7,05	6.05	4,85	3,4	1,75	0,85	0,1
Yu	0	−1,3	−1,8	−2,35	−2,85	−3,15	−3,6	−3,75	−4	−3,75	−3,35	−2,85	−2,2	−1,5	−0,9	−0,5	−0,1

NACA 23012

X	0	1,25	2,5	5	7,5	10	15	20	30	40	50	60	70	80	90	95	100
Yo	0	2,67	3,61	4,91	5,8	6,43	7,19	7,50	7,55	7,14	6,41	5,47	4,36	3,08	1,68	0,92	0,13
Yu	0	−1,23	−1,71	−2,26	−2,61	−2,92	−3,5	−3,97	−4,46	−4,45	−4,17	−3,67	−3,6	−2,16	−1,23	−0,7	−0,13

Dunham

X	0	1,25	2,5	5	7,5	10	15	20	30	40	50	60	70	80	90	95	100
Yo	0	1,345	1,875	2,81	3,44	4,025	−	5,31	5,8	5,7	5,15	4,475	3,6	2,53	1,315	−	0
Yu	0	−1	−1,28	−1,78	−2,21	−2,5	−	−3,51	−3,84	−3,85	−3,66	−3,21	−2,6	−1,75	−0,94	−	0

7.5.0 Versuche zur Aerodynamik

Wenn ein Düsenflugzeug lärmend über den Himmel jagt, wenn ein Segelflugzeug in »himmlischer« Ruhe seine Kreise in der Thermik zieht, wenn ein kleines Flugmodell aus der Hand seines Erbauers gleitet, fragt der Betrachter unwillkürlich danach, wie denn diese Flugzeuge, die ja schwerer als Luft sind, sich da oben halten können.

Mit einigen einfachen Versuchen kann diese Frage geklärt werden. Die Versuchsgeräte können mit einfachsten Mitteln selbst hergestellt werden: Benötigt werden ein Trichter und ein Tischtennisball, zwei Pappscheiben, eine davon mit einem Loch, in das ein Glasröhrchen geklebt wird, und zwei Kugeln, die an Fäden aufgehängt werden können.

Wenn man in den Trichter, in dem sich der Tennisball befindet, hineinbläst, sollte man annehmen, daß der Luftstrom den Ball herauspusten würde. Das Gegenteil tritt ein: Der Ball bleibt im Trichter. Auch wenn der Trichter mit der Mündung nach unten gehalten wird, bleibt der Ball schwirrend an seinem Platz. Der Luftstrom wird gezwungen, zwischen Ball und Trichterwand hindurchzuströmen. Die Verengung bewirkt eine höhere Strömungsgeschwindigkeit. Nach dem Gesetz von Bernoulli (siehe Kapitel 7.1.0) ist der Seitendruck in einem strömenden Gas geringer als im ruhenden Gas. Je schneller also die Strömung, desto geringer wird der Druck (statischer Druck). An den Engstellen zwischen Ball und Trichter herrscht also gegenüber der Außenluft ein Unterdruck. Das Zusammenwirken zwischen Unterdruck und Außendruck bewirkt, daß der Ball an seinem Ort bleibt.

Der Versuch mit den beiden Scheiben wurde bereits von Bernoulli durchgeführt (in Wasser). Bläst man durch das Glasrohr, das mit der Pappscheibe verbunden wurde, und hält das Gerät über die zweite Pappscheibe, so wird diese angehoben.

Diese Erscheinung nannte Bernoulli das hydrodynamische Paradoxon, bei strömenden Gasen ist es das aerodynamische Paradoxon. Die eingeblasene Luft entweicht von der Mitte aus nach allen Seiten. Auch hier wird durch die höhere Strömungsgeschwindigkeit der statische Druck geringer, der Außendruck hebt die Pappscheibe an.

Nach diesen recht eindrucksvollen Versuchen ist es nun leichter zu erklären, was bei den beiden nebeneinander im Abstand von ca. 10 mm aufgehängten Kugeln passieren wird, wenn man zwischen ihnen hindurchbläst: Auch hier wird der Druck in der Engstelle geringer als der Außendruck, die Kugeln schlagen zusammen (Abb. 272).

Bläst man zwischen zwei nebeneinander aufgehängte gewölbte Karten (Abb. 272b), so sollte man erwarten, daß diese auseinandergedrückt würden. Die Karten bewegen sich aber aufeinander zu. Halten wir nun eine der gewölbten Karten waagerecht und blasen darüber (Abb. 273a), so hebt sich die Karte. An der Wölbung entsteht wieder ein niedrigerer statischer Druck, die Karte wird angehoben.

Dieses Ergebnis kann durch einen weiteren Versuch

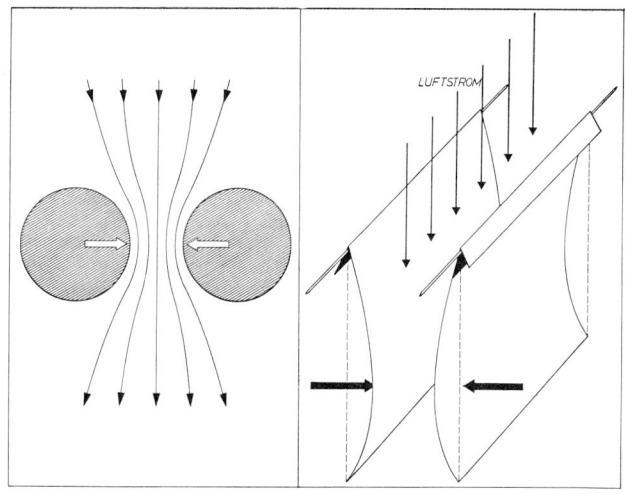

Abb. 272: Kugeln im Luftstrom (a) und gewölbte Karten im Luftstrom (b).

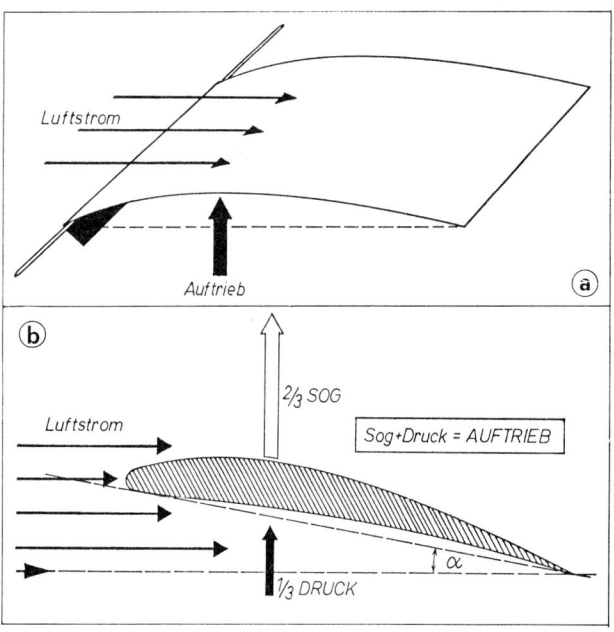

Abb. 273: Auftrieb an einer gewölbten Karte (a) und an einem Profil (b).

Abb. 274: Tennisball im Luftstrom eines Föns.

bestätigt werden: Wird ein Ballon in den Luftstrom eines Winderzeugers oder ein Tennisball in den Luftstrom eines Föns gebracht, so fällt er nicht etwa aus dem Luftstrom heraus, sondern er bleibt an seinem Platz im Luftstrom und tanzt auf und ab. Er fällt auch dann nicht heraus, wenn der Luftstrom schräg nach oben gerichtet wird (Abb. 274).

Betrachtet man einen Querschnitt durch einen Flugzeugtragflügel (Abb. 273b), ein Profil, so fällt auf, daß auch hier eine gewölbte Oberseite vorhanden ist. Das Profil wird oben und unten vom Luftstrom umflossen. Es ist gegenüber der strömenden Luft mit dem Winkel α angestellt (Anstellwinkel).

An der Profiloberseite entsteht ein geringerer, an der Unterseite ein höherer Druck, beide ergeben zusammen den Auftrieb. Durch das Anstellen der Fläche kann der Auftrieb verändert werden. Mit einem einfachen Feinmanometer (Abb. 258 bis 260) kann der Druck an der Unterseite und der geringere Druck an der Oberseite gemessen werden.

Um diesen Auftrieb zu erzeugen, muß sich das Flugmodell gegenüber der Luft bewegen. Erst bei genügend hoher Geschwindigkeit ist der Auftrieb groß genug, um das Gewicht des Flugmodells zu tragen. Manche Flugmodelle kommen mit niedriger Geschwindigkeit aus, andere müssen sehr schnell fliegen, um den Auftrieb zu erzeugen. Das hängt von der Größe des Flugmodells und von der Profilform ab.

Weitere eindrucksvolle Versuche wären der mit dem Trichter, in den eine Kerzenflamme »hineingesaugt« wird, wenn man in den Trichter hineinbläst, oder das Ausblasen einer Kerze, die hinter einer Flasche steht. Dabei kann die Bildung von Wirbeln hinter der Flasche beobachtet werden. Sie sind es, die die Kerzenflamme bewegen und, bei kräftigerem Luftstrom, auslöschen.

Literatur:

Dubs/Aerodynamik der reinen Unterschallströmung, Basel, 1966;
Simons/Model Aircraft Aerodynamics, Watford (GB), 1978;
Räbel/Modellflug-Profile, München, 1973;
Thies/Eppler-Profile, Baden-Baden, 1974;
Thies/Eppler-Profile (2), Baden-Baden, 1975;
Althaus/Profilpolaren für den Modellflug, Villingen, 1980;
Fock-Weber/Lehrbuch der Physik (Strömungslehre), Hamburg, 1966;
Seidler/Einführung in die Aerodynamik, Stuttgart, 1962;
Seidler/Die Stabilität in der Flugmechanik, Stuttgart, 1962;
Schmitz/Aerodynamik des Flugmodells, Duisburg, 1952.

8.0 GRUNDLAGEN DER FLUGMECHANIK

8.1 Bewegungen im Luftraum

Das Flugmodell ist, mechanisch gesehen, ein dreidimensionaler Körper wie jeder andere auch. Es ist, setzt man ein vollständiges Flugmodell aus Rumpf, Tragflächen sowie Höhen- und Seitenleitwerk veraus, in der Regel ein symmetrischer Körper mit drei Achsen, die sich alle im Schwerpunkt schneiden (Abb. 275):

    Längsachse (L),
    Querachse (Q),
    Hochachse (H).

Dabei ist die Symmetrieebene durch die Längs- und die Hochachse gegeben. Dieses Achsenkreuz ist auf das Flugmodell bezogen und bewegt sich mit ihm, man nennt es daher auch *flugzeugfestes Achsen- oder Koordinatensystem.* Mathematisch betrachtet können die Längsachse als x-Achse, die Hochachse als y-Achse und die Querachse als z-Achse bezeichnet werden.

Daneben sind auch andere Koordinatensysteme gebräuchlich, die auf den Erdboden (Horizont) oder auf die Flugbahn (Anblasrichtung) bezogen sind.

Wie jeder andere Körper kann sich das Flugmodell um diese drei Achsen räumlich bewegen. Dabei kann es sich um Bewegungen in Richtung einer der drei Achsen (Translation) oder um Drehungen um eine der drei Achsen (Rotation) handeln. In der Regel bestehen die Flugbewegungen aus Kombinationen von Translations- und Rotationsbewegungen, wie man sich an einem Handmodell leicht klarmachen kann.

Zur *Steuerung des Modells* um diese Achsen werden Ruder benötigt (Abb. 276):

    die Steuerung *um die Längsachse* erfolgt durch die an den Flächen angebrachten *Querruder,*
    die Steuerung *um die Querachse* erfolgt durch das *Höhenruder,*
    die Steuerung *um die Hochachse* erfolgt durch das *Seitenruder.*

Nach den Steuerungsmöglichkeiten unterscheidet man einachsgesteuerte (um die Hochachse), zweiachsgesteuerte (um Hoch- und Querachse) oder dreiachsgesteuerte (um Hoch-, Quer- und Längsachse) Flugmodelle.

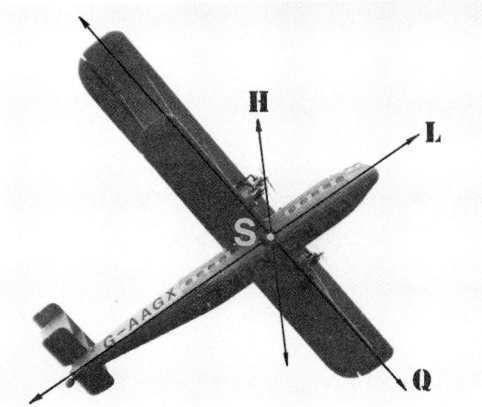

Abb. 275: Hochachse (H), Querachse (Q) und Längsachse (L) schneiden sich im Schwerpunkt (S).

Abb. 276: Teile eines ferngesteuerten Motorflugmodells sind der Rumpf (1), die Tragflächen (2) mit den Querrudern, das Höhenleitwerk (3) mit dem Höhenruder, das Seitenleitwerk (4) mit dem Seitenruder, der Motor (5) mit Schalldämpfer und Luftschraube und das Fahrwerk (6) als Dreibeinfahrwerk aus Hauptfahrwerk und Bugrad.

8.2 Gleitflug

Wichtige Kriterien für die Beurteilung der Güte eines Flugmodells sind seine Gleitflugeigenschaften (siehe auch Kapitel 7.2.0).

Das Segelflugmodell und das ohne Motorvortrieb fliegende Motorflugmodell bewegen sich mit konstanter Geschwindigkeit auf einer schiefen Ebene, die zum Erdboden (Horizont) einen Winkel bildet, den man als *Gleitwinkel* φ bezeichnet. Der Tangens dieses Gleitwinkels ist die *Gleitzahl* ε, deren Kehrwert als *aerodynamische Güte K* bezeichnet wird.

Da der Flug der genannten Modelle mit konstanter Geschwindigkeit erfolgt, handelt es sich also um eine unbeschleunigte, geradlinige Bewegung, bei der alle am Modell angreifenden Kräfte im Gleichgewicht sind.

Aus dem Kräftedreieck ist weiter zu entnehmen, daß hier auch Beziehungen zwischen Auftrieb F_A und Gesamtwiderstand $F_{W\,ges}$ und, nach Kürzung der Konstanten aus den Formeln für Auftrieb und Widerstand, zwischen c_a und $c_{w\,ges}$, dazu noch zwischen Abflughöhe h und Flugstrecke s sowie zwischen Sinkgeschwindigkeit v_y und Gleitfluggeschwindigkeit v_x bestehen (Abb. 277).

Faßt man zusammen, so ergibt sich folgende Gleichung:

$$\text{tg } \varphi = \varepsilon = \frac{F_{W\,ges}}{F_A} = \frac{c_{w\,ges}}{c_a} = \frac{v_y}{v_x} = \frac{h}{s}.$$

Die aerodynamische Güte ist $K = \frac{1}{\varepsilon}$.

Aus den Gleichungen ist zu entnehmen, daß ein besserer Gleitwinkel, d. h. bei gegebener Höhe eine größere Flugstrecke und damit eine längere Flugzeit durch folgende Maßnahmen erreicht werden kann:

Abb. 277: Kräfte am Segelflugmodell im Gleitflug (Erklärung im Text).

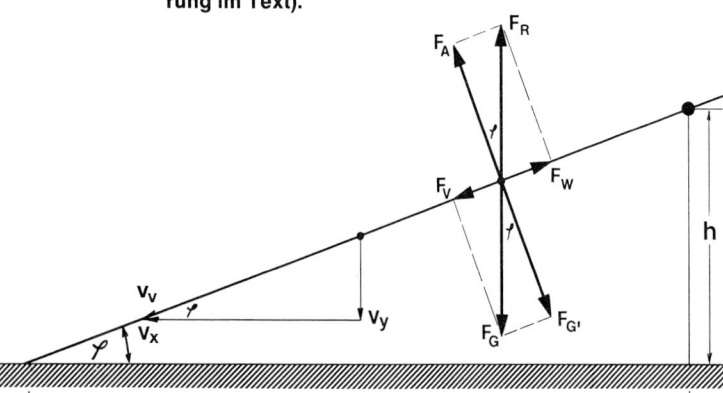

Verringerung des Widerstandsbeiwertes am gesamten Flugmodell, d. h. gute aerodynamische Durchbildung aller Teile, vor allem der Teile, die nicht zur Auftriebserzeugung beitragen.

Auswahl eines günstigen Tragflügelprofils mit einem günstigen Verhältnis von Widerstands- und Auftriebsbeiwerten. Der Quotient $\frac{c_{w\,ges}}{c_a}$ ist aus der Polare des Flugmodells, der Quotient $\frac{c_w}{c_a}$ aus der Polare des Profils zu entnehmen.

Da bei unbeschleunigtem Flug Kräftegleichgewicht herrscht, gilt auch $F_G = F_R$. Nach Pythagoras ist $F_R{}^2 = F_A{}^2 + F_{W\,ges}{}^2$ oder, mit gekürzten Formeln $c_r{}^2 = c_a{}^2 + c_{w\,ges}{}^2$ und dann $c_r = \sqrt{c_a{}^2 + c_{w\,ges}{}^2}$.

Stellt man die Auftriebsformel $F_A = c_a \cdot \frac{\varrho}{2} \cdot v^2 \cdot A$ um, so erhält man die *Gleitfluggeschwindigkeit*

$$v_x = \sqrt{\frac{F_A \cdot 2}{A \cdot \varrho \cdot c_a}}.$$

Stellt man die Widerstandsformel $F_W = c_w \cdot \frac{\varrho}{2} \cdot v^2 \cdot A$ um, so erhält man die *Sinkgeschwindigkeit*

$$v_y = \sqrt{\frac{F_W \cdot 2}{A \cdot \varrho \cdot c_w}}.$$

Da $\varrho = 1{,}225$ kg/m³ ist, kann der Quotient $\frac{2}{\varrho} \approx 1{,}633$ in beiden Formeln aus der Wurzel genommen werden, er steht dann als Faktor 1,278 vor der Wurzel.

$$v_x = 1{,}278 \sqrt{\frac{F_A \cdot 1}{A \cdot c_a}} \quad \text{und} \quad v_y = 1{,}278 \sqrt{\frac{F_W \cdot 1}{A \cdot c_w}}.$$

Aus der Beziehung $F_G{}^2 = F_R{}^2 = F_A{}^2 + F_{W\,ges}{}^2$ kann man, da $F_{W\,ges}$ klein gegen F_A ist, $F_G \approx F_A$ setzen. Vereinfacht ergibt sich so für die Horizontalgeschwindigkeit

$$v_x \approx 1{,}278 \sqrt{\frac{F_G \cdot 1}{A \cdot c_a}},$$

wobei $\frac{F_G}{A}$ die Flächenbelastung ist.

Aus den Gleichungen für die Gleitzahl ergibt sich

$$v_y = \varepsilon \cdot v_x = \frac{c_{w\,ges}}{c_a} \cdot 1{,}278 \sqrt{\frac{F_G \cdot 1}{A \cdot c_a}}.$$

Den Quotienten $\frac{c_{w\,ges}}{c_a}$ bringt man unter die Wurzel, indem man ihn quadriert, die Formel lautet dann

$$v_y = 1{,}278 \cdot \sqrt{\frac{F_G \cdot 1 \cdot c_{w\,ges}{}^2}{A \cdot c_a \cdot c_a{}^2}}$$

$$= 1{,}278 \cdot \sqrt{\frac{F_G \cdot c_{w\,ges}{}^2}{A \cdot c_a{}^3}}$$

$$= 1{,}278 \cdot \sqrt{\frac{F_G \cdot 1}{A \cdot c_a{}^3 / c_{w\,ges}{}^2}}\,.$$

Der Ausdruck $c_a{}^3 / c_{w\,ges}{}^2$ ist die *Steigzahl.*

Die Sinkgeschwindigkeit wird also um so geringer sein,

je geringer die Flächenbelastung ist (also Leichtbauweise),

und je größer die Steigzahl ist (also Auswahl eines entsprechenden Profils für die Tragflächen).

Mit Hilfe der o. g. Formeln und Gleichungen können nun die Horizontal- und die Sinkgeschwindigkeit für jeden Punkt der Polare berechnet werden (siehe Kapitel 7.2.0).

Gelegentlich findet man in den Datensammlungen zu Profilen und Modellen (vor allem bei großen Segelflugzeugen) auch die *Sinkpolare (Gleitflugpolare).* Auf ihr ist die Sinkgeschwindigkeit v_y über der Horizontalgeschwindigkeit v_x aufgetragen (Abb. 278).

Die Tangente vom Nullpunkt des Achsenkreuzes an diese Polare ergibt die Geschwindigkeit für den besten Gleitwinkel (a), die zur v_x-Achse parallele Tangente an die Polare die Geschwindigkeit für die geringste Sinkgeschwindigkeit $v_{y\,min}$ (b) und die zur v_y-Achse parallele Tangente an die Polare die geringste Horizontalgeschwindigkeit $v_{x\,min}$ (c).

Für beliebige Punkte der Polare (d) kann das Verhältnis von v_y zu v_x abgelesen werden.

Im Beispiel ergeben sich folgende Werte:
Für den besten Gleitwinkel φ_{best} bzw. die beste Gleitzahl ε_{best} ist $v_x \approx 5$ m/s und $v_y \approx 0{,}3$ m/s. Für diesen Punkt ist $\varepsilon = \frac{0{,}3}{5} \approx \frac{1}{16{,}7}$ und $K = 16{,}7$. Der Tangens des Gleitwinkels ist $tg\ \varphi = 0{,}060$, der Gleitwinkel $\varphi \approx 3°\,30'$. Die geringste Sinkgeschwindigkeit ist $v_{y\,min} \approx 0{,}25$ m/s bei einer Horizontalgeschwindigkeit von $v_x \approx 4{,}6$ m/s. Für diesen Punkt ist $\varepsilon = \frac{0{,}25}{4{,}6} \approx \frac{1}{18{,}4}$ und $K = 18{,}4$. Der Tangens des Gleitwinkels ist $tg\ \varphi \approx 0{,}0543$, der Gleitwinkel $\varphi \approx 3°\,10'$. Die Mindestgeschwindigkeit ist $v_{x\,min} \approx 4{,}1$ m/s. Und bei einer Horizontalgeschwindigkeit von $v_x = 9$ m/s ergibt sich eine Sinkgeschwindigkeit von $v_y = 1{,}5$ m/s. An dieser Stelle ist die Gleitzahl $\varepsilon = \frac{1{,}5}{9} = \frac{1}{6}$, die aerodynamische Güte $K = 6$.

In der Polare in Kapitel 7.2.0 (Abb. 252) ist ein Punkt für die c_a- und c_w-Werte bei senkrechtem Sturzflug angegeben (c). Er liegt dort, wo die Polare die c_w-Achse schneidet, hier ist $c_a = 0$ und $c_w = 0{,}024$. Der Tangens des Gleitwinkels ist $tg\ \varphi = \frac{0{,}024}{0} = \infty$, der Gleitwinkel $\varphi = 90°$.

Bei senkrechtem Sturzflug ist der Gleichgewichtszustand dann erreicht, wenn Gewicht F_G und Widerstand $F_{W\,ges}$ gleich sind.

$$F_G = F_{W\,ges} = c_{w\,ges} \cdot \frac{\varrho}{2} \cdot v^2 \cdot A.$$

Durch Umformung erhält man

$$v = 1{,}278 \cdot \sqrt{\frac{F_G \cdot 1}{A \cdot c_{w\,ges}}}\,.$$

Beispiel: Bei einem Flugmodell von 0,7 m² Flächeninhalt und einem Gewicht von 25,725 N ergibt sich eine Flächenbelastung von 36,75 N/m². Das Modell fliegt mit einem $c_{w\,ges} = 0{,}024$ bei $c_a = 0$.

$$v = 1{,}278 \cdot \sqrt{36{,}75 \frac{kg \cdot m \cdot 1 \cdot m^3}{s^2 \cdot m^2 \cdot 0{,}024\ kg}}$$

$$= 1{,}278 \cdot \sqrt{1531{,}25 \frac{m^2}{s^2}}$$

$$= 1{,}278 \cdot 39{,}13\ m/s = 50\ m/s = 180\ km/h.$$

Abb. 278: Sinkpolare eines Segelflugmodells mit den Punkten für den besten Gleitwinkel (a), die geringste Sinkgeschwindigkeit (b), die geringste Horizontalgeschwindigkeit (c) und Ermittlung von Sink- und Horizontalgeschwindigkeit (d).

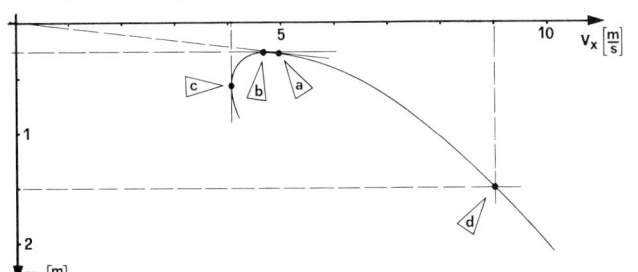

Das Modell würde also eine maximale Sturzfluggeschwindigkeit von 180 km/h erreichen.

Es wird deutlich, daß die Sturzfluggeschwindigkeit vergrößert werden kann, wenn einmal die Flächenbelastung erhöht wird oder aber der Widerstandsbeiwert verringert wird.

Durch den Einbau von Sturzflugbremsen (Bremsklappen) erhöht sich der Widerstandsbeiwert um $c_{w\,BK} \approx 0{,}021$ auf $c_{w\,ges} = 0{,}045$.

$$v = 1{,}278 \cdot \sqrt{36{,}75 : 0{,}045 \, \frac{m^2}{s^2}}$$

$$= 1{,}278 \cdot \sqrt{816{,}67 \, \frac{m^2}{s^2}}$$

$$= 1{,}278 \cdot 28{,}58 \, m/s = 36{,}52 \, m/s = 131{,}48 \, km/h.$$

Durch die Bremsklappen kann also die Höchstgeschwindigkeit im Sturzflug um rund 50 km/h verringert werden.

Ähnlich kann die Wirkung der Bremsklappen auch für den normalen Gleitflug, z. B. beim Landeanflug, berechnet werden.

8.3 Flugstabilität

Ein fliegendes Flugmodell muß um alle drei Achsen stabil sein, d. h. es muß nach einer Störung des Gleichgewichtszustandes, bei dem die Summe aller angreifenden Kräfte (Momente) null ist, selbsttätig wieder in den vor der Störung bestehenden Flugzustand zurückkehren (Eigenstabilität).

Nach Störung des momentenfreien Gleichgewichtszustandes müssen also Drehmomente auftreten, die das Flugmodell wieder in die Ausgangslage zurückdrehen.

Die Längsstabilität (um die Querachse) ist die wichtigste und eine grundsätzliche Forderung, die Alphonse Pénaud bereits 1870 an seinem Modell erfüllte, indem er ihm eine Einstellwinkeldifferenz (EWD) gab (Abb. 279). Der Einstellwinkel bezieht sich auf die Rumpflängsachse, er wird zwischen dieser und der Profilsehne gemessen und ist während des Fluges nicht veränderlich. Die Differenz zwischen dem Einstellwinkel der Fläche (α) und dem des Höhenleitwerks (β) ist die Einstellwinkeldifferenz ($\alpha - \beta$).

Der Anstellwinkel ist der Winkel zwischen Profilsehne und Anblasrichtung des Profils. Er ist während des Fluges veränderlich.

Bei einer Störung der Längsstabilität ändert sich der Anstellwinkel des Höhenleitwerks und mithin der von

ihm erzeugte Auftrieb. Wenn sich aber dessen Auftrieb ändert, erzeugt es ein Drehmoment um die Querachse (Kipp- oder Nickmoment), das das Modell wieder in die Normallage zurückführt.

Die Größe dieses Drehmoments hängt vom Hebelarm zwischen Schwerpunkt und Druckmittelpunkt des Höhenleitwerks und von der Größe des Auftriebs des Höhenleitwerks ab. Der Auftrieb wiederum hängt von der Fläche und vom Anstellwinkel sowie dem Profil des Höhenleitwerks ab. Mithin ergibt sich das rückführende Moment aus dem Produkt Auftrieb mal Hebelarm. Das Modell hat eine statische Längsstabilität.

Abb. 279: Die Einstellwinkeldifferenz (EWD) von 4° ergibt sich aus $\alpha - \beta$.

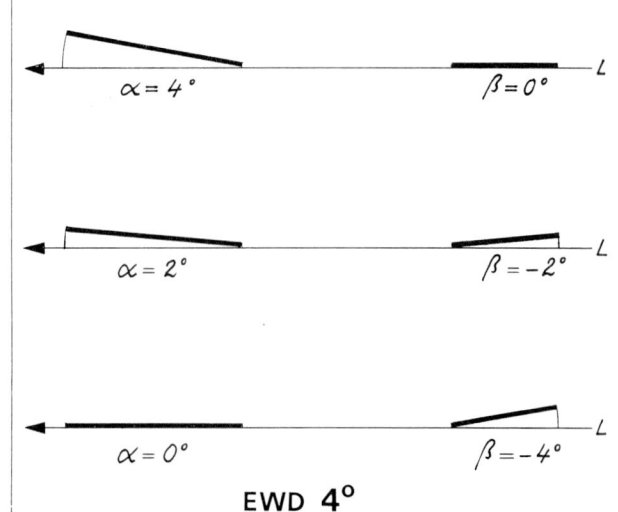

Ein Flugmodell muß aber auch eine *dynamische Längsstabilität* haben. Nach einer Störung führt es Schwingungen um die Querachse aus. Ist es dynamisch stabil, so werden diese Schwingungen gedämpft, bis die Ausgangslage wieder erreicht ist. Bei einem dynamisch indifferenten Modell wird nach der Störung die Schwingung nicht gedämpft, das Modell setzt seinen Flug »pumpend« fort.

Ist das Modell dynamisch instabil, so wird die Amplitude (Schwingungsweite) der Schwingung immer größer, das Modell »pumpt« immer stärker, bis es den Boden erreicht.

Wichtig für die Längsstabilität ist vor allem die Auswahl eines geeigneten Höhenleitwerkprofils (siehe Abb. 267 in Kapitel 7.4.2).

Die besseren Ergebnisse bringt – auch im Freiflug – ein symmetrisches Profil, das dazu möglichst dünn sein sollte.

Tragende HL-Profile dürfen nicht so stark gewölbt sein wie die in der Tragfläche verwendeten Profile.

Ein Problem ist auch die Masse des Höhenleitwerks und das damit verbundene Trägheitsmoment. Schon Gymnich wies in seinem Buch (Gymnich/Segelflugmodellbau in Theorie und Praxis, Ravensburg, 1962) darauf hin, daß für die dynamische Stabilisierung wesentlich geringere Leitwerksmomente genügten als bis dahin verwendet wurden. Er wies auch darauf hin, daß der Weltmeister Gerald Ritz (USA) das Trägheitsmoment bei seinen F 1 A-Modellen durch konsequente Leichtbauweise herabsetzte. Seine Höhenleitwerke hatten (bei 4,5 dm^2) eine Masse von nur 6 g (!). Daß auch die Höhenleitwerke von ferngesteuerten Segelflugmodellen meist zu groß ausfallen, bewies ein Freund des Verfassers, Dietrich Bertermann, wenn er gelegentlich beim Hangfliegen zum Erstaunen und Entsetzen der Zuschauer mit nur einer Hälfte des Höhenleitwerks startete und flog.

Ein weiteres Problem ergibt sich aus der unterschiedlichen Tiefe von Tragflächen und Höhenleitwerk. Die Tiefe des Höhenleitwerks ist in der Regel geringer als die der Fläche. Da aber beide mit der gleichen Geschwindigkeit fliegen, ergibt sich für das Höhenleitwerk eine andere Re-Zahl als für die Tragfläche. Auch hier können dünne Profile mit niedrigerer kritischer Re-Zahl Abhilfe schaffen.

Die *Querstabilität* (um die Längsachse) wird durch die V-Form der Tragflächen, aber auch durch doppelte V-Form oder durch Tragflächen mit Ohren (siehe Abb. 58 in Kapitel 3.0) gewährleistet. Ein querstabiles Modell soll auch dann wieder in die Normallage zurückkehren, wenn eine nicht symmetrische Störung eingetreten ist und z. B. die Tragfläche an einer Seite angehoben wurde.

Auch heute findet man oft noch die Ansicht vor, daß bei einer Schräglage der Tragfläche die waagerechte Flächenhälfte mehr Auftrieb liefere als die schräg stehende. Dabei ist es für die Auftriebserzeugung ziemlich belanglos, ob die Tragflächen in waagerechter oder schräger Lage durch die Luft bewegt werden.

Durch die Schräglage der Tragflächen wird der Auftrieb F_A, der stets senkrecht zur Fläche wirkt, nach den Regeln des Kräfteparallelogramms in eine vertikale Komponente F_R und eine horizontale Komponente F_H zerlegt (Abb. 280). In der Normallage und bei V-Form der Flächen herrscht Kräftegleichgewicht für die linke und die rechte Flächenhälfte. Die jeweils nach innen gerichteten Horizontalkomponenten heben sich gegenseitig auf. Die im Schwerpunkt angreifende Gewichtskraft F_G wirkt immer senkrecht zum Erdmittelpunkt hin. Da bei der V-Form der Schwerpunkt tiefer liegt als die Angriffspunkte des Auftriebs und seiner vertikalen Resultierenden F_R, wird eine stabile Gleichgewichtslage erzielt. Steht eine Flächenhälfte aber schräg und die andere waagerecht, so wirkt bei der waagerechten Flächenhälfte der Auftrieb F_A allein gegen das halbe Gewicht F_G. Bei der schräg stehenden Flächenhälfte dagegen wirkt die Komponente F_R gegen das halbe Gewicht F_G. Da F_R kleiner ist als F_A, bleibt die Kraftdifferenz $(F_A - F_R)$ übrig, die zusammen

Abb. 280: Querstabilisierung (um die Längsachse) durch V-Form der Tragflächen.

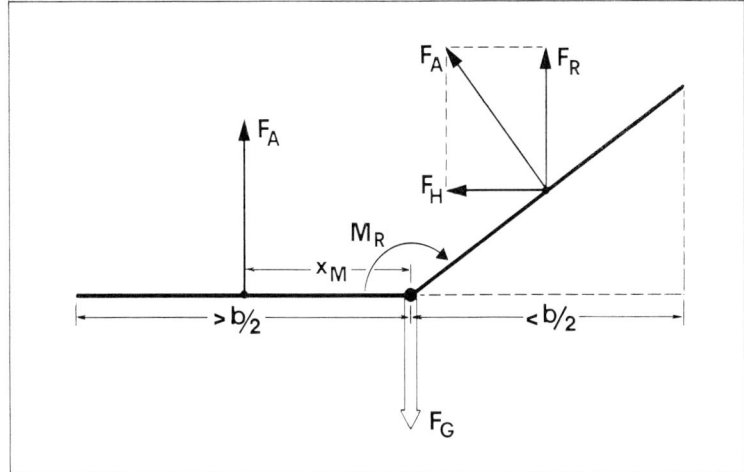

mit dem Gewicht F_G am Hebelarm x_M angreift und ein Rollmoment M_R erzeugt, das die Tragfläche um die Längsachse dreht. Dieses Drehmoment wird um so kleiner, je weiter sich die Flächen der ursprünglichen Gleichgewichtslage nähern. Für die Horizontalkomponente F_H gibt es bei Schräglage keine Gegenkraft, sie wirkt sich also voll aus und bewirkt ein seitliches Abrutschen (side-slip) des Flugmodells in Richtung auf die hängende Tragflächenhälfte. Die dadurch hervorgerufene seitliche Anströmung trifft vor allem die hängende Flächenhälfte, was einen zusätzlichen Auftrieb ergibt (siehe auch Kapitel 8.4). Die seitliche Anströmung trifft allerdings auch das Seitenleitwerk, das durch seine Windfahnenwirkung eine Drehung des Modells um die Hochachse und somit eine Kursänderung bewirkt. Diese Windfahnenwirkung des Seitenleitwerks ist für die *Richtungsstabilität* verantwortlich. Die Windfahnenwirkung wird aber durch die vor dem Schwerpunkt liegenden Rumpfflächen und die seitlichen Projektionen der schräg stehenden Flügel oder Ohren gedämpft (siehe Abb. 58 in Kapitel 3.0). Dadurch wird die Richtungsstabilität erhöht (z. B. für Hangflugmodelle).

Die V-Form bewirkt einen Auftriebsverlust, der allerdings geringer ist als man meinen möchte: Bei $6-8°$ V-Form macht er weniger als 1% aus.

Da die Richtungsstabilität u. a. auch durch die Querstabilität beeinflußt wird, ist es wichtig, schon beim Bau und beim Lackieren des Modells besonders auf Symmetrie der Tragflächen zu achten.

Verzogene Tragflächen haben unterschiedliche Anstellwinkel und liefern mithin keine symmetrische Auftriebsverteilung mehr. Ein Modell mit verzogenen Tragflächen wird also immer nach der Seite ziehen, auf der sich der größere Anstellwinkel befindet, denn dadurch ist hier der Widerstand größer (siehe auch Abb. 252 in Kapitel 7.2.0).

Ist eine Flächenhälfte schwerer als die andere, so verschiebt sich der Schwerpunkt zur schwereren Flächenhälfte hin. Auch in diesem Fall tritt ein Drehmoment um die Längsachse auf, dessen Folgen bereits beschrieben wurden.

8.4 Luftschrauben

Eine Luftschraube hat die Aufgabe, eine Kraft zu erzeugen, die dem Flugmodell einen Vortrieb (F_V) gibt. Dazu muß die Drehbewegung der Luftschraube (des Propellers) in eine Kraft in Richtung der Drehachse umgewandelt werden.

Die Luftschraube kann man von drei verschiedenen Theorien her betrachten, von der *Strahltheorie,* der *Tragflächentheorie* und der *Schraubentheorie.*

Die *Strahltheorie* betrachtet nur den von der Luftschraube hervorgerufenen Luftstrahl, sie vernachlässigt die Details der Erzeugung dieses Strahls.

Bei einem Rasensprenger strömt Wasser aus engen Düsen aus, der Rasensprenger dreht sich entgegengesetzt zur Ausströmrichtung. Nach dem Impulssatz ist Kraft gleich Masse mal Beschleunigung ($F = m \times a / 2$. Newtonsches Grundgesetz der Mechanik). Nach dem 3. Newtonschen Grundgesetz der Mechanik gehört zu jeder Kraft eine gleich große Gegenkraft (actio = reactio). Da das Wasser des Rasensprengers in eine Richtung beschleunigt wird, entsteht eine gleich große Kraft in entgegengesetzter Richtung, die den Rasensprenger dreht (Rückstoß).

Wann immer etwas in eine bestimmte Richtung beschleunigt wird, entsteht eine Kraft in Gegenrichtung. Beim Rasensprenger ist es das Wasser, das beschleunigt wird; die Kraft dazu liefert der Wasserdruck in der Leitung. Auch bei einem Schiff wird Wasser nach hinten beschleunigt, so daß die Gegenkraft das Schiff vorwärtstreibt; die Kraft liefert hier die Maschine und die mit ihr verbundene Schiffsschraube.

Bei einer Rakete werden Verbrennungsgase sehr stark beschleunigt, die Gegenkraft (Rückstoß) treibt die Rakete an; die Kraft liefert der Explosionsdruck im Triebwerk. Bei der Rakete zeigt sich auch, daß das Rückstoßprinzip im luftleeren Weltraum besonders gut funktionieren muß, denn hier kann nichts die Ausströmgeschwindigkeit der Gase und die Bewegung der Rakete bremsen.

Auch beim Düsentriebwerk werden die Verbrennungsgase nach hinten beschleunigt. Das Triebwerk erteilt einer kleinen Gasmenge eine große Beschleunigung. Das gleiche Prinzip – und damit kommen wir wieder zur Luftschraube – findet sich beim Propeller, der einer großen Luftmenge eine (relativ) kleine Beschleunigung erteilt.

Um einen festen Körper wie ein Flugmodell in eine Richtung zu bewegen, muß also ein Gas, eine Flüssigkeit oder (wie beim Gewehr) ein fester Körper in eine Richtung beschleunigt werden, damit eine Gegenkraft entsteht, die den gewünschten Vortrieb liefert. Dabei spielt es keine besondere Rolle, auf welche Weise diese Beschleunigung erzeugt wird.

Betrachtet man den Propellerstrahl, den man auch durch Rauch sichtbar machen kann (Abb. 281), so fällt auf, daß er sich hinter der Luftschraube verjüngt. Die Luft wird bereits vor dem Propeller beschleunigt, erreicht ihre volle Geschwindigkeit aber erst ein Stück hinter ihm (v_2). Aus der Kontinuitätsgleichung von Bernoulli (siehe auch Kapitel 7.1.0) $A_1 \times v_1 = A_2 \times v_2$ ist zu entnehmen, daß die Luft in einem engeren Querschnitt (A_2) schneller strömen muß (v_2). Dort verringert sich damit auch der statische Druck. Das ist der Grund für die Einschnürung des Propellerstrahls.

Von der *Tragflügeltheorie* her betrachtet man den Propeller als ein aus verschiedenen Tragflächenstücken zusammengesetztes Gebilde (Abb. 282). Tragflächen erzeugen einen Auftrieb (siehe Kapitel 7.2.0). Vor dem Propeller entsteht ein Sog, hinter ihm ein Druck, beide wirken in der gleichen Richtung. Im Grunde ist also der Propeller nichts anderes als eine drehende Tragfläche, deren Profile unterschiedliche Anstellwinkel haben. Da die äußeren Teile der Luftschraube eine höhere Geschwindigkeit haben als die inneren, würden bei gleichbleibendem Profil und gleichbleibenden Anstellwinkeln über den gesamten Blattradius unterschiedliche Kräfte auftreten, die im Extremfall die Luftschraube zerreißen können, zumindest aber ihre Wirkung ganz erheblich vermindern.

So findet man bei Betrachtung einer Luftschraube, daß die Profildicke zu den Blattspitzen hin abnimmt und daß gleichzeitig auch die Anstellwinkel kleiner werden.

Eine Luftschraube ist durch zwei Daten gekenn-

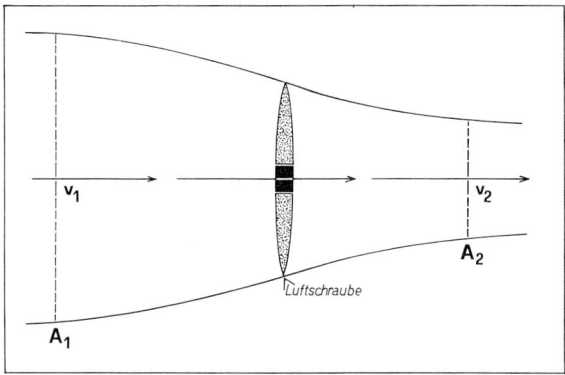

Abb. 281: Der Luftschraubenstrahl folgt der Kontinuitätsgleichung von Bernoulli.

zeichnet, den *Durchmesser* und die *Steigung*. Bei handelsüblichen Luftschrauben werden beide Daten in Zahlen angegeben, z. B. 25 x 10. Die Zahl 25 bedeutet, daß die Luftschraube einen Durchmesser von 25 cm hat, die Zahl 10, daß sie eine Steigung von 10 cm hat. Diese Steigung ist die Strecke, die die Luftschraube zurücklegen würde, wenn sich die Luft wie ein fester Körper (Schraubenmutter) verhielte.

Hält man eine Schraubenmutter fest und dreht die Schraube, so schraubt sie sich in die Mutter hinein. Denkt man sich den Propeller als »Schraube« und

Abb. 282: Luftschraube und Profilquerschnitte.

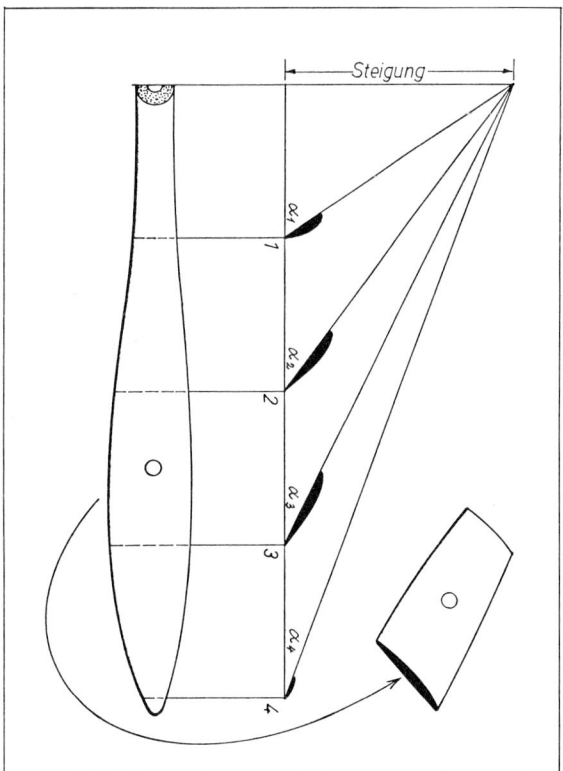

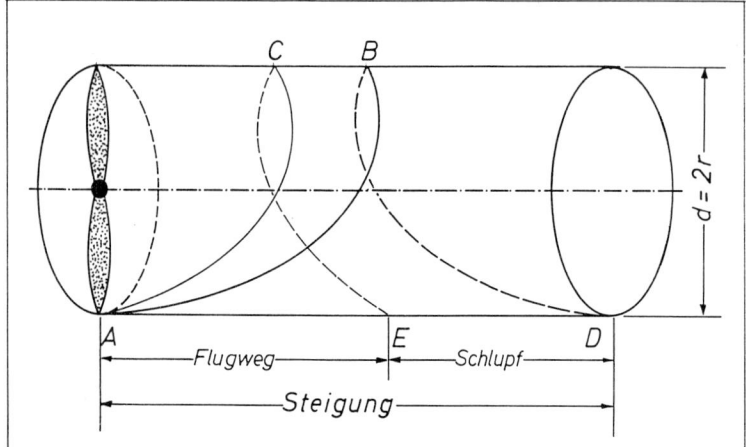

Abb. 283: Weg der Luftschraube: Flugweg = Steigung minus Schlupf.

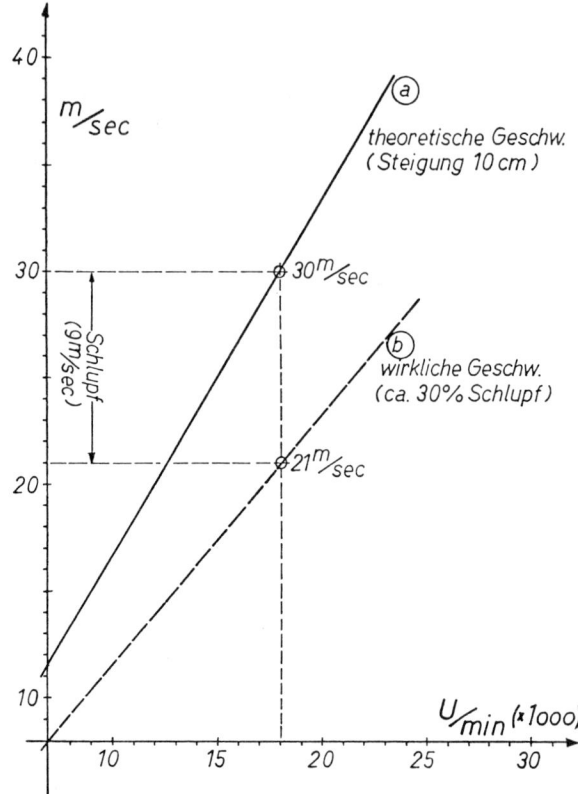

Abb. 284: Geschwindigkeit und Propellerdrehzahl für eine Luftschraube mit 10 cm Steigung und einem angenommenen Schlupf von 30%.

nimmt die Luft als »Mutter«, so müßte – nach der *Schraubentheorie* – das gleiche geschehen. Wenn die Luft sich so verhielte wie eine Mutter, würde die Luftschraubenspitze aus dem Beispiel einen Weg von 10 cm zurücklegen (Weg A–B–D in Abb. 283). In Wirklichkeit legt sie aber nur den Weg A–C–E zurück. Da die Luft kein festes Medium wie die Schraube ist, sondern nachgibt, »rutscht« der Propeller gleichsam bei jeder Umdrehung etwas zurück. Dieses Zurückrutschen bezeichnet man als *Schlupf* (engl.: slip) des Propellers. Der Schlupf beträgt ca. 30%. Zieht man also vom theoretisch möglichen Weg (Steigung 10 cm) den Schlupf ab, so erhalten wir den tatsächlich zurückgelegten Weg (ca. 7 cm). Das Diagramm (Abb. 284) zeigt die theoretisch erreichbare Geschwindigkeit für einen Propeller mit 10 cm Steigung in Abhängigkeit von der Motordrehzahl (a). Die darunter eingezeichnete gestrichelte Linie (b) zeigt die tatsächlich erreichte Geschwindigkeit bei einem angenommenen Schlupf von 30%. Man kann so ein Diagramm für jede Luftschraube erstellen. Wenn man die Drehzahl des Motors kennt und die tatsächliche Geschwindigkeit des Modells mißt, kann man den Schlupf berechnen und die zweite Gerade zeichnen. Der Schlupf kann durch Wahl einer anderen Luftschraube und ihre Anpassung an den Motor verringert werden. Er kann bei schlecht angepaßter »Latte« aber auch höher werden.

Im Fluge wird es allerdings komplizierter. Denn hier überlagern sich die Drehbewegung des Propellers und die Anströmung, die sich mit der Geschwindigkeit des

Flugmodells ändert. Durch diese Überlagerung der beiden Strömungsrichtungen kommt es zu einer Verkleinerung des effektiven Anstellwinkels des Propellers (Abb. 285). Wenn die Fluggeschwindigkeit so groß wird, daß der Nullauftriebswinkel erreicht wird, so bringt die Luftschraube keinen Vortrieb mehr, sie läuft leer, der Motor tourt hoch. Das Modell wird langsamer, und damit wird auch der effektive Anstellwinkel an der Luftschraube wieder größer, die Motordrehzahl sinkt. Der Vorgang wiederholt sich. Abhilfe schafft eine Luftschraube mit größerer Steigung. Der *Wirkungsgrad der Luftschraube* ist vom Anstellwinkel abhängig. Wächst die Fluggeschwindigkeit, so nehmen Widerstand und Zugkraft der Luftschraube ab (der effektive Anstellwinkel verkleinert sich ja). Der Wirkungsgrad steigt zunächst an, fällt dann aber gegen Null ab. Den Luftschraubenwirkungsgrad bezeichnet man mit dem

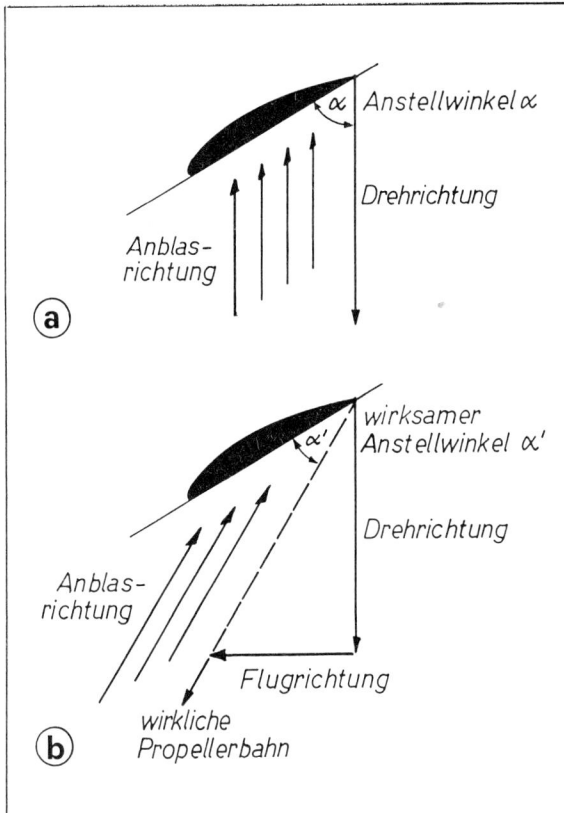

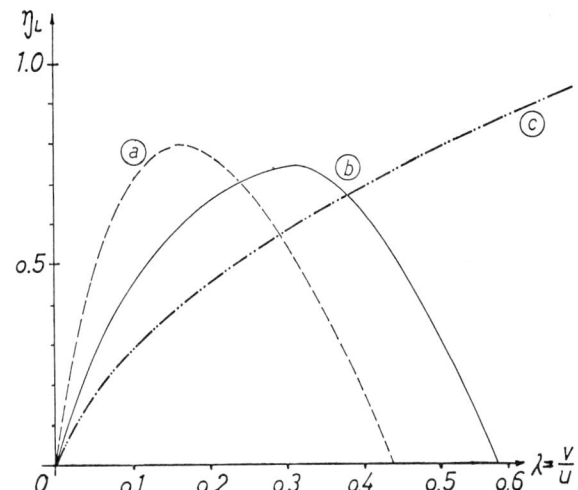

Abb. 286: Wirkungsgrad und Fortschrittsgrad von Luftschrauben.

Abb. 285: Änderung des effektiven Anstellwinkels im Fluge (b) gegenüber dem Standlauf (a).

Buchstaben η_L. Er liegt meist zwischen 0,6 und 0,8, ist also in jedem Fall kleiner als 1. Die vom Motor abgegebene Leistung wird also nur zu etwa 60–80% in Vortrieb umgesetzt. War der Wirkungsgrad vom Anstellwinkel abhängig, so hängt dieser von der Fluggeschwindigkeit (v) und der Umfangsgeschwindigkeit (u) ab, die sich aus der Drehzahl und dem Durchmesser berechnen läßt. Das Verhältnis dieser beiden Werte heißt *Fortschrittsgrad (λ):*

$$\lambda = \frac{v}{u}.$$

Man kann den Wirkungsgrad einer Luftschraube in Abhängigkeit vom Fortschrittsgrad auftragen (Abb. 286). Aus dem Diagramm ist zu entnehmen, bei welcher Geschwindigkeit und Drehzahl der Wirkungsgrad der Luftschraube am höchsten ist.

Um den Wirkungsgrad den jeweils gestellten Anforderungen (Start, Reiseflug, Schnellflug), die bei einem Flugzeug oft gleichzeitig erfüllt sein müssen, anpassen zu können, ist man zur Verstell-Luftschraube übergegangen. Die Blätter werden durch Mechaniken im Innern der Nabe verstellt, die Blattneigung wird je nach Geschwindigkeit und daraus resultierender Anblasrichtung verändert, so daß in jeder Flugphase der bestmögliche Propellerwirkungsgrad genutzt werden kann. Verstellpropeller gibt es inzwischen auch für den Modellflug, einmal solche, die per Fernsteuerung verstellt werden können, zum anderen solche, die sich automatisch in Abhängigkeit von der Drehzahl verstellen.

Die Wahl der richtigen Luftschraube ist entscheidend dafür, ob die Leistung des Motors, der oft mit viel Mühe »frisiert« wurde, durch die »Latte« in Vortrieb umgesetzt wird. Im Handel werden drei Arten von Luftschrauben angeboten: *Nylon-, Holz- und GFK-Propeller.*

Der Nachteil der Nylonpropeller liegt in ihrer Flexibilität. Dadurch kann sich die Steigung wesentlich verändern, es sei denn, man erhöht den Blattquerschnitt. Das aber führt zu höherem Gewicht und schlechterem Wirkungsgrad.

Günstiger sind da Luftschrauben aus Holz, denn bei ihnen kann man praktisch jedes Profil herausarbeiten.

Am ehesten entsprechen GFK-Luftschrauben den hohen Anforderungen. Sie sind selbst bei geringen

Querschnitten noch fest und zeichnen sich durch geringes Gewicht aus. Hilfen für die Auswahl der richtigen Luftschraube geben die Tabellen, die zu den einzelnen Verbrennungs- und Elektromotoren die passenden Luftschrauben empfehlen. Solche Tabellen geben allerdings nur Anhaltspunkte für die Auswahl. Wer aus seinem Motor und aus seinem Modell optimale Leistungen herausholen möchte, kommt um ein genaues Studium der Fachliteratur nicht herum. In der Regel kann man davon ausgehen, daß die Motorenhersteller und die Hersteller von Luftschrauben aufwendige Versuchsapparaturen zur Messung der Luftschrauben haben und man sich auf die Empfehlungen in Katalogen und Datenblättern verlassen kann.

Wesentlich für den sauberen Lauf bei hoher Drehzahl ist eine penibel ausgewuchtete Luftschraube, denn eine genau ausgewuchtete Luftschraube schützt Motor und RC-Anlage vor schädlichen Vibrationen und hat außerdem einen höheren Wirkungsgrad. Zu diesem Zweck gibt es ein sehr präzises Auswuchtgerät (Abb. 287), mit dem Luftschrauben nach allen Richtungen, also auch quer zu den Blättern, und auch alle Arten von Luftschrauben, Zweiblatt- und Dreiblattluftschrauben, ausgewuchtet werden können. Eine eingebaute Präzisionslibelle garantiert mit einem reibungsfreien Pendellager eine sehr hohe Genauigkeit, denn selbst kleinste Gewichtsunterschiede werden deutlich angezeigt. Das Gerät besteht aus einem Oberteil mit der Libelle, einem Distanzstück, einer Rändelmutter und einem Ständer (Hersteller: FEMA GmbH, 7620 Wolfach).

Fesselflieger stellen ihre Luftschrauben, vor allem für Hochgeschwindigkeitsmodelle, aus Hartholz selbst her.

Auch die Luftschrauben und Klappluftschrauben für Freiflugmodelle der Klasse F 1 B (Wakefield) werden von den Modellfliegern selbst hergestellt. Bevor man an die Konstruktion einer Luftschraube geht, muß man die Grunddaten, Radius und Steigung, festlegen: Die Größe h ist durch Division der Steigung (z. B. 10 cm) durch 2π zu berechnen und wird senkrecht zum Radius r (z. B. 250 mm) aufgetragen. Darunter zeichnet man den gewünschten Grundriß der Luftschraubenblätter auf. Der Punkt c_1 auf der Radiuslinie sollte etwa bei 20% r liegen, die Punkte c_2 bis c_4 werden durch Division der restlichen Strecke gefunden. Bei Bedarf können auch mehr Punkte eingezeichnet werden. Die Strecken b_1 bis b_4 und a_1 bis a_4 ergeben sich aus dem gewünschten Blattumriß. Diese Strecken werden nun

Abb. 288: So wird eine Luftschraube hergestellt: Auf einen Holzklotz wird der Grundriß aufgezeichnet (a), ausgeschnitten und gebohrt (b). Die Keile werden eingezeichnet (c), die Luftschraube wird erst grob, dann fein bearbeitet (d, e). Die aus der Konstruktionsgrafik entnommenen Hilfslinien werden eingezeichnet (f). Dann kann die Luftschraube an Ober- und Unterseite fertiggestellt werden.

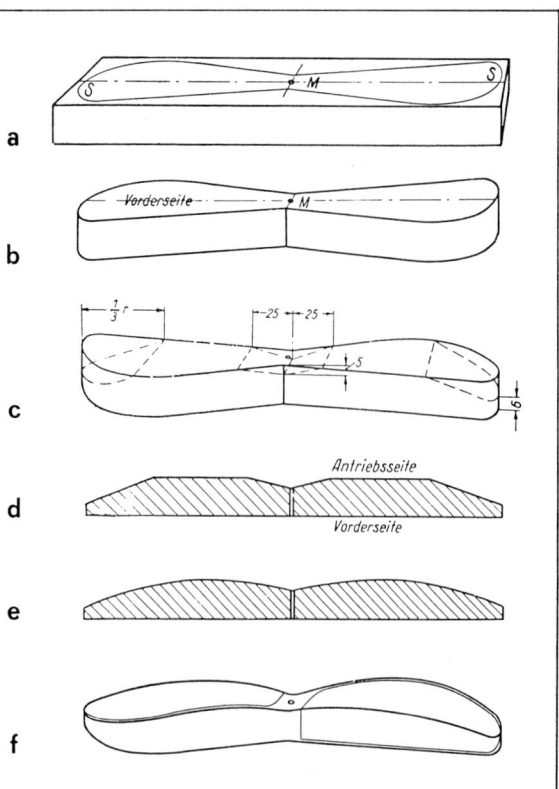

in Aufriß und Grundriß des Luftschraubenblattes abgetragen und mit einem Kurvenzug verbunden, so erhält man die endgültige Blattform.

Grundriß und Aufriß werden auf einen Holzklotz übertragen und ausgeschnitten (Abb. 288a, b). Vorher muß der Klotz senkrecht durchbohrt werden, damit die Welle durchgeführt werden kann und die »Latte« später nicht schlägt. Mit Schnitzmesser, Raspel und Schleifpapier werden zunächst die beiden Druckseiten (Unterseiten) und dann die Saugseiten (Oberseiten) bearbeitet (Abb. 288c, d, e, f). Es folgt die übliche Oberflächenbehandlung mit Porenfüller und Lack. Um den Widerstand der nicht mehr angetriebenen Luftschraube im Gleitflug zu verringern, verwendet man meist Klappluftschrauben (die u. a. auch im Elektroflug üblich sind), die mit Gelenken versehen sind, nach dem Ablaufen des Gummimotors (oder dem Stillstand des Elektromotors) nach hinten klappen und sich seitlich an den Rumpf legen.

8.5 Kraftflug

Für den nicht beschleunigten Horizontalflug eines Motorflugmodells, bei dem dieses in gleichbleibender Höhe mit konstanter Geschwindigkeit fliegt, herrscht Kräftegleichgewicht (siehe Abb. 249 in Kapitel 7.2.0).

Es gilt $F_A - F_G = 0$ und $F_V - F_W = 0$

oder $F_A = F_G$ und $F_W = F_V$.

Die Fluggeschwindigkeit ergibt sich aus der Formel

$$v_x = 1{,}278 \cdot \sqrt{\frac{F_G \cdot 1}{A \cdot c_a}}$$ (siehe auch Kapitel 8.3).

Da der Quotient F_G/A, die Flächenbelastung, für ein Modell als konstruktiv festgelegte Größe angesehen werden kann, hängt die Geschwindigkeit nur vom Auftriebsbeiwert c_a ab. Je kleiner c_a wird, desto höher wird die Fluggeschwindigkeit. Die theoretisch mögliche, unendlich hohe Geschwindigkeit bei $c_a = 0$ wird durch den mit der Geschwindigkeit steigenden Widerstand begrenzt:

$$F_{W\,ges} = c_{w\,ges} \cdot \frac{\varrho}{2} \cdot v^2 \cdot A.$$

Je größer c_a wird, desto geringer wird die Fluggeschwindigkeit. Die Mindestgeschwindigkeit (z. B. bei der Landung) ergibt sich bei $c_{a\,max}$ und ist

$$v_{min} = 1{,}278 \cdot \sqrt{\frac{F_G \cdot 1}{A \cdot c_{a\,max}}}.$$

Analog zur Gleichung für die Gleitzahl (siehe Abb. 277 in Kapitel 8.3) ergibt sich für den Vortrieb (Schub)

$F_V = \varepsilon \cdot F_G$; da $\varepsilon = \dfrac{c_{w\,ges}}{c_a}$ ist, wird $F_V = \dfrac{c_{w\,ges}}{c_a} \cdot F_G$.

Der für das Motorflugmodell nötige Vortrieb F_V muß also um so größer sein, je kleiner der Auftriebsbeiwert c_a, je größer der Widerstandsbeiwert $c_{w\,ges}$ und je größer das Modellgewicht F_G ist.

In der Freiflugklasse F 1 C soll das Flugmodell in der auf sieben Sekunden begrenzten Motorlaufzeit eine möglichst große Höhe erreichen.

In der Freiflugklasse F 1 C soll das Flugmodell in der auf sieben Sekunden begrenzten Motorlaufzeit eine möglichst große Höhe erreichen.

Für den senkrechten Steigflug ($\varphi = 90°$) gilt $F_V = F_G - F_{W\,ges}$. Im Idealfall ist $F_A = 0$, d. h. es wird in dieser Flugphase mit einer EWD geflogen, bei der das Tragflächenprofil in Nullauftriebsrichtung angeblasen wird. Weicht der Steigwinkel von der Senkrechten ab, so verringert sich der Einfluß von F_G mit dem Sinus des Steigwinkels φ:

$F_V = F_{W\,ges} + F_G \cdot \sin \varphi$.

Der Auftrieb bekommt dann einen größeren Einfluß, und zwar wächst er mit dem Cosinus des Steigwinkels φ:

$F_A = F_G \cdot \cos \varphi$.

Bei einem Steigwinkel von 90° ist $\cos \varphi = 0$, damit wird auch $F_A = 0$. Im horizontalen Flug ($\varphi = 0$) ist $\sin \varphi = 0$, so daß $F_V = F_{W\,ges}$ wird, während $\cos \varphi = 1$ ist, so daß $F_A = F_G$ ist.

Literatur:
Siehe Kapitel 7.0

9.0.0 KONSTRUKTION UND BAU VON FLUGMODELLEN

9.1.0 Konstruktion

Es würde den Rahmen dieses Buches sprengen, wollte man an dieser Stelle detaillierte Konstruktionsbeschreibungen für Flugmodelle aller Klassen geben.

Daher soll hier am Beispiel eines ferngesteuerten Segelflugmodells der Klasse F 3 B die *Methodik der Daten-Erarbeitung* für die Modellkonstruktion so dargestellt werden, daß sie für jedermann nachvollziehbar ist.

Die zunehmende Miniaturisierung in der Elektronik hat inzwischen auch den Modellfliegern und Modellkonstrukteuren leistungsfähige Kleincomputer beschert. Und wer einen solchen Computer bereits hat, der hat auch ein Programm, mit dessen Hilfe er Flugmodelle für beliebige spezielle Anwendungsbereiche berechnen kann. Die Eingabe einiger Parameter genügt.

Es muß allerdings nicht unbedingt gleich ein Computer her, um die Daten für die Konstruktion eines Modells zu errechnen, ein schlichter Taschenrechner reicht aus.

Die in 28 Schritten erarbeiteten Parameter führen zu einem leistungsfähigen RC-Segler, den es derzeit nur in einem einzigen fliegenden Exemplar gibt (Abb. 291).

Der Konstrukteur und Erbauer dieses Modells, Dietrich Bertermann, Freund und Kollege des Verfassers, führte das Modell erstmals beim Wochenend-Seminar RC-Segelflug des DAeC im Jahre 1979 in Oerlinghausen vor, wo es seine Leistungsfähigkeit unter Beweis stellte (Abb. 292). Der Vorschlag, das Modell »Rechenfehler« zu nennen, wurde nicht akzeptiert, nun heißt es »Wanderfalke«.

Seine Berechnungen stellte Bertermann den Seminar-Teilnehmern in einem Referat vor, dem die folgenden Auszüge mit freundlicher Genehmigung des Referenten entnommen sind.

Es ist heute normal, daß bemannte Segelflugzeuge berechnet werden und daß ihre Leistungen bereits bekannt sind, bevor die erste Maschine fliegt. Das gilt auch für den Großflugzeugbau. Flugzeuge werden allein aufgrund der errechneten Daten geordert und gekauft. Es wäre undenkbar, beispielsweise ein Flugzeug wie den »Airbus« zu bauen und erst dann zu probieren, ob es auch wirklich fliegt. Die Folgen wären nicht auszudenken, wenn diese Maschine abstürzte oder schlecht flöge. Wer wollte die Fehlinvestition verantworten?

Aber genau diese Methode wird beim Bau von Flugmodellen sehr häufig angewandt. Auch hier wird Geld

Abb. 291: Das Modell »Wanderfalke« von Dietrich Bertermann.

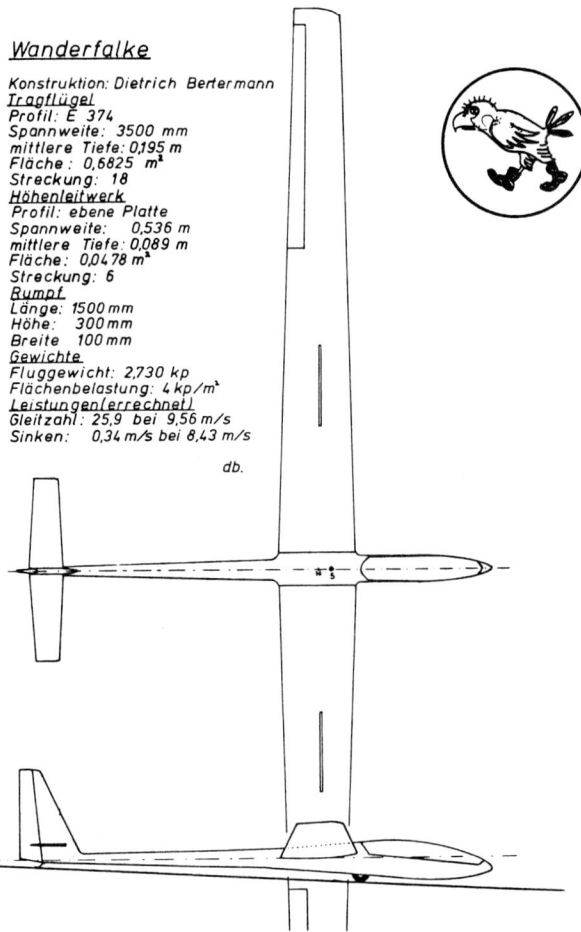

Wanderfalke

Konstruktion: Dietrich Bertermann
Tragflügel
Profil: E 374
Spannweite: 3500 mm
mittlere Tiefe: 0,195 m
Fläche : 0,6825 m²
Streckung: 18
Höhenleitwerk
Profil: ebene Platte
Spannweite: 0,536 m
mittlere Tiefe: 0,089 m
Fläche: 0,0478 m²
Streckung: 6
Rumpf
Länge: 1500 mm
Höhe: 300 mm
Breite 100 mm
Gewichte
Fluggewicht: 2,730 kp
Flächenbelastung: 4 kp/m²
Leistungen(errechnet)
Gleitzahl: 25,9 bei 9,56 m/s
Sinken: 0,34 m/s bei 8,43 m/s

db.

Abb. 292: Konstrukteur Dietrich Bertermann (links) mit seinem RC-Segler im Kreise von Seminar-Teilnehmern in Oerlinghausen.

und Arbeitszeit in Modelle investiert, die dann wegen falscher aerodynamischer Auslegung miserabel fliegen oder gar abstürzen.

Will man aber ein Flugmodell optimal auslegen und dabei möglichst wenig Zeit und Geld investieren, sollte die Mathematik zur Hilfe genommen werden. Die theoretischen Grundlagen sind an anderer Stelle bereits ausführlich erläutert (siehe Kapitel 7.0 und 8.0). Hier soll gezeigt werden, wie man ein Flugmodell Schritt für Schritt berechnen kann.

In ähnlicher Weise können auch die Daten von Freiflugmodellen erarbeitet werden.

1. Ich möchte ein Segelflugmodell bauen, das recht schnell geflogen werden kann, trotzdem aber noch hinreichende Leistungen bezüglich Gleitzahl und Sinken bringt. Ich wähle das Profil E 374 und baue einen Tragflügel mit großer Streckung (Abb. 269 in Kapitel 7.4.0).

2. Die Tragflügel sollen noch in den Kofferraum/Wagen passen. Ich wähle eine Spannweite von b = 3500 mm. Bei 100 mm Rumpfbreite wird eine Flügelhälfte 1700 mm lang.

3. Ich wähle als Form des Tragflügels das Trapez mit einer Flügeltiefe innen t_i = 240 mm und außen t_a = 150 mm. Wir suchen die mittlere Flügeltiefe t_m:
$$t_m = \frac{t_i + t_a}{2} = \frac{240 + 150}{2} \text{ mm} = 195 \text{ mm}.$$
Die mittlere Flügeltiefe beträgt 195 mm.

4. Um eine ausreichend hohe Fluggeschwindigkeit (und damit Re-Zahl) zu erhalten, lege ich als Flächenbelastung
$$\frac{F_G}{A} = 39,24 \text{ N/m}^2 \triangleq 4 \frac{\text{kg}}{\text{m}^2} = 40 \text{ g/dm}^2$$
fest.

5. Der theoretisch nutzbare c_a-Bereich des E 374 reicht von c_a = 0 bis c_a = 1,0.

6. Ich berechne die Minimalgeschwindigkeit V_{min} bei c_a = 1,0 und die Maximalgeschwindigkeit V_{max} bei c_a = 0,1:
$$v = 1,278 \cdot \sqrt{\frac{F_G \cdot 1}{A \cdot c_a}} \text{ [m/s]}$$
$$v_{min} = 1,278 \cdot \sqrt{\frac{39,24}{1}} = 8,0 \text{ m/s}$$
$$v_{max} = 1,278 \cdot \sqrt{\frac{39,24}{0,1}} = 25,3 \text{ m/s}.$$
Die theoretische Minimalgeschwindigkeit beträgt 8 m/s, die Maximalgeschwindigkeit 25,3 m/s.

7. Die niedrigste Re-Zahl tritt im Langsamflug außen am Tragflügel auf. Die höchste Re-Zahl erreiche ich bei v_{max} am Innenflügel:
$$Re = 70 \cdot v \cdot t$$
$$Re_{min} = 70 \cdot v_{min} \cdot t_a = 70 \cdot 8 \cdot 150 = 84.000$$
$$Re_{max} = 70 \, v_{max} \cdot t_i = 70 \cdot 25,3 \cdot 240 = 425.040$$
Die niedrigste Re-Zahl 84.000 tritt nur dann auf, wenn der Höchstauftriebswert c_a = 1,0 und damit v_{min} tatsächlich erflogen wird. Es kann daher sein, daß die Minimalgeschwindigkeit etwas höher

liegt und man im Langsamflug den Strömungsabriß gerade noch vermeidet. Wir ändern daher die Flügeltiefe nicht.

8. Aus der Spannweite b = 3500 mm und der mittleren Flügeltiefe t_m = 195 mm errechne ich die Flügelfläche A_F:

$A_F = b \cdot t_m = 3,5 \cdot 0,195 \, m^2 = 0,6825 \, m^2$

Die Flügelfläche beträgt 0,6825 m^2.

9. Aus der Flächenbelastung $\frac{F_G}{A_F}$ und der Flügelfläche A_F errechne ich die Flugmasse m:

$m = \frac{F_G}{g} = \frac{26,78 \, kg \cdot m \cdot s^2}{9,81 \, m \cdot s^2} = 2,730 \, kg.$

Das Segelflugmodell muß eine Masse von 2,730 kg haben.

10. Aus der Spannweite b und der mittleren Flügeltiefe t_m errechne ich die Streckung Λ:

$\Lambda = \frac{b}{t_m} = \frac{3500 \, mm}{195 \, mm} = 17,95 \approx 18$

Die Streckung des Tragflügels beträgt Λ = 18. Bedenkt man, daß die Spannweite des Flügels begrenzt ist und eine bestimmte Flügeltiefe nicht unterschritten werden darf, weil sonst die Re-Zahl zu klein wird, so ist Λ = 18 ein brauchbarer Wert, so daß der induzierte Widerstand nicht zu groß wird.

11. Im Flugzustand bestes Gleiten soll der Tragflügel momentenfrei sein. Wir legen daher den Schwerpunkt des Flugmodells so, daß er mit dem Druckpunkt des Tragflügels bei bestem Gleiten zusammenfällt. Bei welchem c_a-Wert wird nun bestes Gleiten erzielt? Aufgrund der Berechnungen zum E 374 gehe ich davon aus, daß die beste Gleitzahl bei c_a = 0,7 erreicht wird.

12. Wir errechnen die Druckpunktlage bei c_a = 0,7 für das E 374:

$X_s = X_D = \left(\frac{-C_{mo}}{C_a} + 0,25 \right) \cdot t_m$

$= \left(\frac{-(-0,036)}{0,7} + 0,25 \right) \cdot t_m$

$= (0,0514 + 0,25) \cdot t_m$

$= 0,3014 \cdot t_m$

$X_s = X_D \approx 0,3 \cdot t_m$

Der Druckpunkt des Tragflügels liegt bei 30% der mittleren Flügeltiefe bei bestem Gleiten. An diese Stelle legen wir später den Schwerpunkt.

13. Wir benötigen nun den Auftriebsanstieg des Tragflügels:

$\left(\frac{dc_a}{d\hat\alpha} \right) \Lambda = \pi \cdot \frac{2 \times \Lambda}{2 + \Lambda}$

$= \pi \cdot \frac{2 \cdot 18}{2 + 18} = \pi \cdot \frac{36}{20} = 1,8 \cdot \pi$

Der Auftriebsanstieg des Tragflügels beträgt $\left(\frac{dc_a}{d\hat\alpha} \right)_F = 1,8 \, \pi.$

14. Wir wählen ein Höhenleitwerk mit Λ = 6. Mit dem Profil ebene Platte hat es einen Auftriebsanstieg:

$\left(\frac{dc_a}{d\hat\alpha} \right)_{HL} = 1,27 \, \pi.$

15. Wir legen den Leitwerkshebelarm fest:

$l = x \cdot t_m = 4,6 \cdot t_m = 4,6 \times 195 \, mm = 897 \, mm;$
$x = 4,6.$

16. Wir wählen als Stabilitätsmaß σ = 0,15. Der Gesamtneutralpunkt des Flugmodells liegt bei

$\frac{X_N}{t_m} = \frac{X_s}{t_m} + 0,15 = 0,3 + 0,15 = 0,45 = 45\%.$

Der Neutralpunkt liegt bei 45% der mittleren Flügeltiefe.

17. Wir berechnen den Abwindfaktor AWF:

$AWF = \frac{0,73}{\Lambda_F} \cdot \left[1 + \sqrt{1 + \left(\frac{\Lambda_F}{2 \cdot X} \right)^2} \right]$

$X = 4,6 \, (s. \, 15), \Lambda_F = 18$

$AWF = 0,1297 \cdot 1 - AWF = 1 - 0,1297 = 0,8703.$

18. Nunmehr können wir die Höhenleitwerksfläche berechnen:

$\frac{A_{HL}}{A_F} = \frac{X_N + 0,25}{\frac{1,27 \cdot \pi}{(\quad) \cdot \pi} \cdot (X + X_s - 0,25) \cdot (1 - AWF)}$

$[(\quad) \cdot \pi \, \pi: \text{siehe } 13.]$

$= \frac{0,45 + 0,25}{\frac{1,27 \cdot \pi}{1,8 \cdot \pi} \cdot (4,6 + 0,3 - 0,25) \cdot 0,8703}$

$= \frac{0,2}{0,7056 \cdot 4,65 \cdot 0,8703} = 0,07$

Bei einem Hebelarm von 4,6 x t_m, der ebenen Platte als Profil und dem Stabilitätsmaß $\sigma = 0{,}15$ muß die Fläche des Höhenleitwerks 7% der Tragfläche betragen.

19. 7% der Tragfläche:
$$A_F \cdot 0{,}07 = 0{,}6825 \cdot 0{,}07 \text{ m}^2 = 0{,}0478 \text{ m}^2$$
$$= 4{,}78 \text{ dm}^2$$

Der Flächeninhalt des Höhenleitwerks beträgt 4,78 dm^2.

20. Wir suchen die Spannweite des Höhenleitwerks mit $\Lambda = 6$:
$$\Lambda = \frac{b^2}{A} \quad b = \sqrt{\Lambda \cdot A} = \sqrt{6 \cdot 4{,}78 \text{ dm}^2}$$
$$= 5{,}36 \text{ dm} = 53{,}6 \text{ cm}$$

21. Wir können nun die mittlere Profiltiefe des Höhenleitwerks errechnen:
$$\Lambda = \frac{b}{t_m} \quad t_m = \frac{b}{\Lambda} = \frac{53{,}6}{6} \text{ cm} = 8{,}93 \text{ cm}$$

Die mittlere Tiefe des Höhenleitwerks beträgt aufgerundet 90 mm. Wir geben dem Höhenleitwerk eine leichte Trapezform. Die Profiltiefe setzen wir innen mit 105 mm und außen mit 75 mm fest.

22. Wir berechnen die Einstellwinkeldifferenz für bestes Gleiten bei $c_a = 0{,}7$:
$$EWD = 9{,}119 \cdot Ca \cdot \left[1 + \frac{2}{\Lambda}\right] - \beta s -$$
$$\frac{9{,}119 \cdot Ca}{\Lambda} \cdot \left[1 + \sqrt{1 + \left(\frac{\Lambda}{2 \cdot X}\right)^2}\right]$$
$$EWD = 9{,}119 \cdot 0{,}7 \cdot \left(1 + \frac{2}{18}\right) - 1{,}17 -$$
$$\frac{9{,}119 \cdot 0{,}7}{18} \cdot \left[1 + \sqrt{1 + \left(\frac{18}{2 \cdot 4{,}6}\right)^2}\right]$$
$$EWD = 7{,}09 - 1{,}17 - 0{,}3546 \cdot 3{,}2$$
$$EWD = 5{,}9225 - 1{,}13384$$
$$EWD = 4{,}7887$$

Die benötigte Einstellwinkeldifferenz beträgt 4,8°.

23. Den Widerstandsbeiwert für Rumpf und Leitwerk c_{WR} setzen wir mit 0,005 an. Ob das zu niedrig oder realistisch ist, müssen Flugmessungen erweisen.

24. Der Tragflügel erhält 3° V-Form. Dadurch erreichen wir eine hinreichende Querstabilität, ohne die Querruderwirksamkeit zu sehr zu beeinträchtigen.

25. Wir bauen Bremsklappen in den Flügel ein. Die Länge der zwei Klappen beträgt jeweils 0,2 m, die Höhe inclusive Schlitz (1 cm) 0,03 m. Die Klappenfläche beträgt dann $A_{BK} = 2 \times 0{,}2 \times 0{,}03 \text{ m}^2 = 0{,}012 \text{ m}^2$.

26. Wir errechnen den Bremsklappenwiderstandsbeiwert:

Bauteil	Anzahl	Cw	A_{BK}	$Cw \cdot A_{BK}$
Bremsklappe	2	1,2	0,012 m^2	0,0144 m^2

$$Cw_{BK} = \frac{Cw \cdot A_{BK}}{A_F} = \frac{0{,}0144 \text{ m}^2}{0{,}6825 \text{ m}^2} = 0{,}0211$$
$$Cw \cdot A_{BK} = A_{Rest}$$

Der Bremsklappenwiderstandsbeiwert beträgt $Cw_{BK} = 0{,}0211$. Er ist zum Gesamtwiderstandsbeiwert zu addieren.

27. Bei ausgefahrenen Bremsklappen ist nicht mehr der gesamte Tragflügel an der Auftriebserzeugung beteiligt.
Ein Teil der Fläche (0,1075 m^2) fällt aus. Die verbleibende Fläche beträgt 0,577 m^2. Das sind 84,25% der gesamten Tragfläche. Wir reduzieren

Abb. 289: Polardiagramm des RC-Seglers »Wanderfalke« mit und ohne Bremsklappen.

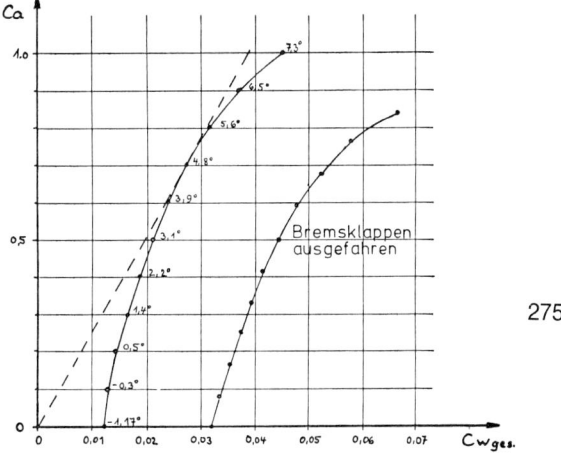

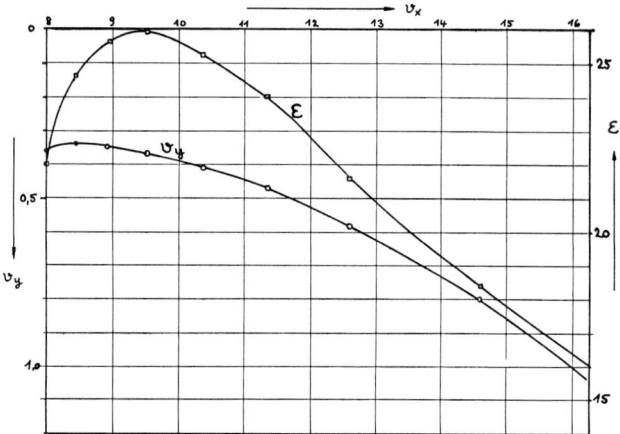

Abb. 290: Gleitzahl und Gleitgeschwindigkeit in Abhängigkeit von der Fluggeschwindigkeit.

daher bei ausgefahrenen Bremsklappen die Auftriebsbeiwerte auf 84% ihres Wertes. Wir zeichnen nun das Polardiagramm des Flugmodells mit und ohne Bremsklappen sowie in einem weiteren Diagramm das Verhalten von Gleitzahl und Sinkgeschwindigkeit in Abhängigkeit von der Fluggeschwindigkeit (Abb. 289 und 290).

Abbildung 291 zeigt das Modell so, wie es gebaut wird, um damit Flugmessungen durchzuführen, und wie es bereits in einem Exemplar fliegt (Abb. 292).

28. Leistungsberechnung:

Fluggeschwindigkeit:

$$v_x = 1{,}278 \cdot \sqrt{\frac{F_G \cdot 1}{A \cdot c_a}} \; [\text{m/s}]; \quad \frac{F_G}{A} = 39{,}24 \; \frac{N}{m^2};$$

$c_a = 0{,}1$ bis $1{.}0$.

Re-Zahl: $Re = 70 \cdot v_x \cdot t_m; \quad t_m = 195\,\text{mm}.$

Profilwiderstandsbeiwert: cw_p ist einem Diagramm zu entnehmen, das aus dem Polardiagramm des E 374 abgeleitet wird (siehe auch Tabelle 29).

Beiwert des induzierten Widerstandes:

$$Cw_i = \frac{Ca^2}{\pi \cdot \Lambda}; \quad \Lambda = 18; \quad \pi = 3{,}14.$$

Beiwert des Restwiderstandes: $Cw_R = 0{,}005.$

Beiwert des Gesamtwiderstandes:

$$Cw_{ges} = Cw_p + Cw_i + Cw_R.$$

Gleitzahl: $\varepsilon = \dfrac{Ca}{Cw_{ges}}.$

Sinkgeschwindigkeit: $v_y = \dfrac{v_x}{\varepsilon}.$

Sturzflugendgeschwindigkeit:

$$v_{st} = 1{,}278 \cdot \sqrt{\frac{F_G \cdot 1}{A \cdot Cw_{ges}}}; \quad Cw_{ges} \text{ bei } c_a = 0.$$

Wir entnehmen Tabelle 29, daß die beste Gleitzahl bei $c_a = 0{,}7$ und $V_x = 9{,}56\,\text{m/s}$ mit einem Wert

Tabelle 29: Daten zum Segelflugmodell »Wanderfalke« (9.1.0)

Ca	EWD	Vx	Re (tm)	Cwp	Cwi	Cwges	ε	Vy
1,0	7,3°	8,0	109.200	0,02268	0,01768	0,04536	22	**0,36**
0,9	6,5°	8,4	117.070	0,01718	0,01432	0,03650	24,6	**0,34**
0,8	5,6°	8,9	122.031	0,01496	0,01131	0,03127	**25,6**	0,35
0,7	4,8°	9,5	130.494	0,01331	0,00866	0,02698	**25,9**	0,37
0,6	3,9°	10,3	141.005	0,01239	0,00637	0,02376	25,2	0,41
0,5	3,1°	11,3	154.245	0,01138	0,00442	0,02080	24	0,47
0,4	2,2°	12,6	172.672	0,01065	0,00283	0,01848	21,6	0,58
0,3	1,4°	14,6	199.290	0,00974	0,00159	0,01633	18,4	0,80
0,2	0,5°	17,9	244.198	0,00892	0,00071	0,01462	13,6	1,31
0,1	−0,3°	25,3	345.345	0,00772	0,00018	0,01290	7,8	3,26
0	−1,17°	73,0	996.450	0,00700	0	0,01200	0	73,00

Die Werte der Tabelle wurden nachträglich gerundet.

276

von 25,9 erreicht wird. Das geringste Sinken beträgt 0,34 m/s bei $c_a = 0,9$ und $V_X = 8,43$ m/s. Nehmen wir $c_{WR} = 0,01$ an, dann verschlechtern sich die Werte: bestes Gleiten wird erreicht bei $c_a = 0,8$ und $V_X = 8,94$ m/s mit einer Gleitzahl von 22. Das geringste Sinken beträgt dann 0,39 m/s bei $c_a = 0,9$.
Die Sturzfluggeschwindigkeit beträgt 73 m/s = 262,8 km/h.

Nun liegen alle Daten fest, um das Flugmodell in den Hauptabmessungen zeichnen zu können:

Tragflügel:
Profil: E 374
Spannweite b: 3500 mm
Tiefe innen t_i: 240 mm
Tiefe außen t_a: 150 mm
mittlere Tiefe t_m: 195 mm
Streckung Λ: 18
Flügelfläche A_F: 68,25 dm^2

Höhenleitwerk:
Profil: ebene Platte
Spannweite b_{HI}: 536 mm
Tiefe innen $t_{i\,HI}$: 105 mm
Tiefe außen $t_{a\,HI}$: 75 mm
mittlere Tiefe $t_{m\,HI}$: 90 mm
Streckung Λ_{HI}: 6
HLW-Fläche A_{HL}: 4,78 dm^2

Rumpf:
H-Leitwerksarm l: 4,6 x t = 897 mm
Schwerpunktlage Xs: 30% von t_m
Neutralpunktlage Xn: 45% von t_m
Einstellwinkeldifferenz EWD: 4,8°
Flächenbelastung: $\frac{F_G}{A} = 9,24 \ \frac{N}{m^2}$
Masse: 2,730 kg
Minimalgeschwindigkeit: 8 m/s
Maximalgeschwindigkeit: 25,3 m/s

9.1.1 BELASTUNGEN AM MODELL

Am Beispiel des RC-Seglers »Wanderfalke« wurde dargestellt, welcher Weg einzuschlagen ist, um ein Modell für einen bestimmten Aufgabenbereich zu entwerfen und die für die Konstruktion nötigen Daten zu berechnen. Damit sind Umriß und Masse des Modells sowie Lage des Schwerpunktes, Hebelarme, Gleit- und Sinkfluggeschwindigkeiten, Gleitwinkel und Flugstabilität festgelegt.

Diese Entwurfsdaten müssen nun in ein funktionierendes Flugmodell umgesetzt werden. Dazu werden am Modell die Baugruppen Rumpf, Tragflächen, Leitwerke, Antrieb und Einbauten getrennt voneinander betrachtet.

Innerhalb dieser Baugruppen müssen genaue Angaben über jedes einzelne Teil gemacht werden, und zwar hinsichtlich des zu verwendenden Materials, der Abmessungen und der Anzahl der Teile. Schließlich muß auch festgelegt werden, in welcher Weise die Einzelteile zusammengefügt werden sollen (Bauweisen/siehe Kapitel 9.1.2).

Dabei sind außerdem Überlegungen über nötige Einbauten (z. B. Zeitschalter für die Thermikbremse, Fernsteuerungsanlage) anzustellen. Auch die Anpassung an vorhandene Transportmöglichkeiten durch Zerlegbarkeit des Modells muß überlegt werden.

Schließlich soll das Modell mit einem vertretbaren Bauaufwand erstellt, soll ggf. handelsübliches Zubehör (z. B. Bowdenzüge, Ruderhörner) verwendet werden können.

Zudem muß der Oberflächenbehandlung gebührende Aufmerksamkeit geschenkt werden. Das Segelflugmodell soll gegen Witterungseinflüsse (vor allem gegen Feuchtigkeit) weitgehend unempfindlich sein. Das Motormodell erfordert einen Anstrich, der dazu noch kraftstoffest ist.

An jedem Flugmodell greifen die Kräfte Auftrieb, Gewicht, Vortrieb und Widerstand an (siehe Kapitel 7.2.0).

Zusätzlich treten beim Kurvenflug und beim Abfangen Fliehkräfte (Manöverlasten) auf, die sich zum Fluggewicht addieren. Ein für den Kunstflug ausgelegtes Motorflugmodell muß die in den einzelnen Flugfiguren auftretenden Manöverlasten wechselnder Richtungen aufnehmen können, zu denen noch Belastungen durch Böen kommen können.

Ein Segelflugmodell muß auch die beim Hochstart auftretenden zusätzlichen Belastungen (Seillast) verkraften können. In dieser Phase sind Belastungen durch Böen besonders wirksam.

Die Zentrifugalkraft (lat.: centrum = Mitte, fuga = Flucht) wirkt auf jeden Körper, der sich auf kreisförmigen Bahnen bewegt. Ihre Größe hängt ab von der Masse des Körpers, von seiner Geschwindigkeit und vom Kurvenradius:

$$F_Z = \frac{m \cdot v^2}{r} \left[\frac{kg \cdot m^2}{m \cdot s^2} \right] = \left[\frac{kg \cdot m}{s^2} \right] = [N]$$

Sie nimmt mit abnehmendem Radius und mit zunehmender Masse zu und steigt vor allem mit dem Quadrat der Geschwindigkeit. Zentrifugalkraft und Gewicht addieren sich u. a. beim Abfangen aus dem Schnell- oder Sturzflug.

Zentrifugalkraft und Gewicht ergeben beim Kurvenflug nach dem Kräfteparallelogramm eine Resultierende, die stets größer als das Fluggewicht ist. Diese Resultierende kann nach dem Satz des Pythagoras berechnet werden:

$$F_R{}^2 = F_G{}^2 + F_Z{}^2 \quad \text{oder} \quad F_R = \sqrt{F_G{}^2 + F_Z{}^2}.$$

Beim Abfangen oder beim Kurvenflug muß der Auftrieb um den entsprechenden Faktor n, das Lastvielfache, größer sein als im Normalflug:

$$F_A = n \cdot F_G$$

Für den Fall des Abfangens gilt:

$$(F_A =) \; n \cdot F_G = F_G + F_Z$$

$$n = 1 + \frac{F_Z}{F_G} = 1 + \frac{m \cdot v^2}{r \cdot m \cdot g}$$

$$n = 1 + \frac{v^2}{r \cdot g}$$

$$r = \frac{v^2}{g \, (n + 1)}$$

Beispiel: Ein F 3 B-Modell wird bei einer Geschwindigkeit von 35 m/s auf einer Bahn mit 20 m Radius abgefangen. Das Lastvielfache n ist

$$n = 1 + \frac{1225 \; m^2 \cdot s^2}{20 \; m \cdot 9,81 \; s^2 \cdot m} = 1 + \frac{1225}{196,2} \approx 7,24.$$

Das Gewicht eines Flugmodells mit 3 kg Masse ist

$$F_G = m \cdot g = 3 \; kg \cdot 9,81 \; m/s^2 = 29,43 \; N.$$

Im Moment des Abfangens muß ein Auftrieb von

$$F_A = n \cdot F_G = 7,24 \cdot 29,43 \; N = 213,07 \; N$$

vorhanden sein, um die dabei auftretenden Kräfte zu kompensieren.

Das heißt, daß die Modellkonstruktion so dimensioniert werden muß, daß auch ein höheres als dieses Lastvielfache aufgenommen werden kann, ohne zu einem Bruch zu führen.

Beispiel: Ein RC-Segler (siehe Daten »Wanderfalke«) mit einer Masse von 2,73 kg soll aus einem Sturzflug mit 60 m/s abgefangen werden. Der Höchstauftriebsbeiwert des Profils ist $c_{a\,max} = 1,0$, die Flügelfläche $0,6825 \; m^2$.

$$F_A = c_a \cdot \frac{\varrho}{2} \cdot v^2 \cdot A$$

$$= 1,0 \cdot \frac{1,225 \; kg \cdot 3600 \; m^2 \cdot 0,6825 \; m^2}{2 \; m^2 \cdot s^2}$$

$$= 1505 \; \frac{kg \cdot m}{s^2} = 1505 \; N.$$

Der bei dieser Geschwindigkeit zur Verfügung stehende maximale Auftrieb ist also 1505 N.

Das Modell hat ein Fluggewicht von

$$F_G = m \cdot g = 2,73 \; kg \cdot 9,81 \; m/s^2 = 26,78 \; N.$$

Das theoretische Lastvielfache wäre also

$$n = \frac{F_A}{F_G} = \frac{1505 \; N}{26,78 \; N} = 56,2.$$

Daraus läßt sich der Abfangradius berechnen, bei dem dieser Maximalauftrieb theoretisch benötigt würde

$$r = \frac{v^2}{g \, (n + 1)} = \frac{3600 \; m^2 \cdot s^2}{9,81 \; m \cdot 56,2 \cdot s^2} = 6,53 \; m.$$

In der Praxis ist der Abfangradius in der Regel größer (ca. 30 m). Das reale Lastvielfache für diesen Fall wäre also dann

$$n = 1 + \frac{v^2}{r \cdot g} = 1 + \frac{3600 \; m^2 \cdot s^2}{30 \; m \cdot s^2 \cdot 9,81 \; m}$$

$$= 1 + \frac{3600}{294,3} = 13,23.$$

Vor allem die Tragflächen müssen so konstruiert werden, daß sie diese Lastvielfachen aufnehmen können ohne zu brechen. Kritische Stelle ist der Übergang Flächen-Rumpf, weil hier durch die Hebelwirkung der Tragflächen die größten Belastungen (Momente) auftreten.

Kritische Bauteile sind die Befestigungselemente, auf die die Tragflächen gesteckt oder durch die sie verbunden werden. Dabei kommt es weniger darauf an, die Modelle so stabil wie möglich, sondern darauf, sie so stabil wie nötig zu bauen.

Die Saalflieger, die ja sogar mit jedem Milligramm geizen, bauen nach dem Motto: »Was gehalten hat, kann leichter gemacht werden; was gebrochen ist, muß geringfügig verstärkt werden!« Grundsätzlich können Bauteile durch Zug, Druck, Scherung (Schub), Biegung und Verdrehung (Torsion) belastet werden.

Druck- und Zugspannung hängen von der einwirkenden Kraft F und dem Querschnitt A ab:

$$\sigma = \frac{F}{A} \left[\frac{N}{mm^2} \right].$$

Druck- und Zugbelastungen treten z. B. an Bowdenzügen oder an Schubstangen auf, die die Stellkräfte der Servos auf die Ruder übertragen, die aber auch Ruderkräfte aufnehmen. Diese Bauelemente müssen so geführt werden, daß ein seitliches Ausknicken vermieden wird.

Druckbelastungen treten auch an den oberen Holmen der Tragflächen auf, wenn diese auf Biegung beansprucht werden. Der untere Holm wird dann auf Zug beansprucht. In der Mitte zwischen beiden verläuft die neutrale Faser, in der weder Zug- noch Druckspannungen auftreten. Bei der Biegung ist die Beanspruchung also in den Randbereichen (Außenhaut) am größten. Die Schub- und Zugspannungen werden bei Rippenflächen von der Bespannung, bei beplankten oder Schalenflächen von der Außenhaut aufgenommen. Bauteile, die in dieser Weise beansprucht werden, müssen also in den Randbereichen entsprechend dimensioniert werden (z. B. härteres Balsaholz für die Beplankung der Oberseite, weicheres für die Beplankung der Unterseite der Flächen).

Bei Leisten spielt der Querschnitt eine große Rolle (siehe Abb. 133 in Kapitel 6.1): Die hochkant eingebaute Leiste ist biegesteifer als die flach eingebaute.

Die geringste Durchbiegung erzielt man, gleiche Belastungen vorausgesetzt, beim Doppel-T-Träger. Daher findet man diese Form in vielen technischen Bereichen auch außerhalb des Modellbaus (z. B. Brücken- und Hauskonstruktionen).

Das Rohr als geschlossener Hohlquerschnitt ist steif gegen Torsionsbelastungen. Tragflächen in geodätischer Bauweise (siehe Kapitel 9.1.2 und auch Abb. 264 in Kapitel 7.4.0) nehmen sowohl die bei Torsions- wie bei Biegebelastung auftretenden Kräfte gut auf.

Noch torsionssteifer sind Tragflächen in Schalenbauweise, bei denen nicht nur eine sehr gute Stabilität und Festigkeit, sondern außerdem eine optimale Profiltreue und Oberflächenbeschaffenheit erzielt werden können.

Literatur:
Schulze, Löffler, Zenker / Modellflug in Theorie und Praxis, Berlin (Ost), 1977.
Perseke / Das Segelflugmodell (Band 1 und 2), Villingen, 1977.
Denzin / Bauen und Fliegen von Freiflug- und Fernlenkflugmodellen, Villingen, 1968.
Gymnich / Segelflugmodellbau in Theorie und Praxis, Ravensburg, 1962 (antiquarisch).
Altenkirch / Belastungen am Tragflügel und Dimensionierung von Schale und Holm in Flug und Modelltechnik, Baden-Baden, 9/1981.
Bertermann / Konstruktion von RC-Seglern in Modell, Villingen, 2, 3, 5, 8, 11, 1978.
Gremmer / Vom Balsagleiter zum Hochleistungssegler, Baden-Baden, 1979.

9.1.2 BAUWEISEN

Am einfachsten sind *Gleiter aus Balsabrettchen* aufzubauen. Die benötigten Teile, Rumpf, Flächen und Leitwerke, werden aus ebenen Balsabrettchen verschiedener Dicke geschnitten, an den Schnittkanten verschliffen und zusammengeleimt.

Soll ein Wurfgleiter in *Vollbalsabauweise* entstehen, so muß das gewünschte Profil schrittweise aus dem vollen Material herausgearbeitet werden. Dazu benö-

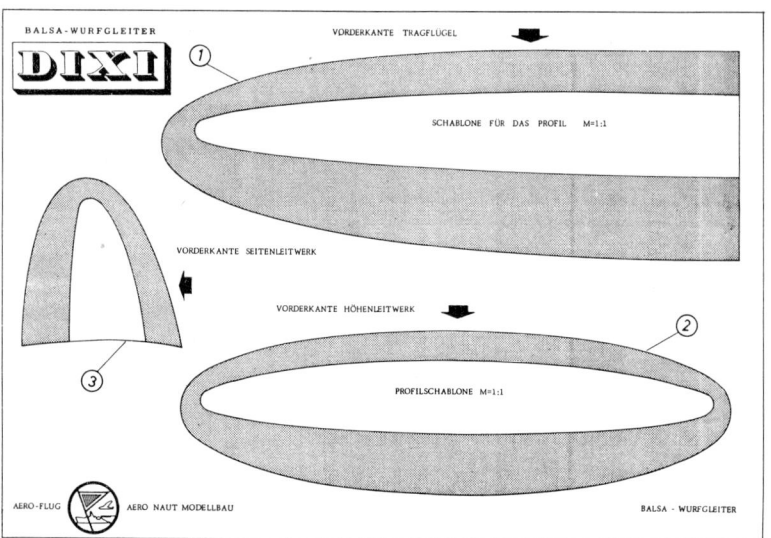

Abb. 293: Schablonen für den Vollbalsa-Wurfgleiter »Dixi« (aeronaut-Modellbau).

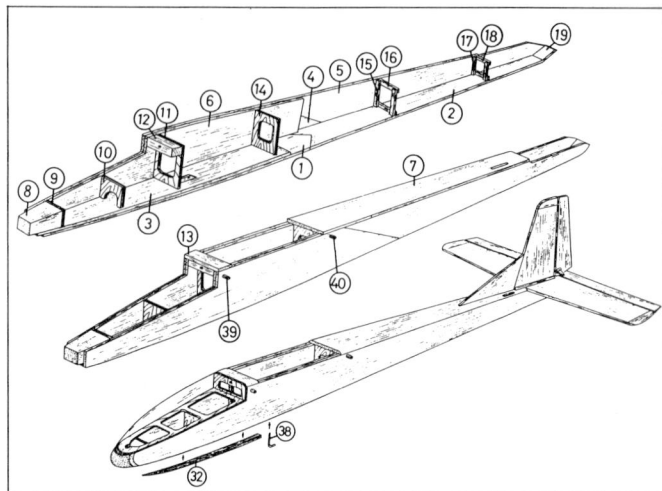

Abb. 294: Aufbau eines Kastenrumpfes aus vorn verstärkten Balsabrettern für die Seitenwände und den Boden. Dazu sind nur sechs Spanten erforderlich (RC-Segelflugmodell »Filius« von Multiplex).

tigt man *Schablonen* (Abb. 293). Die Umrisse werden aufgezeichnet, zunächst grob abgehobelt und schließlich rund verschliffen. Es ist sinnvoll, das fertige Profil mit Hilfe von *Negativschablonen* zu überprüfen. Die beiden Tragflächenhälften müssen in der Mitte in der vorgesehenen V-Form zusammengeleimt werden. Da es sich um Hirnholz-Verleimungen handelt, ist besondere Sorgfalt geboten. Die auf fugenlose Passung angeschliffenen Flächen werden mit Hartkleber dünn eingestrichen, der in die Poren gedrückt wird. Man läßt ihn trocknen und klebt dann die Teile nach erneutem Klebstoffauftrag in V-Form zusammen (siehe auch Abb. 30 in Kapitel 2.6).

Für einfache Balsagleiter genügt als Rumpf eine aus einem Balsabrettchen geschnittene Leiste, für größere Modelle auch eine Kiefernleiste. Solche *Stabrümpfe* werden in der Regel zum Höhenleitwerk hin verjüngt, um Gewicht zu sparen.

Stabrümpfe können aber auch aus mehreren Teilen (Balsa- und Kiefernleisten) zusammengeleimt und dann verschliffen werden. So lassen sich ovale, runde, drei- und viereckige Querschnitte herstellen.

Die *Rumpfkeule* muß so dimensioniert werden, daß sie genügend *Trimmblei* aufnehmen kann. Zur Trimmung werden Bleikugeln oder Bleischrot verwendet, welche in die *Trimmkammer* eingefüllt und dort – wenn der Schwerpunkt an der richtigen Stelle liegt – verklebt werden, damit sie nicht verrutschen können.

Bei Stabrümpfen mit rundem Querschnitt kann auch eine aus Blei gegossene oder aus Messing gedrehte Rumpfspitze verwendet werden. Man kann sie ggf. weiter abdrehen oder innen ausbohren, bis der Schwerpunkt an der richtigen Stelle liegt.

Rohre sind sehr verdrehsteif, daher sind *Rohrrümpfe* sehr günstig, weil sie hohe Festigkeit mit geringem Gewicht verbinden und zudem auch noch eine sehr strömungsgünstige Form haben. Zur Herstellung eines Rohrrumpfes wird sorgfältig ausgesuchtes Balsaholz (gleiche Biegsamkeit über die ganze Breite) in heißem Wasser gewässert, um einen runden Kern gewickelt und mit einer Binde bis zum Trocknen in dieser Form gehalten. Nach dem Trocknen werden die Kanten verschliffen oder angeschäftet, verleimt und außen verschliffen.

Einfach aufzubauen und leicht sind *Kastenrümpfe* (Abb. 294). Man baut sie aus diesem Grunde vor allem dort, wo mit geringem Aufwand in kurzer Zeit und zu einem vertretbaren Preis ein Rumpf erstellt werden soll. Die Rumpfseiten sind normalerweise aus Balsabrettchen, die meist von vorn bis hinter die Flächenauflage mit Sperrholz oder Abachibrettchen verstärkt werden. Mit einer relativ geringen Zahl von Spanten aus Sperrholz, Balsaholz, Balsasperrholz oder aus Leisten lassen sich Formhaltigkeit und hinreichende Festigkeit erzielen.

Stegrümpfe werden aus Balsaleisten aufgebaut

(Abb. 295). Dazu bedient man sich eines Hellingbrettes, auf das der Bauplan mit darüber gelegter Klarsichtfolie aufgespannt ist. So können die beiden Gitter der Rumpfseiten exakt nach Plan aufgebaut werden. Die Hirnholzschnitte der Leisten sollten in jedem Fall vor dem Einkleben mit Hartkleber eingestrichen werden, den man einziehen und trocknen läßt. Erst dann wird die endgültige Verleimung vorgenommen. Die Gurte (in Längsrichtung) und die Stege (in Querrichtung) können durch diagonal eingesetzte Stege zu einem *Fachwerk* verbunden werden, das eine außerordentlich hohe Formbeständigkeit und Steifheit aufweist.

Die so erstellten Rumpfseiten werden über der Draufsicht des Rumpfes im Bauplan ausgerichtet und auf dem Baubrett festgeheftet. Hilfsweise angebrachte Balsa- oder Sperrholzwinkel verhelfen zur nötigen Symmetrie.

Die Stegrümpfe müssen anschließend mit Papier oder Seide bespannt, sie können aber auch mit dünnem Balsa- oder Sperrholz beplankt werden. Durch zusätzlich in Längsrichtung aufgeklebte Gurte können auch andere, von der Kastenform abweichende, Rumpfquerschnitte hergestellt werden.

Die moderne Technologie des Flugmodellbaus bedient sich der glasfaserverstärkten Kunstharze zur Herstellung *nahtloser Rümpfe*. Dem Formenreichtum sind nur durch die Geschicklichkeit des Werkzeug- (Formen-)machers technische Grenze gesetzt (siehe Kapitel 6.3.0). Nach dem Aufbau der Negativform können serienweise Rümpfe hergestellt werden (Abb. 296). Die Technik der Verarbeitung von Glas- und Karbonfasern in Verbindung mit Polyester- oder Epoxidharzen führt zu leichten und dennoch hochfesten Rümpfen mit günstiger Massenverteilung. Die nötigen Verstärkungen, u. a. im Bereich der Tragflächenanschlüsse, sind durch zusätzlich eingebrachte Matten leicht zu erzielen. Besonders bei Großsegelflugmodellen können durch eingebrachte und eingeharzte Karbonfaser-Rowings gute Kraftüberleitungen von hoch beanspruchten Stellen her geschaffen werden.

Als *Höhen- und Seitenleitwerke* werden in der Regel schlichte Balsabrettchen verwendet (Profil »ebene Platte«), die an den Endkanten mit angeklebten Leisten mit um 90° versetzter Faserrichtung abgesperrt werden. Damit werden Verzüge vermieden. Mit Hilfe eini-

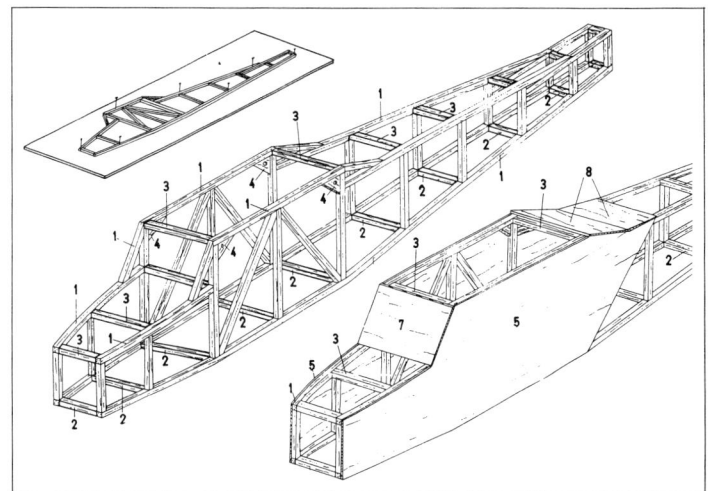

Abb. 295: Aus Balsaleisten aufgebauter Stegrumpf mit Beplankung (Modell »Auster« von Hegi).

Abb. 296: Silhouetten verschiedener Rümpfe aus glasfaserverstärktem Kunstharz für ferngesteuerte Segelflugmodelle (Gewalt-Modellbau).

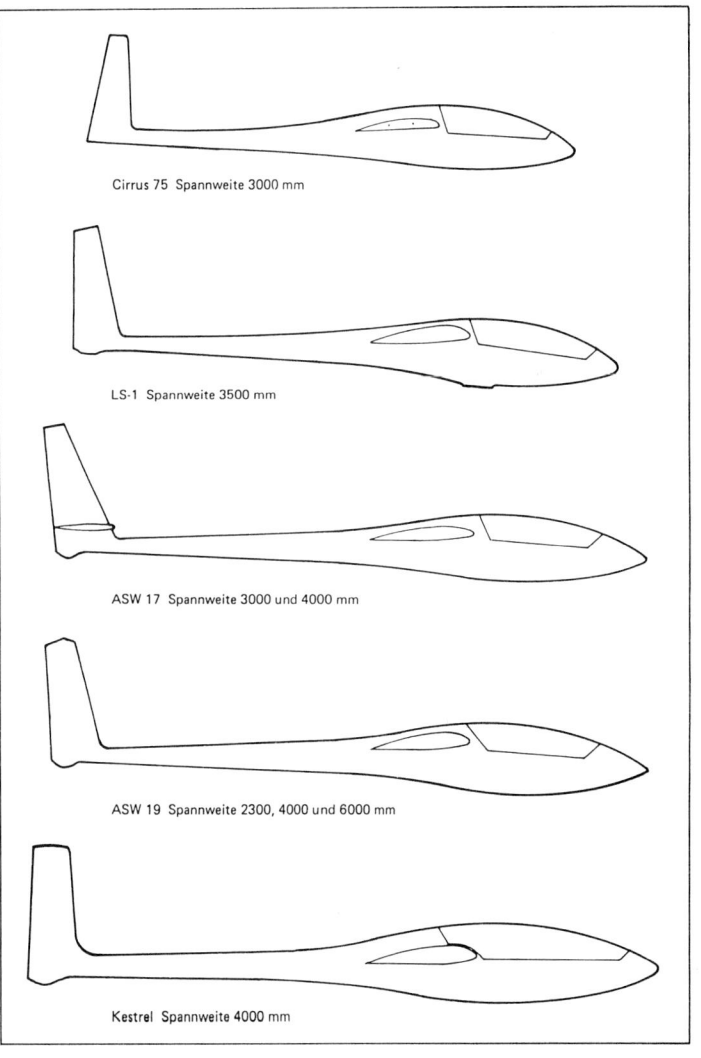

Cirrus 75 Spannweite 3000 mm

LS-1 Spannweite 3500 mm

ASW 17 Spannweite 3000 und 4000 mm

ASW 19 Spannweite 2300, 4000 und 6000 mm

Kestrel Spannweite 4000 mm

ger Stützrippen können auch *gewölbte Leitwerke* aus Balsabrettchen aufgebaut werden (Profil 417a oder symmetrische Profile).

Wenn es nötig ist, Gewicht zu sparen, nutzt man die Vorteile der *Stegbauweise* auch bei Höhen- und Seitenleitwerken (Abb. 297). Der Aufbau erfolgt wie bei den Stegrümpfen auf dem mit Plastikfolie abgedeckten Bauplan auf dem Baubrett. Diese Leitwerke werden mit dünnem Bespannpapier überzogen und erreichen so eine sehr gute Festigkeit.

Für ferngesteuerte Flugmodelle, aber auch für Freiflugmodelle, werden *Leitwerke auch in Rippenbauweise* erstellt. Der Aufbau erfolgt in gleicher Weise wie bei einer Rippentragfläche. Die Höhen- und Seitenruder von Freiflugmodellen und Fernlenkflugmodellen müssen mit Scharnieren an den Dämpfungsflächen sicher befestigt werden. *Stoffscharniere* werden ebenso wie aus Perlonschnur *genähte Scharniere* heute kaum noch verwendet. Da das Angebot an leichten und leichtgängigen *Kunststoffscharnieren* sehr groß ist, dürften sich eigene »Entwicklungen« nicht lohnen. Wichtig ist vor allem bei schnellen Flugmodellen eine sichere Befestigung der Scharniere im Holz. Dazu muß das Holz samt Scharnierflügel durchbohrt werden. In die Bohrung wird ein Rundstäbchen geklebt und nach dem Trocknen mit der Oberfläche bündig verschliffen.

Zur Standardausstattung jedes Modellfliegers sollten *Ruderhörner* in verschiedenen Ausführungen gehören. Auch hier kann aus einem sehr breiten Angebot das jeweils passende Teil ausgesucht werden.

Die verschiedensten Bauweisen gibt es für *Tragflächen*. Normalerweise werden Tragflächen in *Rippenbauweise* erstellt (Abb. 289). Die Rippen können einzeln nach Schablone oder insgesamt im Block hergestellt werden (siehe auch Abb. 152 in Kapitel 6.1.0). Man kann das Profil auch aus einem Vollbalsablock schleifen und die Rippen dann Scheibe für Scheibe in der benötigten Dicke abschneiden. In Baukästen sind die Rippen in der Regel bereits gestanzt, gefräst oder geschnitten. Zum Aufbau des Flächengerüstes werden in jedem Falle eine *Nasen-* und eine *Endleiste* benötigt, zwischen die die Rippen geklebt werden (Abb. 299a). Nach dem Grad der Beanspruchung richtet sich, wieviele *Holme* und an welchen Stellen des Profils Holme

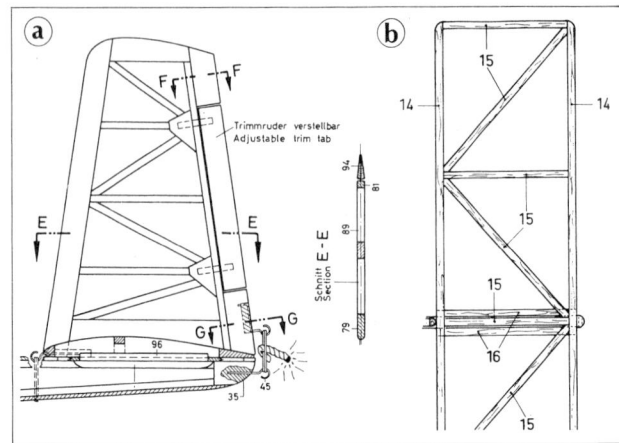

Abb. 297: Aufbau von Höhen- und Seitenleitwerk in Stegbauweise bei den Modellen »Jolly« (Graupner) und »Mini S« (Hegi).

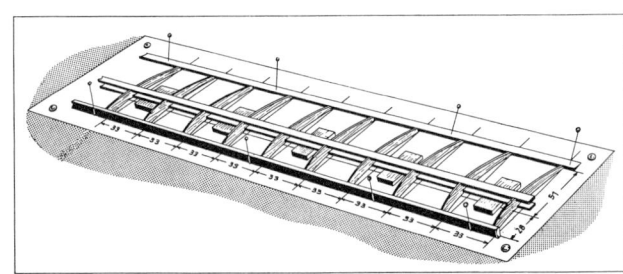

Abb. 298: Rippenbauweise beim Modell »Sioux« (aeronaut).

Abb. 299: Rippenbauweise mit Nasen- und Endleiste und Holm (a), Jedelsky-Bauweise (b) und Vollbalsafläche (c) bei den Modellen »Starter« (Hegi), »Airfish« (Modellbau Claas) und »Halef« (Hegi).

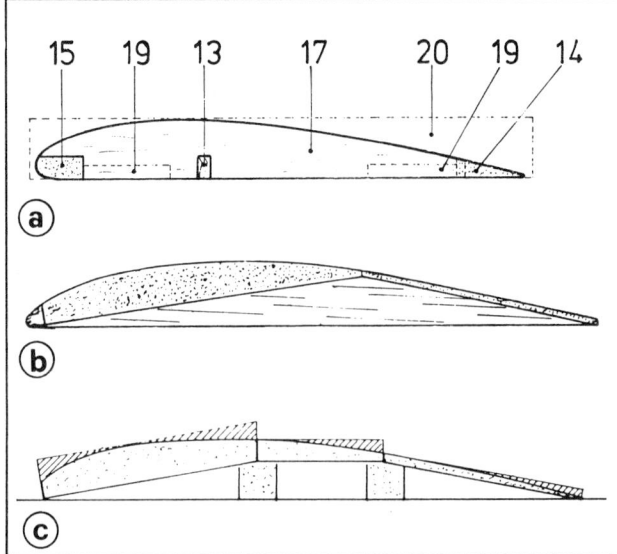

eingebaut werden müssen. Da auch bei der Verleimung der Rippen mit Nasen- und Endleiste Hirnholzquerschnitte an die Leisten zu kleben sind, müssen die Enden der Rippen, möglichst noch im geschlossenen Block, mit Hartkleber vorgeklebt und dann erst zwischen Nasen- und Endleiste eingeklebt werden (s. o.). Die Holme müssen in jedem Falle bündig mit der Oberseitenkontur der Rippen abschließen. Beim Aufbau der Tragflächen (und Höhenleitwerke) werden die Rippen zuerst auf den unteren Holm aufgeklebt und dann ausgerichtet. Dann werden End- und Nasenleiste gegen die vorgeklebten Rippenenden geklebt. Schließlich wird der obere Holm eingeklebt. Nach dem Trocknen aller Leimstellen sollten die Winkel zwischen den Rippen und den Leisten mit Hartkleber vermufft werden. An besonders beanspruchten Stellen, z. B. den Wurzel- und Endrippen, sollten *Balsadreiecke als Verstärkungen* eingeklebt werden, deren Faser parallel zur längsten Dreiecksseite verläuft.

Bei Tragflächen mit einem *Brettholm* werden die Rippen geteilt und getrennt von beiden Seiten gegen den Holm geklebt und ausgerichtet.

Die beste Einhaltung der Profilform gewährleistet eine *Beplankung*. Bereits bei der Herstellung der Rippen muß berücksichtigt werden, ob nur die Nase bis zum Holm oder ob die ganze Fläche beplankt werden soll. Die Dicke der Rippen muß entsprechend reduziert werden (Abb. 300). Auch der Holm muß um die Dicke der Beplankung tiefer in die Rippe eingelassen werden. Durch die Beplankung der Nasenober- und -unterseite entsteht ein Hohlprofil, das sehr torsionssteif ist.

Bei der *Schalenbauweise* werden Ober- und Unterseite der Tragfläche (z. B. mit Balsaholz) beplankt. Die Festigkeit einer solchen Tragfläche hängt wesentlich von der Auswahl des verwendeten Balsaholzes ab. Dabei ist zu berücksichtigen, daß die Schale an der Oberseite auf Druck und an der Unterseite auf Zug beansprucht wird.

Die Beplankung kann auf ein Rippengerüst aufgebracht werden, man kann aber auch einen *Schaumstoffkern (Styropor, Rohacell o. a.)* oder einen Kern aus *Tubusmatte* beplanken.

An einer Styroporplatte, die mindestens die Dicke des gewünschten Profils haben muß (Bezugsquelle: Baustoffhandel), wird an einem Ende eine Schablone

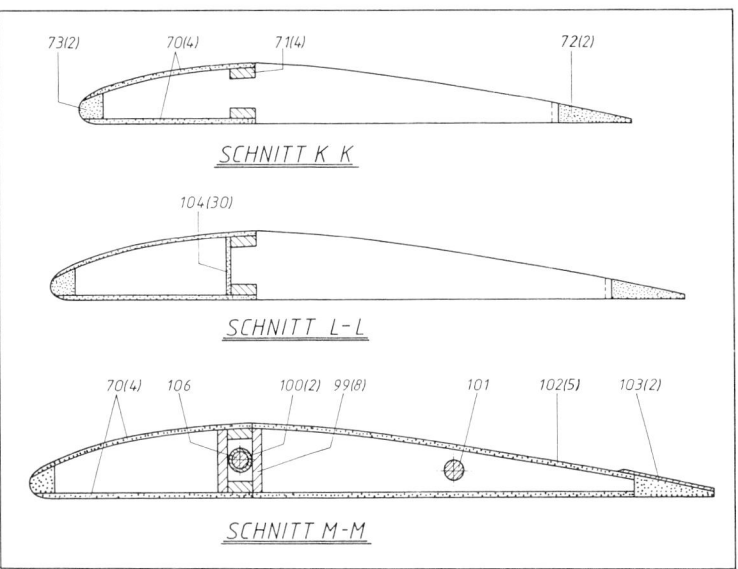

Abb. 300: Tragflächenschnitte durch die beplankte Fläche des Modells »Dädalus« (Simprop).

mit dem Wurzelprofil und am anderen eine Schablone mit dem Endprofil befestigt und ausgerichtet. Die Schablonen sollten aus Kunststoff (Pertinax oder GFK-Platte) oder aus Metall (Aluminium oder Messing) sein.

Ein Schneidedraht, der straff in einem Leistenbogen eingespannt und von einem Trafo aufgeheizt ist, wird so über die beiden Schablonen geführt, daß er das Styropor durchschneidet. Dabei entsteht der gewünschte Styroporkern, in den dann noch Nuten für Holme und Bowdenzüge sowie Öffnungen für Umlenkhebel-Lager o. a. geschnitten werden. Nach dem Ein-

Abb. 301: Aufbau einer Tragfläche in Jedelsky-Bauweise wie bei den Modellen »Airfish« (Modellbau Claas) und »Filius« (Multiplex).

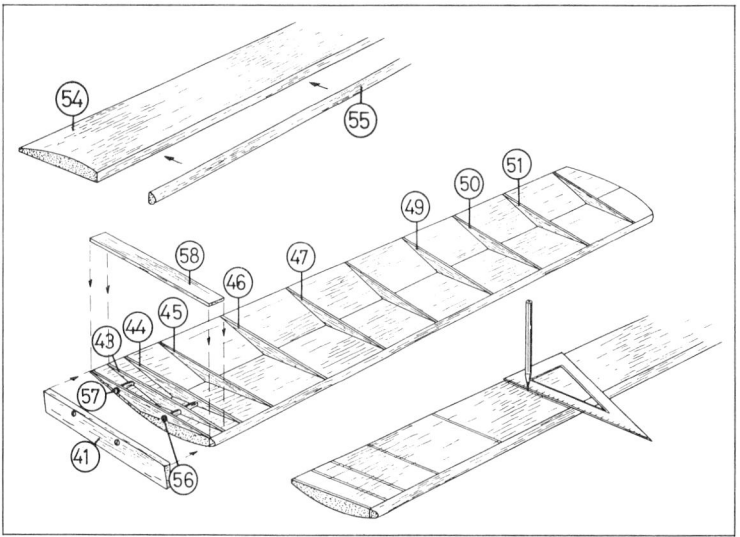

kleben der Teile mit einem Kleber, der Styropor nicht angreift, kann die Beplankung aufgebracht werden. Dabei leisten die oben und unten abgeschnittenen Styroporteile gute Dienste als Preßhilfe. Die Beplankung kann mit einem speziellen Styroporkleber, mit Epoxidharz oder mit verdünntem Weißleim aufgeklebt werden. Diese Klebstoffe greifen Styropor nicht an.

Die Beplankung kann aus Balsaholz, aus dünnem Sperrholz oder aus glasfaserverstärktem Kunstharz bestehen. In jedem Falle sind optimale Profiltreue und hohe Festigkeit gewährleistet. Die Bauweise mit beplanktem Styroporkern nennt man auch *Sandwichbauweise*.

Die Sandwichbauweise eignet sich auch für Hohlkonstruktionen. Zur Gewichtseinsparung werden kreisrunde Löcher in die Beplankung geschnitten. Die Rippen werden von beiden Seiten gegen den Holm geklebt und ausgerichtet.

Bei der *Jedelsky-Bauweise* (Abb. 301) werden standardisierte profilgefräste und ebene Balsabrettchen mit dreieckigen Stützrippen zu einem »Vogelprofil« verklebt (Abb. 299b). Diese *Standard-Bauweise* findet sich inzwischen bei zahlreichen Freiflug- und Fernlenkmodellen und hat sich seit Jahren bewährt, u. a. beim RC-Segelflugmodell »Airfish« (Bezugsquelle der Standardteile: Modellbau Claas, 6348 Herborn).

Der Aufbau gerader Tragflächen in einem Stück ist relativ unproblematisch, da hier die Holme durchgezogen sind und die Beplankung in der Regel nahtlos von Randbogen zu Randbogen verläuft.

Kritische Stelle einer geknickten Tragfläche ist die Verbindung der beiden Tragflächenhälften in der Mitte. Da bei Rippenflächen die Holme die gerade im Knick besonders großen Kräfte (Momente) aufnehmen und übertragen müssen, ist ihrer Verbindung besondere Aufmerksamkeit zu schenken, denn sie dürfen auf keinen Fall schwächer sein als die Holme selbst. Die Holme werden so zugeschliffen, daß sie in der Mitte stumpf aufeinanderstoßen. Dann werden, der V-Form entsprechend, Sperrholz- oder Kiefernholzteile so zugeschnitten, daß sie von beiden Seiten gegen den Holm (die Holme) geleimt werden können (Abb. 302). Dabei sollten diese *Knickverstärkungen* an den Enden abgeschrägt werden, damit die Querschnitte nur allmählich verringert werden.

284

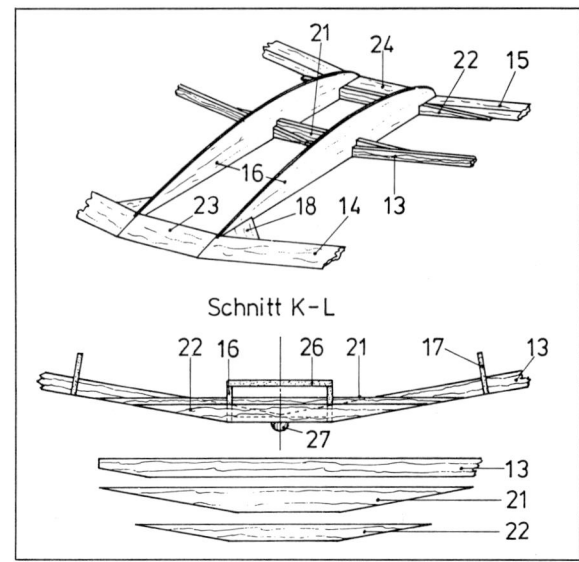

Abb. 302: Flächenknick einer Rippenfläche am Modell »Starter« (Hegi).

Abb. 303: Verstärkung des Flächenknicks einer Vollbalsafläche mit tiefgezogenen Kunststoffteilen am Modell »tiny« (Multiplex).

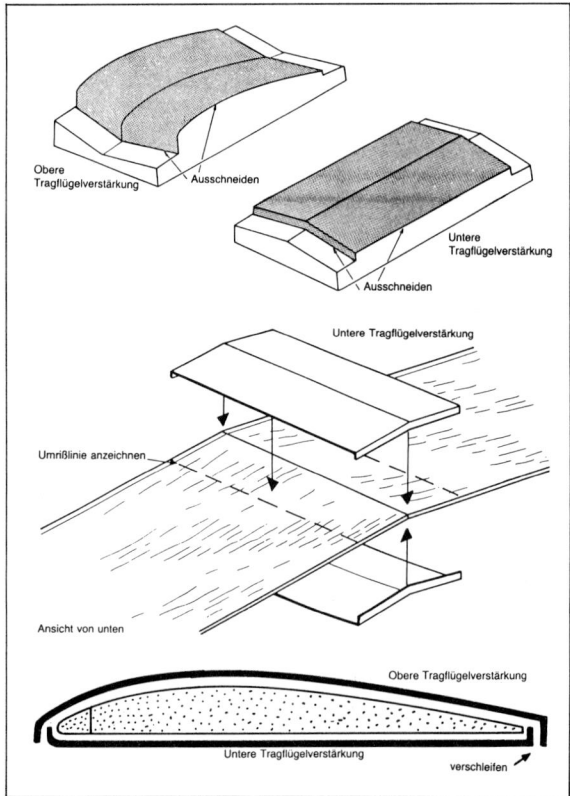

Bei stumpf verleimten Vollbalsa- oder Jedelsky-Flächen muß im Knick eine Knickverstärkung angebracht werden. Sie kann, wie in Baukästen, aus tiefgezogenen Kunststoffteilen bestehen (Abb. 303). Der Knick kann aber auch mit einem an der Ober- und Unterseite angebrachten Streifen Glasfasermatte, der mit Kunstharz aufgeklebt wird, verstärkt werden.

Die *Verbindung zwischen Rumpf und Tragflächen* ist bei geteilten Flächen besonders belastet. Hier ist sorgfältiges Arbeiten erforderlich, damit diese Verbindung auch in der Lage ist, die beim Abfangen, beim Kurvenflug und beim Hochstart auftretenden Belastungen sicher aufzunehmen (siehe auch Kapitel 9.1.1).

In der Regel werden die Wurzelrippen aus Sperrholz (3 mm) angefertigt. In diese Rippen werden Messingrohre (z. B. 5 oder 4 mm ∅) mit Kunstharzklebern eingeklebt. Die Messingrohre werden dann beim Zusammenbau des Modells auf die im Rumpf befestigten Stahldrähte (z. B. 4 oder 3 mm ∅) aufgesteckt (Abb. 304). Dabei muß der vordere Stahldraht einen größeren Querschnitt haben als der hintere, weil er die größere Belastung aufnehmen muß, und der hintere meist nur die Fläche in der winkelrichtigen Position hält.

Besonders gut geeignet für die Steckverbindung Rumpf-Tragflächen sind *hochkant eingebaute Stahlzungen*. Als Richtschnur kann ein Querschnitt von 2 x 12 mm² für Modelle bis ca. 3 m Spannweite und ein Querschnitt von 2 x 15 mm² für Modelle ab 3 m bis 4 m Spannweite gelten. Passend zu diesem Flachstahl gibt es Messing-Flachrohr mit einer Wanddicke von 0,5 mm in den Abmessungen 3 x 13 mm², 3 x 16 mm² sowie für klemmbare Steckverbindungen 6 x 21 mm² o. ä. Es gibt klemmbare Tragflächenverbindungen (Abb. 305a), die so eingebaut werden, daß die Schraubverbindung aus

Abb. 304: Oben: Flächenanschluß bei Jedelsky-Bauweise beim Modell »Filius« (Multiplex): Die Rippen (42–44) sind aus Sperrholz 3 mm, die Messingrohre (56 und 57) sind nahe an der Profilunterseite und in den Rippen verklebt. Die Unterseite in diesem Bereich ist beplankt (58).

Abb. 305: Rechts: Verschiedene Möglichkeiten des Anschlusses der Tragflügelhälften an den Rumpf: Klemmbare Rumpf-Tragflächen-Steckverbindung (a/Simprop), Klemmfix-Mechanik mit Anlenkungen (b/Gewalt), Tragflächenbefestigung für Großsegler (c/Gewalt) und klemmbare Tragflächenbefestigung (d/Gewalt).

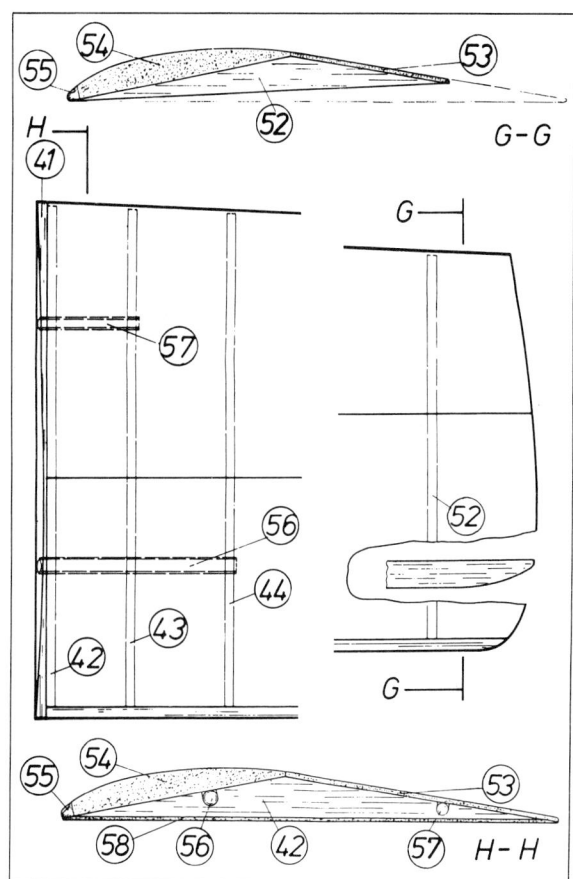

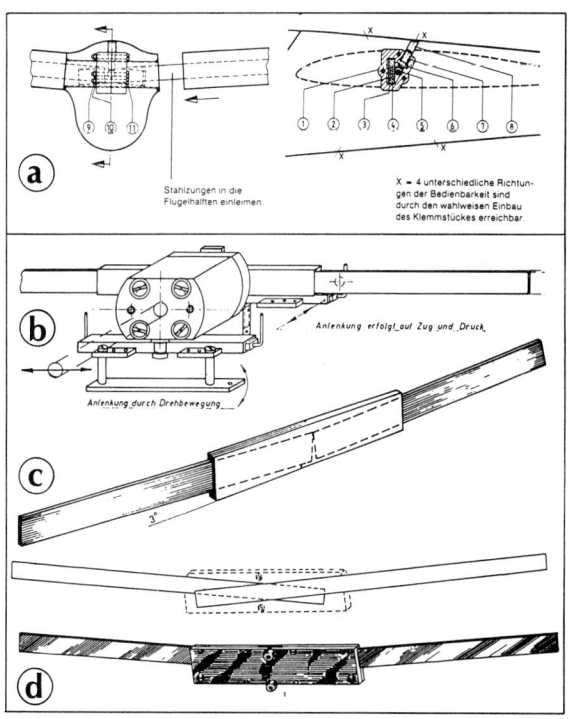

vier verschiedenen Richtungen bedient werden kann (je nach Modell). Bei anderen Klemmverbindungen werden die Stahlzungen im Winkel von 3° durch Schrauben gegeneinander geklemmt (Abb. 305d). Für große Segelflugmodelle mit Spannweiten ab 4 m müssen diese Verbindungen größer dimensioniert sein. Dazu bekommt man aus Stahl gefräste Mittelstücke,in die die Zungen im nötigen Winkel von 3° eingesteckt werden (Abb. 305c).

Daneben gibt es auch noch spezielle Flächenbefestigungen, an denen gleichzeitig die Anlenkungen für die Betätigung der Querruder und Landeklappen befestigt werden können (Abb. 305b). Beim Einbau der Stahlzungen ist zu berücksichtigen, daß diese in der Klemmverbindung gekreuzt übereinander liegen. Daher muß bereits beim Einbau eine der Stahlzungen im Tragflügel um 1,5 mm versetzt eingebaut werden. Die Zungen müssen stramm in den Flachrohren stecken, ggf. muß man sie etwas wellenförmig biegen. Kriterien für eine solche Tragflächenverbindung sind:

Unverrückbare Verbindung mit dem Rumpf während des Fluges,

Aufnahme und Überleitung aller im Fluge und in besonderen Fluglagen (z. B. Abfangen) auftretenden Belastungen,

Nachgeben bei harten Landungen durch Elastizität, schnelle Montage und Demontage der Tragflächen.

Zusätzlich müssen die Tragflächen durch Flächenhalterungen aus in den Wurzelrippen verschraubten Haken und Gummiringen oder Zugfedern gegen Herausrutschen gesichert sein. Das gilt nicht für die klemmbaren Steckverbindungen.

9.2.0 Details am Modell

9.2.1 HOCHSTARTHAKEN, KURVENSTEUERUNG, THERMIKBREMSE UND ZEITSCHALTER BEI FREIFLUGMODELLEN

Um Freiflug-Segelflugmodelle starten zu können, muß am Modell ein *Hochstarthaken* angebracht werden. In diesen Haken wird vor dem Start der Ring am Ende der *Hochstartleine* eingehängt. Haken und Ring müssen glatt sein, damit sie beim Ausklinken nicht haken. Der Hochstarthaken liegt an der richtigen Stelle, wenn die Verbindungslinie zwischen Haken und Schwerpunkt einen Winkel von 30° zur Hochachse hat. Liegt der Haken zu weit vorn, steigt das Modell nur in einem sehr flachen Winkel und pendelt an der Leine hin und her. Ist der Haken zu weit hinten, also näher am Schwerpunkt, so steigt das Modell in einem sehr steilen Winkel und bricht nach einer Seite aus. Der Haken darf nicht zu weit geöffnet sein, da sonst die Gefahr eines zu frühen Ausklinkens besteht.

Die einfachste Form des Hochstarthakens ist der in den Rumpf eingeschraubte Gardinenhaken, den man in jedem Gardinengeschäft erhält.

Die Modellbauindustrie bietet in ihren Baukästen teils raffiniert gebogene Stahldrahthaken an. In den Zubehörprogrammen gibt es aber auch Hochstarthaken aus Kunststoff (Abb. 306).

Leistungsflieger benutzen sogenannte *Kreisschlepphaken.*

Eine *Kurvensteuerung* sollte in jedes Freiflugmodell eingebaut werden. Das Seitenruder ist dabei während des Hochstarts in gerader Stellung arretiert und wird beim Ausklinken freigegeben. Ein Gummizug oder eine Zugfeder zieht es in den gewünschten Ausschlag, dessen Größe mit gebogenem Stahldraht oder einer Schraube fein eingestellt werden kann (Abb. 307). Durch das Kurven des Modells wird einerseits das Verbleiben im thermischen Aufwind erleichtert, zum anderen kann das Modell sich nicht zu weit vom Startplatz entfernen.

Um zu verhindern, daß das mit viel Mühe gebaute Modell mit der Thermik auf Nimmerwiedersehen wegfliegt, werden Freiflugmodelle mit einer *Thermikbremse* versehen (Abb. 308). Im Laufe der Entwicklung hat sich das hochklappende Höhenleitwerk als die günstigste Lösung herausgestellt. Das Höhenleitwerk wird zunächst in der Normallage arretiert. Nach Erreichen einer vorher eingestellten Zeit (in der Regel 180 Sekunden) am eingebauten *Zeitschalter* (Abb. 310)

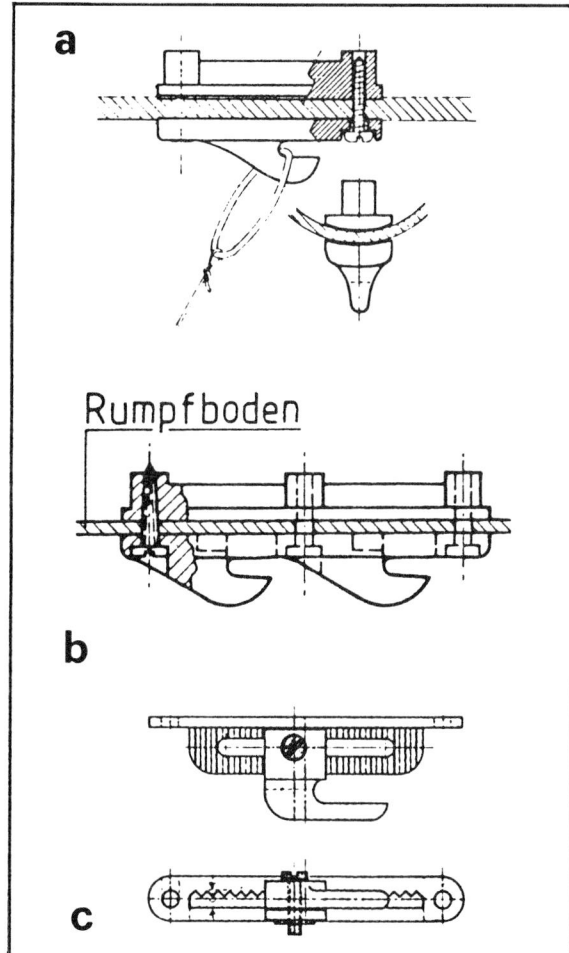

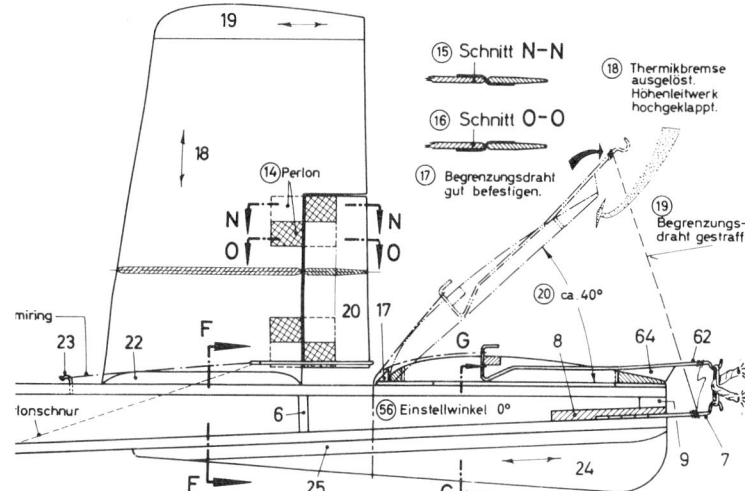

Abb. 308: Thermikbremse beim Modell »Nancy« (Graupner).

Abb. 309: Steuerung des Steigfluges, des Gleitfluges und der Thermikbremse bei einem F 1 C-Modell.

Abb. 306: Verschiedene Hochstarthaken aus Kunststoff: einfacher Kunststoffhaken (a/Carrera), Doppelhaken (b/Simprop) und verstellbarer Hochstarthaken (c/Carrera).

Abb. 307: Auslösung der Kurvensteuerung bei den Modellen »Der kleine UHU« und »Nancy« (Graupner).

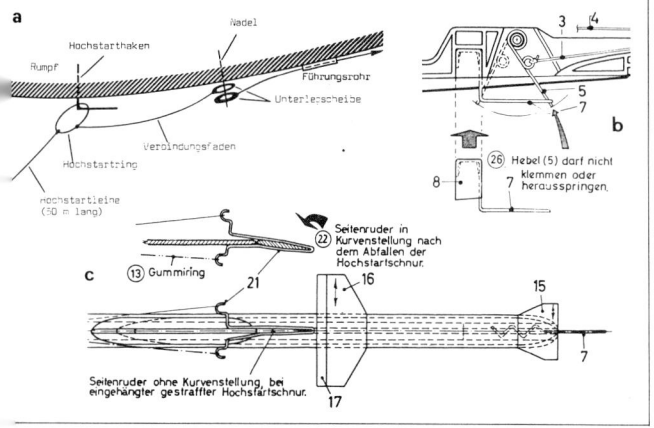

wird es ausgelöst und schnellt durch Gummi- oder Federzug in eine vorher eingestellte Position. Dabei hat sich für Freiflugsegler ein Winkel von 40° als günstig herausgestellt, für Motorfreiflugmodelle ein Winkel von 30°. Wegen der damit verbundenen Brandgefahr sollte statt der früher üblichen Auslösung durch *Glimmschnur*, die den Haltegummi durchbrannte, die Auslösung durch Zeitschalter erfolgen.

287

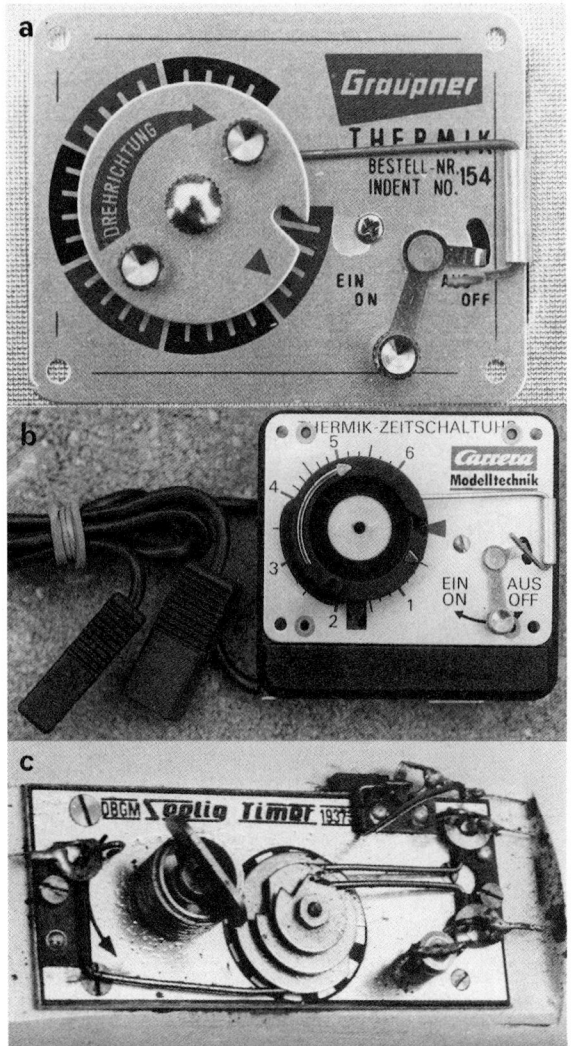

Abb. 310: Verschiedene Zeitschalter für die Auslösung der Thermikbremse (a/Graupner, baugleich mit Robbe), zusätzlicher Mikroschalter zum Schalten eines Elektromotors (b/Carrera) und Mehrfunktionsschalter zur Auslösung der Steuerfunktionen eines F 1 C-Modells (c/Seelig).

Diffiziler ist die Steuerung eines Freiflug-Motorflugmodells der Klasse F 1 C (Abb. 309). Das Modell soll im Steigflug nach dem Start eine möglichst große Höhe erreichen. Der Übergang vom Kraftflug in den Kurven- und Gleitflug muß möglichst ohne Höhenverlust vor sich gehen. Der Gleitflug soll mit möglichst geringer Sinkgeschwindigkeit erfolgen.

Zusätzlich muß die Luftschraube nach exakt 6,5 Sekunden still stehen, weil bei einer Überschreitung der zulässigen sieben Sekunden von der Freigabe des Modells bis zum Stillstand der Luftschraube der Flug nicht gewertet wird.

Die Abschaltung des Motors erfolgt durch Unterbrechung der Kraftstoffzufuhr (bei Modellen mit offenem Tank) oder durch zusätzliche Kraftstoffzufuhr (bei Modellen mit Drucktank). In diesem Falle wird der Motor regelrecht »ersäuft«. Um ein Nachlaufen der Luftschraube zu verringern, muß diese möglichst leicht (also eine Holzluftschraube) sein.

Die Steuerung dieser Funktionen muß mit sehr großer Genauigkeit erfolgen, daher ist der Einsatz eines mechanischen oder elektronischen Zeitschalters nötig, wie ihn der Weltmeister F 1 C, Hans Seelig, entwickelte (Seelig-Timer/Abb. 310c). Der normale Zeitschalter löst beim Freiflugsegler lediglich die Thermikbremse aus. Er wird nach dem Ausklinken des Modells freigegeben (Abb. 310a).

Andere Zeitschalter betätigen zusätzlich zu dieser Funktion noch einen Mikroschalter, mit dem die Laufzeit eines Elektromotors eingestellt werden kann (Abb. 310b).

Der Seelig-Timer führt die folgenden Funktionen aus:

Motor abstellen (nach 6,5 s),
Kurvenflug einleiten (nach 7,5 s),
Gleitflug einleiten (nach 10 s),
Thermikbremse auslösen (nach 180 bis 190 s).

Hangfreiflugmodelle der Klasse F 1 E werden mit Hilfe einer Magnetsteuerung auf Kurs gegen den Hangwind gehalten. Die von Lahde (Berlin) vor dem Krieg entwickelte *Kompaßsteuerung* wurde von *Hans Gremmer* durch eine neu entwickelte Selbststeuerung mit einem *Magnetstab* und einem am Rumpfkopf angebrachten Seitenruder (Kopfsteuerung) ersetzt.

Die komplette Steuerung (Abb. 311) besteht aus einem Magnetstab von 12 mm ∅ und 50 mm Länge, je einem unteren und oberen Lager, einer Dose, einer Achse mit Halterung für den Magneten und einer Spitze (Lagerung), der Wirbelstrombremse und einer Plexiglasabdeckung. Sie wird in den Rumpfkopf eines Freiflug-Segelflugmodells eingebaut (siehe auch Abb. 59 in Kapitel 3.0 und Abb. 80 in Kapitel 5.1.1). Kopfruder

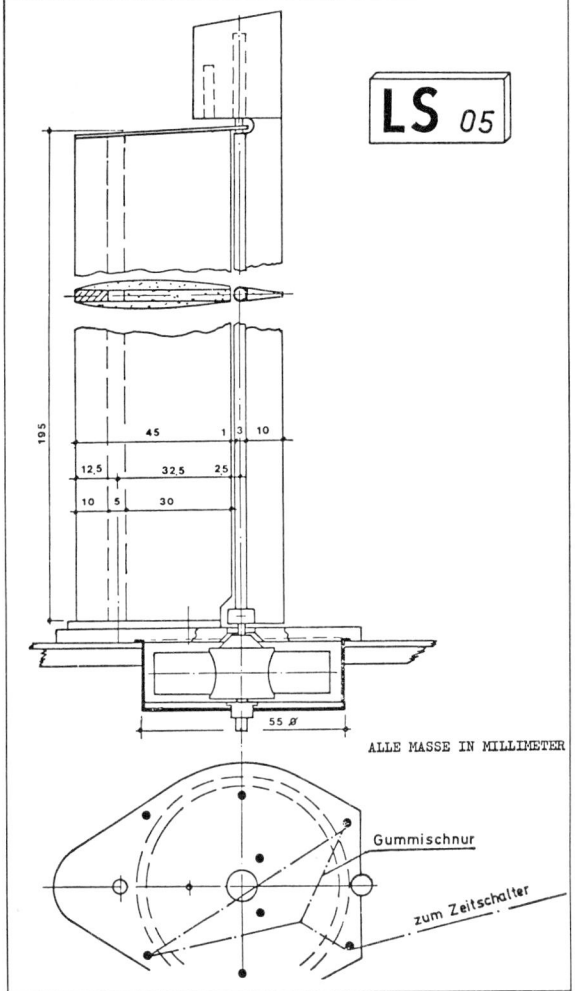

LS 05

195

45 · 1 3 · 10

12,5 · 32,5 · 2,5

10 · 5 · 30

55 ⌀

ALLE MASSE IN MILLIMETER

Gummischnur

zum Zeitschalter

Abb. 311: Magnetsteuerung für ein Hangfreiflugmodell (Bernd Schüßler).

und Ruderblatt werden passend zum Modell aus Balsaholz angefertigt.

Bezugsquelle für Magnetsteuerungen und Baupläne für Hangflugmodelle: Bernhard Schüßler, Bettinastraße 26, 6050 Offenbach.

9.2.2 LUFTSCHRAUBENAGGREGAT UND MOTOREINBAU BEI MOTORFREIFLUGMODELLEN

Für Freiflugmodelle mit Gummimotor der Klasse F 1 B ist eine *Klappluftschraube* erforderlich (siehe Kapitel 6.6 und 8.4). Um die Reibungsverluste so gering

wie möglich zu halten, wird die Welle in einem Druckkugellager geführt. Die Luftschraube muß, wenn der Gummimotor fast abgelaufen ist und kein Vortrieb mehr geliefert wird, in horizontaler Stellung gestoppt werden, damit die Blätter seitlich an den Rumpf klappen können. So wird beim anschließenden Gleitflug der Luftwiderstand verringert (Abb. 312a, b).

Das Luftschraubenaggregat ist abnehmbar, so daß der Gummistrang zum Aufziehen aus dem Rumpf gezogen werden kann (Abb. 312c). Der Gummistrang ist dann auch gut zugänglich, wenn er einmal ausgewechselt werden muß.

Für F 1 C - Modelle und F 1 B - Modelle haben sich in zunehmendem Maße Rohrrümpfe bewährt. Sie sind bei F 1 B - Modellen meist aus Balsaholz, bei F 1 C - Modellen meist aus glasfaserverstärktem Kunstharz.

Abb. 312: Klappluftschraube (a), eingebautes Luftschraubenaggregat (b) und Aufziehen des Gummimotors (c) bei einem F 1 B-(Wakefield-)Modell.

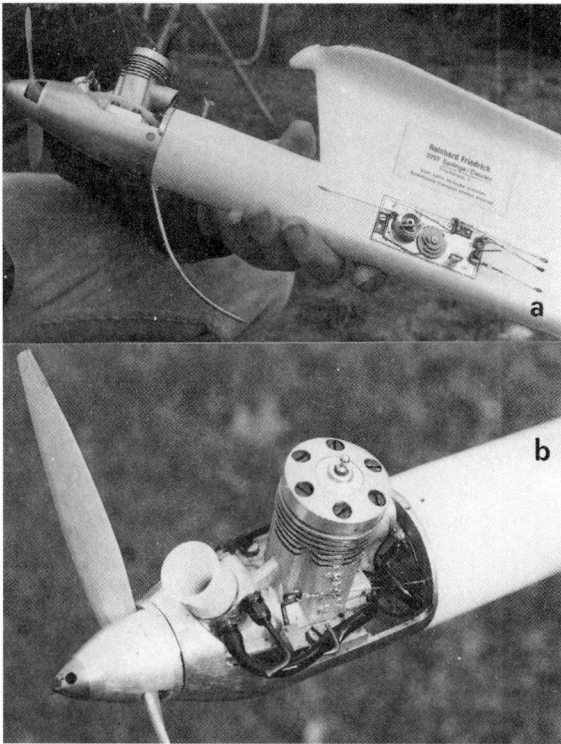

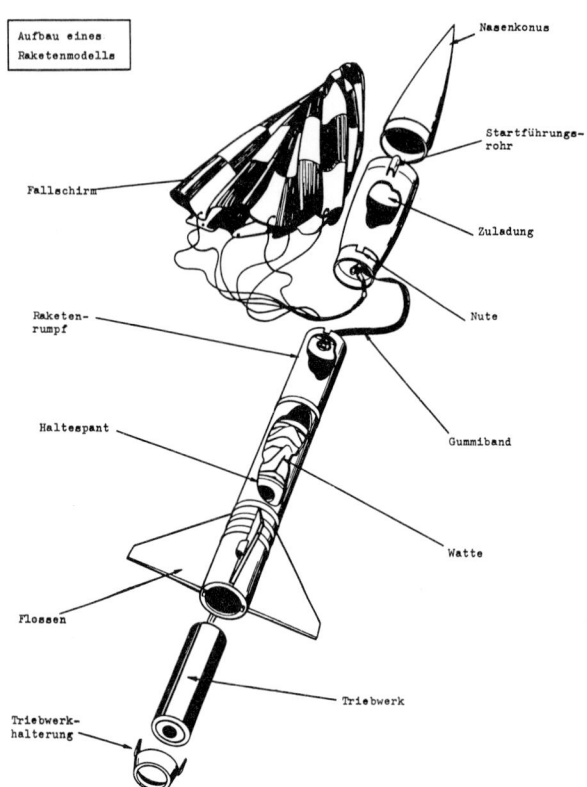

Abb. 313: Einbau von Mehrfunktionsschalter und Motoraggregat in einem F 1 C-Modell.

Abb. 314: Aufbau eines Raketenmodells.

Bei Modellen mit Verbrennungsmotor liegt der Tank (offener oder Drucktank) meist direkt hinter dem Motorspant im Rumpf. Dahinter, etwa im Schwerpunkt unterhalb der Tragflächenaufhängung, befindet sich der Zeitschalter (Abb. 313a).

Der Motor ist auf einem Motorträger aus Leichtmetall montiert, der am Motorspant befestigt ist. Diese Verbindung ist besonders sorgfältig auszuführen, da sie durch die starken Vibrationen des Motors stark beansprucht wird. Alle Schrauben müssen mit Federringen gesichert werden. Der Motor wird in der Regel stehend eingebaut und ist nach unten durch den Motorträger gegen Beschädigungen und Verschmutzung bei der Landung geschützt (Abb. 313b).

9.2.3 ANTRIEB UND RÜCKKEHRSYSTEM BEI RAKETENMODELLEN

Raketenmodelle werden durch *Rückstoßmotoren* (Raketentriebwerde) mit festem Treibstoff angetrieben (siehe auch Kapitel 6.6.3).

Raketentriebwerke deutscher Fertigung (Held 1000) haben eine Treibladung, die bei Brennschluß einen Impuls nach vorn abgibt, der den *Fallschirm* ausstößt. Um den Schirm vor den Verbrennungsgasen zu schützen, werden feuerfeste Watte oder ein Kolben locker zwischen Triebwerk und Schirm gesteckt (Abb. 314). Der Schirm wird in gepacktem Zustand in das Rumpfrohr eingeführt, die Raketenspitze locker aufgesetzt. Die Spitze ist durch ein Gummiband als *Schockabsorber* mit dem Rumpf verbunden, der Fallschirm mit der Spitze. Nach Ausstoß des Schirms pendelt dann die komplette Rakete zu Boden. Statt des Schirms kann bei leichteren Raketenmodellen auch ein *Flatterband (Strömer)* verwendet werden. Der durch ihn erzeugte Luftwiderstand reicht aus, das Modell so weit abzubremsen, daß es bei der Landung nicht beschädigt wird.

Amerikanische Triebwerke bestehen aus drei Schichten: Die erste Schicht ist die *Treibladung*, die das Modell auf die nötige Höhe bringt. Danach wird die zweite Schicht, eine *Rauchladung*, gezündet. Während die Rakete im freien Flug eine Parabelbahn beschreibt, wird diese durch den Rauch an den Himmel gezeichnet und kann zur Messung der erreichten Flughöhe angepeilt werden. In dieser Phase verzögert die Rakete. Anschließend wird die *Ausstoßladung* gezündet, die das Rückkehrsystem auswirft. Die US-Triebwerke haben unterschiedliche Leistungen und können an die Größe und das Gewicht der Modelle angepaßt werden.

Bezugsquelle für den Raketenmodellsport: ESE, Wolfgang Carstens, Wolfsberg 3, 2359 Hasenmoor.

9.2.4 STEUERUNG VON FESSELFLUGMODELLEN

Fesselflugmodelle werden durch zwei Leinen gesteuert. Sie sind am *Steuersegment* des Modells und am *Steuergriff* in der Hand des Piloten befestigt. Das Steuersegment ist ein dreieckiger Hebel, mit dem die Bewegungen des Griffes auf das Höhenruder und auf die Klappen (flaps) an den Tragflächen übertragen werden (Abb. 315). Die Steuerleinen sind aus Stahllitze. An ihren Enden sind Wirbellager angebracht, die ein Verdrillen der Leinen verhindern. Die Leinen werden

am Randbogen der linken (inneren) Tragfläche durch Führungsösen geführt, die eine Stabilisierung um die Längsachse garantieren. Da die gesamten beim Flug auftretenden Fliehkräfte von der Halteschraube aufgenommen werden, mit der das Steuersegment im Rumpf befestigt wird, ist dieses konstruktive Detail besonders kräftig zu dimensionieren.

Bei Geschwindigkeitsflügen im Wettbewerb werden Griffe, Leinen und Piloten sehr stark beansprucht. Da der Pilot bei Geschwindkeiten von mehr als 200 km/h kaum noch in der Lage ist, den Griff festzuhalten und auch noch sicher zu steuern, stellt der Veranstalter eine fest verankerte Haltegabel zur Verfügung, in die der Griff eingelegt werden kann (Abb. 316).

Abb. 316: Fesselflugsteuergriff für Hochgeschwindigkeitsmodelle (oben) und Gabel zum Einlegen des Griffes bei hohen Geschwindigkeiten (aus ModSpO des DAeC).

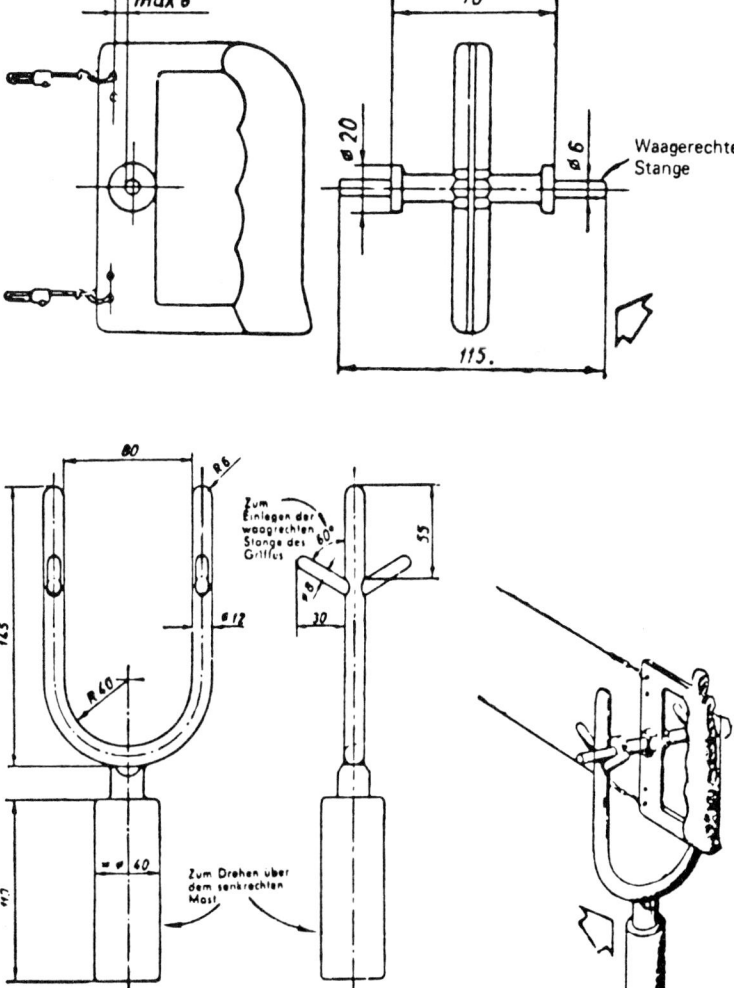

Abb. 315: Steuerung eines Fesselflugmodells: Kernstück ist der Umlenkhebel (28), der die Steuerkommandos vom Steuergriff in der Hand des Piloten zum Höhenruder überträgt.

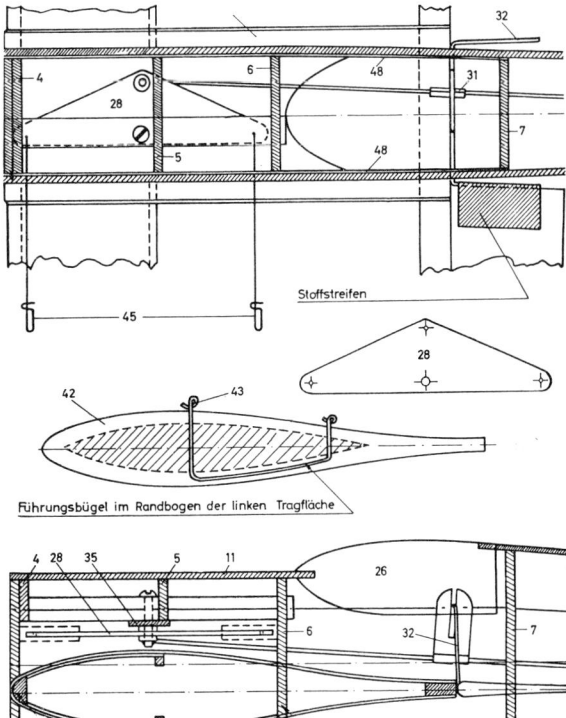

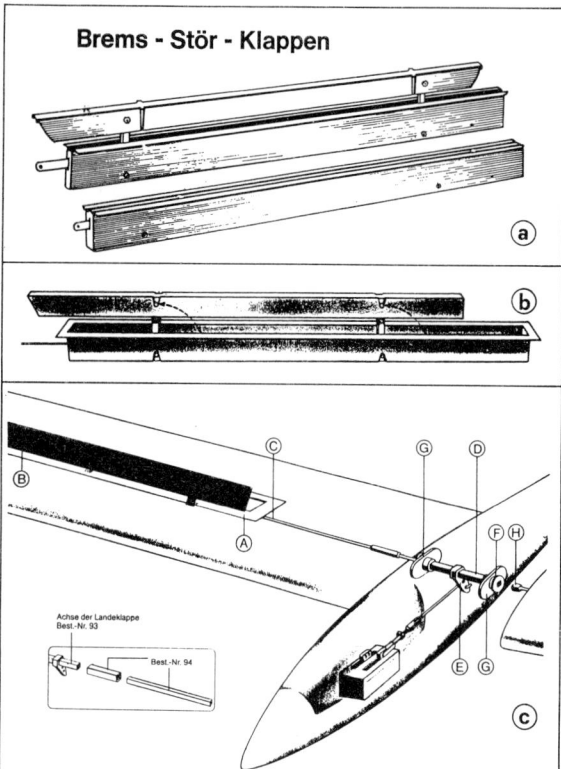

Brems - Stör - Klappen

Abb. 317: Verschiedene Brems-Stör-Klappen aus Kunststoff (a/Gewalt, b/Carrera, c/Graupner).

Abb. 318: Umlenkhebelsysteme für den Anschluß von Querrudern (a) und Landeklappen (b) von Segelflugmodellen mit geteilten Tragflächen (Gewalt).

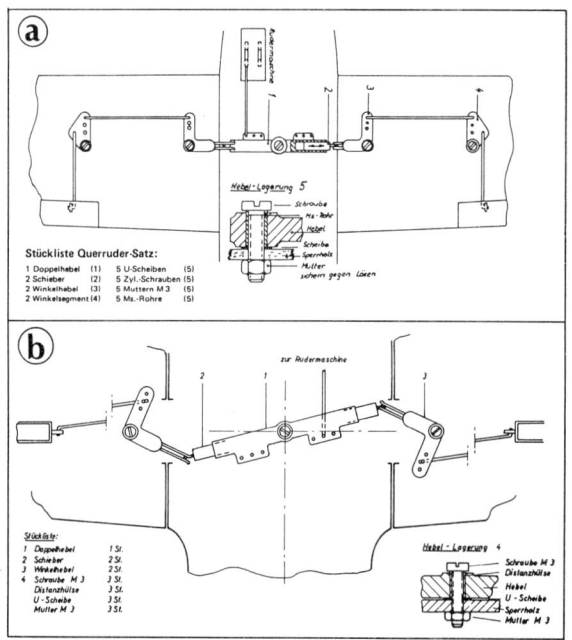

9.2.5 HOCHSTARTHAKEN, BREMSKLAPPEN UND STEUERUNG BEIM FERNLENK-SEGELFLUGMODELL

Für ferngesteuerte Segelflugmodelle können die gleichen Hochstarthaken verwendet werden wie bei den Freiflugmodellen. Sie müssen allerdings stärker sein, da die Belastungen beim Start größer sind.

Speziell für den Leistungsflug gibt es *Hochstarthaken*, bei denen der Ring der Hochstartleine fest eingeklinkt wird. Die Leine läßt sich erst durch ein Kommando der Fernsteuerung auslösen.

Empfehlenswert für Segelflugmodelle sind in jedem Falle *Bremsklappen* (Abb. 317). Dafür gibt es die verschiedensten Systeme. Die Klappen werden über Hebelsysteme senkrecht aus der Oberseite der Fläche herausgefahren (Abb. 317a, b). Sie bieten dann den größtmöglichen Widerstand und verringern durch die Wirbelbildung den Auftrieb, weil die effektiv Auftrieb liefernde Fläche verkleinert wird.

Andere Klappensysteme liegen flach auf der Profiloberseite und werden herausgeklappt (Abb. 317c).

Durch die ausgefahrenen Klappen treten Lastigkeitsveränderungen auf, die durch entsprechende Trimmung des Höhenruders ausgeglichen werden können.

Probleme bereitet die Übertragung der Steuerkommandos von den im Rumpf untergebrachten Servos auf die in den Tragflächen untergebrachten Bremsklappen und Querruder.

Die Industrie bietet zur Lösung dieses Problems verschiedene Hebelsysteme an, die vor allem auch dann funktionieren, wenn die Tragflächen aufgesteckt sind (Abb. 318).

Die Übertragung der Steuerkommandos von den Servos im Rumpf zu den Querrudern in den Flächenenden geht in der Regel über ein System von Umlenkhebeln. Beim Einbau dieser Hebel läßt sich ein gewisses Spiel in den Lagern nicht vermeiden, das mit der Zahl der Drehpunkte zunimmt, Darunter leidet die Stellgenauigkeit der Servos. Dieses Nachteil vermeiden Torsionsanlenkungen für Querruder (Abb. 319). Dabei sind im Rumpf die Steuerhebel drehbar gelagert und mit dem Querruderservo verbunden. Ein Vierkant oder ein Mitnahmebolzen greift, wenn die Flächenhälften aufgesteckt werden, in ein Torsionsrohr ein, auf dem

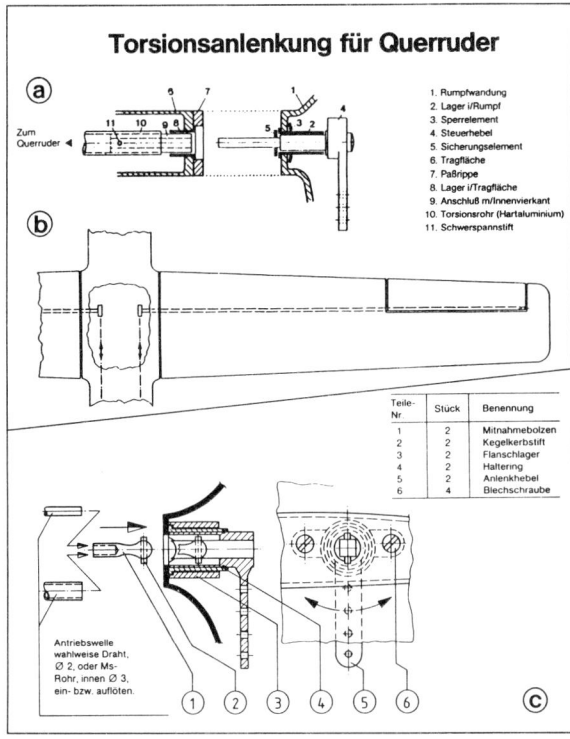

Torsionsanlenkung für Querruder

(a)

Zum Querruder ◄

(b)

Teile-Nr.	Stück	Benennung
1	2	Mitnahmebolzen
2	2	Kegelkerbstift
3	2	Flanschlager
4	2	Haltering
5	2	Anlenkhebel
6	4	Blechschraube

1. Rumpfwandung
2. Lager i/Rumpf
3. Sperrelement
4. Steuerhebel
5. Sicherungselement
6. Tragfläche
7. Paßrippe
8. Lager i/Tragfläche
9. Anschluß m/Innenvierkant
10. Torsionsrohr (Hartaluminium)
11. Schwerspannstift

Antriebswelle wahlweise Draht, ∅ 2, oder Ms-Rohr, innen ∅ 3, ein- bzw. auflöten.

(1) (2) (3) (4) (5) (6)

(C)

Abb. 319: Torsionsanlenkungen für Querruder von Segelflugmodellen mit geteilten Tragflächen (a, b/Isensee, c/Simprop).

Abb. 320: Seitenruder als Bremsklappe.

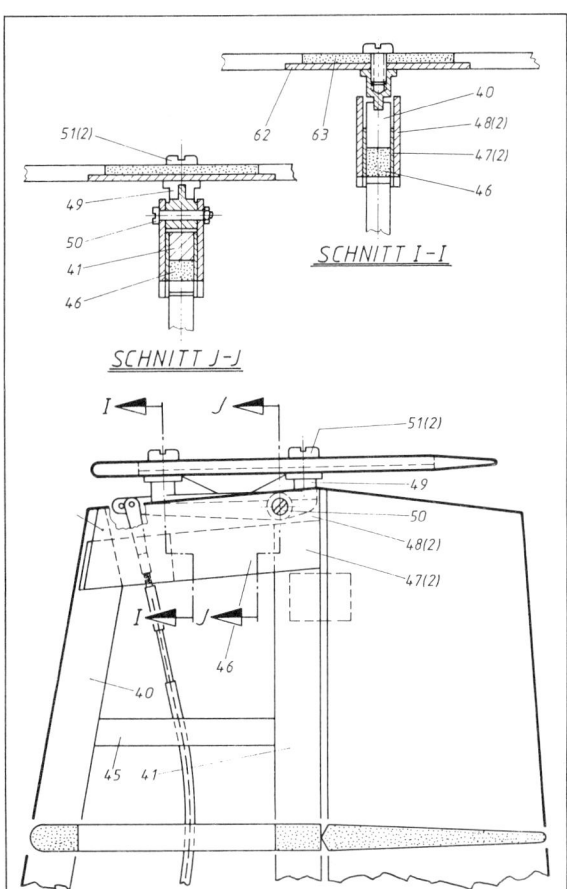

SCHNITT I–I

SCHNITT J–J

Abb. 321: Konstruktion des T-Leitwerks beim RC-Segler »Dädalus« (Simprop).

das Querruder sitzt. Die Übertragung erfolgt nun direkt, das Spiel ist auf zwei Übertragungsstellen beschränkt.

Auch das Seitenruder läßt sich zum Bremsen verwenden (Abb. 320). Es besteht aus zwei Balsabrettchen, die von zwei Servos angesteuert werden. Die Mischung der Kommandos Seitenruder und Bremsklappen kann mechanisch oder elektronisch erfolgen. Das Seitenruder bleibt auch im gespreizten Zustand in seiner Steuerfunktion erhalten.

Bei dünnen Tragflächenprofilden oder z. B. bei Tragflächen in Jedelsky-Bauweise ist der Einbau von Bremsklappen in die Tragflächen meist nicht möglich. In diesem Falle kann eine aus der Rumpfoberseite oder aus den Rumpfseiten herausfahrbare Klappe zum

293

Bremsen verwendet werden, ein Prinzip, das oft bei schnellen Jets angewandt wird. F 3 B - Flieger fahren gelegentlich auch die Flächenabdeckung oder die Kabinenhaube hoch und bremsen damit.

Bei Segelflugmodellen, die oft im hohen Gras landen, wird das Höhenleitwerk hochgesetzt (T-Leitwerk). Damit ist es gegen Beschädigungen durch das Gras geschützt. Zum anderen ist aber auch erreicht, daß es aus der Wirbelschleppe der Tragflächen herausgehoben ist. Das Höhenleitwerk ist als *Pendelruder* ausgebildet und auf einer Wippe befestigt, die über einen Bowdenzug angesteuert wird (Abb. 321).

Sollen Störungen der Tragflächenumströmung durch Klappen und Querruder vermieden werden, können, ähnlich wie beim Pendelhöhenruder, die beiden Tragflächenhälften gegeneinander verdreht werden. Da die gesamte Tragfläche an der Ruderwirkung beteiligt ist, treten keine aerodynamischen Verluste durch Verwirbelung auf. Auch das Querruderservo darf nicht übermäßig belastet werden. Eine Mechanik, die einerseits eine sichere Tragflächenbefestigung garantiert, zum anderen aber auch eine gute Steuerbarkeit ohne übermäßige Belastung des Servos ermöglicht, ist die *Pendel-Querruder-Mechanik System Gsponer* (Vertrieb Simprop). Mit dieser Mechanik sind alle Steuerungsvarianten möglich, die man bei herkömmlichen Querrudern gewohnt ist: Gleichzeitige und gleichsinnige Betätigung von Quer- und Seitenruder durch ein Servo, getrennte Ansteuerung der beiden Ruder durch je ein Servo, Querruderbetätigung allein ohne Seitenruder. Dazu kommen die durch die elektronischen Mischmöglichkeiten in den Fernsteuersendern gegebenen Kombinationen.

9.2.6 FAHRWERK- UND MOTORENEINBAU

Flugmodelle müssen starten und landen und am Boden rollen können. Dazu werden sie mit *Fahrwerken* ausgerüstet.

Einfache Segelflug- und Motorflugmodelle werden aus der Hand gestartet und landen auf einer *Kufe* im Gras.

Leistungssegelflugmodelle können mit einem einziehbaren *Einrad-Fahrwerk* ausgerüstet werden, das

294

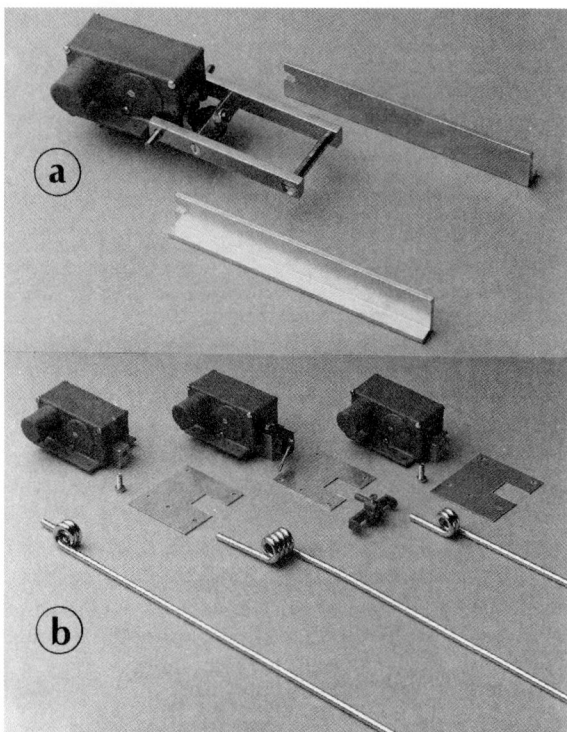

Abb. 322: Einziehfahrwerke mit Elektroantrieb für Segelflugmodelle (a) und Dreibeinfahrwerk für Motorflugmodelle (b) von Brand-Elektronik.

nur für Start und Landung ausgefahren, im Fluge aber eingefahren ist (Abb. 322a).

Motorflugmodelle haben meist ein *starres Dreibeinfahrwerk*, das entweder aus Bugrad und Hauptfahr-

Abb. 323: Lenkbares Spornrad beim »Big Lift« (Multiplex).

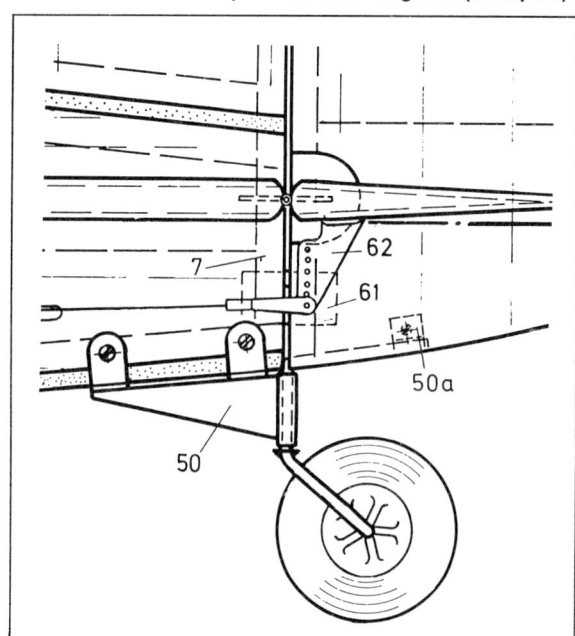

Abb. 324: Motoraufsatz für Verbrennungsmotoren (Graupner).

werk oder aus Hauptfahrwerk und Heckrad (Spornrad) besteht.

Das Dreibeinfahrwerk kann, mit Hilfe von entsprechend kräftigen Servos, auch einziehbar gemacht werden (Abb. 322b). Zum Manövrieren am Boden müssen Bugrad oder Spornrad steuerbar sein (Abb. 322 und 323). Das Bugrad wird dazu vom Seitenruderservo über eine nach vorn geführte Schubstange betätigt. Das Spornrad ist meist mechanisch mit dem Seitenruder verbunden und wird gleichzeitig mit ihm gesteuert (Abb. 323). Um zu hohe Belastungen des Steuerservos zu vermeiden, empfiehlt sich eine stoßabsorbierende Feder zwischen Fahrwerkhebel und Schubstange.

Zur sicheren Befestigung der Motoren können *Motorträger* aus Sperr- oder Hartholz, aber auch aus

Abb. 325: Motoraufsatz für Elektromotoren (Carrera).

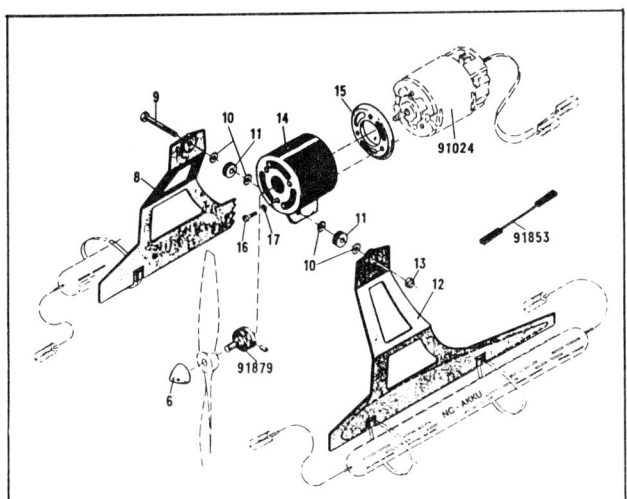

Metall verwendet werden. Industriell hergestellte Motorträger aus Leichtmetall werden mit dem Motorspant verschraubt und nehmen den Motor und ggf. auch das Federbein des Bugrades auf.

Will man beim Starten von Segelflugmodellen den Hochstart umgehen oder möchte man ohne fremde Hilfe starten, benutzt man *Motoraufsätze* (Abb. 324 und 325). Sie werden zwischen Rumpf und Tragflächen auf die Stahldrähte oder Stahlzungen aufgesetzt und mit den Tragflächen festgeklemmt. Die für Verbrennungsmotoren vorgesehenen Motoraufsätze haben einen integrierten Tank. Nachteilig wirkt sich bei Seglern der zusätzliche Widerstand des Motorträgers aus. Da aber in der Regel je nach Tankfüllung eine sehr große Ausgangshöhe erreicht werden kann, kommt dennoch eine hinreichend lange Flugzeit heraus.

Die Befestigung von Elektromotoren kann im Rumpfkopf in einer dort eingebauten Papphröhre erfolgen, in die der Motor mit strammer Passung eingeschoben wird. Für Hochleistungsmotoren reicht diese Befestigungsart aber nicht aus. Sie müssen mit passenden Schellen oder einem Flansch im Modell befestigt werden. Die meisten Motoren haben an der Vor-

Abb. 326: Verschiedene Schleppkupplungen für den Flugzeugschlepp (a/Multiplex, b/Graupner, c/Gewalt).

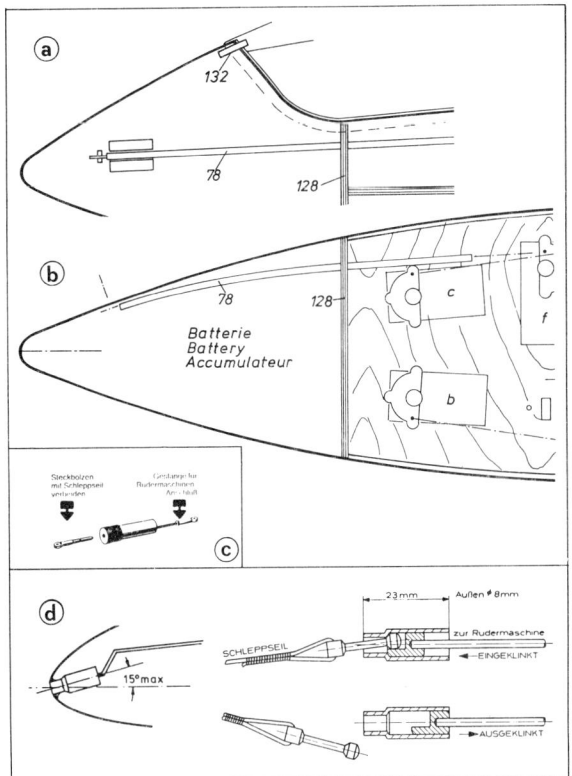

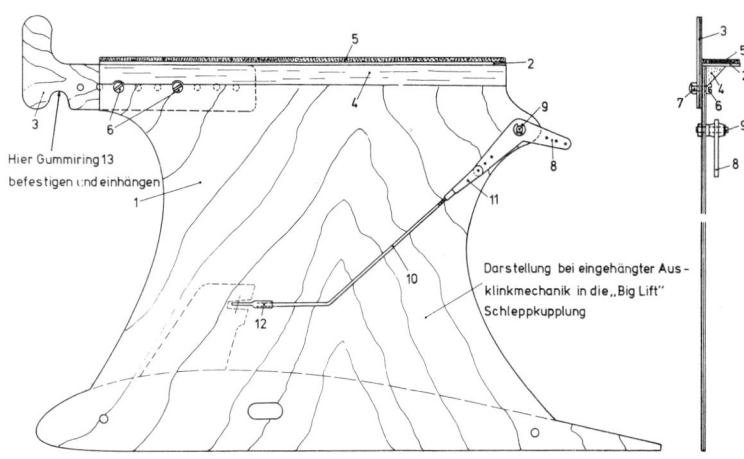

Abb. 327: Aufsatz für den Huckepackschlepp für »Big Lift« (Multiplex).

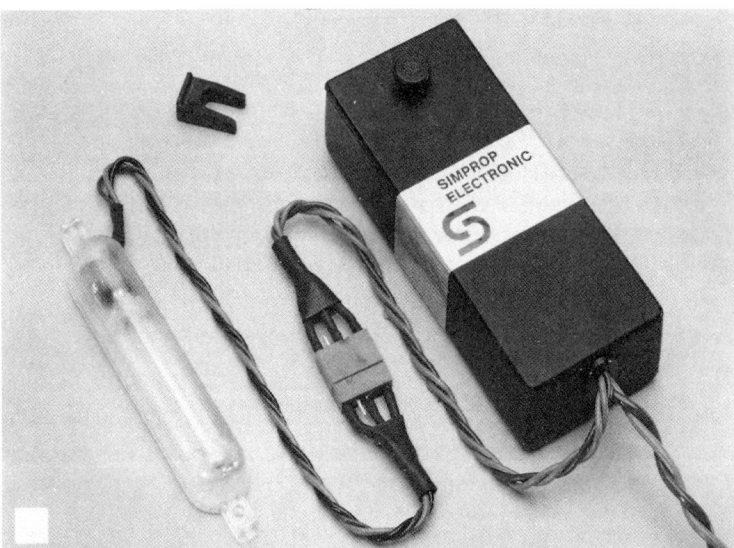

Abb. 328: Elektronischer Thermikdetektor mit Blitzlicht (Simprop).

Abb. 329: Elektrischer Bordanlasser für Flugmodelle mit Verbrennungsmotoren (FEMA, Brand).

derseite drei Löcher mit Gewinde, so daß sie problemlos am vorderen Motorspant angeschraubt werden können.

Auch für Elektromotoren gibt es passende Motoraufsätze (Abb. 325). Sie können ebenfalls auf Segelflugmodelle aufgesetzt werden und als Starthilfe dienen.

9.2.7 SONDERFUNKTIONEN IN FERNGESTEUERTEN FLUGMODELLEN

Ferngesteuerte Segel- und Motorflugmodelle lassen sich, über die üblichen Steuerfunktionen hinaus, mit Sonderfunktionen ausstatten.

In den letzten Jahren erfreut sich der *Flugzeugschlepp* immer größerer Beliebtheit. Dazu ist eine Seilverbindung zwischen Motor- und Segelflugmodell erforderlich (siehe auch Abb. 240 in Kapitel 6.8.8). Diese Verbindung muß bei Erreichen der vorgesehenen Ausgangshöhe per Fernsteuerung getrennt werden können.

Eine einfache, aber wirkungsvolle Lösung läßt sich mit einem Bowdenzug realisieren (Abb. 326a, b). Der in einem Kunststoffröhrchen geführte Stahldraht ist mit einem Servo verbunden. Das Seil wird mit einer Schlaufe an einem Ende in einen Schlitz im Rumpf geführt und durch den quer eingeschobenen Draht gehalten. Soll die Verbindung gelöst werden, wird das Ausklinkservo betätigt und zieht den Draht weg. Das Seil löst sich. Ähnlich wird am schleppenden Motormodell verfahren. Hier hat sich die Befestigung des Seils an einem Pylon über der Tragfläche bewährt.

Die Modellbauindustrie bietet dazu auch mechanische Lösungen an (Abb. 326c, d). Dazu müssen an den Seilenden Steckbolzen befestigt werden, die in eine im Rumpf eingebaute Haltevorrichtung eingeklinkt werden.

Eine andere Möglichkeit, Segelflugmodelle auf eine große Ausgangshöhe zu bringen, ist der *Huckepackschlepp*. Für diese Schleppart wird ein Aufsatz benötigt, den man aus einigen Sperrholzteilen selbst erstellen kann, der aber auch als Bausatz zu haben ist (Abb. 327). Das Segelflugmodell wird mit Gummiringen so auf diesem Aufsatz befestigt, daß sein Profil parallel zu dem des Motormodells verläuft. Die Gummiringe werden an beiden Seiten des Aufsatzes von vorn über die Seglerfläche nach hinten geführt, wo sie über je einen Hebel gehängt werden. Diese Hebel werden gleichzeitig über eine Gabelmechanik arretiert, die in die Schleppkupplung des Motormodells eingeführt ist. Soll die Verbindung gelöst werden, wird durch Betätigung des entsprechenden Servos die Kupplung geöffnet. Die Gabel wird frei, und die Hebel schnellen nach oben und geben die Gummiringe frei. Damit kann sich das Segelflugmodell von der Schleppmaschine lösen.

Jeder Segelflieger hat im Cockpit seines Segelflugzeuges ein Variometer, das ihm anzeigt, ob das Flugzeug steigt oder sinkt. Nur durch dieses Instrument sind Dauer- und Streckenflüge auf dem heute gewohnten Niveau möglich.

Variometer dieser Art können nicht einfach durch Verkleinern auf eine in ein Segelflugmodell passende Größe gebracht werden. Zudem müßten die Meßwerte zum Piloten am Boden übertragen werden. Und dazu wären ein Telemetriesender im Modell und ein zusätzlicher Empfänger am Boden nötig.

Der zum Patent angemeldete *Thermikdetektor* (Abb. 328) enthält als Meßwertgeber einen Luftbehälter von der ungefähren Größe eines Fingerhutes. Er ist oben durch eine Membran verschlossen, auf der ein lichtundurchlässiger Reiter befestigt ist, der in eine Lichtschranke hineinragt. Ein Ausgleichsventil am unteren Ende des Luftbehälters sorgt für eine ständige Anpassung des Innendrucks an den Außendruck.

Steigt das Modell mit mehr als 0,2 m/s, so nimmt der Innendruck langsamer ab als der Außendruck, die Membran wird nach außen gedrückt, der Reiter gerät in die Lichtschranke, und es tritt eine Änderung des Fotostromes ein. Diese schließlich schaltet über eine Elektronik die Blitzeinheit ein, die dann einen Blitz pro Sekunde abgibt. Das Gerät (System Wiebalck/Vertrieb Simprop) besteht aus dem varioelektronischen Teil, der im Rumpf untergebracht ist, und aus der Blitzeinheit, die außen am Modell an einer gut sichtbaren Stelle untergebracht wird. Außerdem wird zusätzlich ein 4,8 V-Akku benötigt. Dieses Gerät wird immer dann blitzen, wenn das Modell mit mehr als 0,2 m/s steigt, d. h. beim Start, in der Thermik oder im Hangaufwind, aber auch bei der sogenannten »Knüppelthermik«, also beim Steigflug durch Ziehen des Höhenruders.

Das Gerät mit Blitzeinheit hat eine Masse von rund 100 g, mit einem Akku von 250 mAh sind ca. 30 Minuten Dauerblitzbetrieb möglich.

Vario- und Blitzeinheit können auch getrennt voneinander verwendet werden.

Beim Bussard-Vario wird, wenn das Modell durch ein Aufwindfeld fliegt, das Seitenruder-Servo angesteuert, so daß das Modell automatisch in den Kurvenflug übergeht. Diese automatische Funktion kann vom Piloten übersteuert werden.

Der Elektronikblitzer kann auch für Scale- und Hubschraubermodelle oder für Nachtflüge genutzt werden.

Elektromotoren in Flugmodellen können problemlos ein- und ausgeschaltet werden. Ein *Elektro-Bordanlasser* (Abb. 329) ermöglicht auch das Starten eines Verbrennungsmotors im Fluge. Die Kraftübertragung vom Anlassermotor zur Kurbelwelle des Verbrennungsmotors erfolgt über eine biegsame Welle, eine Zahnraduntersetzung und einen Freilauf, der auf die Kurbelwelle des Verbrennungsmotors montiert wird. Als Anlassermotor wird ein Mabuchi-Elektroflugmotor Jumbo 504 GF 6 mit Getriebe 1 : 6 verwendet. Die Stromversorgung des Anlassers erfolgt durch einen gesonderten NiCd-Akku (6 bis 7 Zellen 1,2 Ah).

Wenn der Verbrennungsmotor läuft, trennt der Freilauf den Motor vom Getriebe.

Der Bordanlasser kann auch in einem bereits vorhandenen Modell nachgerüstet werden.

Die Steuerung des Bordanlassers erfolgt über zwei Mikroschalter, die von einem Servo betätigt werden. Damit ist folgender Funktionsablauf möglich:

Die Glühkerze wird eingeschaltet, gleichzeitig wird das Kraftstoff-Luft-Gemisch fett eingestellt.

Der Anlassermotor wird eingeschaltet, bis der Verbrennungsmotor im Leerlauf läuft.

Der Anlasser wird ausgeschaltet, die Glühkerze bleibt eingeschaltet.

Es wird Vollgas gegeben.

Wenn der Motor mit hoher Drehzahl läuft, wird das Gemisch optimal eingestellt und die Glühkerze abgeschaltet.

Bezugsquelle: FEMA, 7620 Wolfach und Brand-Elektronik.

9.3.0 Einfliegen

9.3.1 KONTROLLEN NACH DEM ZUSAMMENBAU

Die Vorbereitungen zum ersten Start des nach langen Mühen gebauten Modells beginnen bereits in der Werkstatt. Und je sorgfältiger diese Vorbereitungen getroffen werden, um so größer wird die Wahrscheinlichkeit, daß das Modell den ersten Probeflug übersteht.

Zur Überprüfung wird das Modell zusammengebaut. Zuerst werden die Tragflächen auf *Verzüge* überprüft. Der kritische Blick von hinten auf die Endleiste der Tragfläche offenbart schnell, ob die Fläche gerade oder verzogen ist, ob die Schränkung auf beiden Seiten gleich groß ist.

Da der Spannlack mehrere Wochen benötigt, bis er zur Ruhe gekommen ist, können in dieser Zeit immer wieder Verzüge auftreten. Die *verzogene Tragfläche* wirkt wie ein ständig ausgeschlagenes Querruder und wird durch die unterschiedliche Auftriebsverteilung das Modell um die Längsachse drehen. Das bewirkt

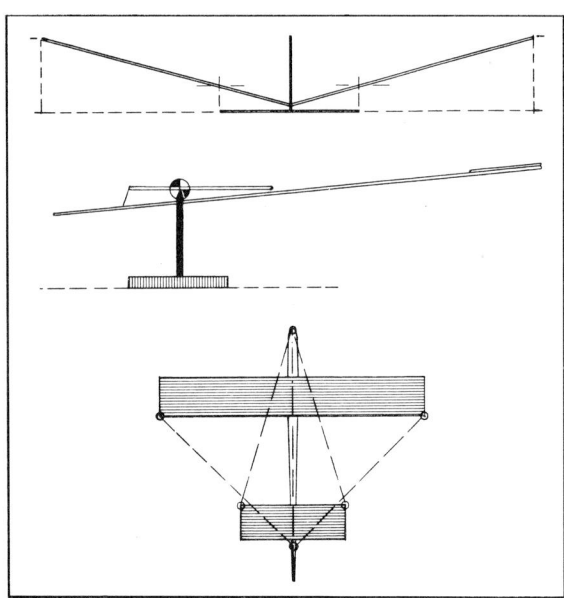

Abb. 330: Vorderansicht, Seitenansicht und Draufsicht eines Flugmodells müssen vor dem ersten Flug genau überprüft und vermessen werden.

starkes Kurven und führt im schlimmsten Fall zu Spiralsturz und Zerschellen am Boden. Der Verzug muß auf jeden Fall erst in der Werkstatt behoben werden. K. H. Denzin empfiehlt die folgende Methode! Er hält die verzogene Tragfläche in 30 bis 40 cm Abstand über den Gasherd (volle Flamme), bewegt sie etwas hin und her, um örtliche Überhitzung zu vermeiden und verwindet die Flächen dabei etwas über die gewünschte Richtung hinaus. In dieser Position wird die Fläche so lange festgehalten, bis sie erkaltet ist. Der Vorgang wird ggf. wiederholt.

Wichtig ist auch, die beiden Tragflächenhälften bei geteilten Flächen zu wiegen. Unterschiedliche Massen führen zu einer Verschiebung des Schwerpunktes und verursachen ein Drehmoment um die Längsachse. Auf gleiche Massen sollte bereits beim Spannlackanstrich geachtet werden, mit dem man ggf. auch ausgleichen kann.

Danach werden die drei Ansichten des Modells, Vorderansicht, Seitenansicht und Draufsicht, überprüft und vermessen (Abb. 330). Dabei muß das Modell auf einer ebenen Fläche stehen.

Zu prüfen sind
Symmetrie der Tragflächen und des Höhenleitwerks zur Rumpflängsachse,
korrekter Sitz der Tragflächen und des Höhenleitwerks auf dem Rumpf,
korrekte senkrechte Position des Seitenleitwerks.
Nächster Punkt auf der Checkliste ist die Überprüfung der richtigen *Schwerpunktlage*. Dazu wird die vorgesehene Lage des Schwerpunktes unter den Tragflächen markiert und das Modell mit diesen Punkten auf eine Vorrichtung gesetzt (Abb. 330 Mitte). Die Trimmkammer in der Rumpfspitze muß nun so lange mit Blei gefüllt werden, bis das Modell mit leicht nach unten geneigtem Rumpf ausbalanciert ist.

Mit einer einfachen, selbst gebauten Vorrichtung aus Lot und Winkelmesser kann man die *Einstellwinkeldifferenz* zwischen Tragflächen und Höhenleitwerk überprüfen. Sie muß mit den vom Konstrukteur vorgegebenen oder errechneten Werten übereinstimmen.

Bei Freiflugmodellen muß die Funktion der Thermikbremse und der Kurvensteuerung überprüft werden.

Bei Fernlenkmodellen ist die Funktion der eingebauten Anlage zu überprüfen, z. B. die richtige Laufrichtung der Servos, spielfreie Verlegung der Rudergestänge und der seitenrichtige Ruderausschlag entsprechend dem Steuerknüppelausschlag.

Auf keinen Fall darf vergessen werden, Sender- und Empfängerakkus vor dem ersten Flug zu laden.

Nach diesen Prüfungen und nach der Beseitigung von dabei entdeckten Fehlern kann das Modell demontiert und für den Transport zum Fluggelände eingepackt werden.

Als »Quittung« für die erfolgte Überprüfung in allen Punkten kommt ein Schild mit Name und Adresse auf das Modell. Für den Fall, daß es schon beim ersten Start wegfliegt, kann der Finder des Modells dessen Erbauer anschreiben.

Wer in den o. g. Punkten seine verständliche Ungeduld zügelt und mit Ruhe und Besonnenheit vorgeht, schafft die beste Lebensversicherung für sein neues Flugmodell.

9.3.2 KONTROLLEN VOR DEM START

Auf dem Fluggelände wird das Modell erneut zusammengebaut und noch einmal überprüft. Es ist zu empfehlen, die ersten Flugversuche an einem windstillen Tag (morgens oder abends) durchzuführen. Das Fluggelände muß zudem eben und frei von Hindernissen sein. Nur wenn diese Voraussetzungen gegeben sind, kann man beim Flugverhalten Ursache und Wirkung analysieren und Fehler beheben.

Tragflächen und Höhenleitwerk werden auf geraden, rechtwinkligen und festen Sitz überprüft.

Die Auslösung der Thermikbremse und der Kurvensteuerung bei Freiflugmodellen muß erneut geprüft werden.

Bei Fernlenkmodellen wird die Funktion der Fernsteuerungsanlage gründlich geprüft.

Damit man kleinere noch auftretende Fehler auf dem Fluggelände beheben und auch notwendige Korrekturen durchführen kann, ist zu empfehlen, etwas Werkzeug und Material in einem speziell für das Fluggelände gepackten Koffer mitzunehmen.

Dazu gehören u. a. ein Balsamesser, Schleifleisten, Schraubendreher, Klammern und Stecknadeln, Papier und Bleistift oder Kugelschreiber, Tesafilm und Gum-

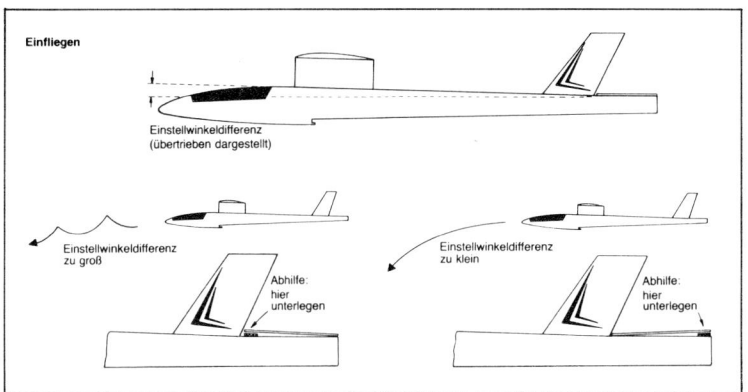

Abb. 331: Klar und einfach: Das muß man tun, wenn ein Modell nicht so fliegt wie es soll (»tiny« von Multiplex).

Tabelle 30: FLUGERPROBUNG »HANDSTART«

Beobachteter Fehler	Mögliche Ursache	Abhilfe
Das Modell schießt nach dem Start steil in die Höhe, rutscht dann über den Schwanz ab und geht im Sturzflug zu Boden	Startschwung zu groß	noch einmal mit geringerem Schwung starten
	Einstellwinkeldifferenz zu groß	am Höhenleitwerk korrigieren
	Modell ist schwanzlastig, der Schwerpunkt liegt zu weit hinten	ein wenig Ballast in die Trimmkammer legen
Das Modell fliegt in wellenförmiger Flugbahn	Startschwung zu groß	noch einmal mit geringerem Schwung starten
	Einstellwinkeldifferenz zu groß	am Höhenleitwerk korrigieren
	Modell ist leicht schwanzlastig	noch ein wenig Ballast in die Trimmkammer legen
Das Modell gleitet nach kurzer Flugstrecke steil zu Boden	Startschwung zu gering	noch einmal mit mehr Schwung starten
	Einstellwinkeldifferenz zu klein	am Höhenleitwerk korrigieren
	Modell ist kopflastig, der Schwerpunkt liegt zu weit vorn	Ballast aus der Trimmkammer entnehmen
Das Modell beschreibt eine Links- oder Rechtskurve	Start mit hängendem Flügel	noch einmal starten, Modell waagrecht halten
	eine Flügelhälfte ist verzogen	Verzug in der Werkstatt beseitigen
	eine Flügelhälfte ist schwerer als die andere	etwas Ballast am Randbogen der anderen Flügelhälfte befestigen
	Rumpf ist verzogen	Verzug in der Werkstatt beseitigen
	Seitenleitwerk steht schief auf dem Rumpf bzw. ist verzogen	Seitenleitwerk richten Verzug in der Werkstatt beseitigen

miringe, Trimmblei, Hart- und Kontaktkleber sowie Epoxidharzkleber (Schnellkleber) und Balsa- und Sperrholzreste.

Wichtig ist natürlich geeignetes Startgerät, z. B. eine Hochstartwinde mit hinreichend langer und starker Perlonleine oder bei Motorflugmodellen genügend Treibstoff, ein Glühkerzenakku und ggf. ein Anlasser.

Die Ausrüstung für das Fluggelände sollte stets im gleichen Koffer verbleiben und nicht für andere Zwecke entnommen werden. Dann hat man die Gewähr, daß man mit einem Griff alle nötigen Utensilien beieinander hat.

9.3.3 EINFLIEGEN

Vor dem ersten Start aus der Hand muß die Windrichtung überprüft werden (siehe dazu Kapital 6.8.1 und 6.8.2).

Die ersten Probeflüge werden aus dem Hand-Laufstart durchgeführt. Das Modell wird in der zu erwartenden Gleitfluglage (leicht nach unten geneigt) gehalten. Nun läuft man gegen den Wind, bis man merkt, daß das Modell sich aus der Hand heben möchte. Jetzt kann man es leicht (ohne zusätzlichen Schubs) aus der Hand gleiten lassen.

Nach mehreren Starts dieser Art kann ein Segelflugmodell im Hochstart erprobt werden. Sind auch die Flüge nach den ersten Hochstarts zufriedenstellend verlaufen, beginnt die Feinarbeit. Dabei werden die erreichten Flugzeiten mit der Stoppuhr festgehalten

Tabelle 31: FLUGERPROBUNG »HOCHSTART«

Beobachteter Fehler	Mögliche Ursache	Abhilfe
Modell pendelt an der Hochstartleine und steigt wenig	Hochstarthaken zu weit vorn; es wurde zu schwach an der Leine gezogen (zu geringe Startgeschwindigkeit)	Hochstarthaken stufenweise nach hinten verlegen bis Hochstart einwandfrei wird; schneller schleppen
Das Modell steigt sehr schnell, bricht aus und kommt nicht wieder in die Startrichtung zurück	Hochstarthaken zu weit hinten; an der Startleine wurde zu stark und zu schnell gezogen	Hochstarthaken stufenweise nach vorn verlegen; langsamer schleppen
Das Modell klinkt kurz nach dem Start schon aus	Hochstarthaken zu weit hinten; an der Startleine wurde evtl. zu zu schwach gezogen	Hochstarthaken nach vorn verlegen, evtl. schneller schleppen
Das Modell steigt zunächst einwandfrei, bricht aber kurz vor dem Ausklinken unregelmäßig nach links oder rechts aus	Verzug von Flügel- oder oder Leitwerk, der sich durch einen anderen Verzug während der ersten Phase des Hochstart ausgleicht, weil das Flügelprofil noch unter einem großen Anstellwinkel angeströmt wird	Modell nochmals sorgfältig überprüfen und alle Verzüge in der Werkstatt beseitigen

und notiert. Meßflüge unter veränderten Bedingungen (z. B. geänderter Einstellwinkeldifferenz) schließen sich an (Optimierungsphase).

Auch Motorflugmodelle werden zunächst im o. g. Verfahren gestartet. Ist alles in Ordnung, kann der erste Start mit Motorantrieb erfolgen.

Hinweise zur Fehlerbehebung geben die Bilder (Abb. 331) und die Tabellen 30 und 31, die der Bauanleitung zum Elektroflugmodell »Optimus« (Carrera) entnommen wurden.

10.0 WETTERKUNDE

»Alle reden vom Wetter, wir nicht!« Das ist einer von vielen Sprüchen um und über das Wetter. Und es kommt nicht von ungefähr, daß das Wetter eines der beliebtesten Gesprächsthemen ist, nicht nur im Urlaub. Das Wetter ist unsere wichtigste Umweltbedingung, der wir kaum entrinnen können.

Dem zivilisierten Menschen ist das unmittelbare Gespür für das Wetter und für die Wettentwicklung weitgehend verloren gegangen, obwohl er von dessen Erscheinungen heute anscheinend stärker geplagt wird als das früher der Fall zu sein schien. Dabei ist gerade die technische Zivilisation unserer Zeit nicht ganz unschuldig an der Veränderung globaler Wetterentwicklungen. Vor allem Verbrennungsvorgänge aller Art, vornehmlich aus Millionen von Schornsteinen der Häuser und aus Abermillionen von Autos haben zu einer Konzentration von Schadstoffen, Staubpartikeln und giftigen Gasen in der Atmosphäre geführt, die tiefgreifende Veränderungen verursachten und noch verursachen werden. Dazu kommen noch die vielfältigen Emissionen der Industrie.

Einige Beispiele mögen das verdeutlichen: Die Treibgase aus Milliarden Spraydosen drohen die Ozonschicht um die Erde zu zerstören; die UV-Strahlung dringt durch, Hautkrebserkrankungen nehmen zu, andere Folgen werden sich vermutlich erst später zeigen.

Die Verbrennungsgase aus Hausschornsteinen, Autoauspuffen und Industrieschloten verbinden sich mit dem Wasser in der Luft zu einem sauren Regen, der bereits begonnen hat, unsere Wälder zu zerstören und die Seen zu töten. Die Vergiftung unserer Nahrung und die Zunahme zahlreicher Krankheiten sind die Folgen. Ein kalter Winter treibt den Verbrauch an teuren Brennstoffen, vor allem an Heizöl, in die Höhe; die Auswirkungen werden nicht nur in der zunehmenden Luftverschmutzung, sondern auch in der Außenhandelsbilanz und im Staatshaushalt sichtbar.

Schnee, Regen, Eis und Nebel führen zu Verkehrsbehinderungen und Verkehrsunfällen; der volkswirtschaftliche Schaden geht in die Milliarden.

Es gibt kaum einen Zweig unserer Wirtschaft und kaum einen Bereich unseres Lebens, der nicht in irgendeiner Form vom Wetter abhinge.

Seit Jahrtausenden sind die Menschen bemüht, die Wetterentwicklung vorauszusagen, die besonders für alle die von Bedeutung ist, die ständig dem Einfluß des Wetters ausgesetzt sind: Bauern und Jäger, Seeleute und Fischer und natürlich die gesamte Luftfahrt.

Das Wort Meteorologie ist aus den griechischen Wörtern metéos (= hoch in der Luft) und logos (= Lehre) zusammengesetzt. Die Meteorologie erforscht die physikalischen Zusammenhänge in der Erdatmosphäre.

10.1 Grundlagen der Meteorologie

Alle Erscheinungen, die wir unter dem Begriff Wetter zusammenfassen, sind physikalische Vorgänge. Sie spielen sich in der Lufthülle der Erde ab, in der Atmosphäre (griech. atmós = Dampf, sphaira = Kugel), und sie verlaufen nach physikalischen Gesetzen.

Da sich die einzelnen Erscheinungen aber gegenseitig beeinflussen und in sehr komplizierter Weise zusammenwirken, ist die Zahl möglicher Kombinationen so groß, daß das Wettergeschehen nicht immer einfach zu überblicken und einzuschätzen ist. Eine genaue Beobachtung der Veränderungen der verschiedenen Wettererscheinungen und regelmäßige Messungen erlauben Aussagen über den Wetterverlauf. Mit den elektronischen Rechnern und den Wettersatelliten stehen den Meteorologen heute zusätzliche Hilfsmittel zur Verfügung, die eine genauere Erforschung der Vorgänge in der Atmosphäre ermöglichen und damit zu einem besseren Verständnis dieser Vorgänge geführt haben.

Die Atmosphäre enthält, bezogen auf das Volumen, 78,09% Stickstoff (N = nitrogenium), 20,98% Sauerstoff (O = oxygenium), 0,93% Argon (Ar), 0,03% Kohlendioxid (CO_2) und maximal 4% Wasser (H_2O), dazu noch andere Edelgase.

Die Lufthülle der Erde hat mehrere Schichten:

In der *Troposphäre*, in der sich das Wettergeschehen abspielt, nimmt die Temperatur um ca. 6,5° C/1000 m ab. Diese Schicht hat eine Dicke zwischen 9000 m an den Polen und 17.000 m am Äquator, in mittleren Breiten ist sie etwa 11.000 m dick. Die obere Grenze der Troposphäre ist die *Tropopause*.

Oberhalb der Tropopause reicht die *Stratosphäre* bis ca. 50 km Höhe. In ihr bleibt die Temperatur mit zunehmender Höhe weitgehend konstant (-56° C bis -70° C). Die obere Grenze der Stratosphäre bezeichnet man als *Stratopause*. Die Stratosphäre ist mit einer Sauerstoffmodifikation, dem Ozon (O_3) angereichert, das bei Funkenentladungen oder durch ultraviolette Strahlung (z. B. bei der Höhensonne) entsteht ($3 \times O_2 \rightarrow 2 \times O_3$). Ozon (vom griechischen ozo = ich rieche) oder Trisauerstoff ist ein Gas von intensivem Geruch und wird u. a. zur Desinfektion von Trinkwasser und Krankenhausluft verwendet. Diese Ozonschicht absorbiert einen großen Teil der ultravioletten Strahlung der Sonne. Ohne diese Schicht hätte sich kein Leben auf der Erde entwickeln können. Ihre Zerstörung, z. B. durch das Treibgas Frigen aus Spraydosen und Kühlmitteln aus Kühlschränken (Frigene), hätte unabsehbare Folgen für das Leben auf der Erde.

Oberhalb der Stratosphäre nimmt die Temperatur bis ca. 80 km Höhe wieder ab, diese Schicht heißt *Mesosphäre*, ihre Obergrenze ist die *Mesopause*.

In Höhen ab 80 km werden die Luftmoleküle ionisiert (Zerlegung in positive Ionen und freie Elektronen), man nennt diese Sicht bis ca. 400 km Höhe deshalb *Ionosphäre*. Diese elektrisch geladene Schicht der Atmosphäre reflektiert Radiowellen, die so unter günstigen Umständen auch dort empfangen werden können, wo dies die Krümmung der Erdoberfläche eigentlich nicht zuläßt. So kann es gelegentlich, auch im Bereich der Funkfernsteuerungen, zu Überreichweiten kommen, die den RC-Flugbetrieb stören.

Die Übergangsschicht zum Weltraum wird als *Exosphäre* bezeichnet. In diesem Bereich können Atome und Moleküle die Erdanziehung leicht überwinden.

Diese Schichtung der Atmosphäre wurde schon 1898 mit Ballonen nachgewiesen. Die Meßgeräte in den Ballonen zeigten eine durchschnittliche Temperaturabnahme von 0,65° C pro 100 m in ruhender Luft (*Temperaturgradient*).

Die Temperatur aufsteigender Luftmassen (thermischer Aufwind) nimmt um je 1° C pro 100 m Höhenzunahme ab. Man bezeichnet diese Temperaturabnahme als trockenadiabatisch, d. h. als Zustandsänderung ohne Wärmezufuhr. Da die *Trockenadiabate* steiler als der Temperaturgradient verläuft, schneiden sich beide Linien in einer Höhe, die von der Temperaturdifferenz der beiden Luftmassen abhängt. Von der Höhe an, in der die Temperatur der aufsteigenden Luft genau so groß ist wie die der ruhenden Luft, hört der Aufwind auf.

Die *Temperatur* wird von uns subjektiv empfunden. Mit dem *Thermometer* wird die Lufttemperatur gemessen. Dabei ist darauf zu achten, daß das Thermometer nicht der direkten Sonnenstrahlung ausgesetzt wird, weil dies die Messung verfälscht. Es gibt *Weingeist- und Quecksilberthermometer*. Diese Flüssigkeiten dehnen sich bei Erwärmung aus und ziehen sich bei Abkühlung zusammen (Abb. 332). *Bimetallthermometer* enthalten zwei verschiedene miteinander verschweißte Metallblätter, die bei gleicher Temperaturänderung eine unterschiedliche Ausdehnung (Längenänderung) aufweisen und sich daher biegen. Diese Biegung wird auf ein Zeigerwerk übertragen.

Abb. 332: Thermometerhütte einer Wetterwarte mit Maximum- und Minimumthermometern sowie einem »trockenen« und einem »feuchten« Thermometer (rechts) zur Feststellung der Luftfeuchtigkeit. Links (unten) ein Thermograph, der den Temperaturverlauf, und (darüber) ein Hygrograph, der die Luftfeuchtigkeit aufzeichnet.

Elektronische Thermometer nutzen die durch eine Temperaturänderung hervorgerufene Widerstandsänderung bestimmter Stoffe (Abb. 333). PTC-Widerstände haben einen positiven Temperaturkoeffizienten (steigende Temperatur ergibt steigenden Widerstand), NTC-Widerstände haben einen negativen Temperaturkoeffizienten (steigende Temperatur ergibt sinkenden Widerstand).

Die *Celsius-Skala* beruht auf der Festsetzung des O-Punktes beim Schmelzpunkt des Eises (oder Gefrierpunkt des Wassers) und des Punktes 100° C beim Siedepunkt des Wassers bei normalem Luftdruck (oder Kondensationspunkt des Wasserdampfes). Die *Kelvin-Skala* benutzt die Celsius-Grade (1° C = 1 K), beginnt aber beim absoluten Nullpunkt (O K $\triangleq$ -273,16° C) und ermöglicht so nur positive Temperaturangaben.

In angelsächsischen Ländern, z. B. in Nordamerika und in England, wird die Temperatur auch in *Fahrenheit-Graden* (°F) angegeben (100° C $\triangleq$ 212° F, 0° C $\triangleq$ 32° F, 20° C $\triangleq$ 68° F), wird aber, vor allem im Zuge der Umstellung auf das dezimale Zahlen- und Maßsystem in England, allmählich durch die Celsius-Skala (centigrade) abgelöst.

Da sich der Stand der Sonne infolge der Erddrehung im Laufe eines Tages ändert, ändern sich auch die Temperaturen. Die Temperaturerhöhung des Erdbodens folgt dem Sonnenstand mit einer Verzögerung von rund zwei Stunden. Demnach wird die höchste Tagestemperatur jeweils gegen 14.00 Uhr, also zwei Stunden nach dem Kulminationspunkt der Sonne beim Druchgang durch den Meridian (die Mittagslinie) um 12.00 Uhr Ortszeit erreicht. Am kältesten ist es kurz vor Sonnenaufgang.

Die bisher höchste Temperatur der Welt mit 58° C wurde am 13. 9. 1922 in Al Aziziyah (Libyen) gemessen, die niedrigste mit -88° C am 24. 8. 1960 in Wostok (Antarktis).

Eine weitere wichtige Größe ist der *Luftdruck.* Die Luft hat eine Dichte ϱ_o = 1,225 kg/m^3 oder 1,225 g/l bei einer Temperatur t_o = 15° C = 288 K und einem Luftdruck p_o = 1013,25 mbar = 101357 N/m^2. Diese Werte gelten als *Internationale Standard-Atmosphäre (ISA)* oder *Internationale Normal-Atmosphäre (INA)* für Meereshöhe (null Meter) und wurden bereits bei der Berechnung von Auftrieb und Widerstand benutzt (siehe dazu Kapitel 7.0).

Da die Masse der Luft wegen der Erdanziehung auf der Erdoberfläche lastet, entsteht ein Druck von 1033 g/cm^2 (Meereshöhe). Das entspricht einer Wassersäule von 10.330 mm Höhe (10330 mm WS) oder einer Quecksilbersäule von 760 mm Höhe (760 mm Hg). Wasser hat eine Dichte von 1 g/cm^3, Quecksilber von 13,595 g/cm^3. Zur Druckmessung werden *Quecksilberbarometer* oder *Aneroid-(Dosen-)Barometer* verwendet. Gebräuchliche Druckeinheiten sind das Torr (mm Hg), das Millibar (1000 mbar = 1 bar), das Pascal (Pa) und die physikalische Atmosphäre (atm).

1 atm = 101325 Pa = 101325 N/m^2
= 1,01325 bar = 1013,25 mbar
= 760 mm Hg = 760 Torr.

1 Torr = 1 mm Hg = 1,333 mbar.

Der Luftdruck nimmt mit zunehmender Höhe ab, und zwar um 1 Torr (bzw. 1,333 mbar) pro 10 m Höhenzunahme. Diese Druckdifferenz kann bereits in einem mehrstöckigen Haus nachgewiesen werden. Barometer müssen aus diesem Grunde auf die jeweilige Ortshöhe eingestellt werden. Die Änderung des Luftdrucks bei Änderung der Höhe kann, bei entsprechend geeichter Skala, auch zur Höhenmessung herangezogen werden. Ein *Höhenmesser* ist nichts anderes als ein Barometer mit einer in Meter geeichten Skala. Läßt man die Luft aus der Barometerdose durch eine definierte Kapillare entweichen, so kann damit die Steig- oder Sinkgeschwindigkeit eines Flugzeuges in m/s gemessen werden. Ein solches Gerät ist ein *Variometer.*

Abb. 333: Moderne Elektronik macht's möglich: Die Messung von Luftdruck, Temperatur und Luftfeuchtigkeit erfolgt elektronisch, die Werte werden digital angezeigt. Die Umschaltung der Meßstellen erfolgt durch Berühren der Sensortasten (meteoscop/Eschenbach-Optik, Nürnberg).

Abb. 334: So sieht die Kamera eines Wettersatelliten ein Tiefdruckgebiet (Sternwarte Bochum).

Bei Normaldruck (760 Torr) und 0° C befinden sich in einem Kubikzentimeter Luft 10^{19} Gasmoleküle. Im Hochvakuum (10^{-6} Torr) sind noch 10^{10} Gasmoleküle in einem Kubikzentimeter Luft, im interstellaren Raum (10^{-21} Torr) ist es nur noch eines pro Kubikzentimeter.

In Wetterkarten werden die Punkte gleichen Luftdrucks durch Linien, die *Isobaren*, verbunden. Je näher diese Linien beieinander liegen, desto größer sind die Druckdifferenzen, je weiter sie voneinander entfernt sind, desto geringer sind sie. Gebiete niedrigen Luftdrucks bezeichnet man als *Tiefdruckgebiete* (Tief oder Zyklone), Gebiete hohen Luftdrucks als *Hochdruckgebiete* (Hoch oder Antizyklone). Vom Hoch zum Tief besteht ein Gefälle des Luftdrucks, der das Bestreben hat, sich auszugleichen. Es entstehen Luftströmungen vom Hoch zum Tief, die als *Wind* bemerkbar sind. Je höher die Druckdifferenzen sind, desto größere Windgeschwindigkeiten sind zu erwarten. Die Windgeschwindigkeit wird in m/s, km/h oder in »Windstärke« (nach der Beaufort-Skala) gemessen. Als Meßgerät dient ein *Schalenkreuz-Anemometer* (anemos = Wind). Als *Windrichtung* wird immer die Richtung bezeichnet, aus der der Wind kommt: Der Seewind kommt von der See her, der Bergwind vom Berg her, der Ostwind von Osten usw.

Der bisher höchste Luftdruck wurde am 23. 1. 1900 in Barnaul (UdSSR) mit 1079 mbar gemessen, der niedrigste am 24. 9. 1958 mit 877 mbar ca. 1000 km nordwestlich von Guam.

Die größte Windgeschwindigkeit maß man am 24. 4. 1934 mit 360 km/h am Mount Washington in New Hampshire (USA), in Tornados können Windgeschwindigkeiten von 600 km/h bis vermutlich 1000 km/h auftreten.

Luft nimmt Wasserdampf auf. Durch den Anteil dieses Wasserdampfes wird die *Luftfeuchtigkeit* bestimmt, die besonders stark auf uns wirkt. Warme Luft nimmt mehr, kalte Luft weniger Wasserdampf auf. So kann Luft von 0° C etwa 5 g/m³, von 10° C 9 g/m³, von 20° C 17 g/m³ und von 30° C 30 g/m³ Wasserdampf aufnehmen. Wenn diese Mengen bei den angegebenen Temperaturen erreicht werden, ist die Luft gesättigt. Diese höchstmögliche Wasserdampfmenge nennt man die *maximale Feuchtigkeit (100%)*.

Wird ein gesättigtes Luftvolumen erwärmt, so könnte es mehr Wasserdampf aufnehmen als es tatsächlich enthält, es ist also nicht mehr gesättigt. Wird andererseits ein gesättigtes Luftvolumen abgekühlt, so enthält es nun mehr Wasserdampf als es aufnehmen kann. Ein Teil davon wird abgegeben; so entstehen Dunst, Nebel, Wolken und schließlich auch Regen. Die tätsächlich in einem Luftvolumen enthaltene Wasserdampfmenge nennt man die *absolute Feuchtigkeit*. Unter der *relativen Feuchtigkeit* (oder der relativen Feuchte) der Luft versteht man das Verhältnis (die Relation) von absoluter zu maximaler Feuchtigkeit.

Beispiel: Luft von 20° C enthält 17 g Wasserdampf pro m³. Sie hat eine maximale Feuchtigkeit von 100%, ist also gesättigt. Die Temperatur dieser Luft steigt auf 30° C. Luft dieser Temperatur könnte maximal 30 g Wasserdampf aufnehmen (= 100%). Es sind aber nur 17 g Wasserdampf vorhanden (absolute Feuchtigkeit = 17 g/m³).

Nach der Formel

$$\text{relative Feuchte} = \frac{\text{absolute Feuchte} \times 100}{\text{maximale Feuchte}} \ [\%]$$

kann gerechnet werden:

$$F_{rel.} = \frac{17\,g \cdot 100}{30\,g} \approx 56,67\% \ \text{(relative Feuchte)}.$$

Die anfangs erwähnte gesättigte Luft wird von 20° C auf 10° C abgekühlt (z. B. am Abend nach einem warmen Regen). Sie enthielt 17 g/m³ Wasserdampf, kann jetzt aber nur 9 g/m³ aufnehmen. Es müssen als 8 g/m³ abgegeben werden, die kondensieren und in Form von Dunst oder Nebel sichtbar werden.

Luft mit einer Temperatur von 20° C und einer relativen Feuchte von rund 53% enthält 9 g/m³ Wasserdampf (absolute Feuchte). Kühlt sie sich auf 10° C ab, so wird damit der Sättigungsgrad von 9 g/m³ (= 100%) erreicht. Die relative Luftfeuchtigkeit steigt also mit sinkender Temperatur. Der Punkt, an dem die Sättigungsgrenze erreicht wird, ist der *Taupunkt*. Wird er unterschritten, dann kondensiert der Wasserdampf.

Die Luftfeuchtigkeit wird mit einem *Hygrometer* gemessen. Dabei nutzt man die Eigenschaft menschlicher Haare, in Abhängigkeit von der relativen Luftfeuchtigkeit die Länge zu ändern. Diese Längenänderung wird über ein Hebelsystem auf einen Zeiger übertragen.

Wetterwarten benutzen auch ein in einen feuchten Lappen gehülltes Thermometer. Je geringer die Luftfeuchtigkeit, desto stärker ist die Verdunstung des Wassers im Lappen. Je mehr Wasser aber verdampft, desto mehr Wärme wird der Umgebung entzogen. Die Temperatur sinkt. Von der Temperaturdifferenz kann auf die Luftfeuchtigkeit geschlossen werden. Diese Werte sind aus Tabellen zu entnehmen.

Ist die Luft mit Wasserdampf gesättigt (Luftfeuchtigkeit 100%), so verdunstet kein Wasser, die Temperatur bleibt konstant.

10.2 Wettererscheinungen

Unter dem Begriff Wettererscheinungen versteht man die Erscheinungen, unter denen sich das Wetter uns darstellt.

Beim Ausgleich von Druckunterschieden zwischen Gebieten hohen und Gebieten niedrigen Luftdrucks entsteht *Wind* als horizontale Luftströmung. Die Windgeschwindigkeit ist, wegen der Reibung an der Erdoberfläche, in Bodennähe am geringsten und nimmt mit zunehmender Höhe zu. Die Strömung der Luft wird in Bodennähe durch Hindernisse wie Bäume, Häuser, Bodenerhebungen u. a. verlangsamt und gestört. Dabei kommt es zu *Verwirbelungen (Turbulenzen)*. Die Windgeschwindigkeit ist über Land geringer als über dem Meer.

Luftfeuchtigkeit und Lufttemperaturänderungen führen dazu, daß der in der Luft enthaltene Wasserdampf kondensiert. *Dunst* entsteht, wenn diese Kondensation anfängt. Wenn sich Wassertröpfchen zu bilden beginnen, geht der Dunst in *Nebel* über. Dunst und Nebel beeinträchtigen die *Sicht* (z. B. 50 - 200 m bei Nebel oder 1 bis 2 km bei Dunst).

Da in aufsteigenden Luftmassen die Temperatur mit zunehmender Höhe abnimmt, wird auch dabei die Feuchtigkeit ausgeschieden (siehe 10.1). Der zu Tröpf-chen kondensierte Wasserdampf bildet *Wolken*. Schon eine relativ kleine Wolke kann bis zu 1000 Tonnen Wasser enthalten. Man schätzt, daß z. B. im Golf von Mexiko im Laufe eines heißen Nachmittages pro Stunde mehr als 20 Millionen Tonnen Wasser verdampfen.

Unterschiedliche Temperaturen an der Erdoberfläche bewirken eine unterschiedliche Erwärmung der Luft unmittelbar in Bodennähe. So erwärmt sich bei gleicher Sonneneinstrahlung trockener Boden stärker als feuchter. Es bilden sich Warmluftblasen, die sich von Zeit zu Zeit ablösen. Diese aufsteigende Warmluft nennt man *Bodenthermik* (siehe 10.4). Die *Ablösungen* können sich unter Windeinfluß verlagern. Sie werden auch durch Hindernisse (z. B. Hecken) ausgelöst. Diese Art der Thermik ist für Modellflieger von Interesse.

Treffen Kaltluftmassen (Kaltfront) auf Warmluft, so steigt diese hoch und kühlt sich ab. Das kondensierte Wasser bildet eine Quell- oder Haufenwolke, in der Aufwinde bis zu 20 m/s anzutreffen sind. Diese *Höhenthermik* ist vor allem für Segelflieger interessant.

Die verschiedenen *Wolkenformen* gehören zu den wichtigsten Anzeichen kommenden Wetters. Die Klas-

Abb. 335: Die hakenförmigen Cirren weisen auf ein in der Nähe befindliches Tief hin und sind erste Anzeichen einer aufziehenden Warmfront.

sifikation der Wolken erfolgt nach der Höhe, in der sie auftreten:

Tiefe Wolken bis ca. 2000 m Höhe (strato -),
mittelhohe Wolken zwischen 2000 bis 7000 m Höhe (alto -) und
hohe Wolken zwischen 5000 bis 13.000 m Höhe (cirro -).

Eine weitere Einteilung erfolgt nach der Form der Wolken:

Haufenwolken (cumulus),
Schichtwolken (stratus) und
Federwolken (cirrus).

Daraus wurden zehn Wolkentypen abgeleitet:

Cirrus (Ci) ist eine hohe Federwolke, die aus Eiskristallen besteht und die Form von zarten Fäden oder faserigen Häkchen hat (Abb. 335).
Cirruswolken zeigen eine in der Höhe bestehende kräftige Tiefdrucklage mit starken Höhenwinden an. Eine Verschlechterung des Wetters (Aufkommen von Sturm) ist wahrscheinlich und kann innerhalb von 8 bis 15 Stunden eintreten.

Cirrocumulus (Cc oder Ci-Cu) ist eine hohe kleine Schäfchenwolke, die meist in ganzen Feldern vorkommt. Solche Flächen von Cirrocumuluswolken sind Vorboten einer Warmfront und deuten fast

immer auf unbeständiges Wetter. Nimmt diese Bewölkung zu, ist eine Wetterverschlechterung, nimmt sie ab, eine Wetterbesserung möglich.

Cirrostratus (Cs oder Ci-St) ist ein dünner Wolkenschleier aus Eiskristallen, der den Himmel teilweise oder ganz bedeckt. Das Licht der Sonne wird abgeschirmt, durch Lichtbrechung und Reflektion an den Eiskristallen entstehen weißliche oder leicht farbige Ringe (Halos) um Sonne oder Mond. Sie kündigen eine rasche Wetterverschlechterung durch Herankommen der Warmfront eines Tiefdruckgebietes (wenn Ci und Cc vorangingen) an.

Altocumulus (Ac oder Alto-Cu) sind große, mittelhohe Schäfchenwolken in Form von Balken, Walzen oder Wogen. Sie bestehen meist aus Wassertröpfchen. Felder oder Schichten dieser Wolken deuten fast immer auf unbeständiges Wetter (Vorboten für Regen und Gewitter).

Altostratus (As oder Alto-St) ist eine mittelhohe einförmige Wolkenschicht aus Wassertröpfchen oder Eiskristallen, die aber auch Regentropfen oder Schneeflocken enthalten kann. Das Sonnenlicht wird stark abgeschirmt, es wird kühler. Wenn diese Wolkenform auf Ci oder Cs folgt, ist in kurzer Zeit eine sehr starke Verschlechterung des Wetters mit Regen oder Schnee zu erwarten.

Nimbostratus (Ns oder Nb-St) ist eine dicke, dunkelgraue Wolkenschicht, durch die die Sonne nicht mehr zu erkennen ist. Meist regnet oder schneit es. An ihrer Unterseite finden sich oft Wolkenfetzen oder sogenannte Fallstreifen, die anzeigen, daß bereits Niederschläge fallen, obwohl sie den Boden nicht erreichen. Innerhalb der nächsten viertel Stunde ist Regen oder Schnee zu erwarten.

Stratocumulus (Sc oder St-Cu) sind Haufenschichtwolken, die meist dunkle Stellen aufweisen und aus Walzen oder Ballen bestehen. Stratocumuluswolken bilden sich unter Inversionen. Sie können in einem Hoch im Winter mit Nebel oder Smog einhergehen. In der Regel ist eine kurzfristige Änderung der Wetterverhältnisse zu erwarten.

Stratus (St) ist eine strukturlose, durchgehend graue, niedere Schichtwolke. Sie tritt oft auf, wenn

306

Abb. 336: Typische Schönwetter-Cumuli, die — wie hier am Nachmittag — bereits wieder zerfallen.

Abb. 337: Cumulus-Wolken einer Kaltfront. Regenschauer sind möglich.

Abb. 338: An den flachen linsenförmigen Wolken (lenticularis) erkennt man absinkende Luftmassen. Sie sind in der Regel Vorboten einer wenige Stunden später aufziehenden Warmfront.

Nebel über erwärmten Boden gerät und dort aufsteigt. Stratuswolken lassen oft Nieselregen oder Schnee erwarten. Bilden sich Stratuswolken am Abend, so wird sich nachts der Himmel völlig bedekken. Sie zeigen warme und feuchte Luftmassen an.

Cumulus (Cu) sind dichte, scharf abgegrenzte Haufenwolken (Quellwolken). Ihr Erscheinungsbild reicht von Schönwetterwolken bis zu Gewitterwolken. Wenn Cumuluswolken sich langsam auflösen, ist dies ein sicheres Zeichen für anhaltend schönes Wetter (Abb. 336).

Cumulonimbus (Cb oder Cu-Nb) sind massige, dichte Wolken. Sie entwickeln sich aus Cumuluswolken und erreichen Höhen von 3000 m (Basis) bis 18.000 m (Spitze). Wenn sich an der Spitze der charakteristische Amboß (Eisschirm) bildet, sind schwere Gewitter mit Sturmböen von 20 bis 30 m/s, Temperatursturz, Regen und Hagel sowie Blitz und Donner zu erwarten.

Zur genaueren Charakterisierung der Wolken benutzt man noch lateinische Eigenschaftswörter, die den Wolkennamen angehängt werden, u. a.:

castellatus (turm-, zinnenförmig wie bei einem Kastell), meist bei Cumulus;
filosus (dünn), meist bei Cirrus;
floccus (flockig), meist bei Altocumulus;
fractus (zerrissen), meist bei Stratus;
humilis (flach, niedrig), meist bei Cumulus;
lenticularis (linsenförmig), meist bei Altocumulus;
radiatus (strahlenförmig), meist bei Cirrus;
undulatus (wellenförmig), meist bei Altocumulus.

10.3 Wettervorhersage

Wettervorhersagen sind von großer Bedeutung und von allgemeinem Interesse. Denn es gibt kaum einen Bereich unseres täglichen Lebens, ob Wirtschaft, Verkehr oder Urlaub, der nicht indirekt oder direkt vom Wetter abhinge.

Schon frühzeitig hat man die Bedeutung einer Vorhersage des Wetters erkannt. Seit alters her sind die Bauernregeln bekannt. Der immer wieder gern zitierte »hundertjährige Kalender« ist ein (völlig untauglicher) Versuch, das Wetter langfristig vorauszusagen.

Die älteste Wetterwarte Deutschlands befindet sich auf dem Hohenpeißenberg in Bayern. Ihre Temperaturbeobachtungen reichen lückenlos von 1781 bis zum heutigen Tage.

Goethe (1749 - 1832) richtete als Minister für das Großherzogtum Sachsen-Weimar-Eisenach ein Netz meteorologischer Beobachtungsstationen ein.

Im Jahre 1876 wurde in Wien die Internationale Meteorologische Organisation (IMO) gegründet.

Rechenautomaten wurden erstmals 1955 beim Wetterdienst eingesetzt, die Genauigkeit der Prognosen nahm zu.

Abb. 339: Die eigentliche Radiosonde mißt beim Aufstieg Temperatur, Luftdruck und Luftfeuchtigkeit. Eine rotierende Morsewalze (unten Mitte) wird der Reihe nach von Zeigern der Meßelemente (rechts und oben Mitte) mechanisch abgetastet und der Meßwert als Morsesignal über den eingebauten Sender (oben links) auf den Frequenzen 28 oder 152 MHz abgestrahlt.

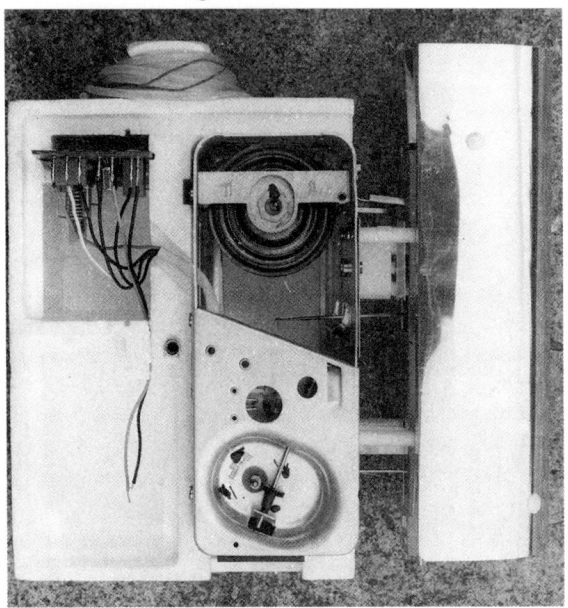

Voraussetzung für eine Wetterprognose ist eine sorgfältige Wetterbeobachtung (siehe 10.2). Wetterstationen, die über die ganze Welt verteilt sind, sammeln Daten über Temperatur, Luftdruck, Luftfeuchtigkeit, Windrichtung und -geschwindigkeit, Bewölkung und Niederschläge. Täglich zweimal (mittags und um Mitternacht) steigen Ballonsonden auf, die die aufgenommenen Daten per Funk verschlüsselt zur Erde übermitteln. Radarmessungen während der Aufstiege geben Aufschluß über die Windgeschwindigkeiten in den verschiedenen Höhen (Abb. 339). Wettersatelliten liefern Wolkenfotos, die für die Meteorologen eine wertvolle Ergänzung der Bodenbeobachtungen darstellen.

Die Zentrale Offenbach des Deutschen Wetterdienstes, eine der Drehscheiben des Austauschs von Wetternachrichten, arbeitet mit sieben weiteren europäischen Fernschreibzentralen zusammen, um stündlich über zwei innerdeutsche Fernschreibnetze Wetterdaten zu sammenln und auszutauschen. Über internationale Fernschreibverbindungen, Bildfunk und Satellitenfunk werden Daten und komplette Wetterkarten weltweit ausgetauscht. Weitere Zentralen des internationalen Wetterdienstes sind in New York, Moskau, Neu Delhi und Tokio für die Nordhalbkugel sowie Brasilia, Nairobi und Melbourne für die Südhalbkugel der Erde.

Die Großrechenanlage des Deutschen Wetterdienstes entschlüsselt, überprüft und ordnet die eingehenden Daten vollautomatisch. Daraus werden Wetterkarten konstruiert und Vorhersagen bis 72 Stunden im voraus abgeleitet. Durch Wetterradargeräte mit Sichtweiten bis 300 km konnten die kurzfristigen Vorhersagen für den örtlichen Bereich um die jeweilige Wetterwarte erheblich verbessert werden.

Eine der größten Dienststellen des Deutschen Wetterdienstes ist das Seewetteramt Hamburg. Es versorgt die Künsten- und Hochseeschiffahrt mit den dort ständig benötigten Prognosen.

Ausschließlich für den Bedarf der Luftfahrt wurde ein internationales Fernmeldenetz aufgebaut, über das die halbstündlich beobachteten Wetterdaten der europäischen Flughäfen ausgetauscht werden, so daß alle drei Stunden Prognosen für jeden dieser Flughäfen übermittelt werden können. Gegen entsprechende, relativ niedrige Gebühren kann jedermann Auskünfte, Gutachten und Beratungen des Wetterdienstes in Anspruch nehmen und auch Wetterkarten abonnieren.

Die Rundfunkanstalten und das Fernsehen verbreiten mehrmals täglich Wetterberichte und -prognosen. Diese sind aber meist für größere Gebiete gedacht und geben daher nur die allgemeinen Tendenzen der Wetterentwicklung an. Zeitungen berichten ausführlicher und drucken sowohl die Wetterkarten als auch die Prognosen des Wetterdienstes für engere Bereiche.

Rege Nachfrage besteht auch nach dem Wetterbericht im Fernsprechansagedienst der Bundespost (Reisewettervorhersage/Wintersportwetterbericht 011600, Wettervorhersage 01164, Witterungshinweise für die Landwirtschaft vom 15. 2. bis 31. 10. 01154; ggf. sind in einzelnen Ortsnetzen abweichende Telefonnummern angegeben.).

Für die allgemeine Luftfahrt (mithin auch für Modellflieger nutzbar) können Flugwettervorhersagen in deutscher Sprache über Anrufbeantworter abgerufen werden, die an das öffentliche Telefonnetz angeschlossen sind.

Für den Bereich Nord sind das folgende Telefonnummern:
0421/551090 (Bremen), 0511/731122 und 775080 (Hannover), 0211/424507 und 424508 (Düsseldorf), 02203/ 56156 (Köln-Bonn), 040/501177 und 501178 (Hamburg).

Für den Bereich Süd sind das folgende Nummern:
0611/691855 und 691858 (Frankfurt), 0911/56169 (Nürnberg), 089/530177 und 530178 (München), 0711/ 796084 und 796085 (Stuttgart).

Diese Vorhersagen enthalten nach einem einleitenden Text eine Charakerisierung der Wetterlage, eine Vorhersage der Sichtflugmöglichkeiten nach den Kriterien »Oskar« (open/offen: Flugsicht mehr als 8 km), »Delta« (difficult/schwierig: Flugsicht mehr als 3, aber weniger als 8 km), »Mike« (marginal/kritisch: Flugsicht weniger als 3 km, mindestens 1,5 km) und »X-Ray« (closed/geschlossen: Flugsicht weniger als 1,5 km) für festgelegte Bereiche der Bundesrepublik Deutschland (Quelle: Fliegertaschenkalender).

Heute können Voraussagen für 12 bis 18 Stunden mit etwa 85%, Voraussagen bis 36 Stunden mit etwas 75% Genauigkeit gegeben werden.

Die hohen Kosten für den umfassenden Wetterdienst sind eine gute Investition, denn der Nutzen für Wirtschaft und Verkehr dürfte nach Schätzungen etwa das acht- bis zehnfache der Kosten ausmachen.

Deutscher Wetterdienst, Zentralamt, Frankfurter Straße 135, 6050 Offenbach/Main, Tel. 0611/80621 (Wetterauskunft: 0611/8092634).

Bezugsquelle für die täglich erscheinende Berliner Wetterkarte:
Freie Universität Berlin (Zentraleinrichtung 2), Podbielskiallee 62, 1000 Berlin 33 (Dahlem), Tel. 030/ 8383888.

10.4 Aufwinde und ihre Nutzung

Für Modellflieger und Segelflieger gehört die Nutzung von Aufwinden zu den notwendigen Voraussetzungen für die Ausübung ihres Sportes.

Unter *Aufwind* versteht man eine »senkrecht aufwärts gerichtete Luftströmung. *Gelände-Aufwind* entsteht an Bodenerhebungen quer zur Windrichtung, *Reibungs-Aufwind* durch Windstau beim Übergang von Wasser auf unebenen Boden, *Wärme-Aufwind (Thermik)* über Gebieten, die wärmer sind als die Umgebung, z. B. über sonnenbestrahltem Sand oder auf der Vorderfront eines Gewitters«. (aus dtv-Lexikon, München, 1966).

Ein Gelände-Aufwind ist der *Hangaufwind*. Eine horizontale Luftströmung (der Wind) wird an den Bodenerhebungen (Hügeln, Bergen oder Küstendünen) zum Aufsteigen gezwungen. Dabei paßt sich die Luftströmung an der Luvseite (der dem Wind zugewandten Seite) der Hangkontur an und wird nach oben abgelenkt (Abb. 340). Scharfe und schroffe Kanten an der Luvseite bewirken die Bildung von Wirbeln (Turbulenzen).

Auf der Leeseite (der dem Wind abgewandten Seite) des Hanges bilden sich in Bodennähe ebenfalls Turbulenzen aus. Ihre Größe und Stärke ist von der Hangkon-

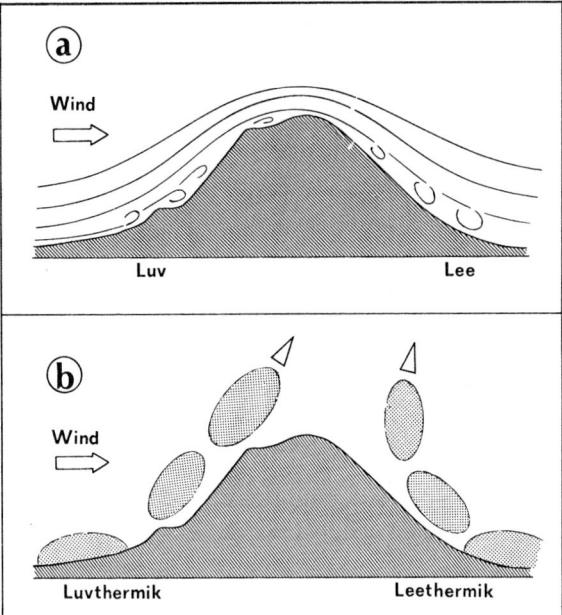

Abb. 340: Entstehung des Hangaufwindes (a) und der Luv- und Leethermik an einem Hang (b).

tur und der Windgeschwindigkeit abhängig. Scharfe Abreißkanten fördern die Verwirbelung.

Die Aufwindstärke ist von verschiedenen Faktoren abhängig:
von der Windstärke,
vom Steigungswinkel des Hanges,
von der Beschaffenheit des Geländes im Vorfeld des Hanges.

Der Hangaufwind ist um so stärker, je größer die Windstärke ist. Gleichzeitig nehmen aber auch die Turbulenzen zu. Der Hangaufwind ist um so stärker, je steiler der Hang ist, und um so schwächer, je flacher die Hangkontur verläuft. Die Flugbahn eines im Hangaufwind steigenden Flugmodells wird also etwa ein Spiegelbild der Hangkontur ergeben.

Entscheidend für die Stärke und die Ausdehnung des Hangaufwindes ist auch die seitliche Ausdehnung des Hanges. Die beste Wirkung haben Hänge, die dem Wind eine lange Front entgegenstellen. Einzelne Bergkuppen dagegen werden vom Wind seitlich umströmt, ein Aufwind kann sich hier kaum bilden.

Bei seitlicher Anströmung des Hanges kann Aufwind an Einbuchtungen entstehen. Besonders kräftige Aufwinde sind dort zu finden, wo sich Hänge zu Düsen verengen. Die Querschnittsverringerung erzwingt eine

höhere Geschwindigkeit, auch der aufsteigenden Luft.

Hindernisse (z. B. Wälder) im Vorfeld eines Hanges setzen durch die Bodenreibung die Windgeschwindigkeit herab und erhöhen die Turbulenz in den bodennahen Luftschichten. Dies wirkt sich nachteilig auf den Aufwind aus.

An Küsten weht tagsüber ein gleichmäßiger Seewind. Da sich der Boden schneller erwärmt als das Wasser, ergibt sich eine Konvektion. Warme Luft steigt auf, kalte sinkt, der Ausgleich am Boden wird als kühler Seewind spürbar. Der Seewind wird durch die Dünen an der Küste nach oben abgelenkt, so daß auch hier ein stetiger Hangaufwind entsteht.

Eine ähnliche Wirkung wie ein Berghang kann auch eine Kaltluftmasse haben, auf der wärmere Luft aufgleitet, wie dies bei Gewitter- oder Kaltfronten der Fall ist. Dieser *Frontenaufwind* ist hauptsächlich für Segelflieger nutzbar, birgt aber die Gefahr, in die Gewitterwolken hineinzugeraten.

Modellflieger nutzen den Hangaufwind mit speziell dazu entwickelten Freiflugmodellen mit *Magnetsteuerung* (siehe Kapitel 9.2.1). Diese Steuerung sorgt dafür, daß das Modell im Hangaufwind genau gegen den Wind ausgerichtet bleibt. Der Start erfolgt aus der Hand. Die Aufgabe dieser Steuerung bringt Hans Gremmer auf einen kurzen Nenner: »Magnetsegler sollen bei der kürzest möglichen Flugstrecke eine möglichst lange Zeit fliegen!« Die Flugzeiten der Modelle der Klasse F 1 E (siehe Kapitel 5.1.1 und 5.2.1) im Wettbewerb liegen bei maximal 300 Sekunden pro Durchgang.

Mit ausgeklügelten Steuerungen (u. a. die Wendekurssteuerung von Bernhard Schüßler) und Zeitschaltern können die Modelle in die Nähe der Startstelle zurückgeholt werden.

Leichter haben es die Piloten ferngesteuerter Segelflugmodelle. Sie können ihre Modelle zu den Stellen steuern, die das beste Steigen aufweisen, und so – gleichmäßigen Wind vorausgesetzt – Flugzeiten von mehreren Stunden erzielen.

Da wärmere Luft spezifisch leichter ist als kältere, steigt sie auf, eine Tatsache, die sich bereits die Gebrüder Montgolfier zunutze machten. Diese Erscheinung nennt man *Konvektion*; sie findet u. a. auch in jedem geheizten Zimmer statt.

310

Die Sonnenstrahlen erwärmen die Luftschichten, die sie durchlaufen, nur wenig. Treffen sie dagegen auf den Boden, dann wird dieser erwärmt und gibt diese Wärme an die Luft in den bodennahen Schichten ab, so daß deren Temperatur ebenfalls steigt.

Der Anstieg der Bodentemperatur hängt von verschiedenen Gegebenheiten ab, u. a. von

der Bodenfeuchtigkeit (für die Verdunstung des Taus am Morgen wird ein großer Teil der auftreffenden Wärmeenergie verbraucht),

dem Wassergehalt des Bodens (nasser Boden, z. B. feuchte Wiesen und Moore, absorbiert mehr Wärmeenergie als trockener Boden, z. B. eine Sandfläche),

der Reflexion der Wärmeenergie durch den Boden (feuchte Sandflächen reflektieren etwa 10%, trockene Sandflächen bis 18% der auftreffenden Wärmeenergie, ein gepflügter Acker bis 25%),

dem Einfallswinkel, unter dem die Sonnenstrahlen auftreffen (Berghänge, die der Sonne zugewandt sind, erwärmen sich schneller als waagerechte Flächen ähnlicher Beschaffenheit),

der Dichte des Pflanzenwuchses (dichter Wald absorbiert den größten Teil der Wärmeenergie, sie wird zur Verdunstung des Wassers benötigt).

Eine große Rolle spielt auch die Windgeschwindigkeit. Bei schwachem Wind verbleibt die Luft längere Zeit über derselben Stelle und kann sich daher stärker erwärmen. So bilden sich große *Warmluftblasen,* die ca. 50 bis 200 m Durchmesser haben können. Bei stärkerem Wind sind die Blasen kleiner.

Diese Warmluftblasen lösen sich morgens oder bei Wind in sehr schneller Folge ab, mittags und nachmittags im Abstand von 10 bis 30 Minuten. Diese Art der *Thermik* entsteht also schubweise und nicht, wie oft vermutet und dargestellt wird, als kontinuierliche Aufwärtsströmung. Die *Ablösung* kann sich am Boden durch Staubwirbel oder die plötzliche Bewegung von Gras oder Blättern bemerkbar machen.

Durch den Wind werden die (bei Wind ohnehin kleineren) Warmluftblasen verlagert. Die Ablösungen erfolgen dann überall dort, wo sich Hindernisse befinden. Wird die Warmluft über eine kühle Luftmasse getrieben, so löst sie sich erst hier ab *(Temperaturauslösung).* Aber auch Hecken, Wald- und Hangkanten erzwingen eine Ablösung *(orografische Auslösung).*

Modellflieger, vor allem Frei- und Hangflieger, haben sich intensiv mit der Entstehung, dem Erkennen und Nutzen von Aufwinden befaßt. So fanden sie z. B. heraus, daß sich eine Ablösung durch einen kühlen Luftzug bemerkbar macht, der entsteht, wenn die abgelöste Warmluftblase durch nachströmende Kaltluft vom Boden abgeschnürt wird.

Forschungsarbeiten und Laborversuche von R. S. Scorer und Betsy Woodward haben Mechanik und Struktur der Ablösungen klären können. Die Experimente zeigten, daß eine aufsteigende Thermikblase zunächst die Form eines Pilzes annimmt, wie er von Gasexplosionen und von Atompilzen her bekannt ist. Nachströmende Kaltluft schnürt die Thermikblase nun vom Boden ab. Es bildet sich ein Wirbelring (der wie alle Wirbel sehr stabil ist) ähnlich den Rauchringen, die man kunstvoll blasen kann, in dem die Steiggeschwindigkeit der Luft innen größer ist als die Steiggeschwindigkeit der ganzen Blase. Ein Flugmodell, das sich genau im Zentrum dieser Ablösung befindet, wird also zunächst durch die Thermikblase hindurchsteigen. Die Zirkulation des Wirbelringes bezieht Luft aus der Umgebung mit ein; dadurch vergrößert sich das Volumen des aufsteigenden Gebildes. An der Außenseite des Ringes strömt die Luft abwärts (Abb. 341). Aufgabe des Modellkonstrukteurs muß also sein, ein Modell zu konstruieren, das »thermikgierig« ist, das also in die Thermik hineingezogen und nicht etwa aus der aufsteigenden Warmluftblase hinausgedrängt wird.

Die Bildung von Ablösungen findet in der Ebene und an sonnenbeschienen Berghängen statt. Bei Wind findet man Ablösungen an der dem Wind abgewandten Hangseite *(Leethermik).* Strömt dagegen warme Luft mit dem Wind an den Hang heran, so steigt sie ebenfalls auf, und es kommt zu einer Verstärkung des Hangaufwindes *(Luvthermik).*

Da die Warmluft sich nicht sichtbar von der Kaltluft unterscheidet, können Thermikblasen nicht direkt beobachtet werden. Man muß also nach »Thermikanzeigern« Ausschau halten. Hangflieger benutzen Sei-

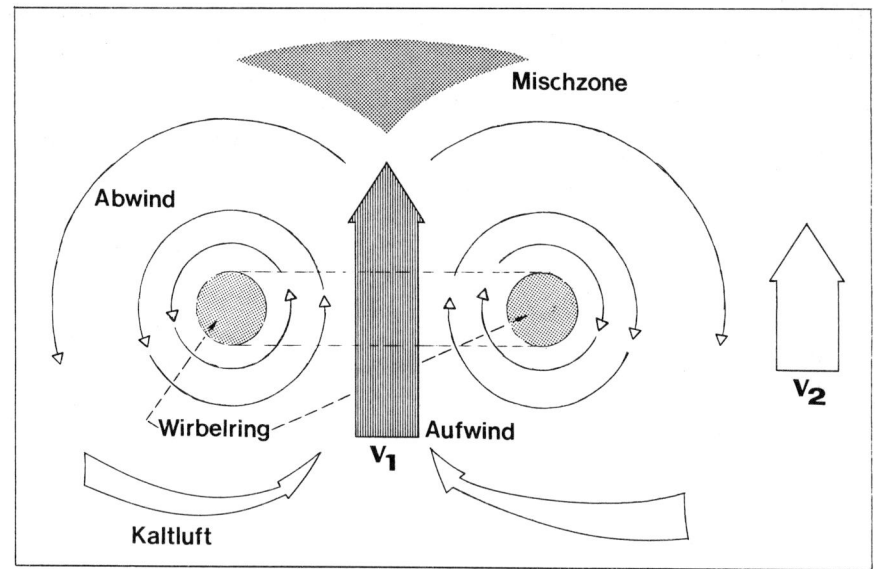

Abb. 341: Schnitt durch eine Thermikblase (schematisiert). Nach dem Ablösen vom Boden und der Abschnürung durch nachströmende Kaltluft bildet sich ein Wirbelring, in dessen Mitte die warme Luft mit fast doppelt so großer Geschwindigkeit (v_1) steigt wie die Blase selbst (v_2).

fenblasenmaschinen an hohen Stangen oder Folienstreifen an Stangen zur Anzeige von Ablösungen. Segelflieger achten auf Bussarde oder andere Vögel, die in der Thermik segeln.

Da der Aufwind aber Fluginsekten, wie Mücken, Fliegen, Käfer u. a., mit in die Höh reißt, die ihrerseits von Schwalben aufgespürt werden, kann man thermische Aufwinde an eben diesen Schwalben erkennen. Vor allem Piloten von RC-Segelflugmodellen steuern ihre Modell geradewegs in diese deutlich markierte Thermik hinein.

Aufmerksame Modellflieger werden auch eine Änderung im Leinenzug oder gar ein Pfeifen der Hochstartleine bemerken, wenn das Modell durch die Thermik geschleppt wird. Dann muß schnell ausgeklinkt und die Thermik gesucht und zentriert werden. Freiflieger benutzen sogenannte Kreisschlepphaken, mit deren Hilfe sie beim Schlepp das Modell im Kreis steuern und so Thermik aufspüren können.

Wolken- und Wellenaufwind, Aufwinde in Wolkenstraßen und vor Gewittern sind den manntragenden Segelflugzeugen vorbehalten und bleiben für den Modellflug außer Betracht.

Literatur:
Wallington/Meteorologie für Segelflieger, Frankfurt/M., 1967;
Keidel/Wolkenbilder - Wettervorhersage, München, Wien, Zürich, 1980;
Frick/Wetterkunde (Einführung in die Meteorologie), Bern, Stuttgart, 1977;
Schöpfer/Wie wird das Wetter?, Stuttgart, 1969;
Thompson, Brien/Das Wetter, New York, 1970;
Watts/Wolken und Wetter, Bielefeld, 1977;
Tank/Meteorologie, Hamburg, 1969;
Faust/Das große Buch der Wetterkunde, Düsseldorf, Wien, 1968;
Georgii/Meteorologische Navigation des Segelfluges, Braunschweig, 1959;
Huttel/Wetterkunde für Segelflieger und Motorflieger, Mülheim/Ruhr, 1970;
Gremmer/Vom Balsagleiter zum Hochleistungssegler, Baden-Baden, 1979;
Nigel, Calder/Die Wettermaschine, Bern, 1975.

312

11.0 NATIONALE UND INTERNATIONALE ORGANISATIONEN

Der deutsche Modellflugsport ist Bestandteil der Gemeinschaft der Luftsportler im Deutschen Aero Club (DAeC).

Die Luftsportorganisationen der Welt haben sich in der Fédération Aéronautique Internationale (FAI) zusammengeschlossen. Ihr gehört als Nationaler Aero Club der DAeC an.

Die deutschen Sportverbände sind im Deutschen Sportbund (DSB) zusammengeschlossen.

Die Modellflieger in den Vereinen des DAeC sind über diesen Mitglieder des DSB.

Beide Verbände, DSB und DAeC, folgen in ihrem Aufbau dem föderalistischen Prinzip der Bundesrepublik Deutschland; sie sind daher in Landesverbände gegliedert.

Als Fachverband der Modellflieger in der Bundesrepublik Deutschland versteht sich der Deutsche Modellfliegerverband (DMFV), der Modellflugvereine und Einzelmitglieder aufnimmt. Er ist weder Mitglied des DSB noch der FAI.

Ein Blick in die Satzungen der genannten Organisationen soll Wesen, Zweck und Tätigkeit dieser Organisationen des Sports und des Luftsports deutlich machen.

11.1 Deutscher Aero Club (DAeC)

Im Deutschen Aero Club (DAeC) sind im Rahmen der bestehenden Gesetze alle Luftsporttreibenden und die für sie tätigen Vereine in der Bundesrepublik Deutschland zusammengefaßt.

Aufgabe des DAeC ist die Förderung der deutschen Luftfahrt und die Pflege des Luftsports sowie die Betreuung und Förderung der Jugend.

Der DAeC vertritt den deutschen Luftsport im In- und Ausland.

Nach dem zweiten Weltkrieg waren die Luftfahrt und der Luftsport in Deutschland verboten. Die Segelflieger trafen sich ab 1946 in jedem Jahr auf der Wasserkuppe, und auch die Modellflieger machten sich ab 1947 wieder bemerkbar. Die damaligen Besatzungsmächte duldeten den Modellflugsport weitgehend.

Am 3. August 1950 wurde in Gersfeld in der Rhön der Deutsche Aero Club als eingetragener Verein gegründet.

Die Alliierte Hohe Kommission gab mit ihrer Verlautbarung 300 am 28. April 1951 den Freiballon-, Modellflug- und Segelflugsport offiziell frei, Fallschirmspringen und Motorflug blieben vorerst verboten. 1955 erhielt die Bundesrepublik Deutschland die Lufthoheit. Der neugegründete DAeC wurde am 10. Juli 1951 als Nationaler Aero Club von der FAI bestätigt.

Der DAeC ist wie der Deutsche Sportbund in Landesverbände und diese sind in Ortsvereine gegliedert. Es bestehen sechs Sportfachgruppen für Ballonfahren, Drachenfliegen, Fallschirmspringen, Modellflug, Motorflug und Segelflug. Die Sportfachgruppen des DAeC (und die der Landesverbände) vertreten ihre fachlichen und technischen Belange in eigener Verantwortung. Sie können technisch-sportliche Bestimmungen, die in den Grundsätzen mit denen der FAI (siehe 11.4) übereinstimmen müssen, erlassen.

Die Vorsitzenden der sechs Sportfachgruppen bilden den Sportrat, der das Präsidium bei seiner Arbeit berät und unterstützt. Neben den Sportkommissionen gibt es ständige Ausschüsse, u. a. einen Technischen Ausschuß und einen Ausschuß Luftfahrt und Schule (siehe 2.0).

Die Luftsportjugend schließt die jugendlichen Mitglieder aller Sportsparten des DAeC zusammen und hat eine eigene Ordnung. Sie verwaltet sich selbst.

Der DAeC ist Mitglied im Deutschen Sportbund (siehe 11.2) und in der Fédération Aéronautique Internationale.

Organe des DAeC sind die Hauptversammlung aus Vertretern der Landesverbände, das Präsidium aus Präsident, Vizepräsidenten und Schatzmeister sowie der Sportrat aus den Vorsitzenden der Sportkommissionen.

In den Landesverbänden besteht die Hauptversammlung aus den Vertretern der Mitgliedsvereine, die Landesverbände haben jeweils ein Präsidium mit analogem Aufbau. Zum erweiterten Präsidium gehören die Vorsitzenden der Sportkommissionen der Landesverbände.

Derzeitiger Präsident des DAeC ist Georg Brütting (Coburg). Den Vorsitz im Sportrat führt der bisherige Vorsitzende der DAeC-Modellflugkommission, Berthold Petersen (Garbsen). Seit Dezember 1981 führt Willy Wahl (Bayern) die DAeC-Modellflugkommission.

Der DAeC hat zur Zeit rund 82.000 Mitglieder in 1173 Vereinen, davon rund 16.000 Modellflieger in 463 Vereinen.

Für den Modellflug gelten die Bestimmungen für den Modellflugsport, in denen Richtlinien und Gesetze (siehe 12.0), die nationalen und internationalen Wettbewerbsregeln (siehe 5.0) und die Modellflugbetriebsordnung (siehe 12.5) enthalten sind.

Der Modellflugsport im DAeC wird mit Freiflug-, Fesselflug- und Fernlenkflugmodellen betrieben. Daher hat die Modellflugkommission Fachausschüsse für Freiflug und Fernlenkflug gebildet, in denen die Fachreferenten der Landesverbände fachliche Fragen dieser Sportsparten erörtern, Regeln dem neuesten technischen Stand anpassen und neue Regeln erarbeiten.

Abb. 343: Das Emblem des DAeC (Deutscher Aero Club).

Abb. 344: Der Aufkleber »Modellflugsport im DAeC« in weißer Schrift auf blauem Grund, den der Verfasser für die Sportfachgruppe Modellflug des DAeC entwarf.

Abb. 342: Der Präsident der FAI, Prince Antoine de Ligne (Belgien) im Gespräch mit DAeC-Präsident Georg Brütting, rechts, der gleichzeitig Vizepräsident der FAI ist (DAeC-Foto).

Abb. 345: Der UHU-Wettbewerb hat jedes Jahr über 40 000 Teilnehmer und ist damit der größte Jugendwettbewerb der Welt. Das Modell »Der kleine UHU« wird ständig weiterentwickelt.

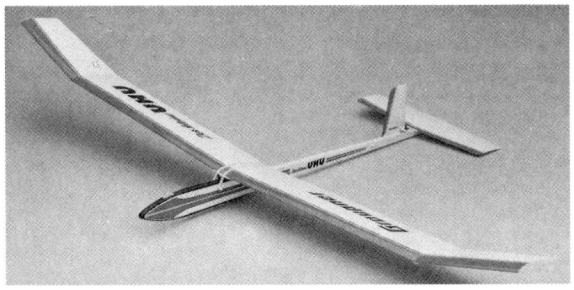

In der Kommission bestehen außerdem Fachreferate für Fesselflug und Raketenflugmodelle, für Jugend und Ausbildung, für Presse und Werbung, für Recht und Versicherungen.

Diese Gliederung folgt den entsprechenden Gliederungen der FAI und der CIAM.

Als Vertreter der FAI obliegt es dem DAeC, sportliche Regeln aufzustellen, sportliche Leistungen zu beurkunden, Sportlizenzen auszustellen, Rekorde anzuerkennen (siehe 5.6), Leistungsabzeichen zu vergeben (siehe 5.5), Wettbewerbe und Meisterschaften auszutragen sowie Auswahlkriterien für die Teilnahme deutscher Modellflieger an Europa- und Weltmeisterschaften festzulegen.

Die Landesverbände des DAeC organisieren Landesmeisterschaften in allen Bereichen des Modellfluges und senden ihre Mannschaften zu Deutschen Meisterschaften.

Zu den weiteren Leistungen des DAeC und seiner Landesverbände gehören günstige Versicherungen (siehe 12.6), u. a. durch die Mitgliedschaft im Deutschen Sportbund, Ausbildung und Bezuschussung von Modellfluglehrern (die vom DSB anerkannte Übungsleiter sind) sowie Ausbildung in den Vereinen.

In Zusammenarbeit mit der Luftsportjugend werden Jugendlager, Freizeiten und Jugendmeisterschaften durchgeführt bis hin zu internationalen Begegnungen im Rahmen des Deutsch-Französischen Jugendwerkes.

Zur Zeit betreiben in ca. 463 Vereinen rund 16.000 Mitglieder des DAeC Modellflug als Breiten-, Freizeit- und Leistungssport (siehe 5.3).

Besondere Leistungen der DAeC-Modellflugkommission sind

die Freigabe des Frequenzbandes 35 MHz nur für den Modellflug (siehe 12.4) nach Verhandlungen mit der Bundespost,
die Schaffung günstiger Versicherungen für den Modellflug (u. a. auch in Zusammenarbeit mit dem DSB),
Mitarbeit an den Richtlinien über die Genehmigung von Modellflugplätzen (siehe 12.3),
Seminare für Modellflug-Sachverständige,
die Schaffung von Regeln und die intensive Förderung der neuen Modellflugsparten Elektroflug und

RC-Hubschrauber, u. a. durch Wettbewerbe und Meisterschaften, durch Seminare und durch Zusammenarbeit mit der Modellbauindustrie,
die Förderung der Jugendarbeit durch die Modellflug-Jugend-Treffen in Zusammenarbeit mit der Luftsportjugend und, last not least,
die Durchführung des größten Jugend-Modellflug-Wettbewerbs der Welt mit dem Modell »Der kleine UHU«, an dem jährlich mehr als 40 000 junge Modellflieger in der ganzen Bundesrepublik teilnehmen.

ANSCHRIFTEN DER DAeC-LANDESVERBÄNDE UND DER MODELLFLUGREFERENTEN

Deutscher Aero Club e. V.
Bundesgeschäftsstelle
Lyoner Straße 16, 6000 Frankfurt/M. 71, Tel. 06 11/
6 66 67 31
Berthold Petersen (von 1957 bis 1981)
Haberkamp 8, 3008 Garbsen 1, Tel. 05 11/32 61 61 d./
0 51 37/7 58 12 pr.
Willi Wahl (seit Dezember 1981)
Voltastraße 29, 8500 Nürnberg, Tel. 09 11/7 33 02 05 d./
09 11/43 72 37 pr.

Baden-Württembergischer Luftfahrtverband e. V.
Herdweg 77, Postfach 970, 7000 Stuttgart 1, Tel. 07 11/
22 16 85
Walter Fischer
Mozartstraße 16, 7118 Künzelsau, Tel. 0 79 40/1 72 69 d./
0 79 40/36 44 pr.

Luftsportverband Bayern e. V.
Färbergraben 30, Postfach 647, 8000 München, Tel.
0 89/26 90 09
Ursula Berthold
Schellingstraße 129 R, 8000 München 40, Tel. 0 89/
52 46 98 pr.

Deutscher Aero Club – Luftfahrtverband Berlin e. V.
Lacknerstraße 4, 1000 Berlin 41, Tel. 0 30/7 96 44 14
Norbert Luka
Saßnitzer Straße 4a, 1000 Berlin 33, Tel. 0 30/8 23 33 60
pr.

Deutscher Aero Club – Landesverband Bremen e. V.
Richard-Wagner-Straße 10, 2850 Bremerhaven, Tel.
04 71/2 11 48
Gabriel Schröter
Johann-Janssen-Straße 59, 2820 Bremen 70, Tel. 04 21/
66 82 55 pr.

Deutscher Aero Club – Landesverband Hamburg e. V.
Bauernvogtkoppel 55, 2000 Hamburg 65, Tel. 0 40/
6 01 90 43
Wolfgang Fischer
Roegengrund 20, 2000 Hamburg 65, Tel. 0 40/6 01 39 44
pr./0 40/6 01 79 95 d.

Hessischer Luftsportbund e. V.
Landwehrstraße 1, 6100 Darmstadt, Tel. 0 61 51/2 10 01
Helmut Walther
Bodenstraße 8, 6336 Solms-Niederbiel, Tel. 0 64 42/
15 21 pr.

Deutscher Aero Club – Landesverband Niedersachsen
e. V.
Lisbethstraße 17, Postfach 1422, 3000 Hannover, Tel.
05 11/31 48 16
Helmut Rohde
Küsterstraße 6, 3050 Wunstorf 1, Tel. 0 50 31/31 02 pr.

Deutscher Aero Club – Landesverband Nordrhein-
Westfalen e. V.
Friedrich-Alfred-Straße 25, Haus der Verbände
4100 Duisburg-Wedau, Tel. 02 03/7 38 10
Dieter König
Lortzingstraße 21, 4670 Lünen, Tel. 0 23 06/65 05 pr.

Luftsportverband Rheinland-Pfalz e. V.
Am Flugplatz Domberg, Postfach 147, 6553 Sobern-
heim/Nahe, Tel. 0 67 51/23 08
Uwe Frank Heinrich
Buschweg 23, 6705 Deidesheim, Tel. 0 63 26/86 36 pr.

Aero Club Saar e. V.
Saaruferstraße 16, Haus des Sports, 6600 Saarbrücken,
Tel. 06 81/5 70 55/App. 95
Jürgen Karrenbauer
Auf dem Heidstock 9, 6620 Völklingen, Tel. 0 68 98/
10 36 43 d./0 68 98/8 76 73 pr.

Deutscher Aero Club – Landesverband Schleswig-
Holsteinischer Luftsportvereine e. V.
Flugplatz Halle D, 2300 Kiel-Holtenau, Tel. 04 31/
32 26 05
Rudolf Biel
Bahnhofstraße 16, 2210 Itzehoe, Tel. 0 48 21/6 20 31 pr.

11.2 Deutscher Modellflieger-Verband (DMFV)

Dem Deutschen Modellflieger-Verband (DMFV)
gehören als Ordentliche Mitglieder Modellflugvereine
und Einzelmitglieder an. Die Vereine brauchen nicht
ins Vereinsregister eingetragen (e. V.) zu sein.

Der DMFV wurde im September 1972 in Bad Vilbel
(Taunus) gegründet und verstand und versteht sich als
Gegenpol zum DAeC. Zur Zeit gehören ihm ca. 20 000
Mitglieder (davon rund 4000 Einzelmitglieder) in 500

Vereinen an, die über das gesamte Bundesgebiet verteilt sind.

Der DMFV ist nicht in Landesverbände gegliedert,
hat aber in den letzten Jahren der föderalistischen
Struktur der Bundesrepublik Deutschland durch die
Wahl von Gebietsbeauftragten Rechnung getragen.
Sitz des DMFV ist Bonn.

Zweck des Verbandes ist die Wahrung, Pflege und

Abb. 346:
Das Emblem des
Deutschen Modell-
fliegerverbandes
(DMFV).

Förderung des Modellflugsports und die Interessen-vertretung der in ihm organisierten Modellflieger. Auch die Förderung der Jugend und ihre Gewinnung für den Modellflug ist sein Anliegen.

Der Vorstand (das Präsidium) setzt sich aus dem Präsidenten, dem Vizepräsidenten und dem Schatz-meister zusammen und wird von der Mitgliederver-sammlung für drei Jahre gewählt.

Präsident des DMFV ist Albin Kiermeier, Vizepräsi-dent Bernd Schweitzer und Geschäftsführer Bernhard Wich.

An den Sitzungen des Präsidiums können der Vorsit-zende des Fachbeirates und der des Gebietsbeirates teilnehmen.

Der Fachbeirat, dessen Mitglieder für drei Jahre vom Präsidium berufen werden, berät dieses als Modellflug-Fachinstitution, hat aber keine Entscheidungsbe-fugnis.

Der Fachbeirat erarbeitet Programme und Vor-schläge für die Fachbereiche sportliche Veranstaltun-gen (u. a. Koordinierung von Terminen), Motor- und Segelflug, Funkwesen und Jugendarbeit.

In den einzelnen Bundesländern können auf Beschluß der dort ansässigen Vereine (und Einzelmit-glieder) Gebietsvertretungen eingerichtet und Gebiets-beauftragte gewählt werden.

Der DMFV befaßt sich im Bereich des Modellflug-sports besonders mit den Bereichen Semi-Scale, Pylonrennen und Seglerschlepp, für die der Verband und seine Vereine spezielle Wettbewerbsprogramme entwickelten. Weitere Aktivitäten finden in den Berei-chen Motorsegler, Segelflug, Hubschraubermodelle und Elektroflug statt. Die Vereine des DMFV führen Wettbewerbe und Meisterschaften in den genannten Sparten durch, die für alle Modellflieger offen sind. Ein besonderer Schwerpunkt der politischen Arbeit ist die Beratung der Vereine bei der Zulassung und Erhaltung von Modellfluggeländen.

In Teilbereichen, z. B. bei der Organisation von Aus-stellungen und bei der Arbeit an gesetzlichen Bestim-mungen, findet eine Zusammenarbeit mit dem DAeC statt.

Anschrift:
Deutscher Modellflieger-Verband
Heilsbachstraße 22
5300 Bonn 1
Tel. 02 28/64 60 60

11.3 Deutscher Sportbund (DSB)

Der Deutsche Sportbund (DSB) ist eine Gemein-schaft freier Turn- und Sportverbände und Sportinstitu-tionen der Bundesrepublik Deutschland (einschließ-lich Westberlin).

Er wurde am 10. 12. 1950 in Hannover gegründet.

Zweck des DSB ist die Förderung des Turnens und des Sports, die Vertretung der gemeinsamen Interes-sen seiner Mitgliedsorganisationen gegenüber Gemeinden und Staat und die Vertretung des Sports im In- und Ausland.

Die im DSB zusammengeschlossenen Mitgliedsver-bände sind organisatorisch, finanziell und fachlich selbständig. Die für das jeweilige Fachgebiet zuständi-gen Spitzenverbände vertreten bei internationalen Wettkämpfen im In- und Ausland ihre Sportart. Ordent-liche Mitgliedsorganisationen des DSB sind die Lan-dessportbünde (LSB) und die Spitzenverbände (z. B. der DAeC), die durch ihre Mitgliedschaft in den interna-tionalen Verbänden (z. B. in der FAI) ein oder mehrere Fachgebiete vertreten. Daraus ergibt sich, daß einerseits für jedes Bundesland nur ein Landessportbund in den DSB aufgenommen werden kann, andererseits immer nur ein Spitzenverband für eine Sportart Mitglied des DSB sein kann. Dies bedeutet, daß der DAeC als Mitglied der FAI den Luftsport im DSB allein vertritt.

Organe des DSB sind die Mitgliederversammlung (Bundestag) aus den von den Mitgliedsverbänden und -organisationen bestellten Vertretern und den Mitgliedern des Präsidiums, der Hauptausschuß aus den Vorsitzenden der ordentlichen und außerordentlichen Mitgliedsorganisationen und den Mitgliedern des Präsidiums, dem Präsidium, das in ein Geschäftsführendes Präsidium und ein Gesamtpräsidium gegliedert ist. Zum Geschäftsführenden Präsidium gehören der Präsident, drei Vizepräsidenten, der Schatzmeister, der Präsident des Nationalen Olympischen Komitees NOK, dem Vorsitzenden des Vorstandes der Stiftung Deutsche Sporthilfe und dem Generalsekretär. Dem Gesamtpräsidium gehören darüber hinaus noch Mitglieder mit den Aufgabenbereichen Ausbildung, Breitensport, Frauensport, Jugendarbeit, Leistungssport, Rechts-, Sozial- und Steuerfragen, Wissenschaft und Bildung an.

Die Bundesausschüsse nehmen ihre Aufgabenbereiche Ausbildung, Breitensport, Finanzfragen, Frauensport, Leistungssport, Rechts-, Sozial- und Steuerfragen, Wissenschaft und Bildung in eigener Verantwortung unter Aufsicht des Präsidiums wahr. Die Vorsitzenden dieser Bundesausschüsse gehören dem Gesamtpräsidium an.

Die Jugend und die Jugendleiter der Mitgliedsorganisationen sind in der Deutschen Sportjugend (DSJ) zusammengeschlossen, die sich selbständig führt und verwaltet. Die DSJ hat eine eigene Jugendordnung.

Der DSB wird durch das Bundesministerium des Innern gefördert, die DSJ durch das Bundesministerium für Jugend, Familie und Gesundheit (Bundesjugendplan).

Der derzeitige Präsident des DSB ist Dr. h. c. Willi Weyer, ehemals Innenminister in der Landesregierung von Nordrhein-Westfalen.

Der Bundestag des DSB hat u. a. Maßnahmen zur Förderung des Schul-, Freizeit-, Breiten- und Spitzensportes beschlossen und den Sportplan '80 entwickelt, dies in der Erkenntnis, daß der Sport eine der prägenden Kräfte der Gesellschaft ist und auch einen wichtigen Beitrag im politischen Bereich leistet. Die gesellschafts- und sozialpolitische Rolle des Sports wurde und wird von Vertretern der politischen Parteien, der Arbeitnehmerorganisationen und anderer Institutionen gewürdigt und anerkannt.

Im Bereich des Freizeit- und Breitensports wurden aus Mitteln der Glücksspirale u. a. Modellmaßnahmen in den Spitzenverbänden gefördert. Die Konzeption für diesen Bereich umfaßte auch Maßnahmen wie »Sportabzeichen – Dein Olympia« im Jahre 1964 oder »Trimm dich« im Jahre 1970 sowie den bekannten »Goldenen Plan« und die Richtlinien für die Schaffung von Erholungs-, Spiel- und Sportanlagen.

Der DSB stellte kostenlose Organisationsmittel für die Vereine bereit, die offene Angebote wie Volkswandern, Volksradfahren, Rettungsschwimmen und Sportschießen für jedermann oder Lauf-Treffs durchführten.

Aber auch im Bereich des Sports für Senioren und für ausländische Mitbürger machte sich der DSB stark, nicht zu vergessen die Bemühungen um die Förderung des Sports für Behinderte in Zusammenarbeit mit der Stiftung Rehabilitation.

Der Spitzensport hat in der Arbeit des DSB (natürlich) einen besonders hohen Rang, denn sportliche Spitzenleistungen, in der Öffentlichkeit erbracht, bedürfen öffentlicher Förderung und Anerkennung.

Talentsuche und -förderung, bessere Organisation von Trainings- und Wettkampfsystemen, sportmedizinische Untersuchung und Betreuung und die Ausbildung und Fortbildung von Trainern und Übungsleitern waren und sind weitere Schwerpunkte.

Die Bemühungen der DSJ gingen u. a. in Richtung Kindergärten und Grundschulen (sportliche Elemen-

Abb. 347: Dr. h. c. Willi Weyer (Hagen) ist derzeit Präsident des Deutschen Sportbundes. Das Bild zeigt ihn bei seiner Rede auf der »DELA 77«, der Deutschen Luftsportausstellung 1977, in Essen (DAeC-Foto).

tarerziehung), in Gesprächen der DSB-Spitze mit der Konferenz der Kultusminister ging es um die Förderung des Sports an Schulen und Hochschulen sowie um die Sportlehrerausbildung.

Für die Übungs- und Jugendleiter, die Trainer und die Organisationsleiter in den Vereinen wurden Ausbildungsrichtlinien erstellt und verabschiedet und durch die »Rahmenrichtlinien für die Ausbildung im Bereich des Deutschen Sportbundes« vereinheitlicht.

Auch im internationalen Sportverkehr, hier vor allem durch die Repräsentanz im Olympischen Komitee, ist der DSB aktiv. Die Zusammenarbeit mit dem Deutsch-Französischen Jugendwerk und sportliche Entwicklungshilfe (z. B. entwicklungspolitische Seminare der DSJ in Afrika) gehörten ebenfalls zu den Aktivitäten des DSB.

Zur Zeit hat der DSB rund 16,5 Millionen Mitglieder in 50.740 Vereinen, der DAeC stellt davon rund 82.000, ist aber im Vergleich mit anderen Spitzenverbänden anerkanntermaßen einer der aktivsten und erfolgreichsten, vor allem im Bereich des Segelfluges (hoher Standard des Sportgerätes Flugzeug und zahllose internationale Erfolge und Spitzenleistungen) und des Modellfluges (internationale Spitzenleistungen).

Deutscher Sportbund
Postfach 710 171
6000 Frankfurt 71

11.4 Fédération Aéronautique Internationale (FAI)

Die Fédération Aéronautique Internationale (Internationaler Luftfahrt-Verband) ist eine internationale Vereinigung, die aus allen nationalen Organisationen, Gruppen oder Clubs (National Aero Club) besteht, die der gegenwärtigen Satzung entsprechen. Laut Satzung gibt es ordentliche Mitglieder (Active Members), außerordentliche Mitglieder (Associate Members) und Ehrenmitglieder (Honorary Members).

Die erste Konferenz der Fédération Aéronautique Internationale (FAI) fand vom 12.–14. Oktober 1905 in Paris statt. Die Zusammensetzung des Grundungsausschusses sei aus den Statuten der FAI zitiert:
»President of Honour: L. Cailletet (France), Member of the Institute.
President: His Imperial Highness, Prince Roland Bonaparte (France).
Vice-Presidents: Professor Busley (Germany), Fernand Jacobs (Belgium), Count de la Vaulx (France).
General Secretary: Georges Besançon (France).
Treasurer: Paul Tissandier.«

Die folgenden Konferenzen fanden alljährlich statt, unterbrochen wird die Reihe vom ersten Weltkrieg (1914–1918) und vom zweiten Weltkrieg (1939–1945).

Dreimal tagten die FAI-Vertreter in Deutschland, 1906 und 1938 in Berlin und 1965 in München, ansonsten fast überall in der Welt, sehr oft aber in Paris, wo auch heute noch der Sitz der FAI ist.

Höchstes Gremium ist die Hauptversammlung (General Conference). Zwischen den Hauptversammlungen führt der Vorstand (Council) die laufenden Geschäfte innerhalb des durch die Hauptversammlung abgesteckten Rahmens.

Zum Studium spezieller Fragen werden Komitees gegründet, die entweder ständig oder nur eine bestimmte Zeit lang bestehen oder arbeiten.

Offizielle Sprachen der FAI-Hauptversammlung sind Englisch, Französisch, Russisch und Spanisch. Aus praktischen Erwägungen werden üblicherweise Englisch und Französisch benutzt, auch bei der Korrespondenz mit den Mitgliedern, 68 Nationalen Aero Clubs.

Jeder Staat kann nur durch einen Verband (National Aero Club) in der FAI vertreten sein. In der Bundesrepublik Deutschland ist dies der Deutsche Aero Club (siehe 11.1), der allein autorisiert ist, im Auftrag der FAI, die über eine Million Mitglieder hat, sportliche Regeln zu erlassen, sportliche Leistungen zu beurkunden, Sportlizenzen auszustellen, Rekorde anzuerkennen, Leistungsabzeichen zu vergeben, Wettbewerbe zu veranstalten und Meisterschaften auszutragen.

Ein nationaler Aero Club kann – nach Absprache mit der FAI – einen Teil seiner sportlichen Befugnisse und Rechte an eine andere Luftfahrt-Organisation delegie-

Abb. 348: Angeregtes Gespräch anläßlich der Feier zum 25jährigen Jubiläum des Modellflugsports im DAeC im Hilton-Berlin (von links): CIAM-Präsident Sandy Pimenoff aus Finnland, der Pressereferent der DAeC-Modellflugkommission bis 1980, Dieter König, und der »Vater des Elektrofluges« Fred Militky (†).

ren, diese delegierten Befugnisse können aber jederzeit widerrufen und zurückgezogen werden.

Aufgaben der Hauptversammlung sind u. a.

die Aufstellung luftsport-politischer Leitlinien,
Genehmigung der Aktivitäten des Vorstandes und des Schatzmeisters,
Aufstellung eines Finanzplanes,
Wahl des Präsidenten, der Vizepräsidenten, des Schatzmeisters und der Mitglieder der Komitees,
Festlegung der Tagungsorte,
Bestätigung und Aufnahme neuer Mitglieder,
Änderungen der Satzung,
Änderung und Auslegung sportlicher Regeln (Sporting Code).

Das FAI-Präsidium besteht aus dem Präsidenten und mehreren Vizepräsidenten. Der Präsident repräsentiert die FAI bei allen offiziellen Gelegenheiten. Der erste Vizepräsident soll nicht die gleiche Nationalität wie der Präsident haben.

Derzeitiger Präsident der FAI ist Prince Antoine de Ligne (Belgien), Vizepräsidenten der FAI sind Georg Brütting (DAeC/Deutschland) und Amos Ishai (Israel) (siehe Abb. 342).

Der General-Sekretär (Director General) leitet die Verwaltung der FAI und wird von der Hauptversammlung ernannt (appointed).

Es bestehen eine Reihe ständiger Komitees, für den Modellflug ist es die Internationale Modellflug-Kommission (Commission Internationale d'Aéromodélisme) CIAM. Sie befaßt sich mit allen Problemen, die den Bau und Betrieb von Flugmodellen betreffen, vor allem mit der Aufstellung, Überprüfung und Modernisierung technischer und sportlicher Regeln für den Modellflug. Diese Regeln sind im Abschnitt 4 des Sporting Code festgelegt. Deutscher Vertreter in der CIAM ist Werner Groth (DAeC). Die CIAM bildet für spezielle Bereiche Unterkommissionen (Sub Committees), so z. B. für die neuen Modellflugklassen für Elektroflugmodelle und ferngesteuerte Hubschraubermodelle. In diesen beiden Bereichen hat die Modellflug-Kommission des DAeC mit ihren Fachausschüssen (speziell dem Fachausschuß Fernlenk) Pionierarbeit geleistet und leistet diese noch.

In den Kommissionen und Unterkommissionen der CIAM arbeiten für die Klasse F 1 Alfred Klinck, für F 2 Emil Rumpel, für F 3 A Werner Groth, für F 3 B Ralf Decker, für F 3 C Gustav Sämann und für Motoren und Geräuschprobleme Gerhard Bock als Vertreter des Deutschen Aero Club mit.

Präsident der CIAM ist seit Jahren der Finne Sandy Pimenoff, Vizepräsidenten sind der Italiener Luigi Bovo, der Engländer Peter Freebrey und der Tscheche Otakar Saffek.

320

12.0 GESETZE, VERORDNUNGEN, VERSICHERUNGEN

Wie in kaum einer anderen Sportart sind im Modellflugsport Gesetze und Verordnungen zu beachten, sind – will man sich wirksam gegen die finanziellen Folgen von Schadensfällen schützen – Versicherungen abzuschließen.

Das Flugmodell wird als »Luftfahrzeug« eingestuft und unterliegt daher dem Luftverkehrsgesetz (12.1). Flugmodelle mit mehr als 20 kg Höchstgewicht müssen sogar zugelassen werden, unterliegen daher der Luftverkehrs-Zulassungsordnung (12.2). Flugmodelle müssen starten und landen. Die dazu nötigen Gelände werden nach den Richtlinien für die Genehmigung der Anlage und des Betriebes von Flugplätzen für Flugmodelle . . . (12.3) behandelt. Zum Steuern ferngelenkter Flugmodelle werden Funkfernsteuerungen verwendet. Dafür gilt das Gesetz über Fernmeldeanlagen (12.4).

Und für den sportlichen Bereich hat schließlich der Deutsche Aero Club seine Modellflug-Betriebsordnung erlassen (12.5). Das Luftverkehrs-Gesetz schreibt unter anderem den Abschluß von Haftpflicht-Versicherungen für Halter von Flugmodellen vor (12.6).

Die Kenntnis dieser zahlreichen Gesetze, Verordnungen und Richtlinien sowie der Versicherungen ist für jeden Modellflieger, auf jeden Fall aber für jeden Vereinsvorstand, von großer Bedeutung.

Daher sind in den folgenden Abschnitten die wichtigsten Bestimmungen für den Modellflugsport aufgeführt.

---

* geändert durch

Erstes Gesetz zur Reform des Strafrechts vom 25. Juni 1969 (BGBl. I S. 645)

Kostenermächtigungs-Änderungsgesetz vom 23. Juni 1970 (BGBl. I S. 805)

Gesetz zum Schutz gegen Fluglärm vom 30. März 1971 (BGBl. I S. 282)

Einführungsgesetz zum Strafgesetzbuch vom 2. März 1974 (BGBl. I S. 469)

Gesetz zum Schutz vor schädlichen Umwelteinwirkungen durch Luftverunreinigungen, Geräusche, Erschütterungen und ähnliche Vorgänge (Bundes-Immissionsschutzgesetz) vom 15. März 1974 (BGBl. I S. 721)

Gesetz über die Beförderung gefährlicher Güter vom 6. August 1975 (BGBl. I S. 2121)

Gesetz zur Änderung des Luftverkehrsgesetzes (8. Änderung) vom 30. Oktober 1975 (BGBl. I S. 2679)

Gesetz zur Vereinfachung und Beschleunigung gerichtlicher Verfahren (Vereinfachungsnovelle) vom 3. Dezember 1976 (BGBl. I S. 3281)

Gesetz über Natur- und Landschaftspflege (Bundesnaturschutzgesetz) vom 20. Dezember 1976 (BGBl. I S. 3574)

Gesetz zur Änderung schadensersatzrechtlicher Vorschriften vom 16. August 1977 (BGBl. I S. 1577)

12.1 Luftverkehrsgesetz

Es wurden nur die Auszüge übernommen, die für den Modellflug von Bedeutung sind.

Luftverkehrsgesetz

(LuftVG)

in der Fassung der Bekanntmachung vom 4. November 1968 (BGBl. I S. 1113) *

Erster Abschnitt

Luftverkehr

1. Unterabschnitt

Luftfahrzeuge und Luftfahrtpersonal

§ 1

(1) Die Benutzung des Luftraums durch Luftfahrzeuge ist frei, soweit sie nicht durch dieses Gesetz, das Gesetz über die Bundesanstalt für Flugsicherung und durch die zur Durchführung dieser Gesetze erlassenen Rechtsvorschriften beschränkt wird.

(2) Luftfahrzeuge sind Flugzeuge, Drehflügler, Luftschiffe, Segelflugzeuge, Motorsegler, Frei- und Fesselballone, Drachen, Fallschirme, Flugmodelle und sonstige für die Benutzung des Luftraums bestimmte Geräte, insbesondere Raumfahrzeuge, Raketen und ähnliche Flugkörper.

§ 2

(1) Deutsche Luftfahrzeuge dürfen nur verkehren, wenn sie zum Luftverkehr zugelassen (Verkehrszulassung) und – soweit es durch Rechtsverordnung vorgeschrieben ist – in das Verzeichnis der deutschen Luftfahrzeuge (Luftfahrzeugrolle) eingetragen sind. Ein Luftfahrzeug wird zum Verkehr nur zugelassen, wenn

1. das Muster des Luftfahrzeugs zugelassen ist (Musterzulassung),
2. der Nachweis der Verkehrssicherheit nach der Prüfordnung für Luftfahrtgerät geführt ist.
3. der Halter des Luftfahrzeugs nach den Vorschriften dieses Gesetzes versichert ist oder durch Hinterlegung von Geld oder Wertpapieren Sicherheit geleistet hat und
4. die technische Ausrüstung des Luftfahrzeugs so gestaltet ist, daß das durch seinen Betrieb entstehende Geräusch das nach dem jeweiligen Stand der Technik unvermeidbare Maß nicht übersteigt.

(2) Der Musterzulassung nach Absatz 1 Nr. 1 bedarf auch das sonstige Luftfahrtgerät.

(3) Auf Startgeräte sind die Vorschriften des Absatzes 1 über die Verkehrszulassung sinngemäß anzuwenden.

(4) Die Zulassung ist zu widerrufen, wenn die Voraussetzungen nach Absatz 1 nicht mehr vorliegen.

(5) Deutsche Luftfahrzeuge haben das Staatszugehörigkeitszeichen und eine besondere Kennzeichnung zu führen.

§ 4

(1) Wer ein Luftfahrzeug führt oder bedient (Luftfahrer), bedarf der Erlaubnis. Die Erlaubnis wird nur erteilt, wenn

1. der Bewerber das vorgeschriebene Mindestalter besitzt,
2. der Bewerber seine Tauglichkeit nachgewiesen hat,
3. keine Tatsachen vorliegen, die den Bewerber als unzuverlässig erscheinen lassen, ein Luftfahrzeug zu führen oder zu bedienen,
4. der Bewerber eine Prüfung nach der Prüfordnung für Luftfahrtpersonal bestanden hat.

(2) Die Vorschriften des Absatzes 1 sind auf sonstiges Luftfahrtpersonal sinngemäß anzuwenden, soweit seine Tätigkeit auf Grund einer Rechtsverordnung nach § 32 Abs. 1 Nr. 4 erlaubnispflichtig ist.

(3) Die Erlaubnis ist zu widerrufen, wenn die Voraussetzungen nach Absatz 1 nicht mehr vorliegen.

2. Unterabschnitt

Flugplätze

§ 6

(1) Flugplätze (Flughäfen, Landeplätze und Segelfluggelände) dürfen nur mit Genehmigung angelegt oder betrieben werden. Die Genehmigung kann mit Auflagen verbunden und befristet werden.

(2) Vor Erteilung der Genehmigung ist besonders zu prüfen, ob die geplante Maßnahme den Erfordernissen der Raumordnung und Landesplanung entspricht und ob die Erfordernisse des Naturschutzes und der Landschaftspflege sowie des Städtebaus und der Schutz vor Fluglärm angemessen berücksichtigt sind. Ist das in Aussicht genommene Gelände ungeeignet oder rechtfertigen Tatsachen die Annahme, daß die öffentliche Sicherheit oder Ordnung gefährdet wird, ist die Genehmigung zu versagen. Ergeben sich später solche Tatsachen, so kann die Genehmigung widerrufen werden.

3. Unterabschnitt

Luftfahrtunternehmen und -veranstaltungen

§ 24

(1) Öffentliche Veranstaltungen von Wettbewerben oder Schauvorstellungen, an denen Luftfahrzeuge beteiligt sind (Luftfahrtveranstaltungen), bedürfen der Genehmigung. Die Genehmigung kann mit Auflagen verbunden und befristet werden.

(2) Die Genehmigung ist zu versagen, wenn Tatsachen die Annahme rechtfertigen, daß die öffentliche Sicherheit oder Ordnung durch die Veranstaltung gefährdet werden kann.

4. Unterabschnitt

Verkehrsvorschriften

§ 25

(1) Luftfahrzeuge dürfen außerhalb der für sie genehmigten Flugplätze nur starten und landen, wenn der Grundstückseigentümer oder sonst Berechtigte zugestimmt und die Luftfahrtbehörde eine Erlaubnis erteilt hat. Sie dürfen außerdem auf Flugplätzen außerhalb der in der Flugplatzgenehmigung festgelegten Start- und Landebahnen oder außerhalb der Betriebsstunden des Flugplatzes nur starten und landen, wenn der Flugplatzunternehmer zugestimmt und die Genehmigungsbehörde eine Erlaubnis erteilt hat. Die Erlaubnis nach Satz 1 oder 2 kann allgemein oder im Einzelfall erteilt, mit Auflagen verbunden und befristet werden.

(2) Absatz 1 gilt nicht, wenn

1. der Ort der Landung infolge der Eigenschaften des Luftfahrzeugs nicht vorausbestimmbar ist oder
2. die Landung aus Gründen der Sicherheit oder zur Hilfeleistung bei einer Gefahr für Leib oder Leben einer Person erforderlich ist. Das gleiche gilt für den Wiederstart nach einer solchen Landung mit Ausnahme des Wiederstarts nach einer Notlandung.

In diesem Falle ist die Besatzung des Luftfahrzeugs verpflichtet, dem Berechtigten über Namen und Wohnsitz des Halters, des Luftfahrzeugführers sowie des Versicherers Auskunft zu geben; bei einem unbemannten Luftfahrzeug ist sein Halter zu entsprechender Auskunft verpflichtet. Nach Erteilung der Auskunft darf der Berechtigte den Abflug oder die Abbeförderung des Luftfahrzeugs nicht verhindern.

(3) Der Berechtigte kann Ersatz des ihm durch den Start oder die Landung entstandenen Schadens nach den sinngemäß anzuwendenden §§ 33 bis 43 beanspruchen.

§ 27

(2) Von einem Luftfahrzeug aus dürfen Lichtbildaufnahmen außerhalb des Fluglinienverkehrs nur mit behördlicher Erlaubnis gefertigt werden. Lichtbilder, die außerhalb des Fluglinienverkehrs von einem Luftfahrzeug aus gefertigt werden, sowie danach hergestellte Zeichnungen oder Abbildungen dürfen nur mit behördlicher Erlaubnis in Verkehr gebracht werden.

(3) Die Erlaubnis nach den Absätzen 1 und 2 kann allgemein oder im Einzelfall erteilt werden; sie kann mit Auflagen verbunden und befristet werden.

6. Unterabschnitt

Gemeinsame Vorschriften

§ 29

(1) Die Abwehr von Gefahren für die Sicherheit des Luftverkehrs sowie für die öffentliche Sicherheit oder Ordnung durch die Luftfahrt (Luftaufsicht) ist Aufgabe der Luftfahrtbehörden. Sie können in Ausübung der Luftaufsicht Verfügungen erlassen. Maßnahmen zur Abwehr von Gefahren, erheblichen Nachteilen oder erheblichen Belästigungen durch Fluglärm oder durch Luftverunreinigung durch Luftfahrzeuge in der Umgebung von Flugplätzen dürfen nur im Benehmen mit den für den Immissionsschutz zuständigen Landesbehörden getroffen werden.

(2) Die Luftfahrtbehörden können diese Aufgaben auf andere Stellen übertragen oder sich anderer geeigneter Personen als Hilfsorgane für bestimmte Fälle bei der Wahrnehmung der Luftaufsicht bedienen.

§ 29b

(1) Flugplatzhalter, Luftfahrzeughalter und Luftfahrzeugführer sind verpflichtet, beim Betrieb von Luftfahrzeugen in der Luft und am Boden vermeidbare Geräusche zu verhindern und die Ausbreitung unvermeidbarer Geräusche auf ein Mindestmaß zu beschränken, wenn dies erforderlich ist, um die Bevölkerung vor Gefahren, erheblichen Nachteilen und erheblichen Belästigungen durch Lärm zu schützen. Auf die Nachtruhe der Bevölkerung ist in besonderem Maße Rücksicht zu nehmen.

(2) Die Luftfahrtbehörden haben auf den Schutz der Bevölkerung vor unzumutbarem Fluglärm hinzuwirken.

§ 31

(2) Die Länder führen nachstehende Aufgaben dieses Gesetzes im Auftrage des Bundes aus:

1. die Erteilung der Erlaubnis für Privatflugzeugführer, Berufsflugzeugführer 2. Klasse, nicht berufsmäßige Führer von Drehflüglern, Führer von Motorseglern, Segelflugzeugführer, Freiballonführer und Fallschirmabspringer, Steuerer von verkehrszulassungspflichtigen Flugmodellen und sonstigem verkehrszulassungspflichtigen Luftfahrtgerät sowie die Erteilung der Berechtigungen nach der Prüfordnung für Luftfahrtpersonal an diese Personen (§ 4);

4. die Genehmigung von Flugplätzen, mit Ausnahme der Prüfung und Entscheidung, inwieweit durch die Anlegung und den Betrieb eines Flughafens, der dem allgemeinen Verkehr dienen soll, die öffentlichen Interessen des Bundes berührt werden (§ 6);

12. die Genehmigung von Luftfahrtveranstaltungen, die nicht über das Land, in dem die Veranstaltung stattfindet, hinausgehen (§ 24);

13. die Erteilung der Erlaubnis zum Starten und Landen außerhalb der genehmigten Flugplätze (§ 25);

14. die Erteilung der Erlaubnis zur Mitführung von Funkgerät in Luftfahrzeugen innerhalb des Geltungsbereichs dieses Gesetzes (§ 27 Abs. 1);

15. die Erteilung der Erlaubnis, von einem Luftfahrzeug aus Lichtbildaufnahmen zu fertigen oder solche Lichtbilder sowie danach hergestellte Zeichnungen oder Abbildungen in den Verkehr zu bringen, mit Ausnahme der Erlaubnis für Personen, die ihren Wohnsitz nicht im Geltungsbereich dieses Gesetzes haben (§ 27 Abs. 2);

16. die Erteilung der Erlaubnis zu besonderer Benutzung des Luftraums für
    a) Kunstflüge,
    b) Schleppflüge,
    c) Reklameflüge,
    d) Abwerfen von Gegenständen aus Luftfahrzeugen,
    e) Aufstieg von Frei- und Fesselballonen,
    f) Steigenlassen von Drachen, Flugmodellen und Flugkörpern mit Eigenantrieb,
    g) Abweichung von Sicherheitsmindestflughöhen und Sicherheitsmindestabständen,
    mit Ausnahme der Erlaubnisse, die von der Bundesanstalt für Flugsicherung erteilt werden (§ 32);
17. die Aufsicht innerhalb der in den Nummern 1 bis 16 festgelegten Verwaltungszuständigkeiten;
18. die Ausübung der Luftaufsicht, soweit diese nicht der Bundesanstalt für Flugsicherung oder dem Luftfahrt-Bundesamt übertragen ist (§ 29).

(3) Die Entscheidungen in den Fällen des Absatzes 2 Nr. 4, 6 bis 10 und 12 werden auf Grund einer gutachtlichen Stellungnahme der Bundesanstalt für Flugsicherung getroffen.

§ 32

(1) Der Bundesminister für Verkehr erläßt mit Zustimmung des Bundesrates die zur Durchführung dieses Gesetzes notwendigen Rechtsverordnungen über

1. das Verhalten im Luftraum und am Boden, insbesondere Flugvorbereitungen, Verhalten bei Start und Landung, die Benutzung von Flughäfen,
2. die Anforderungen an den Bau, die Ausrüstung und den Betrieb der Luftfahrzeuge und des sonstigen Luftfahrtgeräts sowie die Eintragung und Kennzeichnung der Luftfahrzeuge,
3. die Einteilung, die Größe, die Lage, die Beschaffenheit, die Ausstattung und den Betrieb von Flugplätzen sowie die Verhinderung von Störungen der Flugsicherungseinrichtungen,
4. den Kreis der Personen, die einer Erlaubnis nach diesem Gesetz bedürfen, einschließlich der Ausbilder und die Anforderungen an die Befähigung und Eignung dieser Personen, sowie das Verfahren zur Erlangung der Erlaubnisse und Berechtigungen und deren Entziehung oder Beschränkung,

8. die im Rahmen der Luftaufsicht erforderlichen Maßnahmen und deren Durchführung,

9a. die Voraussetzungen und das Verfahren für die Erteilung und den Widerruf der in diesem Gesetz vorgesehenen Genehmigungen, Zulassungen und Erlaubnisse sowie Befreiungen hiervon,

11. die Voraussetzungen und das Verfahren zur Erlangung der gewerblichen Aufnahmeerlaubnis und der Einzelaufnahmeerlaubnis für Luftbilder, über die Voraussetzungen und das Verfahren zur Freigabe von Luftbildern sowie die besonderen Sicherheitsmaßnahmen im Luftbildwesen,
12. die im Zusammenhang mit den in diesem Gesetz begründeten Versicherungs- oder Hinterlegungspflichten erforderlichen Maßnahmen,
13. die Kosten (Gebühren und Auslagen) für Amtshandlungen, die auf Grund dieses Gesetzes, des Gesetzes über die Bundesanstalt für Flugsicherung oder der zur Durchführung dieser Gesetze erlassenen Rechtsvorschriften vorgenommen werden. In der Rechtsverordnung ist festzulegen, daß derjenige die Kosten zu tragen hat, der die Amtshandlung veranlaßt hat oder der, zu dessen Gunsten sie vorgenommen wird. Sie bestimmt ferner Art und Höhe der Gebührensätze

sowie den Umfang der zu erstattenden Auslagen und regelt Fälligkeit und Verjährung der Kostenansprüche, die Befreiung von der Kostenpflicht sowie alle weiteren Einzelheiten des Erhebungverfahrens. Die Gebührensätze sind so zu bemessen, daß die tatsächlichen Aufwendungen der Verwaltung gedeckt werden. Soweit Rahmensätze für Gebühren festgelegt werden, ist vorzusehen, daß bei der Festsetzung der Gebühr im Einzelfall
der mit der Amtshandlung verbundene Verwaltungsaufwand, soweit Aufwendungen nicht als Auslagen gesondert berechnet werden, und
die Bedeutung, der wirtschaftliche Wert oder der sonstige Nutzen der Amtshandlungen für Gebührenschuldner
zu berücksichtigen sind.

Die Gebührensätze dürfen bei Amtshandlungen innerhalb eines Verfahrens im Zusammenhang
a) mit der Zulassung und Prüfung von Luftfahrtgerät 5000 Deutsche Mark sowie 25 Deutsche Mark für jede angefangene Arbeitsstunde,
b) mit der Prüfung von Luftfahrtpersonal 500 Deutsche Mark,
c) mit der Erteilung von Erlaubnissen und Berechtigungen für Luftfahrtpersonal 500 Deutsche Mark,
d) mit der Anlage und dem Betrieb von Flugplätzen 2000 Deutsche Mark,
e) mit der Verwendung und dem Betrieb von Luftfahrzeugen 2000 Deutsche Mark,
f) mit der Erteilung von Erlaubnissen im Luftbildwesen 500 Deutsche Mark,
g) mit der Prüfung und Überwachung von Anlagen, Einrichtungen und Gerät der Flugsicherung am Boden 5000 Deutsche Mark sowie 25 Deutsche Mark für jede angefangene Arbeitsstunde,
in allen anderen Fällen 2000 Deutsche Mark nicht übersteigen;

15. den Schutz der Bevölkerung vor Fluglärm, insbesondere durch Maßnahmen zur Geräuschminderung am Luftfahrzeug, beim Betrieb von Luftfahrzeugen am Boden, beim Starten und Landen und beim Überfliegen besiedelter Gebiete einschließlich der Anlagen zur Messung des Fluglärms und zur Auswertung der Meßergebnisse,
16. den Schutz vor Luftverunreinigungen durch Luftfahrzeuge, insbesondere darüber, daß die Verunreinigung der Luft durch Abgase der Luftfahrzeuge das nach dem jeweiligen Stand der Technik unvermeidbare Maß nicht übersteigen darf.

Der Bundesminister für Verkehr kann in den Rechtsverordnungen nach Satz 1 Ausnahmen von der in diesem Gesetz vorgeschriebenen Zulassung von Luftfahrtgerät und Einholung einer Erlaubnis sowie von der Pflicht zur Führung des Staatsangehörigkeitszeichens und der besonderen Kennzeichnung zulassen, soweit die öffentliche Sicherheit und Ordnung, insbesondere die Sicherheit des Luftverkehrs nicht beeinträchtigt werden. Rechtsverordnungen nach den Nummern 3, 5 und 13 werden im Einvernehmen mit dem Bundesminister der Finanzen, Rechtsverordnungen nach Nummer 11 im Einvernehmen mit dem Bundesminister der Verteidigung erlassen. Rechtsverordnungen nach Nummer 9a, soweit sie die Genehmigung von Beförderungsentgelten betreffen, und nach den Nummern 13 und 14 werden im Einvernehmen mit dem Bundesminister für Wirtschaft erlassen; die Bestimmungen des allgemeinen Preisrechts bleiben unberührt. Rechtsverordnungen nach den Nummern 15 und 16 werden vom Bundesminister für Verkehr und vom Bundesminister des Innern erlassen.

(3) Rechtsverordnungen bedürfen nicht der Zustimmung des Bundesrates, wenn sie der Durchführung von Richtlinien und Empfehlungen der Internationalen Zivilluftfahrt-Organisation (ICAO) dienen. Das gleiche gilt für den Erlaß der Bau- und Betriebsvorschriften für Luftfahrtgerät, die von dem in § 3 Abs. 2 des Gesetzes über das Luftfahrt-Bundesamt vorgesehenen Ausschuß dem Bundesminister für Verkehr zum Erlaß vorgeschlagen werden. Der Bundesminister für Verkehr kann die Befugnis, die zur Gewährleistung der Sicherheit des Luftverkehrs und der öffentlichen Sicherheit und Ordnung notwendigen Einzelheiten über die Durchführung der Verhaltensvorschriften nach Absatz 1 Satz 1 Nr. 1 sowie über die Durchführung der Bau-, Prüf- und Betriebsvorschriften zu regeln, auf die Bundesanstalt für Flugsicherung und das Luftfahrt-Bundesamt übertragen.

(5) Der Bundesminister für Verkehr erläßt die zur Durchführung dieses Gesetzes und der dazu ergangenen Rechtsverordnungen notwendigen allgemeinen Verwaltungsvorschriften. Allgemeine Verwaltungsvorschriften für Durchführung der in § 31 Abs. 2 bezeichneten Aufgaben bedürfen der Zustimmung des Bundesrates. Soweit die allgemeinen Verwaltungsvorschriften dem Schutz vor Fluglärm oder dem Schutz vor Luftverunreinigungen durch Luftfahrzeuge dienen, werden sie vom Bundesminister für Verkehr und vom Bundesminister des Innern mit Zustimmung des Bundesrates erlassen.

§ 32a

(1) Bei dem Bundesminister des Innern und dem Bundesminister für Verkehr wird ein beratender Ausschuß gebildet, der vor Erlaß von Rechtsverordnungen und allgemeinen Verwaltungsvorschriften auf Grund dieses Gesetzes zu hören ist, soweit sie dem Schutz gegen Fluglärm und gegen Luftverunreinigungen durch Luftfahr-

zeuge dienen. Dem Ausschuß sollen Vertreter der Wissenschaft, der Technik, der Flugplatzhalter, der Fluggesellschaften, der kommunalen Spitzenverbände, der Bundesvereinigung gegen Fluglärm, der Kommissionen nach § 32b, der Luftfahrtbehörden, der von der Landesregierung bestimmten obersten Landesbehörden angehören. Die Mitgliedschaft ist ehrenamtlich.

(2) Die Mitglieder des Beratenden Ausschusses werden vom Bundesminister des Innern und vom Bundesminister für Verkehr berufen. Der Ausschuß gibt sich eine Geschäftsordnung und wählt den Vorsitzenden. Die Geschäftsordnung und die Wahl des Vorsitzenden bedürfen der Zustimmung des Bundesministers des Innern und des Bundesministers für Verkehr.

Zweiter Abschnitt

Haftpflicht

1. Unterabschnitt

Haftung für Personen und Sachen, die nicht im Luftfahrzeug befördert werden

§ 33

(1) Wird beim Betrieb eines Luftfahrzeugs durch Unfall jemand getötet, sein Körper oder seine Gesundheit verletzt oder eine Sache beschädigt, so ist der Halter des Luftfahrzeugs verpflichtet, den Schaden zu ersetzen. Für die Haftung aus dem Beförderungsvertrag sowie für die Haftung des Halters militärischer Luftfahrzeuge gelten die besonderen Vorschriften der §§ 44 bis 54. Wer Personen zu Luftfahrern ausbildet, haftet diesen Personen gegenüber nur nach den allgemeinen gesetzlichen Vorschriften.

(2) Benutzt jemand das Luftfahrzeug ohne Wissen und Willen des Halters, so ist er anstelle des Halters zum Ersatz des Schadens verpflichtet. Daneben bleibt der Halter zum Ersatz des Schadens verpflichtet, wenn die Benutzung des Luftfahrzeugs durch sein Verschulden ermöglicht worden ist. Ist jedoch der Benutzer vom Halter für den Betrieb des Luftfahrzeugs angestellt oder ist ihm das Luftfahrzeug vom Halter überlassen worden, so ist der Halter zum Ersatz des Schadens verpflichtet; die Haftung des Benutzers nach den allgemeinen gesetzlichen Vorschriften bleibt unberührt.

§ 34

Hat bei der Entstehung des Schadens ein Verschulden des Verletzten mitgewirkt, so gilt § 254 des Bürgerlichen Gesetzbuchs; bei Beschädigung einer Sache steht das Verschulden desjenigen, der die tatsächliche Gewalt darüber ausübt, dem Verschulden des Verletzten gleich.

§ 35

(1) Bei Tötung umfaßt der Schadensersatz die Kosten versuchter Heilung sowie den Vermögensnachteil, den der Getötete dadurch erlitten hat, daß während der Krankheit seine Erwerbsfähigkeit aufgehoben oder gemindert oder sein Fortkommen erschwert oder seine Bedürfnisse vermehrt waren. Außerdem sind die Kosten der Bestattung demjenigen zu ersetzen, der sie zu tragen verpflichtet ist.

(2) Stand der Getötete zur Zeit des Unfalls zu einem Dritten in einem Verhältnis, vermöge dessen er diesem gegenüber kraft Gesetzes unterhaltspflichtig war oder werden konnte, und ist dem Dritten infolge der Tötung das Recht auf Unterhalt entzogen, so hat der Ersatzpflichtige ihm so weit Schadensersatz zu leisten, wie der Getötete während der mutmaßlichen Dauer seines Lebens zur Gewährung des Unterhalts verpflichtet gewesen wäre. Die Ersatzpflicht tritt auch dann ein, wenn der Dritte zur Zeit des Unfalls erzeugt, aber noch nicht geboren war.

§ 36

Bei Verletzung des Körpers oder der Gesundheit umfaßt der Schadensersatz die Heilungskosten sowie den Vermögensnachteil, den der Verletzte dadurch erleidet, daß infolge der Verletzung zeitweise oder dauernd seine Erwerbsfähigkeit aufgehoben oder gemindert oder sein Fortkommen erschwert ist oder seine Bedürfnisse vermehrt sind.

§ 37

(1) Der Ersatzpflichtige haftet für die Schäden aus einem Unfall

a) bei Luftfahrzeugen bis 1000 Kilogramm Gewicht bis zu 850 000 Deutsche Mark,

Gewicht ist das für den Abflug zugelassene Höchstgewicht des Luftfahrzeugs.

(2) Die Höchstsumme des Schadensersatzes für jede verletzte Person beträgt 500 000 Deutsche Mark. Das gilt auch für den Kapitalwert einer als Entschädigung festgesetzten Rente.

(3) Übersteigen die Entschädigungen, die mehreren auf Grund desselben Ereignisses zustehen, die Höchstbeträge nach Absatz 1, so verringern sich die einzelnen Entschädigungen vorbehaltlich des Absatzes 4 in dem Verhältnis, in dem ihr Gesamtbetrag zum Höchstbetrag steht.

(4) Beruhen die Schadensersatzansprüche sowohl auf Sachschäden als auch auf Personenschäden, so dienen zwei Drittel des nach Absatz 1 Satz 1 errechneten Betrages vorzugsweise für den Ersatz von Personenschäden. Reicht dieser Betrag nicht aus, so ist er anteilmäßig auf die Ansprüche zu verteilen. Der übrige Teil des nach Absatz 1 Satz 1 errechneten Betrages ist anteilmäßig für den Ersatz von Sachschäden und für die noch ungedeckten Ansprüche aus Personenschäden zu verwenden.

§ 38

(1) Der Schadensersatz für Aufhebung oder Minderung der Erwerbsfähigkeit, für Erschwerung des Fortkommens oder für Vermehrung der Bedürfnisse des Verletzten und der nach § 35 Abs. 2 einem Dritten zu gewährende Schadensersatz ist für die Zukunft durch Geldrente zu leisten.

(2) Die Vorschriften des § 843 Abs. 2 bis 4 des Bürgerlichen Gesetzbuchs finden entsprechende Anwendung.

(3) Bei Verurteilung zu einer Geldrente kann der Berechtigte noch nachträglich Sicherheitsleistung oder Erhöhung einer solchen verlangen, wenn sich die Vermögensverhältnisse des Verpflichteten erheblich verschlechtert haben. Diese Bestimmung gilt bei Schuldtiteln des § 794 Absatz 1 Nr. 1 und 5 der Zivilprozeßordnung entsprechend.

§ 39

Auf die Verjährung finden die für unerlaubte Handlungen geltenden Verjährungsvorschriften des Bürgerlichen Gesetzbuches entsprechende Anwendung.

§ 40

Der Ersatzberechtigte verliert die Rechte, die ihm nach diesem Gesetz zustehen, wenn er nicht spätestens drei Monate, nachdem er von dem Schaden und der Person des Ersatzpflichtigen Kenntnis erhalten hat, diesem den Unfall anzeigt. Der Rechtsverlust tritt nicht ein, wenn die Anzeige infolge eines Umstandes unterblieben ist, den der Ersatzberechtigte nicht zu vertreten hat, oder wenn der Ersatzpflichtige innerhalb der Frist auf andere Weise von dem Unfall Kenntnis erhalten hat.

§ 41

(1) Wird ein Schaden durch mehrere Luftfahrzeuge verursacht und sind die Luftfahrzeughalter einem Dritten kraft Gesetzes zum Schadensersatz verpflichtet, so hängt im Verhältnis der Halter untereinander Pflicht und Umfang des Ersatzes von den Umständen, insbesondere davon ab, wie weit der Schaden überwiegend von dem einen oder dem anderen verursacht worden ist. Dasselbe gilt, wenn der Schaden einem der Halter entstanden ist, bei der Haftpflicht, die einen anderen von ihnen trifft.

(2) Absatz 1 gilt entsprechend, wenn neben dem Halter ein anderer für den Schaden verantwortlich ist.

§ 42

Unberührt bleiben die bundesrechtlichen Vorschriften, wonach für den beim Betrieb eines Luftfahrzeugs entstehenden Schaden der Halter oder Benutzer (§ 33 Abs. 2) in weiterem Umfang oder der Führer oder ein anderer haftet.

§ 43

(1) Zur Sicherung der in diesem Unterabschnitt genannten Schadensersatzforderungen ist der Halter des Luftfahrzeugs verpflichtet, in einer durch Rechtsverordnung zu bestimmenden Höhe eine Haftpflichtversicherung abzuschließen oder durch Hinterlegung von Geld oder Wertpapieren Sicherheit zu leisten. Das gilt nicht, wenn der Bund oder ein Land Halter ist. Wird zur Sicherung eine Haftpflichtversicherung abgeschlossen, so gelten für diese die besonderen Vorschriften des Gesetzes über den Versicherungsvertrag für die Pflichtversicherung.

(2) Ist die Sicherheit durch Befriedigung von Schadensersatzforderungen verringert oder erschöpft, so ist sie innerhalb eines Monats nach Aufforderung wieder auf den ursprünglichen Betrag zu bringen.

(3) Die Rückgabe der Sicherheit kann erst verlangt werden, wenn derjenige, der die Sicherheit geleistet hat, nicht mehr Halter ist und seitdem vier Monate verstrichen sind. Der Anspruch beschränkt sich auf den Rest nach Deckung der Schadensersatzforderungen. Schon vor Ablauf der Frist kann die Rückgabe verlangt werden, wenn glaubhaft gemacht wird, daß keine Schadensersatzforderungen bestehen.

(4) Durch Rechtsverordnung können Ausnahmen von Absatz 1 Satz 1 für Luftfahrzeuge vorgesehen werden, die nicht zulassungspflichtig sind und für deren Aufstieg es auch einer Erlaubnis nicht bedarf.

4. Unterabschnitt

Gemeinsame Vorschriften für die Haftpflicht

§ 56

(1) Für Klagen, die auf Grund dieses Abschnitts erhoben werden, ist auch das Gericht zuständig, in dessen Bezirk der Unfall eingetreten ist.

Dritter Abschnitt

Straf- und Bußgeldvorschriften

§ 58

(1) Ordnungswidrig handelt, wer vorsätzlich oder fahrlässig
1. den im Rahmen der Luftaufsicht (§ 29) erlassenen Verfügungen zuwiderhandelt,

3. ohne die nach § 6 Abs. 1 oder 4 erforderliche Genehmigung einen Flugplatz anlegt, wesentlich erweitert, ändert oder betreibt,

8. ohne Genehmigung nach § 24 Abs. 1 Luftfahrtveranstaltungen durchführt,
9. sich der Pflicht zur Auskunfterteilung nach § 25 Abs. 2 entzieht,
10. einer auf Grund des § 32 erlassenen Rechtsvorschrift zuwiderhandelt, wenn die Rechtsvorschrift ausdrücklich auf diese Bußgeldvorschrift verweist,
11. den schriftlichen Auflagen einer Erlaubnis nach § 2 Abs. 6 und 7, § 5 Abs. 1 und § 25 Abs. 1 oder einer Genehmigung nach § 6 Abs. 1, § 20 Abs. 1, §§ 21, 22, 24 Abs. 1 oder § 27 Abs. 3 oder einer Beschränkung nach § 23a zuwiderhandelt, wenn darin ausdrücklich auf die Bußgeldbestimmungen dieses Gesetzes hingewiesen war,

(2) Die Ordnungswidrigkeit nach Absatz 1 Nr. 1, 3, 4, 9 bis 13 kann mit einer Geldbuße bis zu 5000 Deutsche Mark, die Ordnungswidrigkeit nach Absatz 1 Nr. 2, 5 bis 8 mit einer Geldbuße bis zu 10 000 Deutsche Mark geahndet werden.

§ 59

(1) Wer als Führer eines Luftfahrzeugs oder als sonst für die Sicherheit Verantwortlicher durch grob pflichtwidriges Verhalten gegen eine im Rahmen der Luftaufsicht erlassene Verfügung (§ 29) verstößt und dadurch Leib oder Leben eines anderen oder fremde Sachen von bedeutendem Wert gefährdet, wird mit Freiheitsstrafe bis zu fünf Jahren oder mit Geldstrafe bestraft.

(2) Wer die Tat fahrlässig begeht, wird mit Freiheitsstrafe bis zu zwei Jahren oder mit Geldstrafe bestraft.

§ 60

(1) Wer

1. ein Luftfahrzeug führt, das nicht zum Luftverkehr zugelassen ist, oder als Halter einem Dritten das Führen eines solchen Luftfahrzeugs gestattet,

2. ein Luftfahrzeug ohne die Erlaubnis nach § 4 Abs. 1 führt oder bedient oder als Halter eines Luftfahrzeugs die Führung oder das Bedienen Dritten, denen diese Erlaubnis nicht erteilt ist, gestattet,

4. als Führer eines Luftfahrzeugs entgegen § 25 Abs. 1 startet oder landet,

wird mit Freiheitsstrafe bis zu zwei Jahren oder mit Geldstrafe bestraft.

(2) Wer die Tat fahrlässig begeht, wird mit Freiheitsstrafe bis zu sechs Monaten oder mit Geldstrafe bis zu einhundertachtzig Tagessätzen bestraft.

§ 61

(1) Ordnungswidrig handelt, wer ohne Erlaubnis der zuständigen Behörde
1. außerhalb des Fluglinienverkehrs von einem Luftfahrzeug aus eine Lichtbildaufnahme fertigt oder
2. ein Lichtbild, das außerhalb des Fluglinienverkehrs von einem Luftfahrzeug aus gefertigt ist, oder eine danach hergestellte Zeichnung oder Abbildung in Verkehr bringt.

(2) Die Ordnungswidrigkeit und der Versuch der Ordnungswidrigkeit können mit einer Geldbuße bis zu 5000 Deutsche Mark geahndet werden.

(3) Bildgeräte, die zur Begehung oder Vorbereitung der Ordnungswidrigkeit gebraucht worden oder bestimmt gewesen sind, sowie Lichtbilder, Zeichnungen und Abbildungen, auf die sich die Ordnungswidrigkeit bezieht, können eingezogen werden.

§ 63

Verwaltungsbehörde im Sinne des § 36 Abs. 1 Nr. 1 des Gesetzes über Ordnungswidrigkeiten ist, soweit dieses Gesetz nicht von Landesbehörden ausgeführt wird,
1. die Bundesanstalt für Flugsicherung im Bereich der ihr übertragenen Aufgaben,
2. das Luftfahrt-Bundesamt im Bereich der Aufgaben, die ihm übertragen sind oder für die der Bundesminister für Verkehr zuständig ist.

12.2 Luftverkehrs-zulassungsordnung

Luftverkehrs-Zulassungs-Ordnung (LuftVZO)

in der Fassung vom 13. März 1979

Anm.: Es wurden nur die Teile übernommen, die fü den Modellflug von Bedeutung sind.

Erster Abschnitt
Zulassung des Luftfahrtgeräts und Eintragung der Luftfahrzeuge

1. Musterzulassung des Luftfahrtgeräts

§ 1
Zulassungspflicht und Umfang der Zulassung

(1) Luftfahrtgeräte, die der Musterzulassung bedürfen, sind

7. Flugmodelle mit mehr als 20 kg Höchstgewicht,

§ 2
Zulassungsbehörde

Die Musterzulassung wird von dem Luftfahrt-Bundesamt erteilt.

2. Verkehrszulassung des Luftfahrtgeräts

§ 6
Umfang der Zulassung

Luftfahrtgeräte, die der Verkehrszulassung bedürfen, sind

7. Flugmodelle mit mehr als 20 kg Höchstgewicht,

§ 7
Zulassungsbehörde

Die Verkehrszulassung wird von dem Luftfahrt-Bundesamt erteilt.

§ 12
Vorläufige Verkehrszulassung

(1) Luftfahrtgerät nach § 6 kann ausnahmsweise insbesondere für technische Zwecke, Ausbildungs-, Vorführungs- und Überführungszwecke vorläufig zum Verkehr zugelassen werden, wenn die Haftpflichtdeckung nachgewiesen und auf Verlangen der Nachweis erbracht ist, daß die Verwendung des Luftfahrtgeräts für den beabsichtigten Zweck unbedenklich ist.

Zweiter Abschnitt
Luftfahrtpersonal

1. Betätigung als Luftfahrtpersonal

§ 21
Erlaubnis für sonstiges Luftfahrtpersonal

(1) Einer Erlaubnis als sonstiges Luftfahrtpersonal bedürfen

3. Steuerer von verkehrszulassungspflichtigen Flugmodellen und nach § 6 Nr. 9 zulassungspflichtigem sonstigen Luftfahrtgerät.

(2) § 20 Abs. 2 ist anzuwenden.

§ 22
Erlaubnisbehörde

(1) Die Erlaubnis wird

1. für Privatflugzeugführer, Berufsflugzeugführer 2. Klasse, Privathubschrauberführer, Motorseglerführer, Segelflugzeugführer, Freiballonführer, Fallschirmspringer und Steuerer von verkehrszulassungspflichtigen Flugmodellen und nach § 6 Nr. 9 zulassungspflichtigem sonstigen Luftfahrtgerät von der Luftfahrtbehörde des Landes, in dem der Bewerber

   a) seinen Hauptwohnsitz hat oder

   b) ausgebildet ist,

   von dem Luftfahrt-Bundesamt

erteilt. Das gleiche gilt für Erweiterungen der Erlaubnis und die Erteilung besonderer Berechtigungen. Die Prüfung zum Erwerb der Instrumentenflugberechtigung wird von dem Luftfahrt-Bundesamt abgenommen.

(2) Die Verlängerung und Erneuerung der Erlaubnis wird in den Fällen des Absatzes 1 Satz 1 Nr. 1 von der für den Hauptwohnsitz des Antragstellers zuständigen Erlaubnisbehörde, bei besonderen Umständen von der Ausbildungsbehörde und in den Fällen des Absatzes 1 Satz 1 Nr. 2 und 3 von der hiernach zuständigen Erlaubnisbehörde erteilt.

(3) Die Erlaubnis nach Absatz 1 Satz 1 Nr. 1, ihre Verlängerung und Erneuerung sowie Erweiterungen und besondere Berechtigungen hierzu können auch von der Erlaubnisbehörde eines anderen Landes erteilt werden, wenn die nach Absatz 1 Satz 1 Nr. 1 zuständige Behörde zustimmt.

(4) Absatz 2 gilt sinngemäß für die Rücknahme oder den Widerruf der Erlaubnis sowie für Anordnungen nach § 29 Abs. 3.

§ 23
Mindestalter

(1) Das Mindestalter zum Erlangen einer Erlaubnis beträgt

1. für Segelflugzeugführer, Fallschirmspringer und Steuerer von verkehrszulassungspflichtigen Flugmodellen 17 Jahre,

(2) Das Mindestalter für den Beginn der Ausbildung beträgt

2. für Fallschirmspringer und Steuerer von verkehrszulassungspflichtigen Flugmodellen 16 Jahre,

Die Erlaubnisbehörde kann im Einzelfall einen früheren Ausbildungsbeginn zulassen.

§ 24
Voraussetzungen für die Ausbildung

(1) Die Ausbildung von Luftfahrtpersonal ist nur zulässig, wenn

1. der Bewerber das Mindestalter nach § 23 besitzt,

2. der Bewerber tauglich ist,

3. keine Tatsachen vorliegen, die den Bewerber als unzuverlässig erscheinen lassen, die beabsichtigte Tätigkeit als Luftfahrtpersonal auszuüben,

4. bei einem minderjährigen Bewerber der gesetzliche Vertreter zustimmt.

(2) Tatsachen, die den Bewerber als unzuverlässig erscheinen lassen, sind insbesondere Trunksucht, Entmündigung, eine erhebliche gerichtliche Bestrafung oder mehrfache rechtskräftig festgestellte erhebliche Verstöße gegen Verkehrsvorschriften.

(3) Dem Ausbildungsleiter müssen vor Beginn der Ausbildung folgende Unterlagen vorliegen:

1. die Geburtsurkunde oder ein Auszug aus dem Familienbuch der Eltern;

2. das Tauglichkeitszeugnis;

3. eine Erklärung über schwebende Strafverfahren und darüber, daß ein Führungszeugnis nach § 28 des Bundeszentralregistergesetzes zur Vorlage bei der Erlaubnisbehörde beantragt worden ist;

4. bei einem minderjährigen Bewerber eine amtlich beglaubigte Zustimmungserklärung des gesetzlichen Vertreters.

Die für den Ausbildungsbetrieb zuständige Erlaubnisbehörde kann Ausnahmen zulassen.

§ 25

Antrag auf Erteilung der Erlaubnis

(1) Der Antrag auf Erteilung der Erlaubnis kann schon vor Ablegung der nach der Verordnung über Luftfahrtpersonal vorgeschriebenen Prüfungen gestellt werden. Ist für die Erlaubnis eine Prüfung nicht vorgeschrieben, so ist der Antrag nach Abschluß der in der Verordnung über Luftfahrtpersonal vorgeschriebenen Ausbildung zu stellen.

(2) Dem Antrag sind beizufügen:

1. die in § 24 Abs.3 Nr.1 bis 4 bezeichneten Unterlagen, es sei denn, der Antrag wird bei der Erlaubnisbehörde gestellt, der die Unterlagen nach § 24 Abs.4 oder 5 vorgelegt worden sind; die Erlaubnisbehörde kann die Vorlage eines neuen Tauglichkeitszeugnisses verlangen, wenn das nach § 24 Abs.3 Nr.2 vorgelegte ärztliche Zeugnis älter als ein Jahr ist.

2. eine Erklärung über die Staatsangehörigkeit, die auf Verlangen nachzuweisen ist;

5. zwei Paßbilder.

§ 26

Erteilung der Luftfahrerscheine und sonstigen Ausweise

(1) Die Erlaubnisbehörde erteilt die Erlaubnis, wenn die Voraussetzungen des § 24 Abs.1 sowie die in der Verordnung über Luftfahrtpersonal bestimmten Voraussetzungen erfüllt sind. Hat der nach den Vorschriften der Verordnung über Luftfahrtpersonal bestimmte Prüfungsrat Zweifel an der Eignung des Bewerbers, teilt er der Erlaubnisbehörde die Gründe hierfür mit. § 24 Abs.4 Satz 4 gilt sinngemäß.

(2) Die Erlaubnis wird durch Aushändigung eines Ausweises nach der Verordnung über Luftfahrtpersonal erteilt. Die Dauer der Gültigkeit der Erlaubnis ist in dem Ausweis einzutragen. Das gleiche gilt für besondere Berechtigungen sowie Erweiterungen der Erlaubnis, wenn der Bewerber die in der Verordnung über Luftfahrtpersonal vorgeschriebenen Voraussetzungen nachgewiesen hat. Der Ausweis ist bei Ausübung der erlaubnispflichtigen Tätigkeit mitzuführen.

§ 26a

Voraussetzungen für die Verlängerung und Erneuerung der Erlaubnis

(1) Bei der Verlängerung oder Erneuerung der Erlaubnis, die sich nach den Vorschriften der Verordnung über Luftfahrtpersonal bestimmen, müssen die Voraussetzungen des § 24 Abs.1 fortbestehen und ein Tauglichkeitszeugnis nach § 24a vorgelegt werden. § 24a Abs.1 Satz 2 gilt entsprechend.

(2) Absatz 1 gilt für die nach § 28 erteilten Anerkennungen sinngemäß.

§ 29

Widerruf, Ruhen und Beschränkung der Erlaubnis

(1) Die Erlaubnis ist von der nach § 22 Abs.3 zuständigen Behörde zu widerrufen und der Ausweis einzuziehen, wenn sich Tatsachen dafür ergeben, daß der Inhaber für die erlaubte Tätigkeit ungeeignet ist.

(2) Die Erlaubnis ist ferner zu widerrufen und der Ausweis einzuziehen, wenn der Erlaubnisbehörde Tatsachen bekannt werden, die Zweifel an dem ausreichenden

praktischen Können oder fachlichen Wissen des Inhabers der Erlaubnis rechtfertigen, und wenn eine von ihr angeordnete Überprüfung entweder verweigert wird oder ergibt, daß der Inhaber der Erlaubnis ein ausreichendes praktisches Können oder fachliches Wissen nicht mehr besitzt.

(3) An Stelle des Widerrufs kann das Ruhen der Erlaubnis auf Zeit oder eine Nachschulung mit anschließender Überprüfung angeordnet oder die Erlaubnis auf eine bestimmte Betätigung in der Luftfahrt beschränkt werden, wenn dies ausreicht, um die Sicherheit und Ordnung des Luftverkehrs aufrechtzuerhalten. Das Ruhen der Erlaubnis kann auch in Fällen erheblicher Gefahr für die Sicherheit und Ordnung des Luftverkehrs bis zur Feststellung des weiteren ausreichenden praktischen Könnens oder fachlichen Wissens nach Absatz 2 angeordnet werden, wenn der Erlaubnisbehörde Tatsachen bekannt werden, die erkennen lassen, daß der Inhaber der Erlaubnis das ausreichende praktische Können oder fachliche Wissen nicht mehr besitzt. Der über die Erlaubnis ausgestellte Ausweis ist für die Zeit des Ruhens der Erlaubnis einzuziehen und im Falle der Beschränkung zu berichtigen oder durch einen neuen Ausweis zu ersetzen.

Dritter Abschnitt

Flugplätze

1. Flughäfen

§ 38

Begriffsbestimmungen und Einteilung

(1) Flughäfen sind Flugplätze, die nach Art und Umfang des vorgesehenen Flugbetriebs einer Sicherung durch einen Bauschutzbereich nach § 12 des Luftverkehrsgesetzes bedürfen.

(2) Die Flughäfen werden genehmigt als

1. Flughäfen des allgemeinen Verkehrs (Verkehrsflughäfen),

2. Flughäfen für besondere Zwecke (Sonderflughäfen).

§ 39

Genehmigungsbehörde

(1) Die Genehmigung eines Flughafens wird von der Luftfahrtbehörde des Landes erteilt, in dem das Gelände liegt.

(2) Erstreckt sich das Gelände oder der Bauschutzbereich auf mehrere Länder, so ist Genehmigungsbehörde und Luftfahrtbehörde nach den Vorschriften des Luftverkehrsgesetzes über Baubeschränkungen im Bauschutzbereich die Behörde des Landes, in dem der überwiegende Teil des Geländes liegt. Die Genehmigung bedarf der Zustimmung der Luftfahrtbehörde der beteiligten Länder.

§ 40

Antrag auf Erteilung der Genehmigung

(1) Der Antrag auf Erteilung der Genehmigung muß enthalten

1. den Namen, Wohnsitz oder Sitz des Antragstellers, eine Erklärung über schwebende Strafverfahren und darüber, daß ein Führungszeugnis nach § 28 des

Bundeszentralregistergesetzes zur Vorlage bei der Genehmigungsbehörde beantragt worden ist, bei juristischen Personen und Gesellschaften des Handelsrechts außerdem den Namen und Wohnsitz der vertretungsberechtigten Personen sowie auf Verlangen eine Bescheinigung des Registergerichts, daß die Eintragung in das Vereins-, Handels- oder Genossenschaftsregister nur noch von der Erteilung der Genehmigung abhängt,

2. die Angabe der Staatsangehörigkeit, sofern der Antragsteller eine natürliche Person ist,

3. den Nachweis der wirtschaftlichen Leistungsfähigkeit des Antragstellers,

4. die Angaben über die bestehenden örtlichen und baulichen Verhältnisse des Geländes, bei Wasserflughäfen auch über den Verkehr von Wasserfahrzeugen,

5. eine Beschreibung der geplanten Anlagen und Betriebseinrichtungen sowie der beabsichtigten Flug- und Flughafenbetriebsabwicklung,

11. bei Sonderflughäfen die Angabe des Zwecks, dem dieser dienen soll.

(2) Die Genehmigungsbehörde kann weitere Unterlagen, insbesondere auch Sachverständigengutachten, fordern. Sie bestimmt, in welcher Anzahl der Antrag und die Unterlagen einzureichen sind.

§ 41

Änderungsanträge

Die Genehmigungsbehörde bestimmt die Unterlagen, die von dem Flughafenunternehmer einzureichen sind, wenn der Ausbauplan, die Anlage oder der Betrieb des Flughafens wesentlich erweitert oder geändert werden soll.

§ 42

Erteilung und Umfang der Genehmigung, Festlegung des Ausbauplans

(1) Die Genehmigung des Flughafens ist für seine Anlegung und seinen Betrieb zu erteilen; sie kann mit Auflagen, insbesondere zur Einschränkung von Lärmauswirkungen auf die Umgebung des Flughafens, verbunden und befristet werden.

(2) Die Genehmigungsurkunde muß enthalten

1. die Bezeichnung des Flughafens,

2. die Lage des Flughafens,

3. die geographische Lage und Höhe des Flughafenbezugspunkts,

7. die Arten der Luftfahrzeuge, die den Flughafen benutzen dürfen,

8. bei einem Sonderflughafen den Zweck, dem dieser dienen soll,

(4) Die Genehmigungsbehörde veranlaßt die Bekanntmachung der Genehmigung in den Nachrichten für Luftfahrer und in den Amtsblättern der Länder, auf die sich der Bauschutzbereich erstreckt. Die Bekanntmachung muß die Angaben nach Absatz 2 enthalten.

§ 43

Flughafenbenutzungsordnung

(1) Vor der Aufnahme des Flughafenbetriebs hat der Flughafenunternehmer der Genehmigungsbehörde eine Benutzungsordnung und bei Verkehrsflughäfen außerdem eine Regelung der Entgelte für das Starten, Landen und Abstellen von Luftfahrzeugen sowie für die Benutzung von Fluggasteinrichtungen zur Genehmigung vorzulegen.

(2) Die Genehmigungsbehörde veranlaßt die Bekanntmachung der Benutzungsordnung und der Regelung der Entgelte in den Nachrichten für Luftfahrer.

§ 44

Betriebsaufnahme

(1) Der Flughafen darf erst in Betrieb genommen werden, wenn die Genehmigungsbehörde dies auf Grund einer Abnahmeprüfung gestattet.

(2) Die Genehmigungsbehörde veranlaßt die Bekanntmachung der Betriebsaufnahme in den Nachrichten für Luftfahrer.

(3) Die Absätze 1 und 2 sind sinngemäß auf die Genehmigung wesentlicher Erweiterungen oder Änderungen der Anlage und des Betriebes anzuwenden.

§ 45

Pflichten des Flughafenunternehmers

(1) Der Flughafenunternehmer hat den Flughafen in betriebssicherem Zustand zu erhalten und ordnungsgemäß zu betreiben. Vorkommnisse, die den Betrieb des Flughafens wesentlich beeinträchtigen, sind der Genehmigungsbehörde unverzüglich anzuzeigen. Die Genehmigungsbehörde kann den Flughafenunternehmer von der Betriebspflicht befreien.

(2) Der Flughafenunternehmer hat beabsichtigte bauliche und betriebliche Erweiterungen und Änderungen der Genehmigungsbehörde rechtzeitig anzuzeigen. Luftfahrthindernisse im Flughafen und innerhalb des Bauschutzbereiches sind nach näherer Weisung der Genehmigungsbehörde kenntlich zu machen.

§ 46

Sicherung von Flughäfen

(1) Der Flughafenunternehmer hat den Flughafen so einzufrieden, daß das Betreten durch Unbefugte verhindert wird.

(2) Die Genehmigungsbehörde kann in besonderen Fällen den Flughafenunternehmer von der Verpflichtung nach Absatz 1 befreien und ihm auferlegen, Verbotsschilder aufzustellen. Die Schilder sollen entlang der Grenze der nicht allgemein zugänglichen Teile des Flughafens und in Abständen von 250 m und bei einmündenden Geh- oder Fahrwegen mindestens in 1 Meter Höhe über dem Boden angebracht werden. Sie sollen 70 cm breit und 50 cm hoch sein und die Beschriftung

„Flugplatz
Betreten durch Unbefugte verboten"

tragen.

(3) Die Absätze 1 und 2 gelten bei Wasserflughäfen nur hinsichtlich der zugehörigen Landflächen.

(4) Das Betreten der eingefriedeten oder durch Verbotsschilder gekennzeichneten Teile des Flughafens ist Unbefugten verboten.

§ 47

Aufsicht

(1) Die Genehmigungsbehörde ist berechtigt nachzuprüfen, ob

1. der bauliche und betriebliche Zustand des Flughafens entsprechend der Genehmigung fortbesteht,

2. die erteilten Auflagen eingehalten werden und

3. der Flughafenbetrieb ordnungsgemäß durchgeführt wird. Sie kann die hierfür notwendigen Auskünfte verlangen und ist berechtigt, ihre Nachprüfungen auf dem Flughafen durchzuführen.

(2) Die Zuständigkeit anderer Behörden zur Wahrnehmung ihrer Aufgaben auf dem Flughafen bleibt unberührt.

§ 48

Rücknahme und Widerruf der Genehmigung

(1) Die Genehmigung ist zurückzunehmen, wenn die Voraussetzungen für ihre Erteilung nicht vorgelegen haben. Sie ist zu widerrufen, wenn die Voraussetzungen für ihre Erteilung nachträglich nicht nur vorübergehend entfallen sind. Sie kann widerrufen werden, wenn die erteilten Auflagen nicht eingehalten werden.

(2) Die Rücknahme, der Widerruf oder das Erlöschen der Genehmigung aus anderen Gründen ist bekanntzumachen; § 42 Abs. 4 Satz 1 ist sinngemäß anzuwenden.

2. Landeplätze

§ 49

Begriffsbestimmung und Einteilung

(1) Landeplätze sind Flugplätze, die nach Art und Umfang des vorgesehenen Flugbetriebs einer Sicherung durch einen Bauschutzbereich nach § 12 des Luftverkehrsgesetzes nicht bedürfen und nicht nur als Segelfluggelände dienen.

(2) Die Landeplätze werden genehmigt als

1. Landeplätze des allgemeinen Verkehrs (Verkehrslandeplätze),

2. Landeplätze für besondere Zwecke (Sonderlandeplätze).

§ 50
Genehmigungsbehörde

Die Genehmigung eines Landeplatzes wird von der Luftfahrtbehörde des Landes erteilt, in dem das Gelände liegt. § 39 Abs. 2 ist anzuwenden.

§ 51
Antrag auf Erteilung der Genehmigung

(1) Der Antrag auf Erteilung der Genehmigung eines Landeplatzes für Landflugzeuge muß enthalten

1. die § 40 Abs. 1 Nr. 1 bis 5 und 11 entsprechenden Angaben und Nachweise;

2. a) einen Übersichtsplan im Maßstab 1:25 000 mit Höhenschichtlinien, aus dem ersichtlich sind der Landeplatz mit seiner Umgrenzung und dem anschließenden Gebiet bis zu einer Entfernung von 3 km, die Anfluggrundlinien, die Start- und Landeflächen, die Bebauungszone mit Bauhöhen, die Luftfahrthindernisse und – soweit vorgesehen – die Start- und Landebahnen, die Rollbahnen, der beschränkte Bauschutzbereich mit dem Bezugspunkt des Landeplatzes sowie ein Vorschlag für Höhenfestlegungen nach den §§ 13 und 15 des Luftverkehrsgesetzes, bei Wasserlandeplätzen außerdem die in § 40 Abs. 1 Nr. 6 Buchstabe a für Wasserflughäfen vorgeschriebenen zusätzlichen Angaben;

   b) einen Lageplan des Gebietes bis mindestens 1 km von den Enden der Start- und Landeflächen und bis mindestens 0,5 km beiderseits der Anfluggrundlinien im Maßstab 1:5 000 oder 1:2 500 mit den unter Buchstabe a bezeichneten Eintragungen;

4. das Gutachten eines Sachverständigen über die Eignung des Landeplatzes;

(2) § 40 Abs. 2 und § 41 sind sinngemäß anzuwenden. Auf Antrag kann die Genehmigungsbehörde Ausnahmen von den Antragserfordernissen des Absatzes 1 zulassen.

(3) Für Landeplätze, die nicht oder nicht nur dem Verkehr von Landflugzeugen dienen sollen, bestimmt die Genehmigungsbehörde die Antragserfordernisse.

§ 52
Erteilung und Umfang der Genehmigung

(1) Die Genehmigung des Landeplatzes ist für seine Anlegung und seinen Betrieb zu erteilen; sie kann mit Auflagen insbesondere zur Einschränkung von Lärmauswirkungen auf die Umgebung eines Landeplatzes und zum Abschluß einer Haftpflichtversicherung mit Festlegung der Höhe der Versicherungssumme verbunden und befristet werden.

(2) Die Genehmigungsurkunde muß enthalten

1. die § 42 Abs. 2 Nr. 1 bis 3, 7 und 8 entsprechenden Angaben,

2. die Richtung und Länge der Start- und Landeflächen und gegebenenfalls der Start- und Landebahnen,

3. gegebenenfalls die Bestimmung eines beschränkten Bauschutzbereiches.

(3) § 42 Abs. 4 ist sinngemäß anzuwenden. Die Bekanntmachung muß die Angaben nach Absatz 2 enthalten.

§ 53
Anzuwendende Vorschriften

(1) Für die Betriebsaufnahme und die Pflichten des Landeplatzhalters sind § 43 Abs. 1, die §§ 44 und 45 Abs. 1 und 2, für die Aufsicht § 47 und für die Rücknahme oder den Widerruf der Genehmigung § 48 sinngemäß anzuwenden.

(2) Für die Sicherung von Landeplätzen ist § 46 Abs. 1 bis 3 mit der Maßgabe anzuwenden, daß die Sicherungsmaßnahmen auch auf Teile des Landeplatzes und bestimmte Zeiten beschränkt werden können. Das Betreten der eingefriedeten oder durch Verbotsschilder gekennzeichneten Teile des Landeplatzes ist Unbefugten verboten.

(3) Der Landeplatzhalter hat auf Verlangen der Genehmigungsbehörde eine oder mehrere Personen als Flugleiter zu bestellen. Die Bestellung bedarf der Bestätigung durch die Genehmigungsbehörde.

Vierter Abschnitt
Verwendung und Betrieb von Luftfahrtgerät

4. Luftfahrtveranstaltungen

§ 73
Genehmigungsbehörde

Die Genehmigung von Luftfahrtveranstaltungen wird

1. für Luftfahrtveranstaltungen, die nicht über ein Land hinausgehen, von der Luftfahrtbehörde des Landes, in dem die Veranstaltung stattfinden soll,

2. für Luftfahrtveranstaltungen, die über ein Land hinausgehen, von dem Bundesminister für Verkehr

erteilt.

§ 74
Antrag auf Erteilung der Genehmigung

(4) Luftfahrtveranstaltungen, an denen nur Flugmodelle teilnehmen, die nicht der Verkehrszulassungspflicht unterliegen, bedürfen nicht der Genehmigung.

8. Luftbildwesen

§ 83
Erlaubnispflicht und Umfang der Erlaubnis

(1) Die Erlaubnis zu Lichtbildaufnahmen von einem Luftfahrzeug aus (Luftbildaufnahmen) außerhalb des Fluglinienverkehrs wird als allgemeine oder besondere Erlaubnis sowie als Aufnahmeerlaubnis in Luftbildsperrgebieten erteilt.

(2) Die allgemeine Erlaubnis berechtigt zur gewerblichen Herstellung von Luftbildaufnahmen außerhalb von Luftbildsperrgebieten. Sie gilt als Grunderlaubnis nach Artikel 42 Buchstabe a des Zusatzabkommens zu dem Abkommen zwischen den Parteien des Nordatlantikvertrages über die Rechtsstellung ihrer Truppen hinsichtlich der in der Bundesrepublik Deutschland stationierten ausländischen Truppen vom 3. August 1959 (BGBl. 1961 II S. 1218).

(3) Die besondere Erlaubnis berechtigt zur Herstellung von Luftbildaufnahmen außerhalb von Luftbildsperrgebieten nach Maßgabe der in der Erlaubnis enthaltenen Beschränkungen.

§ 84
Erlaubnisbehörde

Die Erlaubnis wird von der Luftfahrtbehörde des Landes erteilt, in dem der Antragsteller seinen Wohnsitz oder Sitz hat. Hat der Antragsteller keinen Wohnsitz oder Sitz innerhalb des Geltungsbereichs dieser Verordnung, so ist der Bundesminister für Verkehr Erlaubnisbehörde.

Fünfter Abschnitt
Haftpflicht- und Unfallversicherung, Hinterlegung

1. Haftpflichtversicherung

§ 102
Versicherer

(1) Der Haftpflichtversicherungsvertrag des Luftfahrzeughalters ist mit einem im Geltungsbereich dieser Verordnung zugelassenen Versicherer zu schließen.

§ 103

Vertragsinhalt

(1) Der Haftpflichtversicherungsvertrag muß die sich aus dem Betrieb eines Luftfahrzeugs für den Halter und die berechtigten Besatzungsmitglieder ergebende Haftung decken.

(2) Die Mindesthöhe der Versicherungssumme bestimmt sich bei Luftfahrzeugen, mit Ausnahme der in Absatz 3 bezeichneten, nach § 37 des Luftverkehrsgesetzes.

(3) Bei Segelflugzeugen, Frei- und Fesselballonen, Drachen, Flugmodellen und Fallschirmen, die zu Übungs- und Vorführungszwecken sowie zum Abwerfen von Sachen verwendet werden, muß mindestens für folgende Haftungssummen Deckung nachgewiesen werden:

1. für den Fall, daß eine Person getötet oder verletzt wird, bis zu fünfunddreißigtausend Deutsche Mark Kapital; dies gilt auch für den Kapitalwert einer als Entschädigung festgesetzten Rente;

2. für den Fall, daß mehrere Personen durch dasselbe Ereignis getötet oder verletzt werden, unbeschadet der Grenze in Nummer 1 bis zu insgesamt fünfundsiebzigtausend Deutsche Mark Kapital; dies gilt auch für den Kapitalwert der als Entschädigung festgesetzten Renten;

3. für den Fall, daß Sachen beschädigt werden, bis zu insgesamt fünftausend Deutsche Mark.

Für Drachen und Flugmodelle ist Gruppenversicherung zulässig. Flugmodelle mit weniger als 5 kg Höchstgewicht, die nicht durch Verbrennungsmotoren angetrieben werden, sowie Fallschirme, die nicht zu Übungs- oder Vorführungszwecken oder zum Abwerfen von Sachen verwendet werden, sind von der Versicherungspflicht befreit.

(4) Der Versicherer ist verpflichtet, dem Versicherungsnehmer bei Beginn des Versicherungsschutzes eine Versicherungsbestätigung kostenlos zu erteilen. In der Versicherungsbestätigung ist zu bescheinigen, daß ein Haftpflichtversicherungsvertrag besteht, der den Erfordernissen der Absätze 1 bis 3 entspricht.

(5) Die Zulassungsbehörde kann jederzeit die Vorlage des Versicherungsscheins und den Nachweis über die Zahlung des letzten Beitrags verlangen. Bei dem Betrieb von Luftfahrzeugen, die nicht der Verkehrszulassung nach § 6 bedürfen, ist als Versicherungsnachweis eine Bescheinigung des Versicherers mitzuführen, aus der Umfang und Dauer des Versicherungsschutzes ersichtlich sind. Liegt Gruppenversicherung vor, kann die Bescheinigung mit Ermächtigung des Versicherers vom Versicherungsnehmer ausgestellt werden, wobei der Name und die Anschrift des Versicherers anzugeben sind. Die Bescheinigung ist den zuständigen Behörden auf Verlangen vorzuzeigen.

§ 104

Anzeigepflicht

Der Versicherer und der versicherte Halter haben der Zulassungsbehörde (§ 7) jede Unterbrechung des Versicherungsschutzes sowie jede Beendigung des Versicherungsverhältnisses unverzüglich anzuzeigen.

Sechster Abschnitt

Kosten, Ordnungswidrigkeiten und Schlußvorschriften

§ 107

Kosten

Kosten (Gebühren und Auslagen) für Amtshandlungen der Luftfahrtbehörden werden nach der Kostenordnung der Luftfahrtverwaltung erhoben.

§ 108

Ordnungswidrigkeiten

Ordnungswidrig im Sinne des § 58 Abs.1 Nr.10 des Luftverkehrsgesetzes handelt, wer vorsätzlich oder fahrlässig

5. als Führer eines Luftfahrzeuges entgegen

d) § 103 Abs.5 Satz 2 die Bescheinigung über die Haftpflichtversicherung beim Betrieb des Luftfahrzeugs nicht mitführt;

6. als Angehöriger des Luftfahrtpersonals

a) entgegen § 26 Abs.2 Satz 4 den erforderlichen Ausweis oder entgegen § 28 Abs.2 Satz 5 den Ausweis über die Erlaubnis oder die Bescheinigung über die Anerkennung im Einzelfall nicht mitführt,

7. als Halter eines Flugplatzes entgegen

a) § 45 Abs.1, § 53 oder § 58 den Flughafen, den Landeplatz oder das Segelfluggelände nicht in betriebssicherem Zustand erhält oder den Flughafen oder Landeplatz nicht ordnungsgemäß betreibt,

b) § 45 Abs.2, § 53 oder § 58 Erweiterungen oder Änderungen der Genehmigungsbehörde nicht rechtzeitig anzeigt oder Luftfahrthindernisse nicht kenntlich macht;

8. entgegen § 46 Abs.4, § 53 Abs.2 Satz 2 oder § 59 Satz 2 unbefugt Flugplätze betritt:

14. als Versicherer oder als Halter eines Luftfahrzeugs entgegen § 104 der Zulassungsbehörde die Unterbrechung des Versicherungsschutzes oder die Beendigung des Versicherungsverhältnisses nicht unverzüglich anzeigt;

Anlage 1
(zu § 14 Abs. 1)

Vorschriften über den Eintragungsschein und das Lufttüchtigkeitszeugnis sowie die Kennzeichnung von Luftfahrzeugen

IV.

Gemeinsame Vorschriften

3. Unbemannte Ballone, Drachen, Flugmodelle mit einem Gewicht von 5 kg und mehr sowie Flugkörper mit Eigenantrieb müssen an sichtbarer Stelle den Namen und die Anschrift des Eigentümers in dauerhafter und feuerfester Beschriftung führen.

5. Zulassungsbehörde ist die für die Verkehrszulassung zuständige Behörde.

12.3 Richtlinien für die Genehmigung der Anlage und des Betriebs von Flugplätzen für Flugmodelle und für die Erteilung der Erlaubnis zum Aufstieg von Flugmodellen

vom 10.05.1978 (NfL I - 177/78)

1. Rechtsgrundlagen

1.1 Flugfähige Flugmodelle schwerer als Luft — ausgenommen Saal-, Hallen- und Zimmerflugmodelle sowie andere in geschlossenen Räumen eingesetzte Flugmodelle — sind Luftfahrzeuge nach § 1 Abs. 2 Luftverkehrsgesetz (LuftVG). Sie sind unbemannte Luftfahrtgeräte, die vornehmlich für sportliche Zwecke entwickelt und eingesetzt werden. Eine Prüf- und Zulassungspflicht nach den Vorschriften der Luftverkehrs-Zulassungs-Ordnung (LuftVZO), der Prüfordnung für Luftfahrtgerät (LuftGerPO) sowie der Bauordnung für Luftfahrtgerät (LuftBauO) ist für Flugmodelle mit 20 kg und weniger Fluggewicht nicht vorgeschrieben.

1.2 Die Erlaubnispflicht zum Aufstieg von Flugmodellen ist in § 16 Luftverkehrs-Ordnung (LuftVO) geregelt. Hiernach bedürfen einer Aufstiegserlaubnis

a) Flugmodelle aller Art mit einem Gesamtgewicht von 5 kg und mehr,

b) Flugmodelle aller Art, gleich welchen Gewichts, die in einer Entfernung von weniger als 1,5 km von der Begrenzung von Flugplätzen (§ 6 Abs. 1 Satz 1 LuftVG) betrieben werden,

c) Flugmodelle mit Verbrennungsmotoren, gleich welchen Gewichts, die in einer Entfernung von weniger als 1,5 km von Wohngebieten betrieben werden,

d) Flugmodelle mit Raketenantrieb, deren Treibsatz mehr als 20 g beträgt.

Die Erlaubnis kann für den Einzelfall oder allgemein erteilt werden; sie kann mit Auflagen verbunden und befristet werden.

1.3 Eine Genehmigung zur Anlage und zum Betrieb eines Flugplatzes für Flugmodelle nach § 6 LuftVG i. V. m. §§ 49 bis 53 LuftVZO kann auf Antrag erteilt werden, wenn ein Gelände — nicht nur vorübergehend — fortgesetzt und ausschließlich oder hauptsächlich für den Betrieb von Flugmodellen benutzt werden soll. Eine solche Genehmigung kann auf Antrag auch erteilt werden, wenn nur Aufstiege vorgesehen sind, für die nach Art der verwendeten Flugmodelle und Lage des Geländes eine Erlaubnis nach § 16 LuftVO nicht vorgeschrieben ist.

1.4 Einer Außenstart- und -landeerlaubnis nach § 25 LuftVG außerhalb der für Flugmodelle nach § 6 LuftVG in Verbindung mit §§ 49 bis 53 LuftVZO genehmigten Flugplätze bedarf es nach § 15 Abs. 1 LuftVO nicht. Ebenso bedarf es nicht der Aufstiegserlaubnis nach § 16 LuftVO, wenn der Flugbetrieb auf einem zugelassenen Flugplatz für Flugmodelle durchgeführt wird.

1.5 Neben der Erlaubnis nach Nr. 1.2 bedarf es auf Flugplätzen, die nicht für Flugmodelle genehmigt sind, für den Betrieb von Flugmodellen aller Art nach § 16 Abs. 5 Satz 3 LuftVO der Zustimmung der Luftaufsichtsstelle oder Flugleitung.

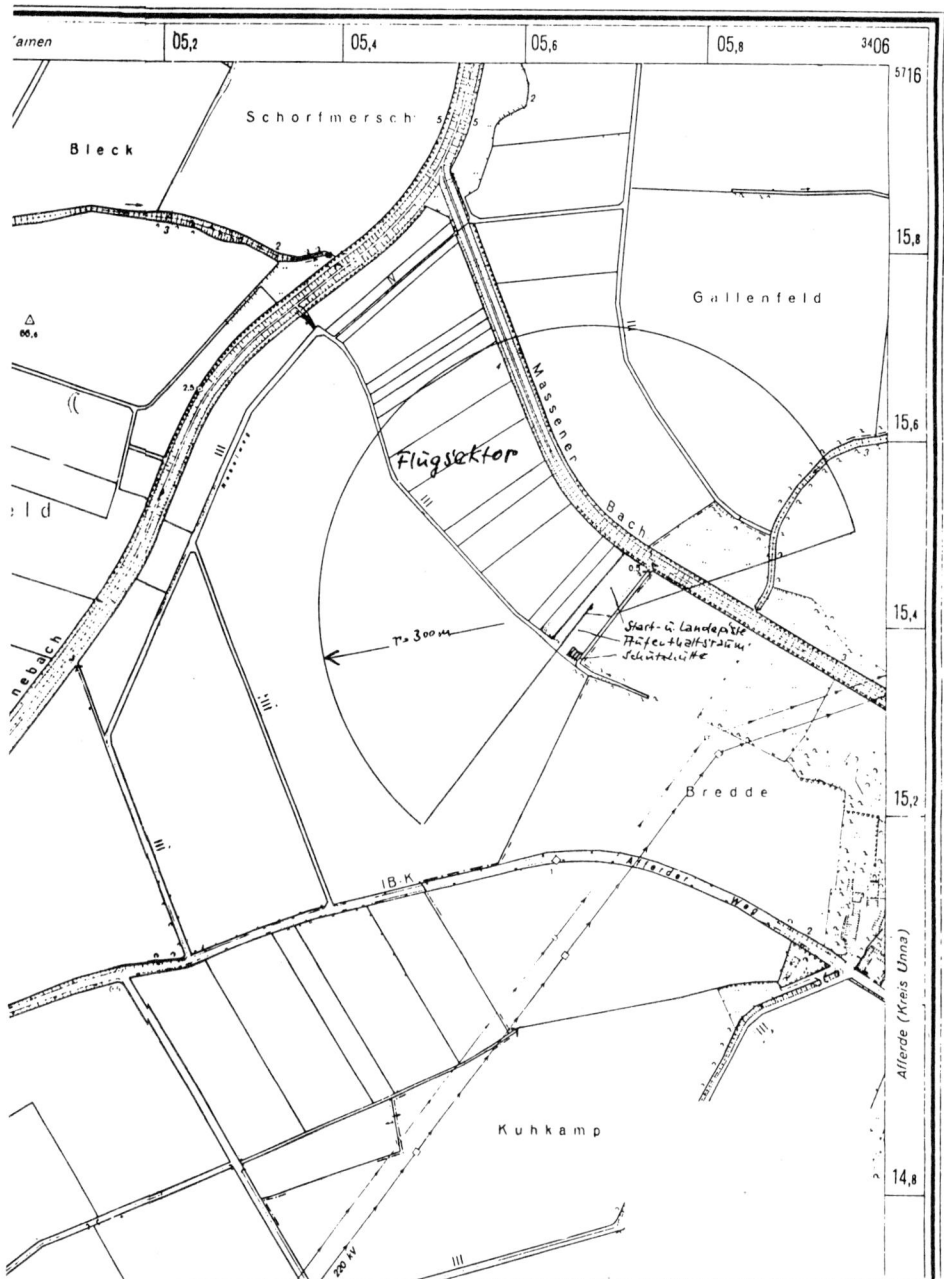

Abb. 349: Die Deutsche Grundkarte hat einen Maßstab von 1:5000. In dieser Karte ist der gesamte Gebäudebestand und der Straßennachweis enthalten. Neben der Lage des Modellflugplatzes ist der Radius des Flugsektors ab Platzmittelpunkt eingezeichnet.

2. Genehmigung von Flugplätzen für Flugmodelle

2.1 Antragsunterlagen

Der Antrag auf Genehmigung zur Anlage und zum Betrieb eines Flugplatzes für Flugmodelle muß enthalten:

2.1.1 den Namen, Wohnsitz oder Sitz des Antragstellers, bei juristischen Personen und Gesellschaften des Handelsrechts außerdem den Namen und Wohnsitz der vertretungsberechtigten Personen, sowie auf Verlangen einen Auszug aus dem Vereins-, Handels- oder Genossenschaftsregister,

2.1.2 die Angabe der Staatsangehörigkeit, sofern der Antragsteller eine natürliche Person ist,

2.1.3 Angaben über die bestehenden örtlichen und baulichen Verhältnisse des Geländes,

2.1.4 eine Beschreibung der geplanten Anlagen und Betriebseinrichtungen,

2.1.5 einen Übersichtsplan im Maßstab 1 : 25 000 mit Höhenschichtlinien, aus dem der Modellflugplatz mit seiner Umgrenzung und dem anschließenden Gebiet bis zu einer Entfernung von 2 km vom Flugplatzbezugspunkt, die benutzbaren Sektoren und die Luftfahrthindernisse ersichtlich sind,

2.1.6 einen Lageplan des Modellflugplatzes im Maßstab 1 : 5 000, aus dem die unter 2.1.5 bezeichneten Eintragungen sowie die Start- und Landeflächen und die baulichen Anlagen mit Höhenangaben ersichtlich sind,

2.1.7 das Gutachten eines Modellflugsachverständigen über die Eignung des Geländes und des Luftraumes, in dem der Flugbetrieb stattfinden soll,

2.1.8 den beabsichtigten Zweck, die Art und den Umfang des Flugbetriebes und die Betriebszeiten,

2.1.9 die Zustimmung des Grundstückseigentümers,

2.1.10 ggf. weitere von der Genehmigungsbehörde für die Entscheidung über den Antrag im Einzelfall für erforderlich gehaltene Unterlagen.

2.2 Genehmigungsvoraussetzungen

2.2.1 Das Gelände muß hinsichtlich seiner Beschaffenheit und örtlichen Lage für einen sicheren Modellflugbetrieb geeignet sein. Die Oberfläche der Start- und Landebahn muß so beschaffen sein, daß einwandfreie Starts und Landungen durchgeführt werden können. Die Mindestlänge der Start- und Landebahn soll 80 m, die Mindestbreite 20 m betragen. Die Start- und Landebahn muß frei sein von Hindernissen. Der Modellflugplatz muß ungehindert über Straßen oder Wege, die für Kraftfahrzeuge geeignet sind, erreichbar sein. (An- und Abfahrt von Rettungsfahrzeugen.)

2.2.2 Der Luftraum oberhalb und in der Umgebung eines Modellflugplatzes ist in Sektoren einzuteilen. Die für den Flugbetrieb benutzbaren Sektoren sind festzulegen. In diese dürfen keine Bauwerke und sonstigen Hindernisse hineinragen, die nach den örtlichen Verhältnissen die sichere Durchführung des Flugbetriebs gefährden können. Eine Höhenbegrenzung ist nur vorzunehmen, wenn die Nähe eines benachbarten Flugplatzes dies erfordert.

Eine gutachtliche Stellungnahme der Bundesanstalt für Flugsicherung nach § 31 Abs. 3 LuftVG ist von der zuständigen Luftfahrtbehörde des Landes nur dann einzuholen, wenn das Modellfluggelände

a) innerhalb einer Kontrollzone
oder

b) bei militärischen Flugplätzen ohne Kontrollzone innerhalb des Bauschutzbereichs liegt.

In allen anderen Fällen gilt die gutachtliche Zustimmung der Bundesanstalt für Flugsicherung als erteilt.

2.2.3 Beim Betrieb ferngesteuerter Flugmodelle sind die Start- und Landeflächen von den Zuschauerplätzen, Abstellplätzen für Pkw sowie Gebäuden auf dem Modellflugplatz durch einen mindestens 2,5 m hohen Sicherheitszaun aus Maschendraht oder einem vergleichbaren Material abzugrenzen. Hiervon kann abgesehen werden, wenn die Art des Flugbetriebs und die Belange der öffentlichen Sicherheit und Ordnung dies zulassen.

2.2.4 Zu Straßen, Eisenbahnen, Wasserstraßen und Freileitungen sind Abstände einzuhalten, die Gefährdungen durch den Flugbetrieb ausschließen. Bei nicht ausreichenden Abständen müssen Gefährdungen durch andere Maßnahmen vermieden werden (z.B. durch Begrenzung der benutzbaren Sektoren).

2.2.5 Der Schallpegel von Flugmodellen, die von Verbrennungsmotoren angetrieben werden, darf bei Vollast den Wert von $L_A = 87$ dB(A) unter den folgenden Meßbedingungen nicht überschreiten:

Aufstellung des Modells:	1 m über Grund
Bodenbeschaffenheit:	kurz gemähter Grasboden
Meßgeräteaufstellung:	7 m Abstand, 90° zur Ausstoßrichtung des Auspuffs, Höhe 1 m über Grund
Meßgerät:	Präzisionsschallpegelmesser nach DIN 45633 oder nach DIN 45634 Einstellung: dB(A), slow. (Für grobe Orientierungsmessungen können auch einfachere Schallpegelmesser verwendet werden.)
Windgeschwindigkeit:	unter 5 m/sec
Meßort:	Im Umkreis von 20 m um das Mikrofon dürfen keine die Messung beeinflussenden Gegenstände vorhanden sein (Reflexionen!).

Ab 1.1.1981 darf der maximal zulässige Schallpegel $L_A = 84$ dB(A) nicht überschritten werden.

2.2.6 Erreichen die verwendeten Flugmodelle Schallpegel, die unter 87 dB(A) — ab 1.1.1981 unter 84 dB(A) — liegen, so kann die zuständige Luftfahrtbehörde des Landes den Flugbetrieb auch in weniger als 1,5 km Entfernung von Wohngebieten zulassen. Die folgende Tabelle gibt Richtwerte für den Abstand D zwischen Modellflugplatz-Bezugspunkt und Wohngebiet

D	max. L_A jetzt	max. L_A ab 1.1.1981
1500 m	87 dB(A)/7 m	84 dB(A)/7 m
1200 m	83 dB(A)/7 m	80 dB(A)/7 m
900 m	78 dB(A)/7 m	75 dB(A)/7 m
600 m	71 dB(A)/7 m	68 dB(A)/7 m

Hiervon kann abgewichen werden, wenn durch ein Lärmgutachten oder durch Lärmmessung am Immissionsort nachgewiesen wird, daß eine unzumutbare Belastung der Bevölkerung auszuschließen ist. Dabei sollten — neben den Immissionspegeln — auch Dauer, Stärke, Wochentag und Tageszeiten des Flugbetriebs berücksichtigt werden

Als Wohngebiet sind nicht einzelne Häuser oder kleine Häusergruppen anzusehen. Inwieweit Streusiedlungen ein Wohngebiet sind, muß nach den örtlichen Verhältnissen beurteilt werden.

2.2.7 Die Erteilung der Genehmigung richtet sich im übrigen nach den Vorschriften der §§ 6 LuftVG, 50 LuftVZO. Die §§ 52 und 53 LuftVZO sind unter Berücksichtigung der Eigenart eines Flugplatzes für Flugmodelle und der besonderen Regelungen in diesen Richtlinien sinngemäß anzuwenden. Hierbei ist dem Flugplatzhalter der Abschluß einer Haftpflichtversicherung, die sich aus der Unterhaltung und dem Betrieb des Flugplatzes ergibt, zur Auflage zu machen. Die Höhe der Deckungssumme richtet sich nach Art und Umfang des Flugbetriebes; sie darf DM 200 000,— für Personenschaden und DM 20 000,— für Sachschäden nicht unterschreiten.

3. Erteilung der Aufstiegserlaubnis für Flugmodelle

Für die Erteilung der Erlaubnis zum Aufstieg von Flugmodellen außerhalb der für sie genehmigten Flugplätze gelten die Bestimmungen der Nr. 2 entsprechend. Auf einzelne Antragsunterlagen nach Nr. 2.1 und einzelne Genehmigungsvoraussetzungen nach Nr. 2.2 kann verzichtet werden, wenn die Art des Flugbetriebs und die Belange der öffentlichen Sicherheit und Ordnung dies zulassen.

4. Auflagen für den Betrieb von Flugmodellen

Die Genehmigung der Anlage und des Betriebs von Flugplätzen für Flugmodelle sowie die Aufstiegserlaubnis für Flugmodelle sind mit den nachfolgend aufgeführten Auflagen zu versehen:

4.1 Allgemeine Auflagen

4.1.1 Jeder Modellflieger hat sich so zu verhalten, daß die öffentliche Sicherheit und Ordnung, insbesondere andere Personen und Sachen sowie die Ordnung des Modellflugbetriebes nicht gefährdet oder gestört werden.

4.1.2 Der Flugbetrieb darf nur in Anwesenheit einer Person durchgeführt werden, die erfolgreich an einer Unterweisung in Sofortmaßnahmen am Unfallort oder Ausbildung in Erster Hilfe teilgenommen hat. Hierüber ist ein Nachweis gemäß § 8a der Straßenverkehrs-Zulassungs-Ordnung (StVZO) bzw. § 126 der Verordnung über Luftfahrtpersonal (LuftPersV) zu führen. Es muß eine Erste-Hilfe-Ausrüstung zur Verfügung stehen, die zumindest der für das Mitführen in Personenkraftwagen vorgeschriebenen Ausrüstung entspricht.

4.1.3 Der Halter eines Flugplatzes für Flugmodelle hat eine Flugordnung aufzustellen, die den in der Genehmigung getroffenen Regelungen, ggf. gesetzlichen weiteren Vorschriften und den Erfordernissen der Unfallverhütung Rechnung trägt. Die Flugordnung ist der Genehmigungsbehörde vorzulegen und den am Modellflugbetrieb Beteiligten zur Beachtung bekanntzugeben.

4.1.4 Bei gleichzeitigem Flugbetrieb von mehr als drei Modellen hat der Flugplatzhalter einen Flugleiter einzusetzen. Er hat den Flugbetrieb zu überwachen und erforderlichenfalls ordnend einzugreifen. Auf einem Flugplatz für Flugmodelle hat er ein Flugleiterbuch zu führen, in dem zeitliche Übernahme und Abgabe der Funktion des Flugleiters sowie alle Unregelmäßigkeiten während des Flugbetriebs aufzuführen sind.

4.1.5 Flugmodelle, die von Verbrennungsmotoren angetrieben werden, müssen mit Schalldämpfern ausgerüstet sein. Die zuständige Luftfahrtbehörde kann Ausnahmen hiervon zulassen, sofern durch andere technische Maßnahmen eine ausreichende Schalldämpfung erreicht ist. Der Schallpegel darf bei Vollast die unter Nr. 2.2.5 und 2.2.6 aufgeführten Werte nicht überschreiten.

Freiflugmodelle können hiervon ausgenommen werden, wenn aufgrund besonderer örtlicher Verhältnisse eine unzumutbare Lärmbelastung der Bevölkerung nicht gegeben ist.

4.1.6 Während des Start- und Landevorganges müssen die Start- und Landeflächen frei von unbefugten Personen und beweglichen Hindernissen sein.

4.1.7 Bewegliche Startgeräte (Startwinden, Umlenkrollen und andere Vorrichtungen zur Erleichterung des Starts oder zum Aufrollen der Startschnur) dürfen beim Start nicht aus der Hand gelegt werden.

4.1.8 Für den Modellflugbetrieb innerhalb von Kontrollzonen, bei einer Entfernung von weniger als 5 km von der Flughafenbegrenzung, ist vor Aufnahme des Flugbetriebs die Erlaubnis der zuständigen Flugsicherungsstelle einzuholen.

4.2 Besondere Auflagen für den Betrieb ferngesteuerter Flugmodelle

4.2.1 Die Flugmodelle müssen während des gesamten Fluges ständig vom Steuerer beobachtet werden können. Sie haben anderen bemannten Luftfahrzeugen stets auszuweichen.

4.2.2 Das Anfliegen von Personen und Tieren sowie das Überfliegen von Personengruppen und Fahrzeugabstellplätzen ist untersagt.

4.2.3 Die Sender sind während des Betriebs mit einer die Nummer des verwendeten Frequenz-Kanals enthaltenden farbigen Kennzeichnung zu versehen, die wie folgt gestaltet sein muß:

a) Farbe:

27 MHz-Bereich = braun (RAL 8003)
35 MHz-Bereich = orange (RAL 2003)
40 MHz-Bereich = grün (RAL 6018)
434 MHz-Bereich = blau (RAL 5012)

b) Schrift:

Mindestens 3 cm hoch, beidseitig weiß (RAL 9010)

c) Nummer der verwendeten Frequenzkanäle: siehe Anlage

4.2.4 Es dürfen nur Funkanlagen verwendet werden, die den Bestimmungen für Funkanlagen zur Fernsteuerung von Modellen nach Nr. 5 dieser Richtlinien entsprechen.

4.2.5 Beim Betrieb von Funkanlagen im 35 MHz Bereich müssen Sender und Empfänger für einen Kanalabstand von 10 kHz geeignet sein.

4.2.6 Der Betrieb auf bestimmten Frequenzen und Kanälen kann untersagt werden, wenn Tatsachen die Annahme rechtfertigen, daß hierdurch die öffentliche Sicherheit und Ordnung beeinträchtigt wird.

4.3 Besondere Auflagen für Modellflugveranstaltungen

4.3.1 Modellflugveranstaltungen bedürfen der Genehmigung (§ 24 LuftVG). Der Veranstalter hat für eine ausreichende und sichtbare Absperrung, Beschilderung (Verbots- und Hinweisschilder) und eine Veranstalterhaftpflichtversicherung zu sorgen. Die Deckungssumme darf DM 300.000,— für Personenschäden und DM 30.000,— für Sachschäden nicht unterschreiten.

4.3.2 Zur Unterstützung des Flugleiters ist zusätzliches Sicherheitspersonal entsprechend der Größe der Veranstaltung einzusetzen.

4.3.3 Bei Veranstaltungen mit bemannten Luftfahrzeugen, an denen Flugmodelle teilnehmen, ist für den Modellflugbetrieb ein besonderer, sachkundiger Flugleiter einzusetzen, der unter dem Leiter der Gesamtveranstaltung für den Einsatz und die Koordinierung der Flugmodelle verantwortlich ist. Die sichere Durchführung des Modellflugbetriebs ist durch ein Gutachten eines Modellflugsachverständigen nachzuweisen.

5. Bestimmungen für Funkanlagen zur Fernsteuerung von Flugmodellen

5.1 Das Errichten und Betreiben von Funkanlagen zur Fernsteuerung von Flugmodellen bedarf gem. § 2 des Gesetzes über Fernmeldeanlagen (FAG) in der Fassung der Bekanntmachung vom 17.3.1977 (BGBl. I S. 459) der Genehmigung durch den Bundesminister für das Post- und Fernmeldewesen oder der von ihm hierzu ermächtigten Behörden.

5.2 Das Errichten und Betreiben von Funkanlagen zur Fernsteuerung von Modellen mit einer FTZ-Serienprüfnummer der Kennbuchstabenreihe "MF . . ." ist durch eine Allgemeine Genehmigung des Bundesministers für das Post- und Fernmeldewesen vom 1.1.1976 (s. Bestimmungen über Funkanlagen zur Fernsteuerung von Modellen, Amtsblatt des Bundesministers für das Post- und Fernmeldewesen Nr. 13 vom 23.1.1976, Anhang 1) unter den dort beschriebenen Auflagen genehmigt.

5.3 Zum Errichten und Betreiben sonstiger Funkanlagen zur Fernsteuerung von Flugmodellen können nach den "Bestimmungen über Funkanlagen zur Fernsteuerung von Modellen" (s. Amtsblatt Nr. 13 vom 23.1.1976) natürlichen Personen Einzelgenehmigungen erteilt werden, und zwar

a) für Geräte ohne FTZ-Serienprüfnummer (z. B. Eigenbau) mit einer Gleichstromeingangsleistung bis zu 1 Watt und

b) für Geräte, die eine FTZ-Serienprüfnummer der Kennbuchstabenreihe "FE . . ." tragen.

6. Sonstiges

Über die in Nr. 4 vorgesehenen Auflagen hinaus sind weitere Auflagen festzulegen, wenn das aufgrund besonderer örtlicher Verhältnisse oder zur Aufrechterhaltung der öffentlichen Sicherheit und Ordnung notwendig ist. Ebenso kann in Ausnahmefällen von einzelnen Auflagen abgesehen werden, wenn besondere örtliche Verhältnisse dies rechtfertigen und die öffentliche Sicherheit und Ordnung nicht gefährdet ist.

Diese Richtlinie tritt am 1. Juli 1978 in Kraft.

Kanal-/Frequenztabelle für Funkfernsteuerungen

27 — MHz-Bereich

Kanal Nr.	Sendefrequenz kHz	Kanal Nr.	Sendefrequenz kHz
1 *	26965	17	27125
2 *	26975	18	27135
3 *	26985	19	27145
4	26995	20 *	27155
5	27005	21 *	27165
6	27015	22 *	27175
7	27025	23 *	27185
8	27035	24	27195
9	27045	25 *	27205
10	27055	26 *	27215
11	27065	27 *	27225
12	27075	28 *	27235
13	27085	29 *	27245
14	27095	30	27255
15	27105	31 *	27265
16	27115	32 *	27275

35 MHz-Bereich

Kanal Nr.	Sendefrequenz MHz	Kanal Nr.	Sendefrequenz MHz
36 *	34.400	45 *	35.300
39 *	34.700	48 *	35.600
42 *	35.000		
61	35.010	71	35.110
62	35.020	72	35.120
63	35.030	73	35.130
64	35.040	74	35.140
65	35.050	75	35.150
66	35.060	76	35.160
67	35.070	77	35.170
68	35.080	78	35.180
69	35.090	79	35.190
70	35.100	80	35.200

40 MHz-Bereich

Kanal Nr.	Sendefrequenz MHz	Kanal Nr.	Sendefrequenz MHz
50	40.665	52	40.685
51	40.675	53	40.695

434 MHz-Bereich

Kanal Nr.	Sendefrequenz MHz	Kanal Nr.	Sendefrequenz MHz
102	433.125	136	433.975
104	433.175	138	434.025
106	433.225	140	434.075
108	433.275	142	434.125
110	433.325	144	434.175
112	433.375	146	434.225
114	433.425	148	434.275
116	433.475	150	434.325
118	433.525	152	434.375
120	433.575	154	434.425
122	433.625	156	434.475
124	433.675	158	434.525
126	433.725	160	434.575
128	433.775	162	434.625
130	433.825	164	434.675
132	433.875	166	434.725
134	433.925		

* Nur bis 31. 12. 1982 verwendbar

Frequenztabelle für die Bundesrepublik Deutschland

335

Fernsteuer-Frequenzen im Ausland (Angaben in MHz)

Modellflieger nehmen häufig an internationalen Wettbewerben im Ausland teil oder verbringen ihren Urlaub außerhalb der deutschen Grenzen. Sie möchten nicht auf ihren Freizeitsport verzichten. Dabei ist es wichtig, die im Ausland zugelassenen Fernsteuerfrequenzen zu kennen. Die besonders (+) gekennzeichneten Frequenzen sind nur für die Steuerung von Flugmodellen bestimmt.
Quelle: Deutscher Aero Club (Referat Modellflugsport, Postfach 710 123, 6000 Frankfurt/M. 71).

Europa
Belgien: 26,995–27,555; 433,175–434,675; 32,200–32,450 (+); 40,665–40,695 (+); 72,080–72,400 (+).

Bulgarien: 27,120.

Cypern: 27,120.

CSSR: 27,120 und 40,680.

Dänemark: 26,995–27,225; 35,010–35,200 (+); 40,665–40,695.

Finnland: 26,995–27,195 (+); 27,095 und 27,255.

Frankreich: 26,975; 26,995; 27,045; 27,095; 27,145; 27,195; 27,235; 27,245; 27,255; 27,265; 27,275; 72,000–72,500; 144,000–145,000; 41,000–41,200.

Großbritannien: 26,995–27,245; 458,5–459,5.

Holland: 26,995–27,255; 40,665; 40,675; 40,685.

Irland: 26,990–27,280; 434,00.

Italien: 26,995; 27,120; 72,080; 72,240.

Liechtenstein: 27,350 und 40 MHz-Band.

Luxemburg: 26,995–27,255; FM 35, FM 40; 72,000–74,200.

Norwegen: 26,995–27,255; 34,400; 34,700; 35,000–35,200 (+); 40,665–40,695 (+); 72,080–72,540 (+).

Österreich: 27,025–27,145 (außer 27,025 und 27,125); 13,555 (+); 13,565 (+); 34,400–35,600 (+); 40,665–40,695 (+); 433,750–434,750 (+).

Polen: 26,965–27,625 (+); 32,250; 32,300; 32,350.

Schweden: 26,825–27,255; 35 und 40 MHz beantragt.

Schweiz: 13,560; 26,995–27,195; 40,665–40,985 (+); 433,250–434,500.

Außereuropäische Länder:
Australien: 26,957–27,282; 29,720–30,000 (+); 40,660; 40,700.

Japan: 26,995–27,245; 40,655–40,695.

Kanada: 53,100–53,500; 72,080–72,400; 72,960; 75,640; 26,995–27,195; weitere Frequenzen im 72 MHz-Band sind beantragt.

Neuseeland: 26,995–27,245; 36,050–36,550; 35,450–35,950.

Südafrika: 26,995–27,195; 53,100–54,400.

USA: 26,995–27,195; 27,255; 51,200; 52,040; 53,100; 53,500; 72,080–72,980; 75,640.

Alle Frequenzangaben ohne Gewähr.
Vor Antritt der Reise ist eine vorherige Rückfrage beim jeweiligen Nationalen Aero Club des Reiselandes zu empfehlen. So schützt man sich vor Überraschungen.
Auskunft erteilt der Deutsche Aero Club (Anschrift s. o./Freipostkarte einsenden!).

Liebe Modellflugsportler,

mit dem Erwerb dieses Modells (dieser Fernsteueranlage) haben Sie einen lohnenden Schritt zur Aufnahme des Modellflugsports getan oder wollen eine Ihnen bereits liebgewordene Tätigkeit fortsetzen.

Ihr größter Wunsch ist es jetzt, möglichst bald mit "Ihrem" Modell zu fliegen. Bauen und Ausrüsten des Modelles erscheinen Ihnen als notwendiges Übel. Sicher ist Bauen Mittel zum Zweck, und man sollte es auch nicht überbewerten.

Aber: Ihr Modell ist nach dem geltenden Luftrecht ein Luftfahrzeug, für das die erforderliche Starterlaubnis unter bestimmten Auflagen generell erteilt ist.

Deshalb sollten Sie Ihr Modell nur mit großer Sorgfalt und Umsicht betriebsbereit machen; andernfalls kann es sich sehr leicht als ein Sicherheitsrisiko erweisen.

Um Sie und andere vor Schaden zu bewahren, geben wir Ihnen folgende Empfehlungen und bitten Sie, diese zu Ihrem eigenen Besten und Nutzen und zum Nutzen aller Modellflieger zu befolgen.

o   Gehen Sie nach Möglichkeit in eine der Modellflugsportgruppen des DAeC. Hier werden Ihnen alle mit dem Modellflug zusammenhängenden Fragen beantwortet.

o   Schließen Sie auf jeden Fall eine Haftpflichtversicherung ab. Eine für Sie günstigere Versicherungsmöglichkeit besteht dann, wenn Sie Mitglied in einem Verein des DEUTSCHEN AERO CLUB e. V. und über diesen versichert sind.

o   Melden Sie umgehend Ihre Funkfernsteuerungsanlage bei der Bundespost an . Damit sichern auch Sie Ihren Anspruch auf die dem Modellflugsport zugeteilten Funk-Frequenzen. Bedenken Sie auch, daß Sie im Falle einer Nichtanmeldung Ihren Versicherungsschutz gefährden.

o   Wenn Sie keinen Verein gefunden haben, der über ein zugelassenes Flugfeld verfügt, dann denken Sie an folgende Regeln:

   +   In jedem Falle benötigen Sie die Erlaubnis zum Starten eines Modells vom Eigentümer des Grundstückes, auf dem der Start vollzogen werden soll.

   +   Im Umkreis von 1,5 km um geschlossene Wohngebiete darf mit Modellen, die von Verbrennungsmotoren angetrieben werden, nur mit behördlicher Genehmigung geflogen werden.

   +   Benutzen Sie nur Verbrennungsmotoren, die über einen ausreichenden Schalldämpfer verfügen.

   +   Vermeiden Sie die Nähe von Autobahnen und Bundesstraßen sowie von Flugplätzen.

o   Fliegen Sie zusammen mit anderen Modellfliegern, dann

   +   kennzeichnen Sie Ihren Sender mit der Kanalfrequenzfahne;

   +   schalten Sie nie Ihren Sender ein, bevor Sie sich überzeugt haben, ob nicht schon ein anderer Modellflieger auf "Ihrem" Kanal fliegt. Sprechen Sie sich in dieser Beziehung mit Ihren Flugkameraden ab.

o   Funkstörungen sind immer möglich, deshalb überzeugen Sie sich vor Aufnahme des Flugbetriebes, ob Ihre Frequenz rein ist (Abhörempfänger).

Wenn Sie alle Regeln beachten, dann wird Ihnen der Modellflugsport sehr viel Freude bereiten!

Wir wünschen Ihnen einen erfolgreichen Start!

Falls Sie Fragen haben, die Anschrift des Ihnen nächstgelegenen Vereins wissen möchten oder sonst Hilfe in Modellflugangelegenheiten benötigen, wenden Sie sich an eine unserer Landesverbandsgeschäftsstellen oder direkt an:

DEUTSCHER AERO CLUB e. V.
Bundesgeschäftsstelle
- Referat Modellflug -
Lyoner Straße 16
6000 Frankfurt/M. 71

12.4 Gesetz über Fernmeldeanlagen

Gesetz über Fernmeldeanlagen 17. März 1977

Amtsbl 1977 Nr. 41

§ 1

(1) Das Recht, Fernmeldeanlagen, nämlich Telegrafenanlagen für die Vermittlung von Nachrichten, Fernsprechanlagen und Funkanlagen zu errichten und zu betreiben, steht ausschließlich dem Bund zu. Funkanlagen sind elektrische Sendeeinrichtungen sowie elektrische Empfangseinrichtungen, bei denen die Übermittlung oder der Empfang von Nachrichten, Zeichen, Bildern oder Tönen ohne Verbindungsleitungen oder unter Verwendung elektrischer, an einem Leiter entlang geführter Schwingungen stattfinden kann.

(2) Das in Absatz 1 bezeichnete Recht übt der Bundesminister für das Post- und Fernmeldewesen aus; für Anlagen, die zur Verteidigung des Bundesgebiets bestimmt sind, übt es der Bundesminister der Verteidigung aus.

§ 2

(1) Die Befugnis zur Errichtung und zum Betrieb einzelner Fernmeldeanlagen kann verliehen werden. Die Verleihung kann für bestimmte Strecken oder Bezirke erteilt werden.

(2) Die Verleihung sowie die Festsetzung der Bedingungen der Verleihung stehen dem Bundesminister für das Post- und Fernmeldewesen oder den von ihm hierzu ermächtigten Behörden zu. Sie muß für Fernmeldeanlagen, die von Elektrizitätsunternehmungen zur öffentlichen Versorgung mit Licht und Kraft, die der allgemeinen Versorgung von Gemeinden oder größerer Gebietsteile zu dienen bestimmt sind, zum Zwecke ihres Betriebs verwendet werden sollen, erteilt werden, soweit nicht Betriebsinteressen der Deutschen Bundespost entgegenstehen; dies gilt nicht für Funkanlagen.

§ 3

(1) Ohne Verleihung (§ 2) können errichtet und betrieben werden (genehmigungsfreie Fernmeldeanlagen):

1. Fernmeldeanlagen, die ausschließlich dem inneren Dienst von Behörden der Länder, der Gemeinden oder Gemeindeverbände sowie von Deichkorporationen, Siel- und Entwässerungsverbänden gewidmet sind;

2. Fernmeldeanlagen, die von Transportanstalten auf ihren Linien ausschließlich zu Zwecken ihres Betriebs oder für die Vermittlung von Nachrichten innerhalb der bisherigen Grenzen benutzt werden;

3. Fernmeldeanlagen
   a) innerhalb der Grenzen eines Grundstücks,
   b) zwischen mehreren einem Besitzer gehörenden oder zu einem Betrieb vereinigten Grundstücken, deren keines von dem anderen über 25 km in der Luftlinie entfernt ist, wenn diese Anlagen ausschließlich für den der Benutzung der Grundstücke entsprechenden unentgeltlichen Verkehr bestimmt sind.

(2) Die Vorschriften des Absatzes 1 gelten nicht für Funkanlagen.

(3) Für die Frage, ob die Voraussetzungen des Absatzes 1 vorliegen, ist der Rechtsweg vor den ordentlichen Gerichten gegeben.

§ 4

Auf deutschen Fahrzeugen für Seefahrt, Binnenschiffahrt oder Luftfahrt dürfen Fernmeldeanlagen, die nicht ausschließlich zum Verkehr innerhalb des Fahrzeugs bestimmt sind, nicht ohne Verleihung (§ 2) errichtet und betrieben werden.

§ 5

Der Bundesminister für das Post- und Fernmeldewesen trifft die Anordnungen über den Betrieb von Fernmeldeanlagen auf fremden Fahrzeugen für Seefahrt, Binnenschiffahrt oder Luftfahrt, die sich im Geltungsbereich dieses Gesetzes aufhalten.

§ 6

(1) Anlagen, die auf Grund einer Verleihung nach § 2 errichtet sind oder betrieben werden, unterliegen der Überwachung daraufhin, daß die Verleihungsbedingungen eingehalten werden.

(2) Die in § 3 Abs. 1 genannten Anlagen unterliegen der Überwachung daraufhin, daß Errichtung und Betrieb sich innerhalb der gesetzlichen Grenzen halten.

(3) Die Vorschriften für die Überwachung erläßt der Bundesminister für das Post- und Fernmeldewesen.

§ 7

(1) Jedermann hat gegen Zahlung der Gebühren das Recht auf Beförderung von ordnungsmäßigen Telegrammen und auf Zulassung zu einem ordnungsmäßigen Gespräch auf den für den öffentlichen Fernmeldeverkehr bestimmten Anlagen.

(2) Vorrechte bei der Benutzung der dem öffentlichen Verkehr dienenden Anlagen und Ausschließungen von der Benutzung sind nur aus Gründen des öffentlichen Interesses zulässig.

§ 8

Sind an einem Ort Fernmeldeanlagen für den Ortsverkehr, sei es von der Deutschen Bundespost, sei es von der Gemeindeverwaltung oder von einem anderen Unternehmer, zur Benutzung gegen Entgelt errichtet, so kann jeder Eigentümer eines Grundstücks gegen Erfüllung der von jenen zu erlassenden und öffentlich bekanntzumachenden Bedingungen den Anschluß an das Lokalnetz verlangen.

§ 9

(1) Für die Beitreibung von Gebühren der Deutschen Bundespost aus der Benutzung ihrer Fernmeldeanlagen gelten die Vorschriften über die Beitreibung von Postgebühren. Über die Pflicht zur Zahlung der Gebühren steht der Rechtsweg vor den ordentlichen Gerichten offen.

(2) Die Vorschriften des Absatzes 1 gelten auch für die Beitreibung von Beträgen, die für die Erteilung einer Verleihung, für die Ausübung von Rechten aus ihr oder für die Verletzung von Verleihungsbedingungen zu zahlen sind.

§ 10

(1) Die im Dienst der Deutschen Bundespost stehenden Personen sind, vorbehaltlich der durch Bundesgesetz festgestellten Ausnahmen, zur Wahrung des Telegrafengeheimnisses und des Fernsprechgeheimnisses verpflichtet. Unter dem Schutz des Telegrafengeheimnisses und des Fernsprechgeheimnisses stehen auch die Mitteilungen, die auf den für den öffentlichen Verkehr bestimmten Funkanlagen der Deutschen Bundespost befördert oder zur Beförderung auf ihnen aufgegeben worden sind. Der Schutz erstreckt sich auch auf die näheren Umstände des Fernmeldeverkehrs, insbesondere darauf, ob und zwischen welchen Personen ein Fernmeldeverkehr stattgefunden hat.

(2) Die Vorschriften des Absatzes 1 gelten entsprechend für Personen, die eine für den öffentlichen Verkehr bestimmte, nicht der Deutschen Bundespost gehörende Fernmeldeanlage bedienen oder beaufsichtigen.

(3) Befindet sich die Fernmeldeanlage an Bord eines Fahrzeugs für Seefahrt oder Luftfahrt, so besteht die Pflicht zur Wahrung des Geheimnisses nicht gegenüber dem Führer des Fahrzeugs oder seinem Stellvertreter.

§ 11

Werden durch eine Funkanlage, die von anderen als Behörden betrieben wird, Nachrichten empfangen, die von einer öffentlichen Zwecken dienenden Fernmeldeanlage übermittelt werden und für die Funkanlage nicht bestimmt sind, so dürfen der Inhalt der Nachrichten sowie die Tatsache ihres Empfangs auch von Personen, für die eine Pflicht zur Geheimhaltung nicht schon nach § 10 besteht, anderen nicht mitgeteilt werden. Die Vorschrift des § 10 Abs. 3 gilt entsprechend.

§ 12

In strafgerichtlichen Untersuchungen kann der Richter und bei Gefahr im Verzug auch die Staatsanwaltschaft Auskunft über den Fernmeldeverkehr verlangen, wenn die Mitteilungen an den Beschuldigten gerichtet waren oder wenn Tatsachen vorliegen, aus denen zu schließen ist, daß die Mitteilungen von dem Beschuldigten herrührten oder für ihn bestimmt waren und daß die Auskunft für die Untersuchung Bedeutung hat.

§ 13

Die Vorschriften über die Beschlagnahme von Telegrammen bei der Deutschen Bundespost gelten entsprechend für Telegramme im Gewahrsam einer nicht der Deutschen Bundespost gehörenden deutschen Telegrafenanstalt, die mit der Deutschen Bundespost unmittelbar oder durch Vermittlung eines Dritten über beförderte Telegramme abrechnet. Das gleiche gilt für Telegramme im Gewahrsam des Dritten, der die Abrechnung vermittelt.

§ 14

(1) Der Führer eines deutschen Fahrzeugs für Seefahrt oder Luftfahrt kann aus wichtigen Gründen der Führung des Fahrzeugs von den Personen, die eine auf dem Fahrzeug befindliche Funkanlage bedienen oder beaufsichtigen, verlangen, daß Nachrichten aufgenommen und ihm mitgeteilt werden, die nicht für die Funkanlage bestimmt sind. Das gilt auch für seinen Stellvertreter, solange er die Führung des Fahrzeugs hat oder vom Führer mit der Ausübung der im Satz 1 bezeichneten Befugnisse betraut ist. Die Aufnahme und Mitteilung kann nicht mit der Begründung verweigert werden, daß ein wichtiger Grund der Führung des Fahrzeugs nicht vorliege.

(2) Der Führer des Fahrzeugs und sein Stellvertreter, solange dieser die Führung hat, sind befugt, Nachrichten, die von einer auf dem Fahrzeug befindlichen Funkanlage empfangen oder abgesandt werden, Dritten mitzuteilen, soweit die Nachrichten erkennen lassen, daß einem Fahrzeug oder Menschenleben Gefahr droht, und soweit die Mitteilung geschieht, um die Gefahr abzuwenden.

§ 15

(1) Wer entgegen den Vorschriften dieses Gesetzes eine Fernmeldeanlage errichtet oder betreibt, wird mit Freiheitsstrafe bis zu fünf Jahren oder mit Geldstrafe bestraft. Der Versuch ist strafbar.

(2) Mit Freiheitsstrafe bis zu zwei Jahren oder mit Geldstrafe wird bestraft, wer

a) genehmigungspflichtige Fernmeldeanlagen unter Verletzung von Verleihungsbedingungen errichtet, ändert oder betreibt,
b) nach Fortfall der Verleihung die zur Beseitigung der Anlage getroffenen Anordnungen der Deutschen Bundespost innerhalb der von ihr bestimmten Frist nicht befolgt.

(3) Handelt der Täter fahrlässig, so ist die Strafe Freiheitsstrafe bis zu einem Jahr oder Geldstrafe. Die Tat wird nur auf Antrag der Deutschen Bundespost verfolgt.

§ 16

(weggefallen)

§ 17

(weggefallen)

§ 18

Wer entgegen der in § 11 bezeichneten Pflicht zur Geheimhaltung den Inhalt von Nachrichten oder die Tatsache ihres Empfangs einem anderen mitteilt, wird mit Freiheitsstrafe bis zu zwei Jahren oder mit Geldstrafe bestraft.

§ 19

(1) Wer absichtlich den Betrieb einer öffentlichen Zwecken dienenden Funkanlage dadurch verhindert oder stört, daß er elektrische Energie verwendet, wird mit Freiheitsstrafe bis zu fünf Jahren oder mit Geldstrafe bestraft.

(2) Wer absichtlich den Betrieb einer sonstigen Funkanlage dadurch verhindert oder stört, daß er elektrische Energie verwendet oder für die Anlage bestimmte elektrische Energie entzieht, wird mit Freiheitsstrafe bis zu zwei Jahren oder mit Geldstrafe bestraft. Die Tat wird nur auf Antrag verfolgt.

§ 19 a

(1) Ordnungswidrig handelt, wer vorsätzlich oder fahrlässig die Überwachung von Fernmeldeanlagen (§ 6) verhindert oder stört oder eine in Ausübung der Überwachung verlangte Auskunft nicht, nicht richtig oder nicht fristgerecht erteilt.

(2) Die Ordnungswidrigkeit kann mit einer Geldbuße bis zu zehntausend Deutsche Mark geahndet werden.

(3) Verwaltungsbehörde im Sinne des § 36 Abs. 1 Nr. 1 des Gesetzes über Ordnungswidrigkeiten ist die Oberpostdirektion.

(4) Die Geldbußen werden zur Postkasse vereinnahmt.

§ 20

Fernmeldeanlagen, auf die sich eine Straftat nach § 15 bezieht, können eingezogen werden.

§ 21

(1) Für die Durchsuchung der Wohnung, der Geschäftsräume und des befriedeten Besitztums sind die Vorschriften der Strafprozeßordnung maßgebend; die Durchsuchung ist zur Nachtzeit zulässig, wenn sich in den Räumen oder auf dem Besitztum eine Funkanlage befindet und der begründete Verdacht besteht, daß bei ihrer Errichtung oder ihrem Betrieb eine Straftat nach § 15 begangen wird oder begangen worden ist.

(2) Beauftragte der Deutschen Bundespost sind berechtigt, sich an Durchsuchungen zu beteiligen, die zur Verfolgung einer Straftat nach § 15 vorgenommen werden.

§ 22

(1) Die Polizei hat unbefugt errichtete, geänderte oder unbefugt betriebene Fernmeldeanlagen außer Betrieb zu setzen oder zu beseitigen. Einer vorherigen Androhung bedarf es nicht. Im übrigen gelten für die Anwendung polizeilicher Zwangsmittel sowie für die Rechtsmittel gegen sie die Vorschriften der Landesgesetzgebung. Wird die Verleihung des Rechts zur Errichtung, Änderung oder zum Betrieb der Anlage nachträglich beantragt, so kann die Polizei mit Einwilligung der Deutschen Bundespost bis zur Entscheidung über den Antrag auf Verleihung davon absehen, die Anlagen außer Betrieb zu setzen oder zu beseitigen.

(2) Die Polizei kann alle oder einzelne Teile einer Anlage, solange sie nach Absatz 1 außer Betrieb gesetzt oder beseitigt ist, in amtliche Verwahrung nehmen oder sonst sicherstellen. Die Vorschriften der Strafprozeßordnung über die Beschlagnahme sowie § 19 dieses Gesetzes bleiben unberührt.

(3) Eine Anlage kann nach den Vorschriften der Absätze 1 und 2 auch dann außer Betrieb gesetzt oder beseitigt werden, wenn nach Fortfall der Verleihung die zu ihrer Beseitigung getroffenen Anordnungen der Deutschen Bundespost innerhalb der von ihr bestimmten Frist nicht befolgt werden.

§ 23

Elektrische Anlagen sind, wenn eine Störung des Betriebs der einen Leitung durch die andere eingetreten oder zu befürchten ist, auf Kosten desjenigen Teiles, der durch eine spätere Anlage oder durch eine später eintretende Änderung seiner bestehenden Anlage diese Störung oder die Gefahr derselben veranlaßt, nach Möglichkeit so auszuführen, daß sie sich nicht störend beeinflussen.

§ 24

Die auf Grund der vorstehenden Vorschrift entstehenden Streitigkeiten gehören vor die ordentlichen Gerichte.

(vom 1. Januar 1976)

§ 1
Begriffsbestimmungen

Funkanlage zur Fernsteuerung von Modellen

Eine Sende- und eine Empfangsfunkanlage (Sender und Empfänger einschl. zugehörigen Antennen, Stromversorgung und Bediengerät) des nichtöffentlichen beweglichen Landfunkdienstes, die auf einer oder mehreren der in § 4 genannten Frequenzen betrieben werden können und der Fernsteuerung von Modellen dienen.

Modelle im Sinne dieser Bestimmungen sind Flug-, Schiffs- und sonstige Fahrzeugmodelle, die ausschließlich sportlichen Zwecken dienen. Für andere Nachrichtenzwecke dürfen diese Funkanlagen nicht verwendet werden.

§ 2
Geltungsbereich

Diese Bestimmungen gelten für alle im § 1 bezeichneten Funkanlagen, die im Geltungsbereich des Gesetzes über Fernmeldeanlagen errichtet und betrieben werden.

§ 3
Genehmigungsformen
Voraussetzungen für die Genehmigung

(1) Zum Errichten und Betreiben von Funkanlagen zur Fernsteuerung von Modellen mit einer FTZ-Serienprüfnummer der Kennbuchstabenreihe „MF ..." wird die mit Anhang 1 dieser Bestimmungen bekanntgegebene „Allgemeine Genehmigung" erteilt.

(2) Zum Errichten und Betreiben von Funkanlagen zur Fernsteuerung von Modellen können einzelnen natürlichen Personen Einzelgenehmigungen erteilt werden

a) für Geräte ohne FTZ-Serienprüfnummer (z. B. Eigenbau) mit einer Gleichstromeingangsleistung bis zu 1 Watt und

b) für Geräte, die eine FTZ-Serienprüfnummer der Kennbuchstabenreihe „FE ..." tragen.

(3) Es ist unzulässig, eine Funkanlage zur Fernsteuerung von Modellen mit anderen Fernmeldeanlagen zu verbinden.

§ 4
Betriebsfrequenzen

(1) Die Frequenzen 13 560 kHz ± 0,05 %, 27 120 kHz ± 0,6 %, 40,68 MHz ± 0,05 % und 433,92 MHz ± 0,2 % sind mit den angegebenen Bereichsgrenzen international für wissenschaftliche, industrielle und medizinische Zwecke (Hochfrequenzgeräte) vorgesehen. In diesen Frequenzbereichen wird eine große Anzahl von Hochfrequenzgeräten betrieben; außerdem andere Arten von Funkanlagen. Beim Betrieb von Funkanlagen zur Fernsteuerung von Modellen innerhalb der o. g. Frequenzbereiche muß deshalb mit schädlichen Störungen durch Hochfrequenzgeräte und andere Funkanlagen gerechnet werden.

(2) Aus den für Funkanlagen zur Fernsteuerung von Modellen zur Verfügung stehenden Frequenzbereichen gelten

a) aufgrund der „Allgemeinen Genehmigung" (s. Anhang 1)

aa) folgende Frequenzen „Erster Wahl" als zugeteilt *):

13 560 kHz	40,665 MHz
26 995 kHz	40,675 MHz
27 045 kHz	40,685 MHz
27 095 kHz	40,695 MHz
27 145 kHz	
27 195 kHz	
27 255 kHz	

ab) folgende Frequenzen „Zweiter Wahl" als zugeteilt:

27 005 kHz	27 055 kHz	27 105 kHz
27 015 kHz	27 065 kHz	27 115 kHz
27 025 kHz	27 075 kHz	27 125 kHz
27 035 kHz	27 085 kHz	27 135 kHz

b) im Rahmen von Einzelgenehmigungen für Geräte mit einer FTZ-Serienprüfnummer der Kennbuchstabenreihe „FE ..." und für Geräte ohne FTZ-Serienprüfnummer die unter a) genannten Frequenzen sowie die Frequenz 433,920 MHz ± 0,2 % als zugeteilt. *)

§ 5
Genehmigungsverfahren

(1) Der Antrag auf Genehmigung zum Errichten und Betreiben einer Funkanlage zur Fernsteuerung von Modellen, für die nach § 3 Abs. 2 Einzelgenehmigungen erteilt werden, ist auf einem Formblatt nach Muster des Anhangs 2 bei dem für den Wohnsitz des Antragstellers zuständigen Fernmeldeamt (Anmeldestelle für Fernmeldeeinrichtungen) einzureichen.

(2) Einzelgenehmigungen zum Errichten und Betreiben von Funkanlagen zur Fernsteuerung von Modellen werden von dem für den jeweiligen Wohnsitz des Antragstellers zuständigen Fernmeldeamt mit Funkstörungsmeßdienst auf Formblättern nach Muster des Anhangs 3 erteilt. Sie werden auf einen Zeitraum von 10 Jahren nach Inkrafttreten befristet, soweit die Deutsche Bundespost nicht aus besonderen Gründen insgesamt oder im Einzelfall eine kürzere Gültigkeitsdauer für erforderlich hält. Die Genehmigung wird unter den in der Genehmigungsurkunde aufgeführten kennzeichnenden Merkmalen und Auflagen erteilt.

(3) Die im Anhang 1 bekanntgegebene „Allgemeine Genehmigung" berechtigt jede natürliche Person im Geltungsbereich des Gesetzes über Fernmeldeanlagen eine beliebige Anzahl von Funkanlagen zur Fernsteuerung von Modellen der in der „Allgemeinen Genehmigung" genannten Art unter den in der Genehmigung genannten Bedingungen und Auflagen zu errichten und zu betreiben. Sie gilt nicht für Personen, die

a) sich außerhalb des Geltungsbereichs des Gesetzes über Fernmeldeanlagen befinden oder

b) Funkanlagen der in der „Allgemeinen Genehmigung" beschriebenen Art elektrisch und/oder mechanisch verändert verwenden.

Erlöschen der Genehmigung

(1) Einzelgenehmigung

Die Genehmigung einer Funkanlage zur Fernsteuerung von Modellen erlischt mit Ablauf der Genehmigungsfrist, sofern nicht vorher einem beim zuständigen Fernmeldeamt (Anmeldestelle für Fernmeldeeinrichtungen) eingegangenen Antrag auf Verlängerung stattgegeben wurde. Sie erlischt außerdem

a) wenn die Genehmigungsbehörde sie widerruft oder

b) wenn der Genehmigungsinhaber auf sie verzichtet.

Verzicht und Widerruf sind an keine Frist gebunden. Erlischt die Genehmigung, so ist die Anordnung der Genehmigungsbehörde über die Beseitigung der Funkanlage zu befolgen. Die Genehmigungsurkunde ist an die Genehmigungsbehörde zurückzugeben.

(2) „Allgemeine Genehmigung"

Die „Allgemeine Genehmigung" erlischt, wenn und soweit sie ganz oder teilweise oder für einzelne Funkanlagen widerrufen wird.

§ 7
Gebühren

(1) Einzelgenehmigungen

1. Für die Genehmigung zum Errichten und Betreiben einer Funkanlage zur Fernsteuerung von Modellen (Sender und Empfänger) wird eine

e i n m a l i g e Genehmigungsgebühr von 50,–– DM erhoben (FGNR 05748).

Diese Gebühr gilt für einen Genehmigungszeitraum von 10 Jahren; Sie ist ohne Rücksicht darauf zu entrichten, ob die Funkanlage betrieben wird oder nicht. Für die Genehmigung eines weiteren Empfängers wird keine Gebühr erhoben. Die Pflicht zur Zahlung der Gebühr beginnt mit dem Tage des Inkrafttretens der Genehmigung.

2. Die Gebühr oder Teile davon werden auch dann nicht erstattet,

   a) wenn der Inhaber der Genehmigung vorzeitig auf die Genehmigung verzichtet oder

   b) wenn die Genehmigung von der Genehmigungsbehörde vorzeitig widerrufen wird.

3. Für das durch den Genehmigungsinhaber zu verantwortende Ausstellen einer Zweitschrift der Genehmigungsurkunde wird eine

e i n m a l i g e Gebühr von 10.— DM erhoben (FGNR 05749).

4. Diese Gebühren werden durch den Fernmelderechnungsdienst eingezogen. Für die Einziehung und Verjährung dieser Gebühren gelten die Bestimmungen der Fernmeldeordnung, für die Folgen bei nichtfristgerechter Zahlung darüber hinaus die Bestimmungen des Verwaltungsvollstreckungsgesetzes. Gebührenschuldner ist der Inhaber der Genehmigung.

(2) „Allgemeine Genehmigung"

Für das Errichten und Betreiben von Funkanlagen zur Fernsteuerung von Modellen aufgrund der mit Anhang 1 bekanntgegebenen „Allgemeinen Genehmigung" werden keine Gebühren erhoben.

12.4.2 ALLGEMEINE GENEHMIGUNG FÜR FUNKANLAGEN ZUR FERNSTEUERUNG VON MODELLEN MIT FTZ-SERIENPRÜFNR. DER KENNBUCHSTABENREIHE »MF...«

Amtsbl 1976 Nr. 13   (vom 1. Januar 1976)

1. Das Errichten und Betreiben von Funkanlagen zur Fernsteuerung von Flug-, Schiffs- und sonstigen Fahrzeugmodellen für sportliche Zwecke, die

   a) eine gültige FTZ-Serienprüfnummer der Kennbuchstabenreihe „MF ..." tragen *) und

   b) für keine andere Betriebsfrequenz als

(Frequenzen „1. Wahl")	oder	(Frequenzen „2. Wahl")
13 560 kHz		27 005 kHz
26 995 kHz		27 015 kHz
27 045 kHz		27 025 kHz
27 095 kHz		27 035 kHz
27 145 kHz		27 055 kHz
27 195 kHz		27 065 kHz
27 255 kHz		27 075 kHz
40,665 MHz		27 085 kHz
40,675 MHz		27 105 kHz
40,685 MHz		27 115 kHz
40,695 MHz		27 125 kHz
		27 135 kHz

ausgerüstet sind, wird aufgrund der §§ 1 und 2 des Gesetzes über Fernmeldeanlagen vom 14. Januar 1928 für den Geltungsbereich dieses Gesetzes hiermit genehmigt, soweit durch ihren Betrieb andere Fernmeldeanlagen, die öffentlichen Zwecken dienen und Funkanlagen, die auf Frequenzen außerhalb der Frequenzen

$$13\,560 \text{ kHz} \pm 0{,}05\,\% $$
$$27\,120 \text{ kHz} \pm 0{,}6\,\% \text{ und}$$
$$40{,}68 \text{ MHz} \pm 0{,}05\,\%$$

betrieben werden, nicht gestört werden.

   c) Das Verbinden einer Funkanlage zur Fernsteuerung von Modellen mit anderen Fernmeldeanlagen ist unzulässig.

2. Einschlägige Verkehrs-, Haftungs- und Unfallverhütungs-Vorschriften für ferngesteuerte Modelle bleiben unberührt.

3. Diese „Allgemeine Genehmigung" gilt nicht für Personen, die

   a) sich nicht im Geltungsbereich des Gesetzes über Fernmeldeanlagen befinden oder

   b) eine Funkanlage zur Fernsteuerung von Modellen der in dieser Genehmigung beschriebenen Art elektrisch und/oder mechanisch verändert verwenden.

4. Diese „Allgemeine Genehmigung" kann insgesamt oder im Einzelfall für jede einzelne Funkanlage jederzeit widerrufen werden, ihre Auflagen können jederzeit geändert oder ergänzt werden. Diese „Allgemeine Genehmigung" erlischt, wenn und soweit sie ganz oder teilweise oder für einzelne Funkanlagen widerrufen wird.

Auflagen der Genehmigung

Diese „Allgemeine Genehmigung" wird unter den nachfolgenden Auflagen, die Bestandteil der Genehmigung sind, erteilt:

1. Die Betriebsfrequenzen sind zum gemeinschaftlichen Betrieb von Hochfrequenzgeräten und Funkanlagen verschiedener Art zugeteilt. Der Halter und Inhaber der Genehmigung genießt daher für seine Funkanlage keinerlei Schutz vor Störungen durch Hochfrequenzgeräte, durch andere Funkanlagen, die in den genannten Frequenzbereichen betrieben werden, oder durch andere Funkanlagen, die ordnungsgemäß betrieben werden.

2. Der Halter einer Funkanlage und Inhaber dieser Genehmigung ist verpflichtet, jeder Änderung und Ergänzung der Genehmigung und jedem Widerruf der Genehmigung unverzüglich nachzukommen und ihm hierbei gegebenenfalls entstehende Kosten zu tragen.

3. Der Halter einer Funkanlage und Inhaber der Genehmigung haftet für das Einhalten der Auflagen und für alle Schäden, die der Bundesrepublik Deutschland mittelbar oder unmittelbar durch das Errichten und Betreiben der Funkanlage entstehen.

4. Zur Prüfung der Anlagen, die aufgrund dieser Genehmigung errichtet, für den Betrieb bereitgehalten oder betrieben werden, hat der Halter und Inhaber dieser Genehmigung Beauftragten der Deutschen Bundespost das Betreten von Grundstücken und Räumen, in denen sich Funkanlagen zur Fernsteuerung von Modellen befinden, zu gestatten oder diese Befugnis zu erwirken. Den Beauftragten der Deutschen Bundespost sind dabei alle gewünschten Auskünfte über diese Anlagen und deren Betrieb zu erteilen.

5. Der Aufforderung der Deutschen Bundespost, den Betrieb einer Funkanlage vorübergehend ganz oder teilweise einzustellen, muß der Halter und Inhaber dieser Genehmigung ohne Verzug nachkommen. Wenn es die Deutsche Bundespost verlangt, sind während der angeordneten Betriebseinstellung die Funkeinrichtungen oder Teile von ihnen zu entfernen und nach näherer Weisung zu verwahren.

*) Zusatzhinweise für Hersteller, Verkäufer und Käufer

1. Funkanlagen zur Fernsteuerung von Modellen bedürfen keiner besonderen Genehmigung im einzelnen, wenn das einzelne Gerät an erkennbarer Stelle berechtigterweise eine FTZ-Serienprüfnummer der Kennbuchstabenreihe „MF ..." trägt. Genehmigungsgebühren werden nicht erhoben.

2. Nur Funkanlagen, die mit einem beim Fernmeldetechnischen Zentralamt der Deutschen Bundespost technisch geprüften und zugelassenen Baumuster elektrisch und mechanisch übereinstimmen, dürfen die jeweils zugeteilte FTZ-Serienprüfnummer der Kennbuchstabenreihe „MF ..." tragen.

3. Eine FTZ-Serienprüfnummer der Kennbuchstabenreihe „MF ..." kann einer Firma mit handelsrechtlichem Sitz in der Bundesrepublik Deutschland und Berlin (West) für die Verwendung bei einer Serie gleichartiger Geräte nur zugeteilt werden, wenn ein Baumuster dieser Serie dem Fernmeldetechnischen Zentralamt zur Prüfung vorgestellt wurde, die Prüfung dort ergeben hat, daß das Baumuster den „Technischen Vorschriften der Deutschen Bundespost für Funkanlagen zur Fernsteuerung von Modellen" entspricht, und nachdem der Antragsteller sich gegenüber der Deutschen Bundespost verpflichtet hat,

a) nur solche Geräte mit der zugeteilten FTZ-Serienprüfnummer zu versehen, die mit dem geprüften und zugelassenen Baumuster elektrisch und mechanisch übereinstimmen, und

b) jedem unter dieser FTZ-Serienprüfnummer in den Verkehr zu bringenden Gerät einen Nachdruck dieser „Allgemeinen Genehmigung" beizufügen.

Für diese Zwecke wird der Nachdruck der hier veröffentlichten „Allgemeinen Genehmigung" mit ihren Zusatzhinweisen honorarfrei gestattet. Ferner wird den Herstellern und Vertriebsfirmen empfohlen, folgenden Hinweis auf den Geräten anzubringen: „Allgemeine Genehmigung der Deutschen Bundespost".

4. Dem Erwerber einer Funkanlage zur Fernsteuerung von Modellen mit einer FTZ-Serienprüfnummer der Kennbuchstabenreihe „MF ..." wird empfohlen, in seinem eigenen Interesse

a) vom Verkäufer oder Vorbesitzer der Anlage einen Nachdruck der „Allgemeinen Genehmigung" zu fordern und

b) diesen Nachdruck mit sich zu führen, soweit er ein betriebsbereites Gerät mitführt.

343

MODELLFLUG-BETRIEBSORDNUNG DES DEUTSCHEN AERO CLUB E.V.

1. ALLGEMEINE BESTIMMUNGEN

1.1.1 Die Bestimmungen der ModBO dienen der Aufrechterhaltung von Ordnung und Sicherheit im Modellflugbetrieb.

1.1.2 Andere Vorschriften, die den Anforderungen der ModBO nicht entsprechen, sind insoweit nicht anzuwenden.

1.1.3 Sportliche Benachteiligungen dürfen aus der Beachtung der Bestimmungen der ModBO nicht entstehen.

1.2.1 Die Bestimmungen dieser ModBO gelten, soweit nicht ausdrücklich etwas anderes gesagt ist, für öffentliche und nichtöffentliche Modellflugveranstaltungen.

1.2.2 Öffentliche Modellflugveranstaltungen sind solche, zu deren Besuch vom Veranstalter öffentlich aufgefordert worden ist.

1.3.1 Auf Modellflugveranstaltungen hat sich jeder Modellflieger so zu verhalten, daß andere Personen und Sachen nicht gefährdet und die Ordnung des Modellflugbetriebes nicht gestört wird.

1.3.2 Auf öffentlichen Modellflugveranstaltungen dürfen die Flugmodelle folgende Höchstmaße nicht überschreiten:
   a) Gesamtfläche $= 150\ dm^2$
   b) Gesamtgewicht $= 5\ kg$
   c) Gesamtflächenbelastung $= 50\ g/dm^2$

2.1.1 Der Veranstalter hat für die Einhaltung der Bestimmungen der ModBO Sorge zu tragen.

2.2.1 Der Veranstalter hat für eine allen Anwesenden zugängliche Bekanntmachung der Bestimmungen der ModBO im Fluggelände zu sorgen.

2.2.2 Der Veranstalter hat für eine ausreichende und sichtbare Absperrung und Beschilderung (Verbots- und Hinweisschilder) im Fluggelände zu sorgen.

2.3.1 Veranstalter ist derjenige, der zu der Veranstaltung auffordert und die Durchführung übernimmt.

3.1.1 Der Veranstalter hat für jede öffentliche Modellflugveranstaltung einen verantwortlichen Flugleiter einzusetzen.

3.1.2 Der Flugleiter hat die Einhaltung der Bestimmung der ModBO zu überwachen und bei Nichteinhaltung derselben einzuschreiten.

3.1.3 Der Flugleiter kann den Start eines jeden Modells untersagen, das er für gefährlich erachtet.

3.1.4 Der Flugleiter kann einen Modellflieger von der Veranstaltung ausschließen, wenn er durch sein Verhalten die Sicherheit und Ordnung des Modellflugbetriebes gefährdet.

2. BESONDERE BESTIMMUNGEN FÜR MOTORFLUGMODELLE

1.1.1 Die Bestimmungen des Teil 1 der ModBO gelten für Modellflugveranstaltungen mit freifliegenden Motorflugmodellen entsprechend.

2.1.1 Motorflugmodelle mit einem Modell-Motor von mehr als $10\ cm^3$ Zylinderinhalt dürfen auf öffentlichen Modellflugveranstaltungen nicht gestartet werden.

2.1.2 Luftschrauben mit Metallblättern dürfen nicht verwendet werden.

3.2.1 Die Startstelle ist in zweckentsprechender und sichtbarer Weise gegen das Herantreten unbefugter Personen zu sichern.

3.3.1 Die Startstelle muß frei von gefahrbringenden Hindernissen sein.

3.3.2 Die einzelnen Startstellen müssen so weit auseinanderliegen, daß eine gegenseitige Gefährdung und Behinderung ausgeschlossen ist.

4.1.1 Vor jedem Start ist das Flugmodell und der Modellmotor vom Starter auf ordnungsgemäßen Zustand zu überprüfen.

5.1.1 Während des Startvorganges muß die Startstelle frei von unbefugten Personen sein.

5.1.2 Während des Startvorganges haben nur der Starter des Flugmodells und sein Helfer Zutritt zur Startstelle.

5.1.3 Auf öffentlichen Modellflugveranstaltungen sind Starts außerhalb der Startstellen nicht zulässig.

5.2.1 Als befugte Personen gelten: Der Starter des Flugmodells und sein Helfer, die nachfolgenden Starter und ihre Helfer und die Sporthelfer.

5.2.2 Der Flugleiter kann weiteren Personen die Erlaubnis zum Betreten der Startstellen erteilen.

 Mit freundlicher Genehmigung des Deutschen Aero Club e. V.

den "Bestimmungen für den Modellflugsport" entnommen.

5.2.3 Die befugten Personen sind als solche deutlich kenntlich zu machen.

5.3.1 Startgeräte (Startwinden, Umlenkrollen und andere Vorrichtungen zur Erleichterung des Starts oder zum Aufrollen der Startschnur) dürfen beim Start nicht aus der Hand gegeben werden.

3. BESONDERE BESTIMMUNGEN FÜR FESSELFLUGMODELLE

1.1.1 Die Bestimmungen des Teils 1 der ModBO gelten außer Ziffer 1.3.2 für Modellflugveranstaltungen mit Fesselflugmodellen entsprechend.

1.1.2 Von den Bestimmungen des Teils 2 der ModBO gelten die Ziffern 2.1.2, 3.3.1, 3.3.2, 4.1.1, 4.1.2, 4.1.3, 5.1.3, 5.2.3 für Modellflugveranstaltungen mit Fesselflugmodellen entsprechend.
An Stelle des Begriffs Startstelle ist "Flugbereich" und an Stelle von Startbahn ist "Flugkreis" zu setzen.

2.1.1 Fesselflugmodelle mit einer Flächenbelastung von mehr als 100 g/dm^2 und einem Modellmotor von mehr als 10 cm^3 Zylinderinhalt dürfen auf öffentlichen Modellflugveranstaltungen nicht gestartet werden.

2.1.2 Fesselflugmodelle, die eine Geschwindigkeit von mehr als 130 km/h entwickeln können, gelten als Geschwindigkeitsmodelle.

2.2.1 Die Motoren müssen mit Schalldämpfern versehen sein. Der Veranstalter oder Flugleiter kann bei Geschwindigkeitsmodellen Ausnahmen zulassen, wenn nach den örtlichen Verhältnissen eine solche Regelung tragbar ist.

3.1.1 Die Grenzen des Flugkreises der Flugmodelle sind deutlich sichtbar festzulegen.

3.1.2 Der Mittelpunkt des Flugkreises ist deutlich sichtbar festzulegen.

3.2.1 Der Flugkreis und seine Umgebung ist in zweckentsprechender und sichtbarer Weise gegen das Herantreten von unbefugten Personen abzusperren.

3.2.2 Der Abstand der Absperrung muß mindestens betragen:
a) Bei Flügen von Geschwindigkeitsmodellen: 1 m vom Schutzzaun oder (ohne Schutzzaun) 25 m vom Flug Flugkreis
c) bei anderen Flügen: 15 m vom Flugkreis

3.2.3 Der Schutzzaun muß aus festem Maschendraht bestehen und mindestens 2 m hoch sein.

3.3.1 Ein bei Flügen von Geschwindigkeitsmodellen verwendeter Mast muß genügend widerstandsfähig sein und fest am Boden verankert werden.

4.1.1 Vor jedem Flug ist die gesamte Steuervorrichtung (Handgriff, Umlenkhebel) einschl. Steuerleine einer Zugprobe zu unterwerfen.

4.1.2 Die Belastung muß mindestens das zwanzigfache des Modellgewichtes betragen.

4.2.3 Die Verbindungsstellen der Leinen zum Modell sind so auszuführen, daß ein selbständiges Ausklinken ausgeschlossen ist.

5.1.1 Während des Fluges muß der Flugbereich völlig frei von unbefugten Personen sein.

5.1.2 Als befugte Personen gelten nur der Fesselflieger und seine Helfer.

5.2.2 Das Auslassen der Steuerleine während des Fluges mit Hilfe eines Rollgriffes ist nicht zulässig.

6.1.1 Wegen der Zugehörigkeit der Modellflugtreibstoffe zur höchsten Gefahrenklasse ist das Rauchen auf den Abstellplätzen der Modelle und der Treibstoffe sowie den Flugpisten verboten.

6.2.1 Der Abstand des Flugkreises von elektrischen Freileitungen muß mindestens 30 m betragen.

6.2.2 Bei Gefährdung der Teilnehmer durch Luftelektrizität sind die Flüge einzustellen.

4. BESONDERE BESTIMMUNGEN FÜR FERNLENKFLUGMODELLE

1.1.1 Die Bestimmungen der Teile 1 und 2 der ModBO gelten außer der Ziffer 1.3.2. c) des Teils 1 und der Ziffern 1.1.1 und 2.1.1 des Teils 2 für Modellflugveranstaltungen mit Fernlenkflugmodellen entsprechend.

1.1.2 Fernlenkflugmodelle mit einer Flächenbelastung von mehr als 75 g/dm^2 oder einem Modellmotor (en) von mehr als 15 cm^3 Zylinderinhalt dürfen auf öffentlichen Modellflugveranstaltungen nicht gestartet werden.

1.2.1 Die Motoren der Fernlenkflugmodelle müssen mit Schalldämpfern versehen sein, die nur eine Ein- und eine Austrittsöffnung haben und deren Schallpegel bei Vollgas den Wert von 84 dB(A) ± 2 dB(A) nicht überschreitet.
Die Messungen müssen in 1 m Höhe und 7 m Abstand 90° zur Längsachse in Richtung des Motors über ebenen, hindernisfreien und reflexionsarmen Boden erfolgen.

2.1.1 Der Betrieb mehrerer Sendeanlagen zur gleichen Zeit ist vom Flugleiter nur zuzulassen, wenn eine gegenseitige Störung nicht zu erwarten ist.

2.2.1   Die Sender sind während des Betriebs mit einer die Nummer des verwendeten Frequenz-Kanals (Anlage) enthaltenden farbigen Fahne zu kennzeichnen, die wie folgt gestaltet sein muß:

a) Farbe: 27 MHz-Band   =   braun   (RAL 8003)

35 MHz-Band   =   orange   (RAL 2003)

40 MHz-Band   =   grün   (RAL 6018)

434 MHz-Band   =   blau   (RAL 5012)

b) Schrift: Mindestens 3 cm hoch, beidseitig weiß (RAL 9010)

3.1.1   Das absichtliche Anfliegen anderer Luftfahrzeuge, sonstiger Fahrzeuge, von Menschen, Tieren, Gebäuden und elektrischen Freileitungen ist unzulässig.

3.1.2   Das Überfliegen von Menschenansammlungen ist unzulässig. Der Flugleiter kann Ausnahmen zulassen, wenn nach den örtlichen Verhältnissen keine andere Lösung möglich ist. In diesen Fällen ist ein möglichst großer vertikaler Abstand zu der Menschenansammlung einzuhalten.

Nummern der Frequenzkanäle siehe 12.3.

12.5 Modellflug-Betriebsordnung des Deutschen Aero Club e. V.

Abb. 350: Plan eines Modellflugplatzes mit eingezeichneten Details: Lage und Richtung der Start- und Lande-piste, Flug und Übungsraum für Motorflugmodelle (Bereich B), An- und Abflug (je nach Windrichtung Zonen A und C), verbotene Zone (D), Parkplatz, Beschilderung (▽) und die Zufahrten.

346

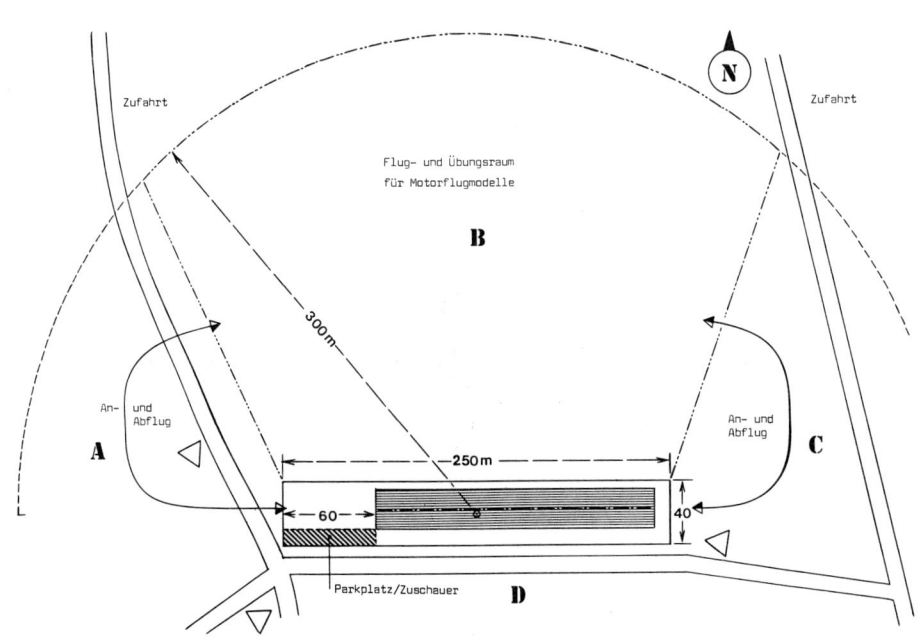

12.5.1 MUSTER EINER FLUGBETRIEBSORDNUNG FÜR EINEN MODELLFLUGPLATZ

1.0 Allgemeines:
Alle Teilnehmer am Flugbetrieb haben sich so zu verhalten, daß Rechte und Interessen anderer Mitglieder und der Anwohner nicht beeinträchtigt werden.

2.0 Benutzung des Fluggeländes:
Die Benutzung des Fluggeländes ist Mitgliedern des Modellflugsportclubs _____ gestattet, die im Besitz einer gültigen Sendelizenz der Deutschen Bundespost sind, sowie
Mitgliedern anderer Vereine, die eine Zusatz-Halter-Haftpflicht-Versicherung nachweisen können und im Besitz einer gültigen Sendelizenz der Deutschen Bundespost sind.

3.0 Flugzeiten:
Der Modellflugbetrieb mit Verbrennungsmotoren darf nur werktags von _____ bis _____ Uhr, sonntags und an Feiertagen von _____ bis _____ Uhr (siehe Auflage des Regierungspräsidenten), durchgeführt werden.
Flugverbot ist am Karfreitag, Fronleichnam, Totensonntag, Volkstrauertag und an Tagen, die ggf. gesondert vom Vorstand bekanntgegeben werden.

4.0 Flugsicherheits-Regeln:
In Anlehnung an die Richtlinien der Luftverkehrsordnung, nach dem Erlaubnisbescheid des zuständigen Regierungspräsidenten und der Modellflugbetriebsordnung des DAeC.

4.1 Zuschauer dürfen sich nur hinter dem Schutzzaun des Geländes aufhalten.

4.2 Fahrzeuge von Mitgliedern und Zuschauern über die Gesamtzahl von . . . PKW hinaus sind nach Entladen des Sportgerätes auf einem nicht am Gelände befindlichen Parkplatz abzustellen (ggf. Straßen- oder Wegrand). Das Fahrzeug des Flugleiters darf auf dem dafür vorgesehenen Platz auf dem Gelände geparkt werden.

4.3 Die Flugleitung hat einer der namentlich benannten Flugleiter, der vor Beginn des Flugbetriebes die Teilnehmer samt eingesetzten Flugmodellen (Muster) in sein Wachbuch einträgt. Darüber hinaus sind in diesem Wachbuch alle Störungen und nicht normalen Vorkommnisse während des Flugbetriebes einzutragen. Der Flugleiter quittiert nach Beendigung des Flugbetriebes die tägliche Wachbucheintragung.

4.4 Der Flugleiter muß in seinem auf dem Fluggelände geparkten PKW eine Ausrüstung für Erste Hilfe vorrätig haben.

4.5 Es dürfen nicht mehr als zwei motorgetriebene Flugmodelle gleichzeitig in der Luft sein.

4.6 Die Modelle dürfen eine Gipfelhöhe von 100 m über Grund nicht überschreiten.

4.7 Motorflugmodelle dürfen sich nicht weiter als der maximale Radius von 300 m um den Flugplatzmittelpunkt bewegen.

4.8 Segelflugmodelle unterliegen keinen Startbeschränkungen, dürfen aber den Motorflugbetrieb nicht behindern. Es darf nur ein Startseil für Hochstarts ausgelegt werden. Die Flugräume müssen den Windverhältnissen angepaßt werden.

4.9 Alle Motoren müssen mit einem wirksamen Schalldämpfer (nach neuesten technischen Erkenntnissen aufgebaut) versehen sein.
Es dürfen keine Luftschrauben aus Metall verwendet werden.
Der Spinner bei Motormodellen gehört zur Pflichtausstattung, muß aus Kunststoff bestehen und einen Nasenradius von mindestens 3 mm haben.
Nicht erlaubt sind Flügelprofile mit messerartig scharfen Nasenkanten.

5.0 Kontrolle der Sendefrequenzen:

5.1 Ein Tisch oder der Kofferraum des Flugleiterwagens dient als Ablage für die Sender.
Eine Frequenztafel enthält farbige Marken oder

Klammern mit den Nummern der einzelnen Kanäle und den Frequenzangaben.
Ein Sender darf erst dann in Betrieb genommen werden, wenn die betreffende Frequenz nicht besetzt ist. Der Flugleiter übergibt Sender und Kanalmarke, die nach der Landung sofort zurückzugeben sind.

5.2 Unerlaubtes Einschalten des Senders wird als grobe Fahrlässigkeit geahndet.

6.0 Flugraum, Start- und Landeverfahren:

6.1 Das Überfliegen von Zuschauern oder von Abstellplätzen für Modelle oder PKW ist verboten.

6.2 Der Flugleiter legt Start- und Landeplatz je nach Windrichtung fest. Diese dürfen nur von dem jeweils aktiven Modellflieger betreten werden.

6.3 Die jeweils fliegenden Piloten stehen an einem vom Flugleiter festgelegten Standort an der Start- und Landepiste möglichst dicht nebeneinander.

6.4 Neulinge sollten grundsätzlich unter Aufsicht und mit Hilfe eines erfahrenen Piloten fliegen. Vor dem ersten Alleinflug müssen sie unter Beweis stellen, daß sie ihr Modell beherrschen.

6.5 Landende Modelle haben Vorrang vor startenden Modellen.

6.6 Den Weisungen des Flugleiters ist Folge zu leisten.

7.0 Abstellplätze für Flugmodelle – Vorbereitungsräume:

7.1 Betanken, Einstellarbeiten und Anwerfen der Motoren dürfen nur auf einem der vorgesehenen Abstellplätze innerhalb der Absperrung vorgenommen werden.

7.2 Neue Motoren dürfen auf dem Fluggelände nicht eingelaufen werden. Unnötige Motorläufe sind zu vermeiden.

7.3 Die nicht am Flugbetrieb beteiligten Flugmodelle werden ebenfalls hinter der Absperrung abgestellt.

8.0 Test- oder Sonderflüge:

8.1 Flüge dieser Art sind nur mit besonderer Erlaubnis des Flugleiters gestattet. Während dieser Flüge ruht der gesamte übrige Flugbetrieb.

8.2 Alle Modellflieger außer dem Testpiloten halten sich während der Dauer des Testfluges hinter der Absperrung auf.

9.0 Befugnisse des Flugleiters:
Der Flugleiter ist befugt Startverbot zu erteilen, wenn die technische Ausstattung des Modells eine sichere Flugdurchführung nicht gewährleistet, wenn das fachliche Können des Piloten und seine Flugweise nicht den gestellten Anforderungen entspricht, wenn Modellflieger gegen die Flugbetriebsordnung verstoßen.

10.0 Namentliche Aufstellung der Flugleiter:

————————

————————

11.0 Alarmplan:

11.1 Adresse und Telefon des nächstliegenden Krankenhauses ————————

11.2 Adresse und Telefon des nächstliegenden Arztes

————————

11.3 Adresse und Telefon der zuständigen Polizeidienststelle ————————

Diese Flugbetriebsordnung ist allen Mitgliedern gegen Unterschrift zur Kenntnis zu geben und am Fluggelände auszuhängen.

Ort/Datum   Unterschrift des Vorstandes

(Nach Unterlagen des Deutschen Aero Club, Landesverband NRW)

12.6 Versicherungen

Es ist nicht ganz problemlos, in diesem Rahmen über Versicherungen zu schreiben. Die Versicherungen gegen Unfälle, andere Schadensfälle und die verschiedenen Haftpflicht-Versicherungen (HV) für den Modellflugsport sind nämlich nicht bundeseinheitlich geregelt.

Der Grund liegt in dem im Grundgesetz verankerten Föderalismus. Versicherungsverträge sind daher Sache der einzelnen Landesverbände des DAeC, der in seinem Aufbau dieser föderalistischen Struktur der Bundesrepublik folgt, die jeweils Verträge mit Versicherungsgesellschaften abschließen.

Ähnlich liegen die Verhältnisse bei den Sportversicherungsverträgen, die den Mitgliedern der Vereine der DAeC-Landesverbände aufgrund ihrer mittelbaren Mitgliedschaft in den Landessportbünden zugute kommen, denn auch der Deutsche Sportbund folgt in seinem Aufbau dem föderalistischen Prinzip.

Trotz vorhandener Unterschiede von Bundesland zu Bundesland, von Landesverband zu Landesverband soll aber versucht werden, die Punkte herauszustellen, die allgemein gültig sind.

Für den Modellflugsport kommen in der Regel diese Versicherungen infrage:

Unfall-Versicherung
Haftpflicht-Versicherungen (HV):
Privat-HV
Einzel-Flugmodell-Halter-HV
Zusatz-Halter-HV
Vereins-HV
Zusatz-Vereins-HV
Landeplatz-HV
Veranstalter-HV
Vermögensschaden-HV
Vertrauensschaden-Versicherung
Reisegepäck-Versicherung
Krankenversicherung
Rechtsschutz-Versicherung.

Die Landesverbände des Deutschen Sportbundes (11.2) können u. a. aufgrund ihrer hohen Mitgliederzahlen günstige Versicherungsverträge in Form von »Paketen« abschließen. So können auch die Landesverbände des Deutschen Aero Club (11.1) ihren Vereinen und Mitgliedern diese günstigen Versicherungen anbieten.

Der Schutz durch die meisten der genannten Versicherungen wird durch Mitgliedschaft in einem Verein dieses Verbandes erworben. Ein Teil der Versicherungen kann zusätzlich beantragt, muß aber dann auch zusätzlich zum Beitrag bezahlt werden.

Darüber hinaus schließen die Landesverbände des DAeC noch Versicherungen ab, die auf die speziellen Belange des Luftsports abgestimmt sind. Auch diese sind teils bereits im Beitrag enthalten oder können zusätzlich beantragt werden.

Der *versicherte Personenkreis* umfaßt alle Mitglieder der Vereine und Verbände, die den Landessportbünden angeschlossen sind, sowie die Funktionäre dieser Vereine und Verbände.

Der *Versicherungsumfang* erstreckt sich normalerweise auf Schadensfälle der Mitglieder bei allen Veranstaltungen, die mit der Satzung in Zusammenhang stehen (z. B. Wettbewerbe, Training, Lehrgänge, Versammlungen, gesellige Veranstaltungen, Jugendlager), Schadensfälle der Funktionäre bei Ausübung ihrer ehrenamtlichen Tätigkeit für Verein und Verband (z. B. Fahrten zu Wettbewerben, Tagungen, Vorstandssitzungen) sowie Schadensfälle auf dem Weg von der Wohnung zur sportlichen Tätigkeit (z. B. Wettbewerb, Bauabend in der Vereinswerkstatt) und auf dem Rückweg von dieser sportlichen Tätigkeit zur Wohnung.

Die *Unfallversicherung* gewährt Schutz gegen die finanziellen Folgen »körperlicher Unfälle«, die Mitglieder der Vereine und Verbände der Landessportbünde während ihrer Mitgliedschaft erleiden. Dabei muß ein enger Zusammenhang zwischen dem Ereignis, das den Unfall herbeigeführt hat, und der sportlichen Tätigkeit bestehen. Hier handelt es sich also um Unfälle, die aktiven und passiven Mitgliedern bei Teilnahme an Vereinsveranstaltungen zustoßen. Eingeschlossen sind auch Unfälle aktiver Sportler bei der Teilnahme an Veranstaltungen anderer Vereine ihres Verbandes oder an Veranstaltungen im In-und Ausland, wenn sie dorthin geschickt werden (z. B. Teilnahme an einem internationalen Wettbewerb im Ausland). Funktionäre (z. B. Wettbewerbsleiter, Vereinsvorstände) sind in gleicher Weise gegen Unfälle versichert.

Dazu zählen auch Wegeunfälle auf dem direkten Weg zu und von Veranstaltungen des Vereins oder Verbandes. Dabei sind Unfälle am Aufenthaltsort im Ausland mitversichert.

Wurde Sondertraining für einzelne Mitglieder ausdrücklich angeordnet, gilt der Versicherungsschutz auch dafür.

(Quelle: Merkblatt zum Sportversicherungsvertrag der Sporthilfe e. V. im Landessportverband Nordrhein-Westfalen)

Private Haftpflicht-Versicherungen enthalten in der Regel eine »große Luftfahrzeugklausel«, die besagt, daß eine Haftpflicht wegen Schäden durch den Gebrauch eines Luftfahrzeuges nicht versichert ist. Gleichfalls nicht versichert ist die Haftpflicht aus Planung und Konstruktion, Herstellung oder Lieferung von Luftfahrzeugen oder Teilen davon sowie aus Reparatur, Montage, Wartung an Luftfahrzeugen oder Teilen davon.

Dazu zählen auch Flugmodelle, allerdings *nicht* Flugkörper unter 5 kg Fluggewicht (richtig: 5 kg Masse), die weder durch Treibsätze noch durch Motoren angetrieben werden und deren Geräusch keiner Zulassungspflicht unterliegt.

Mit anderen Worten: Wer nur Flugmodelle unter 5 kg ohne Motorantrieb (also Segelflugmodelle) fliegt, hat, sofern er eine private Haftpflicht-Versicherung abgeschlossen hat, Versicherungsschutz durch seine private HV.

Hier sei auf das berühmt-berüchtigte Kleingedruckte in den Versicherungsbedingungen hingewiesen, das sich zwar von Versicherung zu Versicherung etwas unterscheidet, dennoch aber genau gelesen werden muß.

Der Versicherungsschutz des Landessportbundes, seiner Mitgliedsverbände und -vereine umfaßt u. a.

die Haftpflicht aus satzungsgemäßen Veranstaltungen (Sportveranstaltungen, Lehrgänge, Vorstands- und Mitgliederversammlungen),

die Haftpflicht als Eigentümer, Pächter oder Mieter von Grundstücken und Gebäuden, die satzungsgemäß genutzt werden (z. B. Turnhallen, Heime, Schulwerkstätten),

die Haftpflicht aus dem Betrieb von Flugmodellen mit einem Fluggewicht bis 5 kg ohne Düsen-, Raketen- oder ähnlichem Antrieb.

Segelflugmodelle und Gummimotormodelle unter 5 kg Masse sind also mit eingeschlossen.

Ausgeschlossen ist die Haftpflicht aus Haltung, Besitz oder Betrieb von Luftfahrzeugen.

Wer keine private HV hat oder Motorflugmodelle betreiben möchte und nicht Mitglied in einem Modellflug-Club ist, hat die Pflicht, die Risiken des Modellflugbetriebes abzusichern und eine *Einzel-Flugmodellhalter-HV* abzuschließen.

Wie hoch die Prämie ist, hängt von der Anzahl, der Größe und der Art der Flugmodelle ab, die versichert werden sollen.

Eine wesentlich günstigere Prämie bei gleichem Versicherungsschutz wird ein Modellflieger erreichen, der in einen Modellflugclub oder einen Luftsport-Verein eintritt. In der Regel hat dieser Verein (über seinen Dachverband) eine *Vereins-HV* abgeschlossen, die zuerst die Risiken des Vereins aus dem normalen Vereinsleben (Werkstattarbeit, Versammlungen, Feste des Vereins) absichern soll, aber auch Haftpflichtansprüche der Mitglieder des Vereins untereinander.

Diese Vereins-HV sichert aber nur die Betätigung im Rahmen des Vereins ab (Modellfliegen unter Aufsicht eines vom Verein beauftragten Mitglieds), *nicht aber* den rein privaten Betrieb von Flugmodellen.

Diese Vereins-HV ist – wenn man auch den privaten Modellflugbetrieb versichern will – die Grundlage für eine *Zusatz-Halter-HV,* deren Leistungen weitgehend denen der Einzel-Flugmodellhalter-HV entsprechen. Dabei gibt es in der Regel keine räumliche Beschränkung, die Versicherungen haben weltweite Geltung.

Welche Möglichkeiten gerade hier bestehen, zeigt die Tabelle »Haftpflicht-Versicherungen für Modellflieger«, die als Beispiel die im DAeC-Landesverband NRW angebotenen Versicherungen wiedergibt, der Mitglied des Landessportbundes NRW ist. Auskunft – auch über die aktuellen Preise und die Höhen der Versicherungssummen – geben die Geschäftsstellen der DAeC-Landesverbände (11.1).

Die Vereins-HV schließt Risiken aus dem Betrieb und der Unterhaltung von Modellflugplätzen aus. Der Abschluß einer *Landeplatz-HV* ist daher jedem Verein, der Platzhalter ist, anzuraten. Sie schließt auch die persönliche Haftung des jeweiligen Flugleiters vom Dienst mit ein.

Die *Veranstalter-HV* deckt Risiken des Veranstalters von öffentlichen Luftfahrtveranstaltungen (z. B. Wettbewerbe) ab. Einige DAeC-Landesverbände haben zu diesem Zweck Haftpflicht-Rahmen-Versicherungsverträge abgeschlossen, so daß die Mitgliedsvereine ihre Veranstaltungen über diesen Rahmenvertrag mitversichern lassen können.

Zu den Haftpflicht-Versicherungen ist anzumerken, daß sie nur die finanziellen Folgen von Schäden abgelten, die der Versicherte bei anderen verursacht hat.

Mindestens ebenso wichtig wie eine gute Versicherung ist aber die Unfallverhütung durch Beachtung der Sicherheitsbestimmungen (siehe 6.5, 12.3 und 12.5).

Vorstandsmitglieder und Kassenwarte (sofern sie nicht ohnehin dem Vorstand angehören) sind »Wagnispersonen«. Sie haben in der Regel Vermögenswerte oder vereinseigene Gelder zu verwalten oder zu verwahren.

Die *Vertrauensschaden-Versicherung* aus dem Sportversicherungsvertrag der Sporthilfe deckt Schäden am Vermögen der Mitgliedsvereine oder -verbände der LSB.

Versicherungsschutz wird gewährt bei Ereignissen, die ohne Verschulden der Wagnispersonen eintreten (Raub, Erpressung, Betrug auf dem Transportweg, Diebstahl, Verlieren, Vernichtung durch Feuer).

Liegt schuldhaftes Verhalten dieses Personenkreises vor (der Kassierer brennt mit der Kasse durch), so wird der Schaden von der Versicherung ersetzt, der Verursacher ist aber zum Schadenersatz verpflichtet und muß mit Strafverfolgung rechnen.

Gelegentlich sind Sportler, auch zusammen mit Betreuern, auf Reisen zu entfernten Wettbewerbs- oder Tagungsorten im Ausland. Sowohl die Sportler selbst als auch ihre Betreuer (z. B. Mannschaftsführer) genießen über die *Reisegepäck-Versicherung* der Sporthilfe Versicherungsschutz bei Beschädigung und Verlust des Reisegepäcks.

Unfälle, die aktiven Sportlern oder Funktionären bei der Teilnahme an Veranstaltungen eines Vereins oder Mitgliedsverbandes (des LSB) im In- und Ausland zustoßen und ärztliche Behandlung oder einen Krankenhausaufenthalt erforderlich machen, sind über die *Krankenversicherung* der Sporthilfe versichert. Der Versicherungsschutz besteht auch auf dem direkten Wege zu und von Veranstaltungen.

Die *Rechtsschutz-Versicherung* gibt es nicht in allen Landessportbünden. Auskunft darüber, ob diese Versicherung bei ihnen besteht, geben die Landesverbände des DAeC.

Der Versicherungsschutz umfaßt

Schadenersatz-Rechtsschutz (Schadenersatzansprüche wegen erlittener Personen-, Sach- oder Vermögensschäden),

Straf-Rechtsschutz (Verteidigung in polizeilichen, staatsanwaltschaftlichen oder gerichtlichen Ermittlungs- oder Strafverfahren wegen fahrlässiger Verstöße gegen Strafvorschriften oder auch vorsätzlich begangener Ordnungswidrigkeiten),

Arbeits-Rechtsschutz und

Sozialgerichts-Rechtsschutz (nur für hauptamtliche Mitarbeiter der LSB und ihrer Mitgliedsverbände und -vereine),

Vertrags-Rechtsschutz (Geltendmachung und Abwehr von Ansprüchen aus schuldrechtlichen Verträgen, auch Verträge über die Anmietung von Fahrzeugen zu gemeinsamen Fahrten).

HAFTPFLICHT-VERSICHERUNGEN FÜR MODELLFLIEGER   IM

DEUTSCHER AERO CLUB
Landesverband
Nordrhein-Westfalen e.V.
4330 Mülheim/Ruhr
Flughafen
Ruf 02 08 / 37 37 75

VERTRAGSART NAME	VERSICHERER	VERSICHERUNGSUMFANG	JAHRESBEITRAG DM	ANMELDUNG AN	SCHADENMELDUNG AN
Sport-Versicherungs-Vertrag	ARAG Allgemeine Versicherungs-AG Heinrichstr. 4 Düsseldorf 30	*gesetzliche Haftpflicht aus der Unterhaltung und dem Betrieb von Flugmodellen bis 5 kg ohne Raketen-, Düsen- o.ä. Antrieb. Mitversichert sind Haftungsansprüche von Mitgliedern ein und desselben Vereins untereinander aus Personen- und Sachschäden.* *Deckungssumme: DM 850.000,-- pauschal für Personen- und Sachschäden.* *Anmerkungen:* *a) Versicherungsschutz besteht nur während des Vereinsbetriebes* *b) kein Versicherungsschutz wird gewährt für Flugmodelle über 5 kg bis 20 kg (separater Versicherungsabschluß unter Zusatz-Halter-Haftpflicht notwendig).*	entfällt, ist im Mitgliedsbeitrag zum Verein/DAeC enthalten	automatisch über Verein	Versicherungbüro bei der Sporthilfe e.V. Paulmannshöher-Str. 5880 Lüdenscheid Tel. 02351/108464
Zusatz-Halter-Haftpflicht-Versicherung Nr. 09/89/40	GERLING-KONZERN Allgemeine Versicherungs-AG Jägerhofstr.21 4 Düsseldorf	*I. Grunddeckung* --- *gesetzliche Haftpflicht aus der Unterhaltung und Betrieb von Flugmodellen bis 5 kg mit mechanischem, Düsen-, Raketen- o.ä. Antrieb. Mitversichert sind Segelflugmodelle (als Subsidiärdeckung).* *Deckungssumme: DM 1.000.000,-- pauschal für Personen- und Sachschäden.* *Anmerkungen:* *a) Versicherungsschutz besteht nur bei Einsatz des Modells außerhalb des Vereinsrahmens.* *b) Versicherungsschutz gilt nur für Modelle bis 5 kg über 5 kg bis 20 kg siehe Ziffern II., III. und IV.* *II. Erweiterung der Grunddeckung nach I.* --- *Flugmodelle über 5 kg bis 20 kg Versicherungsschutz für Einsatz des Flugmodells außerhalb des Vereinsrahmens* *Deckungssumme: DM 1.000.000,-- pauschal für Personen- und Sachschäden, (kann nur in Verbindung mit der Grunddeckung I. beantragt werden).* *III. Erweiterung des Sportversicherungs-Vertrages/Anschlußdeckung* --- *Flugmodelle über 5 kg bis 20 kg Versicherungsschutz für Einsatz des Flugmodells innerhalb des Vereins-rahmens. Deckungssumme: DM 1.000.000,-- pauschal für Personen- und Sachschäden. (kann nur in Verbindung mit der Grunddeckung I. beantragt werden).* *IV. Erweiterung auf Personenschäden* --- *Flugmodelle über 5 kg bis 20 kg Versicherungsschutz gegen Haftungsan-sprüchen von Vereinsmitgliedern unter-einander aus Personenschäden (während des Vereinsbetriebes) Deckungssumme: DM 1.000.000,-- pauschal für Personen- und Sachschäden* *(kann nur in Verbindung mit der Grunddeckung I. und Zusatzdeckung III. beantragt werden).*	31,50 15,80 12,60 4,--	V F S Heinz Grümmer GmbH Flugplatz Postf. 1232 4755 Holzwickede	V F S Heinz Grümmer GmbH Flugplatz Postfach 1232 4755 Holzwickede oder direkt an die Versicherungs-gesellschaft